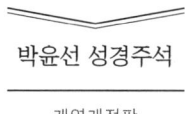

박윤선 성경주석

개역개정판

구약주석
에스겔·다니엘

A Commentary on THE BOOK OF EZEKIEL AND DANIEL

구약주석
에스겔·다니엘

발행일	2023년 10월 31일
지은이	박윤선
펴낸곳	도서출판 영음사
주　소	서울특별시 강남구 광평로 56길 8-13, 1406호
전　화	02-3412-0901
팩　스	02-3412-1409
이메일	biblecomen@daum.net
등　록	2008년 4월 21일 제2021-000311호
디자인	디자인집(02-521-1474)

ISBN 978-89-7304-177-0(03230)

※ 신저작권법에 의하여 보호받는 저작물이므로 무단 전재와 무단 복제를 금합니다.
※ 책 값은 뒷표지에 있습니다.
※ 잘못된 책은 구입처에서 교환하여 드립니다.

박윤선 성경주석

개역개정판

구약주석
에스겔·다니엘

A Commentary on THE BOOK OF EZEKIEL AND DANIEL

박윤선 지음

도서출판 영음사

"그 날 후로는 그 성읍의 이름을
여호와삼마라 하리라."
(겔 48:35 하)

וְשֵׁם־הָעִיר מִיּוֹם יְהוָה שָׁמָּה׃

"많은 사람을 옳은 데로 돌아오게 한 자는
별과 같이 영원토록 비취리라."
(단 12:3 하)

וּמַצְדִּיקֵי הָרַבִּים כַּכּוֹכָבִים לְעוֹלָם וָעֶד׃

머리말

에스겔 40:5-41:26 본문에 나오는 "성전", "문간", 그리고 "성소"의 평면도형을 에스겔서 주석 안에 삽입하였으니 참조하길 바란다.

특별히 다니엘서 주석 가운데 2:31-45, 7:1-28, 9:24-27의 본문에 대해서는 간하배(Harvie M. Conn) 선교사가 그의 저서(Syllabus) 〈다니엘서의 메시아 예언들〉(The Messianic Prophesies of Daniel)에 수록한 주의 깊은 해석을 저자가 우리말로 번역하여 본서에 전재하였다. 이같이 할 수 있도록 허락해 주신 간하배 선교사에게 감사하는 바이다.

본문 해석에는 개혁주의 해석방법을 가장 성경적인 원리로 여기고 일률적으로 채택하였다. 학자들의 학설을 인용할 때도 주로 개혁주의 주석가들의 자료를 인용하였다. 간혹 신학적 관점이 정통적이 아닌 학자들의 해석도 소개하였으나 필요에 따라 비판을 가하였다.

이 주석 사업을 위하여 각 방면으로 후원해 주시고 기도해주시는 여러 성도들에게 감사해 마지않는다. 특히 미국 정통 장로교의 프라이스 목사 기념 자금(James Price Memorial Fund of the Orthodox Presbyterian Church)을 지원해 주셔서 이 주석을 출판하게 된 것을 감사한다.

끝으로 이 주석에 오탈자로 인하여 글의 의미가 달라졌거나 해석상으로 잘못된 점이 있더라도 용서하시기를 바라는 바다. 이 주석서를 읽는 이마다 영적 은혜로 충만하게 되시기를 간절히 기도한다.

박윤선

구약주석
에스겔·다니엘

A Commentary on THE BOOK OF EZEKIEL AND DANIEL

에스겔·다니엘 주석
목차

에스겔

서론
I. 구약 계시의 전진성	19
II. 예언 제도의 신적 유래	20
III. 예언서의 기록	22
IV. 에스겔서의 저자	25
V. 본서의 내용 분해	27

해석
제1장	29
제2장	38
제3장	44
제4장	55
제5장	63
제6장	72
제7장	78

제8장	90
제9장	99
제10장	108
제11장	116
제12장	124
제13장	128
제14장	136
제15장	145
제16장	153
제17장	170
제18장	181
제19장	192
제20장	196
제21장	213
제22장	222
제23장	229
제24장	239
제25장	246
제26장	250
제27장	256
제28장	263
제29장	269
제30장	276
제31장	283
제32장	289
제33장	299
제34장	309

제35장	319
제36장	324
제37장	337
제38장	346
제39장	353
제40장	361
제41장	373
제42장	377
제43장	381
제44장	388
제45장	393
제46장	397
제47장	401
제48장	407

설교

설교 장래의 심판을 만민에게 알려 주어라 (4:1-17)	60
설교 인생은 하나님 앞에서 털과 같이 작은 자임을 기억하자 (5:1-4)	65
설교 산들을 향하여 예언하는 의미 (6:1-3)	73
설교 신자는 어떤 환경에서든지 소망을 지닐 수 있다 (6:8-10)	75
설교 심판 날이 가까움을 명심하고 물질을 초월하라 (7:12-13)	83
설교 우리도 우리가 행한 가증하고 악한 일을 보자 (8:5-9)	93
설교 성전의 깊은 방 벽에 우상을 그리는 죄 (8:10)	94
설교 많은 사람이 죽임을 당하는 때에도 구원받을 사람 (9:1-4)	101

설교. 진상을 인식하자(13:8-16)	131
설교. 재앙 가운데서 위로를 받자람(14:21-23)	140
설교. 포도나무의 용도(15:1-3)	146
설교. 열매를 맺자(15:1-8)	149
설교. 하나님의 구원하여 주시는 사랑(16:60-63)	165
설교. 언약을 지킴에 대하여(17:11-21)	175
설교. 겸손을 사모하라(17:24)	178
설교. 사는 길과 죽는 길(18:21-24)	187
설교. 죄는 영혼을 죽인다(18:30-32)	189
설교. 구원 문제와 은혜의 승리(20:44)	206
설교. 갈대 지팡이(29:1-7)	271
설교. 백골이 죄의 짐을 짊어짐에 대하여(32:26-28)	295
설교. 파수꾼이 되자(33:1-8)	300
설교. 하나님을 업신여기지 말라(33:30-33)	305
설교. 하나님의 목양법(34:15-16)	312
설교. 심령에 은혜를 받자(36:26-27)	329
설교. 자기를 미워하자(36:31-32)	332
설교. 하나님께서는 우리가 진리로 하나 되기를 원하신다(37:15-22)	342
설교. 오늘날 우리가 하나님의 말씀을 바로 본다는 것은 무슨 의미일까(40:4)	363
설교. 물을 건너는 체험의 의의(47:3-5)	402
설교. 여호와삼마[1](48:35)	409
설교. 여호와삼마[2](48:35)	411

다니엘

서론
    Ⅰ. 다니엘서의 저자   415

    Ⅱ. 다니엘서의 난제들   416

    Ⅲ. 본서의 내용 분해   420

해석
    제1장   422

    제2장   435

    제3장   473

    제4장   486

    제5장   496

    제6장   506

    제7장   517

    제8장   579

    제9장   589

    제10장   624

    제11장   631

    제12장   643

설교
    설교 다니엘의 입지[1](1:8)   426

    설교 다니엘의 입지[2](1:8)   430

    설교 사드락과 메삭과 아벳느고의 신앙[1](3:16-18)   477

설교_ 사드락과 메삭과 아벳느고의 신앙[2](3:16-18)   478

설교_ 사자 굴을 통과하는 이적이 나타나게 된 경위(6:3-10)   509

설교_ 지나가는 나라들과 영원한 나라(7:1-14)   556

설교_ 인자를 바라보라(7:13-14)   558

설교_ 하나님과 시간(8:14-19)   584

설교_ 하나님과 시간(9:20-27)   621

설교_ 박해 시대에 처한 성도(11:32-35)   639

설교_ 별과 같이 빛나자(12:1-3)   645

설교_ 깨닫는 자가 되자(12:8-10)   648

설교_ 미래를 바라보고 살자(12:12)   650

설교_ 끝이 어떻게 될 것을 생각하고 행하라(12:13)   651

구약주석
에스겔

A Commentary on THE BOOK OF EZEKIEL

서론

I. 구약 계시의 전진성

하나님의 계시는 그릇된 학자들이 주장하는 바와 같이 진화하는 것이 아니다. 계시의 진화를 말하는 자들은 잘못 주장하기를, 기독교에서 하나님을 섬기는 제도가 인간의 문화 수준에 따라 인위적인 고안에 의하여 점차 진보했다고 말한다. 그러나 기독교는 인본주의적인 방편으로 점차 발달한 것이 아니다. 다만 기독교의 계시는 전진성을 가진 것이다. 다만 사람이 그렇게 한 것이 아니고 하나님께서 사람들을 인도하심에 있어서 그처럼 역사적인 단계를 취하신 것이다. 히브리서 1:1-2에 말하기를, "옛적에 선지자들을 통하여 여러 부분과 여러 모양으로 우리 조상들에게 말씀하신 하나님이 이 모든 날 마지막에는 아들을 통하여 우리에게 말씀하셨으니"라고 하였다. 계시의 전진성은 성경 자체가 인정한다. 또한 계시의 전진성을 인정하는 것은 우리 신앙의 밑받침이 되는 계시의 역사성을 인정하는 것이다. 구약 계시는 이렇게 점진적으로 전개되었으니, 족장 시대의 계시는 비교적 단순하였으나 출애굽 시대의 계시는 좀 더 전개되어 장차 가나안 땅에 들어가 살아가게 될 안정된 백성으로서 필요한 모든 제도를 가르친 것이다.

그릇된 학자들은 구약에 있는 제도들이 이스라엘 주위에 있었던 다른 민족들에게서 유래했다고 주장한다. 그들이 이렇게 말하는 이유는 다른 민족 중에도 제사 제도가 있어서 제사장, 제물 등의 표현들이 없지 않았기 때문이다. 그러나 이것은 전혀 그릇된 주장이다. 구약 계시는 그 당시 다른 민족들이 사용한 일부 용어나 풍습과 유사한 것들을 가지고 있다. 하지만 그렇다고 해서 구약 종교가 다른 민족에게서 유래했다고 말할 수는 없다. 하나님의 말씀은 인간에게 임하였으므로 인간의 용어나 세속 문화와 유사한 제도를 가졌다고 할지라도 그것이 문제 될 것은 없다. 왜냐하면 하나님의 말씀은 어디까지나 하나님의 말씀이지만, 사람이 깨달을 수 있는 용어로 표현되어야 하기 때문이다. 그뿐 아니라 하나님의 말씀 가운데 어떤 표현들이 이스라엘 주위에 있었던 다른 민족들의 표현과 유사하다 해도 그것은 극히 형식적인 유사성일 뿐이며 실제 내용은 다르다. 예컨대 아라비아 사람에게 복음을 전하기 위하여 성경을 번역할 때는 하나님을 "알라"라고 하였는데, "알라"라는 용어는 사실상 이슬람교에서 숭배하는 신의 이름이다. 코란이 말한 대로 이슬람교의 "알라"는 기독교의 계시가 말해 주는 하나님과 내용을 달리한다. 그러므로 기독교의 어떤 표현이나 용어나 명칭이 다른 민족의 그것들과 표면적으로 유사하다고 해서 곧바로 기독교 계시의 이런 제도들이 다른 민족에게서 유래했다고 결론지을 수는 없는 것이다.

II. 예언 제도의 신적 유래

신명기 18:9-22을 보면 머지않아 가나안 땅에 들어갈 이스라엘 백성이 가나안의 이방 민족들처럼 가증한 풍습을 행하지 않도록 여호와께서는 장차 그들에게 선지자들의 제도를 세울 것을 약속하셨다. 신명기 18:15은 물론 메시아 약속을 겸한 말씀이지만, 그것은 예언 제도에 대한 약속이다. 그러므로 예언 제도는 가나안 이방 민족들의 미신에서 온 것이 아니고, 도리어 그 미신을 방지하기 위하여 하나님이 세우신 것이다.

그런데 이와 같은 예언 제도는 구약 신정국가의 대표자인 모세를 기반으로 삼는다. 민수기 12:1-8은 그것을 계시한다. 하나님께서 모세에게는 대면하여 말씀하셨으나, 다른 선지자들에게는 꿈이나 기타 간접적인 방법으로 그의 말씀을 주셨다. 이들의 예언은 결국 신정국각의 중보자였던 모세가 닦아 놓은 기초에 의존하게 되었다. 이 선지자들에 대하여 몇 가지 생각해 볼 문제가 있다.

1. 모세 이후의 선지자와 종교 기관

모세 이후 선지자들은 종교 기관의 제사장과 타협적으로 활동하였는가? 이것이 우리의 연구 제목이다. 우리가 말할 수 있는 것은 선지자들이 여호와께 제물을 직접 드리는 제사장 집단과 합류하였다는 점이다. 그러나 선지자들은 그 시대 종교 기관의 그릇된 행위에 대하여는 꾸짖었다.

2. 선지자들과 거짓 예언자들의 관계

그릇된 학자들은 참 예언자들이 거짓 예언자들에게서 발전해 나왔다고 주장하나, 그것은 옳지 않은 말이다. 어떻게 저 위대하고 진실한 사건들에 대한 예언(예컨대 메시아 예언)들이 거짓된 자들에게서 발원할 수 있을까? 선한 것이 어떻게 악에서 나올 수 있을까? 그럴 수 없다.

참 예언자는 하나님에게서 계시를 받아 그가 받은 말씀에 붙들려 말하는 자였다. 그러나 거짓 예언자들은 ① 사리사욕을 위하여 거짓 예언하는 자이거나, ② 악신에게 속아서 예언하는 자이거나, ③ 자기 마음의 사상을 전하는 자이거나, ④ 혹은 하나님의 말씀을 받지 못하고도 그것을 받은 줄로 스스로 착각하고 예언하는 자를 가리킨다.

예레미야는 거짓 선지자들을 꾸짖어 말하기를 "여호와의 말씀이라 그러므로 보라 서로 내 말을 도둑질하는 선지자들을 내가 치리라 여호와의 말씀이니라 보라 그들이 혀를 놀려 여호와가 말씀하셨다 하는 선지자들을 내가 치리라"라고 하였다(렘 23:30-31).

3. 참된 예언자들은 성경의 저작자들이었는가?

우리는 이 문제에 대하여 답하기를 그들은 원칙적으로 저작자들일 수밖에 없다고 해야만 한다. 왜냐하면 그들의 예언이 그들 당대에 관한 것이 아니고 후대에 전파돼야 할 하나님의 말씀이기 때문이다. 예컨대 메시아 예언은 예언들의 최후 목표(goal)인데 그것은 후대에 전파되어야 할 것이다(행 3:24; 롬 1:2; 15:4). 사실상 예언자들은 그들의 예언이 기록되는 일에 대하여 언급하지 않은 것이 아니다. 예언서의 머리말(heading)은 예언자 자신이 썼을 것인데, 그렇다면 아래에 이어지는 예언도 그의 글이 아닐 수 없다. 예언을 기록하여 후대에 전할 필요에 대하여는 예언자들 자신이 느끼고 있었다.[1]

III. 예언서의 기록

사무엘 시대에는 선지자들의 무리가 있었고(삼상 19:19-24), 엘리야 시대에는 선지자들의 아들들, 곧 제자들이 있었다(왕하 2장). 이렇게 예언자들이

---

1) 사 8:16; 30:8; 렘 30:2; 36:20, 32; 51:60; 겔 2:9; 43:11-12; 합 2:2.

많이 있었다는 사실은 구약 정경의 많은 책들이 그들에 의해 기록되었다는 것을 확증한다. 역대상 29:29에서는 다윗의 역사가 선지자 "사무엘", "나단", "갓"에 의해 기록되었다고 증언하고, 역대하 9:29에서는 솔로몬의 역사가 선지자 "나단", "아히야", "잇도"에 의해 기록되었다고 증언하고, 역대하 12:15에서는 르호보암의 역사가 선지자 "스마야"와 "잇도"에 의해 첨가되었다고 증언하고, 역대하 13:22에서는 아비야의 역사가 선지자 "잇도"에 의해 첨가되었다고 증언하고, 역대하 32:32에서는 히스기야의 역사가 "이사야"에 의해 기록되었다고 증언하고, 역대하 20:34에서는 여호사밧의 역사가 선지자 "예후"에 의해 기록되었다고 증언한다. 구약성경에 신적 권위를 부여하는 이유는 이렇게 진실한 선지자들이 그것을 기록하였기 때문이다. 성경은 그들의 기록을 그들이 입으로 말한 것과 마찬가지의 권위를 가진 것으로 간주한다. 예레미야 36장에서 이러한 사실을 볼 수 있고, 특히 다니엘은 예레미야의 말씀을 하나님의 말씀으로 간주하였다(단 9:2).

어떤 정통 신학자들은 말하기를, 구약의 어떤 책들은 선지자의 직임은 받지 않고 선지자의 재능만 받은 자들이 기록하였다고 주장한다. 그러나 선지자의 직임과 선지자의 재능을 구별하는 것은 너무 심한 독단인 것 같다. 선지자의 재능을 가진 자들이 겸하여 선지자의 직임을 맡은 것이다. 구약의 모든 책들은 선지자 직분을 가진 자들이 기록하였다. 그것은 신약이 모세 오경 이외의 모든 구약 책들을 가리켜 "선지자" 또는 "선지자들의 글"이라고 말씀하기 때문이다(마 26:56). 사해 사본도 그런 의미로 말한다.[2]

이스라엘의 선지자 제도가 이방 종교의 예언 제도에서 유래하였다고 주장하는 학자가 있다. 그는 말하기를 "바벨론에는 마후(Mahhu)라는 제사장들과 바루(Baru)라는 선지자들이었다. 마후(Mahhu)라는 용어는 탈혼술

---

2) Inspiration and Canonicity By R.L. Harris, 171-172.

을 의미하고, 바루(Baru)라는 용어는 신의 뜻을 본다는 의미를 지닌다. 이 양자는 늘 일체로 일하였다. 그리고 이들은 훈련과 학문을 통하여 사역하게 되었다"라고 하였다. 알프레드 할더(Alfred Halder)는 이스라엘의 선지자가 이와 유사하다고 하였다. 그러나 이스라엘의 선지자들이 학습이나 훈련을 통하여 예언 사역을 하게 된 것은 아니다. 일례로 아모스의 경우 그는 어떤 선지자에게 가서 예언의 방법을 배운 것이 아니고 직접 하나님의 말씀을 받았다. 그뿐 아니라, 이스라엘의 선지자는 바벨론의 바루(Baru)처럼 제단을 중심으로 활동하는 전속 사역자가 아니었다. 이스라엘의 선지자들은 제단과 관계있는 제사장의 일을 했던 경우도 간혹 있으나, 그렇다고 하여 그들이 종교 기관의 제사장과 동일시될 수 있었던 것은 아니었다. 그들은 모든 잘못된 제단 사역에 대해서는 가차 없이 꾸짖기도 하였다. 그러므로 이스라엘의 선지자와 이스라엘의 예언 제도는 바벨론의 그것과 아주 다르다.

선지자가 계시를 받은 방법은 다음과 같다. 구약 예언자들의 예언 사역에 정당성을 부여한 것은 "여호와의 말씀이 내게 임하여 이르시되"라는 말씀이었다. 그 말씀은 하나의 역사적 체계에 속한다. 그들의 말씀은 모세를 기초로 삼고 사무엘을 거치면서 연속성을 갖는 하나의 운동으로 자리 잡았다. 그들은 모두 다 메시아 시대를 내다보았다.

구스타프 휠셔(Gustav Hölscher)는 그의 저서 〈선지자들〉(Die Propheten)에서 말하기를, 선지자의 발원지는 가나안 땅이고, 이스라엘의 예언 제도가 거기서 유래했다고 하였다. 그는 가나안 땅에 있었던 예언 제도가 탈혼에 의하여 성립되었다고 주장한다. 다시 말해 그것은 주로 인간의 심리적 현상으로 설명된다고 하였다. 그리고 현대에 이르러 많은 자유주의 학자들이[3] 이같은 탈혼설을 주장한다. 그러나 이스라엘의 선지자들은 결단코 인간의 심

---

3) Gunkel, Jacobi, Theodore Robinson, Lindblom, Hertzberg, Adolphe Lods.

리 현상(하나님과 관계없는 탈혼)에 의하여 예언한 것이 아니다. 그들은 도리어 심리적 현상에 의하여 예언하는 자들을 거짓 선지자라고 비판하였다. 다시 말해 거짓 선지자들의 예언은 그들의 마음속에 있는 것을 말한 것에 불과하다고 하였다. 이스라엘의 선지자들은 여호와께서 말씀하셨기 때문에 피동적인 입장에서 그 말씀을 전하지 않을 수 없었다.

IV. 에스겔서의 저자

"에스겔"(יְחֶזְקֵאל)이라는 이름은 "하나님께서 강하게 해 주신다"라는 뜻을 가지고 있다. 그런데 탈무드(Talmud) 바바 바트라(Baba Bathra) 15a 첫 부분에 말하기를, 대회당(Great Synagogue)의 사람들이 에스겔서와 12 소선지서를 기록하였다고 한다. 여기서 이 말의 뜻은 본서의 저자가 에스겔임을 부인하는 것이 아니다. 탈무드의 이 구절은 에스겔이 저술한 책을 편집한 사람들에 대한 언급으로 볼 수 있다. 유대인 역사가 요세푸스(Josephus)는 에스겔 선지자도 두 책을 기록하였다고 하였다. 그가 두 책이라고 말한 이유는 에스겔 1-32장을 한 권의 책으로 간주하고, 나머지 33-48장을 또 한 권의 책으로 간주하였기 때문일 것이다. 본서가 에스겔의 저작이라는 점에 대해서는 별다른 의심이 없다.

자유주의 학자 코닐(Cornill)도 에스겔이 그의 책(에스겔서)을 기록하였다고 하였고, 심지어 고등비평가 드라이버(Driver)도 본서의 저작자에 대하여는 별로 문제 될 것이 없다는 의미에서 말하기를, "본서의 내용 전체는 어디서나 한마음의 산물임을 보여준다"라고 하였다. 그리고 본서 전체에 걸쳐 사용된 1인칭 단수 "나"라는 표현이 본서의 저작자가 한 사람이라는 사실을 보여준다. 그뿐 아니라 본서에 포함된 사상들이 모두 다 일관성을 유지한다는 사실 역시 저자의 단일성을 증명한다.

그럼에도 본서의 저작자가 한 사람이 아니라는 비평가들의 학설도 있다. ① 외더(G. L. Oeder)의 가설. 그는 본서 1-39장은 순전한 에스겔의 작품이고, 40-48장은 후대에 첨가되었다고 주장하였는데, 이것은 옳지 않은 이론이다. ② 헤르만(J. Herrmann)의 가설. 그는 본서가 본래는 작은 예언 문집이었는데 후에 에스겔이 많이 보충하여 편집했다고 주장하나 이것 역시 근거 없는 학설이다. ③ 횔셔(G. Hölscher)의 가설. 그는 위에서 헤르만이 주장한 것보다 더 나아가서 본서의 순정성을 대부분 부인하였다. 그는 본서 전체 1,273절 중 143절만이 에스겔의 저작이라고 하였는데 이것도 그릇된 주장이다. ④ 토레이(C. C. Torrey)의 가설. 그는 에스겔서의 원부분은 므낫세 왕이 다스리던 때 벌어진 우상숭배의 죄를 꾸짖는 예언인 것처럼 주전 230년 경에 예루살렘에서 저술된 위작이며 그 남은 부분은 또다시 후대인들이 첨부한 것이라고 주장하였다. 스미스(J. Smith)와 헨트리히(V. Hentrich) 등도 이와 비슷하게 주장하였는데, 모두 신빙성이 없는 주장들이다. ⑤ 어빈(W. A. Irwin)의 가설. 그는 아무런 근거도 없이 본서의 40-48장을 전혀 순정성이 없는 부분으로 여길 뿐 아니라, 본서 중에서 오로지 251절만이 전적으로 혹은 부분적으로 순정성을 지닌다고 하였다.

위의 여러 학설들은 너무도 근거 없는 주장들을 동원하여 본서 전체가 에스겔의 저작임을 부인하고 있다. 우리는 비평가들의 이러한 일관성 없는 헛된 이론들을 부당한 것으로 여긴다. 알더스(G. Ch. Aalders)는 다음과 같이 바르게 말하였다. "본서 21-24장은 에스겔이 예루살렘의 멸망을 예언한 부분이고, 33-48장은 이미 멸망한 예루살렘에 대하여 진술하며, 25-32장은 열방에 대하여 예언한다. 그러나 위의 첫째 부분(21-24장)과 둘째 부분(33-48장)에도 열방에 대한 예언이 섞여 있다(참조. 21:28-32; 31:1-15). 이러한 현상을 보면 열방에 대한 예언 자료의 배열이 통일성을 지니지 않음을 알 수 있다. 그러나 우리는 이와 같은 현상이 선지자 자신의 자유로운 필법에서 생긴 일이라고 보는 것이 자연스럽다"라고 하였다.

V. 본서의 내용 분해

1. 예루살렘 멸망 전의 예언들(1:1-24:27)
    1) 서론(1:1-3:21)
    2) 주님의 영광에 대한 두 번째 계시(3:22-27)
    3) 예루살렘 멸망에 대한 상징적 예언(4:1-7:27)
    4) 성령이 선지자를 예루살렘으로 옮기고 그 도시의 멸망을 계시함(8:1-18)
    5) 예루살렘을 벌함에 대하여(9:1-11:25)
    6) 예루살렘이 거짓 선지자를 따르므로 하나님이 그 도시를 버리심(12:1-14:23)
    7) 하나님의 심판의 확실성(15:1-17:24)
    8) 죄인들에 대한 하나님의 사랑(18:1-32)
    9) 애가를 불러 이스라엘의 방백들을 탄식함(19:1-14)
    10) 예루살렘의 멸망 전에 나타난 최후 경고(20:1-24:27)
2. 이방 민족들에 대한 심판 예언(25:1-32:32)
    1) 암몬에 대하여(25:1-7)
    2) 모압에 대하여(25:8-11)
    3) 에돔에 대하여(25:12-14)
    4) 블레셋에 대하여(25:15-17)
    5) 두로에 대하여(26:1-28:19)

6) 시돈에 대하여(28:20-26)

   7) 애굽에 대하여(29:1-32:32)

3. 느부갓네살이 예루살렘을 함락시킨 후에 임한 예언들(33:1-48:35)

   1) 새 언약에 대하여(33:1-33)

   2) 이스라엘 백성이 여호와 하나님을 알아볼 때가 오리라 함(34:1-31)

   3) 에돔이 약탈을 당함(35:1-15)

   4) 이스라엘 백성의 회복(36:1-38)

   5) 해골 떼의 부활에 대한 말씀(37:1-28)

   6) 곡과 마곡에 대한 예언(38:1-39:29)

   7) 하나님의 교회에 대한 계시가 새로운 성전으로 상징됨(40:1-48:35)

제1장

↓ 내용분해

1. 선지자 에스겔이 하나님의 계시를 받은 장소와 연대(1-3절)
2. 네 생물의 모양과 활동(4-14절)
3. 바퀴들의 구조와 그 활동(15-21절)
4. 생물들의 활동은 온전히 전능하신 하나님의 명령을 따름(22-28절)

↓ 해석

1-3 서른째 해 넷째 달 초닷새에 내가 그발강 가 사로잡힌 자 중에 있을 때에 하늘이 열리며 하나님의 모습이 내게 보이니 여호야긴 왕이 사로잡힌 지 오 년 그 달 초닷새라 갈대아 땅 그발강 가에서 여호와의 말씀이 부시의 아들 제사장 나 에스겔에게 특별히 임하고 여호와의 권능이 내 위에 있으니라. 여기서 "에스겔"이 그가 계시받은 연대를 이중으로 밝히는 것은 그가 계시받은 사건의 역사성을 강조하기 위함이다. 기독교의 계시는 인간적인 환상이 아니다. 기독교의 특징은 어디까지나 역사적 근거

를 지니는 말씀만을 전한다는 사실이다. 근대에 이르러 기독교를 오해하는 바르트(Barth)의 추종자들은 기독교에 생명과 같은 계시의 역사성을 중요시하지 않고 다만 역사를 초절(超絶)하였다는 소위 원역사적 계시를 주장한다. 그런 사고방식은 인간의 철학일 수는 있으나 하나님의 말씀에 대한 계시의 진상을 바로 말하지 못한 것이다. 하나님의 말씀은 영원성을 지닌 하늘에 속한 것이지만, 그것이 인간에게 받아들여지기 위해서는 역사화가 절대적으로 필요하다. 참으로 하나님의 말씀은 이렇게 역사성을 생명으로 하여 인간에게서 참되게 성취되며 그 초자연성을 그대로 발휘한다.

"서른째 해"(שְׁלֹשִׁים שָׁנָה "슐로쉼 샤나"). 이 연대에 대하여는 의견이 분분하나 명확한 해답은 없다. ① 오리게네스(Origen)는 이것이 에스겔이 선지자가 부르심을 받은 이후의 연수라고 하였는데, 이 견해를 따르는 학자들이 많다.[4] 카를 부데(Karl Budde)는 이 견해를 더욱 명백히 내세우기 위하여 본문에 있는 "해"(שָׁנָה "샤나")를 "나의 햇수"(שְׁנַי "샤나이")로 고쳐서 "나의 햇수 제삼십"(im drdssigsten meiner Jahr)이라고 읽었다.[5] ② 이것이 유다의 마지막 희년부터 계수한 연대라고 주장하는 학자들도 있고(Kimchi, Jarchi), ③ 요시야 왕의 개혁부터 계수한 연대라고 주장하는 학자들도 있고,[6] ④ 바벨론 왕국 설립부터 계수한 연대라고 주장하는 학자들도 있다.[7] ⑤ 알더스(G. Ch. Aalders)는 이 연대에 관한 난제를 해결하기는 어렵다고 하였다.[8]

"에스겔에게." 여기서 에스겔이 자기를 3인칭으로 표현한 것은 이상하게 보인다. 1절에서도 "내가"(אֲנִי "아니")라고 하였고, 4절에서도 "내가"라고 자기

---

4) Hengstenberg, Kraetzschmar, Redpath, Patrick Fairbairn.
5) Zum Eingang des Buches Ezechiel in JBL 1931, blz. 29,30.
6) Herrmann, Troelstra, Jerome, Theodoret, Grotius, Calov, Piscator, Ideler, Hävernick.
7) Keil, Von Orelli, Pradus, Scaliger, Perizonius, Michaelis, Rosemüller, Ewald.
8) de moeilijkheid nog niet op te lossen is.-G.Ch. Aalders, Commentaar op het Oude Testa-ment, Ezechiël I, 29.

를 1인칭으로 표현하였는데, 왜 여기서는 이렇게 표현한 것일까? 비평가들은 이것 때문에 이 부분의 순정성을 부인한다. 어떤 이는 1절만 본래의 텍스트가 아니라 하고(Cornill), 어떤 이는 이 부분(1-3절)이 본서에 대한 여러 교정자들의 종합적인 노력의 결과라 하고,[9] 어떤 이는 이 부분(1-3절)이 세 사람의 손에서 각각 유래한 것이라고 하고(Cooke), 어떤 이는 2-3절이 후대의 첨가 문구라고 하였고(Ewald, Von Orelli), 또 어떤 이는 이 구절들을 가리켜 해결하기 어려운 부분이라고 하였다.[10] 그러나 구약 해석의 권위자 카일(Keil)은 이 부분을 에스겔이 친히 쓴 것이라고 하였다.

"특별히 임하고"라는 말은 히브리어로 "하요 하야"(הָיֹה הָיָה)인데, 이 표현은 힘있게 임하는 것을 의미한다. 그리고 "여호와의 권능"이라는 말은 실상 "여호와의 손"(יַד־יְהוָה "야드 여호와")이라는 표현인데, 이것은 어떤 학자들의 해석과 같이 위에서 이미 제시한 여호와의 말씀을 가리키는 동격적 설명이 아니다. 이것은 선지자 에스겔이 하나님의 말씀을 받는 동시에 그것을 전파할 수 있는 영력을 받았다는 사실을 가리킨다.

4 내가 보니 북쪽에서부터 폭풍과 큰 구름이 오는데 그 속에서 불이 번쩍번쩍하여 빛이 그 사방에 비치며 그 불 가운데 단 쇠 같은 것이 나타나 보이고. 여기서 "북쪽"이라는 말은 히치히(Hitzig), 헤르만(Herrmann) 등의 해석에 따르면 신들이 북쪽 산에 거한다는 바벨론 사상에서 유래하였다고 한다. 그러나 이런 해석은 성경 저자의 관점을 전혀 파악하지 못한 잘못된 것이다. 왜냐하면 성경 저자들은 이방 종교의 신관을 정당화하는 어떤 표현도 사용한 일이 없기 때문이다. 알더스는 다음과 같이 바르게 말하였다. 요컨대 이것은 북쪽 바벨론에서 폭풍이 불어오는 사실을 염두에 두고서, 장차 바벨론이 유다를 최종적으로 침

---

9) Kraetzschmar, Zusammenarbeitung Verschiedener Rezensionen des Ezechieltextes.
10) Noordtzij, de huidige plaats van deze verzen is en blijft raadselachtig.

략하게 될 것을 묘사하는 비유라고 하였고, 이것은 바벨론의 침략을 가리키는 동시에 실제에 있어서는 그 일이 하나님의 진노의 표현이라는 사실을 여기서 암시한다고 하였다. 성경에서 하나님의 진노는 종종 "폭풍"과 "구름"과 "불"에 비유되었다(참조. 출 19:9, 16; 시 18:8, 10-13; 합 3:11, 14).

"단 쇠 같은 것이 나타나 보이고"(כְּעֵין הַחַשְׁמַל "케에인 하하슈말"). 이것을 문자적으로 번역하면 "금과 은의 혼합물로 된 철물의 눈(目)과 같고"라고 해야 한다. 눈과 같다고 하였으니, 눈과 같이 번쩍번쩍한다는 뜻이다.

5-14 이 구절들은 불 가운데서 나온 네 생물에 대하여 말한다. "생물"이 불에서 나왔다고 하였으니, 그것은 스스로 이루어진 일이 아니고 하나님의 불과 같으신 성결한 사역으로 말미암아 내세워진 것이다. "네 생물"의 모습은 다음과 같다. ① **사람의 형상**(5하). 네 생물은 사실상 천사들인데 그들이 "사람의 형상"으로 나타난 이유는 사람들을 가르치기 위하여 나타났기 때문이다. ② **날개가 있고**(6하). "날개"는 영적 세계에서 운행할 수 있는 믿음을 비유한다. ③ **다리는 곧은 다리요**(7상). 이것은 그들이 행하는 일이 하나님을 위한 것이므로 좌절되는 법이 없고 어디까지나 이루어지고야 말 것을 보여준다. ④ **발바닥은 송아지 발바닥 같고**(7하). "송아지 발바닥"은 둥글다. 그것은 하나님을 순종하는 일에 원만하다는 것을 비유한다. ⑤ **사람의 손이 있더라**(8상). 이것은 봉사를 상징한다. ⑥ **날개는 다 서로 연하였으며**(9상). 이것은 연합과 단결을 의미한다. 천사들의 사역에는 힘겨루기나 불화가 없다. ⑦ **돌이키지 아니하고 일제히 앞으로 곧게 행하며**(9하). 이것은 그들의 사역이 지니는 단순성과 불변성을 비유한다. ⑧ 전후좌우에 모두 "**얼굴**"이 있음(10절). 이것은 그들을 통한 하나님의 섭리와 감시가 어디에나 존재한다는 것을 비유한다. 하나님의 섭리를 피할 수 있는 자는 땅 위에 한 사람도 없다. 그는 어디를 가나 섭리의 얼굴 앞에 있다(시 139:1-18; 대하 16:9). ⑨ **날개…둘은 몸을 가렸으며**(11하). 그들은 하나님 앞에서 부끄러움을 느끼어 이렇게 한다(참조. 사

6:2). ⑩ **영이 어떤 쪽으로 가면 그 생물들도 그대로…행하며**(12절). "영"(הָרוּחַ 하루아흐)은 하나님의 신(영)을 의미하지 않고 생물들의 정신(혹은 영)을 의미한다(Redpath, Aalders). ⑪ **숯불과 횃불모양 같은데**(13상). "불"은 하나님의 성결을 상징하는데(히 12:29), 거기서 나타난 생물들도(5절) 거룩하다. ⑫ **번개 모양 같이 왕래하더라**(14절). 이것은 생물들, 다시 말해 천사들의 사역에는 태만함이 전혀 없고 신속하게 하나님의 명령에 순종하고 있음을 가리킨다.

15-21 이 부분에서는 생물들에게 달린 바퀴에 대하여 말한다. "바퀴"는 섭리의 운행을 의미한다(약 3:6). 바퀴가 쉬지 않고 돌아가는 것처럼 섭리도 그러하다. "바퀴"의 모습은 다음과 같다.

1) **그 넷은 똑같은 모양을 가지고 있으며**(16상). 사람들과 관련된 섭리의 역사는 개별적으로 다른 점도 있지만 그것들의 결론은 하나다. 요셉이 그의 형제들로 인하여 애굽으로 팔려 간 것은 비참하였으나 요셉은 마침내 그 나라의 총리대신이 되었다. 그러므로 그가 노예가 된 비참한 사건도 총리가 되는 사건 못지않게 그가 높아지도록 만들어 준 하나의 사건이었다.

2) **황옥 같이 보이는데**(16절). 여기서 "황옥"이라는 말은 히브리어로 "타르쉬쉬"(תַּרְשִׁישׁ)인데, 실상 하늘빛 혹은 바다 색깔의 보석을 가리킨다. 이 빛에 따라서 학자들은 비유의 뜻을 찾는데. 대다수 학자가 이것을 바다와 같다는 의미로 받아들인다(Spurgeon). 이와 같은 의미로 받아들일 때 저자가 가르치고자 하는 바는 하나님의 섭리가 바다와 같이 깊다는 것이다(시 36:6).

3) **바퀴 안에 바퀴가 있는 것 같으며**(16하). 이것은 모든 섭리의 역사에는 원인이 있고 그 원인 속에 또 원인이 있다는 사실을 가리키며, 그 결과도 이중적이라는 점을 보여준다. 그러나 칼빈(Calvin)은 위의 해석과 달리 말하기를, 바퀴 안에 또 하나의 바퀴가 십자 모양으로 달려 있다고 하며, 그렇게 달린 이유는 그것이 굴러가는 방향을 자유롭게 즉각적으로 변경하기 위함이라고 하였는데, 그의 주장도 고려할 필요가 있다. 칼빈의 해석이 옳다면, 이 바퀴

들은 하나님의 섭리가 방향 전환을 자유로이 함을 나타낸다고 할 수 있다.

4) 그 둘레는 높고 무서우며(18절). 이것은 하나님께서 하시는 일이 너무 위대하여 인간에게 경이감을 주는 사실을 가리킨다.

5) 눈이 가득하며(18하). 이것은 섭리가 맹목적인 것이 아니고 생물을 통한 하나님의 지혜의 산물이라는 것을 가리킨다.

22-25 이 부분에서는 위의 생물들과 바퀴들의 동작이 하나님의 명령에 순종하는 것일 뿐임을 보여준다. "**날개 소리**", "**전능자의 음성**", "**군대의 소리**"는 하나님의 음성을 가리킨다. 섭리의 동작은 모두 다 하나님의 음성에 순종하여 일어나는 것이다.

26-28 여기서는 위에 진술된 섭리의 발원이 하나님이라는 사실을 지적한다. 하나님을 "**사람의 모양 같**"다고 한 이유는 그가 장차 사람으로 오실 오묘한 일을 내다보는 어법이다(참조. 딤전 3:16). 그의 모양에 관하여, "**단 쇠**"나 "**불**" 같다고 한 것은 그 심판의 성격이 위엄 있는 것임을 비유하고, "**무지개**" 같다고 한 것은 그가 신실과 자비로 말미암은 구원 계약을 기억하시고 그대로 지키실 것을 보여 준다(참조. 계 4:3).

| 설교자료

1. 하나님은 그의 백성을 끝까지 돌보신다(1-2절).

① 그가 완악한 유대인들에게 선지자 예레미야를 세우시고 큰 효과를 거두지 못하셨지만, 또다시 선지자 에스겔을 세우셨다. ② 그는 유대인들이 더럽다고 한 이방 나라, 캄캄한 우상의 나라인 바벨론에도 그 백성(유다 민족)을 위하여 찾아오셨다.

2. 하나님께서 사람에게 말씀하시는 방법(3절)

1) 선지자들에게는 하나님의 말씀이 찾아왔다. 그들은 기록된 문서 없이도 직접 하나님의 말씀을 들을 수 있었다. 그들에게는 그렇게 특별한 영적 권세가 있었다. 그러나 그들의 사역은 우리를 위한 것이다. 베드로전서 1:12에 말하기를 "이 섬긴 바가 자기를 위한 것이 아니요 너희를 위한 것임이 계시로 알게 되었으니"라고 하였다.

2) 선지자들과 사도들은 그와 같이 직접적으로 하나님의 말씀을 받았으나, 후대의 모든 신자는 성경을 찾아 나아가서 그 거룩한 기록을 통하여 하나님의 말씀을 받는다. 그러나 그것도 부족한 것은 아니다. 사도들은 하나님의 말씀을 전하려고 할 때 "기록되었으되"라고 하며 성경의 권위를 내세웠다. 예수님은 그 자신이 하나님이시지만, 그도 종종 "기록되었으되"라고 하시면서 하나님의 말씀을 성경과 동일시하셨다(마 4:4, 7, 10). 예수님께서 이처럼 성경이 하나님 말씀으로서의 권위를 지니고 있음을 드러내신 목적은 성경의 권위를 우리에게 알려 주시기 위함이다.

3. 하나님을 섬기자(4-25절).

1) 하나님은 어떠하신 분인가(4절)?

여기서 우리는 두 가지 중요한 사실을 생각할 필요가 있다. ① 그는 사람의 눈에 직접 보이지 않으시며 ② 다만 그의 영광만 나타내신다는 것이다. 그러나 그의 영광도 상징들로 나타났다. 곧 "폭풍"(왕상 19:11), "구름",[11] "불"의 상징(출 3:2-4; 19:18)으로 나타났다. 이와 같은 상징은 유대인들에게 익숙한 것으로서 그의 성결(혹은 공의와 진노까지도)을 상징하는 것이다. 하나님의 이와 같은 성품은 죄악과 타협할 수 없다. 우리는 이 두 가지 사실에 근거하여 명심할 것이 있다. 첫째, 보이지 않는 하나님을 섬길 줄 알아야 한다. 성경은

---

11) 출 13:21, 22 ; 14:19; 16:42; 40:38; 민 9:15; 14:14; 16:19.

말하기를 "보는 것을 누가 바라리요"라고 하였으니(롬 8:24), 우리 눈에 보이는 것은 우리가 섬길 대상이 되지 못한다. 둘째, 그의 영광도 상징으로 나타났으니, 우리는 그것을 볼 줄 알아야 한다. 그의 영광은 역사상에 나타난 대로 그의 공의로우신 행사를 의미한다. 그는 외식하는 교회를 반드시 벌하셨고, 그를 멸시한 나라들도 멸하셨다. 바리새 종교의 중심이 되어 있던 예루살렘 성전은 로마 군대가 아주 없애버렸고, 지금은 그 자리에 이슬람 사원이 세워져 있다. 역사상에 교회를 핍박하던 나라들이 망한 실례는 많이 있으니, 일일이 예시할 필요도 없다.

2) 하나님을 섬기려면 네 "생물"과 같이 되어야 한다(5-14절).

① "생물"처럼 생명이 있어야 한다. "생물"이라는 말은 히브리어로 "하요트"(חיות)인데, 이는 생명을 의미한다. 우리는 먼저 생명을 받은 후에야 하나님을 섬길 수 있다. 하나님은 "살아 있는 자의 하나님"이시다(마 22:32). "허물과 죄로 죽"은 자(엡 2:1)는 하나님을 섬길 수 없으므로 인생은 먼저 죄를 회개함으로써 새로워지고 하나님의 생기를 받아야 한다. 살았다는 것은 하나님을 향하여 살았다는 것이니, 사람이 그렇게 되면 하나님을 생각만 해도 기쁘고 하나님의 일을 기쁘게 하고 하나님을 위하여 희생하기를 기뻐한다.

② 네 가지 자격을 구비해야 한다(10절). 그 네 가지 자격은 생물들의 얼굴들이 보여준다. 곧 사람의 얼굴, 사자의 얼굴, 소의 얼굴, 독수리의 얼굴이다.

"사람의 얼굴"은 생물의 전면인데, 하나님을 섬김에 있어서 가장 중요하게 여겨진다. 그것이야말로 하나님을 섬기는 자의 신분을 대변한다. "사람"은 만물을 정복할 자로 지음 받았다(창 1:26, 28; 시 8:6, 7). 그가 참사람이 되려면 만물을 초월하여 그것들의 종이 되지 않아야 한다. 그가 그렇게 되어야만 하나님을 알게 되고 또 하나님께 헌신하게 된다.

"사자의 얼굴"은 생물의 오른쪽인데 신자는 사자처럼 이기는 자가 되어야 한다. "사자"는 승리를 표상한다(창 49:8-9; 계 5:5). 이 승리는 죄에 대한 승리를 의미한다. 성경은 피흘리기까지 죄를 대적하라는 의미로 말씀하였고(히 12:4), "악한 데 미련하라"고 하였다(롬 16:19).

"소의 얼굴"은 생물의 왼쪽인데, 신자는 소처럼 희생제물이 되어야 한다. "소"는 사람에게 그 힘과 고기까지 바친다. 희생하는 짐승으로서는 소가 첫째로 꼽힌다. 사람이 하나님을 섬긴다고 하면서 자기를 희생하지 않으면 그는 거짓말하는 자다. 우리는 주님을 위하여 소처럼 수고하고 나중에는 몸까지 바쳐야 만족할 수 있다. 주님을 위하여 몸까지도 바쳐야 할 우리가 다른 것을 아끼겠는가!

"독수리의 얼굴"은 생물의 뒤쪽인데, 신자는 독수리 같이 되어야 한다. "독수리"는 홀로 위를 향하여 높이 하늘로 올라간다. 이사야 40:31에 말하기를 "여호와를 앙망하는 자는 새 힘을 얻으리니 독수리가 날개치며 올라감 같을 것이요"라고 하였고, 시편 103:5에는 말하기를 "네 청춘을 독수리 같이 새롭게 하시는도다"라고 하였다. 신자는 영력으로 늘 새로워져야 한다.

제 2 장

✤ 내용분해

1. 하나님께서 엎드러졌던 에스겔을 일으키시고 다시 말씀하심(1-2절)
2. 하나님께서 패역한 이스라엘 백성에게 에스겔을 보내심(3-4절)
3. 그들이 듣든지 아니 듣든지 두려워 말고 말씀을 전하라 하심(5-7절)
4. 에스겔에게 하나님의 말씀을 먹으라고 하심(8-10절)

✤ 해석

1 그가 내게 이르시되 인자야 네 발로 일어서라 내가 네게 말하리라 하시며. 하나님께서는 에스겔을 "인자"(בֶּן־אָדָם "벤 아담")라고 불러 그를 격려하신다. 이 칭호가 본서에 93차례나 사용되고 있다(Mandelkern). 이것은 그처럼 많은 하나님의 계시들 가운데 에스겔 자신이 "연약한 인간"임을 기억하게 하심으로써 그를 겸비하게 하려는 것이다. 이사야는 말하기를 "너희는 인생을 의지하지 말라 그의 호흡은 코에 있나니 셈할 가치가 어디 있느냐"라고 하였고(사 2:22),

시편 146:3에는 "도울 힘이 없는 인생도 의지하지 말지니"라고 하였고, 시편 9:20에는 "여호와여 그들을 두렵게 하시며 이방 나라들이 자기는 인생일 뿐인 줄 알게 하소서"라고 하였다.

2 말씀하실 때에 그 영이 내게 임하사 나를 일으켜 내 발로 세우시기로 내가 그 말씀하시는 자의 소리를 들으니. 에스겔은 주님의 위엄을 보고(1:26-28상) 엎드렸는데 (28하), 이제 주님께서 생명의 능력으로 그를 일으켜 주신다. 알더스(G. Ch. Aalders)는 "영"(רוּחַ "루아흐")이라는 말이 생명의 기운을 의미한다고 하였고 (창 45:27; 삿 15:19; 삼상 30:12; 왕상 10:5), 다른 학자들은[12] 하나님에게서 나오는 특별한 영력을 의미한다고 하였다. 주님께서는 인간을 긍휼히 여기셔서 자신의 하늘 위엄 앞에 엎드러진 에스겔을 위로하시는 의미에서 그를 일으켜 주신다. 그는 다니엘에게도 그렇게 하여 주셨고(단 10:18-19), 사도 요한에게도 그렇게 하여 주셨다(계 1:17).

3-4 내게 이르시되 인자야 내가 너를 이스라엘 자손 곧 패역한 백성, 나를 배반하는 자에게 보내노라. 하나님께서 에스겔을 예언자로 보내실 때 그 예언의 상대방은 쉽사리 순종할 자들이 아님을 미리부터 알려 주신다. 이것은 모든 전도자가 공통으로 각오할 일이다. 전도자는 쉽게 순종할 자들만 골라서 상대하려 하면 안 된다. 그들이 전도하는 목적은 완악한 죄인들을 깨우쳐 살리기 위함이다(겔 33:14-16). 선한 의사는 중병에 걸린 환자를 맡아서 치료하며 도와주기를 원한다. 하나님께서는 "악인이 죽는 것을 기뻐하지 아니하신다"고 하였다 (겔 33:11). 고치기 쉬운 병만 골라서 고치는 의사는 훌륭한 의사가 아니다. 그러므로 의사들은 난치병을 고치기 위해 오랫동안 연구한다. 완악한 죄인들을 회개시키는 일은 죽은 자를 살리는 것처럼 귀한 일이다. 그러므로 미국과 같은 선진국에는 회개시키기 어려운 유대인들만을 대상으로 사역하는 선교

---

12) Von Orelli, Kraetzschmar, Heinisch, Herrmann, Troelstra, Noordtzij, Schumpp, Ziegler.

단체가 있다.

"패역한 백성"(גוֹיִם הַמּוֹרְדִים "고임 하모르딤")이라는 말은 "패역한 이방들"이라는 뜻이다.[13] 하나님의 백성(유대인)을 가리켜 "이방인"이라고 한 이유는 그 당시 유대인들이 너무나 "패역"하여 하나님을 모르는 이방 민족과 다름이 없었기 때문이다. "이방들"이라고 복수로 표현한 것은 에스겔이 유다만 아니고 북쪽 나라 이스라엘도 염두에 두고 말한 것으로 보인다. 에스겔이 찾아가서 말할 대상이 부패하였을 뿐 아니라 그들의 조상들도 범죄하였다고 한다. 그렇다면 그들이 회개치 않는다면 조상들이 받을 벌까지 감당하게 될 것이었다. 조상들의 죄는 자손들에게까지 영향을 미친다(그 자손들이 똑같은 죄를 범하고 회개치 않는다면)(참조. 출 20:5). 그러므로 부패한 유대인들을 대상으로 전도하는 것은 에스겔에게 있어서 시급한 일이었다.

"얼굴이 뻔뻔함"(קְשֵׁי פָנִים "키쉐이 파님")은 얼굴이 굳다는 뜻인데, 진리의 말씀 앞에서 아무런 감각도 없는 철면피를 가리킨다.

5 그들은 패역한 족속이라 그들이 듣든지 아니 듣든지 그들 가운데에 선지자가 있음을 알지니라. 이것은 에스겔에게 그 당시의 유대인들이 "듣든지 아니 듣든지" 말씀을 전하라는 뜻도 포함한다(참조. 7절). 사람들이 하나님의 말씀을 순종하지 않더라도 그들에게 전도해야 하는 이유는 이 구절에서 말하는 것처럼 그들로 하여금 "그들 가운데에 선지자가 있음을" 알게 하려는 것이다. 이것은 ① 그가 전한 하나님의 말씀이 성취될 때라도 완악하던 그들이 회개하도록 하려는 것이며, ② 그 말씀의 성취를 목도하는 후대의 다른 사람들이 그것이 성취되는 놀라운 사실을 보고서 회개케 하려는 것이며, ③ 설령 후에 그 말씀의 성취를 목도한 자들이 회개하지는 않더라도 그 말씀의 위엄을 무시하지 못하고 하나님의 영광이 나타남을 인식하게 하려는 것이다.

---

13) Keil, Von Orelli, Bertholet, Schumpp.

"알지니라"(יָדְעוּ "베야드우"). 이 말을 현재에 안다는 뜻으로 해석하는 학자들이 있으나(Noordtzij, Ziegler), 이것은 장차 알게 됨을 의미한다.

6 **인자야 너는 비록 가시와 찔레와 함께 있으며 전갈 가운데에 거주할지라도 그들을 두려워하지 말고 그들의 말을 두려워하지 말지어다 그들은 패역한 족속이라도 그 말을 두려워하지 말며 그 얼굴을 무서워하지 말지어다.** 여기서 선지자를 격려하시는 하나님의 말씀은 "두려워하지 말라"는 것이다. 앞으로 그는 가시가 찌르며 전갈이 쏘는 것 같은 괴로움을 당할 것이다. 이런 괴로움은 죽는 것보다 견디기 어려운 것이다(계 9:5-6). 단번에 얼른 죽임을 당하는 것은 삽시간에 이루어지는 일이지만 오랫동안 괴롭히기만 하고 죽이지 않는 것은 견디기 어렵다. 그는 이런 고통 앞에서 계속해서 공포에 사로잡히기 쉽다. 그러나 하나님의 사자에게는 그런 공포심이 없어야 한다. ① 그런 공포심을 가지는 것은 그 고통에 비례하여 하나님의 위로도 크다는 것을 망각한 것이니 주님을 믿는 자에게 합당치 않은 일이다. 고린도후서 1:5에 말하기를 "그리스도의 고난이 우리에게 넘친 것 같이 우리가 받는 위로도 그리스도로 말미암아 넘치는도다"라고 하였다. ② 신자들이 박해자들로 말미암아 괴로움을 당할 때 그들을 두려워하면, 그것은 하나님보다 박해자들을 높이는 죄가 된다. 마태복음 10:28에 말하기를 "몸은 죽여도 영혼은 능히 죽이지 못하는 자들을 두려워하지 말고 오직 몸과 영혼을 능히 지옥에 멸하실 수 있는 이를 두려워하라"라고 하였다. 이런 말씀이 있는데도 불구하고 신자들이 핍박자들을 두려워하는 이유는 하나님보다 박해자들을 더 크게 보기 때문이다. 하나님보다 다른 것을 더 두려워하는 것은 죄다. 그와 같은 죄는 하나님의 진노를 초래한다. 그러므로 예레미야 1:17에 말하기를 "그들 때문에 두려워하지 말라 네가 그들 앞에서 두려움을 당하지 않게 하리라"라고 하였다.

7 **그들은 심히 패역한 자라**(כִּי מְרִי הֵמָּה "키 므리 헤마"). 이것을 직역하면 "그들은 패역하기 때문이다"라고 해야 한다. 70인역(LXX)은 이 같은 어구 대

에스겔 제 2 장 41

신에 "그것(이스라엘 족속)은 격노케 하는 집(족속)이기 때문이다"(ὅτι οἶκος παρπικραίνων ἐστί)라고 하였다. 어떤 히브리어 사본에는 이 문구 대신에 단순히 "패역한 집(족속)이라"(בית מרי "베이트 므리")라고만 기록되어 있는데 이것을 본래의 원본으로 여기는 학자들이 많다.[14]

8-10 네 입을 벌리고 내가 네게 주는 것을 먹으라. 하나님의 말씀을 먹는다는 것은 사람이 그것을 가장 뜨겁게 받아들여 자기 자신과 일체화하는 것을 가리킨다(히 4:2). 하나님의 말씀을 담대히 전할 자는 단순히 그 말씀을 듣기만 해서는 안 된다. 그는 맛있는 음식 먹듯이 그것을 살 깊이 생명 있게 받아야 한다. 과연 그 말씀이 그에게 살과 같이 되어야 한다. 참된 전도자는 하나님의 말씀을 사랑하며, 자기 살을 위함과 같이 하나님의 말씀을 위한다.

| 설교자료

1. 여호와는 패역한 자에게도 전도자를 보내시는 자비로우신 하나님이시다(3절). 우리가 패역한 자에게 복음을 전하려고 찾아갈 때 하나님은 더욱 기뻐하신다. 왜냐하면 패역한 자를 찾아가는 전도자는 그만큼 강하게 하나님 말씀의 능력을 믿기 때문이다.

2. 패역해지고 뻔뻔해지고 완악해진 자들에 대하여는 생각해 볼 것이 있다(3-6절). 그들이 왜 완악해졌을까? 종교적으로 외식하는 생활이 습관화되었기 때문이다. 사람들은 흔히 선을 진심으로 행하지 못하고 겉모양으로만 하게 된다. 그것이 습관화되기는 아주 쉬우며 그 결과 종교 생활을 외식으로 하는 것이 제2의 천성이 되어버린다. 그와 같이 된 자들을 하나님께서 벌하

---

14) Heinisch, Herrmann, Noordtzij, Schumpp, Ziegler, Auvray.

시는 날이 찾아온다.

  3. 전도자는 괴롭다(6절). 그가 상대하는 일터가 죄악 세상이며, 죄악과 더불어 싸우는 것이 그가 할 일이다. 전도자는 그런 일터에 파송된다. 그 목적은 ① 혹시라도 완악한 사람들이 복음을 듣고도 회개치 않으므로 망하는 경우, 그 사람들로 하여금 하나님께서 살아 계셔서 전도자를 보내셨다는 사실만은 알도록 하려는 것이다(5절). 다시 말해 끝까지 회개하지 않는 자들은 멸망하더라도 하나님이 살아 계신다는 사실은 드러나게 하려는 것이다. ② 사람이 하나님의 말씀을 먹으면 어떠한 완악한 자들에게라도 복음을 전할 수 있게 된다(8-10절). 다시 말해 하나님의 말씀을 인격의 가장 깊은 곳에 지니게 되면 그럴 수 있다. 욥기 32:18-21에 말하기를 "내 속에는 말이 가득하니 내 영이 나를 압박함이니라 보라 내 배는 봉한 포도주통 같고 터지게 된 새 가죽 부대 같구나 내가 말을 하여야 시원할 것이라 내 입을 열어 대답하리라 나는 결코 사람의 낯을 보지 아니하며 사람에게 영광을 돌리지 아니하리니 이는 아첨할 줄을 알지 못함이라"라고 하였다.

제 3 장

✧ 내용분해

1. 에스겔이 음식물을 먹는 것 같이 하나님의 말씀을 섭취함(1-3절)

2. 하나님께서 다시 그의 예언 대상인 이스라엘 백성의 완악함에 대하여 예고하심(4-7절)

3. 그들을 두려워하지 말고 듣든지 아니 듣든지 그들에게 말하라고 하심(8-11절)

4. 하나님께서 에스겔에게 힘을 주시되, 그는 예언 사역의 난관을 생각하여 근심함(12-15절)

5. 에스겔에게 파수꾼으로서의 책임의 중대성을 인식시키심(16-21절)

6. 하나님의 말씀을 받기 전에는 예언 사역을 할 수 없음을 알게 하심(22-27절)

✧ 해석

1-3 인자야 너는 발견한 것을 먹으라. "인자"라는 호칭에 대해서는 2:1 해석을 참조하라. 여기서 "발견한 것"(אֵת אֲשֶׁר־תִּמְצָא)이라는 문구가 70인역(LXX)에는 없다. 그래서 이것을 본문에서 제외하는 학자들이 있다(Cornill, Rothstein). 그러나 그들의 이와 같은 본문 수정은 지나친 것인데, 이 문구는 예레미야 15:16에도 있다. 하나님의 말씀을 달게 먹듯이 받아 그것과 일체가 되다시피 체험하지 않은 자는 참된 전도자가 될 수 없다.

내게 먹이시며(וַיַּאֲכִלֵנִי "바야아킬레니"). 이것은 선지자가 순전히 수동적인 자세로 계시를 받는다는 사실을 말하여 준다. 70인역은 바로 앞에 있는 "**내가 입을 벌리니**"라는 말씀까지도 하나님께서 하시는 것으로 표현한다. 말하자면 "그가 내 입을 열어주시니"(καὶ διήνοιξε τὸ στόμα μου)라고 되어 있다. "**두루마리**" 책을 "**먹**"는 체험은 에스겔에게 있어서 계시의 환상 중에서 일어난 일이므로 그가 먹었던 책은 물질로 이루어진 것은 아니었다(G. Ch. Aalders).

4-7 에스겔이 예언의 대상으로 삼을 민족은 언어가 다른 이방 민족이 아니고, 순종치 않는 유다 민족이었다. 옛날부터 유대인들이 이방인들보다 더욱 하나님의 말씀을 순종하지 않았다(욘 3:1-10). 은혜를 많이 받고도 두려워할 줄 모르고 방심하는 자는 완악해지기 쉽다.

8-11 하나님께서는 에스겔이 진리에 굳게 설 수 있도록 은혜를 주시고 능히 완악한 유대인들을 감당하게 하신다. 하나님께서 전도자에게 힘을 주시지 않으면 언제나 그는 실패한다. 자력으로는 저 완악한 세상 사람들을 이겨낼 수 없다. 그러므로 전도자는 잠시라도 자신을 믿지 말고 하나님만 믿어야 한다.

네 이마를 굳게 하였으되. 이스라엘 백성이 완악하여 선지자의 말을 듣지 아니하므로, 하나님은 에스겔의 "이마를 굳게" 하시겠다고 말씀하신다. 요컨대 완악한 자들 가운데서 끝까지 예언 사역을 감당할 수 있도록 선지자의 마음을 굳세게 만들어 주시겠다는 것이다. 그는 영적 전쟁을 앞두고서 그가 세우신 사람들에게 강한 투지를 주시는 하나님이시다.

12-15 이 부분에서 에스겔은 그가 맡은 사명을 감당할 수 없다고 생각하여 근심한다. 성령으로 강화된 선지자라도 아직 인간적인 근심의 정서를 완전히 벗어나지 못하였다. 그것이 도리어 그를 겸손하게 만드는 것이다. 하나님의 사자가 겸손을 잃으면 능력도 잃는 법이다.

에스겔이 "들어올리웠다"는 것은 성령의 특수한 감동을 받은 상태에 있다는 의미이다. 이것은 하나님께서 그를 그가 예언할 지역으로 옮겨가시는 광경을 계시한다. "크게 울리는 소리", "날개가 서로 부딪치는 소리", "바퀴 소리" 등은 패역한 유대인들을 상대로 예언할 에스겔을 뒷받침해주는 하늘 세력의 위엄을 상징한다. 그는 이 소리를 들을 때에 큰 용기를 얻었을 것이다.

찬송할지어다 여호와의 영광이 그의 처소로부터 나오는도다(12절). 이 문구는 이상해 보이지만 70인역(LXX)과 다른 고대 역본들에도 있다. 피쉬(Fisch)라는 학자는 이 찬송이 생물들에게서 나온 것이라고 한다.

"내가 근심하고 분한 마음으로 가니" 라는 말씀(14절)과 **"두려워 떨며**(מַשְׁמִים '마슈밈'; 놀란 중에 침묵하고 지냄) **칠 일을 지내니라"** 라는 말씀(15절)은 그가 저 패역한 유대인들의 타락한 상태에 대해 근심하는 태도를 묘사한다. 여기서 "분한 마음"(חֵמָה "하마")은 뜨거움(heat)을 의미한다. 사도 바울도 자기 동족이 그리스도를 믿지 않기 때문에 뜨거운 근심과 고통이 있었다. 그는 동족을 위하여 "내 자신이 저주를 받아 그리스도에게서 끊어질지라도 원하는바"가 있다고 하였다(롬 9:1-3). 선지자 에스겔이 그렇게 근심하는 이유는 무엇인가? 그것은 그 당시 완악한 유대인들이 하나님의 영광을 모독하였기 때문이다. 에스겔은 생물들이 하나님을 영화롭게 하는 반면에 유대인들은 하나님의 이름으로 죄만 범하고 하나님의 이름에 욕을 돌리고 있음을 보았다. 이처럼 대조되는 두 가지 모습을 보는 에스겔은 근심하지 않을 수 없었다. 성경은 종종 이런 두 가지 대조를 보여주면서 독자들의 각성을 촉구한다.

마이클 그리피스(Michael C. Griffiths, Overseas Missionary Fellowship)는 신자들 가운데 하나님을 참으로 위하는 사람과 자기 자신의 영광을 위하는 자를 대조하기 위해 다음과 같은 성경 장절에 기록된 사실들을 예로 들어 설교한 적이 있다. "바나바는 밭을 팔아 그 값을 교회에 바쳤던(행 4:36-37) 반면 아나니아와 삽비라는 그 소유를 판 값에서 얼마를 감추고 일부만 바쳤고(행 5:1-2), 사도들은 그리스도를 위하여 몸을 바치고 핍박을 달게 받았던 반면 가말리엘은 말로써 수난당하는 사도들을 변호하면서도 예수님을 위하여 복음에 투신하지는 않았고(행 5:33-39), 빌립은 진실히 예수님을 믿어 권능을 행하였던 반면 시몬은 자기 자신을 위하여 그리스도의 일꾼이 되려고 베드로에게 돈을 바치며 하나님의 권능을 사려고 하였다(행 8:4-19)."

"델아빕"(אָבִיב תֵּל)은 바벨론의 어떤 지명인데 비옥한 땅이었던 듯하고 이스라엘 포로들이 거주한 곳이다. 히브리어 원문에는 **"그발 강 가에 거주하는 자들에게 나아가"**라는 말 다음에 "그들이 거기 유하더라"(שָׁם יוֹשְׁבִים הֵמָּה וָאֲשֶׁר)라는 문구가 있다. 어떤 히브리어 사본에는 이 말이 없다. 따라서 이 문구(그들이 거기 유하더라)는 본래의 원본이 아닐 것이라고 여겨진다.[15] 우리 한글 번역 성경도 이 문구는 번역하지 않았다.

16-21 이 부분에서는 하나님의 말씀을 전할 파수꾼의 책임이 얼마나 중대한지에 대해 말씀한다. 영혼의 파수꾼이 악인을 깨우치지 않으면 그 악인이 망할 때 그 피 값을 파수꾼에게서 찾겠다고 하신다. 그가 우리에게 그렇게 책임을 지우시는 이유는 ① 그가 영혼을 사랑하시기 때문이다. 그는 한 영혼을 온 천하보다 더 사랑하신다(마 16:26). 그는 구스 내시 한 명을 구원하

---

15) Toy, Hans Schmidt, Heinisch, Herrmann, Cooke, Van Den Born, Schumpp, Ziegler.

시기 위하여 빌립을 가사로 가는 길에 보내셨다(행 8:26). 그는 많은 의인보다 죄인 한 사람이 회개함을 더 기뻐하신다. ② 사람만이 영혼을 하나님께로 인도할 자격을 가졌기 때문이다. 하나님은 천사보다도 인간을 사용하신다. 그가 그렇게 하시는 이유는 인간에게 남을 감동시킬 눈물도 있고 피도 있고 고생도 있기 때문이다. 자격에는 언제나 책임이 따른다. ③ 내가 남을 깨우쳐 구원하는 일을 하면, 그것이 나의 영혼에 유익하기 때문이다. 남의 영혼을 위하는 일은 곧 내 영혼을 위하는 일이다. 히브리서 13:17에 말하기를 "그들은 너희 영혼을 위하여 경성하기를 자신들이 청산할 자인 것 같이 하느니라"라고 하였다. 우리는 다른 사람 사랑하기를 "내 몸과 같이" 사랑해야 한다는 진리에 따라 살아야 한다.

또한 영혼의 파수꾼은 의인이 잘못하는 것도 깨우쳐 주어야 할 책임을 지니고 있다. 의인이 혹시 죄를 범하면 그 죄 때문에 전에 행한 의가 하나님께 기억되지 않는다고 본문은 말한다(20절). 그러므로 의인이 한 번 범하는 죄도 크게 위험한 일이다. 이것을 보면 의인도 자기를 안전하게 여기지 않아야 한다. 그도 늘 두려워 떨어야 한다.

16 칠 일 후에 여호와의 말씀이 내게 임하여 이르시되. 이 말씀의 히브리어 원문을 직역하면, "칠 일 후에 있으니라 여호와의 말씀이 있으니라"이다. 여기서 "있으니라"(וַיְהִי "바예히")라는 동사가 두 번이나 나오므로 부자연스러워 보인다. 그러므로 크레취마르(Kraetzschmar)라는 학자는 16절 하반절부터 21절까지를 가리켜 선지자가 사명을 받는 본문에 대한 후대의 확장[16]이라고 하였다. 그러나 알더스(G. Ch. Aalders)는 말하기를 "우리는 16-21절을 선지자의 책임에 대한 하나님의 지시로서 통일된 한 개의 문건으로 보아야 안전하

---

16) nachträgliche Erweiterung des Texes der Berufungsgeschichte.

다"라고 하였다.[17] 한스 슈미트(Hans Schmidt)도 그렇게 생각한다.

"여호와의 말씀이 내게 임하여 이르시되." 14:2 해석을 참조하라.

17 인자야 내가 너를 이스라엘 족속의 파수꾼으로 세웠으니 너는 내 입의 말을 듣고 나를 대신하여 그들을 깨우치라. 영혼들의 파수꾼은 ① 하나님의 말씀을 바로 들어야 한다. "내 입의 말을 듣고"라는 문구가 그러한 사실을 강조한다. 하나님으로부터 멀리 떠나서 이렇게 저렇게 변형된 말이나, 혹은 다른 것과 섞인 말은 사람의 영혼을 구원하지 못한다. 곧바로 하나님의 입에서 나온 말씀 그대로가 영혼을 구원한다. 하나님의 말씀을 전한다는 사람들 가운데는 성경을 바로 해석하여 전하지 않고 각기 제멋대로 성경 말씀을 왜곡하여 자기의 사상을 전하는 데 이용하는 자들이 많다. 그렇게 성경을 왜곡한 설교는 영혼을 구원하지 못한다. ② 파수꾼은 하나님을 대신하여 하나님의 말씀을 전해야 한다. "나를 대신하여"라는 말의 히브리어 "미메니"(מִמֶּנִּי)는 "나로부터"라는 뜻이다. 그것은 전도자가 바로 하나님께서 말씀하시는 것처럼 해야 한다는 뜻이다(벧전 4:11). 이것은 전도자가 자신을 거부하고 극히 낮아져서 하나님의 도구가 되어 설교하는 자세를 가리킨다. 그에게는 "내가 하나님의 도구다"라는 자만심도 전혀 없다. 그는 사도 바울과 같이 말씀에 붙들려서 말하는 자다(행 18:5). ③ 영혼의 파수꾼은 죄인들을 깨우쳐야 한다. 그의 깨우침은 그 죄인들로 하여금 외부적인 위험을 느끼도록 하는 것이 아니고, 죄악과 그 결과를 느끼도록 하는 것이다.

18 가령 내가 악인에게 말하기를 너는 꼭 죽으리라 할 때에. 하나님께서 "악인에게" 하시는 말씀은 "너는 꼭 죽으리라"(מוֹת תָּמוּת "모트 타무트")라는 것이다. 이처럼 엄한 말씀은 크나큰 죄나 수많은 죄를 범한 사람에게 국한된 선언이 아니다. 이것은 작은 죄나 단 한 번의 죄만 범한 사람에게도 내려지는 선고다.

---

17) G. Ch. Aalders, Commentaar op het Oude Testament, Ezechiël Ⅰ, 1955, 77.

우리 선조 아담과 하와가 선악과를 먹은 것은 작은 죄 같으며, 그리고 단 한 번 범한 죄였다. 그러나 하나님께서는 그들에게 말씀하시기를, "선악을 알게 하는 나무의 열매는 먹지 말라 네가 먹는 날에는 반드시 죽으리라"(창 2:17)라고 하셨다. 죄는 많은 양으로써 영혼을 죽이는 것이 아니고, 그 질로써 영혼을 죽인다. 마치 작은 불씨가 화약을 터뜨리는 것과 마찬가지다. 불이 화약을 터뜨리는 자질을 가진 것처럼, 죄는 비록 작아도 영혼을 멸망시킨다.

네가 깨우치지 아니하거나 말로 악인에게 일러서 그의 악한 길을 떠나 생명을 구원하게 하지 아니하면 그 악인은 그의 죄악 중에서 죽으려니와 내가 그의 피 값을 네 손에서 찾을 것이고. 하나님의 말씀을 받고도 전하지 않는 것은 어떤 죄를 범하는 것인가? ① 영혼의 가치를 조금도 인정하지 않는 죄와, ② 복음의 가치를 조금도 인정하지 않는 죄다. 롤랜드 힐(Rowland Hill)은 개인 전도를 열심히 하였기 때문에 미쳤다는 말을 들었고, 데이비드 브레이너드(David Brainerd)는 꿈을 꿀 때도 늘 전도하는 꿈을 꾸었고, 또한 그가 잠에서 깨자마자 가장 먼저 생각한 일은 개인 전도였다고 한다. 신약 시대에는 일반 신자들이 모두 다 영혼의 파수꾼인데, 우리는 이 책임을 잘 감당해야 한다.

19 이 구절에 대하여는 사도행전 20:26-27을 참조하라.

20 **의인이 그의 공의에서 돌이켜 악을 행할 때에는 이미 행한 그의 공의는 기억할 바 아니라.** 여기서 "의인"은 외부적으로 계명을 지키는 정도의 사람들을 가리킨다. 그도 별수 없이 죄를 범할 때가 있다. "그의 공의에서 돌이켜 악을 행할 때에는." 이 문구는 가정법 표현이 아니고 반드시 그렇게 될 것을 가리킨다. 그가 사람들 앞에서 흠 잡힐 일은 별로 하지 않는 시기가 있었을 것이다. 그러나 그것도 믿을 수 없다. 그뿐 아니라 그럴 때조차도 하나님 앞에서는 늘 죄인이다. ① 그는 다른 사람을 내 몸과 같이 사랑하지 못하며, ② 그는 하나님의 영광보다 자기의 명예를 위하여 선을 행하며, ③ 그는 겉치레로 의로운 체하기도 한다.

"그의 공의는 기억할 바 아니라." 말하자면 그가 한 번만 범죄 하여도 전에 행한 "그의 공의"(צִדְקֹתָיו "치드코타브"; 그의 공의들)는 무효가 된다. 이것은 신구약 성경의 진리에 부합한다. 이것은 또한 "누구든지 온 율법을 지키다가 그 하나를 범하면 모두 범한 자가 되나니"(약 2:10)라는 말씀과도 부합한다(참조. 갈 3:10).

과거의 많은 의로운 행실들이 그가 한 번 범한 죄 때문에 무효가 된다는 말씀에서 우리가 깨달아야 할 진리는 다음과 같다. 요컨대 과거에 많은 의를 행하였을지라도 그것이 영원한 가치를 지니는 구원의 의를 이루지 못한다는 것이다. 구원은 오직 그리스도의 의로만 성립된다.

21 너도 네 영혼을 보존하리라. 고린도전서 3:15을 참조하라.

22-27절. 많은 해석가들은 이 부분이 4장에서 시작되는 에스겔의 상징적 행동 예언에 대한 서론이라고 말한다. 그러나 이것을 그렇게 보지 않고 이때까지 말해왔던 에스겔의 사명 수여에 대한 결론이라고 주장하는 학자들도 있다.[18] 이 학설이 옳다고 볼 수 있는 이유는 다음 몇 가지다. ① 22절에 **"거기서"**(שָׁם "샴")라는 말이 있는데, 그것은 앞에서 이미 언급한 말씀(1-3장) 가운데 있는 어느 장소와 관계되어 있다고 할 수 있다. 70인역(LXX)에는 이 말이 없으나 그렇다고 해서 마소라 텍스트(주후 6-12세기 사이에 유대인 문법학자들이 히브리어 본문에 대한 독법을 기록한 텍스트)의 이 단어를 무시할 수 없다. 코닐(Cornill)과 로트슈타인(Rothstein)은 70인역과 같이 이 단어를 제거하지만 그것은 지나친 일이다. ② 23절에 **"여호와의 영광"**(כְּבוֹד־יְהוָה "케보드 여호와")이라는 말이 나오는데, 그것은 에스겔이 그발강 가에서 보던 것과 같다고 한다. 그러므로 이 부분(22-27절) 말씀은 위에 이미 언급된 에스겔의 사

---

18) Hengstenberg, Skinner, Herrmann, Ziegler, Auvray, Van Den Born.

명 수여 사건과 관련되는 것으로 보인다. ③ 그리고 이 부분(22-27절)에 기록된 대로 에스겔이 침묵할 시기와 말할 시기에 관한 하나님의 지시와 같은 요소들 역시 이 부분이 선지자의 사명 수여에 관련된 것임을 보여주고 있다.

24 너는 가서 네 집에 들어가 문을 닫으라. 이 말씀에 대하여 몇 가지 해석이 있다. ① 그의 예언 활동이 중지된다는 의미라는 해석이 있고, ② 그는 이제부터 공적으로 사역하지 않고 사적으로 상징적 행위에 따른 예언(4-5장)을 할 것이라는 의미라고 해석하기도 하고(Cooke), ③ 선지자를 대적하는 자들의 박해 때문에 집에 있으라는 뜻이라고 해석하기도 한다. 이 마지막 해석이 옳은데 그 정당성은 25절이 잘 보여준다.

25 너 인자야 보라 무리가 네 위에 줄을 놓아 너를 동여매리니 네가 그들 가운데에서 나오지 못할 것이라. 이 말씀은 에스겔이 군중들로부터 박해받을 것을 예언한다.

26 네 혀를 네 입천장에 붙게 하여. 이 말씀은 하나님께서 에스겔이 당분간 공적 예언 사역을 하지 않도록 이스라엘에 대한 책망의 말씀을 그에게 주시지 않겠다는 뜻이다.

27 그러나 내가 너와 말할 때에 네 입을 열리니 너는 그들에게 이르기를 주 여호와의 말씀이 이러하시다 하라 들을 자는 들을 것이요 듣기 싫은 자는 듣지 아니하리니 그들은 반역하는 족속임이니라. 영혼의 파수꾼에게 주어진 유일한 사역 도구는 하나님의 말씀이다. 그가 하나님의 말씀을 듣지 못했을 때는 차라리 "집에 들어가 문을 닫"고 있어야 한다고 하나님은 말씀하셨으며(24절), "혀를…입천장에 붙게" 해야 한다고 말씀하셨다(26절). 하나님의 말씀을 듣지 못한 자는 박해자들(25절), 곧 패역한 자들에게 전도할 힘이 없다.

오늘날 우리가 하나님의 말씀을 들었다는 것은 무엇을 의미하는가? 그것은 지금도 하늘로부터 직접 주어지는 하나님의 말씀을 듣는다는 것이다. 하늘로부터 직접 주어지는 하나님의 말씀은 무엇인가? 그것은 오늘날 우리가 성경 말씀을 읽거나 듣다가 그 말씀을 깨달을 때 그것이 너무 달아서 하늘에서 현재에 내게 주신 말씀으로 확실히 믿어지는 것을 가리킨다.

| 설교자료

1. 하나님의 말씀은 달다(1-3절). 음식은 맛이 있으므로 우리의 식욕을 왕성하게 만든다. 음식이 우리에게 영양분을 제공하는 유익한 것이라 할지라도 그 맛이 쓰다면 우리는 그것에게 끌리지 않을 것이다. 하나님의 말씀은 우리에게 생명의 양식이 될 뿐 아니라 좋은 맛을 지니고 있다. 다윗은 하나님의 말씀을 가리켜 "꿀과 송이꿀 보다 더 달도다"라고 하였다(시 19:10). 그 맛은 무슨 맛인가? ① 영적 생명의 맛이다. 하나님의 말씀은 우리의 심령을 살려준다. 죽었던 영혼이 살아 움직이게 하고, 낙심된 영혼이 힘을 얻게 하고, 죄로 죽은 영혼이 죄를 떠나는 힘을 얻게 하며, 고민 속에 잠겼던 영혼이 기쁨을 얻게 한다. ② 하나님께서 보호해 주시는 맛이다. 전도자는 이 세상의 모든 반대와 박해를 "하나님의 말씀이 이렇다"라는 한마디 선언으로 물리칠 수 있다. 그 반대와 박해가 오랜 세월 동안 지속될 수는 있으나, 그것은 하나님의 말씀 중 단 한마디도 꺾지 못한다.

2. 하나님께서는 그의 말씀을 순종치 않는 완악한 자에게도 말씀의 증인을 보내신다(4-7절). 그것은 그의 자비의 표현이다. 그의 자비는 무한하여서 사람이 보기에는 소망 없는 완악한 자도 끝까지 회개시키려고 하신다.

3. 하나님께서는 완악한 자들을 위하여 전도자를 세우실 때 그 전도자가 그처럼 완악한 자들을 위하여 선한 싸움을 싸울 수 있도록 강한 영력으로 무장시켜 주신다(8-9절). 그는 이런 의미에서 예레미야를 "견고한 성읍", "쇠기둥", "놋성벽"이 되게 하셨다(렘 1:18). 하나님의 세우심을 받은 사람은

그의 일터에서 일할 수 있는 영력까지 공급받는다.

　4. 하나님을 위하여 일하는 파수꾼은 무엇보다도 두 가지 확고한 마음가짐을 갖추어야 한다(12-21절). 첫째는, 하나님의 영광을 찾아드리기 위해 불타는 마음인데, 에스겔은 그런 마음으로 근심하기도 하였고 분하게 생각하기도 하였다(14-15절). 인류가 하나님의 영광을 짓밟는 것을 보고 근심하며 분하게 여기는 자가 하나님의 사람이다. 둘째는, 사람들의 영혼에 대한 강한 책임감이다. 하나님께서는 에스겔에게 이런 책임감을 불러일으키기 위하여 자세히 말씀하신다(17-21절).

　5. 전도자는 하나님께서 말씀을 주시는 대로만 말할 수 있다. 그는 하나님의 말씀을 깨닫지 못하는 동안에는 두문불출해야 마땅하다(24-27절).

제 4 장

✤ 내용분해

1. 첫째 행동 계시(1-3절). 이것은 예루살렘이 최후에는 바벨론 군대에게 포위될 것을 보여준다.

2. 둘째 행동 계시(4-8절). 이것은 에스겔이 죄악을 담당하는 의미에서 이스라엘 민족을 위하여 390일 동안 왼쪽으로 눕게 하시고, 또 유다 민족을 위하여 40일 동안 오른쪽으로 눕게 하신 것이다.

3. 셋째 행동 계시(9-17절). 이것은 앞으로 이스라엘과 유다 민족이 음식물의 결핍으로 말미암아 당할 고난을 에스겔이 시범적으로 체험하게 하신 것이다.

✤ 해석

1 인자. 2:1 해석을 참조하라.

토판. 이것은 히브리어로 "르베나"(לְבֵנָה)라고 하는데 토서판을 의미한다.

그 당시 바벨론에서는 글자를 새기고 보전하기 위해 토판을 사용하였다.

예루살렘을 그 위에 그리고. 이것은 예루살렘이 장차 포위당할 것을 미리 도형으로 그려 두기 위한 것이다. 하나님께서 에스겔에게 이렇게 하도록 명령하신 목적은 물론 장차 이스라엘 민족이 예언의 성취를 목격하고 그때에라도 믿게 하려는 것이다(참조. 3하). 그러나 에스겔 자신도 이 도형 작성을 통하여 명심할 것이 있다. 요컨대 예언자로서 장래에 하나님께서 하실 일을 도형으로 파악하듯이 확신해야 한다는 점이다. 장래에 하나님께서 하실 일에 대하여 확신이 없는 자는 그것을 힘있게 전파할 수 없다. "예루살렘을"(אֶת־יְרוּשָׁלִָם)이라는 어구가 후대에 첨가된 것이라고 주장하는 학자들[19]이 있으나, 가장 오래된 번역들이 이 어구를 포함하고 있으므로 이 같은 학자들의 주장은 옳지 않다(G. Ch. Aalders).

"그리고"(חַקּוֹתָ "하코타"). 이것은 "새기고"(engrave)라는 뜻이다. 말하자면 "토판"(לְבֵנָה "르베나"; 벽돌)에 새기는 것을 의미한다.

2 "사다리"(מָצוֹר "마초르")는 망대를 의미하는데, 성을 공략하기 위한 도구를 가리키기도 한다(신 20:20). **"언덕"**(דָּיֵק "다예크")은 흙으로 높이 쌓은 처소인데, 성을 포위한 군대가 그 위에서 적군에게 활을 쏘았다. **"공성퇴"**(כָּרִים "카림")는 돌덩어리를 날리는 기계 장치(battering ram)을 가리킨다. 이와 같은 전투 장비에 대한 모형은 장차 바벨론 군대가 예루살렘을 둘러싸고 공략할 것을 보여준다. 하나님께서는 이런 미래의 큰일도 손안에 놓인 모형과 같이 확정하고 계신다.

3 철판을 가져다가 너와 성읍 사이에 두어. "철판"(מַחֲבַת בַּרְזֶל "마하바트 바르젤")은 떡을 굽는 데 사용하는 도구를 가리킨다. 이것을 선지자와 예루살렘 "성읍 사이에 두"는 이유는 다음과 같다. 말하자면 하나님을 대표하는 선지자

---

[19] Toy, Hans Schmidt, Herrmann, Cooke, Bertholet.

는 바벨론으로 하여금 그 성읍을 공격하게 하고 그 성읍은 그의 말에 순종하지 않고 항전할 것을 의미한다. 둘 사이에는 타협이 이루어지지 않으며 철로 만든 성벽으로 가로막혀 있다. 누구든지 하나님 앞에서 회개하지 않고 순종하지 않으면 그것은 하나님을 대적하는 무서운 죄악이다.

이것이 이스라엘 족속에게 징조가 되리라. 말하자면 예루살렘이 바벨론 군대에게 포위당할 때에는 여기 기록된 에스겔의 행동 예언(1-3절)이 이스라엘 백성에게 주어진 하나님의 참된 경고였다는 사실이 알려진다는 것이다. 이와 같은 행동 계시가 에스겔의 예언 당시에는 유대인들에게 어리석게 보였을 것이다. 그러나 하나님의 미련한 것이 사람보다 지혜 있다(고전 1:25).

4 너는 또 왼쪽으로 누워 이스라엘 족속의 죄악을 짊어지되 네가 눕는 날수대로 그 죄악을 담당할지니라. 이 말씀은 이스라엘 백성이 받을 벌을 에스겔이 대신 담당한다는 의미가 아니다. 다만 그가 시범적으로 그것을 담당하는 것처럼 이스라엘 민족이 그것을 담당하리라는 뜻이다.[20] 하나님께서 에스겔이 이런 행동 예언을 하도록 하신 목적은 이스라엘 백성으로 하여금 현재에도 장차 임할 환난을 생각하고 회개하게 하려는 것이며, 또한 장차 이스라엘이 환난을 당할 때도 에스겔의 이와 같은 행동 예언을 기억하고 회개하게 하려는 것이다.

5 삼백구십 일. 날 수를 햇수로 환원하게 되면 390년은 아래 6절의 40년과 합하여 430년이 된다. 430년은 이스라엘이 애굽에서 수난당한 기간이다. 이 430이라는 숫자에서 수난의 의미만 취하는 학자들이 있다. 그러나 그보다 390년은 남북 왕국으로 분열된 이후 북왕국이 여로보암 왕 때부터 범죄한 기간이고, 40년은 남쪽 유다가 그 말엽에 범죄한 기간이다. 에스겔이 체험하도록 지시받은 고난은 예루살렘이 포위된 동안의 괴로움만 아니라 이스

---

20) G. Ch. Aalders, het gehele gewicht van de עון drukt zijn lichaam met die zijde tegen den grond, zodat het die zijde is waarop de volle last te rusten Komt.

라엘과 유다의 범죄로 말미암은 역사상의 모든 괴로움에 대한 것이다. 이것을 보면 사람의 범죄 생활 자체는 그가 하나님의 진노 아래서 받는 고난이기도 하다(롬 1:24-32).

70인역(LXX)에는 "삼백구십 일"(שְׁלֹשׁ־מֵאוֹת וְתִשְׁעִים יוֹם) 대신에 "백구십 일"(ἐννενήκοντα καὶ ἑκατὸν ἡμέρας)로 되어 있는데 이것이 원본일 것이라고 주장하는 학자들이 적지 않다.[21] 그러나 알더스(G. Ch. Aalders)와 판 덴 보른(Van Den Born)은 70인역이 옳지 않다고 주장한다. 그 밖에 헬라어 역본들 가운데 아킬라(Aquila)역과 심마쿠스(Symmachus)역과 테오도티온(Theodotion)역은 모두 390일로 되어 있다.

6 사십 일로 정하였나니 하루가 일 년이니라. 위의 5절 해석을 참조하라.

7 너는 또 네 얼굴을 에워싸인 예루살렘 쪽으로 향하고 팔을 걷어 올리고 예언하라. "팔을 걷어 올리"는 것은 일하기 위한 준비 과정이다. 선지자가 이런 자세를 취하고 예언하는 이유는 무엇을 보여주고자 하는 것인가? 이것은 위험이 가까이 다가온다는 뜻이라고 해석하기도 하지만(Schumpp), 그런 것이 아니다. 이것은 선지자 에스겔이 자기의 예언을 하나님께서 반드시 성취하신다고 장담하는 자세다.

8 내가 줄로 너를 동이리니. 다시 말해 에스겔이 그의 누운 자세를 마음대로 변경하지 못하도록 하시겠다는 뜻이다.

9 너는 밀과 보리와 콩과 팥과 조와 귀리를 가져다가 한 그릇에 담고 너를 위하여 떡을 만들어 네가 옆으로 눕는 날수 곧 삼백구십 일 동안 먹되. 하나님께서 에스겔을 통하여 예언하시려는 말씀은 장래에 예루살렘이 바벨론에게 포위될 때는 성내에 거주하는 자들의 식량이 극도로 핍절하게 되리라는 것이다. 에스겔은 이러

---

[21] Cornill, Toy, Skinner, Von Orelli, Bertholet, Hans Schmidt, Heinisch, Noordtzij, Ziegler, Auvray, Steinmann.

한 사실을 자신이 시범적으로 미리 체험하면서 그들에게 경종을 울리도록 부탁 받는다. 여기서 여섯 가지 잡곡으로 떡을 만들어 먹으라는 것이 그런 의미다. 이와 같은 떡은 섞이지 않은 고운 가루로 만든 떡(창 18:6)에 비하여 극히 질이 낮은 것이다.

10 하루 이십 세겔씩 때를 따라 먹고. "이십 세겔"은 1인분 식량의 1/3이니, 매우 적은 분량이다. "때를 따라"(מֵעֵת עַד־עֵת "메에트 아드 에트"). 매일 정한 때에 한 번씩이라는 의미다(G. Ch. Aalders).

11 육분의 일 힌. 이것은 세 홉쯤 되는 적은 분량이다. 예루살렘이 포위된 때에 식량과 물이 모두 극히 부족하게 될 것이라는 두려운 사실이 이와 같이 에스겔의 시범적인 체험에 의하여 예언된다.

12-13 인분 불을 피워 구울지니라. "인분"은 더러운 것이므로 거룩한 용도에 합당하지 않다고 구약 율법에 기록되어 있다(신 23:12-14). 유대인들이 "인분 불"에 구운 떡을 먹으리라는 것은 그들이 장차 이방인들 가운데 흩어져 식료품이나 연료가 결핍하여 매우 불행한 처지에 빠질 것을 예언한다. 아라비아 사람들은 연료가 부족하여 가축들의 똥으로 불을 피워 떡을 굽는다고 한다.

14 나는 영혼을 더럽힌 일이 없었나이다. 말하자면 에스겔이 율법에서 규정하는 음식물 관련 법규를 잘 지키기 때문에 성결에 저촉되는 것은 먹지 않았다는 뜻이다. 그는 하반절에서 그가 먹지 않은 동물들의 고기("스스로 죽은 것···짐승에게 찢긴 것···가증한 고기")를 대표적으로 진술한다(참조. 신 14:3-21). "영혼"(נֶפֶשׁ "네페쉬")은 여기서 자기 자신(self)을 의미할 뿐이고, 반드시 심령을 의미하는 것은 아니다(G. Ch. Aalders).

15 쇠똥으로 인분을 대신하기를 허락하노니. "인분" 대신에 "쇠똥"을 사용하도록 허락하신 것은 다만 에스겔을 위한 것이었다. 그의 이와 같은 처지는 장차 이스라엘 민족이 이방 민족들 가운데 흩어져 살 때 식량과 연료로 인해 심한 곤란을 겪게 되리라는 것을 예언한다(Matthew Henry).

16-17 내가 예루살렘에서 의뢰하는 양식을 끊으리니. 이것은 유대인들이 징계를 받아 양식과 연료가 부족하게 되는 원인을 밝혀준다. 그것은 그들이 하나님보다 양식을 더 "의뢰"하였기 때문이라고 한다(참조. 사 3:1-3).

설교▶ 장래의 심판을 만민에게 알려 주어라(1-17절)

1. 장래 심판을 모든 사람에게 알릴 필요성

1) 인생들에게 있어서 장래의 심판처럼 중대한 일은 없다. 인생의 모든 일이 거기서 결판난다. 그뿐 아니라 그 심판을 면할 자도 없다. 따라서 우리는 장래의 심판 때에 잘 되기를 위하여 준비해야 한다. 아모스 4:12에 말하기를 "이스라엘아 네 하나님 만나기를 준비하라"라고 하였다. 로마서 14:8에는 "사나 죽으나 우리가 주의 것이로다"라고 하였으니 우리가 어떤 경우에도 주님의 손에 들어간다는 의미가 아닌가. 우리가 장차 주님의 손에 들어갈 수밖에 없다면 차라리 오늘날 살아 있을 때부터 주님의 손에 붙잡혀서 주님의 다스림을 잘 받고 순종하는 것이 지혜롭다. 부흥사 찰스 피니(Charles Finny)는 인생이 한번 심판을 받을 수밖에 없다는 사실을 깊이 느끼고 나서 법률가가 되려던 계획을 포기하고 전도자가 되었다.

2) 사람들이 장래의 심판에 대해 전혀 깨닫지 못하고 있으니, 우리는 이것을 알려 주어야 한다. 어째서 사람들이 장래 심판에 대해 그토록 깨닫지 못하는가? 그 이유는 그들이 현세의 생활에 지나치게 애착을 보이고 있기 때문이다. 누가복음 17:27에 말하기를, "노아가 방주에 들어가던 날까지 사람들이 먹고 마시고 장가들고 시집가더니 홍수가 나서 그들을 다 멸망시켰으며"라고 하였다. 노아 시대의 사람들은 현세의 삶에 중독되어 있었으므로 장래 심판에 대한 노아의 경고를 주의 깊게 듣지 않았다. 비유컨대 아편 중독자가 아편보다 더 좋은 것이 없는 줄 아는 것과 마찬가지다. 롯의 아내는

소돔성이 이제 막 심판을 받아 불로 멸망하는 중인데도 그곳을 빠져나오면서 뒤를 돌아보다가 소금 기둥이 되었다(창 19:26).

2. 장래 심판을 만민에게 알리되 극도로 불타는 마음으로 힘쓸 것

본문을 보면 에스겔은 유다 민족이 장차 당할 심판에 대하여 방금 심판을 당하는 사람처럼 처신하였다. 요컨대 그는 민족의 죄악으로 인한 고초를 겪는 의미에서 왼쪽으로 390일을 눕고 오른쪽으로 40일을 눕게 되었다. 그뿐 아니라 그는 양식이 극도로 핍절하여 고생을 하였다. 심판에 대한 이와 같은 시범적인 체험은 장차 임할 심판에 대해 확신을 가지고 불타는 가슴으로 전파하는 일이었다. 이러한 전도 방식은,

1) 심판에 대한 예고를 그 당시의 민중이 전혀 듣지 않았기 때문에 나온 것이다. 그렇게 완악한 민중일지라도 그는 그들을 버리지 않고 끝까지 그들에게 진리를 증거한다. 그는 증거하는 일을 쉬는 법이 없었다.

2) 그는 이와 같은 증거 운동을 말로 전했을 뿐 아니라 이렇게 무언중에 행동으로도 실천하였다. 요컨대 그는 많은 날 동안 왼쪽으로 눕기도 하고 오른쪽으로 눕기도 하였으며, 또한 좋지 못한 음식을 조금씩 먹으며 연명하기도 하였다. 이것은 유다 민족이 국가적으로 심판을 받을 때에 당할 고생을 자기 몸에 미리 받으면서 불타는 듯한 안타까운 마음으로 예언하는 것이었다.

| 설교자료

1. 3절에 나오는 "너와 성읍 사이에 두어"라는 말씀에 비추어볼 때, 선지자는 하나님을 대리하여 예루살렘에 군대를 보내어 공격하게 만든 셈이다. 선지자의 권위는 이처럼 막강하다. 그러므로 그가 예언 사역 가운데 가르친 말씀은 바로 하나님의 말씀이었다.

2. 에스겔은 자신의 상징적인 행동을 통해 이스라엘이 반드시 그들의 죄에 대한 대가로 수난당할 것을 보여준다(4절). 사람은 반드시 자기 죄에 상응하는 값을 치른다. 그가 죄를 짓는 바로 그 순간에는 대가를 치르지 않을 수도 있지만, 결국 그는 자신이 쌓아둔 모든 죄에 상응하는 값을 한꺼번에 치를 날이 오고야 만다(롬 2:3-5). 이와 같은 원리는 개인에게나 단체에게나 마찬가지다. 그러므로 갈라디아서 6:7에 말하기를 "사람이 무엇으로 심든지 그대로 거두리라"라고 하였다.

3. 사람들은 하나님께서 주신 양식을 먹으면서도 하나님을 의뢰하지 않고 도리어 양식을 더 의지한다(16절). 그것이 그들의 큰 죄악이다. 이는 마치 돼지가 도토리나무 아래에서 떨어지는 도토리를 주워 먹으면서도 도토리나무를 모르는 것과 마찬가지다. 사람들은 이와 같은 죄악 때문에 결국 기근을 겪기도 한다.

제 5 장

✤ 내용분해

1. 에스겔이 그의 머리털과 수염을 깎아서 삼분의 일씩 처분하는 상징계시(1-4절)

2. 유다 민족에게 환난을 보내실 이유(5-12절)

3. 위에 말한 것을 재 진술하여 확고히 하심(13-17절)

✤ 해석

1 인자야. 2:1의 같은 말 해석을 참조하라.

네 머리털과 수염을 깎아서 저울로 달아 나누어 두라. 여기에 또 하나의 상징 예언이 나온다. 그것은 예루살렘 거주자들이 아무리 많을지라도 하나님께서는 그 무리를 "머리털"이나 "수염"처럼 경미하게 보시며 쉽사리 벌하실 수 있다는 뜻이다. 그들은 많은 숫자를 자랑하며 교만하게 행한다. 그러나 하나님께서는 가벼운 털을 저울에 달아서 나눠두었다가 이리 저리 처분하듯이 그들을 남김없이 골고루 벌하실 것이라고 한다. 하나님은 언제든지 사람들의 교만을 꺾으신다(약 4:6). 하나님이 그들을 벌하실 때 그들은 사람의 수중에 있는 털과 같아서 쉽게 소멸되고 말 것이다.

2 **그 성읍을 에워싸는 날이 차거든 너는 터럭 삼분의 일은 성읍 안에서 불사르고 삼분의 일은 성읍 사방에서 칼로 치고 또 삼분의 일은 바람에 흩으라 내가 그 뒤를 따라 칼을 빼리라.** 이 구절은 바벨론 왕 느부갓네살의 최후의 침략으로 말미암아 유대인들이 많이 죽임을 당할 것을 예언하는 말씀이다. 그 민족을 "삼분"하여 진술하는 것이 숫자상으로 그렇게 나누어졌다는 의미인지 확실히 알기 어렵다. 그러나 그 민족이 세 차례에 걸쳐 대규모로 죽임을 당하게 되리라는 것은 확실하다. 과연 여기서 예언한 말씀이 후대에 그대로 이루어졌는데, 예레미야는 그러한 사실을 잘 지적하고 있다(렘 39:4-9). "삼분의 일은 성읍 안에서 불사르라"고 하였는데, 이는 포위당한 동안 기근과 염병으로 죽을 것을 상징하고(G. Ch. Aalders), "삼분의 일은 성읍 사방에서 칼로 치라"고 하였는데, 이는 후에 시드기야 왕과 다른 많은 사람이 도망치다가 붙잡혀 죽임을 당한 사건으로 성취되었다(왕하 25장). 그리고 나머지 "삼분의 일은 바람에 흩으라 내가 그 뒤를 따라 칼을 빼리라"라는 말씀은 후에 예레미야가 예언의 성취에 대해 말한 것과 같이, 느부갓네살의 침략 때문에 사방으로 도망갔던 자들을 가리킨다(렘 40:7-44:30).

3 **너는 터럭 중에서 조금을 네 옷자락에 싸고.** 이것은 그 당시 느부갓네살의 침략으로 인하여 많이 죽고 조금 남은 유대인들을 가리킨다. 그들 중에서도 얼마는 또 죽게 될 것이라고 한다. 이렇게 하나님의 백성도 회개하지 않으면 다수가 패망하고 극소수만 남게 된다.

범죄하고 회개하지 않는 교회도 결국은 벌을 받으며 그 벌을 면할 자들이 많지 않을 수도 있다. 그러므로 죄 때문에 벌을 받아 수난 중에 있는 신자들은 이제부터라도 자신의 잘못을 깨끗이 회개하고 바로 서서 주님만 바라보고 사람들에게 덕을 세우며 살아야 한다. 현대 교회는 죄로 말미암아 난관에 빠져 있다. 이런 때에 우리가 바르게 서는 길은 물질적인 원조를 확보하거나 교세를 확장하는 일에 집중하는 것이 아니라 우리 안에 내재한 부패를 바로 잡고 하나님의 말씀으로 돌아가는 것이다.

4 그 속에서 불이 이스라엘 온 족속에게로 나오리라. 70인역(LXX)은 이 문구를 다음과 같이 번역하였다. "그 속에서 불이 나오리라 너는 이스라엘 온 족속에게 말하라"(ἐξ αὐτῆς ἐξελεύσεται πῦρ καὶ ἐρεῖς παντὶ οἴκῳ Ἰσραήλ). 우리는 70인역(LXX)이 이와 같이 번역한 이유를 알 수 없다.

"그 속에서"(מִמֶּנּוּ "미메누")라는 말은 하나님이 유다에 내리신 "그 마지막 심판으로부터"라는 의미다. "불"은 하나님의 진노를 상징한다.

설교▶ 인생은 하나님 앞에서 털과 같이 작은 자임을 기억하자(1-4절)

1. 인생은 사실 하나님 앞에서는 지극히 약한 자이므로 그가 이러한 사실을 밝히 알아야만 행할 길을 바로 찾을 수 있다. 사람이 자기의 약함을 깨닫지 못하면 자기 자신도 바로 찾지 못하고 일평생 헛된 일에 매달린다.

1) 우리의 몸은 짐승보다 약하여 언제나 옷으로 감싸주어야 살 수 있으며, 체온이 40도를 넘어도 죽고 33도 아래로 내려가도 죽는다. "인생 칠십 고래희"(人生七十古來稀)라고 하였는데, 그 기간 중에 삼분의 일은 잠자고 삼분의 일은 늙어가는 불행으로 허비하며 그 나머지는 실수와 허물투성이다.

2) 우리의 마음은 얼마나 약한가? 그는 진정한 믿음을 일순간 가져볼 뿐이고 오래 지속하지 못한다. 그는 작은 일로 인하여 큰 일을 그르치는 경우도 많다. 심지어 가족들 간에도 사소한 일을 참지 못하여 서로 다투다가 결국에는 가정이 파괴되는 불행한 일이 생기기도 한다. 가정생활은 가족들이 서로 인격을 존중하여 잘못한 자는 잘못했다고 말해야 하고, 잘못하지 않은

자는 잘못한 자를 용서함으로써 화평을 유지해야 한다. 그런데도 사람들은 심지어 가정에서도 "내가 잘못했다"라는 말을 하지 않기 때문에 가정이 즐거운 장소가 되지 못한다. 가정에서 사소한 문제로 말미암아 큰일을 그르치는 일들이 있는 것을 보면서 우리는 사람의 마음이 머리칼같이 약하고 상하기 쉽고 끊어지기 쉬운 것임을 알 수 있다. 그러므로 이사야는 인생을 가리켜 "버러지" 같다고 하였고(사 41:14), 욥은 "구더기 같은 사람, 벌레 같은 인생"이라 하였고(욥 25:6), 또한 "티끌과 재 같"다고 하였다(욥 30:19). 다윗은 사람이 "먼지"라고 하였으며(시 103:14), 야고보는 인생을 "안개"와 같다 하였고(약 4:14), 다윗은 인생을 가리켜 말하기를 "사람은 입김이며 인생도 속임수이니 저울에 달면 그들은 입김보다 가벼우리로다"라고 하였고(시 62:9), 이사야, "모든 육체는 풀"이라고 하였다(사 40:6-7).

2. 인생이 하나님 앞에서 머리털 같이 작고 약한 줄을 알면 자신을 바로 아는 것만큼 행복한 길을 찾을 수 있으며 인생으로서 성공할 수 있다. 고린도후서 12:9에 하나님은 말씀하시기를 "내 능력이 약한 데서 온전하여짐이라"라고 하였고, 따라서 바울은 말하기를 "내가 약한 그 때에 강함이라"라고 하였다(고후 12:10). 사람이 자기의 약함을 심각하게 느낄수록 하나님을 의지하며 하나님의 사랑을 받는다. 그러므로 하나님께서 인생을 깨우쳐 약한 줄을 알도록 하심으로써 주님을 믿어 영생을 얻게 하시는 일이 많다. 칼빈(Calvin)은 "걸어 다니는 병원"이란 별명를 받을 만큼 병이 많았다. 그러나 그가 그렇게 되었으므로 하나님을 잘 믿었고, 주님을 위하여 많은 일도 하게 되었다. 밀턴(Milton)은 42세 때에 맹인이 되어 비로소 〈실낙원〉(Paradise lost)이라는 유명한 책을 저술하였다.

인생이 약하고 헛된 줄을 아는 것이 하나님을 찾아가는 비결이다. 다윗은 말하기를 "주께서 나의 날을 한 뼘 길이만큼 되게 하시매 나의 일생이 주

앞에는 없는 것 같사오니 사람은 그가 든든히 서 있는 때에도 진실로 모두가 허사뿐이니이다 (셀라) 진실로 각 사람은 그림자 같이 다니고 헛된 일로 소란하며 재물을 쌓으나 누가 거둘는지 알지 못하나이다 주여 이제 내가 무엇을 바라리요 나의 소망은 주께 있나이다"라고 하였다(시 39:5-7; 참조. 시 90:1). 만일 인생이 자기의 연약함을 기억하지 못하고 덤벼들면 하나님께서는 그들을 머리털을 처분하듯이 쉽사리 멸망시키신다. 그것이 이 부분(겔 5:1-4)의 교훈이다.

5-7 이 구절들은 그들이 하나님께 벌을 받을 수밖에 없도록 만든 그들의 죄악을 보여준다. 11절 상반절 역시 그러하다. 그들의 죄악은 여호와의 규례와 율법을 어기어 이방인보다 더욱더 악하여진 것이었다. ① 그들이 여호와를 섬기는 도리를 알고도 순종하지 않았으니 그들은 무지한 이방인들보다 죄가 더욱 크다. "**너희 요란함**"(הֲמָנְכֶם "하만켐")이라는 표현은 "너희의 증대"(Your Multiplication)를 의미하는데(Calvin), 그들이 모든 죄악을 배가시켰다는 뜻이다. 그들이 하나님의 말씀을 받고서도 죄를 회개하기는커녕 더욱 죄를 증가시킨다. 그뿐 아니라 ② 그들은 이방인들(불신자들) 가운데 세워진 자들로서 빛의 책임을 하지 않고 도리어 율법을 범하였으니, 그것이 큰 죄악이다. 본문에 예루살렘(유다 민족을 의미함)을 열방이 "**둘러 있도록**"(סְבִיבוֹתֶיהָ "스비보테하") 하였다는 표현(5절), 또는 "**둘러 있는**" 열방이라는 표현(6절)이 도합 세 번 나온다. 이것은 이 부분에 있어서 유다 민족의 죄악이 더욱 엄중하게 인식되고 있었음을 보여준다. 말하자면 그들은 열방 중에 종교적으로 높임을 받고 본보기로 세움을 얻은 민족이었음에도 범죄하고 회개치 않음으로써 더욱더 죄를 증가시킨 것이다. 그러므로 이사야는 말하기를 "하나님의 이름이 너희(유다 민족) 때문에 이방인 중에서 모독을 받는도다"라고 하였다(롬 2:24; 참조. 사 52:5). 신자는 등대와 같아서 많은 사람들의 주목을 받는

다. 그러므로 그들이 잘못하게 되면 불신자들은 쳐다볼 곳조차 없는 낙오자들이 되어 타락할 대로 타락한다. 그러니 신자들이 잘못할 때 그들의 죄책은 더 크다.

5절에서 "그를 이방인 가운데에 두어 나라들이 둘러 있게 하였다"는 말씀은 예루살렘이 지리적으로 세계의 중앙에 있다는 뜻이 아니고 예루살렘이 하나님의 계시 역사의 초점이 되어 있음을 가리킨다.

8-12 그러므로 나 주 여호와가 말하노라 나 곧 내가 너를 치며 이방인의 목전에서 너에게 벌을 내리되 네 모든 가증한 일로 말미암아 내가 전무후무하게 네게 내릴지라 그리한즉 네 가운데에서 아버지가 아들을 잡아먹고 아들이 그 아버지를 잡아먹으리라 내가 벌을 네게 내리고 너희 중에 남은 자를 다 사방에 흩으리라…그러므로 나 주 여호와가 말하노라 내가 나의 삶을 두고 맹세하노니 네가 모든 미운 물건과 모든 가증한 일로 내 성소를 더럽혔은즉 나도 너를 아끼지 아니하며 긍휼을 베풀지 아니하고 미약하게 하리니 너희 가운데에서 삼분의 일은 전염병으로 죽으며 기근으로 멸망할 것이요 삼분의 일은 너의 사방에서 칼에 엎드러질 것이며 삼분의 일은 내가 사방에 흩어 버리고 또 그 뒤를 따라 가며 칼을 빼리라. 이 구절들은 유다 민족이 하나님 앞에서 받을 벌의 성격에 대하여 말한다.

1) 이방인의 목전에서 그들을 벌하실 것이다(8절). "나 곧 내가"(גַם־אָנִי "감 아니")라는 말은 강조체인데 70인역(LXX)에는 없다. 그래서 이것이 원본의 문구가 아니라고 주장하는 학자들(Cornill, Rothstein)이 있으나 이는 근거 없는 이론이다. 이방인들을 가르치기 위하여 세움 받은 자들(유다 민족)이 범죄하였으므로 하나님께서는 그들을 벌하실 때 이방인들로 하여금 그것이 천벌인 줄 알아볼 수 있을 정도로 나타내시지 않을 수 없다. 그가 그렇게 하셔야 이방인들도 하나님이 살아 계심을 알게 되고, 유다 민족의 범죄로 인하여 하나님의 영광이 가려지는 일을 막을 수 있다. 그는 그의 영광을 빼앗기지 않으신다. 이사야 48:11에 말씀하시기를, "나는 나를 위하며 나를 위하여 이를 이룰 것이라 어찌 내 이름을 욕되게 하리요 내 영광을 다른 자에게 주지 아

니하리라"라고 하셨다.

2) 그것은 전무후무한 벌이다(9절). 이것은 바벨론의 침략으로 인한 환난이 예루살렘에 한하여 전무후무할 정도로 크다는 의미일 뿐이다. 특별히 10절 상반에 기근으로 인하여 "아버지가 아들을 잡아먹고 아들이 그 아버지를 잡아먹으리라"라는 말씀은 전무후무한 두려운 상황을 보여준다(Calvin). 그 뿐 아니라 또다시 10절 하반절에 "남은 자를 다 사방에 흩으리라"라는 말씀도 다른 민족들 가운데서는 목격할 수 없는 참사다. 이 말씀대로 유대인들은 오늘날까지 흩어져 살고 있다. 오늘날 이스라엘이 독립하였다고 하지만, 그 나라에 살고 있는 유대인의 숫자가 해외에 거주하는 유대인의 숫자보다 적다고 한다. 부모와 자식이 서로 먹으리라는 예언과 민족이 각국에 흩어지리라는 말씀은 일찍이 모세도 출애굽 시대에 예언했던 바다(신 28:36-37, 64-65; 32:26).

3) 그들을 아끼지 않고 미약하게 만들 것이다(11-12절). 이것은 유다 민족이 많이 죽고 약해지리라는 뜻이다. 특히 1-4, 12절을 종합적으로 읽어 보라. 하나님의 거룩하심을 본받아 거룩하기를 힘쓰지 않는 자는 영적인 권능도 약해지는 법이다(참조. 슥 11:17). 우리가 하나님의 뜻대로 살지 않으면 우리의 신앙이 약해진다.

13-15 이 구절들은 유대인들이 벌 받은 결과에 대하여 진술한다. ① 하나님의 공의가 충족된다(13상). **"내 마음이 가라앉으리라"**라는 말씀이 그런 의미다. ② 하나님의 말씀이 성취된 이후에 살아가는 유대인들은 이전에 선지자들의 열정적인 권면이 진정한 하나님의 말씀이었다는 사실을 깨닫게 될 것이다(13하). 이처럼 그들이라도 깨닫고 믿는 것은 귀한 일이다. 오늘날의 사람들이나 후대의 사람들을 불문하고 모두 다 믿고 구원얻을 진리가 바로 복음의 진리다. 이 세상 사람들의 말은 날이 가고 해가 갈수록 낡아지지만, 하나님의 말씀은 후대에도 낡아지지 않아서 옳다고 인정받는 영원한 진리다.

③ 이방인들도 멸망한 유대인들을 비웃게 될 것이다(14-15절). 그들의 잘못이 드러나고 하나님의 살아 계심이 이방인들에게도 알려질 정도로 유대인들이 뚜렷이 천벌을 받는다(참조. 8절 해석). 하나님은 죄인을 두드러지게 벌하심으로써 하나님을 모르는 사람들이 그의 살아 계심을 알게 하신다. 15절의 **"두려움"**이라는 말은 교훈이 되는 징계를 의미하고 **"경고"**는 놀랄 만한 것을 의미한다.

16-17 이 구절들은 결론적으로 다시 유다 민족이 받을 벌을 거듭 말한다. **"독한 화살"**은 곡식을 해치는 메뚜기나 해충의 재앙을 의미하고, **"외롭게"** 됨은 가족의 죽음으로 외로워짐을 가리킨다.

| 설교자료

1. 하나님께서 죄인들을 벌하실 때에는 정확하게 그들을 판단하신다(1절). 죄인들이 일단 하나님의 징벌을 받게 되면 그 벌은 그들에게 사정없이 임한다. 그것은 불이나 칼이나 바람같이 무자비하게 닥쳐온다(2절). 그러므로 죄인들은 하나님의 징벌을 받기 전에 미리 힘써 회개하여 하나님께로 돌아가는 것이 지혜로운 일이다.

2. 모든 세상 사람들 가운데서 모범이 되기 위하여 세움 받은 하나님의 백성이 그들의 사명을 다하지 못할 뿐 아니라 도리어 세상 사람보다 더욱더 악한 자리에 떨어질 때 그들은 하나님으로부터 혹독한 징벌을 받는다(5-10절).

3. 하나님을 섬기는 종교를 우상숭배로 더럽힌 죄악은 하나님의 성결을 아끼지 않는 극악무도한 죄악이다. 하나님의 징벌은 여기에 비례하여 임한다. 한마디로 그 벌은 하나님께서 그런 범죄자들을 아끼지 않으신다는 사실

을 보여주는 벌이다(11-12절).

4. 끝까지 회개하지 않는 자들은 하나님의 징벌을 받은 후에야 비로소 전날에 주어진 하나님의 경고를 회상한다(13절). 그러나 기회가 지난 뒤에는 아무리 후회하여도 소용없다(참조. 마 25:8-13).

5. 모든 이방 민족들 가운데서 하나님을 섬기는 일을 맡은 특별한 백성인 신자들이 범죄하여 하나님께 욕을 돌리면, 그들이 받을 벌은 특별히 무거운 것이다. 그들이 받을 벌은 불신 세계의 비웃음거리가 될 것이다(14-15절). 그것이 그런 자리에 처하는 이유는 하나님께 충성을 다하지 못한 신자들의 죗값이 어떠한지를 불신자들도 알게 하시려는 것이다. 불신자들은 그러한 사실을 알 때에 하나님을 두려워하게 된다.

제6장

✣ 내용분해

1. 하나님께서 이스라엘의 산들을 대상으로 예언하라고 하심(1-7절)
2. 이방에 사로잡혀 간 유대인들의 회개에 대하여 예언함(8-10절)
3. 1-7절의 내용을 재 진술함으로써 확고히 하심(11-14절)

✣ 해석

1-3 여호와의 말씀이 내게 임하여 이르시되 인자야 너는 이스라엘 산을 향하여 그들에게 예언하여 이르기를 이스라엘 산들아 주 여호와의 말씀을 들으라 주 여호와께서 산과 언덕과 시내와 골짜기를 향하여 이같이 말씀하시기를 나 곧 내가 칼이 너희에게 임하게 하여 너희 산당을 멸하리니. "여호와의 말씀이 내게 임하여 이르시되." 14:2 해석을 참조하라. "인자야." 이 칭호에 대하여는 2:1에 있는 같은 말 해석을 참조하라. 여기서 이른바 "산"(הָרֵי "하레")이라는 말은 복수 형태이니 "산들"이라고 번역되어야 한다. "그들에게 예언하여"라는 말은 산들에게 예언하라는 뜻이다. 토

이(Toy)라는 학자는 이것을 "그들을 거슬러 예언하여"(הִנָּבֵא עֲלֵיהֶם)라고 고쳐 읽지만, 그것은 근거 없는 추측에 의한 것이다. 그런데 에스겔이 이스라엘 산들을 대상으로 예언하게 되었다는 것은 무슨 뜻인가?

설교▶ 산들을 향하여 예언하는 의미(1-3절)

1. 예언의 대상이 사람이 아니고 "산과 언덕과 시내와 골짜기"라는 것은 그가 전하는 진리가 너무도 확실하다는 것을 보여주기 위함이다. 그 당시 사람들은 예언자의 말에 귀를 기울이지 않았다(6:1-7). 비록 그들이 듣지 않을지라도 에스겔은 예언을 그치지 않고 무생물인 "산", "언덕", "시내", "골짜기"에게라도 말해야만 했다는 것이다. 그것은 진리에 대한 확신으로 불타는 행동이다.

2. 산과 언덕과 시내와 골짜기를 향하여 예언하는 또 한 가지 이유는 그것들 위에 사람들이 세웠던 우상들이 장차 하나님의 징벌로 말미암아 파괴될 것이기 때문이다(참조. 3하-7절). 하나님께서는 범죄하고 회개치 않는 사람들을 직접 벌하기도 하시지만, 어떤 때는 그들의 죄악과 관련된 악한 업적들을 파괴하신다. 그는 그렇게 하심으로써 그가 인간의 죄악을 미워하신다는 사실을 사람들 앞에 실물로 전시하신다. 그는 죄인들을 오래 참으시지만 그들이 끝까지 회개하지 않을 때는 이렇게 그들을 벌하시는 날이 있다.

4-7 여기서는 이스라엘 백성이 그들의 우상들 및 제단들과 함께 얼마나 참혹하게 패망할 것인지를 묘사한다. 한마디로 그것들을 섬기던 자들이 **"죽임을 당하여 너희 우상 앞에 엎드러지게"** 하며(4, 7절), **"시체를 그 우상 앞에"** 두고(5상), **"해골을…제단 사방에 흩어버린다"**는(5하) 것이 대표적인 표현들이

다. 그야말로 우상들과 그것을 섬기던 자들이 함께 망한다는 진리를 생생하게 나타내는 표현들이다. 그리고 우상이나 제단이 **"황폐"**, **"깨어져 없어짐"**, **"찍힘"**, **"폐하여짐"**이 되는 모습은 모두 다 그것들의 명확한 실패를 암시해 준다. 구약 시대에 하나님의 백성이 하나님을 떠나서 섬긴 우상은 눈에 보이는 것이었고 신약 시대에 신자들이 섬기는 우상은 눈에 보이지 않는 마음속의 것이다(골 3:5). 이렇게 두 시대의 우상의 형태는 서로 다르다. 그러나 사람이 어떤 우상을 섬기든지 결국 하나님께 벌을 받아 그것과 함께 패망하는 날이 찾아온다. 그날에는 여호와 하나님이 참 하나님이며 그가 살아 계신다는 사실이 드러난다(7하).

8-10 **그러나 너희가 여러 나라에 흩어질 때에 내가 너희 중에서 칼을 피하여 이방인들 중에 살아 남은 자가 있게 할지라 너희 중에서 살아남은 자가 사로잡혀 이방인들 중에 있어서 나를 기억하되 그들이 음란한 마음으로 나를 떠나고 음란한 눈으로 우상을 섬겨 나를 근심하게 한 것을 기억하고 스스로 한탄하리니 이는 그 모든 가증한 일로 악을 행하였음이라 그 때에야 그들이 나를 여호와인 줄 알리라 내가 이런 재앙을 그들에게 내리겠다 한 말이 헛되지 아니하니라.** 누구든지 징벌받는 자들을 업신여기지 말아야 한다. 우리가 그들을 업신여기는 순간에 우리 자신이 이미 교만해져서 불행에 떨어지는 것이다.

이 부분(8-10절) 말씀에서는 하나님의 진노로 말미암아 사로잡혀 간 이스라엘 사람들이 회개할 것이라고 예언한다.

"내가…살아 남은 자가 있게 할지라"(הוֹתִרִי="호타르티"). 70인역(LXX)은 이 문구에 해당하는 번역어를 가지고 있지 않다. 따라서 이 문구가 원본이 아니라고 주장하는 학자들도 있으며(Herrmann, Noordtzij, Auvray), 이 문구를 의심스럽게 여기는 이들도 있다(Heinisch, Troelstra). 그러나 알더스(G. Ch. Aalders)는 이 문구가 그대로 있어야 한다고 주장한다.

설교 ▶ 신자는 어떤 환경에서든지 소망을 지닐 수 있다 (8-10절)

아무리 난관과 곤경에 처했을지라도 회개하기만 하면 그는 거기서도 하나님의 사랑을 받을 수 있다. 사람이 아무리 좋은 환경에 놓여 있더라도 겸손하지 못하고 회개하는 마음이 없으면 하나님의 진노가 그의 위에 머문다. 아무리 환경이 나쁠지라도 죄를 깨닫고 여호와가 살아 계신 사실만 굳게 믿고 살아가면 된다.

우리 본문에는 사로잡혀 간 자들의 회개에 대하여 두 가지로 기록되었다. ① 그들은 "스스로 한탄"할 것이다(9절). 이것은 외면적인 생활에서 부분적인 개혁을 단행하는 정도에 그치는 것이 아니며 마음속 깊은 곳에서 자기 잘못을 깨닫고 아프게 여긴다는 것이다. 회개라는 것은 마음속에 죄악을 감추어둔 채로 외면적인 죄만 치워버리고 그럴싸하게 포장하는 것이 아니다. 그와 같은 회개는 비유컨대 홍역을 앓는 아기의 피부에 돋은 것이 일시적으로 없어진 듯하나 그것이 피부 속으로 깊이 들어간 것과 같다. 그렇게 되면 아기의 생명이 위태롭다. 회개는 속에 있는 모든 죄악을 뿌리 뽑듯이 아프게 탄식하여 떠나는 것이다. ② "여호와"를 알게 될 것이다(10절). 회개는 단순한 탄식에 그치는 것이 아니고, 하나님을 두려워하여 그 앞에서 문제를 해결하고 바로 서는 것이다. 진정으로 회개한 다윗도 말하기를 "내가 주께만 범죄하여 주의 목전에 악을 행하였사오니 주께서 말씀하실 때에 의로우시다 하고 주께서 심판하실 때에 순전하시다 하리이다"라고 하였다(시 51:4). 그렇다! 회개는 죄인이 하나님께서 살아 계시는 것과 그가 심판하실 것을 깨닫고 하나님께로 돌아가는 행동이다(애 5:21; 눅 15:17-20). 10절에 말하기를 "그 때에야 그들이 나를 여호와인 줄 알리라"라고 하신 말씀이 그런 뜻이다.

11-14 칼빈은 이 부분 말씀이 윗말씀(1-10절)을 확고히 하기 위한 중복이

라고 하였다. 특히 13절은, 3-7절 내용과 흡사하게 보인다.

그가 사는 온 땅 곧 광야에서부터 디블라까지 황량하고 황폐하게 하리니(14절). 이 어구의 히브리어(וְנָתַתִּי אֶת־הָאָרֶץ שְׁמָמָה וּמְשַׁמָּה מִמִּדְבָּר דִּבְלָתָה בְּכֹל מוֹשְׁבוֹתֵיהֶם)는 다음과 같이 번역함이 합당하다. "그 거하는 온 땅을 황무하게 하되 디블라를 향한 광야보다 더욱 황무하게 하리니." 여기서 "디블라"는 디블라다임 광야를 가리킨다(민 33:46; 렘 48:22). 이 광야는 황무하여 불뱀과 전갈이 있다.

| 설교자료

1. 하나님의 말씀은 참되기 때문에 그 말씀을 받은 선지자들은 그것을 전하지 않을 수 없었다. 사람들이 그 말씀을 듣지 않을 때에 선지자들은 산이나 시내나 골짜기를 향하여서라도 그것을 외칠 수밖에 없었다(1-3상). 이사야는 하늘과 땅을 향하여 하나님의 말씀을 외친 때가 있었다(사 1:2).

2. 하나님께서 어떤 때에는 인간들의 죄악을 벌하시되 그 벌이 그들의 죄에 대한 대가라는 사실을 깨달아 알 수 있도록 하신다. 이스라엘 백성이 산에 신당을 만들고 거기서 우상을 섬겨 하나님을 진노케 하였기 때문에 이제 그들은 신당 앞에서 도륙을 당하며 그들이 섬기던 우상들은 파괴되었다(3하-7절). 이 같은 비참한 일은 무언중에 우상숭배의 죄악을 벌하시는 하나님의 뜻을 보여준다.

3. "여호와"라는 성호는 언약을 맺으시고 그대로 행하시는 하나님을 가리킨다(7절). 이러한 의미를 10절이 설명한다. 말하자면 하나님께서 하신 말씀은 헛되지 않다는 것이다. 하나님은 말씀하시는 분이시고, 또한 그 말씀대로 이루시는 분이시다. 만일 이 세상 사람들이 서로 아무 말도 하지 않는다

면 이 세상은 얼마나 쓸쓸하며 답답할 것인가? 우상숭배자들은 말도 하지 못하는 우상들을 섬기고 있으니 우선 그것이 얼마나 답답한 일인가? 그러나 하나님은 말씀하신다. 그도 옛날 이스라엘 사람이나 오늘날 사람이나 똑같이 사랑하시기 때문에 그가 하실 말씀을 이미 옛날 사람들에게 하셔서 그것을 기록하게 하시고, 오늘날 사람들이 그 말씀을 그대로 받게 하신다. 그의 모든 말씀은 성경에 기록되어 있다. 오늘날도 그는 성령으로 말미암아 성경으로 말씀하신다. 그리고 그는 그 말씀대로 실행하신다. 그가 이스라엘 백성에게 일찍이 경고하시기를, 우상을 섬기면 벌하겠다고 하셨는데도 그들은 우상을 섬겼다. 그러므로 하나님의 말씀대로 그들이 벌 받을 날이 닥치고야만 것이다. 그때에야 그들은 하나님께서 여호와시라는 사실을 깨닫게 된다.

4. 하나님은 진노 중에라도 긍휼을 기억하신다(합 3:2). 그는 사로잡혀간 사람들 가운데서 회개할 자들이 있게 하신다(8-10절).

제7장

✣ 내용분해

1. 이스라엘에 임할 마지막 바벨론 침공에 대한 예언(1-9절)
2. 심판의 형태와 그 결과(10-18절)
3. 은금과 우상이 무용지물이 됨(19-22절)
4. 심판의 이유(23-24절)
5. 환난이 중첩해 오므로 사람들이 구원자를 만날 수 없음(25-27절)

✣ 해석

1-2 또 여호와의 말씀이 내게 임하여 이르시되 너 인자야 주 여호와께서 이스라엘 땅에 관하여 이같이 말씀하셨느니라 끝났도다 이 땅 사방의 일이 끝났도다. "또 여호와의 말씀이 내게 임하여 이르시되." 14:2 해석을 참조하라. "인자야." 2:1에 있는 같은 말 해석을 참조하라.

이 부분(1-2절)에 기록된 말씀은 하나님께서 유다 예루살렘을 최후로 바벨론 군대의 손에 붙여 멸망시키실 것을 예고하신 것이다. 여기서 "끝났도다"(קֵץ בָּא "케츠 바")라는 표현이나 그와 유사한 표현들이 여러 차례 나와서 예루살렘의 멸망이 가까움을 암시한다.

1) 하나님의 시간관념에 따르면 멸망이 가깝다. 사도 시대에 사도들은 주님의 재림이 가까웠다고 말하였다. 그러나 거의 2,000년이 지난 오늘까지도 주님은 아직 재림하시지 않았다. 그런데 종말에 관한 가르침에서 끝이 가까웠다는 말은 하나님의 시간관념으로 주신 말씀이다. 이것은 어떤 제한된 시간에 해야 할 일의 분량이나 성격(예컨대 회개해야 할 일, 혹은 실행할 일)을 보아서 그 기간이 짧다는 것을 의미한다. 하나님께서는 세계 인류를 회개시키시는 중대한 일에 비추어 주님이 재림하시는 시점을 긴박하게 느끼신다. 그는 천년도 하루와 같이 짧게 보신다. 우리도 그렇게 느껴야 진리에 합당하다. 비유컨대 사람이 이 세상에서 70년을 산다고 해도 그동안에 해야 할 가치 있는 일들을 생각하는 관점에서는 70년이라는 기간이 너무도 짧은 세월에 불과하다. 무지한 사람은 70년을 지루하게 긴 세월로 보지만, 깨달음이 있는 사람은 그 기간을 극히 짧은 것으로 여긴다.

특별히 에스겔의 관점에서 볼 때 예루살렘이 마지막으로 바벨론 군대에 멸망할 일은 몇 해 남지 않은 긴박한 사건이었던 것이므로 그는 현재에 멸망이 임한 것과 같은 긴박한 느낌을 가지고서 "끝났도다"라고 말할 수밖에 없었을 것이다.

2) 에스겔이 상대한 이스라엘 민중은 다가오는 멸망에 대하여 너무도 무관심하였다. 그들은 선지자의 경고에 냉담하였다. 비유컨대 그들은 취하여 깊이 잠든 사람과 같았던 것인데, 그들을 깨우기 위해서는 극단적인 경고가 필요하였다. 그처럼 극단적인 표현(끝났도다)도 한두 마디로는 충분하지 않고 거듭거듭 말할 필요가 있었다. 에스겔의 이와 같은 표현은 기절하여 정신을 잃은 사람을 붙잡고 흔드는 것과 같은 느낌을 준다. 죄로 잠든 인류를 이

렇게 취급하는 것이 참된 전도자의 방법이다. 이것은 리처드 백스터(Richard Baxter)가 말한 것과 같이, 죽어가는 자가 죽어가는 자를 향하여 최후의 한 마디를 전하는 것과 같은 선포다. 전도자는 완악한 자들도 버리지 말고 극도로 긴장한 가운데 그들을 깨우치도록 노력해야 한다.

3-4 네 행위를 심판하고 네 모든 가증한 일을 보응하리라 내가 너를 불쌍히 여기지 아니하며 긍휼히 여기지도 아니하고 네 행위대로 너를 벌하여 네 가증한 일이 너희 중에 나타나게 하리니 내가 여호와인 줄을 너희가 알리라. 여기 기록된 말씀은 하나님의 심판 원리 두 가지를 보여준다. ① 하나님께서 오래 참으시는 동안에는 죄인들을 긍휼히 여겨 벌하지 않으시므로 그들의 소행이 어떠한지에 대하여 무관심하신 듯이 보인다. 그러나 그가 결국 그들의 행위대로 심문하여 심판하시고 보응하실 날이 있다는 것이다. ② 죄인들이 범죄를 망설임 없이 행하여도 오랫동안 하나님께 벌을 받지 않으니 그들의 죄악이 도리어 정당화되어 사람들이 그것을 "가증"하게 보지도 않는다. 그러나 그런 상황이 무제한으로 지속되는 것이 아니고, 그들이 중벌을 받는 날이 다가오는데, 그때에는 그들의 죄악이 "가증한 일"로 "나타나게" 되어 사람들이 여호와께서 살아 계심을 알게 된다는 것이다. "내가 여호와인 줄을 너희가 알리라"(4하)라는 문구의 의미가 그런 것이다.

5-7 주 여호와께서 이같이 이르시되 재앙이로다, 비상한 재앙이로다 볼지어다 그것이 왔도다 끝이 왔도다, 끝이 왔도다 끝이 너에게 왔도다 볼지어다 그것이 왔도다 이 땅 주민아 정한 재앙이 네게 임하도다 때가 이르렀고 날이 가까웠으니 요란한 날이요 산에서 즐거이 부르는 날이 아니로다. 이 구절들은 위의 2절 말씀과 유사한데, 앞의 해석을 참조하라. 에스겔은 자기가 전하는 말이 그 당시 이스라엘 사람들에게 너무도 중대한 것임을 최대한도로 강조한다. 여기서 "재앙"이라는 말이 세 번 나오고, "끝이 왔도다", "왔도다", "임하도다", "이르렀고"라는 표현 등으로 번역된 히브리어 동사 "바"(בָּא) 혹은 "바아"(בָּאָה)가 여섯 번 나온다. 이렇게도 에스겔

은 그 마비된 듯이 감각 없는 민중을 깨워 일으키려는 마음이 뜨거웠다.

"산에서 즐거이 부르는." 이 문구는 히브리어로 "헤드 하림"(הֵד הָרִים)인데 산을 향하여 외칠 때 울려오는 메아리를 가리킨다. 이것은 거기서 사람이 응답하는 것이 아닌 헛된 소리다. 그렇다면 이 문구("산에서 즐거이 부르는 날이 아니로다")의 의미는 선지자가 전하는 말이 공연한 말이 아니고 반드시 그대로 이루어질 것이라는 뜻이다(참조. 사 55:10-11).

8-9 이 구절들은 실질적으로 앞의 3-4절의 중복이다. 그 구절들의 주석을 참조하라.

10 볼지어다 그 날이로다 볼지어다 임박하도다 정한 재앙이 이르렀으니 몽둥이가 꽃이 피며 교만이 싹이 났도다. "몽둥이가 꽃이 피며 교만이 싹이 났도다." 이 말씀(צָץ הַמַּטֶּה פָּרַח הַזָּדוֹן)에 대한 해석은 다음과 같이 몇 가지로 나눠진다. ① 바벨론 권세가 유다를 치기 위하여 일어남을 비유한다는 학자들이 있고(Keil, Schumpp, Fisch), ② 유다 정권(시드기야 정권)이 바벨론을 반역하기 시작한 것을 가리킨다는 학자들도 있다(Ewald, Lofthouse). ③ 알더스(G. Ch. Aalders)는 다음과 같이 말한다. "이 문구가 확실히 어느 세력을 지적하는지 우리는 알기 어렵다. 그러나 우리가 이 문구에서 확실히 알 수 있는 것은, 그때 유다 나라의 파멸이 다가온다는 것이다. 그리고 '꽃이 피며···싹이 났도다'라는 말은 신속하게 오는 것을 비유한다"라고 하였다.[22]

11 포학이 일어나서 죄악의 몽둥이가 되었은즉 그들도, 그 무리도, 그 재물도 하나도 남지 아니하며 그 중의 아름다운 것도 없어지리로다. 이것은 앞 절에 대한 설명이다. "포학"은 유다를 칠 바벨론을 가리키고, "죄악의 몽둥이"는 유다의 죄악을 벌할 몽둥이를 가리킨다. 이렇게 바벨론이 세 차례에 걸쳐 예루살렘을 침공하는

---

22) Maar in het gehele verband zal het toch wel het best passen er een aankonding van de naderende katastrofe in te zien, warrbij de verba "bloeien" en "uitspruiten" op beeldrijke wijze de spoedige komst er van aanduiden.- Commentaar Op Het Oude Testament, Ezekiël Ⅰ, 139.

날에 유다 나라는 전멸 상태가 되어 아무것도 남을 것이 없게 된다.

어떤 학자들은 이 구절이 풀리지 않는 난제를 포함한다고 주장한다. 스키너(Skinner)는 이것이 번역하기도 어려운 구절이라 하였고, 쿡(Cooke)은 여기서 만족할 만한 의미를 발견할 수 없다고 하였다. 그러나 칼빈(Calvin)은 위에 있는 우리 해석과 일치하는 견해를 말하였다.

12 때가 이르렀고 날이 가까웠으니 사는 자도 기뻐하지 말고 파는 자도 근심하지 말 것은 진노가 그 모든 무리에게 임함이로다. 바벨론이 유다를 점령하는 날에는 땅을 샀던 사람도 그것을 버리고 사로잡혀 갈 것이니, 그는 기뻐할 수 없다. 그뿐 아니라 파는 자는 자기 땅을 팔아 없앴다고 근심할 필요가 없다. 그 이유는 그도 사로잡혀 갈 것이니 그 땅이 자기의 소유로 남아 있다 해도 버리고 갈 수밖에 없기 때문이다. 이것은 환난을 겪을 유대인들이 이제부터는 소유권 문제로 고민할 필요가 없고 다만 그들로서는 회개하는 것만이 급선무라는 것이다. 이것은 사도 바울이 고린도 교인들에게 주었던 말씀과 유사하다(고전 7:29-31).

13 파는 자가 살아 있다 할지라도 다시 돌아가서 그 판 것을 얻지 못하리니. 바벨론이 최후로 유다를 침략하고 이스라엘 사람들을 사로잡아 간 뒤에는 이전에 유다 나라에서 자기 땅을 팔았던 자가 다시 그것을 반환해 받을 길이 없다(유다 전통에는 희년이 돌아오면 전에 팔았던 땅이 원래 소유주에게 돌아간다). 왜냐하면 그들은 모두 바벨론으로 사로잡혀가서 돌아오지 못할 것이기 때문이다.

이는 묵시가 그 모든 무리에게 돌아오지 아니하고, 사람이 그 죄악으로 말미암아 자기의 목숨을 유지할 수 없으리라 하였음이로다. 요컨대 에스겔이 전하는 묵시(예언)가 그대로 성취될 것이기 때문에 토지를 파는 자가 도로 찾지 못한다는 뜻이며(사 55:10-11), 또한 악인들이 그들의 완악한 행위로 하나님의 심판을 막아낼 수 없으므로 결국 모두 다 사로잡혀간다는 뜻이다. 유다가 멸망하리라는 하나님의 계시는 그대로 성취되고야 만다. 악인들은 완악하게 하나님의 말씀을 대적하지만 그들은 그 앞에서 견디어 설 수 없다. 그들이 완악해지는 것은 멸망을 재촉하는 어리석은 짓이며(시 52:7) 발뒤꿈치로 송곳을 차는 것과 같은 어리석은 행동이다.

설교▶ 심판 날이 가까움을 명심하고 물질을 초월하라(12-13절)

그리스도인은 심판 날을 기억하고 사는 사람이다(롬 14:10-11). 산과 같이 쌓아 놓은 재산도 심판 날에는 아무 소용이 없고, 도리어 그것이 주님의 일을 하지 않은 죄악을 증명해 줄 뿐이다(약 5:3). 그러므로 우리는 심판 날이 오기 전에 미리 물질에 대해 담담해지고 그날을 대비해야 한다. 우리는 무엇을 구매하고서도 그리 기뻐할 필요가 없고 무엇을 팔고서도 근심할 것이 없다. 우리는 물질을 초월해야 한다. 물질을 초월한 삶은 어떠한가?

1. 물질을 초월한 자는 물질이 있어도 하나님께 감사하고 없어도 하나님께 감사한다.

욥은 부유할 때도(욥 1:2-3, 10) "온전하고 정직하여 하나님을 경외하며 악에서 떠난 자"였다(1:8). 그는 물질 때문에 범죄하지 않았다. 그리고 그는 재산이 모두 사라졌을 때도 말하기를 "모태에서 알몸으로 나왔사온즉 또한 알몸이 그리로 돌아가올지라 주신 이도 여호와시요 거두신 이도 여호와시오니 여호와의 이름이 찬송을 받으실지니이다"라고 하였다(욥 1:21).

우리는 아브라함이 물질을 초월하는 삶을 살았음을 잘 안다. 그는 자기 조카 롯과 헤어져 살기 위해 갈 곳을 결정할 때 조카에게 말하기를, "네가 좌하면 나는 우하고 네가 우하면 나는 좌하리라"라고 하였다(창 13:9). 그때 롯은 욕심을 부려서 여호와의 동산과 같았던 소돔과 고모라를 택하였고(창 13:10-11), 아브라함은 산지인 헤브론으로 갔다(창 13:18). 그러나 롯이 욕심을 부려서 취했던 땅이 그에게 결국 재앙이 되었다(창 19장). 또한 아브라함은 소돔 왕을 도와서 승전한 뒤에 왕이 그에게 전리품을 취하라고 했을 때도 사양하였다(창 14:21-23). 그리고 모세는 "그리스도를 위하여 받는 수모를 애굽의 모든 보화보다 더 큰 재물로 여겼"다(히 11:26). 그가 그렇게 물질을 초월하게 된 비결은 히브리서 11:26이 말한 것과 같이 "상 주심을 바라봄"이었다. 사람은 영원을 사모할 수 있고 또 그렇게 해야 한다(전 3:11). 영원한 나라의 보화를 귀하게 여기는 것이 이 세상 물질을 초월하는 비결이다.

2. 물질을 초월한 자는 남들을 돕기 위하여 직무에 충성한다.

그는 하나님의 청지기이므로 남을 돕기 위하여 직업을 가진다. 우리는 사도 바울을 이러한 일에 표본으로 생각한다. 그는 말하기를 "여러분이 아는 바와 같이 이 손으로 나와 내 동행들이 쓰는 것을 충당하여 범사에 여러분에게 모본을 보여준 바와 같이 수고하여 약한 사람들을 돕고 또 주 예수께서 친히 말씀하신 바 주는 것이 받는 것보다 복이 있다 하심을 기억하여야 할지니라"라고 하였다(행 20:34-35). 신자는 남에게 베풀기 위하여 일해야 한다. 남을 도와주기 위하여 사업을 하면 하나님께서 그 일에 복을 주셔서 성공하기도 쉽다. 주는 것이 복된 이유는 ① 남에게 주는 삶을 영위하는 자는 자기 속의 개인주의를 죽이기 때문이다. 개인주의자는 그 사욕으로 자기 자신을 해롭게 한다. 사욕은 인격을 파괴한다. ② 남을 나 자신과 같이 사랑하여 도와주는 생활은 하나님의 진리를 지키는 일이기 때문에 복을 받는다(참조. 마 22:39). ③ 남에게 주는 자에게 하늘에 보화가 주어질 것이기 때문에 복되다(막 10:21). ④ 남에게 주는 자는 하나님께 늘 감사하는 자이므로 복을 받는다. 신자는 하나님을 영화롭게 하며 그에게 감사하기 위하여 구원받았으니(엡 1:3-6), 하나님께 감사하는 것이 그의 최고의 목적이다. 신자가 하나님께 감사할 수만 있다면, 그것은 그가 이적을 행하는 것보다 더 귀한 일이다. 감사는 이적보다 낫다.

14-27 여기서는 장차 유다 예루살렘이 느부갓네살로 말미암아 멸망하는 것이 그 민족의 죗값이라고 밝혀 준다. 우리가 이 구절들을 읽어 보면 유다 민족이 당할 환난이 바로 그 민족의 죄에 대한 당연한 보응이라는 사실을 몇 가지로 밝히 지적한다.

1) 유다가 바벨론을 대항하기 위하여 전쟁을 준비하였으나 제대로 항전해보지도 못하고 패망하리라고 하였다(14-18절). 하나님께서는 일찍이 예레미야를 통하여 유다 민족에게 바벨론을 대항하지 말라고 하셨는데도(렘 21:8-9; 38:1-3) 그 지도자들은 끝까지 순종하지 않았다(렘 38:4-6). 이렇게 끝까지 순종하지 않는 자들을 하나님께서는 반드시 벌하신다는 것이다. 그들 중에서 바벨론이 침략할 때 다수가 죽고(15절), 많이 도망하고(16절), 모두 무력해지고(17절), 슬퍼하고("굵은 베로 허리를 묶음"), 두려워하고, 수치를 당하고, 대머리(슬픔의 표시)가 되리라고 한다(18절). 하나님의 간곡한 권면을 끝까지 순종하지 않고 고집을 부리는 자들은 언제든지 그들이 고집하던 일에 실패를 겪되 철저하게 실패를 당하는 법이다.

2) 유다 민족이 재물(은금)을 의뢰하고 교만하였으므로 결국 그것이 더러운 오물과 같이 취급되며 또 약탈당할 날이 오리라고 하였다(19-22절). 그때에 은과 금이 그들을 구원하지 못하는 이유는, **"오직 죄악의 걸림돌이 됨이로다"**(כִּי־מִכְשׁוֹל עֲוֹנָם הָיָה)라는 문구(19절)가 의미하는 것처럼 그때는 그들이 그 죄악의 보응에 빠지는 때이기 때문이다(Calvin). 그들은 "은과 금", 다시 말해 돈을 가지고 무슨 죄를 범하였는가? ① 그들은 돈을 가지고 자기 자신들을 화려하게 장식하였으며, 감사하지는 않고 도리어 교만하여졌다(20상). 이렇게 되는 것이 사람들의 일반적 경향이다. 사람이 돈을 가지면 교만해진다. ② 그들은 은과 금을 가지고 우상을 만들었다(20하).

그들이 돈을 가지고 이렇게 두 가지 죄악을 범한 결과로 받는 벌은 원수에게 약탈당하는 것과 더럽힘을 당하는 것이었다(21, 22절). "더럽히게 한다"(חָלַל "힐를루")라는 동사가 여기 세 번 나오는데, 이는 성소 혹은 성전의 보물들을 더럽힘을 의미한다. 그들이 은금을 우상 만드는 데 사용하였으니, 이제 그 죄에 대한 보응으로 그들의 성전과 성전에 속한 보물이 이방인의 손에 의하여 더럽혀질 것이다. 하나님께서는 그들이 참되이 하나님을 섬기게 하시려고 성전과 성전 보물들을 주셨는데도 불구하고 그들이 우상을 섬겼으니, 이는 그들이 거룩한 장소와 기구를 무시한 죄악이었다. 하나님께서는 그들의 이런 죄악을 벌하시기 위하여 성전을 이방인들에게 내어 주시고 그것을 더럽히도록 버려두신다. **"은밀한 처소"** 라는 말은 히브리어로 "츠푸니"(צְפוּנִי)인데, 70인역(τὴν ἐπισκοπήν μου)에 의하여 이것이 지성소를 의미한다는 해석도 있고, 타르굼(Targum)의 "내 장엄한 집 있는 곳"(ארעא בית שכינתי)이라는 번역처럼 하나님의 보호 아래 있는 땅, 다시 말해 유다 땅을 의미한다는 해석도 있다(Calvin). 그러나 델리취(Delitzsch)는 이것이 성전에 있는 보물들을 의미한다고 하였다.

3) 그들이 포학한 행동을 한 대가로 이방인들의 침략을 당할 것이다(23-25절).

쇠사슬을 만들라. 이 말씀은 유대인들이 포학한 일을 많이 하였기 때문에(23하) 이제는 죄인을 붙잡아 포박하여 재판소로 가듯이 그들을 하나님의 심판에 부친다는 뜻이라고 한다. 그러나 델리취(Delitzsch)는 이것이 그들의 포로 생활을 의미한다고 하였다. 그들이 이제 이렇게 심판을 받을 수밖에 없는 이유는 그들의 포학한 죄악이 가득 찼기 때문이다. 하나님은 죄인들을 오래 참으시다가 그들의 죄악이 가득해진 뒤에야 심판하시는 법이다(참조. 롬 2:4-5). 23절에는 그들의 죄악이 넘친다는 의미에서 "가득하고"(מָלְאָה "말르아")라는 말과 "찼음이라"(מָלְאָה "말르아")라는 말이 나오는데, 이 두 가지 표현이 히브리어에서는 같은 단어다.

그들이 포학하였던 죄의 대가는 결국 포학을 당하는 것이다. 그것은 이방 바벨론의 침략으로 ① 그들의 집을 빼앗기고(24상), ② 성전이 더럽힘이 되고(24하), ③ 평화가 제거되며(25절), ④ 환난 때에 유다의 지도자들은 무능해진다(26-27절). 이 지도자들이 환난 전에는 모두 당당한 지도자들로 자처하였다. 그들은 예레미야와 같은 참된 예언자와 맞서서 그를 핍박하기까지 하였다. 그러나 그것은 평안한 시절에 그들이 하던 노름이었다. 이제 환난이 임박해 오면 그들은 속수무책이다. 그들 중에서 자칭 선지자들은 모두 거짓 선지자들이었기 때문에 난국을 당하여 "묵시"(חזון "하존")를 보지 못하며, 그들 중 장로들(다스리는 자들)은 지도할 계책("책략")을 내지 못하며, 군왕과 관리("고관")들은 두려워 놀랄 뿐이다. 따라서 이들을 바라보던 주민의 손은 떨릴 수밖에 없다. 이와 같은 현상은 그들의 죄에 대한 정확한 보응이다. 그들이 선지자라는 이름을 가지고 백성을 속였고, 인도자 또는 다스리는 자라는 이름으로 자기들의 영광을 위해 마음껏 날뛰었으니, 이제 그들이 처한 모든 환경에서 그들이 과거에 거짓된 자들이었다는 사실이 폭로되는 날이 이르고야 말 것이었다.

| 설교자료

1. "끝났도다"(2, 5-8절). 이 말씀은 하나님의 심판이 언제나 내리는 것이 아니고 그것이 내릴 일정한 때가 있음을 보여준다. 하나님께서 하시는 일은 모두 다 일정한 시기가 있다(전 3:1-8).

2. 하나님께서는 사람의 지속적인 범죄를 오래 참으시다가 결국은 그를 벌하신다. 그가 오래 참으시다가 한번 내리시는 벌은 그가 참으시는 기간이

길수록 더욱 무겁다(4절).

3. 하나님께서는 그 백성의 죄를 벌하시기 위하여 이방의 폭군을 사용하시는 경우가 많다(10-11절).

4. 사람들이 재물을 즐거이 여기지만 그것이 쓸모없이 되고 마는 때가 온다(11-13절). 그때는 하나님의 심판 때다. 일찍이 그들이 하나님보다 재물을 더 좋아하며 사랑하였는데 그것이 큰 죄악이었다. 그들이 이제 그 죄의 대가를 치른다.

5. 용기와 담력도 하나님이 주신다(14-17절). 하나님께서 진실한 성도들에게는 칼이나 전염병이나 기근 가운데서도 담력을 주시어 그들로 그것들을 감당하게 하신다. 그러나 그때 그와 같은 징벌의 대상인 악한 자들은 두려워하며 약해진다.

6. 사람이 회개할 기회를 놓치면 아무리 울어도 위로를 얻지 못하며, 그것은 단순한 비관에 불과한 후회가 되고 만다(16절).

7. 하나님만이 참으로 영원한 보화와 같다. 이 세상 재물은 모두 다 쓸모없이 되는 때가 있다(19절). 잠언 11:4에 말하기를 "재물은 진노하시는 날에 무익하다"고 하였다.

8. 사람이 자기 자신을 위해서만 물질을 쓰면, 결국은 그것을 사용한 보람이 없어진다(20-22절).

9. 회개하지 않는 죄인은 끝까지 쇠사슬을 만드는 자와 같다(23절). 그들의 죄악은 심판의 벌과 연결되어 있고, 심판의 벌은 영원한 비애와 연결되어 있다.

10. 신자들이 성전에서 종교 행위를 바로 행하지 않으면, 그 죄의 대가로 성전이 더럽혀지는 날이 온다(24절).

11. 종교 지도자들이 범죄하고 회개하지 않으면 심령이 어두워져서 남들을 지도할 힘이 없어진다(26절).

12. 정치 지도자들이 하나님께 순종하지 않고서도 일시적으로 평안히 권세를 부리기도 한다. 그러나 그들에게는 반드시 그 죄의 대가로 비통과 슬픔에 떨어질 날이 온다. 누가복음 6:25에 예수님은 말씀하시기를, "너희 지금 웃는 자여 너희가 애통하며 울리로다"라고 하셨다.

제 8 장

✤ 내용분해

1. 선지자 에스겔이 하나님의 계시를 받은 시기와 장소(1-4절)
2. 첫째 가증스러운 광경(5-6절)
3. 둘째 가증스러운 광경(7-12절)
4. 셋째 가증스러운 광경(13-15절)
5. 넷째 가증스러운 광경과 결론(16-18절)

✤ 해석

1 나는 집에 앉았고. 에스겔은 하나님으로부터 말씀을 받기 전에는 나가서 활동하지 말고 계시를 기다리면서 방 안에 머물러 있으라는 명령을 받았고 그대로 순종하였다(3:24).

유다의 장로들. 이들은 경험이 많은 노인들로서 백성을 지도할 만한 자들이다. 이들은 바벨론에서 포로 생활을 하는 유대인들의 대표자들이었다(G.

Ch. Aalders).

주 여호와의 권능이 거기에서 내게 내리기로. 이것은 하나님의 말씀과 함께 그것을 전할 능력까지 임하였음을 가리킨다(Calvin).

2 **불같은 형상이 있더라 그 허리 아래의 모양은 불같고 허리 위에는 광채가 나서 단 쇠 같은데.** 이것은 1:27 말씀과 같은 내용으로서 심판하시는 하나님을 상징한다. "불"은 심판을 비유한다(히 12:29). 하나님께서 이렇게 나타나시는 이유는 유대인들의 죄악에 대한 그의 진노를 보여주시기 위한 것이다.

3 에스겔은 이상 중에 성령에게 이끌려 예루살렘으로 옮겨진다. "영"(רוּחַ "루아흐")이라는 단어가 여기서 바람을 의미한다고 해석하는 자들이 있는데, 그것은 옳지 않다.

안뜰로 들어가는 북향한 문. 여기서 "안뜰"(פְּנִימִית "프니미트")이라는 말은 포로 이후 성전의 형편(Nachexilische Zusatz)을 가리키는 것이라고 횔셔(Hölscher)는 말한다. 그는 포로 시대 이후의 성전에만 안뜰과 바깥뜰의 구분이 있었다고 주장한다. 그러나 포로 시대 이전의 성전에도 그런 구분이 있었다(왕상 6:36; 7:12).

질투를 일어나게 하는 우상. 이것은 하나님의 투기를 일으키는 우상을 가리키는데(출 20:5), 므낫세 왕이 성전에 세워둔 아세라 우상, 혹은 바알 우상을 가리킨다(왕하 21:7).

4 **이스라엘 하나님의 영광.** 이것은 이방 우상들과 반대되는 참되신 하나님을 가리키는 성호다(G. Ch. Aalders). 여기서 이스라엘의 하나님은 에스겔이 들에서 보던 것 같은 진노의 영광으로 나타나셨는데 이는 성전의 우상 때문이었다(3하).

5 이 구절에 대해서는 위의 3절 해석을 참조하라.

6 그가 또 내게 이르시되 인자야 이스라엘 족속이 행하는 일을 보느냐 그들이 여기에서 크게 가증한 일을 행하여 나로 내 성소를 멀리 떠나게 하느니라 너는 다시 다른 큰 가증한

일을 보리라 하시더라. "이스라엘 족속"이라는 표현이 70인역(LXX)에는 없다. 그러므로 어떤 학자들(Heinisch, Bertholet)은 이 어구가 후대에 첨가된 것이라고 주장한다. 그러나 유대인들을 가리켜 "이스라엘 족속"이라고 부른 사례가 이 책의 다른 구절들에도 많이 나온다(3:4-5, 17; 4:3). "큰 가증한 일"(גדלות תועבות)이라는 것은 물론 우상숭배를 가리킨다. 우상숭배는 하나님께서 극히 미워하시는 죄악인 만큼 하나님께서는 그 죄로 더럽혀진 장소를 내버리신다(렘 12:7).

7-8 담에 구멍이 있더라. 이것은 제사장이 거하는 방의 벽에 난 창문 구멍일 것이다(Jamieson, Faussett, Brown).

이 담을 헐라 하시기로. 이것은 위에서 언급한 "구멍"을 넓히기 위하여 담을 헐라는 것이다.

내가 그 담을 허니 한 문이 있더라. 이 "문"은 전에 사용하다가 폐쇄되어 있었는데 그것을 이제 다시 열었다는 의미인 듯하다. 이 기록에 대하여 슘프(Schumpp)는 말하기를 "우상숭배자들이 우상숭배를 집행할 때 극도로 은밀하게 행하였다는 인상을 준다"라고 하였다.[23]

9 또 내게 이르시되 들어가서 그들이 거기에서 행하는 가증하고 악한 일을 보라 하시기로. 하나님은 에스겔에게 포로로 잡혀간 유대인들이 일찍이 예루살렘에서 행한 가증한 일을 보라고 하셨다. 실상 이것은 에스겔로 하여금 포로로 잡혀간 유대인들을 대표하는 위치에서 관찰하라는 뜻이다. 그들이 사로잡혀가서 당하는 고생은 말할 수 없이 컸다. 그러므로 그들은 그들이 일찍이 범죄한 사실들을 한번 돌이켜볼 필요가 있었다. 고통을 당하는 자들이 과거에 지은 죄를 생각할 때 그들은 하나님을 원망하지 않고 그 고통을 감수하게 된다. 그 이유는 그들이 자기들의 죄를 깨닫게 되면 겸손해지는 동시에 하나님

---

23) die tiefe Verborgenheit und Abgeschlossenheit, in der diese götzendienerischen Geheimkulte sich vollzogen.

의 구원만을 바라보게 되기 때문이다. 십자가에 못 박힌 강도는 고통 중에서도 자기 죄를 깨닫고서 함께 못 박힌 강도에게 말하기를 "우리는 우리가 행한 일에 상당한 보응을 받는 것이니 이에 당연하거니와 이 사람이 행한 것은 옳지 않은 것이 없느니라" 하였고, 또 말하기를 "예수여 당신의 나라에 임하실 때에 나를 기억하소서"라고 하였다(눅 23:41-42).

설교 ▶ 우리도 우리가 행한 가증하고 악한 일을 보자(5-9절)

우리에게도 큰 죄가 많다. ① 죄는 단지 범행만을 의미하는 것이 아니라 마땅히 행할 일을 행하지 않은 것도 큰 죄이며, ② 나에게 죄가 없다고 생각하는 것도 크나큰 죄악이다. 그것은 거짓말하는 죄다(요일 1:8). ③ 또한 우리가 죄인이면서도 고통은 겪지 않으려고 하는 마음이 있는데, 그것은 하나님의 주권을 무시하는 교만이다. 우리 죄인들은 고생의 벌을 받는 것이 마땅하다. ④ 우리는 죄를 지을 뻔한 때도 많았다. 우리는 얼마든지 죄를 지을 가능성을 지니고 있다. 다만 우리가 죄를 범할 뻔하였음에도 실제로 그렇게 하지 않은 것은 모두 하나님의 은혜 때문이었다. 우리는 언제나 우리 자신에게 있는 무서운 범죄성을 자각하고 겸손해져야 한다. 유명한 성도 존 브래드포드(John Bradford)는 자기 집 앞으로 지나가는 사형수를 볼 때마다 말하기를 "저기 존 브래드포드가 지나간다"라고 하였다. 그것은 자기가 사형수보다 선한 사람이어서 이때까지 사형당할 죄를 범하지 않았던 것이 아니라, 다만 하나님의 은혜 때문이었다는 것을 인정하는 말이다.

10 각양 곤충과 가증한 짐승과 이스라엘 족속의 모든 우상을 그 사방 벽에 그렸고. 동물숭배는 애굽 사람들이 따르는 미신적인 풍습이었는데, 이스라엘 족속이 그것을 모방한 것이다. "이스라엘 족속의 모든 우상"(כָּל־גִּלּוּלֵי בֵּית יִשְׂרָאֵל)이라는

말도 다른 새로운 우상을 의미하는 것이 아니라 앞에서 말한 동물숭배를 가리키는 것이다. 70인역(LXX)의 바티칸(Vatican) 사본에는 이 문구("이스라엘 족속의 모든 우상")가 없다. 그러므로 크레취마르(Kraetzschmar)는 이 문구를 후대의 삽입구(Späterer Einschub)로 이해하였다. 그러나 이것은 그릇된 주장이다(G. Ch. Aalders). "우상을 그 사방 벽에 그린" 목적은 그것들을 숭배하기 위함이었다.

설교 ▶ 성전의 깊은 방 벽에 우상을 그리는 죄(10절)

여기서 말하는 방은 지하실과 같이 어두운 방인데, 이것은 깊은 내면을 지닌 우리의 마음을 비유하기도 한다. 우리의 마음은 깊고 어둡다. 열 길 물속은 알아도 한 길 사람의 마음은 알 수 없다. 사람이 좋은 것 같아도 언제 어떻게 나빠질지 모른다. 사람이 자기 마음을 자기 힘으로 어찌하지 못하며, 앞으로 자기 마음이 어떻게 될지도 확신하지 못한다. 백두산 정상에 있는 천지라는 연못은 명주실 한 타래가 다 풀려 들어갈 만큼 깊다고 한다. 그런데 사람의 마음은 그보다도 더 음흉하게 깊다고 할 수 있다. 사람의 마음은 그것을 소유한 주인조차도 속인다는 의미에서 예레미야는 "만물보다 거짓되고 심히 부패한 것은 마음이라"라고 하였다(렘 17:9). 그렇다면 우리는 우리 마음을 오직 주님께만 맡겨야 한다. 하나님만이 우리 마음을 아시고 다스리시며, 또한 바르게 만드실 수 있다. 만일 우리가 우리 마음을 하나님께 맡기지 않으면 그것은 에스겔이 본 성전의 어떤 암실의 벽처럼 여러 가지 우상으로 가득하게 되는 일을 피하지 못한다. 한마디로 우리 마음은 하나님보다 다른 것들을 더 사모하며 그리워하는 방이 되고 만다.

사람들이 암실에 그림을 그려 두는 목적은 무엇인가? 그것은 단순히 미술품을 전시하기 위함이 아니다. 전시는 밝은 곳에서 하는 법이고 암실은 특별히 남들의 눈을 피하여 무언가를 신중하게 보관하는 곳이다. 그러므로 거기에 우상들을 그려 두었다는 말은 다른 것들에게는 나누어주지 않는 가장 따뜻한 사랑을 그 우상들에게만 내어 주는 마음을 비유한다. 사람은 가장 뜨거운 사랑의 대상을 그 인격의 외부에 두기보다는 자기만 아는 마음속 깊은 곳에 품는 법이다. 마음속 깊은 곳에서 움직이는 소원이 가장 강력하다. 그러므로 마음의 암실은 하나님을 섬기기에 적합한 곳이다. 우리가 그곳에서 하나님을 진정으로 공경할 때 상급을 받게 된다(마 6:1-4). 하나님은 영이시므로 보이지 아니하시는데, 우리는 사람이 보지 않는 은밀한 자리에서 그의 뜻을 순종하기 위해 힘을 다해야 한다. 그렇게 할 때 우리는 하나님의 은혜를 많이 받으며 영적으로 강건해진다. 그러므로 스펄전(Spurgeon)은 말하기를 "고요한 자리는 힘의 모체다"[24)]라고 하였다.

그런데 에스겔이 목격한 것처럼 유대인들은 성전의 암실로 비유된 고요한 자리를 가장 유력하게 범죄하는 장소로 만들었다. 그런 행동은 하나님의 것을 도둑질하는 죄악이다.

11 **칠십 명이 그 앞에 섰으며.** "칠십 명"은 모세가 세운 칠십 장로의 뒤를 이은 이스라엘 공의회 회원들이다. 그들이 이렇게까지 어두워져서 우상을 섬기고 있다. **"야아사냐"**는 그들의 두목이다.

향연이 구름 같이 오르더라. 그들이 우상 앞에 제물을 가져다 놓고 향을 피우는데, 그 "향연이 구름 같이" 오른다고 하였다. 이것만 보아도 그들이 정성을 다하여 제사하면서 향도 대량으로 피웠다는 사실이 드러난다.

12 그들이 이르기를 여호와께서 우리를 보지 아니하시며 여호와께서 이 땅을 버리셨다 하느니라. 그들은 죄 때문에 환난을 당하게 되었으므로 마땅히 회개하는 것

---

24) Solitude is the mother country of the strong..

이 해결책이었다. 그런데 그들이 회개하지는 않고 도리어 "여호와께서 우리를 보지 아니하시며 여호와께서 이 땅을 버리셨다"라고 하면서 우상숭배를 정당화하려고 한다(참조. 렘 44:17-18).

14 거기에 여인들이 앉아 담무스를 위하여 애곡하더라. "담무스"(התמוז)는 바벨론과 페니키아에서 숭배한 농사를 주관하는 신의 이름이다. 유대인들은 성전에서까지 이런 이방 신에게 예배하였다. 이런 일들은 므낫세 왕 때에 일어난 것으로 생각된다(Torrey).

16 약 스물다섯 명이 여호와의 성전을 등지고 낯을 동쪽으로 향하여 동쪽 태양에게 예배하더라. 여기서 "스물다섯 명"이라는 말 대신에 70인역(LXX)의 바티칸 사본(Codex Vaticanus)과 몇몇 주석가들(Heinisch, Troelstra, Cooke)은 단순히 "스무 명"이라고만 하였다. 그러나 "스물다섯 명"이라는 어구가 옳은 이유는 구약 시대에 제사장 스물네 반열에서 각각 한 사람씩 대표자를 뽑고 거기에 대제사장을 더하면 스물다섯이라는 숫자가 나오기 때문이다(대상 24:18-19). 그들이 "여호와의 성전을 등진" 자세는 그들이 하나님을 버렸음을 보여주는 증표다(렘 7:24). 태양 숭배도 므낫세 왕 때에 범한 죄악이었다(왕하 21:5).

17 나뭇가지를 그 코에 두었느니라. 이것이 ① 나뭇가지를 숭배하는 예배 의식이라고 말하는 학자들이 있고, ② 태양을 성스럽게 대하려고 숨기운을 막는 행동이라고 해석하는 학자들도 있고, ③ 하나님을 조롱하는 의미로 그들이 이런 행동을 취하였다고 주장하는 학자들도 있다. ④ 구약성경에서 "코"는 진노를 상징하는데, 거기에 "나뭇가지를⋯⋯두었다"는 말은 하나님의 진노를 나타내는 불이 맹렬해지도록 땔감을 두었다는 뜻이라고도 한다. 그러나 어느 해석이 옳은지 확실히 결정하기는 어렵다.

18 이 구절에 대하여는 잠언 1:28과 이사야 1:15을 참조하라.

| 설교자료

1. "손 같은 것을 펴서 내 머리털 한 모숨을 잡으며"(3절). 하나님께 순종하기로 예정된 종은 머리털같이 극히 미미한 것만 붙잡혀도 인도함이 된다.

2. "주의 영이 나를 들어 천지 사이로 올리시고"(3절). 신자들은 비록 아직 하늘 위에 올라가지는 못하였으나, 땅의 것은 버린 자들이다. 그러므로 신자들의 대표자라고 할 수 있는 에스겔은 천지 사이로 올려진 것이다.

3. "질투의 우상"(3하)이 바알 우상을 가리키는지 혹은 아세라 목상을 가리키는지 자세히 알기 어렵다(왕하 21:7; 대하 33:3; 참조. 왕하 23:11). 무슨 우상이었든지 간에 그것은 하나님의 질투심을 격동시킨 것이다. 여기서 이른바 질투는 불의한 것이 아니고 도리어 정의로운 열심을 의미한다. 요컨대 하나님께서 그의 영광을 모독하는 우상에 대하여 마땅히 품으실 마음이라는 것이다. 하나님이 그의 백성들이 섬기는 우상에 대하여 질투하시는 것은 그의 백성을 뜨겁게 사랑하시는 증표다. 하나님은 그의 백성이 오직 하나님만을 섬기기를 열렬히 원하신다.

4. 에스겔은 이방 나라 바벨론에서 포로로 고생하는 이스라엘 민족을 위로할 처지에 있었다. 그는 이스라엘이 예루살렘에서 범죄한 것이 얼마나 컸는지를 인식하게 되었고, 그리하여 이제 이스라엘이 당하는 수난이 당연한 일임을 깨닫게 되며, 또한 그가 깨달은 대로 동포들을 가르칠 수 있었다. 사람은 고난 중에도 그가 당하는 고난이 자기 죄에 대한 보응이라는 사실을 깨달을 때 위로를 받는다. 십자가에 못 박힌 한편 강도는 말하기를 "우리는 우리가 행한 일에 상당한 보응을 받는 것이니 이에 당연하거니와"라고 하였

다(눅 23:41). 에스겔은 이스라엘의 대표 자격으로 일찍이 이스라엘이 범한 죄악들을 하나님의 계시를 통하여 자세히 보게 된다(5-18절).

5. 사람들은 은밀한 곳을 범죄 장소로 택하지만 하나님의 눈앞에서는 그 곳 역시 은밀한 곳이 아니다(7-12절).

6. 사람들은 언제든지 하나님이 모든 것을 아신다는 사실을 실감하지 못하기 때문에 범죄한다(12절). 물론 그들의 그런 어두움은 그들이 과거에 지은 죄악으로 말미암아 받는 벌이다. 죄는 사람을 어둡게 만든다(롬 1:21). 그들은 죄악을 하나씩 회개함으로써만 점점 밝음을 얻는다.

7. 사람들이 하나님의 성전에서 큰 죄악을 범한다(16절). 하나님을 공경한다고 하면서 실상은 하나님을 등지고서 행하는 일은 모두 크나큰 죄악이다. 그것은 종교적 외식에 뻔뻔함을 더한 죄악이다.

제 9 장

✦ 내용분해

1. 하나님의 심판으로 유다 민족이 많이 살육당할 것을 계시하심(1-2절)
2. 많은 사람이 죽임을 당하는 그 환난에서 제외될 자들(3-4절)
3. 많은 사람이 죽임을 당하는 광경(5-7절)
4. 선지자의 호소와 하나님의 응답(8-10절)
5. 회개하지 않는 자들을 심판한 천사의 보고(11절)

✦ 해석

1-2 또 그가 큰 소리로 내 귀에 외쳐 이르시되 이 성읍을 관할하는 자들이 각기 죽이는 무기를 손에 들고 나아오게 하라 하시더라 내가 보니 여섯 사람이 북향한 윗문 길로부터 오는데 각 사람의 손에 죽이는 무기를 잡았고 그 중의 한 사람은 가는 베 옷을 입고 허리에 서기관의 먹 그릇을 찼더라 그들이 들어와서 놋 제단 곁에 서더라. 에스겔에게 말씀하시는 분은 8:2에 나오는 "불 같은 형상", 곧 하나님이시다. 여기서 보여주는 것은 유다

민족이 최후로 바벨론에게 침략을 당하여 많은 사람이 죽임을 당하게 될 것이라는 점이다. 이것을 보면 땅 위에서 전쟁으로 인하여 많은 사람이 죽게 되는 것은 하나님께서 위에서 섭리하시는 대로 이루어지는 것임이 분명하다. 유다의 많은 사람을 죽일 자들로 여기에 "여섯 사람"이 등장한다. 이 여섯 사람은 누구인가? 판 덴 보른(Van Den Born)은 이들이 초자연적 존재들이지만 천사는 아니라고 하였다. 그러나 다수의 주석가가 이들을 천사들이라고 해석한다(G. Ch. Aalders). 성경에서 천사들이 자주 사람의 모습으로 나타났고(창 18:2), 성경은 그들을 "사람들"(창 18:16, 22; 19:8, 10, 12, 16)이라고 칭하였다.

"그 중의 한 사람"이라는 말은 일곱 번째 사람을 가리킨다. 탈무드(Sabbath 55a, Joma 77a)에는 이 사람을 가브리엘이라고 하였다. 그러나 그가 가브리엘인지 아니면 다른 천사인지 우리로서는 알기 어렵다. 이 부분(1-2절)에서 우리가 깨달을 것이 있는데, 땅 위에서 사람들이 죽임을 당하는 일은 우연한 일이 아니고 하나님께서 허락하시거나 혹은 경륜 가운데 계획하심으로만 발생한다는 것이다(마 10:29).

3-4 그룹에 머물러 있던 이스라엘 하나님의 영광이 성전 문지방에 이르더니 여호와께서 그 가는 베 옷을 입고 서기관의 먹 그릇을 찬 사람을 불러 여호와께서 이르시되 너는 예루살렘 성읍 중에 순행하여 그 가운데에서 행하는 모든 가증한 일로 말미암아 탄식하며 우는 자의 이마에 표를 그리라 하시고. "그 가는 베 옷을 입고 서기관의 먹 그릇을 찬" 천사는 특별히 자비를 베풀기 위한 사역자다. 그러므로 그가 입은 옷은 제사장의 옷과 유사하다. 그는 특별히 그 살육의 환난 가운데 들지 않을 사람들에게 표식을 해 주었다. 이는 마치 요한계시록 7장에 기록된 것처럼 144,000명의 이마에 인을 치는 천사의 역할과 같은 것이다. 그 천사 역시 자비로운 사역을 한다는 의미에서 "해 돋는 데로부터 올라"왔다고 묘사된다(계 7:1-4).

하나님의 백성으로서 구원받을 자들에게 이처럼 인을 쳤던 사례가 출애굽기 12:22에도 기록되어 있다. 그때에는 유월절 양의 피를 이스라엘 집 "문인방과 좌우 설주에" 뿌렸었다. 이러한 사실들을 보면 땅 위의 무서운 환난 가운데서도 하나님께서는 택한 백성의 영혼들을 구원하시는 일에 세밀하게 간섭하시는 것이 명백하다. 택하심을 입은 백성은 무더기로 멸망하는 환난 중에서도 이렇게 세밀한 하나님의 간섭을 통하여 구원받는다. 그들의 영혼이 구원받는 것은 물론이고 때로는 그들의 육신이 구원받기도 한다.

그런데 하나님의 참된 백성은 명목상으로만 그의 백성이 아니고 그의 심령에서부터 "모든 가증한 일로 말미암아 탄식하며 우는 자"들이다. 특별히 환난 때에 택하심을 입은 백성의 이와 같은 증표가 드러난다. 환난 때는 사람들이 가증한 일을 많이 행하는데, 그때 참으로 택하심을 입은 백성은 그것을 원통히 여기고 그런 일에 합류하지 않는다. "가증한 일"이라는 것은 종교적으로는 우상을 섬기는 일이며, 도덕적으로는 불의를 행하는 것이다. 하나님께서 택하신 백성은 그와 같은 때에 행악자들과 합류하지 않을 뿐만 아니라 그들에게 아부하지도 않는다. 그리고 그들은 행악자들로 말미암아 진리가 매몰되고 하나님의 영광이 땅에 떨어지는 것을 고통스럽게 여긴다.

설교 ▶ 많은 사람이 숙임을 당하는 때에도 구원받을 사람 (1-4절)

4절에 말하기를 "너는 예루살렘 성읍 중에 순행하여 그 가운데에서 행하는 모든 가증한 일로 말미암아 탄식하며 우는 자의 이마에 표하라"라고 하신다. 하나님께서 이같이 표를 하라고 말씀하신 목적은 그 표를 받은 자들로 하여금 죽음을 면케 하시려는 것이다. 그렇다면 죽음을 면하는 자는 이 본문의 말씀과 같이 "모든 가증한 일로 말미암아 탄식하며 우는" 사람들이다. 우리는 그들이 탄식하며 우는 이유를 세 가지로 생각해 볼 수 있다.

1. 그 당시에 많은 사람이 하나님 앞에서 범죄하였으나 그들 자신만은 그

시대의 죄악에 물들지 않으려 했기 때문이다. 사람들이 죄를 피하는 일은 외부적인 노력만으로는 되지 않는다. 우리는 죄를 대할 때 심령에서부터 그것을 옳지 않게 여겨 탄식해야 한다. 그렇게 남들의 범죄를 보고 마음에 아픔을 가질 때에 그들은 울게 된다. 죄악의 도성인 소돔과 고모라에서 경건하지 않은 자들의 행동을 목격한 롯은 날마다 심령에 고통을 받았다고 한다(벧후 2:6-8). 우리 인격이 성화되는 일은 이렇게 중심에서부터 죄를 고통스럽게 여기고 물리쳐야만 성취될 수 있다. 맥체인(M'Cheyne) 목사는 눈에서 눈물이 마르는 날이 없었다고 한다. 그는 자기의 죄도 그처럼 아프게 물리치는 동시에 교인들의 죄에 대해서도 똑같이 아프게 여겼다고 한다. 그에게는 언제나 눈물이 있었기 때문에 그가 강단에 올라갈 때면 교인들이 감동하여 눈물을 흘렸다고 한다.

2. 그들이 자신의 힘으로는 남들을 죄악에서 건질 수 없는 줄 알았기 때문이다. 사람들은 종종 남의 죄악을 보고 자기들의 힘으로 그것을 고쳐줄 수 있는 듯이 덤빈다. 그러나 그것은 수렁에 빠진 자를 건지기 위하여 자기도 수렁으로 말려 들어가는 일과 같다. 그가 수렁에 빠진 자를 구출하기 위해서는 자신의 외부에 있는 힘에 의지하여 그것을 가지고 들어가야 한다. 사람들이 남의 범죄를 보고 하나님께 매달려 울며 기도하지는 않고 자기 힘으로 구원하려 하다가는 도리어 교만의 죄에 빠지게 된다. 교만의 죄도 마찬가지로 큰 범죄다.

3. 하나님의 영광이 범죄자들의 발에 짓밟히는 것을 그들이 원통히 여기기 때문이다. 신자들은 먹고 마시는 것보다 하나님의 영광을 더욱 중요하게 여겨야 한다. 그러나 너무나 많은 사람이 인간의 죄로 말미암아 하나님의 영광이 가려진다는 사실을 모르고 지내며, 먹고사는 데만 급급하다. 이러한

처신은 짐승과 같이 무지한 행동이다. 개가 그 주인에게 충성을 다하다가도 그가 먹이를 앞에 두었을 때 주인이 방해하면 으르렁거리고 때로는 물기도 한다. 신자들은 무엇보다도 모든 다른 사람들의 범죄 때문에 하나님의 영광이 땅에 떨어지는 일을 원통히 여길 줄 알아야 한다. 우리는 먹고 마시는 문제로 하나님의 영광을 훼손하지 않아야 한다. 노이스(Noyes)는 옥중에서 자기 가족에게 편지하기를 "먹을 것과 입을 것을 위하여 염려하지 말아라"라고 하였다. 우리나라의 순교자 최봉석 목사는 만주 지방에서 전도하던 때에 배가 너무 고파서 길가에 콩이 있어서 집어 먹었는데 나중에 알고 보니 그것은 콩이 섞인 쇠똥이었다고 한다.

5-7 그들에 대하여 내 귀에 이르시되 너희는 그를 따라 성읍 중에 다니며 불쌍히 여기지 말며 긍휼을 베풀지 말고 쳐서 늙은 자와 젊은 자와 처녀와 어린이와 여자를 다 죽이되 이마에 표 있는 자에게는 가까이 말라 내 성소에서 시작할지니라 하시매 그들이 성전 앞에 있는 늙은 자들로부터 시작하더라 그가 또 그들에게 이르시되 너희는 성전을 더럽혀 시체로 모든 뜰에 채우라 너희는 나가라 하시매 그들이 나가서 성읍 중에서 치더라. 이 말씀은 장차 하나님께서 이스라엘 민족에게 바벨론 군대를 보내시어 많은 사람을 죽게 하실 것을 예언한다. 그는 이러한 말씀을 통해서도 그 백성의 회개를 독촉하신다. 그러나 우리가 여기서 또 한 가지 생각할 것은 하나님께서는 끝까지 회개치 않는 인생들을 죽이기도 하신다는 것이다. 하나님께서는 물론 죄인이 죽는 것을 기뻐하지 않으신다(겔 18:32). 그러므로 그는 가나안 일곱 족속의 죄악이 가득하기 전에는 그들을 멸망시키지 않으시려고 아브라함의 후손들로 하여금 400년 넘게 기다리게 하셨다(창 15:16). 이것을 보면 하나님께서 죄인들을 멸망시키시는 것도 그가 정하신 시기에 하시는 것이니, 그의 크신 사랑과 배치되지 않는 지혜로운 행위다. 그리고 하나님께서 니느웨 성을 구원하시기 위하여 요나를 보내실 때 거기 있는 가축까지도 아끼시는 마음을 가지

셨다(욘 4:10). 이것을 보아도 그가 죄인들을 멸하시는 이유는 그에게 자비심이 부족해서가 아니라 그의 크신 자비로써도 용납하실 수 없는 그들의 심히 큰 죄악 때문임을 알 수 있다(겔 9:9). 사람들의 죄악이 너무나 클 때는 그들이 살아 있음으로써 땅 위에 사망의 권세가 더욱 확대된다. 그러므로 그들이 다 죽임을 당하는 것이 오히려 생명의 운동을 보존한다. 이런 의미에서 하나님께서는 끝까지 회개하지 않는 죄인들을 죽이기도 하신다.

여기 에스겔 선지자가 예언한 대로, 하나님께서 허락하신 바벨론의 마지막 침략으로 말미암아 많은 유대인이 죽임을 당하리라는 사실은 우리에게 그들의 죄악을 상기시킨다. 말하자면 그들 중 다수가 비참하게 죽게 되는 비극의 배후에는 그보다 더욱 비참한 그들의 죄악이라는 비극이 있었다는 것이다.

6절의 "늙은 자"(זְקֵנִים "하즈케님")라는 말은 무엇을 의미하는가? 알더스(G. Ch. Aalders)는 다양한 해석을 소개한다. ① 다수의 학자는 이것이 앞의 8:16에 있는 스물다섯 명의 태양 숭배자들이라고 해석한다. 그들은 여기서 "늙은 자"가 장로들을 의미한다고 주장한다. ② 또 다른 이들은 "늙은 자"라는 말이 8:11에 있는 칠십 명의 동물 숭배자를 가리킨다고 하였다(Hengstenberg, Redpath, Fisch). ③ 또 다른 이들은 "늙은 자"라는 말이 후대인의 첨가라고 주장한다(Cornill, Bertholet, Troelstra). ④ 히치히(Hitzig)와 카일(Keil)은 말하기를, 여기서 "늙은 자"는 단순히 나이가 많은 사람을 의미한다고 하였다. 알더스(G. Ch. Aalders)도 이 해석을 가장 자연스럽게 여겼다.

"성전을 더럽혀 시체로 모든 뜰에 채우라"(7절). 하나님께서 장차 유대인들을 바벨론에 의한 침략 전쟁으로 많이 죽이실 것을 이렇게 예언하신다. 성전을 사람들의 시체로 채우는 것은 성전을 더럽히는 일이다. 여기서 특별히 "성전을 더럽힌다"고 말한 것은 하나님께서 더 이상 유대인들의 제물을 받지 않으시고 그의 거룩한 장소를 내버리신다는 의미다. 하나님을 공경한다고 하는 자들이 성전을 잘못 사용하여 더럽힐 때는 하나님께서 그들을 벌하시는 의미에서 그것을 폐지하신다. 당시의 유대인들은 하나님을 바라보는 것보다 성전을 바라보는 일을 더욱 중시하여(렘 7:4) 종교적 의식이나 제도를 의지함으로써 형통할 줄로 알았다. 그러므로 하나님께서 그들을 벌하시는 의미에서 성전을 폐지하시려고 성전 안에서까지 많은 사람이 죽임을 당하리라고 하신다.

8-10 선지자 에스겔은 여기서 이스라엘의 남은 자들에게 하나님이 내리시는 심한 벌에 대하여 탄식한다.

아하 주 여호와여 예루살렘을 향하여 분노를 쏟으시오니 이스라엘의 남은 자를 모두 멸하려 하시나이까. 이것은 죄인이 죽는 것을 기뻐하지 않으시는 하나님의 심정(겔 18:23)을 염두에 두고서 하는 말이다. 그러나 하나님께서는 이미 그와 같은 멸망에서 남겨 놓을 자들을 남겨 놓으셨다(4, 6절).

죄악이 심히 중하여. 여기서부터는 하나님의 진노가 그토록 크게(5-8절) 나타날 수밖에 없는 이유에 대하여 설명한다.

그 땅에 피가 가득하며. 이 문구에서 "피"라고 번역된 "다밈"(דָּמִים)은 복수형태로서 "피들"을 의미한다. 그것은 "피 묻은 행동들"을 가리킨다(Aalders, "bloedige daden"). 그것은 실제로 사람을 죽이는 것만 아니라 사람을 미워하여 연출하는 모든 무자비한 행동까지도 의미하는 것이다. **"불법"**이라는 말(מַטֶּה "무테")은 성경에서 오직 여기에만 한 번 나오는데, 이 말은 구부러진 것을 의미한다. 이것은 곧 정의나 율법에 대하여 구부러지게 행하는 것을 의미한다. 이런 행동이 그 성읍에 "찼다"고 하였으니 이제는 하나님의 심판이 내려질 수밖에 없다.

그들이 이르기를 여호와께서 이 땅을 버리셨으며 여호와께서 보지 아니하신다 함이라. 이 말씀은 그때 유대인들의 사상이 얼마나 어두웠는지를 보여준다. 그들의 말에 "이 땅을 버리셨으며 여호와께서 보지 아니하신다"라고 한 것은 ① 그들이 심판으로 임하신 하나님을 깨닫지 못한 것이다. 사람이 재앙을 당할 때 하나님을 깨닫지 못하는 것은 모두 다 이런 어두운 사고방식에 속한다. ② 그들은 회개해야만 하나님을 알게 된다는 사실을 몰랐다. 그 당시 하나님이 그들 중에 계시지 않은 것이 아니라 그들이 회개하지 않음으로 하나님을 알지 못한 것일 뿐이다. ③ 그들은 하나님을 안다고 하면서도 하나님의 주권에 대해서는 알지 못했다. 하나님은 언제 어디서나 그리고 무슨 일에 있어서나 만유의 주재자시다.

위의 모든 말씀과 같이 죄악이 가득한 곳에는 심판이 임하는 법이다. 죄악이 가득하였다는 말은 그들이 끝까지 회개하지 않고 도리어 회개할 기회를 범죄의 기회로 삼아 하나님의 진노를 쌓은 것을 가리킨다(참조. 롬 2:4-5).

11 보라 가는 베 옷을 입고 허리에 먹 그릇을 찬 사람이 복명하여 이르되 주께서 내게 명령하신 대로 내가 준행하였나이다 하더라. 천사는 하나님의 뜻을 준행하는 일에 언제나 완전을 기한다(마 6:10). 그러므로 성경을 보면 천사가 한가하게 지낸다는 기록은 전혀 없다. 그들은 하나님의 사명을 실행하는 자리에 홀연히 나타나 책임을 이행하는 자들로 묘사된다(참조. 눅 2:13).

| 설교자료

1. 하나님께서는 그의 백성이 범죄하고 회개하지 않을 때에 그들의 원수를 동원하여 그들을 벌하신다(1-2절). 이 부분의 말씀은 하나님께서 바벨론 군대를 동원하셔서 유대인들을 벌하실 것을 보여주는 예언이다.

2. 사람들의 죄악을 보고 탄식하며 우는 것은 귀한 일이다(3-4, 6상). 유다 민족이 하나님의 징계를 받을 때에도 그들의 죄악을 인하여 우는 자들은 구원을 받게 되어 있었다. 눈물은 이렇게 귀한 것이다.

1) 눈물은 심령에 감각이 있다는 증표이기 때문에 귀중하다. 우리의 신발

은 단단한 재료로 만드는 것이 좋다. 그러나 우리의 눈은 굳어지면 안 된다. 더욱이 우리의 마음은 죄의 가증함을 느끼고 하나님의 감화와 은혜를 느낄 수 있을 만큼 부드러워야 한다. 돌과 같이 굳은 마음은 악한 자의 마음이다. 마음이 부드러워야 죄의 가증함을 느끼며 하나님을 사모하게 된다.

2) 눈물은 미래를 걱정하는 마음의 증표이기 때문에 귀하다. 사람의 마음이 완악해지면 재앙을 당할 일을 하면서도 걱정하지 않는다. 유대인들은 선지자들이 경고하는 말씀을 들으면서도 조금도 걱정하지 않았다. 그래서 선지자 에스겔은 "그들의 이마가 굳다"고 하였다(3:7). 그들은 범죄하면서도 미래에 화를 당할 것은 추호도 걱정하지 않았다. 다시 말해 그들에게는 눈물이 없었다. 그러므로 예레미야는 그들에게 말하기를, "너희는 곡하는 부녀를 불러"다가 울음을 가르치라고 하였다(렘 9:17-22).

3) 죄를 미워하며 하나님을 사모하여 우는 자를 하나님께서 구원하시기 때문에 눈물은 귀하다. 예수님은 말씀하시기를, "지금 우는 자는 복이 있나니 너희가 웃을 것임이요"라고 하셨다(눅 6:21). 다윗은 주님께 기도하기를 "나의 눈물을 주의 병에 담으소서 이것이 주의 책에 기록되지 아니하였나이까"라고 하였다(시 56:8). 열왕기하 20:5에는 말하기를 "여호와의 말씀이 내가 네 기도를 들었고 네 눈물을 보았노라"라고 하였다.

3. 심판은 먼저 교회에서 시작된다(6절). 사람이 교회에 있게 속하게 된 것은 크나큰 복이다. 그러나 그곳에서조차 외식하면서 지내는 것은 무엇보다 큰 죄악이다. 그러므로 먼저 이와 같은 죄악부터 벌하는 것이 당연한 순서다.

4. 죄악으로 가득한 세계가 앞으로 맞이하게 될 결말은 멸망이다(9절). 죄를 범하여도 하나님이 모르실 것이라고 생각하는 자들은 범죄에 주저함이 없는 자들이다(10절). 그런 자들이 사는 세계에는 죄악이 가득하게 된다.

제 10 장

가는 베옷 입은 사람이 숯불을 성읍 위에 흩음에 대하여(불은 하나님의 진노를 상징함; 히 12:29)

✣ 내용분해

1. 불과 같은 진노로 예루살렘 도시를 심판하실 이가 하나님이심을 보여 줌(1-2절)
2. 가는 베옷 입은 사람이 그룹 아래 바퀴 사이에 들어갈 때의 광경(3-4절)
3. 그가 여호와의 명령대로 불을 취함(5-8절)
4. 그룹에 대하여 자세히 묘사함(9-14절)
5. 그룹과 바퀴의 행동은 통일되어 있음(15-19절)
6. 그룹과 생물(1:5-25)은 동일하다고 함(20-22절)

✢ 해석

1-2 **이에 내가 보니 그룹들 머리 위 궁창에 남보석 같은 것이 나타나는데 그들 위에 보좌의 형상이 있는 것 같더라 하나님이 가는 베 옷을 입은 사람에게 말씀하여 이르시되 너는 그룹 밑에 있는 바퀴 사이로 들어가 그 속에서 숯불을 두 손에 가득히 움켜 가지고 성읍 위에 흩으라 하시매 그가 내 목전에서 들어가더라.** 여기서 "보좌의 형상" 같은 것이 나타났다고 하였고, 또한 "하나님이 가는 베 옷을 입은 사람에게" 말씀하여 "숯불을…성읍 위에 흩으라"고 하신 것은 예루살렘 성읍을 심판하실 이가 사람이 아니고 하나님이심을 보여준다. 사람들은 언제나 심판자가 하나님이시라는 사실을 잘 잊어버린다. 그러므로 여기 이와 같은 계시가 주어진 것이다. "숯불을…성읍 위에 흩으라"고 하신 말씀은 그가 장차 예루살렘 성읍을 심판하시리라는 것을 상징적으로 보여준다.

3-4 **그 사람이 들어갈 때에 그룹들은 성전 오른쪽에 서 있고 구름은 안뜰에 가득하며 여호와의 영광이 그룹에서 올라와 성전 문지방에 이르니 구름이 성전에 가득하며 여호와의 영화로운 광채가 뜰에 가득하였고.** 칼빈(Calvin)에 따르면 여기서 "구름"(עָנָן "아난")이라는 것은 하나님의 진노를 상징하는 것이다. 다른 주석가들은 구름이 하나님의 임재를 표상하는 것이거나 혹은 그 영광이 땅 위에 나타난 외부적 표현[25]이라고 해석한다(Cooke, Schumpp).[26]

"여호와의 영광이…성전 문지방에 이르니"(4절). 이와 같은 하나님의 동작은 9:3에도 나타난다. 이것을 보고 쿡(Cooke)이라는 학자는 이러한 움직임에는 무게가 없으니 그것은 하나님의 동작이라고 할 수 없다고 주장한다. 그러므로 그는 이 구절이 후대에 첨부된 것이라고 보았고, 크레취마르

---

25) die irdische Hülle der göttlichen Doxa.
26) 참조. 출 16:10; 19:9, 16; 40:34; 민 9:15.

(Kraetzschmar)는 이 구절을 아예 생략해버려야 한다고 주장했다. 그리고 헤르만(Herrmann)은, 3-6절 전부가 후대의 삽입구라고 하였다. 그러나 9:3 말씀을 여기서 되풀이했다는 사실이 문제 될 것은 없다. 왜냐하면 이곳 10장의 계시는 9장의 내용을 다른 각도에서 다시 한번 보여주는 것이기 때문이다. 그러므로 위에 소개한 여러 학자들의 추론은 모두 다 옳지 않다.

하나님께서 법궤 위("그룹들 머리 위", 1절)에 계시다가 이제 "성전 문지방에 이르"신 것은 그가 그곳에서 떠나시기 위한 준비 단계다. 이것은 그가 이스라엘 백성을 기뻐하지 않으신다는 증표다.

5-8 그룹들의 날개 소리는 바깥뜰까지 들리는데 전능하신 하나님이 말씀하시는 음성 같더라 하나님이 가는 베 옷을 입은 자에게 명령하시기를 바퀴 사이 곧 그룹들 사이에서 불을 가져가라 하셨으므로 그가 들어가 바퀴 옆에 서매 그 그룹이 그룹들 사이에서 손을 내밀어 그 그룹들 사이에 있는 불을 집어 가는 베 옷을 입은 자의 손에 주매 그가 받아 가지고 나가는데 그룹들의 날개 밑에 사람의 손 같은 것이 나타나더라. 여기서 "가는 베 옷을 입은 자"가 하나님의 명령에 따라 이제 "그룹들 사이에서 불을 가져"가는 광경이 기록되어 있다.

"그룹들의 날개 소리는···전능하신 하나님이 말씀하시는 음성 같더라." 이것은 그들의 날개 소리가 하나님의 의지를 계시한다는 뜻인데, 말하자면 하나님의 진노와 엄위를 나타내는 데 있어서 그의 말씀과 같이 분명하다는 뜻이다(출 18:16-25; 시 29:3; 히 12:18-20).

"불을 가져 가라." 그룹은 불과 관련되어 있는데(창 3:24), 그것이 하나님의 진노를 상징하는 한편 그의 성결을 가리키기도 한다. 그룹들은 하나님의 성결의 불을 체험하는 자들로서 하나님의 성결을 찬송한다(계 4:8). 성결은 뜨거움으로 비유될 수 있다. 그것은 의에 대하여 불 같이 뜨거운 동시에 죄를 미워하는 일에도 마찬가지로 뜨겁다. 이런 뜨거움이 없는 미지근한 상태는 주님께서 토하시겠다고 하셨다(계 3:15-16). 이사야서를 보면 스랍들이 숯불을 가져다가 이사야의 입술을 깨끗하게 하였다(사 6:6-7). 우리는 그룹들과 같이 주님의 성결을 본받아야 한다. 주님의 성결을 본받는 일에 뜨거운 열심을 내지 않는 자들은 결국 주님을 멀리 떠나게 되고, 나중에는 주님께 버림받는다. 거룩하지 못한 자는 주님을 보지 못한다고 하였다(계 12:14). 그러므로 모든 참다운 성도는 지극히 뜨거운 마음으로 성결의 도를 지켰다. 욥은 말하기를 "내가 그의 입술의 명령을 어기지 아니하고 정한 음식보다 그의 입의 말씀을 귀히 여겼도다"라고 하였다(욥 23:12).

그룹들은 "날개"를 가지고 있는데(8절), 우리는 이러한 사실에서도 보고 배울 것이 있다. "날개"는 신앙을 상징한다. 요한계시록 12장을 보면, 하늘에서 쫓겨난 용이 여자(교회)를 핍박할 때에, 그 여자는 "큰 독수리의 두 날개를 받아 광야 자기 곳으로 날아가 거기서 그 뱀의 낯을 피하여 한 때와 두 때와 반 때를 양육 받았다"고 한다(계 12:14). 이것은 교회가 두 날개로 비유되는 믿음으로 말미암아 하나님께 보호받은 사실을 보여준다. 믿음은 참으로 날개에 비유될 만하다. 새는 육지에 발을 디디기도 하지만 주로 창공을 날아다닌다. 그와 마찬가지로 사람은 발로 땅을 디디고 살아가지만, 날개와 같은 신앙을 통하여 공기처럼 눈에 보이지 않는 영적인 하나님의 세계에서도 활동하며 살아갈 수 있다. 성도는 곤란한 일을 당할 때에 새와 같이 날아서 안식처를 찾아가고 싶어 한다. 그러므로 다윗은 환난 때를 당하여 말하기를 "만일 내게 비둘기 같이 날개가 있다면 날아가서 편히 쉬리로다"라고 하였다(시 55:6). 이러한 소원은 그가 여호와를 신뢰하였을 때에 이루어졌다. 그때 그는 날아다니는 새를 부러워할 필요가 없다는 의미에서 말하기를 "내가 여호와께 피하였거늘 너희가 내 영혼에게 새 같이 네 산으로 도망하라 함은 어찌함인가"라고 하였다(시 11:1).

우리는 영혼의 최후 구원을 위하여 물질계가 아닌 영적 세계에서 살아가는 법을 배워야 한다(벧전 1:8-9). 물질에 의존하는 생활방식으로는 영계에서 살 수 없다. 아브라함은 갈 바를 알지 못하면서도 하나님의 명령을 순종하여 고향을 떠났으니, 이것이야말로 발붙일 만큼의 땅도 받지 않은 상태에서(행 7:5), 날개와 같은 믿음을 가지고서 눈에 보이지 않는 영적 세계에 투신하는 것과 같은 일이었다. 모세도 육신의 모든 영광과 재물에 목을 매지 않고, 도리어 눈에 보이지 않는 주님을 따르기 위하여 믿음의 날개를 사용하였다(히 11:24-26).

"그룹들의 날개 밑에 사람의 손 같은 것이 나타나더라.""손"은 봉사의 행위를 의미한다. 우리 신자들은 보이지 않는 세계에서 신앙을 통하여 날아가는 듯이 살면서 모든 봉사를 감당해야 한다.

9 내가 보니 그룹들 곁에 네 바퀴가 있는데 이 그룹 곁에도 한 바퀴가 있고 저 그룹 곁에도 한 바퀴가 있으며 그 바퀴 모양은 황옥 같으며. "바퀴"는 봉사를 상징하기도 하는데, 그들의 순종과 봉사로 실현되는 것은 물론 하나님의 섭리다. "바퀴"는 무거운 짐을 운반하기 위한 도구다. 그것은 수레 맨 아래 자리 잡고서 다만 무거운 짐을 싣고 굴러갈 뿐이다. 또한 바퀴는 누군가가 이끄는 대로 신속하게 굴러간다. 신자들도 주님을 순종하는 일에 있어서 바퀴처럼 기꺼이 신속하게 순종하는 것이 중요하다. 하나님의 명령 앞에서는 우리가 이것저것을 따져보는 여유도 부리지 말아야 한다. 왜냐하면 그의 명령에는 절대로 오류가 없고, 순종하는 자에게 언제나 축복을 가져다주기 때문이다. 특별히 우리는 복음을 전하는 사명을 신속하게 순종해야 한다. 우리가 먼 나라에까지 가지는 못하더라도, 내가 속한 가정에서 이 사명을 신속히 수행해야 한다. 믿지 않는 가족들에게 복음을 전하는 일은 가족들을 먹여 살리기 위하여 직업을 가지는 것보다 더욱 중요하다. 존 워너메이커(John Wanamaker)는 미국 필라델피아(Philadephia)의 우편국장이었는데 그는 또한 대형 백화점을 경영하면서 유년 주일학교 부장으로도 일하였다. 그런데 그는 직장을 위하여 시간을 사용하기보다 주일학교를 위하여 더욱 많이 힘썼다고 한다. 어떤 사람이

그에게 묻기를 "시간이 부족할 터인데 어떻게 그렇게 주일학교 일에 힘을 기울이십니까?"라고 하였더니 그가 대답하기를, "주일학교 일은 나의 본업이고 직장은 나의 부업입니다"라고 대답했다고 한다.

10 그 모양은 넷이 꼭 같은데 마치 바퀴 안에 바퀴가 있는 것 같으며. 네 그룹들이 가진 바퀴들은 서로끼리 충돌하는 일이 없이 모두 다 같은 일을 한다. 우리 신자들도 이처럼 단합하기를 힘써야 한다. "바퀴 안에 바퀴"에 대하여는 1:16에 있는 같은 말 해석을 참조하라.

11 그룹들이 나아갈 때에는 사방으로 몸을 돌리지 아니하고 나아가되 몸을 돌리지 아니하고 그 머리 향한 곳으로 나아가며. 신자들도 이렇게 행해야 한다. ① 주님을 따르는 일은 절대적으로 옳은 것이기 때문에 방향을 돌이키지 않는다. 누가복음 9:62에 "손에 쟁기를 잡고 뒤를 돌아보는 자는 하나님의 나라에 합당하지 아니하니라"라고 하였다. 그리스도인이 주님의 뜻에 합당한 길을 택하여 가는 도중에 많은 사람들에게 비난을 받는 경우도 있을 것이다. 그러나 그것이 주님을 따르는 길이라면, 돌이킬 필요가 없다. 그러면서도 한 가지 주의해야 할 점은 있다. 그것은 바로 그가 겸손히 그 길을 가야 한다는 것이다. 옳은 길을 가더라도 교만하게 행하는 자는 하나님께서 기뻐하시지 않는다. ② 주님을 따르는 길은 최종적으로 면류관을 받는 길이다. 갈라디아서 6:9에 말하기를 "우리가 선을 행하되 낙심하지 말지니 포기하지 아니하면 때가 이르매 거두리라"라고 하였다. 그러므로 주님을 따르는 길에서 우리가 돌이킬 이유는 없다.

12 그 온 몸과 등과 손과 날개와 바퀴 곧 네 그룹의 바퀴의 둘레에 다 눈이 가득하더라. "눈"은 지혜와 밝음을 의미하는데, 주님이 지시하신 길은 결코 맹목적인 것이 아니다. 그 길을 가는 자는 영원히 속임을 당하지 않는다. 하나님의 말씀을 소유한 신자도 무수한 눈을 가진 자와 같으며, 더 나아가 하나님의 눈을 가진 자와 같다. 성경은 하나님의 말씀이 마치 하나님의 눈과 같다고 말씀한

다. 히브리서 4:12-13에 말하기를 "하나님의 말씀은 살아 있고 활력이 있어 좌우에 날선 어떤 검보다도 예리하여 혼과 영과 및 관절과 골수를 찔러 쪼개기까지 하며 또 마음의 생각과 뜻을 판단하나니 지으신 것이 하나도 그 앞에 나타나지 않음이 없고 우리의 결산을 받으실 이의 눈 앞에 만물이 벌거벗은 것 같이 드러나느니라"라고 하였다.

14 그룹들에게는 각기 네 면이 있는데 첫째 면은 그룹의 얼굴이요 둘째 면은 사람의 얼굴이요 셋째는 사자의 얼굴이요 넷째는 독수리의 얼굴이더라. 이것은 그들의 활동이 모든 방면에 대해 예비되어 있음을 의미한다. 그리스도인도 교회 생활에 있어서 주님을 위하는 일이라면, "나는 모른다"라고 할 것이 하나도 없다. 다시 말해 그들은 어떤 일에 대해서든지, 그리고 어떤 사람에 대해서든지 외면할 수 없다. 진실한 신자는 모든 사람에 대하여, 그리고 모든 일에 대하여 주님 앞에서 책임감을 가지고 봉사한다. 유명한 성도 바실레이오스(Basil)의 삶은 번갯불과 같았고, 그의 설교는 우렛소리와 같았다고 한다.[27]

15-17 여기서는 그룹들과 바퀴의 행동이 통일되어 있음을 보여준다. 하늘에 속한 자들은 하나님의 일을 수행할 때 서로 단합하여 완전함을 이룬다.

18-19 여기서는 하나님의 영광이 성전에서 떠나려 하는 위태한 광경을 보여준다. 유다 민족은 하나님보다 성전을 더욱 존중하여 하나님을 잊어버렸다. 그러므로 이제 하나님께서는 그들의 죄악을 책망하시는 의미에서 성전을 떠나신다. 하나님이 떠나신 성전은 아무 가치도 없다.

20-22 선지자는 여기서 그가 본 그룹들이 일찍이 그발강 가에 나타났던 생물들과 같은 존재라는 사실을 말하여 준다.

---

27) His speech was thunder; his life, lightening.

설교자료

1. 하나님께서 예루살렘에 심판을 내리셨기 때문에 그 도시는 결국 바벨론 군대의 마지막 침략을 당할 처지였다. 하나님께서 가는 베 옷을 입은 사람을 시켜 숯불을 성읍 위에 흩으시는 계시가 바로 그런 의미다(1-8절). 불은 심판의 상징이다. 참새 한 마리도 하나님의 허락 없이는 땅에 떨어지지 않는다고 하였는데(마 10:29), 택하신 백성의 도성 예루살렘이 하나님의 허락 없이 이방 군대의 손에 함락되겠는가!

2. 하나님을 가까이 모시는 그룹들은 생물들인데(15절), 그들에게는 날개와 손이 있다(5, 8절). ① 날개는 믿음의 상징이다. 그들은 날개를 가지고 있으므로 땅을 의지하지 않고 하나님의 말씀대로 움직여 그 말씀을 힘있게 드러낸다(5절). ② 손은 봉사의 상징이다. 손이 "날개 밑에 있"다는 사실은 그들이 믿음을 따라서 일해야 한다는 것을 보여준다. 믿음 없는 수고는 가치가 없다.

3. 바퀴는 섭리를 상징하는데, 그와 동시에 생물(그룹)이 움직이는 대로 따라서 움직이는 봉사와 순종을 상징하기도 한다. 마찬가지로 섭리도 생물의 의지에 따라 움직인다(19-21절). 우리가 하나님께 순종할 때도 바퀴처럼 순종해야 한다. 바퀴는 수레 밑바닥에 있어서 사람이 끄는 대로 굴러갈 뿐이다.

4. 계시 시대에 하나님의 계시 방법은 실질적으로 언제나 똑같은 것이었다(22절). 왜냐하면 하나님께서는 그의 백성과 맺은 언약을 지키시기 때문이다. 이것이 우리를 향한 그의 진실성이다.

제 11 장

✣ 내용분해

1. 예루살렘에 남은 지도자들의 죄악을 쳐서 예언하라고 함(1-4절)
2. 예루살렘에 남은 자들이 당할 재앙과 징벌에 대한 예언(5-13절)
   1) 많은 사람이 죽임을 당하리라고 함(6-7상)
   2) 이스라엘에서 떠나 타국으로 가서 벌 받을 자들도 있으리라고 함(7하-12절)
   3) 블라댜가 죽음(13절).
3. 예루살렘에 남은 자들이 사로잡혀 가는 자들을 냉대함(14-15절)
4. 포로로 잡혀간 자들에게 주시는 위로의 약속(16-21절)
   1) 하나님께서 사로잡혀 간 포로들과 함께하시겠다고 말씀하심(16절)
   2) 장차 포로들을 귀환시키시고, 그들이 율례를 지키게 만드시겠다고 하심(17-21절)
5. 에스겔이 이상 중에 예루살렘을 떠나 갈대아에 있는 포로들에게 돌아감(22-25절)

↓ 해석

1-4 여기서 **"스물다섯 명"**이라는 숫자는 스물네 반열의 제사장들 숫자에 대제사장을 더한 숫자라고 한다. 어쨌거나 이들은 그 당시 예루살렘에 남아 있던 유대인의 지도층이라는 것만은 사실이다. 본 장은 유대인의 최종적 패망이 주로 지도자들의 그릇된 지도로 말미암은 것임을 지적한다. 그들 중에도 특별히 야아사냐와 블라댜가 우두머리로 지목된 듯하다. 사람이 명성을 얻는 일은 이처럼 위태한 일이 될 수도 있다(약 3:1).

그들의 말이 집 건축할 때가 가깝지 아니한즉 이 성읍은 가마가 되고 우리는 고기가 된다 하나니. 이 말씀은 예레미야의 예언과 반대되는 사상이다. 예레미야는 바벨론으로 잡혀간 유대인들에게 "너희는 집을 짓고 거기에 살며 텃밭을 만들고 그 열매를 먹으라"라고 하였는데(렘 29:5), 이들은 말하기를 우리가 외국에서 집을 건축할 때가 멀었다고 한다. 다시 말해 유다 나라가 완전히 패망할 때는 아직 멀었으니 안심하고 예루살렘에 살아가라는 뜻이다. 그러나 예레미야는 선언하기를, 유다 나라가 완전히 패망하였으니 바벨론으로 잡혀간 자들은 거기서 집을 짓고 살아야 한다고 하였다.

"이 성읍은 가마가 되고 우리는 고기가 된다." 예루살렘 성읍을 가리켜 "가마"라고 표현한 것 역시 예레미야의 예언에서도 발견된다(렘 1:13). 그것은 북쪽에서 밀려오는 전쟁의 재앙이 불길 같이 임할 때 예루살렘은 가마와 같이 들끓게 됨을 의미한다. 한마디로 예루살렘 성읍이 전쟁으로 말미암아 물 끓듯이 불안할 것을 의미한다. 그러나 예루살렘에 남은 백성의 악한 지도자들은 이 말씀을 왜곡하여 전혀 다른 의미를 창출하였다. 요컨대 "예루살렘 성읍"은 가마와 같이 보호하는 자이며, 자신들은 가마 가운데 담겨 있는 고기가 불에 아주 타지 않도록 가마의 보호를 받는 것처럼 보호받는다는 것이다. 그들의 이와 같은 사상은 하나님을 의뢰하지 않고 예루살렘을 의뢰하는 것이니, 그것이 바로 그들의 타락한 사상이다. 이제 하나님께서는 그들을 쳐서 예언하라고 하셨다.

5 너희 마음에서 일어나는 것을 내가 다 아노라. 하나님께서는 그들의 "마음"의 생각을 보시고 그들의 인격을 판정하신다. 그들의 생각은 곧 그들의 말이었다. 잠언 16:2에 말하기를 "사람의 행위가 자기 보기에는 모두 깨끗하여도 여호와는 심령을 감찰하시느니라"라고 하였다.

6 너희가 이 성읍에서 많이 죽여 그 거리를 시체로 채웠도다. 여기서 이른바 "너희가···많이 죽여"라는 말의 의미에 대해 학자들의 해석이 갈린다. ① 한스 슈미트(Hans Schmidt)는 예루살렘이 함락된 후에 총독으로 임명된 그다랴를 비롯하여 많은 사람이 죽임을 당한 사실을 가리킨다고 하였고, ② 히치히(Hitzig)와 지글러(Ziegler)는 이 말씀이 바벨론 군대의 손에 많은 사람이 살육당한 것을 가리킨다고 하였고, ③ 칼빈(Calvin)은 이것이 위에 말한 악한 지도자들로 말미암아 많은 사람이 압제당한 것을 가리킨다고 하였다.

7-9 너희가 죽인 시체는 그 고기요 이 성읍은 그 가마인데 너희는 그 가운데에서 끌려 나오리라. 이 말씀의 뜻은 악한 유대인 지도자들의 손에 죽은 사람들이 도리어 가마 안의 고기처럼 보호를 받은 셈이고, 악한 지도자들 자신은 더욱 불행하게 그 성읍에서 쫓겨나서 칼에 망하게 된다는 것이다. 그들은 예루살렘에 안전하게 거할 수 있으리라고 생각하였으나, 그들의 손에 죽임을 당한 자들만도 못하게 성읍에서 끌려 나가서 그들이 두려워하던 칼에 죽임을 당한다. 다시 말해 그들은 더 무서운 벌을 받게 된다는 것이다(Calvin). 슙프(Schumpp)는 해석하기를, 거룩한 성읍에서 죽임을 당한 자들의 시체는 부활을 기대하게 된다는 의미에서 가마 안의 고기와 같다고 표현한 것이라고 하였다. 그러나 알더스(G. Ch. Aalders)는 이것이 그릇된 견해라고 말한다.

악한 지도자들은 그들 자신이야말로 하나님으로부터 축복과 특혜를 받은 자들이며 예루살렘에서 보호받을 자라고 착각하였다. 그러나 여호와께서는 그와 정반대로 그들은 가치 있는 고기가 아니며 가치 없는 자들로서 성 밖으로 끌려가게 될 것이라고 말씀하셨다(G. Ch. Aalders). 하나님의 이와 같은 경고는 저 불의한 지도자들의 악한 말(3절)에 대한 심판이었다. 하나님의 심판은 이처럼 악한 자들의 기대대로 이루어지지 않고 도리어 그들의 기대에 역행한다.

10-11 너희가 칼에 엎드러질 것이라 내가 이스라엘 변경에서 너희를 심판하리니 너희는 내가 여호와인 줄을 알리라 이 성읍은 너희 가마가 되지 아니하고 너희는 그 가운데에 고기가 되지 아니할지라 내가 너희를 이스라엘 변경에서 심판하리니. 여기서는 8절에서 언급했던 것과 같이 예루살렘의 지도자들이 칼에 "엎드러질 것"이라는 점을 재차 강조하며 그들이 기대하던 바와는 정반대로 그들이 가장 싫어하는 결말을 맞이하게 될 것이라고 예언한다. 이런 처벌 방식은 하나님께서 그의 말씀에 극렬하게 반대하는 자들에 대하여 흔히 사용하시는 것이다. 높아지고자 하는 자를 하나님께서는 반드시 낮추신다. 그는 이처럼 그가 악인들의 사상을 반대하신다는 사실을 이처럼 징벌이라는 증표를 통하여 명백히 보여주신다. 거짓된 지도자들도 생각하기를 예루살렘은 가마와 같이 보호자가 되고 자기들은 고기와 같이 불에 완전히 소실되지 않도록 보호받을 것이라고 여겼다. 그들은 하나님을 믿지 않고 예루살렘 성읍을 믿고서 그처럼 거짓된 안도감을 누렸다는 것이다. 이에 대하여 하나님께서는 그들을 기필코 예루살렘 성읍에서 끌어내어 벌하실 것이라고 하신다.

12 여기서 "**너희는 내가 여호와인 줄을 알리라**"라고 말씀하신 것은 그들이 벌을 받고 나서야 전에 예언자들의 예언이 하나님으로부터 말미암은 것인 줄을 깨닫고 하나님을 알게 된다는 말씀이다. 그러나 이것은 그들이 이때 구원을 받게 된다는 의미의 말씀은 아닌 듯하다. 이것은 다만 선지자를 통한 예언이 어디까지나 참된 것이고 여호와로 말미암은 권위를 지녔다는 사실이 결국 심판 후에라도 드러나고야 만다는 것이다. 그들이 심판을 받은 후에야

여호와의 권위를 알아보는 것은 너무나 늦은 일이라고 할 수밖에 없다.

너희 사방에 있는 이방인의 규례대로 행하였느니라. 다시 말해 유대인들이 그들의 사방에 거하는 이방인들이 알아챌 수 있을 정도로 이방인의 풍습을 따랐으며 이방 우상을 섬겼다는 것이다. 그들이 사방에 거주하는 이방인들이 알아볼 수 있을 정도로 그렇게 죄악을 범하였으니만큼 그에 상응하는 형벌을 받게 된다. 말하자면 이방인들도 알아볼 수 있을 정도로 형벌을 받게 된다는 뜻이다. 그들이 이방인의 땅에 포로로 잡혀간 것과 이방인의 칼에 살육당한 것은 이방 세계에도 잘 알려질 정도의 벌이라고 할 수 있다. 심판의 원리는 언제나 "이에는 이로" 갚는 것이다(출 21:23-25).

13 이에 내가 예언할 때에 브나야의 아들 블라댜가 죽기로 내가 엎드려 큰 소리로 부르짖어 이르되 오호라 주 여호와여 이스라엘의 남은 자를 다 멸절하고자 하시나이까 하니라. 에스겔이 예언할 때 "블라댜가 죽었다"는 것은 앞의 1절에서 언급한 스물다섯 명의 운명에 대하여 예언한 바가(5-12절) 참되다는 사실을 보여주는 증거다. 스물다섯 명 가운데 한 사람이 죽음으로써 그들이 받을 벌이 이미 시행되기 시작한 것이다. 이 같은 예언을 듣는 자들은 그 순간에 당장 회개하고 주님께로 돌이켰어야 할 것이다. 에스겔은 하나님을 대적하던 블라댜가 죽을 때도 이를 기뻐하지 않고 예루살렘의 남은 백성의 장래를 근심하였다.

14-16 **여호와의 말씀이 내게 임하여 이르시되.** 14:2을 참조하고, 2:1에 있는 같은 말에 대한 해석을 참조하라. 예루살렘에 남아 있는 백성이 자기들보다 먼저 사로잡혀 가는 동포들을 향하여 말하기를, "**너희는 여호와에게서 멀리 떠나라**"라고 하였는데 이는 "예루살렘에서 떠나가라 우리는 여기서 평안히 살겠다"라는 의미였다. 이것을 보면 그들이 얼마나 완악한 자들이었는지 알 수 있다. 그러므로 하나님께서는 그들보다 먼저 사로잡혀 간 백성을 돌보시고 축복하시겠다고 약속하신다. 이것은 예레미야가 예루살렘에 남아 있는 백성을 가리켜 나쁜 무화과라 하고, 그들보다 먼저 사로잡혀 간 자들을 좋은

무화과라고 비유한 것과 일맥상통한다(렘 24:1-10). 예루살렘에 남아 있는 자들은 자기들이 아직 그 성읍에 머물러 있게 된 것을 분에 넘치는 자비로 여기고 회개했어야 할 터인데, 도리어 저렇게까지 무지하게 교만하여진 것은 하나님의 심판을 받아야 마땅한 일이었다. 하나님께서는 도리어 먼저 사로잡혀 간 자들을 축복하시겠다는 취지에서 약속하시기를, **"내가 잠깐 그들에게 성소가 되리라"**라고 하셨다. 어떤 학자들은 이 말씀을 해석하기를, 하나님의 성전은 예루살렘에 있는 것이지만 포로로 잡혀간 유대인들 가운데도 미약하나마 어떤 형태로든 성전이 존재하게 되리라는 약속이라고 이해하였다. 그러나 올바른 해석은 이것이 예루살렘 성전에 비견될 수 있는 어떤 형태의 예배 방식이 주어질 것을 의미하는 것이 아니고, 다만 하나님이 예루살렘 성전을 떠나셔서 이제는 유대인 포로 가운데 은혜를 베푸시고 그들의 예배를 받으시게 될 것을 예언하는 말씀이라는 것이다. "잠깐"이라는 말은 유대인들이 바벨론에서 포로로 머물러 있을 기간을 가리킨다. "내가 잠깐 그들에게 성소가 되리라"라는 말씀은 사실상 예루살렘에 남아 있는 완악한 유대인들의 자만심을 깨뜨리는 심판이라고 할 수 있다. 요컨대 그들은 자기들의 죄를 회개하지는 않고 다만 예루살렘 성전만을 의지하고 헛된 안도감을 즐겼다. 그들은 바벨론 군대가 머지않아 침공해 올 것이라는 예레미야의 말씀을 듣고도 두려워하지 않았고, 예루살렘 성전이 있으니 바벨론 군대가 감히 쳐들어올 수 없다고 호언장담하였다(렘 7:4). 그러나 하나님께서는 그들의 이와 같은 허망한 사상을 파괴하시기 위해 에스겔을 통하여 말씀하시기를, 성전이 없는 바벨론에서라도 사로잡혀 간 백성에게 하나님이 친히 영적 성전이 되어 주시겠다고 약속하셨다. 이것은 하나님께서 일정한 장소에 매이지 않으시고 어디서든지 영과 진리로 하나님을 찾는 백성에게 임하실 것을 약속하시는 신약 운동(요 4:24)의 준비라고 할 수 있다.

17-20 이 부분의 말씀은 하나님께서 장차 바벨론에 포로로 잡혀간 유대

인들을 유다 본토로 귀환시키시고 그들이 새 마음으로 하나님을 섬기게 하실 것을 예언한 것이다. 여기서 우리가 관찰할 수 있는 사실은 유대인들이 바벨론으로부터 유다 본토로 돌아가는 사건의 요점도 단지 육체적인 상태만을 회복하는 것이 아니라 하나님께로 돌이키는 영적 갱신이라는 것이다. 하나님께서는 그 백성에게 벌을 주시든지 복을 주시든지 결국 그들이 하나님께로 돌아오도록 만드신다. 하나님께서 그들의 하나님이 되어 주시는 것만이 그들에게는 최고의 축복이다. 아니, 더 나아가 모든 인류에게 축복이다. 하나님께서는 이 구절들(17-20절)을 통하여 사실상 먼 훗날 신약 시대에 있을 메시아의 구원 운동을 표상하신다. 구약의 모든 구원 운동은 육체적인 구원을 목표로 한 것이 아니며, 궁극적으로는 신약 시대의 영적 구원을 상징하는 것이다. 특별히 19절에 기록된 것처럼 사람을 거듭나게 만드는 운동은 신약 시대에 이르러 완성되는 것이다.

21 그러나 미운 것과 가증한 것을 마음으로 따르는 자는 내가 그 행위대로 그 머리에 갚으리라 나 주 여호와의 말이니라. 위에서 말한 것처럼 하나님께서 포로로 잡혀갔던 유대인들을 유다 땅으로 귀환시키실 것이라는 예언은 그와 동시에 신약 시대의 구원 운동을 내다 본 것이다. 이 구절에서는 특히 신약 시대의 구원 운동에서도 우상을 섬기는 행위는 벌하실 것이라는 점을 덧붙인다. 특별히 우리가 주목할 것은 "가증한 것을 마음으로 따르는 자"라는 표현이다. 이것은 신약 시대에 죄악을 판정하는 영적 방식을 설명한다. 신약 시대에는 사람이 무언가를 하나님보다 더 사랑하는 것이 곧 우상숭배 행위이다. 신약 시대에는 특별히 마음의 형편을 따라서 죄를 정한다.

22-25 이 부분에서는 선지자 에스겔이 이상 중에 갈대아로 돌아간 사실을 알려준다.

| 설교자료

1. 교회의 지도자들이 악해지면 하나님의 말씀을 곡해하여 악용한다 (1-4절).

2. 하나님의 말씀을 오용하는 악한 지도자들은 하나님의 말씀을 모독하는 자들이다. 참된 전도자는 그런 자들의 그릇된 사상을 비판하고 하나님 말씀의 정체를 드러내야 한다(5-11절).

3. 하나님께서는 사람들의 마음속에서 일어나는 악한 생각을 아시고 그들을 판단하신다(5절). 비록 그들의 외면적인 행위에는 그러한 악이 나타나지 않았을지라도 그들은 죄를 면치 못한다. 그러므로 그들은 언제나 자신이 죄인인 줄 알고 겸손해야 한다. 겸손은 가장 지혜로운 처신이다.

4. 하나님께서는 죄인을 벌하실 때 어떤 경우에는 그들이 가장 두려워하는 것을 그들이 당하게 하신다(8절).

5. 하나님께서는 교만한 자들의 말대로 이루시지 않고 도리어 정반대로 이루신다(14-16절).

제 12 장

↓ 내용분해

1. 에스겔이 이사하는 행위를 통해 예언함(1-7절)
2. 이사하는 행위를 통한 예언의 뜻을 해석함(8-16절)
3. 이스라엘 땅에 기근이 임할 것을 예언함(17-20절)
4. 하나님의 묵시가 더디 이루어진다는 이스라엘 속담을 공격함(21-28절)

↓ 해석

1-7 하나님께서는 이스라엘 백성의 심각한 패역함을 보시고 이제 선지자를 통해 장차 유다 민족에게 일어날 일들을 "이사"라는 행동으로 보여주신다. 말로는 듣지 않는 패역한 자들도 그들이 장차 당할 비운을 실제 행동으로 보여주면 깨달을 수도 있다. 그러므로 하나님께서는 이같이 행동이라는 예언 방법을 사용하신다. 이것으로 볼 때 하나님께서는 회개하지 않는 자들이라도 끝까지 회개시키기 위해 최선의 수단을 취하신다는 사실을 알 수

있다. 이러한 행동 예언에는 몇 가지 일들이 포함되어 있는데, 포로의 행장을 밖으로 내가면서 ① **"성벽을 뚫고 그리로 따라 옮기되"**(5절). ② **"캄캄할 때에 그들의 목전에서 어깨에 메고 나가며 얼굴을 가리고 땅을 보지 말고"** 피신하는 것이다(6절). 이 두 가지 일들은 이후 유다 말년에 왕과 백성이 예루살렘에서 도피할 때 그대로 성취되었다. 아래 12-16절에 주어진 이 행동 예언의 해석을 참조하라.

선지자 에스겔은 하나님께서 명령하신 대로 순종하였다(7절). 하나님께 순종하는 일은 하나님의 모든 백성에게 절대 필요한 것이지만, 그들을 가르쳐야 하는 선지자에게 있어서는 더욱 그러하다. 왜냐하면 선지자는 하나님의 대언자이므로 하나님께서 하실 일이 그에게서 그대로 나타나야 하기 때문이다.

8-16 이 부분에서는 에스겔의 행동 예언이 해석된다. 에스겔의 행동 예언은 **"예루살렘 왕과 그 가운데에 있는 이스라엘 온 족속에 대한 묵시"**라고 하였는데(10절), 그것은 장차 이스라엘이 당할 일에 대하여 미리 보여주는 전조라는 의미다. 앞으로 이스라엘이 당할 일들은 에스겔의 행동 예언을 통해 다음과 같이 알려진다. 요컨대 **"무리가 성벽을 뚫고 행장을 그리로 가지고 나가고 그 중에 왕은 어두울 때에 어깨에 행장을 메고 나가며 눈으로 땅을 보지 아니하려고 자기 얼굴을 가리리라"**(12절)는 것이다. 여기 기록된 내용은 열왕기하 25:4-5과 예레미야 39:2-7에서 말씀하는 대로 유다 나라가 최종적으로 패망할 때 성취되었다. 이 말씀에서 특별히 "그 중에 왕"이라는 말은 유다 왕 시드기야도 별수 없이 하나님의 징벌로 장차 다가올 바벨론 침략 때에 백성들 가운데 섞여서 피신한다는 뜻이다. 외식하는 유대인들은 생각하기를, 유다 나라는 하나님이 세우신 것이니 영원히 망하지 않을 것이라고 믿었다. 물론 성경에는 그처럼 복된 약속도 있다. 그러나 그러한 약속은 이스라엘 백성이 하나님의 말씀을 지킨다는 전제하에 성취될 것이었다. 그런데 외식하는 유대인들은 그 약속이 아무 조건 없이 그대로 이루어질 줄로 오해했기 때문

에 회개하지 않고 교만하기만 하였다. 그러므로 하나님께서는 그들을 벌하셨고, 그들은 어두운 때를 이용하여 친히 행장을 메고 눈으로 땅을 쳐다볼 여유도 없이 황급히 도망하게 되었다. 그들이 당한 이 같은 비참한 일은 그들의 헛된 안도감을 깨뜨리는 명백한 천벌이었다. 교만한 시드기야 왕도 별수 없이 이런 쓴잔을 마시게 되었다.

그가 거기에서 죽으려니와 그 땅을 보지 못하리라(13절). 이 말씀은 시드기야 왕이 바벨론 군대를 피하여 가다가 하맛 땅 립나에 이르러 바벨론 군대에게 두 눈을 뽑히고 바벨론 땅으로 끌려가서 종신토록 옥중에 있다가 죽음으로써 성취되었다(왕하 25:1-7). 그는 두 눈이 뽑혔기 때문에 그 땅을 보지 못하였을 것이다. 그는 종신토록 옥에 갇혀 있었기 때문에도 그 땅을 볼 수 없었을 것이다.

17-20 이 구절들도 에스겔이 취할 행동 예언을 보여준다. 그것은 "**떨면서 네 음식을 먹고 놀라고 근심하면서 네 물을 마시는**" 것이다(18절). 이와 같은 행동 예언은 예루살렘이 바벨론 군대에 포위되어 식량이 바닥나고 많은 사람이 굶어 죽게 될 비참한 사실을 예언하는 것이다. 물론 이것은 유다 다른 지방들도 기근에 처하리라는 예언이기도 하다.

21-28 이 부분에서 가르치는 내용은 하나님께서 유대인들의 불경스러운 조롱을 막으신다는 것이다. 그 당시 유대인들은 선지자들의 예언이 참으로 성취되지는 않을 것이라는 의미로 조롱의 말을 하였다. 요컨대 그들은 "**날이 더디고 모든 묵시가 사라지리라**"라고 하였으며(22절), 같은 취지에서 "**그가 보는 묵시는 여러 날 후의 일이라**"라고 하였다(27절). "**날이 더디다**"는 말은 예언 성취가 연기된다는 뜻이다(Köhler). 이것은 예언이 성취되지 않는다는 말과 같다. 거짓말하는 자들은 약속을 이행하지 않고 이럭저럭 뒤로 미루는데, 예언자들의 예언이 그것과 다르지 않다는 것이다. 예언자들을 조롱하는 유대인들은 하나님의 예언을 그런 거짓말로 생각하고 악담하였다. "**속담**"이라는

말은 히브리어로 "마샬"(מָשָׁל)인데, 여기서는 조롱하듯이 유행하는 말을 가리킨다.

| 설교자료

1. 불신자들은 흔히 세상일에 대하여는 지혜로운듯하나 영적인 도리에 대해서는 시각 장애인과 같다(1-2절).

2. 하나님께서는 죄인들을 벌하시기 전에 먼저 그들을 회개시키기 위해 그들의 죄악의 결과가 어떠한지를 다양한 방법으로 알려주신다(3-7절).

3. 악인들이 득세하여 죄를 범할 때는 그들의 얼굴에 자만심이 가득하였으나, 그들이 하나님의 벌을 받을 때는 얼굴을 가린 채로 말할 수 없는 곤경에 처한다(6, 12절).

4. 하나님께서 죄인들을 벌하실 때는 군왕들도 별수 없이 백성과 함께 곤경에 빠진다(12절).

5. 사람들이 하나님의 은혜를 맛보았으면 하나님을 알아야 할 것인데, 벌을 받고서야 하나님을 알게 되는 것은 참으로 유감스럽다(15절).

6. 하나님의 심판 예언이 속히 이루어지지 않는 것은 죄인들을 오래 참으시는 하나님의 덕을 보여준다. 그런데도 사람들이 조롱하기를 하나님의 "묵시가 더디다"라고 말하는 것은 하나님의 자비를 멸시하는 죄악이다(22, 27절; 참조. 롬 2:4-5).

제 13 장

✦ 내용분해

1. 하나님이 에스겔에게 거짓 선지자들을 쳐서 예언하라고 하심(1-16절)
    1) 거짓 선지자들이 전한 말의 내용(1-7절)
    2) 하나님께서는 거짓 선지자들의 예언을 회칠한 담처럼 무너뜨리겠다고 하심(8-16절)
2. 거짓 예언하는 부녀들을 공격하는 예언(17-23절)
    1) 부녀들이 거짓 예언하는 가증한 방법(17-19절)
    2) 하나님께서 거짓 예언자들을 벌하시고 백성들을 그들의 손에서 건지겠다고 하심(20-23절)

✦ 해석

학자들 가운데는 1-16절 말씀이 예루살렘의 최종적 멸망 이후에 주어진 말씀이라고 주장하는 자들이 있다(F. Giesebrecht, Kraetzschmar). 그러나 6절에 내포된 의미와 8, 9, 13절에 내포된 하나님의 심판은 모두 다 미래적인 성격을 띠고 있으며, 결과적으로 그것이 예루살렘이 완전히 멸망하기 이전에 주어진 말씀이라는 사실을 알려준다. 또한 베르톨레트(Bertholet)는 17-23절 말씀이 본래 개별적으로 존재하던 거짓 예언에 관한 텍스트와 마술에 관한 텍스트가 하나로 통합된 것이라고 주장하지만 이는 그릇된 가설이다.[28]

1 여호와의 말씀이 내게 임하여 이르시되. 14:2에 있는 같은 말 해석을 참조하라.

2-3 여기서는 거짓 선지자들에게 결국 재앙이 임할 것을 예언한다.

자기 마음대로 예언하는 자. 사람의 "마음"은 만물보다 거짓되며(렘 17:9), 거기서 나오는 것으로는 하나님께 참말을 할 수 없고 거짓말을 할 뿐이다.

4 이스라엘아 너의 선지자들은 황무지에 있는 여우 같으니라. "황무지에 있는 여우"는 거짓 선지자들을 가리키는 비유다. 유다 족속은 사로잡혀 가고 율법을 지키는 일에 엄격하지 못했던 그 시절에 거짓 선지자들은 마음껏 활보하였다. "여우"는 간교하게 파괴하는 성질을 지녔다. 그 시대에 파멸되어 가던 유다 민족은 희망적인 말에 목말라 있던 상황이었는데, 거짓 선지자들은 그 기회를 타서 거짓된 위로의 말을 전하였다.

5 너희 선지자들이 성 무너진 곳에 올라가지도 아니하였으며 이스라엘 족속을 위하여 여호와의 날에 전쟁에서 견디게 하려고 성벽을 수축하지도 아니하였느니라. 이 말씀은 영적으로 해석해야 한다. 말하자면 거짓 선지자들은 유다 민족의 영적, 도덕적 결함을 지적하지 않았고 그들을 회개시키지도 않았다는 뜻이다. 환난 때에 안전을 보장받는 길은 하나님의 말씀으로 돌아가서 그것을 지키는 것밖에 없다.

---

28) G.Ch. Aalders, Commentaar op het Oude Testament, Ezechiël Ⅰ, 239.

6-7 그때 거짓 선지자들은 백성에게 회개를 촉구하지는 않고 듣기 좋은 희망만을 약속하였다. 그것은 허망한 가르침이며, 윤리 도덕이나 신앙 문제는 안중에 두지 않고 귀를 즐겁게 하는 운수만 말해 주는 점쟁이의 가르침과 같은 것이었다.

8-9 거짓 선지자들이 받을 벌은 다음과 같다. ① 그들은 "**공회에 들어오지 못하게**" 될 것이다. "공회"(סוֹד "소드")라는 용어가 신뢰할 만한 회담(Vertrauliche Besprechung)을 뜻한다고 해석하는 학자도 있는데(Köhler), 알더스(Aalders)는 이것이 민족적 교제(Volksgemeenschap)를 의미한다고 하였다. ② "**호적에도 기록되지 못하게**" 될 것이다. 이것은 유다 민족의 명부에서 제외된다는 뜻이다. ③ "**이스라엘 땅에도 들어가지 못하게**" 될 것이다. 말하자면 유대인들이 바벨론에서 본토로 돌아올 때 거짓 선지자들은 돌아오지 못하리라는 뜻이다.

10-16 여기서는 거짓 선지자들이 하는 일이 가짜에 불과하므로 그것은 하나님의 심판을 견디지 못하고 무너질 것이라고 여러 차례 강력히 말한다.

어떤 사람이 담을 쌓을 때에 그들이 회칠을 하는도다(10절). 이것은 선지자들의 역할을 건축자의 작업에 비유하는 말씀이다. 참된 선지자들은 하나님의 말씀만을 전하기 때문에 그것은 심판 때에도 동요하지 않고 견딘다. 그러나 거짓 선지자들은 그리하지 않고 다만 백성에게 가짜로라도 위로의 말만 하는데, 그것은 마치 모래를 쌓아 올리고 거기에 회칠하는 것과 같다. 그런 건축물은 무너질 수밖에 없다. 이 부분에서 "회칠"한다는 말이 여섯 번(10-12, 14-15상, 15하) 등장하며, "무너지다", "퍼붓다", "무너뜨리다", "허물다", "넘어뜨리다" 등의 술어가 많이 나온다(11-14절). 이와 같은 표현들은 회칠함과 같은 거짓 선지자들의 사역이 극히 가증스러운 일임을 힘있게 지적하는 동시에 그런 일들이 반드시 허무하게 패망할 것을 강조한다.

설교 ▶ 진상을 인식하자(8-16절)

진상이라는 말은 사실 그대로를 의미한다.

1. 인간의 진상은 불안이다.

그것은 우리 본문 10절이 말하는 것처럼 평강이 없는 상태다. 주님을 믿지 않고 자기 힘을 믿는 것은 언제나 불안을 초래한다. 본문 10절 하반절에 "어떤 사람이 담을 쌓을 때에"라는 말이 있다. 우리 본문에는 "담"이라는 말이 자주 등장하는데(10, 12, 14-15절), 여기서 "담"이라고 번역된 히브리어 단어는 "하이츠"(חיץ)인데, 특히 접착 재료를 사용하지 않고 무너지기 쉽게 쌓은 담을 가리킨다. 여기서 "담"은 유다 민족이 자기 힘을 의지하는 소망을 비유한다(Aalders). 그 당시 거짓 선지자들은 그들의 헛된 소망을 부추겼으며, 그것이야말로 허술하게 쌓은 담에 흠집이 보이지 않도록 회칠해 주는 것과 같은 일이었다. 우리가 자신의 힘으로 살아 보려 하거나 무언가를 이루려고 하는 것은 언제나 위태하다.

① 우리의 생명은 신뢰할 수 없는 것이다. 이사야 2:22에 말하기를 "너희는 인생을 의지하지 말라 그의 호흡은 코에 있나니"라고 하였는데, 이 말씀은 우리의 생명이 숨기운에 있다는 것이다. 우리의 생명이 뼈에 있다고 하여도 그것은 숨기운에 있다는 것보다는 든든할 것이다. 그런데 그것이 숨기운(공기)에 있다고 하였으니, 그것이 얼마나 연약한가! 가령 집을 지을 때 땅 위에 짓지 않고 대기 위에 짓는다면 얼마나 위태할 것인가? 그러므로 우리는 날마다 죽음을 각오해야 하는 처지에 있다. 우리는 사실상 죽어 가는 여정에 있는 사람이다. ② 그뿐 아니라 인간은 죄 때문에 늘 불안하다. 죄라는 것은 언제나 불안의 씨앗이다. 예컨대 사람이 타인에 대하여 분노를 품을 때 그 마음에 평화가 있는가? 우리가 다른 사람을 용서할 때 평안을 얻는 것은

사실이다. 하지만 교만한 마음을 품고서 평안을 누릴 수 있는가? 교만한 자는 다른 누군가가 자기보다 높아질까 두려워하느라 평안을 누리지 못한다. 사람이 하나님의 계명을 범하는 것만이 죄가 아니고 하나님을 등한히 여기는 것도 죄악이다. 말하자면 하나님을 인정하지 않을 정도로 뻔뻔스러운 것도 큰 죄악이다. 이런 죄가 있는 곳에 하나님의 평안이 찾아올 리 만무하다.
③ 그리고 인간은 전에 지은 죄를 생각할 때 불안할 수밖에 없다. 인간은 불안한 세계에 머물러 있는 만큼 불안의 파동을 피할 수 없다. 바닷물이 저 멀리 달의 인력에 영향을 받아 밀물과 썰물이 되풀이되는 것처럼, 인간은 이 변화무쌍한 우주에서 찾아오는 모든 영향에 노출될 수밖에 없다. 그는 이처럼 언제나 불안한 처지에 놓여 있다.

2. 진상을 아는 자는 위에 말한 불안에 대하여 대책을 세운다.

스스로 평안한 줄로 생각하는 것은 자기가 쌓는 위태한 담에 회칠하는 것과 같다(10절). 그런 삶은 외식이며, 욥기 8:11-15에서는 그런 삶이 실속 없는 것이라는 의미에서 갈대와 같다고 하였다. 갈대는 속이 비어 있다는 점에서 진심으로 하나님을 찾지 않는 외식하는 자와 비슷하다. 마음이 없이 종교적인 의식에만 참여하는 자는 갈대와 같아서 열매를 맺지 못한다. 갈대는 열매가 없다. 욥기 8:11-15에 말하기를 "왕골이 진펄 아닌 데서 크게 자라겠으며 갈대가 물 없는 데서 크게 자라겠느냐 이런 것은 새 순이 돋아 아직 뜯을 때가 되기 전에 다른 풀보다 일찍이 마르느니라 하나님을 잊어버리는 자의 길은 다 이와 같고 저속한 자의 희망은 무너지리니 그가 믿는 것이 끊어지고 그가 의지하는 것이 거미줄 같은즉 그 집을 의지할지라도 집이 서지 못하고 굳게 붙잡아 주어도 집이 보존되지 못하리라"라고 하였다.

그렇다면 이처럼 불안한 진상을 깨달은 우리는 어떤 대책을 세워야 하는가? 첫째, 주님을 믿어야 한다. 우리는 문제를 해결하는 데 있어서 믿음이 알

파와 오메가라는 사실을 깨달아야 한다. 둘째, 기도해야 한다. 특별히 골방 기도가 진정한 기도다. 셋째, 노력해야 한다. 성경 말씀은 노력을 강조한다. 피 흘리기까지 죄를 대적하라 하였고(히 12:4), 죽도록 충성하라고 하였다(계 2:10).

17 자기 마음대로 예언하는 여자들. 이들은 요술로 사람들을 속이는 자들이었다(참조. 렘 7:18).

18 손목마다 부적을 꿰어 매고. 이것은 점술가들이 신의 지시를 받는 방편으로 "부적"을 그들의 "손목에 매는" 것을 가리킨다. 어떤 학자들은 "부적"(כְּסָתוֹת "케사토트")을 베개로 해석한다. 그리고 어떤 학자들은 여기서 "손목"이 점술가의 것이 아니라 점술가의 지시를 바라는 자들의 것이라고 말한다. 이런 일들은 모두 고대의 마술 관련 풍속이다.[29]

머리를 위하여 수건을 만드는 여자들. 이것은 점술가들이 자신의 "머리"에 독특한 "수건"을 씀으로써 신탁을 받는다고 여겼음을 보여준다.[30]

자기를 위하여는 영혼을 살리려 하느냐. 말하자면 "너희 자신들은 살 줄로 생각하느냐"라는 책망이다. 하나님 백성의 영혼을 망하게 하는 점술가들이 어찌 그런 짓을 하고서도 그들 자신이 망하지 않기를 바라겠는가? 당연히 그들 자신도 그런 짓으로 인하여 망하게 된다.

19 너희가 두어 움큼 보리와 두어 조각 떡을 위하여 나를 내 백성 가운데에서 욕되게 하여. "두어 움큼 보리와 두어 조각 떡"은 점술가들이 받는 적은 보수를 가리킨다. 고대에는 "보리"나 "조각 떡"을 점치는 도구로 사용하기도 했었다고 한다(Cooke). 그러나 첫째 해석이 우리 문맥에 적합하다.

---

29) Bliss and Macalister, Excavs. in Pal. 1898-1900, pp. 154 f. and pl. 85; also Harvard Excavs. at Samaria (1924) i. 384, no. 10 and II. l6 y.
30) Haubt Akk. u. Sum. Keilschrifttexte 90 f..

죽지 아니할 영혼을 죽이고 살지 못할 영혼을 살리는도다. "죽지 아니할 영혼"은 하나님의 백성을 가리키고, "살지 못할 영혼"은 거짓 선지자들 자신을 의미한다(Hitzig, Keil).

20-21 이 구절들에서는 하나님께서 장차 거짓 선지자들의 활동을 벌하시겠다고 말씀하신다.

내가 여호와인 줄을 너희가 알리라. 끝까지 회개하지 않는 거짓 선지자들은 결국 하나님이 내리시는 벌을 받은 뒤에야 그들이 섬기던 우상들은 거짓 신이고 오직 여호와만이 참된 하나님이시라는 사실을 깨닫게 된다.31)

22 내가 슬프게 하지 아니한 의인의 마음을 너희가 거짓말로 근심하게 하며 너희가 또 악인의 손을 굳게 하여 그 악한 길에서 돌이켜 떠나 삶을 얻지 못하게 하였은즉. 거짓 선지자들이 거짓 예언을 퍼뜨림으로써 "의인"들은 곤경에 처하기도 하고 혹은 거짓 예언을 막으려다가 수난을 당하기도 한다. 반면에 그들의 거짓 예언으로 말미암아 악인의 악은 더욱 조장되고 돌이킬 수 없이 되어버린다.

23 이 구절에 대하여는 앞의 20-21절 해석을 참조하라.

| 설교자료

1. 하늘로부터 말미암은 예언이 땅에서 난 예언, 곧 사람의 마음에서 비롯된 예언을 공격하는 것은 영원히 변치 않는 원칙이다(2절)(Hengstenberg).

2. 거짓 선지자는 언제나 사람의 영혼을 망하게 한다. 그런 의미에서 그는 "여우"와 같다(4절).

---

31) G. Ch. Aalders, de waarlijk levende en almachtige God, in tegenstelling met de nietige afgoden.-Ezechiël I, 126.

3. 하나님께서는 거짓 선지자들이 일어난 때에 얼마간 방임하신다(3, 5-7절). 그는 그렇게 하심으로써 참된 성도와 외식하는 자들을 구분하신다(신 13:1-3). 참된 성도는 거짓 선지자를 따르지 않지만, 외식하는 자들은 그를 따르거나 용납한다.

4. 거짓 선지자들은 하나님의 말씀이라는 견고한 터 위에 교회를 건설하지 않고, 근거 없는 평안을 사람들에게 약속한다(10절). 그들이 하는 일은 회칠한 담과 같아서 표리부동한 것이 특징이다(참조. 행 23:3).

5. 하나님의 말씀을 버리고 거짓을 가르치는 자들은 영혼들을 사냥하여 죽이는 자들이다(18, 20절). 사람의 영혼은 하나님의 말씀으로만 영생을 얻는다(참조. 요 5:39; 6:68).

제 14 장

✤ 내용분해

1. 이스라엘의 장로들이 에스겔에게서 하나님의 말씀 듣기를 원함(1-11절)
   1) 그들의 마음에는 아직도 우상이 있으므로 책망을 받음(1-5절)
   2) 회개하라는 권면을 받음(6-11절)
2. 그들의 멸망은 이미 정해진 일이므로 노아, 다니엘, 욥의 기도로도 돌이킬 수 없음(12-21절).
3. 남은 백성만 구원받음(22-23절)

✤ 해석

1 이스라엘 장로 두어 사람이 나아와 내 앞에 앉으니. 여기 나오는 "장로"들은 외교적인 사무로 이스라엘에서 바벨론으로 왔다가 에스겔을 방문한 듯하다. 어떤 학자들은 이 장로들이 바벨론에 포로로 잡혀 있던 유대인들 가운데서 온 자들이라고 한다. 어쨌거나 이들은 우상숭배 사상을 벗어나지 못한 자들

이었다.

2 여호와의 말씀이 내게 임하여 이르시되. 3:16, 6:1, 7:1, 11:14, 12:1, 17, 21, 26, 13:1에도 같은 문구가 있다. 이것은 선지자가 전하는 말씀이 자기 마음에서 나온 생각이 아니고 외부에서 주어진 하나님의 말씀임을 밝혀준다.

3 인자야 이 사람들이 자기 우상을 마음에 들이며 죄악의 걸림돌을 자기 앞에 두었으니 그들이 내게 묻기를 내가 조금인들 용납하랴. "자기 우상을 마음에 들이며"(הֶעֱלוּ גִלּוּלֵיהֶם עַל־לִבָּם). 이 문구를 직역하면 "그들이 그들의 마음 위로 그들의 우상들이 떠오르게 한다"라고 할 수 있는데, 말하자면 그들이 그들의 우상들을 사모한다는 뜻이다.

"죄악의 걸림돌." 이것은 그들을 넘어지게 만드는 우상을 가리킨다. 그들은 하나님을 전적으로 의지하지 않고 하나님 아닌 다른 것들을 더 의지하기를 좋아하였다.

"그들이 내게 묻기를 내가 조금인들 용납하랴." 그들이 하나님의 선지자 에스겔을 찾아와서 하나님의 말씀을 구하였으나, 그들의 우상숭배 사상은 그들의 마음속에 여전히 머물러 있었다. 그러므로 그들이 하나님의 말씀을 구한 것도 하나님을 섬기기 위한 것이 아니라, 실상은 자기들의 사욕을 채우는 일에 이용하려는 것이었다. 그것이 바로 우상숭배자들의 행동 원리다. 하나님은 그들의 이런 그릇된 요구에는 응하실 수 없다고 하신다.

4 그 우상의 수효대로 보응하리니. 이 말씀은 하나님께서 그들의 소원대로 보답하시지 않고 그들의 가치대로 판단하시겠다는 뜻이다(Calvin). 한마디로 그들은 우상을 많이 섬기는 허무한 자들이므로 그들의 장래도 허무해질 수밖에 없다는 뜻이다.

5 내가 그들이 마음먹은 대로 그들을 잡으려 함이라. 요컨대 그들 마음의 형편대로 그들을 벌하시겠다는 뜻이다(참조. 롬 1:28; 살후 2:11-12).

6 주 여호와의 말씀에. 여기 나오는 "주"(אֲדֹנָי "아도나이")라는 말이 70인역

바티칸 사본과 케니코트(Kennicott)의 제2 히브리 사본에는 없으나 주요 사본들에는 있다(예컨대 레닌그라드 사본).

마음을 돌이켜 우상을 떠나고. 하나님을 섬기기 위해서는 행동으로만 아니고 먼저 "마음"으로 우상을 떠나야 한다. 왜냐하면 미혹 받은 사람의 마음은 하나님의 말씀을 멀리하고 자기 마음에 맞는 미신을 좋아하기 때문이다.

7 거류하는 외국인(참조. 레 17:8, 10, 13; 18:26; 20:2). 그들도 유대인과 마찬가지로 우상을 섬긴다면 하나님의 징벌을 받을 수밖에 없다.

자기 우상을 마음에 들이며 죄악의 걸림돌을 자기 앞에 두고. 위의 3절에 있는 같은 말 해석을 참조하라.

8 놀라움과 표징과 속담 거리가 되게 하여. 그들의 주위에 있는 사람들은 그들이 받는 심판을 목도하고 놀라며, 또한 그것을 "표징과 속담 거리"로 삼는다. "표징"과 "속담 거리"는 히브리어 "오트"(אוֹת)와 "마샬"(מָשָׁל)을 번역한 것이다. 크레취마르(Kraetzschmar)에 따르면 "마샬"은 교훈의 대상(Gegenstand van Sprüchwörtern)을 의미한다. 외식하는 유대인들은 결국 하나님께 벌을 받아서 그것을 보는 자들에게 거울이 되며 대대로 전수할 잠언이 된다.

9 만일 선지자가 유혹을 받고 말을 하면 나 여호와가 그 선지자를 유혹을 받게 하였음이거니와. 말하자면 거짓 선지자가 유혹을 받아 거짓 예언을 하는 것은 하나님께서 그가 그렇게 하도록 허락하셨기 때문이다. 하나님께서는 사람들이 진리보다 거짓말을 좋아할 때 그들을 벌하시기 위하여 그들 가운데 거짓 선지자가 일어나는 일을 허락하신다(살후 2:11-12). 하나님의 이와 같은 처사는 마땅히 있어야 할 공의로운 심판이다. 이런 점에서 보자면 하나님의 심판은 죄를 죄로 벌하시는 원리를 따르는 것이다.[32]

10-11 만일 선지자가 그에게 하나님에 대해 위선적인 질문을 하는 자와 여호

---

32) G.Ch. Aalders, Zonde wordt dan met zonde gestraft..

타협하여 그에게 듣기 좋은 대답을 해준다면 그것은 거짓된 교훈이다. 하나님께서는 그런 선지자도 질문자와 함께 벌을 받을 것이라고 말씀하신다. 오늘날 교역자들 가운데 외식하는 신자에게 아부하기 위하여 그들에게 듣기 좋은 말을 해주는 자가 있다면 그도 벌을 받는다. 하나님께서 이렇게 그들을 벌하시는 목적은 이스라엘 백성들이 하나님을 떠나지 않도록 하시려는 것이다.[33]

13 인자(בֶּן־אָדָם "벤 아담"). 이것은 선지자 에스겔을 가리키는 명칭인데 본서에 93차례나 나온다(Mandelkern). 이 명칭의 의미는 인간인 선지자가 하나님과 비교할 때 미미한 존재이며 하나님께 전적으로 의뢰해야 할 자임을 보여준다(참조. 2:1 해석).

불법을 행하여 내게 범죄하므로. 이것은 신실함을 깨뜨려 "범죄"하는 것을 가리키는데(trouwbreuk), 그들이 하나님과의 계약을 파기하는 것을 의미한다. 이것은 심각한 죄악이다.

그 의지하는 양식을 끊어. 사람들이 하나님보다 "양식"을 더 의지하는 죄를 너무나 자주 범하기 때문에 여기서는 "그 의지하는 양식"이라는 두드러진 표현을 사용하였다. "그 의지하는 양식"(מַטֵּה־לָחֶם "마테 라헴")이라는 어구를 직역하면 "떡 지팡이"라는 뜻이다.

14 다니엘. 여기서 "다니엘"은 바벨론에 잡혀간 다니엘이 아니라 전승에 등장하는 다른 다니엘이라고 주장하는 학자들이 있다.[34] 그러나 여기서 말한 "다니엘"은 우리가 잘 아는 선지자 다니엘이라는 것이 확실하다(G. Ch. Aalders).

그들은 자기의 공의로 자기의 생명만 건지리라. "건지리라"(נצל "나찰")라는 동사

---

33) 참조. 겔 11:20; 36:28; 37:23, 27; 렘 11:4; 24:7; 30:22; 31:1, 33; 32:38; 슥 8:8.
34) Dussaud, Noordtzij, Bertholet, Schumpp, Ziegler, Auvray.

는 "떼어 놓다"(strip off, spoil)라는 뜻이다(Köhler). 여기 건져낸다는 말은 영생을 얻게 됨을 말하는 것이 아니고, 이 세상 환난에서 생명을 보전함을 가리킨다.

15-20 이 부분에는 세 가지 가상적 재앙이 진술되었다. 말하자면 **"짐승"**의 재앙, **"칼"**(전쟁)의 재앙, **"전염병"**의 재앙 등인데, 이런 것들은 우연히 찾아오는 것이 아니다. 그것들은 악한 나라를 벌하시는 하나님의 방편이다. 그런 재앙들이 내리는 이유는 한 나라의 민족적 죄악 때문인데, 일반적으로는 개인의 의로움이 한 나라로 하여금 재앙을 면하게 만들 수는 없다. 그러나 그런 재앙 가운데서도 의로운 사람들이 개인적으로 하나님의 권능으로 말미암아 구원받는 일은 얼마든지 일어날 수 있다.

21-23 너희가 그 행동과 소행을 보면 내가 예루살렘에 내린 재앙 곧 그 내린 모든 일에 대하여 너희가 위로를 받을 것이라. 말하자면 하나님께서 예루살렘에 내리신 재앙 가운데서 건짐을 받아서 바벨론으로 옮겨질 사람들이 있을 것인데, 일찍부터 바벨론에 사로잡혀 와 있는 유대인들은 그들의 "행동"을 보고 위로를 받으라는 것이다. 여기서 그들의 "행동"이라는 말은 그들이 당하였던 환난으로 말미암아 회개한 행동을 가리킨다. 그러므로 그것을 보는 바벨론 포로들은 예루살렘에 임한 전쟁과 환난이 합당한 것인 줄 알고 위로를 받을 것이다.

설교 ▶ 재앙 가운데서 위로를 받자(21-23절)

본문에 위로를 받는다는 말이 두 번(22하, 23상) 나온다. 그것은 하나님이 내리신 재앙에 대하여 바벨론에 잡혀 온 유대인 포로들이 위로를 받는다는 뜻이다. 재앙을 당하면서도 위로받는 이유는 무엇인가?

1. 그들이 재앙을 받았으나 그 재앙의 원인이 된 그들의 죄악이 더욱 컸기 때문

이다.

그들 민족은 죄악으로 말미암아 전멸했어야 마땅하다. 13-20절이 이러한 사실을 밝혀 준다. 여기서는 "가령"이라는 말로 그들이 받아 마땅한 벌을 진술하였다(13, 15, 17, 19절). 그것은 노아, 다니엘, 욥과 같은 의인조차도 자기 생명 이외의 다른 사람을 구원하지 못할 만큼 큰 재앙이다. 그들은 무슨 죄를 지었기에 이처럼 큰 재앙을 받을 만하였는가? 그 죄악은 그들이 마음으로는 우상을 버리지 않고 겉으로만 하나님의 지시를 구하는 것이었다(1-11절). 특별히 7-8절 말씀이 이 죄악에 대한 하나님의 진노가 어떠한지를 보여준다. 하나님은 우상숭배를 이처럼 미워하신다. 오늘날도 교회 안에 이런 무리가 많다. 그들은 마음으로 하나님보다 다른 것들을 더 신뢰하면서도 겉으로는 하나님의 지시와 인도를 구하는 자들이다.

그런데 이런 죄악을 범하는 자들은 전멸을 당해야 마땅하다는 것이 12-20절 말씀이다. 그런데도 그 당시 유대인들이 모두 다 전멸한 것은 아니었으며, 그 재앙에서 구출된 자들이 있었다(22절). 이것이 그들에게 주어진 위로였다. 사람이 언제든지 자기가 받는 고통이 자기의 죄에 상응하는 당연한 대가라는 사실을 깨달을 때 위로를 받는다. 십자가에 못 박힌 강도는 그런 체험을 하였다. 그는 말하기를 "우리는 우리가 행한 일에 상당한 보응을 받는 것이니 이에 당연하거니와 이 사람이 행한 것은 옳지 않은 것이 없느니라"라고 하였다(눅 23:41). 무엇보다도 사람은 자기가 받는 고난이 자기 죄에 대한 보응으로서 자기에게 합당한 줄 알아야 할 뿐만 아니라 한 걸음 더 나아가 그 가운데서도 감사할 만한 조건을 발견해야 한다. 그럴 때 그는 위로를 받는다. 선지자 이사야는 말하기를, "만군의 여호와께서 우리를 위하여 생존자를 조금 남겨 두지 아니하셨더면 우리가 소돔 같고 고모라 같았으리로다"라고 하였다(사 1:9). 그러므로 시편 119:67에는 말하기를 "고난 당하기 전에는 내가 그릇 행하였더니 이제는 주의 말씀을 지키나이다"라고 하였고, 시편 119:71에는 말하기를 "고난 당한 것이 내게 유익이라 이로 말미암아 내가 주의 율례들을 배우게 되었나이다"라고 하였다.

참된 성도는 난관을 당하여도 그것을 위로받을 조건으로 생각하고 오히려 찬송한다. 뉴먼(Newman)이라는 성도는 지중해에서 배를 타고 시칠리아 섬을 돌아가며 프랑스 마르세유(Marseille)를 향하여 가던 도중 열병으로 심한 고통을 받았다. 그는 고통 중에서 "내 갈 길 멀고 밤은 깊은데"라는 찬송가를 지으며 위로를 얻었다. 테일러(Taylor)는 자기 아이가 죽은 후에 "괴로운 인생길 가는 몸이"라는 찬송가를 지으며 위로를 받았다.

2. 죄악을 벌하시는 일에 정확하신 하나님이 살아 계심을 알고 위로를 얻는다.

본문 22절에 말하기를 "그러나 그 가운데에 피하는 자가 남아 있어 끌려 나오리니 곧 자녀들이라 그들이 너희에게로 나아오리니 너희가 그 행동과 소행을 보면 내가 예루살렘에 내린 재앙 곧 그 내린 모든 일에 대하여 너희가 위로를 받을 것이라"라고 하였다 여기서 "자녀들"이라는 말은 어린 소년들을 가리킨다. 특별히 그들을 바벨론에 포로로 보내신 것은 그들을 살리기 위함이었다. 어째서 그들만 살게 되는가? 그들은 예루살렘에서 완강하게 범죄하던 어른들보다 죄악이 적기 때문이다. 이렇게 하나님은 공정하셔서 죄를 벌하시는 일에도 경중을 정확히 하신다. 이 같은 사실을 목격한 유대인들은 외국에서 포로가 되어 고통을 받으면서도 위로를 받을 만하였다. 왜냐하면 다른 모든 것은 차치하더라도 하나님이 살아 계신다는 사실 때문이었다. 인생은 한 분 하나님이 살아 계신 사실로 만족해야 한다. 하나님은 살아 계셔서 죄인을 벌하시기도 하지만, 회개하는 자를 구원하실 수도 있다. 그러므로 욥기 5:17-19은 말하기를 "볼지어다 하나님께 징계 받는 자에게는 복이 있나니 그런즉 너는 전능자의 징계를 업신여기지 말지니라 하나님은 아프게 하시다가 싸매시며 상하게 하시다가 그의 손으로 고치시나니 여섯 가지 환난에서 너를 구원하시며 일곱 가지 환난이라도 그 재앙이 네게 미치지 않게 하시며"라고 하였다.

| 설교자료

1. 우상을 마음에 둔 채 하나님을 믿는다고 말하는 자는 두 마음을 품은 자다(3절). 그런 자는 하나님으로부터 무언가를 얻을 수 없다(약 1:6-8).

2. 하나님은 사람들을 심판하시되 그들이 마음먹은 대로 심판하신다(5절). 잠언 16:2에 말하기를 "사람의 행위가 자기 보기에는 모두 깨끗하여도 여호와는 심령을 감찰하시느니라"라고 하였다.

3. 하나님을 섬긴다고 말하는 자가 우상을 섬기면, 결국 불신자에게 조롱거리가 될 정도로 천벌을 받는다(8절). 그러므로 하나님을 섬기는 자는 오직 하나님만 섬기되 충성되게 섬겨야 한다.

4. 사람이 하나님이 베푸시는 진리의 사랑을 배척하면 벌을 받는데, 거짓을 믿게 되는 일이 그가 받을 벌이다(9절). 데살로니가후서 2:9-12에 말하기를, "악한 자의 나타남은 사탄의 활동을 따라 모든 능력과 표적과 거짓 기적과 불의의 모든 속임으로 멸망하는 자들에게 있으리니 이는 그들이 진리의 사랑을 받지 아니하여 구원함을 받지 못함이라 이러므로 하나님이 미혹의 역사를 그들에게 보내사 거짓 것을 믿게 하심은 진리를 믿지 않고 불의를 좋아하는 모든 자들로 하여금 심판을 받게 하려 하심이라"라고 하였다.

5. 거짓 선지자의 죄악도 크고 그에게 묻는 자의 죄악도 마찬가지로 크다

(10절). 왜냐하면 거짓 선지자에게 묻는 자도 하나님의 말씀에 염증을 느끼고서 다른 길을 좋아하여 거짓 선지자를 찾아가는 것이기 때문이다.

6. 하나님께서는 사람들이 하나님 아닌 다른 것을 의뢰하는 행위를 우상숭배로 여기시기 때문에 그들이 의뢰하는 대상을 없애버리신다(13절; 참조. 사 3:1-3).

7. 민족 전체가 하나님께 벌을 받을 때도 진실한 신자들만은 개인적으로 구원 받는 일이 있다. 이런 사실을 강조하기 위해서 14-20절에 "자기의 생명만 건지리라"라는 문구가 네 번이나 사용되었다. 이것을 보면 개인의 진실한 신앙생활이 얼마나 귀한 것인지 알 수 있다. 설령 국가가 패망한다 해도 참된 신자들에게는 소망이 있다.

제15장

✤ 내용분해

1. 포도나무의 성격(1-5절)
2. 이스라엘을 포도나무에 비유함(6-8절)

✤ 해석

1 여호와의 말씀이 내게 임하여 이르시되.[35] 이 말씀을 보면 그의 예언은 온전히 외부에서 임한 것, 다시 말해 하나님에게서 온 것이고 그의 인간적인 생각이 아니었음을 알 수 있다. 예언자들의 말은 이렇게 신적 권위를 지닌 말씀이다.

2 인자야. 이것은 예언자가 하나님 앞에서 극히 작고 또 하나님만 의지해야 할 미천한 존재라는 사실을 강조하는 칭호다(G. Ch. Aalders)(참조. 2:1 해석).

---

35) 참조. 3:16; 6:1; 7:1; 11:14; 12:1, 17, 21, 26; 13:1; 14:2.

포도나무가 모든 나무보다 나은 것이 무엇이랴. "포도나무"의 본연적인 특성 그대로는 다른 나무와 다를 것이 없다. 그와 같이 이스라엘 백성도 인간이라는 점에서는 다른 나라 민족보다 나을 것이 없다. 에스겔은 이러한 말씀으로 이스라엘의 교만을 억제한다. 이스라엘 사람도 하나님 앞에서 이방인과 똑같은 죄인이다(참조. 롬 3:10-18).

3 그 나무를 가지고 무엇을 제조할 수 있겠느냐. 요컨대 포도나무로는 아무 도구도 만들지 못한다. 포도나무는 건축 자재가 될 수 없다는 뜻이다. 그것은 가지를 낮게 뻗으며 강건하지 못하다는 점에서 미천하고 연약한 인생을 비유한다. 그러나 포도나무는 그 열매 때문에 귀하게 여겨진다. 그와 같이 하나님의 백성은 믿음과 사랑의 열매를 맺어야 귀한 존재가 된다.

설교▸ 포도나무의 용도(1-3절)

포도나무는 재목으로 쓰이는 나무가 아니라 열매를 얻으려고 키우는 나무다. 다른 나무들은 높이 자라나서 재목으로 쓰이는데, 그런 나무들은 세상에 속한 뛰어난 인물들을 비유한다. 그러나 포도나무는 목재로서는 보잘 것없으나 열매는 볼만하다. 이것은 그리스도인들을 비유한다. 그리스도인은 자기 자신은 보잘것없으나 열매만은 볼만해야 한다. 열매는 좋은 행실을 의미한다.

1. 나무가 열매를 맺는 목적은 오로지 남들을 위한 것이다. 이같이 신자도 좋은 행실이나 사업을 하되 전적으로 남을 위해서 해야 할 것이다. 그런데 신자가 선한 일을 할 때 자기 영리를 목적으로 하는 경우가 있다는 것은 유감스러운 일이다. 신자는 예수님과 깊이 사귈수록 이기주의에서 멀어지게 된다.

2. 신자는 열매를 하나님을 향해 맺어야 하는데, 그 열매는 순수하고 아름다우며 하나님이 받으실 만한 것이어야 한다. 갈라디아서 5:22-23에 있는 성령의 아홉 가지 열매는 신자가 맺을 열매의 대표적인 것이다.

3. 신자가 열매를 많이 맺으려면 오직 그리스도만 힘써 드러내야 한다. 신자가 자신을 드러내면 그는 포도가 아니라 머루가 된다. 이사야 5:1-2에 말하기를 "나는 내가 사랑하는 자를 위하여 노래하되 내가 사랑하는 자의 포도원을 노래하리라 내가 사랑하는 자에게 포도원이 있음이여 심히 기름진 산에로다 땅을 파서 돌을 제하고 극상품 포도나무를 심었도다 그 중에 망대를 세웠고 또 그 안에 술틀을 팠도다 좋은 포도 맺기를 바랐더니 들포도를 맺었도다"라고 하였다. 이 말씀을 보면 신자는 하나님이 기뻐하시는 열매를 맺지 못하고 나쁜 열매를 맺을 위험성이 있는데, 신자가 그리스도를 나타내지 않고 자기를 나타낼 때 그렇게 된다. 문제는 신자도 인간이기 때문에 결점과 과오가 없을 수 없는데 이것을 어떻게 처리할까 하는 점이다. 그러나 그것은 문제될 것이 없다. 옛날의 성도들도 결점이 있었다. 그러나 그들이 그리스도를 많이 드러냄으로써 결섬들은 가려지고, 그들이 드러낸 그리스도는 후세에까지 힘있게 빛으로 비친다. 아우구스티누스(Augustine)가 저술한 문서들에도 결점이 있다. 예를 들어 그가 칭의의 교리를 잘못 해석한 점이 없지 않다. 그러나 그것은 그가 저술한 수많은 진리의 문서들로 말미암아 가려지고, 그가 그리스도를 드러낸 수많은 증거가 후대에까지 빛을 발한다. 히에로니무스(Jerome)라는 교부에게도 결점이 있었다. 그는 다른 사람에 대하여 온화한 태도를 보이지 못하고 쉽게 분노하였다고 한다. 그러나 그가 신구약 성경을 라틴어로 번역한 불가타(Latin Vulgate) 역본은 수천 년 가까이 내려오면서 그리스도를 전파하는 일에 유익을 끼치고 있다. 우리가 그리스도를 많이 드러내면 우리 자신의 결점이 가려질 수 있다. 왜냐하면 그리

스도는 능력으로 역사하시기 때문이다. 목사가 참으로 능력 있는 설교, 다시 말해 그리스도를 드러내는 설교를 잘하면 그의 다른 허물들은 가려진다(Spurgeon).

4 불에 던질 땔감이 될 뿐이라. 이 말은 쓸모가 없어서 내버려진다는 뜻이다(참조. 요 15:6).

불이 그 두 끝을 사르고 그 가운데도 태웠으면. 이것은 북왕국 이스라엘이 앗수르에 멸망하여 사로잡혀 갔고, 유다의 최남단 지역은 애굽의 압제를 받았으며(왕하 23:29-35), "그 가운데"(예루살렘)는 느부갓네살에게 침공을 당했다는 뜻이다. 예루살렘은 앞으로도 느부갓네살에게 수난을 당하게 된다.

5 하물며 불에 살라지고 탄 후에 어찌 제조에 합당하겠느냐. 불에 살라진 포도나무는 아무 쓸모가 없게 된다. 이것은 다음과 같은 사실을 비유한다. 본래 이스라엘은 이 세상에서 나라를 이루기에 좋은 조건을 지니고 있지 않았는데, 거기에 더하여 전쟁의 재앙을 당한 뒤로는 더욱 그러하다는 뜻이다.

6 내가 수풀 가운데에 있는 포도나무를 불에 던질 땔감이 되게 한 것 같이. 이것은 하나님께서 바벨론을 동원하셔서 이스라엘을 다시 벌하실 것을 비유한다. 그는 이스라엘에 바벨론 군대를 벌써 보내셨으나 앞으로도 다시 보내실 것을 이렇게 예언하신다.

7 내가 그들을 대적한즉 그들이 그 불에서 나와도 불이 그들을 사르리니. 하나님께서 유다 민족을 벌하실 때는 그들이 피할 길이 없으리라는 뜻이다. 그들이 불로부터 도망쳐도 불이 그들을 쫓아가서 태울 것이다. 이것은 아모스 5:19 말씀과 유사하다. 거기서는 "마치 사람이 사자를 피하다가 곰을 만나거나 혹은 집에 들어가서 손을 벽에 대었다가 뱀에게 물림 같도다"라고 하였다.

내가 그들을 대적할 때에 내가 여호와인 줄 너희가 알리라. 그들이 평상시에 여호와를 알아보고 순종했더라면 그들은 구원을 얻었을 것이다. 그러나 그들이 그렇게 하지 못하고 있다가 필경 심판을 받는 때에야 비로소 여호와를 알아보니 구원을 못 받는다(참조. 계 1:7).

8 내가 그 땅을 황폐하게 하리니 이는 그들이 범법함이니라. 하나님께서 "그 땅을 황폐하게" 하신다는 말은 극도의 참상을 연출하신다는 뜻이다. 그것을 바라보는 자는 그러한 참상에 원인을 제공한 유다 민족의 죄악이 그만큼 비참하였다는 사실을 떠올려야 할 것이다. 과연 그들은 "범법"하였다. 베르톨레트(A. Bertholet)에 따르면 "범법함이니라"(מָעֲלוּ מָעַל "마알루 마알")라는 표현은 하나님에 대한 배신(Treuebrechen)으로서 이스라엘이 하나님과의 언약 관계를[36] 파기한 것을 가리킨다. 이것은 이스라엘이 범한 더할 나위 없이 크나큰 죄악이다. 이런 죄악의 참상은 그 땅이 황폐하게 됨으로써만 표시될 수 있는 것이다. 이 죄악은 인생을 허무에 돌아가도록 만든다.

설교 ▶ 열매를 맺자(1-8절)

열매는 무엇을 뜻하는가? 그것은 ① 신자가 자기 신앙을 끝까지 지키는 것을 가리킨다. 이것은 쉽지 않은 일이다. 1967년 1월에 한일호가 파선했을 때 구출된 선원은 끝까지 수영한 자였다. ② 의로운 행실을 완성하는 것을 가리킨다. ③ 사람들을 하나님께로 인도하는 것을 가리킨다. 열매를 맺는 일은 이렇게 어려운 일처럼 보인다. 그러나 우리가 그리스도 안에 머물러 있기만 하면 그것은 쉬운 일이 될 수 있다(요 15:5). 우리가 그리스도 안에 머무는 비결은 우리 자신이 미천함을 아는 것이다.

---

36) das Verhältnis von Volk Zu Gott als Bundesverhältnis.

1. 신자의 본래 처지가 미천하다.

본문 2절의 "포도나무가 모든 나무보다 나은 것이 무엇이랴"라는 말씀과 3절에 나오는 "그 나무를 가지고 무엇을 제조할 수 있겠느냐"라는 말씀의 뜻은 포도나무가 나무로서는 다른 나무보다 못하다는 것이다. 그리스도인은 육신적인 측면에서는 다른 사람들보다 못한 자들이다. 하지만 그들은 이렇게 살아감으로써 하나님을 높이고 또한 하나님이 기뻐하실 선을 많이 이룬다. 나무들 가운데 과일을 맺는 유실수들은 목재로서는 별 볼 일이 없다. 그러나 사람에게 과일을 제공하지 못하는 나무들은 목질이 단단하고 아름답다. 예컨대 오동나무, 소나무 등이다. 그러나 사과나무, 배나무, 복숭아나무, 특히 포도나무는 사람에게 좋은 열매를 내어 주면서도 목질은 자랑할 만한 것이 없다. 신자는 포도나무와 같아야 한다. 그는 하나님이 기뻐하실 열매를 맺기 위하여 자기 자신은 자랑할 것이 없도록 살아야 한다. 신자는 언제나 이처럼 자기를 미천한 자리에 두어야 한다. 우리 주 예수 그리스도는 "고운 모양도 없고 풍채도 없은즉 우리가 보기에 흠모할 만한 아름다운 것이 없"다고 하였는데(사 53:2) 그를 뒤따른 바울은 "만물의 찌꺼기 같이" 되었다고 하였다(고전 4:13). 이것은 그가 자기를 중심으로 살지 않고 하나님만 높이고 섬기기 위해 고난받으며 "우리의 겉사람은 낡아지나 우리의 속사람은 날로 새로워지"는 삶을 살았음을 보여준다. 어떤 성도는 삶의 표어를 "나는 셋째"로 정했다고 한다. 그것은 하나님이 첫째요, 다른 사람들이 둘째요, 자기는 셋째라는 뜻이다.

포도나무의 가치는 열매에 있다. 만일 그것이 열매를 맺지 못하면 불에 던져질 뿐이고 목재로서는 소용이 없다. 그러므로 우리 본문에 말하기를 "불에 던질 땔감이 될 뿐이라"(4절)라고 하였다. 이같이 신자가 하나님을 위하여 의의 열매를 맺지 못하면 그는 아무 데도 쓸모없는 자가 된다(마 5:13; 참조. 요 15:5-6).

2. 신자는 하나님께 징계받는 일을 당연하게 생각하고 미천해져야 한다.

우리 본문 4절에 말하기를 "불이 그 두 끝을 사르고 그 가운데도 태웠으면 제조에 무슨 소용이 있겠느냐"라고 한다. 여기서 "두 끝"을 살랐다는 말은 북 왕국 이스라엘의 열 지파가 앗수르로 사로잡혀 갔으며, 다른 한편 여호야긴 왕 때에 남왕국 유다도 바벨론으로 사로잡혀 간 사실을 가리키는 것이라고 한다. 그리고 "가운데도 태웠다"는 말은 예루살렘이 현재 침략당하는 중임을 가리킨다고 한다(G. Ch. Aalders).

이 말씀은 우리 일반 신자들에게도 적용된다. 우리도 자주 하나님의 징계를 받는다. 하나님께서는 사랑하는 아들을 징계하신다. 만일 징계 받지 않는 아들이 있다면 그는 참 아들이 아니라고 하였다(히 12:8). 그러므로 우리는 하나님께 징계받고 있는 것은 아닌지 자신을 주의 깊게 살펴보아야 하고, 자신에게 무슨 고난이든지 있다면 그것을 징계로 알고 겸손해져야 한다. 오늘날 신자들은 교만하여 징계를 받으면서도 자기가 남보다 의인인 것처럼 처신한다. 그들이 이같이 처신하게 되는 이유는 우리가 겸손하게 징계를 받을 때 하나님의 사랑을 받게 된다는 사실을 알지 못하기 때문이다. 하나님은 "불에서 꺼낸 그슬린 나무" 같은 유다 민족을 보호하시며 사탄을 꾸짖으셨다(슥 3:1-2). 징계를 받는 것은 희망적인 일이다. 욥기 5:17-18에 말하기를 "볼지어다 하나님께 징계 받는 자에게는 복이 있나니 그런즉 너는 전능자의 징계를 업신여기지 말지니라 하나님은 아프게 하시다가 싸매시며 상하게 하시다가 그의 손으로 고치시나니"라고 하였다. 징계를 받으면서도 자기를 정당화하여 그가 받는 징계를 징계라고 말하기 부끄러워하는 자는 징계를 업신여기는 자다. 하나님은 그런 사람을 대적하신다. 그때에는 "그들이 불에서 나와도 불이 그들을 사르"는 것 같이(7절) 그들이 끝까지 환난을 겪는다. 7절에는 하나님께서 "그들을 대적"하신다는 말씀이 두 번이나 나온다. "내가 그들을 대적한즉 그들이 그 불에서 나와도 불이 그들을 사르리니 내가 그들을 대적할 때에 내가 여호와인 줄 너희가 알리라." 아모스 5:19에서도 같은 의미로 말하기를 "마치 사람이 사자를 피하다가 곰을 만나거나 혹은 집에 들어가서 손을 벽에 대었다가 뱀에게 물림 같도다"라고 하였다.

| 설교자료

1. 포도나무는 다른 나무와 비교했을 때 목재로서는 가치가 없다(2-3절). 그와 같이 유다 민족은 세상의 다른 민족들처럼 세속적인 권세나 문명의 유익을 누리지 못했다. 다른 민족들은 넓은 영토를 소유하였든지, 혹은 강한 군대를 소유하여 국위를 선양한다. 그러나 유다 민족은 그렇지 못하고 극히 빈약하였다. 그 민족은 하나님의 은혜로만 살아갈 수 있는 특별한 위치에 있었다. 그 민족이 하나님의 은혜에서 떨어지면 아무것도 아니게 되는 것이다.

2. 유다 민족은 하나님 앞에 죄를 범할 때 다른 민족들보다 더 심한 벌을 받게 된다(4-5절). 그 이유는 하나님께서 그 민족을 특별히 사랑하셔서 택하셨기 때문이다(히 12:6-7). 그러므로 유다 민족은 그들이 받은 환난 중에서 마땅히 회개하고 하나님께로 돌아가야 한다. 그들이 만일 그런 때에 회개하지 않으면 그들의 가치는 더욱 떨어질 수밖에 없다.

3. 죄인들이 징계를 받으면서도 회개하지 않으면 그들은 피할 길이 없는 더 무서운 환난을 당한다(6-7절).

제 16 장

✣ **내용분해**

1. 하나님께서 예루살렘에 대하여 경고하는 일을 선지자에게 부탁하심(1-2절)
2. 이스라엘 나라(교회)가 미천하게 시작되었음(3-5절)
3. 하나님께서 이스라엘 민족에게 은혜를 입혀 주심(6-14절)
4. 이스라엘 민족이 하나님을 반역함(15-34절)
5. 하나님께서 그들에게 심판을 내리실 것을 예언하심(35-43절)
6. 그들의 죄가 소돔과 사마리아보다 크므로 더 큰 벌을 내리시겠다고 하심(44-59절)
7. 회개하는 이스라엘에게 긍휼을 베푸시기로 약속하심(60-63절)

✣ **해석**

1 또 여호와의 말씀이 내게 임하여 이르시되. 15:1의 같은 말 해석을 참조하라.

2 인자야. 15:2의 같은 말 해석을 참조하라.

그 가증한 일을 알게 하여. "가증한 일"(תוֹעֵבוֹת "토에보트")은 우상을 숭배한 일들을 가리킨다. 하나님께서는 사람들로 하여금 먼저 그들의 죄악을 깨닫게 하심으로써 그들이 회개하게 만드신다.

3 네 근본과 난 땅은 가나안이요 네 아버지는 아모리 사람이요 네 어머니는 헷 사람이라. 이것은 문자적으로 이해할 말씀이 아니고 영적으로 해석해야 할 것이다. 이스라엘 민족이 본래 성결에 속한 것이 아닌 영역에서는 가나안 땅과 같다는 뜻이다. 다시 말해 "아모리" 족속이나 "헷" 족속을 조상으로 하는 민족과 마찬가지라는 뜻이다. 한마디로 이스라엘 민족 자체에는 하나님의 사랑을 받을 만한 아무런 공로도 없다는 것이다.[37] "아모리" 족속과 "헷" 족속은 모두 가나안 땅에 살던 이방 민족들이다.

4-5 네가 난 것을 말하건대 네가 날 때에 네 배꼽 줄을 자르지 아니하였고 너를 물로 씻어 정결하게 하지 아니하였고 네게 소금을 뿌리지 아니하였고 너를 강보로 싸지도 아니하였나니 아무도 너를 돌보아 이 중에 한 가지라도 네게 행하여 너를 불쌍히 여긴 자가 없었으므로 네가 나던 날에 네 몸이 천하게 여겨져 네가 들에 버려졌느니라. 이 말씀은 이스라엘이 민족으로 형성되던 초창기에 애굽 땅에서 천대와 멸시를 받은 사실을 비유한다. 그 민족은 마치 갓난아기가 출생하자마자 아무도 간호해 줄 자가 없는 것과 같은 상태였다.

"정결하게." 이것은 히브리어로 "레미슈이"(לְמִשְׁעִי)라고 하는데, 70인역(LXX)에는 이 문구가 없으며 베르톨레트(A. Bertholet)는 이 단어의 뜻을 전혀 모르겠다고 하였다(Völlig unverständlich ist לְמִשְׁעִי). 그러나 델리취(Delitzsch)는 이 말이 "정결하게"를 의미한다고 한다. 갓난아기에게 "소금을 뿌"리는 일은 중동 지방에서 지금도 행하는 풍속이다. 그 목적은 아기의 피

---

37) Aalders, Het is en heeft in zichzelf niets, waaraan Gods liefde zou te danken zijn.

부를 튼튼하게 하기 위한 것이라고 하나, 베르톨레트는 그것이 언약의 소금을 뿌린다는 의미로서 종교적인 목적을 가진다고 한다.[38]

6 내가 네 곁으로 지나갈 때에 네가 피투성이가 되어 발짓하는 것을 보고 네게 이르기를 너는 피투성이라도 살아 있으라 다시 이르기를 너는 피투성이라도 살아 있으라 하고. 이 말씀은 애굽에서 천대와 압제 받는 이스라엘 백성을 구원하시기로 작정하신 하나님의 뜻을 보여준다.

"발짓하는 것"(מִתְבּוֹסֶסֶת "미트보세세트"). 이 말은 갓난아기가 무의식적으로 발을 움직이는 것을 가리킨다.

"너는 피투성이라도 살아 있으라." 말하자면 갓 태어나서 몸에 묻은 피도 씻기지 않은 채 버림받았다 해도 하나님께서는 살리실 수 있으니 "살아 있으라"라는 뜻이다. 죽이는 권세가 하나님께 있는 것과 마찬가지로(시 68:20-21) 살리는 권세도 그에게 있다(삼상 2:6). 하나님께서 이스라엘 민족을 구원하시기로 작정하셨다면, 그들을 멸망시킬 수 있는 자는 아무도 없다.

7 이스라엘 백성이 애굽에서 번성하였으나 그때는 아직 하나님께 영적 은혜를 받기 전이었다. "**네가 여전히 벌거벗은 알몸이더라**"(אַתְּ עֵרֹם וְעֶרְיָה "아트 에롬 베에르야")라고 하신 말씀이 그런 뜻이다. 알더스(G. Ch. Aalders)는 이 문구를 번역하기를, "네가 전적으로 벌거벗은 적신이더라"(Gij waart geheel naakt en bloot.)라고 하였다.

8 내가 네 곁으로 지나며 보니 네 때가 사랑을 할 만한 때라 내 옷으로 너를 덮어 벌거벗은 것을 가리고 네게 맹세하고 언약하여 너를 내게 속하게 하였느니라 나 주 여호와의 말이니라. 이 구절은 애굽에서 종노릇 하던 이스라엘 민족에게 하나님께서 구속의 은혜를 베푸시고 사랑하여 주신 사실을 비유한다. 하나님은 그 백성을 구속

---

38) Schwerlich verdankt sie ihren Ursprung einen hygienishen Grund...sondern wohl einem Kultischen, Vgl. den Salzbund.

하시어 자기와 연합시키신다. 그는 이 사랑을 결혼의 사랑에 비유하신다. 그는 죄인들을 사랑하시되 그들에게 선한 조건이 있어서가 아니라 아무 조건 없이 그들을 사랑으로 대하신다. "내 옷으로 너를 덮어 벌거벗은 것을 가리고"라는 문구가 이런 의미다.

9-14 이 부분에 진술된 몸단장은 황후에게 어울리는 것이다. 이것은 구속받은 하나님의 백성이 각종 신령한 은혜를 받을 것을 비유한다. 거룩하게 구별된 사람은 하나님이 보시기에 이렇게도 아름답다(Matthew Henry). 여기 기록된 몸단장은 신앙과 모든 덕으로 속사람을 꾸미는 것을 가리킨다(벧전 3:3-4; 갈 5:22-23). 알더스(G. Ch. Aalders)는 다음과 같이 해석한다. 요컨대 이 부분에 기록된 것처럼 하나님께서 자녀에게 베푸시는 사랑은 그들이 아무것도 없던 때에 그들에게 모든 것을 주시는 것이었다. 그가 그들을 이렇게 사랑하신 것은 그들과 맺으신 언약에 따른 것이다(8절).

15-22 이 부분에서는 이스라엘 민족의 범죄가 얼마나 패역한 것이었는지를 몇 가지로 지적한다.

1) 그들은 자기의 화려함을 스스로 좋아하였다(15절). **네가 네 화려함을 믿고 네 명성을 가지고 행음하되**. 이스라엘 백성이 하나님의 은혜를 많이 받았으면 마땅히 겸손해졌어야 할 것이었다. 그러나 그들은 은혜를 받고서도 자기 자신을 즐겁게 하려고 세상을 받아들였는데 그것이 바로 음행이었고 우상숭배였다. "지나가는 모든 자"라는 말은 이 세상에 속한 것들을 가리킨다. 세상의 "지나가는" 모든 유혹은 자신의 화려함을 믿고 명성을 즐기며 자신을 높이는 자를 사로잡아 넘어뜨린다.

2) 유다 민족은 하나님의 주신 은혜를 가지고 하나님을 섬긴 것이 아니라 우상을 섬겼다(16-19절). 그들은 하나님께 받은 **"의복", "금, 은 장식품", "수놓은 옷", "기름과 향", "고운 밀가루와 기름과 꿀"**을 가지고 하나님을 섬기는 일에 사용하지 않고 우상을 위하였다. 그들은 어째서 이런 귀중품들을 그들

에게 주신 이가 하나님이시라는 사실을 잊어버린 것인가?(참조. 10-14절) 은혜를 받은 목적이 하나님을 섬기기 위한 것이 아니었던가!

3) 그들은 자녀들을 불살라 우상에게 드렸다(20-21절). **"나를 위하여 낳은 네 자녀"**라는 말은 그들의 "자녀"가 바로 하나님의 구원 계약에 참여할 자녀라는 뜻이다. 21절에서는 그들을 가리켜 "나의 자녀"(בָּנַי "바나이"), 다시 말해 하나님의 자녀라고 더욱 강하게 표현하였다. 그들이 자기 자녀를 마치 자기 소유인 듯이 마음대로 잔인하게 취급하고 악용하였는데, 그것은 하나님의 거룩한 계약의 자녀들을 모독하는 크나큰 죄악이다. 신자는 자기 자녀도 하나님께 속한 언약의 백성들임을 깨닫고 그들을 자기 뜻대로 주장하지 말고 하나님의 뜻대로 가르치며 인도해야 한다.

네가 네 음행을 작은 일로 여겨서(הַמְעַט מִתַּזְנוּתָיִךְ "하메아트 미타즈누타이크"). 이 문구는 다음과 같은 의미를 가진다. "너는 네 음행이 넉넉하지 않은가?"[39]

나의 자녀들을 죽여 우상에게 넘겨 불 가운데로 지나가게 하였느냐. "자녀들을 죽여···불 가운데로 지나가게" 함으로써 우상에게 제사하는 악한 풍습을 성경은 엄하게 금하였다(신 18:10; 렘 7:31; 19:5). 이것은 유대인들이 이방신 몰록에게 제사한 죄악을 가리킨다. 여호와를 섬기는 자들이 이렇게까지 타락했다는 것은 놀랄 일이다. 그러나 하나님을 떠난 자는 어두워지기 때문에 이렇게까지 타락하게 된다.

위에 말한 바와 같은 이스라엘의 죄악들은 하나님께 대한 그들의 배은망덕이다. 말하자면 그것은 그 민족이 초창기의 비참한 처지에서 하나님의 구원의 은혜를 입은 사실을 잊어버린 행동이었다. 그것이 무엇보다 악한 점이었다. 하나님의 영광이 그들에게 비추어졌으나 그들은 그들을 영화롭게 만들어준 원천을 알아보지 못했다. 돼지가 상수리나무 아래서 도토리를 주워

---

39)　sodass deine Hurerei nicht genügt hätte? -König, Synt. §406m.

먹으면서도 상수리나무를 올려다볼 줄은 모르는 것과 같다.

23-29절. 이 부분에서 또다시 이스라엘의 죄목을 추가한다.

24-25 **누각을 건축하며.** "누각"은 히브리어로 "가브"(גַב)인데, 이것은 둥근 모양으로 두드러진 장소를 의미한다. 이것은 우상을 섬기기 위한 장소였다. "높은 대"(רָמָה "라마") 역시 그런 장소다.

26 **하체가 큰 네 이웃 나라.** "하체가 큰"(גִּדְלֵי בָשָׂר "기들레 바사르")이라는 말은 "육체에 강한"이라고 번역해야 한다. 이 말은 정욕이 강하다는 뜻이다. 이것은 일종의 비유인데, 애굽 사람들이 우상을 섬기는 일에 열중한 것을 가리킨다. 이스라엘은 애굽의 우상숭배를 본받아서 금송아지를 섬기기도 하였다(신 9:16).

27 **블레셋 여자 곧 네 더러운 행실을 부끄러워하는 자.** "블레셋 여자"는 블레셋 도시들을 비유한다. 그 도시 주민들도 우상을 섬겼으나, 이스라엘처럼 외국의 우상들을 수입하지는 않았다. 그런 의미에서 그들이 오히려 이스라엘의 과도한 우상숭배를 "부끄러워"할 처지였다. 하나님께서는 일찍이 이와 같이 타락한 이스라엘을 블레셋의 손에 넘겨주셨던 역사가 있다(대하 28:18-19).

28 **앗수르 사람과 행음하고.** 이것은 이스라엘이 하나님을 의지하지 않고 "앗수르"를 의뢰한 것을 가리킨다.[40]

29 **장사하는 땅 갈대아에까지 심히 행음하되.** 옛날에 "갈대아" 땅에는 유통업이 왕성하였다(습 1:11). 이것은 이스라엘이 하나님보다 갈대아 나라를 의뢰한 것을 가리킨다(참조. 왕하 20:12-19; 대하 32:31).

30-34. 이스라엘의 음행의 성격

---

40) 참조. 왕하 15:19; 16:7; 대하 28:16; 호 5:13; 7:11; 8:9; 12:1.

30 방자한 음녀의 행위라. 이스라엘 백성이 우상을 섬겼을 때 하나님께서는 하나님은 그들을 가리켜 "음녀"(אִשָּׁה זוֹנָה "이샤 조나")라고 부르셨다. 하나님이 그들을 음녀라고 부르신 이유는 그들을 뜨겁게 사랑하시다가 배신을 당하셨기 때문이다. 하나님은 그의 택한 백성을 사랑하시되 그렇게 뜨겁게 사랑하신다.

네 마음이 어찌 그리 약한지(מָה אֲמֻלָה לִבָּתֵךְ "마 아물라 리바테크"). 이 문구에 대하여 또 다른 번역들도 있다. ① "내가 네게 대하여 어떻게 진노로 충만한지!"[41] ② "네 마음이 얼마나 타락하였는지!"(F. H. Von Meyenfeldt). ③ "네 마음이 어찌 그리 뜨거운지!"[42] 등이다.

그러나 우리 한글 번역이 옳다고 생각된다. 이것은 여러 유력한 학자들이 지지한다.[43]

31 **"누각"**(גַּב "가브")과 **"높은 대"**(רָמָה "라마")에 대하여는 24절의 같은 말 해석을 참조하라.

값을 싫어하니 창기 같지도 아니하도다. 창기는 상대방에게 음행의 대가를 받으나 이스라엘은 도리어 상대방에게 값을 많이 치르고 행음하였으니 그것이 창기와 다른 점이다. 이스라엘 민족은 마땅히 하나님만 믿고 다른 것은 의지하지 않아야 할 하나님의 백성이었다. 그럼에도 불구하고 그 민족은 다른 나라의 힘을 빌려 살아 보려고 하나님을 버렸으며 모든 신령한 은혜를 내다버렸다. 이것이 값을 받기는커녕 도리어 값을 치르고 행음하는 일이었다.

33-34 여기서는 31절 나오는 "값을 싫어하니"라는 말씀을 조금 다른 형식으로 되풀이한다. 선지자가 이 말씀을 되풀이하는 이유는 이스라엘이 하

---

41) G.S. Driver, How am I filled with wrath against thee.
42) Menachem Zulay, Wie fieberheiss ist dein Herz!.
43) Keil, Von Orelli, Noordtzij, Schumpp, Auvray.

나님을 의지하지 않고 다른 나라를 의지하느라고 막대한 손해를 자처하는 것이 너무 안타까운 일이기 때문이다. 이스라엘이 그렇게 하나님을 저버리는 것은 세상을 좋게 하려고 모든 것을 잃는 셈이다.[44]

35-43절. 이 구절들은 하나님을 의지하지 않고 다른 나라들을 의지하는 음행을 저지른 이스라엘에게 하나님의 벌이 내릴 것을 예언한다.

37 "**정든 자와 사랑하던 모든 자**"는 애굽과 바벨론과 앗수르를 가리킨다. 이스라엘은 하나님을 믿지 않고 이런 나라들을 의지하였다. "**미워하던 모든 자**"는 암몬과 모압을 가리킨다(신 23:3-6). 에스겔은 이스라엘 민족이 하나님을 믿지 않은 죄의 대가로 위에 열거한 나라들의 침략을 당하리라고 예언한다.

네 벗은 몸을 그 앞에 드러내. 이것은 이스라엘이 열국의 침략을 받아서 벌거 벗은 땅이 될 것을 가리킨다.

38 **간음하고 사람의 피를 흘리는 여인.** 말하자면 이스라엘은 하나님을 믿지 않고 열국을 의지하였으니 음녀와 같고, 그 자녀들을 죽여 몰록 우상에게 바쳤으니(21절) 피 흘린 자라는 뜻이다.

진노의 피와 질투의 피를 네게 돌리고. 하나님께서 이스라엘로 말미암아 "진노"하시고 "질투"하셔서(참조. 42절) 그들이 죽도록 내버려 두신다는 뜻이다. 하나님께서는 그가 사랑하시는 이스라엘이 우상을 섬길 때에 진노하시고 질투를 발하신다. 왜냐하면 그가 이스라엘을 그만큼 뜨겁게 사랑하시기 때문이다.

39 "**누각**"과 "**높은 대**"에 대하여는 24절의 같은 말 해석을 참조하라.

---

44) P. Fairbairn, She loses all, and the world gains all, when she foolishly stoops to impair the testimony of God, or adjust the claims and services of religion to the tastes and practices of the carnal mind.

40-41상 이 부분에서는 하나님이 이스라엘을 벌하시되, 음녀를 벌하시듯이 하실 것이라고 말씀한다.

41하-43 내가 너에게 곧 음행을 그치게 하리니 네가 다시는 값을 주지 아니하리라. 이 말은 이스라엘이 우상을 섬기며 하나님을 의지하지 않고 열국을 의지한 음행의 죄로 말미암아 멸망할 것이므로 앞으로 그들에게 더는 죄악을 범할 기회가 없을 것이라는 뜻이다(Calvin).

네가 어렸을 때를 기억하지 아니하고(43절). 이것은 이스라엘이 아주 미천하였던 민족 형성 초기에 하나님이 그들을 구원하여 주셨던 은혜를 잊어버렸다는 뜻이다. 하나님의 은혜를 잊어버리는 일은 모든 무서운 죄를 낳게 하는 위태한 것이다.

44 속담을 말하는 자마다 네게 대하여 속담을 말하기를 어머니가 그러하면 딸도 그러하다 하리라. 이스라엘은 "속담" 혹은 "잠언"(לשָׁמ "모쉘") 같이 되리라는 뜻이다. 요컨대 "딸"이 "어머니"를 닮는다는 것이다. 다시 말해 예루살렘으로 대표되는 이스라엘은 그 어머니("헷 사람"; 3, 45절)와 같이 음란하게 우상을 섬긴다는 뜻이다. 3절 해석을 참조하라.

45 너는 그 남편과 자녀를 싫어한 어머니의 딸이요. "남편과 자녀를 싫어"하는 것은 음녀가 보여주는 행태다. 이스라엘은 가나안 땅의 헷 사람(3절에서 이스라엘의 "어머니"라고 불림)처럼 음란하였다. 한마디로 그들은 남편으로 비유되는 하나님을 싫어하여 우상을 섬겼고, 그들의 "자녀를 싫어"하여 죽여서 몰록이라는 우상에게 바쳤다(21절).

너는 그 남편과 자녀를 싫어한 형의 동생이로다. 여기서 이른바 이스라엘의 "형"은 사마리아를 가리키는데(45절), 사마리아도 "남편과 자녀를 싫어"하였다. 다시 말해 우상을 섬겼다는 것이다(참조. 45절 해석). 이스라엘의 행동 원리는 그의 "형"(사마리아)과 똑같았다. 이런 의미에서 이스라엘은 사마리아의 "동생"이다(참조. 46절 해석).

네 어머니는 헷 사람이요 네 아버지는 아모리 사람이며. 말하자면 이스라엘이 헷 족속이나 아모리 족속처럼 우상을 많이 섬긴다는 뜻이다. 3절 해석을 참조하라.

46 네 형은 그 딸들과 함께 네 왼쪽에 거주하는 사마리아요 네 아우는 그 딸들과 함께 네 오른쪽에 거주하는 소돔이라. "그 딸들"은 사마리아의 인근 도시들을 가리킨다. "사마리아"는 예루살렘보다 크고 넓은 곳이기 때문에 예루살렘의 "형"이라 하고 "소돔"은 그보다 작기 때문에 그 "아우"라고 한 것이다. 사마리아와 소돔도 우상을 섬기는 음행 때문에 망하였다.

47-50 이 부분에서는 이스라엘의 죄가 소돔의 죄보다 크다는 사실을 밝힌다. 소돔의 죄악은 ① **교만함**. ② **"음식물의 풍족함과 태평함"**이 있으면서도 **"가난하고 궁핍한 자를 도와주지 아니"**함. 그리고 ③ **"가증한 일"**을 하나님 앞에서 행함이었다(유 7절). 그런데 이스라엘은 이보다 더욱 부패하였다고 한다.

51 네 모든 가증한 행위로 네 형과 아우를 의롭게 하였느니라. 말하자면 이스라엘의 죄악이 사마리아와 소돔보다 크므로 사마리아와 소돔은 이스라엘과 비교할 때 "의롭게" 보인다는 뜻이다.

52 이스라엘이 사마리아와 소돔의 죄악을 비판하였는데, 그것은 자기도 같은 죄를 저지르면서 자기 자신을 정죄한 셈이다. 그러므로 그가 "수치", 곧 징벌을 면할 수 없다.

네가 그들보다 더욱 가증한 죄를 범하므로. 이스라엘은 사마리아와 소돔보다 더 큰 죄를 범하였다.

그들이 너보다 의롭게 되었나니. 51절 해석을 참조하라.

수치를 담당할지니라. 이 말은 징벌을 당하게 되리라는 뜻이다.

53-54 내가 그들의 사로잡힘 곧 소돔과 그의 딸들의 사로잡힘과 사마리아와 그의 딸들의 사로잡힘과 그들 중에 너의 사로잡힌 자의 사로잡힘을 풀어 주어. 이것은 다음과 같이 번역되어야 한다. "내가 그들의 사로잡힘 곧 소돔과 그 딸들의 사로잡힘과

사마리아와 그 딸들의 사로잡힘을 돌이키면서 너의 사로잡힌 자의 사로잡힘도 그들 중에 한 몫으로 끼워서 돌이키리니." 이 구절의 의미는 하나님의 벌로 말미암아 파멸했던 이스라엘의 회복(그리스도로 말미암은 구원)도 별수 없이 모든 이방 나라들(역시 죗값으로 파멸했던 자들)의 회복 운동에 한 몫으로 묶일("그들 중에") 처지임을 보여준다. 그러므로 이스라엘이 교만해질 입장이 못 된다는 것이다. 하나님께서 이스라엘도 그렇게 되도록 하신 목적을 54절이 밝혀 주는데, 한마디로 그들이 "수욕을 담당하고" 자신이 "행한 모든 일로 말미암아 부끄럽게" 하시려는 것이다(54절). 그들은 그리스도로 말미암아 구원을 받음에 있어서 이방인들보다 우월한 지위를 차지하지 못할 것이다. 도리어 이방인들이 먼저 구원을 얻고 이스라엘은 후에 거기 한 몫으로 끼워지는 처지다. 이 점에 있어서 그들(이스라엘)은 본래 이방인들을 멸시해 오던 처지였으므로 어떤 의미에서는 수욕을 당하는 셈이다. 다시 말해 "부끄럽게" 된 것이다. 그들이 그렇게 되는 일이 그들에게 멸시를 받던 이방인들에게는 "위로"가 될 것이다(54절).

"사로잡힘"(שְׁבוּת "슈보트")(53절)은 ① 부채를 갚는다는 뜻이라는 해석도 있고(E. Baumann), ② 운명을 돌이킨다는 뜻이라는[45] 해석도 있다. 어쨌든 이 문구는 하나님께서 인류를 죄악에서 해방하여 구원하심을 의미한다.

"소돔과 그의 딸들"은 소돔과 그 이웃 도시들을 가리키는데, 넓게는 소돔 백성들을 의미한다고도 할 수 있다. 그리고 "소돔"이나 "사마리아"는 이방 민족을 대표한다.

"너의 사로잡힌 자의 사로잡힘"(שְׁבוּת שְׁבִיתַיִךְ "슈보트 슈비타이크"). 이 문구는 "너 자신의 사로잡힘"(thy own captivity), 다시 말해 이스라엘 자신의 사로잡힘을 의미한다(Delitzsch).

---

45) Aalders, een Keer breng en in het lot.

55 네 아우 소돔과 그의 딸들이 옛 지위를 회복할 것이요 사마리아와 그의 딸들도 그의 옛 지위를 회복할 것이며 너와 네 딸들도 너희 옛 지위를 회복할 것이니라. 이것은 소돔과 사마리아로 대표되는 이방 민족들과 유다 민족이 장차 그리스도로 말미암아 구원받을 것을 내다보고 예언하는 말씀이다. 이것은 위의 53절 내용을 재차 진술한 것이다.

56 네가 교만하던 때에 네 아우 소돔을 네 입으로 말하지도 아니하였나니. 말하자면 이스라엘은 그들이 잘살던 때에 너무 교만하여 소돔이 받은 심판을 그들의 본보기로 여기지 않았다는 뜻이다(Calvin). 그들은 이처럼 자기들은 거룩하여 소돔 같은 부류가 아닌 듯이 교만한 생각을 품었다.

57-58 유다 민족이 부끄러움을 당하는 일은 **"아람의 딸들"**, 다시 말해 수리아 사람들이 그들을 칠 때와 블레셋 사람들이 그들을 괴롭힘으로써 성취되었다(왕하 15:37; 16:6; 대하 28:18-19). 그 일이 있기 전에는 그들이 교만했었다.

59 나 주 여호와가 이같이 말하노라 네가 맹세를 멸시하여 언약을 배반하였은즉 내가 네 행한 대로 네게 행하리라. 여기서도 하나님은 유다 민족이 언약의 말씀을 지키지 않고 배반하여 우상을 섬긴 사실을 꾸짖으면서 심판하시겠다고 하신다.

60 그러나 내가 너의 어렸을 때에 너와 세운 언약을 기억하고 너와 영원한 언약을 세우리라. 여기서는 하나님께서 이스라엘 민족에게 그리스도로 말미암은 영원한 구원을 약속하신다. "영원한 언약"(בְּרִית עוֹלָם "베리트 올람")은 그리스도로 말미암아 성취하실 구원 계약을 가리킨다(겔 37:26; 삼하 23:5; 사 55:3). 그는 언약의 하나님이시므로 일찍이 아브라함과 언약하신 것(창 15:5; 17:7)을 잊지 않으시고 반드시 이루신다.

61 유다 민족이 그리스도로 말미암아 구원받는 이방인들을 천국에서 영접하게 될 터인데, 그때 그들(유다 민족)은 과거에 이방인을 멸시한 죄를 부끄러워할 것이다. 다시 말해 그들은 이방인을 더 이상 멸시하지 않을 것이다. **내가 그들을 네게 딸로 주려니와.** 이 말은 이방인들이 그리스도를 믿음으로 유

다 민족에게 속하여 천국 백성("딸"이라는 말로 상징됨)이 된다는 뜻이다.

네 언약으로 말미암음이 아니니라. 하나님의 언약은 그때의 유대인들처럼 율법주의와 외식으로 지킬 정도의 수준이 아니고 영적인 은혜의 원리로 성립되는 것이다. 다시 말해 하나님께서 장차 그리스도로 말미암아 이루실 신약 시대의 구원 운동은 이 같은 은혜 언약에 의한 것이다.

62 내가 네게 내 언약을 세워 내가 여호와인 줄 네가 알게 하리니. 말하자면 하나님께서 장차 영원한 계약, 곧 그리스도로 말미암아 성립하는 은혜 언약을 실행하심으로써 참 신자들로 하여금 하나님을 알게 하신다는 뜻이다. 하나님께서는 사람들을 회개시켜 그리스도를 믿게 하심으로서 그들이 하나님을 알도록 하신다. 이것은 신약 시대에 이루어진다(참조. 63절).

63 놀라고 부끄러워서 다시는 입을 열지 못하게 하려 함이니라. 신약 시대의 성도들은 성령으로 말미암아 자신들의 무가치함과 더러움을 인정하게 되고 그리스도만 믿게 된다.

설교 ▶ 하나님의 구원하여 주시는 사랑(60-63절)

하나님께서 우리를 구원하시는 사랑은 그의 언약에 의한 사랑이다. 우리 본문에 언약이라는 말이 네 번 나온다. 그러면 이 사랑은 어떠한 것인가?

1. 우리는 구원받을 만한 가치가 없는데도 불구하고 구원받도록 계획하시고 일을 이루시는 이가 하나님 자신이시다.

6절에 말씀하기를 "너는 피투성이라도 살아 있으라 다시 이르기를 너는 피투성이라도 살아 있으라"라고 하신다. 이것은 비유인데, 우리에게 아무런 의로움이 없고 마치 내버려진 갓난아기처럼 절망적인 처지에 있을 때 하나님께서 구원하여 주실 것을 가리킨다. 다시 말해 이 말씀의 뜻은 "너는 소망 없는 죄인이지만 그래도 살아 있으라"라고 하시는 반가운 명령이요 계약이다 (참조. 롬 5:8-10).

2. 하나님은 교회를 자기와 연합시켜 남편과 아내의 관계를 맺으신다(8절).

이것은 하나님께서 교회와 운명을 같이하시는 영원한 계약의 사랑이다. 본문을 보면 그는 "네게 맹세하고 언약하여 너를 내게 속하게 하였느니라"라고 하신다. 이것은 하나님이 영원히 망하지 않으시는 것처럼 교회도 그러함을 보여준다. 이것이야말로 하나님께서 자기 자신을 사랑하시는 것처럼 교회를 사랑하심을 보여주는 증거다(참조. 엡 5:25).

3. 은혜 위에 은혜를 더 주시는 사랑

본문 9-12절을 보면 열두 가지로 겹겹이 은혜를 주시는 하나님의 사랑이 묘사된다. 하나님은 산 자들을 이렇게 사랑하시어 모든 것이 은혜 되게 하신다(참조. 롬 8:32; 요 1:16).

4. 신자들이 죄를 범할 때 벌하심으로써 드러나는 사랑(15-52절)

이 부분에 기록된 많은 말씀은 이스라엘이 죄를 범할 때 하나님이 벌하신 사실을 보여준다. 하나님께서는 사랑하시는 자를 채찍질하신다(참조. 히 12:8).

5. 신자들이 죄를 범할 때 하나님께서 그들을 징계하시는 한편 자비를 베푸셔서 구원하여 주신다.

본문에 말하기를 "네 언약으로 말미암음이 아니니라"(61하)라고 하였는데, 그 말씀이 바로 이런 뜻이다. 하나님께서 그들에게 은혜를 베푸시는데, 이는 그들의 행위를 보시고 베푸시는 것이 아니다. "네 언약으로 말미암음이 아니니라"라는 문구는 히브리어로 "로 미브리테크"(לֹא מִבְרִיתֵךְ)인데 그 의미는 크레취마르(Kraetzschmar)에 따르면 "언약 관계에 있어서 너희의 관계 때문이 아니라"[46] 라는 뜻이다. 다시 말해 하나님께서는 사람의 공로에 의존하지 않고 "은혜로 말미암아"[47] 구원을 베푸신다.[48]

| 설교자료

1. 의사가 병자를 고치기 위해서는 먼저 병자를 진단하여 모든 병명을 밝혀야 한다. 그와 마찬가지로 하나님께서는 유다 민족을 구원하시기 위하여 그들의 죄악을 근본에서부터 판명하신다(2-3절).

2. 하나님께서는 그 백성을 구원하시되, ① 그들을 가장 불쌍한 처지에서 건지셨으며(4, 6-8절), ② 또한 아무도 그를 돕지 않는 때에 그가 홀로 구원하신다(5절). 그러므로 하나님만 우리의 구주시며, 우리는 그만 바라보며 사랑해야 한다.

3. 하나님께서는 우리를 구원하실 뿐 아니라 더욱 성화시켜 영화롭게까지 하신다(9-14절). 이렇게 우리는 현재의 구원만 아니고 미래의 영광을 기업으로 가지게 되는데, 따라서 우리의 구원은 소망으로 가득 찬 것이다(참조. 롬 8:30).

---

46) nicht wegen deines Verhältens im Bundesverhältnisse..
47) nicht aus Verdienst, sondern aus Gnaden.
48) Alfred Bertholet, Das Buch Hesekiel, 89.

4. 사람은 하나님의 은혜를 많이 받으면 교만해지기 쉽다(15상). 그렇게 되면 사람은 자기가 받은 은혜만 믿고 자랑하면서 하나님을 의지하는 마음이 약해진다. 그렇게 되는 자는 하나님의 은혜를 악용하는 죄를 범하는 것이다.

5. 하나님만 섬겨야 할 신자가 하나님 외에 다른 것을 더 믿고 더 사랑하는 것은 하나님 보시기에 극히 가증하여 음행하는 것과 같다(15하). 옛날에 유대인들은 우상을 숭배하는 일로써 이런 가증한 태도를 나타내었다. 하나님께서는 이런 가증한 행동을 음행이라고 하셨다. 그가 그런 행동을 음행이라고 하신 이유는 그가 극히 사랑하신 자들이 그런 행동을 하였기 때문이다. 그가 만일 그들을 사랑치 않으셨다면 그들을 가리켜 "음녀"와 같다고 하셨을 리가 없다. 본 장에 "음란" 혹은 그와 유사한 말들이 스무 차례나 나온다.

6. 인간은 하나님께 돌아오기 전에는 안식을 얻지 못한다. 이 같은 사실을 모르는 자들, 곧 하나님 바깥에 있는 인생은 다른 것으로 만족을 얻으려고 쉬지 않고 헤맨다. 다시 말해 그들은 우상을 섬기는 음행을 계속한다(28절).

7. 죄를 공개적으로 범하면 하나님의 심판도 공개적으로 임한다(40절).

8. 하나님의 말씀을 전하는 자는 죄를 꾸짖는 율법만 전파하지 않고, 사죄하며 살리는 복음도 전한다(60-63절). 이것이 바로 모든 선지자를 통한 예언의 내용이 갖는 특징이다.

그가 부득이하게 그 백성의 죄를 벌하시지만 결국은 사죄하시고 그의 영원한 구원의 언약을 기억하신다. 이것은 그의 자비인 동시에 그의 진실성이다.

9. 하나님께서는 사람들이 회개할 때 그들을 용서하셔서 그의 참된 백성

을 만드신다(63절). 이것이 그를 경외하는 백성을 만드시는 그의 유일한 방법이다. 시편 130:3-4에 말하기를 "여호와여 주께서 죄악을 지켜보실진대 주여 누가 서리이까 그러나 사유하심이 주께 있음은 주를 경외하게 하심이니이다"라고 하였다.

제 17 장

↓ 내용분해

1. 유다 왕 시드기야가 하나님을 순종하지 않고 바벨론을 배반하였으므로 에스겔은 그 나라가 파멸될 것을 "두 독수리와 한 포도나무" 비유로 경고함(1-10절)
2. 비유를 해석함(11-21절)
3. 다윗 왕가에서 메시아가 나실 것을 약속함(22-24절)

↓ 해석

1 여호와의 말씀이 내게 임하여 이르시되. 이 말씀은 에스겔의 예언이 그의 마음에서 나온 것이 아니고 외부에서 주어진 것, 다시 말해 하나님에게서 온 것임을 밝힌다(참조. 15:1 해석). 기독교 성경의 말씀은 이렇게 객관적인 신적 권위를 지닌 진리이니 절대적으로 믿을 만하다.

2 인자야. 2:1과 15:2에 있는 같은 말 해석을 참조하라. "수수께끼"는 속

뜻을 감추고 있는 표현이고, "비유"는 문자 그대로 비유다. 선지자가 이런 식으로 말하는 이유는 듣는 자들이 주의 깊게 그 말씀을 경청하게 하려는 것이다.

3 색깔이 화려하고 날개가 크고 깃이 길고 털이 숱한 큰 독수리. 이것은 다채롭게 여러 민족을 거느린 느부갓네살 왕을 비유한다(렘 46:26; 48:40; 49:22). **"레바논"**은 여기서 성전을 가리키는 비유인데, 그 이유는 성전이 "레바논"의 백향목으로 건축되었기 때문이다(Jamieson, Faussett, Brown).

"높은 가지"(צַמֶּרֶת הָאָרֶז "차메레트 하아레즈")는 나무 꼭대기(Wipfel des Baums)를 의미하는데(Köhler), 여기서는 유다의 가장 무력한 왕 여호야긴을 비유한다(대하 36:9).

4 그 연한 가지 끝을 꺾어 가지고 장사하는 땅에 이르러 상인의 성읍에 두고. "그 연한 가지"는 앞 절 끝에 있는 "높은 가지"와 마찬가지로 여호야긴 왕을 가리킨다. 느부갓네살이 여호야긴을 사로잡아 바벨론 땅으로 끌고 가서 그곳에 가두었다(왕하 24:15; 대하 36:10). "장사하는 땅···상인의 성읍"은 바벨론을 가리킨다. 16:29을 참조하라.

5 또 그 땅의 종자를 꺾어 옥토에 심되 수양버들 가지처럼 큰 물 가에 심더니. 이것은 느부갓네살 왕이 시드기야를 유다 왕으로 세운 사실을 비유적으로 가리킨다(참조. 13절). "수양버들"은 백향목과 달리 낮게 퍼진다. 이것은 시드기야 왕 때에 바벨론 속국이 된 유다 나라를 적절하게 비유한다. "큰 물 가"는 유다 땅을 가리킨다(신 8:7; 11:11).

6 **"포도나무"**는 다른 데 의지하여 자라는 것이므로 이것 역시 바벨론의 속국이 된 유다 나라를 비유한다.

그 가지는 독수리를 향하였고 그 뿌리는 독수리 아래에 있었더라. 말하자면 시드기야 치하에 있는 유다는 바벨론을 의지해야 하는 처지이고 바벨론의 처분에 매여 있다는 뜻이다.

7 또 날개가 크고 털이 많은 큰 독수리 하나. 이것은 애굽을 비유한다. 유다 왕 시드기야는 처음에 바벨론을 의지하다가 후에는 반역하고 애굽을 의지하게 되었다.[49)]

8 "그 포도나무(유다 민족)를 큰 물 가 옥토(가나안 땅)에 심은 것"은 그 땅 안에서도 그 국가가 왕성할 만하였기 때문이었다. 그런데도 불구하고 그 민족이 애굽의 도움을 바라본 것은 하나님의 뜻을 거스르는 일이었다.

9-10 하나님께서 유다를 벌하시기 위하여 세우신 바벨론을 시드기야 왕이 반역할 필요는 전혀 없었다. 그럼에도 불구하고 그는 반역하였는데, 따라서 이제부터 유다 민족은 하나님의 심판을 받아 패망할 따름이다(참조. 렘 37:10; 52:8).

11-21절. 이 부분 말씀은 위의 비유(2-10절)를 해석하는 것이다. 특별히 여기서 중점적으로 지적하는 내용은 시드기야가 느부갓네살에게 배신한 죄악이다. 하나님께서는 그가 택하신 백성의 죄를 벌하시기 위하여 그들을 세상 권력자들의 압제하에 낮추시는 일도 있다(14상). 그때 그들은 그 압제에 순종해야 한다. 특별히 그들이 그 압제자와 언약을 맺었다면 그들은 그것을 겸손하게 잘 지켜야 한다. 만일 그들이 그 압제자를 업신여겨서 언약을 지키지 않는다면 그것은 틀림없이 배신행위가 된다. 이제 시드기야 왕으로 말하자면, 느부갓네살 왕이 그를 유다 왕으로 세웠고 그는 느부갓네살에게 순종하겠다고 언약을 맺었던 것이다(대하 36:13; 겔 17:18). 그러나 그는 후에 느부갓네살을 배반하고(왕하 24:20) 애굽에 아부하며 도움을 청하였다(렘 37:5, 7). 하나님께서는 시드기야가 언약을 파기한 것을 통탄하시며 그 언약의 중대성을 강조하신다. 이 부분(11-21절)에 "언약"(בְּרִית "베리트")이라는 말과 "맹

---

49) 왕하 24:7, 20; 대하 36:13; 렘 37:5, 7; 참조. 렘 21:8-14.

세"(אוֹת "오트")란 말이 여러 번 나온다(참조. 13-16, 18-19절).

12 반역하는 족속. 이 말은 유다 민족을 가리킨다. 그들은 하나님의 축복을 유달리 많이 받고서도 하나님을 배반하였다. 이와 같은 일은 인간성의 부패가 전체적으로 얼마나 심각한지를 보여준다.

왕과 고관. 3-4절 해석을 참조하라.

13-14 그 왕족 중에서 하나. 이 사람은 사로잡혀 간 여호야긴 왕의 숙부다(왕하 24:17). 5절 해석을 참조하라.

언약을 세우고 그에게 맹세하게 하고. 역대하 36:13을 참조하라.

그 땅의 능한 자들을 옮겨 갔나니. 이 문구는 모든 지도자들과 기술자들과 용사들을 사로잡아 간 것을 가리킨다(왕하 24:14, 16). 느부갓네살이 그들을 이렇게 사로잡아 간 목적은 유다 나라가 자립하지 못하게 만들기 위해서였다. "언약"은 시드기야 왕이 바벨론 왕에게 손을 내밀어서 그에게 충성을 맹세한 것을 가리킨다(18절).

능히 서게 하려(לְעָמְדָהּ "레옴다흐") 하였음이거늘. ① 아람어 타르굼(Targum)과 뷰어(Bewer), 베르톨레트(Bertholet), 지글러(Ziegler) 같은 학자들은 이 말을 "그(느부갓네살)를 섬기게 하려고"라고 번역하였다. 그러나 이것은 옳지 않다. ② 우리 한글 번역 성경과 같이 이 말은 유다 나라가 그 언약을 지키면 "능히 서게" 됨을 가리킨다는 학자들이 있다.[50] ③ 또 다른 학자들은 이 말이 앞에 나오는 "언약"(בְּרִית "베리트")과 관련되어 있으며 "언약이 서게 하려" 하였다는 뜻이라고 해석한다.[51] 위의 몇 가지 해석들 가운데 둘째나 셋째 학설을 채택할 수 있다.

15 그가 사절을 애굽에 보내 말과 군대를 구함으로. 열왕기하 24:20, 신명기

---

50) Keil, Heinisch, Noordtzij, Fisch, Van Den Born.
51) LXX, Von Orelli, Kraetzschmar, Hans Schmidt, Cooke, Schumpp, Auvray.

17:16, 역대하 36:13을 참조하라. 위의 7절에서 이 내용이 풍유적으로 묘사되었다. 그 해석을 참조하라.

16 "**맹세**"와 "**언약**"에 대하여는 13절에 있는 같은 말 해석을 참조하라.

바벨론에서 왕과 함께 있다가 죽을 것이라. 이 예언의 성취에 대하여는 예레미야 52:11을 참조하라.

17 "**토성**"은 포위된 성안으로 넘어가 공격하기 위하여 성 밖에 흙으로 쌓은 무더기(Mount)를 의미한다. "**사다리**" 역시 성내를 공격하기 위한 높은 탑을 가리킨다(Calvin).

바로가 그 큰 군대와 많은 무리로도 그 전쟁에 그를 도와주지 못하리라. 이 말씀은 유다 왕 시드기야가 하나님을 거스르고 바벨론을 반역하였으니(렘 21:8-14) 대군을 거느린 애굽 왕도 시드기야를 도와주지 못할 것이라는 뜻이다. 하나님을 거스르고 성공할 자가 누구겠는가.

18-20 여기서도 시드기야가 바벨론 왕을 배반한 일이 곧바로 하나님을 배반한 것과 마찬가지임을 힘있게 지적한다. 하나님께서 범죄한 유다 민족을 징계하시기 위하여 바벨론을 세우셨으므로 바벨론을 반역하는 것은 곧바로 하나님의 채찍을 배척하는 것이다. 이 부분(18-20절) 말씀은 특별히 "언약"이라는 것이 얼마나 중대한지를 잘 보여준다.

21 나 여호와가 이것을 말한 줄을 너희가 알리라. 말하자면 위에 진술된 예언이 성취되는 것을 목격하는 자들은 그 예언을 주신 이가 참으로 하나님이신 줄 알게 된다는 뜻이다. 우리로 하여금 하나님을 믿도록 만들어주는 증거들은 만물 중에도 많다. 그러나 우리 신앙에 특별히 확신을 주는 것은 성경 말씀이다. 성경은 인간의 지능으로는 파악할 수 없는 초자연성을 지니고 있다. 이렇게 위대한 성경 말씀을 우리에게 주신 이가 참 하나님이시다.

설교 ▶ 언약을 지킴에 대하여(11-21절)

이 부분 말씀은 시드기야가 바벨론 왕 느부갓네살의 세움을 받아 왕이 되고 또 그에게 충성하기로 서약하였으나 배반하였기 때문에 화를 당할 것을 보여준다. 그가 배반하였기 때문에 결국은 유다 민족이 바벨론의 공격을 받게 될 것을 예언한다(왕하 24:17-18, 20; 25:2, 7). 특별히 하나님께서 여기서 지적하신 것은 시드기야가 언약을 위반하는 죄악을 저질렀다는 점이다. 이 부분(11-21절)에 "언약" 혹은 "맹세"라는 말이 일곱 번 나온다. 이렇게 반복적으로 강조함으로써 언약 위반죄가 얼마나 큰지를 보여주고 있다. 언약 위반은 어떤 경우에 죄가 되는가?

1. 사람을 대상으로 맺은 언약이라 하더라도 그 내용이 하나님의 뜻에 합한 것이라면 이를 위반하는 일이 죄가 된다.

유다 말년에 하나님께서 그 민족을 바벨론에게 붙이셨으므로 그 민족은 바벨론에게 복종하는 것이 하나님의 뜻이었다. 시드기야가 유다 왕으로 세워진 것은 바벨론에게 복종한다는 조건으로 이루어신 일이었다. 그런데 이후에 시드기야가 그 언약을 버리고 애굽에 도움을 청한 것은 결국 하나님의 뜻을 배반한 것이었다. 그것이 벌 받을 죄였다. 구약의 성도들은 중대시하고 그것을 지켰다.

입다라는 사사는 하나님께 서원하기를 만일 하나님께서 암몬 자손과 싸워 이기게 하시면 승전하고 귀환할 때 집에서 가장 먼저 나온 자를 하나님께 드리겠다고 하였다. 그는 과연 승전하고 집으로 돌아갈 때 가장 먼저 마중 나온 그의 무남독녀를 서약대로 하나님께 바쳤다(삿 11:29-40). 시편 15:4에 말하기를 "그의 마음에 서원한 것은 해로울지라도 변하지 아니하며"라고 하였다.

애굽에서 나온 이스라엘 백성이 광야 생활을 마치고 가나안 땅에 입성하여 정복 전쟁을 펼칠 때 기브온 족속이 나아와 "우리는 먼 나라에서 왔나이다 이제 우리와 조약을 맺읍시다"(수 9:6)라고 하면서 이스라엘의 지도자들에게 화친을 맺자고 하였다. 그때 이스라엘 백성이 그들과 조약을 맺고 그들을 해치지 않기로 하였다. 그러나 기브온 족속은 사실상 멀리서 온 것이 아니고 가나안 족속임이 판명되었다. 이때 이스라엘 백성은 그들과 약조를 맺은 일로 인해 지도자들을 원망하였다. 그러나 여호수아는 여호와의 이름으로 맺은 언약의 중대성을 생각하여 끝까지 기브온 족속을 해치지 않도록 하였다(수 9:3-21).

2. 언약 위반은 거짓말이 되기 때문에 죄가 된다.

하나님께서는 거짓말을 극히 미워하신다. 거짓말이 큰 죄가 되는 이유는 ① 거짓말이 모든 죄의 변호자 또는 엄호자이기 때문이며, ② 거짓말이 마귀의 특징이기 때문이다. 요한복음 8:44에 말하기를 마귀는 "거짓을 말할 때마다 제 것으로 말하나니 이는 그가 거짓말쟁이요 거짓의 아비가 되었음이라"라고 하였다. 거짓말은 마귀의 특징이기 때문에 가장 작은 거짓말도 마귀의 독을 가지고 있다. 이렇게 거짓은 가장 악독한 죄로서 하나님과 반대되는 것이므로 하나님께서는 누구보다도 거짓말하는 자를 멀리하신다. 옷을 더럽히는 것들이 다양하지만, 그중에서도 특히 배설물 같은 것이 옷에 묻으면 더욱 더럽게 느껴진다. ③ 거짓말은 사람에게 해악을 끼치며 실패하게 만들기 때문이다. 이사야는 거짓말하는 자를 가리켜, "독사의 알을 품으며 거미줄을 짜나니 그 알을 먹는 자는 죽을 것이요 그 알이 밟힌즉 터져서 독사가 나올 것이니라 그 짠 것으로는 옷을 이룰 수 없을 것이요 그 행위로는 자기를 가릴 수 없을 것이며 그 행위는 죄악의 행위라 그 손에는 포악한 행동이 있으며"라고 하였다(사 59:5-6). ④ 거짓말은 멸망 받을 자들의 특징 가운데 하나이기 때문이다(참조. 계 21:8, 27; 22:15).

22 **내가 백향목 꼭대기에서 높은 가지를 꺾어다가 심으리라.** 여기 "내가"(אֲנִי "아니")라는 말은 강조체를 이룬다. 이것은 인간이 막을 수 없도록 하나님 자신이 친히 행하실 일을 보여준다. "백향목 꼭대기···높은 가지"는 유다의 다윗 왕통에 속하는 "가지", 곧 메시아를 비유한다.[52] 느부갓네살 왕은 유다 왕통을 완전히 무너뜨렸으나 하나님은 그 무너진 그루터기에서 다윗의 자손을 택하여 메시아로 세우시겠다고 하신다.

내가 그 높은 새 가지 끝에서 연한 가지를 꺾어. "높은 새 가지 끝에서"라는 문구의 히브리어(מֵרֹאשׁ יֹנְקוֹתָיו)를 직역하면 "어린 가지들의 머리에서"라고 해야 한다. "연한 가지"라고 번역된 히브리어 "라크"(רַךְ)는 약한 것을 의미한다. 이것은 그리스도의 미천한 출생을 비유한다(사 53:2). **"우뚝 솟은 산"**은 유다 나라를 대표한 시온산을 가리킨다. 이것은 지형의 높음을 가리키기보다 영적으로 탁월함을 비유한다(G. Ch. Aalders). 이 말씀은 메시아가 유다 나라에서 나실 것을 예언한다.

23 **각종 새가 그 아래에 깃들이며 그 가지 그늘에 살리라.** 이것은 각국 민족들이 그리스도에게로 돌아와서 구원을 받으리라는 예언이다(참조. 마 13:32).

24 **들의 모든 나무가 나 여호와는 높은 나무를 낮추고 낮은 나무를 높이며 푸른 나무를 말리고 마른 나무를 무성하게 하는 줄 알리라 나 여호와는 말하고 이루느니라 하라.** 여기서 "나무"들은 나라들을 가리킨다. 하나님께서 구원이 유대인에게서 나도록 하심으로써(요 4:22) 무너졌던 유다 나라를 높이신다. 이 사실을 바라보는 열국은 마땅히 하나님의 주권 행위를 깨달을 만하다. 말하자면 하나님은 높은 자를 낮추시며 낮은 자를 높이시는 대주재이심을 그들이 깨닫게 된다.

---

52) 슥 3:8; 6:12; 사 11:1; 렘 23:5; 33:15.

설교 ▶ 겸손을 사모하라 (24절)

본문은 높아진 자 또는 왕성한 자가 도리어 위태하며, 낮아진 자와 미천한 자가 도리어 소망이 있음을 강조한다. 그것이 그렇게 되는 이유는 하나님이 그렇게 말씀하셨기 때문이다. 낮은 자가 왜 하나님의 축복을 받는가? 낮은 자는 겸손한 자를 의미하는데, 겸손한 자는 자기를 거부한다. 부패한 "자기"는 둘째 마귀라고 할 수 있다. 왜냐하면 그것은 늘 하나님을 대신하여 영광을 받고자 하며 높임을 얻고자 하기 때문이다. 하나님은 마귀를 미워하시는 것만큼이나 자기를 높이는 자를 미워하신다.

하나님께서 무디(D. L. Moody) 선생을 크게 쓰신 이유는 그가 누구보다도 겸손하였기 때문이다. 그는 언제나 다른 사람을 내세우기를 좋아하였고 다른 사람을 자기보다 낫게 여겼다. 만일 그가 진심으로 그렇게 하지 않았다면 사람들이 그를 그렇게 높이지 않았을 것이다. 우리가 하나님을 속일 수 없는 것처럼 다른 사람도 결국은 속이지 못한다. 하나님께서 모세를 크게 쓰신 이유도 모세가 지극히 온유하였기 때문이다. 민수기 12:3에 말하기를 "이 사람 모세는 온유함이 지면의 모든 사람보다 더하더라"라고 하였다. 그는 자기를 반역한 미리암과 아론이 문둥병에 걸렸을 때 하나님께 부르짖어 고쳐주시기를 구하였다(민 12:1, 10-14). 그는 군중이 그를 원망했을 때 그들을 대적하지 않고 회막 앞에 엎드려 기도하였다(민 14:5; 16:4, 22, 45; 20:6).

조지 뮬러(George Müller)가 세운 고아원의 원장 베르겐(Bergen)이 임종시에 했던 말 가운데 다음과 같은 것이 있다. "내 형제들에게 그들이 하나님께 쓰이려면 작을수록 좋고 클수록 합당하지 않다고 말해 주어라."

잠언 16:18에 말하기를 "교만은 패망의 선봉이요 거만한 마음은 넘어짐의 앞잡이니라"라고 하였다. 그러므로 야고보서 1:9-10에 말하기를 "낮은 형제는 자기의 높음을 자랑하고 부한 자는 자기의 낮아짐을 자랑할지니"라고 하였다.

| 설교자료

1. 왕들도 죄를 범하면 그가 받을 심판을 면할 길이 없다. 왕위와 같이 높은 자리를 차지할 수 있는 자가 많지 않지만 그런 소수의 사람 가운데서 끝까지 형통하는 자도 많지 않다. 그들의 마지막은 대부분 실패로 얼룩진다(3-6절).

2. 하나님의 반대를 받는 자는 쉽게 넘어진다. 그가 넘어지지 않도록 붙들어 줄 자가 아무도 없기 때문이다(9-10절).

3. 인간이 약속을 지키는 것은 하나님의 축복을 받는 비결이다. 그가 원수에게라도 선을 행하기로 약속하였으면 그는 그 약속을 그것을 지켜야 형통할 수 있다(14-19절). 선한 약속이라는 것은 하나님의 뜻과 경륜에 순응하는 약속이다. 다만 사람이 원수에게 속아서 악을 행하기로 약속하였으면 그는 물론 그 약속을 지키지 않아야 한다. 왜냐하면 그것을 지키지 않는 것이 회개하는 일이 되기 때문이다.

4. 이 세상 사람들의 모든 정치적 활동은 결국 실패한다(19-21절). 그러나 은혜로우신 하나님께서는 정치 활동에 실패한 인류에게 참되신 왕이신 그리스도를 주시기로 예비하셨다(22-23절). 아우구스티누스(Augutine)는 말하기를, "인생아, 네가 탐구하는 그것이 있기는 하다. 그러나 그것이 네가 찾

는 그곳에 있지는 않다"[53]라고 하였다.

5. 국가들의 흥망성쇠를 말해 주는 세계 역사를 영적인 눈으로 자세히 살펴보면, 그것은 하나님이 심판하시는 역사이기도 하다(24절). 하나님의 심판에서 가장 두드러진 원리는 높은 자를 낮추시고 낮은 자를 높이시는 것이다.

---

53) That which thou seekest is, but it is not where thou seekest..

제 18 장

✣ 내용분해

1. 사람들은 각자 자기가 지은 죄악을 담당할 뿐이라고 하심(1-4절)
2. 의인이 자기 의로 그 자신은 살지만(5-9절) 악한 아들을 구원하지는 못함(10-13절)
3. 자식이 아버지의 악을 따르지 않으면 그는 자신의 의로 말미암아 살 수 있음(14-20절)
4. 누구든지 회개하면 과거의 죄악에 대해서도 책임을 지지 않으나, 의를 버리는 자는 과거의 올바른 삶도 그를 보호하지 못함(21-29절)
5. 하나님은 각 사람이 행한 대로 심판하시므로 유다 민족은 회개해야 살 수 있음(30-32절)

✣ 해석

1 또 여호와의 말씀이 내게 임하여 이르시되. 15:1 해석을 참조하라.

2 아버지가 신 포도를 먹었으므로 그의 아들의 이가 시다고 함은 어찌 됨이냐. "신 포도"(בֹּסֶר "보세르")는 아직 익지 않은 포도를 의미한다.[54] 여기서 이른바 "신 포도를 먹었다"는 말은 죄를 범하는 것을 가리키는 비유다. 에스겔은 아비가 범한 죄의 대가가 아들에게 미친다는 말이 옳지 않다고 지적한다. 말하자면 그때 바벨론에 포로로 잡혀간 유대인들은 잘못 생각하기를 자기들이 패망하게 된 것이 선조들의 죄 때문이며 자신들은 애매하게 그런 고난을 받는다고 하였다. 에스겔은 이런 무책임한 말을 옳지 않게 여겼다(참조. 렘 31:29, 30). 출애굽기 20:5에서 아버지의 죄가 "아들에게로 삼사 대까지 이르게" 하신다는 말은 자손들이 아버지와 같은 죄를 똑같이 범하면서 회개하지 않는 경우에 그렇다는 뜻이다.

3 내가 나의 삶을 두고 맹세하노니. 이것은 이어지는 내용을 지극히 강조하는 문체다.[55]

4 모든 영혼이 다 내게 속한지라. "영혼"은 여기서 단순히 인생들을 뜻한다. 모든 인생은 하나님께서 지으신 것이니 그들은 창조자 하나님의 소유다. 그러므로 그들은 각각 그들이 행한 것을 직접 하나님 앞에서 책임진다. 그러므로 단순히 조상들 때문에 내가 망하는 일은 없다. "아버지의 영혼"도 하나님 앞에서 그가 행한 대로 갚음을 받고, "아들의 영혼"도 그러하다. 그러므로 그 당시 유대인들은 자기들이 당하는 고난이 선조의 죄로 말미암은 것이라고 탓할 수 없다.

"범죄하는 그 영혼은 죽으리라." 이것은 금생과 내세에 멸망할 것을 가리킨다.

---

54) Köhler, noch nicht reife Trauben.
55) 참조. 5:11; 14:16, 18, 20; 16:48; 17:16, 19.

5-9절. 여기서는 사람이 하나님의 계명을 모두 지켜야 산다고 하였는데 (갈 3:10), 이것은 물론 율법의 관점에서 주시는 말씀이다. 여기 포함된 내용은 십계명이다. 5절과 6절 상반절은 하나님 한 분 외에 다른 것을 섬기지 않아야 할 것을 말하고(1, 2계명), 6절 하반절은 제7계명과 관계된 것이고, 7절 하반절은 제8계명과 관계되었고, 8절 상반절은 제10계명과 관계되었고, 8절 하반절은 제9계명과 관계되어 있다.

5 정의와 공의(מִשְׁפָּט וּצְדָקָה "미슈파트 우체다카"). 이것을 달리 번역하면 "공평과 의리"라는 뜻이다(렘 22:3, 15; 23:5; 33:15). 이것은 아래 6-9절의 말씀 내용이 밝혀 준다. 70인역(LXX)은 여기서 "의"(δικαιοσύνην)라는 단어만 가지고 있다.

6 산 위에서 제물을 먹지 아니하며. 이것은 "산 위에서" 우상을 섬긴 후에(신 12:2; 겔 6:13; 16:16; 20:28) 나누어 먹는 음식을 먹지 않는다는 뜻이다. 제물이라도 시장에 상품으로 나온 것을 신자가 부지중에 먹는 것은 죄가 아니다(고전 10:25). 그러나 우상에 제사한 장소에서 그 제물을 먹는 것은 그 제사 행위에 찬동하는 일이 된다(고전 8:10; 10:20-22). 스미스(W. R. Smith)는 여기서 "산"(הָרִים "하림")이라는 말을 "피"(דָּם "담")라고 읽어야 한다고 말하면서 이 문구가 피를 먹지 않는 것을 가리킨다고 해석하였다. 많은 다른 학자들이 이 해석에 동의한다.[56] 그러나 이 해석은 그릇된 것이다(Kraetzschmar, Cooke). 70인역(LXX)에서도 이 문구를 "산 위에서"(ἐπὶ τῶν ὀρέων)라고 번역한다.

이스라엘 족속의 우상에게 눈을 들지 아니하며. 이 말은 우상을 흠모하거나 숭배하지 않음을 가리킨다. 여기 "우상"을 가리키는 히브리어 "길룰레"(גִּלּוּלֵי)는 "더럽힌 것들"(defilements)이라고 번역되어야 한다. 그러므로 이것은 이스라

---

56) Toy, Bertholet, Herrmann, Ziegler, Steinmann.

엘 민족 가운데 수입된 이교의 종교의식을 가리킬 수 있다.

이웃의 아내를 더럽히지 아니하며. 이것은 간음죄를 범치 않는다는 뜻이다.[57]

월경 중에 있는 여인을 가까이 하지 아니하며(참조. 레 18:19; 20:18; 겔 22:10; 36:17). 사람이 자기 아내에게도 성욕을 절제하지 못하는 것은 일종의 음행이다.

7 사람을 학대하지 아니하며(참조. 출 22:28; 렘 25:14, 17). 이것은 남의 생명이나 자유에 손해를 끼치지 않는다는 뜻이다. 적극적으로 남에게 유익을 끼치고자 하는 사람만이 이런 죄에 빠지지 않는다. 남을 도와줄 책임이 우리 각 사람에게 있는데도 불구하고(갈 6:2) 우리가 죽어 가는 사람을 보고 그냥 지나치면 그것 역시 그의 생명을 학대하는 일이 된다.

빚진 자의 저당물을 돌려 주며(참조. 출 22:25; 신 24:6, 10-13, 17). 이것은 탐심 때문에 자비 베푸는 일을 외면하는 죄악을 범하지 말라는 뜻이다.

강탈하지 아니하며(참조. 레 19:13). 이것은 도둑질하지 말라는 계명을 지키라는 뜻이다.

주린 자에게 음식물을 주며 벗은 자에게 옷을 입히며. 다음 구절들을 참조하라. 마태복음 25:36, 야고보서 2:15-16, 레위기 19:9-10, 23:22, 신명기 15:7-11, 14:29, 24:19-22, 욥기 31:13, 이사야 58:5-7.

8 변리를 위하여 꾸어 주지 아니하며(참조. 출 22:25; 레 25:35-37; 신 23:19-20). 하나님의 율법은 사람이 남을 불쌍히 여겨 돈을 꾸어 줄 때 변리를 취하는 일을 금하였다. 여기서 "변리"라는 말은 히브리어로 "네쉐크"(נֶשֶׁךְ)인데 "물어뜯음"(bite)을 의미한다. 옛날에 이스라엘 백성이 동포들 사이에서 돈을 빌릴 때는 이자를 받지 못하도록 율법으로 정해져 있었다(신 23:20). 그것은 물론 자비를 베푸는 원리였다.

---

57) 출 20:14; 신 5:18; 참조. 레 18:20; 20:10; 신 22:22.

이자를 받지 아니하며. 이것은 앞의 말씀을 되풀이함으로써 강조하는 역할을 한다.

사람과 사람 사이에 진실하게 판단하며. 다음 구절들을 참조하라. 출애굽기 20:16, 23:1-3, 6-8, 레위기 19:15, 35, 신명기 16:18-20.

10-13절. 이 부분에서는 의인의 아들이라도 계명을 범하면 죽을 수밖에 없다는 사실을 지적한다. 그의 아버지가 의인이라고 해서 그가 삶의 혜택을 거저 누리게 되는 것은 아니다.

10 그 아들이 이 모든 선은 하나도 행하지 아니하고 이 죄악 중 하나를 범하여. 랑게(Lange)에 의하면 이 문구의 히브리어(וְעָשָׂה אָח מֵאַחַד מֵאֵלֶּה: וְהוּא אֶת־כָּל־אֵלֶּה לֹא עָשָׂה)는 다음과 같이 개역해야 한다. 요컨대 "그(아비)는 그 동포에게 이것들을 하나에서부터 행했던 반면, 그(아들)는 이것들을 하나도 행하지 아니하며"라는 뜻이라는 것이다. 이 말씀은 부자간에 행함이 서로 정반대됨을 보여준다. 그런 경우 그 악한 아들이 아비의 덕으로 하나님의 심판을 면할 수 없다는 것이 이 부분 말씀의 요지다.

강포하거나 살인하거나. 70인역(LXX)은 이 말씀 다음에 이어서 말하기를, "죄를 범하는 자로서 그 의로운 아비의 길로 행하지 아니하여"라고 덧붙인다.[58] 어떤 학자들은 이것이 원문에 부합하는 것이라고 여겼다.[59] 그러나 크레취마르(Kraetzschmar)는 70인역(LXX)의 이 문구가 명백한 보충 설명이라고 하였고(augenscheinlich paraphrazierend), 알더스(G. Ch. Aalders)도 이것이 원래의 본문에 대한 번역이라고 할 수 없다고 하였다.

11-13 이 부분 말씀에 대하여는 위의 6-9절 해석을 참조하라.

---

58) καὶ ποιοῦντα ἁμαρτήματα, ἐν τῇ ὁδῷ τοῦ πατρὸς αὐτοῦ τοῦ δικαίου οὐκ ἐπορεύθη
59) Cornill, Kautzsch, Bertholet.

14-18 여기서는 악한 아버지의 아들이 선한 경우에 대해 말씀한다. 말하자면 아버지가 악하다고 해서 그의 선한 아들이 하나님 앞에서 아비의 죄악을 담당할 이유는 없다는 것이다. 15-18절 말씀에 대하여는 6-9절 해석을 참조하라.

19 에스겔은 2절 말씀으로 돌아가서 유대인들의 그릇된 사상을 지적한다. 그들은 현재 당면한 고난이 그들의 죄에 대한 대가가 아니라 선조의 죗값이라고 하며 스스로 의로운 체하였다. 그러나 그것은 스스로 속이는 태도다. 에스겔은 여기서 누구든지 율법을 행하면 선조의 죄와는 상관없이 하나님 앞에서 살 수 있다고 강력히 주장한다.

20 **범죄하는 그 영혼은 죽을지라**. 위의 4절 해석을 참조하라.

아들은 아버지의 죄악을 담당하지 아니할 것이요. 신명기 24:16을 참조하라.

21-22 이 부분에서 하나님은 죄인이 죄를 회개하면 산다고 말씀하신다. 죄인은 죽을 수밖에 없지만 회개하면 살 수 있다는 은혜로운 말씀이 본 장에 많이 있다(21-22, 27-28, 30절). 하나님께서는 사람의 회개를 보시고 그의 과거의 모든 죄를 용서하실 뿐 아니라 그를 영생으로 인도하여 주시는데, 이는 말할 수 없이 큰 은혜이며 오직 하나님만 주실 수 있는 큰 은혜다. 이와 같은 은혜는 하나님의 독생자이신 예수 그리스도의 보혈을 대가로 치르고서 성립된 것이다. 그러므로 이 은혜는 결코 근거 없는 것이 아니며, 바람을 잡는 것과 같은 것도 아니다. 이처럼 귀한 보혈의 은혜는 공의에 근거한 견고한 것이다.

24 만일 의인이 돌이켜 그 공의에서 떠나 범죄하고 악인이 행하는 모든 가증한 일대로 행하면 살겠느냐 그가 행한 공의로운 일은 하나도 기억함이 되지 아니하리니 그가 그 범한 허물과 그 지은 죄로 죽으리라. 이것은 "의인"이 범죄하고 악을 행하면 과거에 그가 행한 의로운 행실이 무효가 되고 결국은 망한다는 말씀이다. 이런 말씀이 26절에 다시 나온다. 만일 하나님께서 어떤 사람이 의인이라고 해서 그가 죄를

지어도 죗값을 치르게 않게 하신다면, 그것은 불공평한 일일 것이다. 그러나 하나님께서 누구든지 과거에는 아무리 의로웠다고 하더라도 이제 악해졌다면, 그것은 하나님을 떠난 것이니 그는 망할 수밖에 없다고 하신다.

설교▶ 사는 길과 죽는 길(21-24절)

1. 사는 길

여기서 에스겔이 말하는 것처럼 사는 길은 회개하는 길이다. 죄인이 회개하기만 하면 과거에 지은 죄는 하나님께서 하나도 기억하시지 않으신다고 한다. 하나님께서는 회개하는 자를 지극히 기뻐하신다. 그는 아흔아홉 명의 의인보다 회개하는 죄인 하나를 더 기뻐하신다고 말씀한다(눅 15:7). 잠언 28:13에 말하기를, "자기의 죄를 숨기는 자는 형통하지 못하나 죄를 자복하고 버리는 자는 불쌍히 여김을 받으리라"라고 하였고, 시편 103:12에 말하기를 "동이 서에서 먼 것 같이 우리의 죄과를 우리에게서 멀리 옮기셨으며"라고 하였고, 미가 7:19에는 말하기를 "다시 우리를 불쌍히 여기셔서 우리의 죄악을 발로 밟으시고 우리의 모든 죄를 깊은 바다에 던지시리이다"라고 하였다. 하나님은 이렇게 회개하는 죄인을 불쌍히 여기신다. 본문 22절에도 말하기를 "그 범죄한 것이 하나도 기억함이 되지 아니하리니"라고 하였다. 그러면 죄인이 회개하면 산다는 말의 뜻은 무엇인가? 본문에 말하기를 "그가 행한 공의로 살리라"라고 하였는데(22하), 이것은 그 죄인이 이제부터 의를 행한 대가로 산다는 말인가? 그런 것이 아니다. 여기서 에스겔은 죄의 값이나 의의 값을 논하는 것은 아니다. 죄의 대가나 의의 대가를 논한다면 그것은 순전히 율법주의적인 접근법인데, 과거에 범한 죄를 모두 회개한다고 어떻게 그것이 하나님께 기억되지 않을 수 있다는 것인가? 율법주의에서는 그럴 수 없다. 그러므로 여기서 "그가 행한 모든 죄에서 돌이켜 떠나면" 살리라고 한 것은 회개자가 행한 의의 값을 논하는 것이 아니다. 여기서 이른바 "그가 행한 공의로 살리라"(22절)라고 한 것은 사실상 그 회개자가 믿음으로 하나님께로 돌이켰기 때문에 살게 된다는 뜻이다. 의를 행하는 것은 믿음의 열매일 뿐이다.

2. 죽는 길

죄를 범하는 것은 죽음에 이르는 길이다. 죄의 대가는 사망이다(롬 6:23; 겔 18:4). 비록 의인이라도 죄를 범하면 영원한 사망으로 떨어진다. 물론 여기서 에스겔이 말하는 "의인"이라는 것은 외형적으로 율법을 지키는 정도의 의인을 가리킨다. 그가 구원을 얻으려면 "율법 책에 기록된 대로 모든 일을 항상 행해야" 한다(갈 3:10). 그러나 그렇게 할 수 있는 자는 없다. 율법을 잘 지키던 사람도 언젠가는 율법을 범하게 된다(약 2:10-12). 사람이 율법을 항상 완전히 지키지 못하면 과거에 그가 율법을 지킨 것도 무효하게 된다. 다시 말해 과거에 율법을 지킨 것이 그의 구원을 보장해주지 못한다. 율법을 지킴으로써 구원을 얻으려면 위에 이미 말한 것과 같이 "율법 책에 기록된 대로 모든 일을 항상 행해야" 한다(참조. 신 27:26). 그렇다면 사람에게는 율법을 언제나 온전히 지킬 가능성이 전혀 없는데, 어찌하여 하나님께서는 에스겔에게 의인을 깨우쳐 죄를 짓지 않게 하라고 명령하셨을까? 하나님께서는 인간에게 항상 의를 행할 가능성이 없음에도 불구하고 인간에게 항상 의를 행해야 할 책임을 느끼게 하신다. 성경 말씀은 사람이 사랑하는 일에도 하나님과 같이 온전해야 한다고 가르치고(마 5:48), 사람이 거룩함에서도 하나님과 같아야 한다고 가르친다(벧전 1:15-16). 인간은 범죄의 가능성을 지니고 있으므로 이미 자신이 죄인인 줄 알고 늘 회개하는 마음으로 주님이 베푸시는 보혈의 공로만 바라보고 의지해야 한다. 이것은 이미 위에서 지적한 내용이다.

25-29 "이스라엘 족속"은 하나님의 공평한 처사를 도리어 "공평하지 아니하다"라고 생각하였다. 하나님은 그들의 생각이 틀렸음을 지적하시는 의미에서 위에 언급된 진리를 재진술 하신다. 말하자면 의인이라도 죄를 범하면 영적 죽음을 면할 수 없고 악인이라도 죄를 떠나면 산다는 것이다. 결국 인생을 죽음으로 인도하는 것은 죄뿐이다.

30-32 주 여호와의 말씀이니라 이스라엘 족속아 내가 너희 각 사람이 행한 대로 심판할지라 너희는 돌이켜 회개하고 모든 죄에서 떠날지어다 그리한즉 그것이 너희에게 죄악의 걸림돌이 되지 아니하리라 너희는 너희가 범한 모든 죄악을 버리고 마음과 영을 새롭게 할지어다 이스라엘 족속아 너희가 어찌하여 죽고자 하느냐 주 여호와의 말씀이니라 죽을 자가 죽는 것도 내가 기뻐하지 아니하노니 너희는 스스로 돌이키고 살지니라. 이 부분에서는 범죄한 이스라엘에게 죄를 떠나라고 말씀하신다. 히브리어 원문에는 30절이 "라켄"(לָכֵן "그러므로")이라는 말로 시작한다. 그것은 앞 절에 기록된 말씀이 참되다는 사실에 근거하여 이스라엘 백성이 회개하는 것이 마땅하다고 결론 짓는다.

설교 ▶ 죄는 영혼을 죽인나(30-32절).

죄는 아무리 작은 것이라도 영혼들을 죽인다. 그러므로 우리는 죄를 죽음과 같이 싫어하고 피해야 한다. 예전에 아일랜드(Ireland) 해안에서 배가 파선한 일이 있었다. 그 이유는 그 배가 길을 잘못 들었기 때문이었다. 그렇게 길을 잘못 들게 된 이유는 출항하기 전날 그 배의 기관사가 작은 칼로 나침반을 청소하면서 칼끝이 아주 조금 떨어져 나침반 속에 떨어졌기 때문이었다. 그 칼날 조각의 영향으로 나침반이 잘못된 방향을 가리키고 있었다는 것이다. 이처럼 잘못된 나침반을 따라 항해하던 배는 그만 암초에 부딪혀 파선하고 말았다. 이처럼 아무리 작은 죄라도 사람을 멸망시킨다. 그러므로 우리는 작은 죄라도 내버려 두면 안 된다. 어떤 흑인이 어린 뱀을 길들여 자기 팔에 감고 다니면서 구경시키는 것을 일삼았다. 하루는 그가 많은 사람 앞에서 자기 뱀을 구경시키다가 그 뱀에게 물려 죽었다. 뱀을 신뢰할 수 있는가? 그럴 수 없다. 이처럼 사람은 어떠한 죄라도 신임해서는 안 된다. 그런 이유에서 하나님은 말씀하시기를, "범죄하는 그 영혼은 죽으리라"라고 하셨다(겔 18:4, 20).

| 설교자료

1. 자기 죄책을 조상들에게 돌리는 것은 아담의 후손이 지닌 근성이다(2절). 아담은 그가 범한 죄에 하나님께 책망 받았을 때 대답하기를, "하나님이 주셔서 나와 함께 있게 하신 여자 그가 그 나무 열매를 내게 주므로 내가 먹었나이다"라고 하였다(창 3:12). 그는 이렇게 자기 죄에 대하여 책임을 지지 않으려고 하였다.

2. 모든 영혼은 하나님께 속하였으므로 영혼들의 아버지는 오직 하나님이시다(히 12:9). 그러므로 영혼이 망하는 이유는 다른 사람의 죄로 말미암은 것이 아니고 자기 자신이 하나님 앞에서 직접 범죄하였기 때문이다(4절).
하나님께서는 사람을 개인별로 찾으신다. 그리스도께서도 잃은 한 마리를 찾기 위하여 아흔아홉 마리를 들에 두고 찾아 나서는 목자시다. 그가 하나님의 백성 전체를 대신하여 죽임당하신 것도 사실이지만, 그들 중 각 개인을 대신하여 죽임당하시기도 하셨다(고전 8:11). 빌립은 구스(에티오피아) 내시 한 사람의 영혼을 구원하기 위하여 복음을 가지고 사마리아에서 멀리 남쪽 가사로 내려가는 길로 갔다(행 8:26).

3. 사람이 구원을 얻는 일은 신앙으로 말미암아 이루어진다. 그러나 신앙이라는 것은 의로운 행실로만 증명된다. 그러므로 성경은 행실로 말미암아 의를 얻는다고 말씀하시기도 한다(약 2:21-26). 그러므로 에스겔은 본 장에서 "진실하게 행할진대 그는 의인이니 반드시 살리라"라고 하였고(9절) 또 말하기를, "내 규례를 지키며 내 율례를 행할진대 이 사람은 그의 아버지의 죄악으로 죽지 아니하고 반드시 살겠고"라고 하였고(17절), 또한 "내 모든 율례를 지켜 행하였으면 그는 반드시 살려니와"라고 하였다(19절; 참조. 21, 27-28절). 물론 여기서 행한다는 말은 완전주의 관점에서 생각할 것이 아니고, 믿음으로 행하고 혹시 실수가 있는 경우에는 믿음으로 회개하여 돌이키는 것을 가리키는데, 그것을 단순히 믿음이라고 말하는 것이 일상적인 표현일 것이다(25, 29절).

4. 사람들은 자신의 불의함을 모르고 도리어 하나님이 공평하지 않다고 잘못 생각한다(25, 29절). 물론 그들이 이런 잘못된 생각을 입으로 별로 발설하지는 않을 것이다. 그러나 그들의 마음은 그런 잘못된 사상으로 충만해 있다. 그들이 회개하기만 하면 죄악으로 말미암아 어두워졌던 심령이 밝아져서 하나님이 의로우시다는 것을 깨달아 알게 될 것이다. 다윗은 회개했을 때 주님의 의로우심을 깨달았는데, 그것을 표현하기를 "주께서 말씀하실 때에 의로우시다 하고 주께서 심판하실 때에 순전하시다 하리이다"라고 하였다(시 51:4; 참조. 롬 3:4).

5. "너희가 어찌하여 죽고자 하느냐?"(31절) 사람들은 모두 다 자신이 살기를 원한다고 생각한다. 그러나 그것은 그들 자신의 깊은 소원을 모르고서 하는 말이다. 그들의 마음속 깊은 곳에서는 죄를 사랑하는데 그것은 죽음을 사랑하는 것과 같다. 왜냐하면 죄의 대가는 사망이기 때문이다(롬 6:23; 약 1:15).

제 19 장

본 장에서는 17장에서와 마찬가지로 유다의 마지막 왕통의 몰락을 탄식한다. 선지자는 이것을 비유로 묘사한다.

✥ 내용분해

1. 다윗 왕가는 암사자에 비유되고 그 왕자들은 젊은 사자들로 비유되었는데 그들이 그물과 함정에 사로잡힘(1-9절)
2. 다윗 왕가는 포도나무에 비유되고 그 왕자들은 포도나무 가지들로 비유되었는데 그 가지들이 왕성하였으나 불사름을 당함(10-14절)

✥ 해석

1 너는 이스라엘 고관들을 위하여 애가를 지어. 여기서 "너는"(אַתָּה "아타")이라는 말은 강조체로서 선지자 에스겔을 가리킨다. 70인역(LXX)은 "고관

들"(נְשִׂיאֵי "느시에이")이라는 복수 명사를 단수 형태(ἄρχοντα)로 번역하는데, 어떤 학자들은 이것을 따른다.[60] 또한 그들은 이 단수 명사("고관들" 대신 "고관")가 유다 왕 시드기야 한 사람을 가리킨다고 해석하였다. 그러나 다수의 학자는 복수 명사를 그대로 받아들이며 이것이 유다의 몇몇 왕(여호아하스, 여호야김, 여호야긴, 시드기야)을 가리킨다고 하였다.[61] 유다 말기의 왕들을 "고관들"이라고 한 것은 그들이 왕으로서의 위신을 잃었기 때문이다.

"애가"(קִינָה "키나")를 지어" 부르는 것은 죽은 자를 위해 하는 일이었다 (삼하 1:19-27; 3:33-34). 하나님께서는 에스겔에게 이스라엘 왕들(그중에서 특히 시드기야 왕)이 사로잡혀 갈 것을 애도하라고 하신다.

2 네 어머니는 무엇이냐 암사자라. 여기서 이른바 "어머니"는 왕(여호아하스)의 모친 하무달을 가리킨다는(왕하 23:31) 해석이 있고,[62] 아니면 유다 혹은 유다 족속을 가리킨다는 해석도 있다.[63]

그가 사자들 가운데에 엎드려 젊은 사자 중에서. 여기서 "사자들"이나 "젊은 사자"는 그 당시 유다의 이웃 나라들을 비유한다. "엎드려"라는 말은 유다 나라가 하나님을 믿는 일에 진실하기만 하면 열국 가운데서 안전이 보장되어 있었음을 가리킨다(Fisch).

3 그 새끼 하나를 키우매. 이것은 여호아하스가 장성할 것을 염두에 둔 말이다(왕하 23:30-32). **사람을 삼키매.** 이것은 여호아하스의 잔인한 행위를 가리킨다.

4 갈고리로 꿰어 끌고 애굽 땅으로 간지라. 이것은 여호아하스가 "애굽 땅으

---

60) Cornill, Toy, Ewald, Hitzig, Von Orelli, Bertholet, Kraetzschmar, Hans Schmidt, Heinisch, Herrmann, Noordtzij, Van Den Born.
61) Keil, Troelstra, Cooke, Schumpp, ziegler, Auvray, Steinmann.
62) Von Orelli, Kraetzschmar, Hans Schmidt, Herrmann, Troelstra, Noordtzij.
63) Hitzig, Keil, Bertholet, Heinisch, Cooke, Schumpp, Ziegler, Auvray, Noth.

로" 사로잡혀 간 것을 가리킨다(왕하 23:31-34; 대하 36:1-3).

5-6 젊은 사자로 키웠더니. 이것은 여호야김이 왕이 된 것을 가리킨다.

여러 사자 가운데에 왕래하며. 이것은 세력을 잡고 이방 국가들과 교제하는 것을 가리킨다.

7 그의 궁궐들을 헐고 성읍들을 부수니. 델리취(Delitzsch)는 여기서 "그의 궁궐들"이라는 말(אַלְמְנֹתָיו "알메노타브")을 "그의 과부들"이라고 번역하였다. 여호야김 왕은 과부들까지 착취하였다. 그의 학정으로 말미암아 백성들이 성읍에 살지 못하고 촌락으로 도피하게 됨으로써 성읍들은 "황폐"하게 되었다. 예레미야 22:13-17은, 여호야김이 폭군이라고 밝히 말한다.

8-9 "이방"은 바벨론, 수리아, 모압 그리고 암몬을 가리킨다(왕하 24:2).

그물을 치고 함정에 잡아. 이것은 바벨론 군대가 여호야김을 사로잡은 것을 비유한다.

끌고 바벨론 왕에게 이르렀나니. 역대하 36:6을 참조하라.

10 "네 피의 어머니"라는 말은 피 묻은 갓난아기처럼 그 역사의 초창기를 맞이했을 때의 유다 민족을 가리킨다.

물가에 심겨진 포도나무 같아서. 이것은 유다 민족이 가나안 땅에 입주하게 된 것을 가리킨다(신 8:7-9). 여기서부터 선지자는 유다 민족을 "포도나무"에 비유한다.

11 그 가지들은 강하여 권세 잡은 자의 규가 될 만한데. 여기서 가지들은 다윗부터 시드기야까지 많은 임금을 비유한다. "규"는 임금이 가지고 있는 지휘봉으로서 여기서는 임금 자신을 상징한다.

그 하나의 키가 굵은 가지 가운데에서 높았으며. 이 말씀은 시드기야를 가리킨다.[64] 그러나 일설에는 여호야긴을 가리킨다고 한다(Keil, Cooke). "높았으며"

---

64) Kraetzschmar, Hans Schmidt, Herrmann, Noordtzij, Schumpp, Ziegler.

라는 말은 그의 인격과 덕망이 높았다는 의미가 아니고 다만 그의 직위가 높았다는 뜻이다.

12-14 이 부분의 말씀은 시드기야가 느부갓네살의 침략을 당하여 사로잡혀 바벨론으로 가게 될 것을 예언한다.

| 설교자료

1. 군왕들이 타락하면 사나운 짐승과 같아진다(3절).

2. 하나님을 섬기는 자들이 타락하면 하나님께서 유달리 엄하게 벌하신다(4절). 하나님은 많이 맡은 자에게서는 많이 찾으신다(눅 12:48).

3. 같은 죄를 범하는 자들은 같은 벌을 받는다. 5-9절 말씀을 4절 말씀과 비교해 보라. 폭군들의 종말은 모두 다 비참하다.

4. 통치자가 악하면 그가 다스리는 강토가 모두 비운에 빠진다(7절).

제 20 장

✢ 내용분해

1. 이스라엘을 대표하는 장로 두어 사람이 선지자 에스겔에게 문의함(1절)
2. 하나님께서 에스겔이 대답할 말을 알려 주심(2-44절)
   1) 하나님께서는 이스라엘이 반역하였으므로 그들의 질문을 기뻐하지 않으심(2-32절)
      ① 애굽에서 그런 일이 있었음(5-9절)
      ② 광야에서도 그런 일이 있었음(10-26절)
      ③ 가나안에서도 그런 일이 있었음(27-29절)
      ④ 에스겔 시대의 이스라엘의 죄악(30-32절)
   2) 정화하기 위한 심판 예언과 및 장래의 소망 예언(33-44절)
3. 예루살렘이 적군의 침략을 당할 것을 예언함(45-49절)

✤ 해석

1-3 이 부분의 내용은 바벨론에 포로로 잡혀간 이스라엘을 대표하는 장로들이 에스겔에게 찾아와서 포로들의 장래가 어떻게 될지 물은 것이다. 그들의 질문은 회개를 위한 것이 아니었으며 다만 장래의 운명을 알기에만 급급한 미신적인 태도였다. 그러므로 하나님께서는 그들의 물음에 응답하지 않으시고 다만 이스라엘 민족의 역사적 죄악을 추궁하시며 그들의 회개를 재촉하신다.

4 네가 그들을 심판하려느냐. 이것은 "그들을 판단하라"라는 명령을 강조하기 위해 질문의 형태로 주어진 말이다. "심판"(שָׁפַט "샤파트")은 판단을 의미한다. 같은 질문을 두 번 거듭하는 것도 강조의 한 방법이다.

너는 그들에게 그들의 조상들의 가증한 일을 알게 하여. 말하자면 이스라엘은 그들 역사의 초기부터 하나님을 거역해 내려온 민족으로서 죄악이 그들의 고질병이 되어 있으니 이 사실을 그들이 알고 회개해야 한다는 것이다.

5 옛날에 내가 이스라엘을 택하고 야곱 집의 후예를 향하여 내 손을 들어 맹세하고. 하나님께서 그들을 택하셨다는 말은 그가 그들을 모든 민족 가운데서 유달리 사랑하신 사실을 가리킨다. 하나님이 이렇게 그들을 사랑하셨는데도 그들이 하나님을 거역한 일은 배은망덕의 죄까지 더하여 범한 것이다.

"야곱 집의 후예를 향하여 내 손을 들어 맹세하고." 여기서 이른바 "맹세하고"(אֶשָּׂא יָדִי "에사 야디")라는 말은 문자적으로 "내가 내 손을 들어"라는 뜻인데, 이는 능력 행함을 가리킨다(Calvin). 그는 이스라엘을 위하여 위대한 권능을 행하심으로써 그들을 향한 그의 사랑을 확증하셨다.

6 그 날에 내가 내 손을 들어 그들에게 맹세하기를. "그 날"은 이스라엘을 애굽에서 인도해 내시기 위해 모세를 세우시던 날을 가리킨다(출 3:14).

찾아 두었던 땅(תַּרְתִּי "타르티"). 이것은 "탐지해 두었던 땅"이라고 번역할 수도 있다. 이것은 사람들이 말하는 방식을 따라 표현한 것이다. 왜냐하면 하나님은 땅을 탐지하실 필요가 없으시기 때문이다. 이것은 결국 "마련해둔 땅"이라는 의미다. 아람어 타르굼(Targum)과 시리아 역본(Syriac)은 "준 땅"이라고 번역하였다.

젖과 꿀이 흐르는 땅. 이 문구는 구약에 많이 나온다.[65] 이것은 열매를 많이 내는 땅이라는 뜻이다.

모든 땅 중의 아름다운 곳. 그곳은 하나님이 택하신 곳이므로 아름다울 뿐 아니라, 지리적인 조건으로도 아름답다.

7 눈을 끄는 바 가증한 것을 각기 버리고. "눈을 끄는 바"라는 말은 경배심을 불러일으키는 것을 가리키며, "가증한 것"은 우상을 가리킨다.

스스로 더럽히지 말라(참조. 23:7, 30; 36:18; 37:23). 하나님을 섬기는 자는 무엇보다 먼저 우상을 버려야 한다. 왜냐하면 우상은 그를 숭배하는 자들의 인격 가운데 가장 깊은 곳, 다시 말해 영을 점령하기 때문이다. 사람이 무언가를 하나님처럼 혹은 하나님보다 더 사랑할 때 그것이 그에게 우상이 된다. 우리가 하나님을 모시려면, "마음을 다하고 뜻을 다하고 힘을 다하여" 그를 섬겨야 한다(신 6:5). 하나님은 자기 자신을 택한 백성에게 내어 주시는데, 그들이 그를 모셔 들이기 위해서는 그렇게 모든 것을 "다하여" 힘써야 한다.

"나는 여호와 너희 하나님이니라"라는 말씀은 그가 자기 자신을 택한 백성에게 내어 주신다는 뜻이다.

8 그들이 내게 반역하여 내 말을 즐겨 듣지 아니하고 그들의 눈을 끄는바 가증한 것을 각기 버리지 아니하며 애굽의 우상들을 떠나지 아니하므로 내가 말하기를 내가 애굽 땅에서 그들에게 나의 분노를 쏟으며 그들에게 진노를 이루리라 하였노라. 이 구절은 이스라엘 백성이 하나님의 말씀(7절)을 듣지 않고 애굽 우상을 섬겼던 사실을 지적한

---

65) 출 3:8, 17; 13:5; 33:3; 레 20:24; 민 13:27; 14:8; 신 6:3; 11:9; 26:9, 15; 27:3; 31:20.

다. 모세가 그들을 애굽에서 인도해 내려고 했을 때 그들이 처음에는 순순히 따르지 않았다(출 6:9, 12). 그것은 그들이 하나님께 즉시 순종하지 않은 것이나 마찬가지였다. 그뿐 아니라 그들이 모세의 지도를 따라 애굽에서 나온 이후에도 수시로 애굽으로 도로 돌아가고자 하는 뜻을 밝혔다. 그것 역시 그들의 패역한 모습이다(민 11:5). 게다가 그들은 시내산 아래에서 금송아지를 만들어 섬겼는데, 그것은 애굽 사람들이 섬기던 우상이었다(출 32장). 그러므로 하나님께서 그들에 대하여 진노하셨다(출 32:10).

9 하나님께서는 그들의 죄대로 갚지 않으시고 자기의 이름을 위하여 끝까지 그들을 구원하셨다. 이것이 하나님께서 택하신 백성을 대하시는 원리다.

이는 내 이름을 위함이라. 하나님께서 그들을 자기 백성으로 택하시기만 하고 그들을 끝까지 구원하시지 않는다면, 이방인들은 여호와께서 그의 백성을 구원하시는 일을 성사하시지 못했다고 비난할 것이다(신 9:25-29). 하나님께서 그가 택한 백성을 구원해 주시는 이유는 그들에게 무슨 의가 있어서가 아니고 하나님 자신의 이름을 위해서다. 그의 "이름을 위함"이라는 말은 하나님께서 인간처럼 명예욕으로 행하신다는 의미가 아니다. 하나님은 본래부터 그들을 조건 없이 구원하시기로 작정하시고 택하시는 성품의 소유자시다. "이름"이라는 표현은 성품을 의미하는 것이다. 하나님은 이런 이름에 담긴 성품과 같이 그의 백성을 구원하시고야 만다. 하나님께서 이렇게 행하실 때 이방인들도 그를 가리켜 시작만 하고 이루지 못하신다고 비방하지 못하게 된다(신 9:25-29).

11 **사람이 준행하면 그로 말미암아 삶을 얻을 내 율례.** 여기서 "삶을" 얻는다는 말은 어떤 학자들의 해석과 같이 이 세상에서 생명을 유지하는 일만을 가리키는 것이 아니라 영과 육이 아울러 잘되는 것을 말한다. 사람이 하나님의 율법을 참되이 지키면 영과 육이 아울러 잘되며 이생과 내세에도 복되게 살게 된다. 그러나 사람들은 구약 시대나 신약 시대를 막론하고 하나님의 율법을

완전히 지키지 못한다. 그것을 완전히 지키기 위해서는 "율법 책에 기록된 대로 모든 일을 항상 행"해야 한다. 그렇게 하지 못할 때 그는 "저주 아래 있는 자"가 된다(갈 3:10). 그렇다면 모든 사람은 죄인임을 면할 수 없으니 오직 예수 그리스도를 믿음으로만 구원을 얻는다.

12 **또 내가 그들을 거룩하게 하는 여호와인 줄 알게 하려고 내 안식일을 주어 그들과 나 사이에 표징을 삼았노라.** 하나님께서 이스라엘 백성에게 "안식일"을 주심으로써 그것을 그들이 하나님의 백성 된 증표로 삼으셨다. 그들이 하나님께 속한 것이 곧바로 그들이 받은 성별, 곧 거룩하게 구별되는 은혜다. 그들이 하나님의 백성이고 여호와가 그들의 하나님이신 사실은 안식일에 거행되는 그들의 예배 행위로 나타난다. 이방인들에게는 이것이 없다.

13 **이스라엘 족속이…나의 율례를 준행하지 아니하며.** 출애굽기 32:1-6과 민수기 25:1-3을 참조하라.

나의 안식일을 크게 더럽혔으므로. 출애굽기 16:27과 민수기 15:32을 참조하라.

14 **내 이름을 위하여.** 위의 9절 해석을 참조하라.

15-16 이 부분에서는 하나님께서 그 백성에게 진노하셨던 이유를 밝혀 준다.

18 이 구절부터 26절까지도 광야에서 일어난 일들을 말한다. 특별히 여기서는 2세대 이스라엘의 패역한 범죄에 대하여 진술한다(참조. 민 15:32-17:11).

너희 조상들의 율례를 따르지 말며 그 규례를 지키지 말며. 말하자면 타락했던 조상들의 행동 원리를 본받지 말라는 뜻이다.

20 **안식일을 거룩하게 할지어다.** 위의 13절 해석을 참조하라.

22 이 구절에 대하여는 위의 9절 해석을 참조하라.

23 **내가 그들을 이방인 중에 흩으며.** 신명기 28:64을 참조하라.

25 **또 내가 그들에게 선하지 못한 율례와 능히 지키지 못할 규례를 주었고.** 이것은 그

들이 자기 자신의 "선하지 못한 율례"대로, 또는 "능히 지키지 못할 규례"대로 행하도록 하나님께서 내버려 두심을 의미한다. 뒤의 39절이 이 해석을 지지해 준다(참조. 롬 1:24; 살후 2:11).

26 그들이 장자를 다 화제로 드리는 그 예물로 내가 그들을 더럽혔음은. 이것은 하나님께서 그렇게 그들을 직접 더럽히셨다는 뜻이 아니다. 하나님께서는 "장자"를 불살라 우상에게 바치는 이방의 악한 풍속을 극히 미워하셨다(참조. 신 18:9-11). 이 말씀은 그들이 그런 악행을 고집하기 때문에 하나님께서 그들이 하고자 하는 대로 내버려 두셨다는 의미다. 하나님께서 죄인들을 벌하시는 방법 가운데 하나는 그들이 죄를 범하도록 내버려 두시는 것이다(롬 1:24). 그들이 그렇게 마음대로 죄를 범한 결과는 망하는 것밖에 없다.

나를 여호와인 줄 알게 하려 하였음이라. 그들이 여호와의 말씀을 어기며 끝까지 죄를 고집하다가 결국은 멸망의 벌을 받게 된다. 그때에야 그들은 "여호와"가 참 하나님이신 줄을 알게 된다.

27 너희 조상들이 또 내게 범죄하여 나를 욕되게 하였느니라. 이것은 아래 이어지는 말씀과 같이 그들이 가나안 땅에 들어와서도 범죄하였다는 뜻이다. 그들은 애굽에서와 광야에서만(10-26절) 범죄한 것이 아니라 가나안 땅에 들어와서도 범죄하였다.

28 그들에게 주기로 맹세한 땅으로 그들을 인도하여 들였더니. "주기로 맹세한 땅"은 하나님께서 아브라함과 그의 자손들에게 주시기로 약속하신 땅(창 15장), 다시 말해 가나안을 가리킨다. 하나님께서는 약속하신 대로 반드시 성취해 주신다. 이러한 사실을 경험한 그들은 마땅히 하나님을 언약의 신, 다시 말해 언약을 맺으시고 그대로 이루시는 참 하나님으로 절대 신뢰하고 감사하며 그의 말씀에 순종했어야 할 것이었다. 그런데 그들이 또다시 죄를 범하였으므로 하나님께서 탄식하신다.

그들이 모든 높은 산과 모든 무성한 나무를 보고 거기에서 제사를 드리고(참조. 왕상

14:23; 왕하 17:10). 이런 제사는 그들이 이방 풍속을 따른 것이다.

제물을 올리며 거기서 또 분향하고 전제물을 부어 드린지라. 이렇게 그들이 여러 가지로 "제물을" 드린다고 말씀한다. 그것은 그들이 우상숭배만으로는 아무런 만족도 얻지 못한다는 것을 암시한다(Calvin). 우상은 헛된 것이기 때문에 그들의 제사도 헛되어 그들에게 아무런 효과도 가져다주지 못하였다. 따라서 그들은 제물을 드리고 또 드린다.

29 이에 내가 그들에게 이르기를 너희가 다니는 산당이 무엇이냐 하였노라. 이 말은 하나님께서 그들의 헛된 우상숭배 때문에 그들을 조롱하는 의미로 물으시기를, "너희가 다니는 산당이 무엇이냐"라고 말씀하셨다는 뜻이다. "산당"은 히브리어로 "바마"(בָּמָה)인데, 이 단어는 "바"(בָּא "다닌다"라는 뜻)와 "마"(מָה "무엇이냐"라는 뜻)의 합성어다. 그렇다면 이것은 "네가 다니는 높은 곳들이 어떤 곳들인가?"라는 질문이다.

(그것을 오늘날까지 바마라 일컫느니라). 말하자면 에스겔의 시대까지도 산당을 가리켜 "바마"라고 일컫는다는 것이다. 그것은 이스라엘 자손들이 대대로(에스겔 시대까지) 회개하지 않았기 때문이다. 그들의 조상들이 하나님의 책망을 듣고 회개하였더라면, 그곳의 명칭이 이스라엘 자손들 가운데서 그때까지 전해져 내려오지 않았을 것이다(Delitzsch).

어떤 학자들은 이 구절을 에스겔의 원문으로 간주하지 않는다.[66] 그러나 그것은 근거 없는 억측에 불과하다. 크레취마르(Kraetzschmar)는 이 구절이 에스겔의 원문이 아니라고 주장하는 이론의 근거가 불분명하다고 하였다.[67]

30 행음하느냐. 하나님께서 자기 백성의 우상숭배를 가리켜 "행음"이라고 하신 이유는 그가 그들을 지극히 사랑하시기 때문이다. 하나님은 그들과

---

[66] Ewald, Cornill, Toy, Heinisch, Herrmann.
[67] die Gründe für Unechterklärung sind nicht durchschlangend..

자신의 관계를 남편과 아내의 관계에 비유하실 만큼 그들의 신앙과 사랑을 요구하신다. 따라서 그들이 하나님을 저버린 것은 그로 하여금 그렇게 극도로 서운하시게 하는 불행한 일이었다.

31 아들을 화제로 삼아. 이것은 이방인들이 우상을 숭배하기 위하여 자식을 불에 태워 바치던 악한 풍습을 가리킨다. 이스라엘 백성이 이처럼 패역한 미신에 빠진 사실은 기막힌 일이었다. 그러나 인생이라는 것은 일단 미신에 빠지기 시작하면 이렇게 극단에 이르기까지 타락하는 법이다. 사람이 하나님의 말씀을 붙들고 있는 동안에는 빛을 소유할 수 있지만, 그것을 놓치는 날에는 곧바로 어두워지고 만다. 왜냐하면 하나님의 말씀 이외에는 어두움뿐이기 때문이다.

너희가 내게 묻기를 내가 용납하겠느냐. 말하자면 수난 중에 이스라엘을 대표하는 장로들이 그 민족을 위하여 에스겔에게 물어서 무슨 가치 있는 대답을 기대할 수는 없다는 뜻이다. 하나님은 그 장로들이 기대하는 대답을 주실 생각이 없으시다. 말하자면 그는 그런 것을 용납하지 않으신다는 것이다.

32 너희가 스스로 이르기를 우리가 이방인 곧 여러 나라 족속 같이 되어서 목석을 경배하리라 하거니와 너희 마음에 품은 것을 결코 이루지 못하리라. 이스라엘 민족은 아직도 회개하지 않고 이방 민족과 함께 거침없이 우상을 숭배하겠다고 선언한다. 그러나 하나님께서는 그들을 완전히 파멸하실 것이기 때문에 그들이 그렇게 범죄를 고집하며 평안히 지낼 수는 없다고 말씀하신다. 이스라엘 민족은 하나님께서 택하신 백성이기 때문에 그렇게 파렴치하게 우상을 숭배하면서 평안히 지낼 수는 없다. 하나님은 사랑하시는 자를 채찍질하신다(히 12:5-8).

33 너희를 반드시 다스릴지라. 포로 된 이스라엘 백성은 이방과 타협하고 그들과 같이 되기를 원하였다(32절). 그러나 하나님께서는 이렇게 생각하는 이스라엘을 방임하시지 않고 반드시 다스려 정화하시겠다고 말씀하신다.

34-36 능한 손과 편 팔로 분노를 쏟아 너희를 여러 나라에서 나오게 하며 너희의 흩어진 여러 지방에서 모아내고 너희를 인도하여 여러 나라 광야에 이르러 거기에서 너희를 대면하여 심판하되 내가 애굽 땅 광야에서 너희 조상들을 심판한 것 같이 너희를 심판하리라 주 여호와의 말씀이니라. 하나님께서는 포로가 되어 바벨론을 포함한 "여러 나라"에 흩어진 이스라엘을 나오게 하신 후에 "여러 나라 광야에 이르러 거기에서…심판"하시겠다고 말씀하신다. "여러 나라 광야"(מִדְבַּר הָעַמִּים "미드바르 하아밈")은 직역하자면 "민족들의 광야"라는 뜻이다. "민족들의 광야"라는 말은 다음과 같이 해석할 수 있다. 요컨대 이스라엘이 바벨론에서 해방되어 가나안 땅으로 돌아온 다음에도 이방 민족들에게 괴롭힘을 받았으니, 그것은 일찍이 애굽에서 나온 조상들이 광야에서 수난당한 것과 마찬가지다. 그러므로 "민족들의 광야" 혹은 "여러 나라 광야"는 이스라엘이 바벨론에서 팔레스타인으로 돌아온 뒤의 생활상태를 비유한다.[68] "심판"한다는 말(שָׁפַט "샤파트")은 판결한다는 뜻이다.

37 내가 너희를 막대기 아래로 지나가게 하며 언약의 줄로 매리니와. 이것은 목자가 양들을 건사하기 위하여 그들을 보호하는 막대기를 쳐들어 양들의 숫자를 세는 것과 같이 하나님께서 그 백성 이스라엘을 그렇게 단속하시겠다는 뜻이다. "언약의 줄"로 맨다는 것은 하나님께서 그 백성을 놓치지 않으시고 끝까지 그들을 지키시되 일찍이 자기와 맺은 언약 관계에서 벗어나지 않도록 하시겠다는 뜻이다. 이것은 하나님께서 이스라엘을 정화하시는 동시에 남은 백성을 보호하시겠다는 뜻이다.

38 그들을 그 머물러 살던 땅에서는 나오게 하여도 이스라엘 땅에는 들어가지 못하게 하리니. 말하자면 포로 된 이스라엘 백성이 본국으로 돌아올 때 그들 중 패역한 자들은 "이스라엘 땅"(영적 축복을 받는 처지를 상징함)에는 참여하지 못한

---

68) Calvin's Commentary, Book of the Prophet Ezekiel, Vol. II, 329-330.

다는 뜻이다(슥 13:8-9).

39 주 여호와께서 이같이 말씀하셨느니라 이스라엘 족속아 너희가 내 말을 듣지 아니하려거든 가서 각각 그 우상을 섬기라 그렇게 하려거든 이 후에 다시는 너희 예물과 너희 우상들로 내 거룩한 이름을 더럽히지 말지니라. 하나님께서는 그 당시의 패역한 이스라엘을 심판하시는 의미로 그들이 고집하는 우상숭배의 죄에 그들을 내버려 두시겠다고 말씀하신다. 죄를 계속 범하도록 방치하시는 것은 무서운 벌이다(롬 1:24). 그렇게 되면 대다수 이스라엘 백성은 우상숭배를 고집하다가 망할 것이다. 그러나 하나님께서 그 땅에 남겨 두신 백성이 있는데 그들은 하나님만 섬길 것이다. 그러므로 그는 말씀하시기를, "우상들로" 그의 "거룩한 이름을 더럽히는" 일이 다시는 없으리라고 하신다.

40 여기서는 바벨론에서 본토로 돌아온 이스라엘이 다시 하나님을 섬기게 될 것이며, 하나님은 그들의 제물을 받으실 것을 예언한다.

너희가 드리는 첫 열매. 이것은 그들이 드리는 최선의 예물을 가리킨다. 그들은 하나님께 무성의하게 무엇을 바치는 자들이 아니고, 최선을 다하여 바치는 자들이다.

41 이 구절도 앞 절에서 이미 언급했던 것처럼 이스라엘이 포로로 잡혀 있던 바벨론에서 본국으로 돌아와 하나님을 섬기게 될 것을 예언한다.

내 거룩함을 여러 나라의 목전에서 나타낼 것이며. 이것은 이스라엘이 바벨론에서 풀려난 것이 여호와의 살아 계심을 모든 이방 민족들에게 알리는 놀라운 일이라는 뜻이다.

42-44 이스라엘이 바벨론에서 해방될 때 ① 그들은 여호와께서 하나님이시라는 사실을 확실히 알게 된다. 왜냐하면 그같이 놀라운 구원은 인력으로는 도저히 불가능한 것이기 때문이다. 그뿐 아니라 ② 그들은 과거에 범한 죄악을 회개하게 된다. "이미 행한 모든 악으로 말미암아 스스로 미워하리라"(43절)라고 하신 말씀이 그런 뜻이다(참조. 36:31-32 해석). 사람이 하나님

의 징계를 받고 회개하는 때도 있지만, 하나님의 사랑을 받을 때도 감격한 마음으로 회개한다. 그러므로 44절에서는 하나님께서는 어떤 때에는 이스라엘이 행한 대로 갚지 않으시고, 다만 그의 이름을 위하여 아무 조건 없이 그들에게 자비를 베푸심으로써 그들이 회개하고 여호와를 알아보게 만드신다고 말한다.

설교▶ 구원 문제와 은혜의 승리(44절)

하나님께서 이스라엘 백성을 애굽에서 인도하시어 가나안 땅으로 들어가게 하신 역사는 구원의 도리를 명백히 보여주고 있다.

1. 구원은 택한 백성에게만 주시는 것이다.

본문 첫머리에 나오는 "이스라엘 족속아"라는 말씀은 땅 위의 모든 사람을 가리키는 것이 아니고 오직 택한 백성만을 가리킨다. 5절에서도 "택하고"라는 표현을 사용함으로써 본 문맥이 택한 백성과 관련되어 있음을 밝혀 놓았다. 택하였다는 말은 히브리어로 "바하르"(בָּחַר)인데, 에스겔서에는 여기에만 나온다. 그러나 16:4-13과 24:2-4에도 하나님께서 이스라엘 백성을 택하셔서 그의 백성으로 삼으신 사실이 나타나 있다. 사람이 하나님의 선택을 받은 결과는 그가 하나님의 백성이 되고 하나님은 그들의 하나님이 되시는 것이다. 다시 말해 하나님께서 영원토록 그들의 하나님이 되셔서 그들의 생명과 기업이 되신다(5하).

그렇다면 우리가 과연 하나님의 택한 백성인지 판단하는 방법은 무엇인가? 다시 말해 택한 백성 된 증표가 무엇인가? 하나님께 택함을 입은 백성이 된 증표는 한 가지로 간단히 말할 수 있는데, 그것은 진심으로 그리스도를 믿는 것이다. 베드로전서 1:2에 말하기를 "순종함과 예수 그리스도의 피 뿌림을 얻기 위하여 택하심을 받은 자들"이라고 하였으니 하나님께서 그의 백성을 택하신 목적은 예수 믿게 하기 위함이다. 그러므로 우리는 사람이 예수를 믿는지 살펴보면 그가 택함을 받았는가를 알 수 있다. 특별히 재앙과 곤경 중에도 믿음을 지키는 것이 그가 택함을 입었다는 더욱 확실한 증거다. 그러므로 고통으로 연단을 받으면서도 예수를 잘 믿는 것은 귀한 일이다. 욥기 23:10에 말하기를 "내가 가는 길을 그가 아시나니 그가 나를 단련하신 후에는 내가 순금 같이 되어 나오리라"라고 하였다. 택함을 받은 자는 하나님이 그의 하나님이시므로 지극히 행복하다. 그뿐만 아니라 그들은 하나님의 보배라는 의미에서 말라기 3:17은 그들을 가리켜 하나님의 "특별한 소유"라고 하였다.

2. 하나님께서는 택한 자에게는 죄대로 갚지 않으신다.

본문에 말하기를, "내가 너희의 악한 길과 더러운 행위대로 하지 아니하고"라고 하였다. 20장을 보면 하나님께서 그들의 죄대로 갚지 아니하신다는 의미에서 "그러나"라는 말이 여러 번 사용되었다(9, 17절). 이스라엘 민족이 하나님의 사랑을 받고도 다시금 범죄하기를 거듭하였지만, 하나님께서는 또 다시 그들에게 은혜를 베푸셨다. 물론 그들이 범죄할 때마다 징계하시지 않은 것은 아니었다. 그러나 그것은 그들을 아주 멸하시는 영벌은 아니었다. 그런 의미에서 17절은 말하기를 "그러나 내가 그들을 아껴서 광야에서 멸하여 아주 없이하지 아니하였노라"라고 하였다. 그들이 징계로 말미암아 아주 멸망한 것은 아니지만 그들이 징계를 받은 것만은 사실이다. 그런데 하나님의 백성이 징계를 받을 때 회개하고 하나님께로 돌아오는 것도 확실하다. 26절 하반절은 말하기를 "그들을 멸망하게 하여 나를 여호와인 줄 알게 하려 하였음이라"라고 하였는데, 이것은 여호와가 그들을 완전히 멸절시킨다는 뜻은 아니고, 다만 그들에게 환난을 보내신다는 뜻이다.

하나님께서 징계하신다는 것은 죄에 상응하는 만큼 갚으신다는 뜻이 아니다. 우리가 죄를 지은 만큼 갚음을 당한다면 사람은 완전히 멸망하게 될 것이다. 시편 130:3에 말하기를 "여호와여 주께서 죄악을 지켜보실진대 주여 누가 서리이까"라고 하였다.

3. 하나님의 이름을 위한 구원

본문에 말하기를, "내 이름을 위하여 행한 후에야 내가 여호와인 줄 너희가 알리라"라고 하였다. 우리가 받을 구원이 하나님의 "이름"을 위하여 이루어진다는 것이 본 장(20장)에 나타난 주요 사상이다. 이 같은 구원은 은혜의 승리를 의미한다.

그렇다면 우리가 받을 구원이 하나님의 이름을 위하여 이루어진다는 말은 무슨 뜻인가? 그것은 택한 백성의 구원이 이루어지지 않을 때는 하나님의 "이름이" 이방들 가운데서 조롱거리가 된다는 뜻을 내포하고 있다. 9, 14, 22절에 거듭거듭 그런 의미가 강조되어 나타난다. 신명기 9:27-28에 말하기를 "주의 종 아브라함과 이삭과 야곱을 생각하사 이 백성의 완악함과 악과 죄를 보지 마옵소서 주께서 우리를 인도하여 내신 그 땅 백성이 말하기를 여호와께서 그들에게 허락하신 땅으로 그들을 인도하여 들일만한 능력도 없고 그들을 미워하기도 하사 광야에서 죽이려고 인도하여 내셨다 할까 두려워하나이다"라고 하였다. 하나님은 의를 위하여 훼방 받으시는 일은 있으나 잘못을 범하셔서 훼방 받으시는 일은 있을 수 없다. 왜냐하면 하나님께서는 잘못하시는 일이 있을 수 없기 때문이다. 그러므로 하나님은 언제든지 영광만 받으시고 훼방은 받지 않으시는 것이 마땅하다. 이 점이 하나님과 우리 인간의 차이점이다. 인간은 훼방을 받을 때 그것을 오히려 영광 받는 것보다 좋게 여겨야 한다. 영광은 하나님께만 합당하고 인생들에게는 합당하지 않다. 그 이유는 영광 받을 일은 무엇이든지 하나님께서 이루신 것이기 때문이다. 반면에 사람은 훼방을 달게 받아야 한다. 사람은 어쩔 수 없는 죄인이니 그가 스스로 옳다고 생각하는 일 가운데도 잘못이 있다. 설령 그가 애매하게 훼방을 받는다 해도 그는 그것을 영광보다 좋게 여겨야 하는데, 이는 애매한 훼방을 받을 때 하나님이 반드시 간섭하시기 때문이다.

이처럼 택한 백성의 구원은 하나님의 이름 때문이라는 신앙은 귀하다. 이와 같은 신앙은 자기의 구원이 확실히 이루어질 줄 아는 신앙이다. 이런 신앙을 가진 성도에게 구원은 그야말로 하나님 자신을 근거로 하는 구원이다. 하나님께는 잘못하시는 일이 없는 것과 마찬가지로 그가 택한 자의 구원을 이루시지 않는 일도 없다. 그러므로 어떤 성도는 임종시에 말하기를, "내가 구원을 못 받는다면 하나님이 실패하시는 것이다"라고 하였다. 이렇게 자기가 택함을 입은 줄을 아는 자는 구원에 대한 확신을 소유한다. 구원에 대한 확신을 가진 자는 주님을 봉사하는 일에 희생을 아끼지 아니하며 물질도 아끼지 않는다. 그 이유는 그가 확실히 받은 줄로 아는 구원은 천하보다 귀하기 때문이다. 그는 이 세상의 부귀영화를 배설물과 같이 여기고 구원으로 만족한다.

46-48 이 부분에서는 유다와 예루살렘이 바벨론 군대로 말미암아 완전히 초토화될 것을 예언한다. "불"은 하나님의 진노를 상징하는 동시에 전쟁을 가리키기도 한다. "푸른 나무"는 의인을 상징하고, "마른 나무"는 악인들을 상징한다(눅 23:31).

모든 얼굴이 그슬릴지라. 말하자면 모든 숲이 불탄 모습으로 변한다는 뜻이다.

49 그는 비유로 말하는 자가 아니냐 하나이다. 이것은 에스겔의 예언을 듣는 자들이 말하기를, 그 말씀이 비유이므로 깨닫지 못하겠다고 말할 것이라는 뜻이다.

| 설교자료

1. 사람이 미래에 대한 하나님의 뜻을 알아보려면 알아볼 수도 있다. 그러나 그가 이미 말씀하신 하나님의 계명에 순종하지 않고 외식하는 자라면, 하나님께서는 그의 소원을 들어주시지 않는다(1-3절; 참조. 사 21:11-12).

2. 하나님께서는 완악한 유대인들을 회개시키기 위하여 조상들의 죄악상 및 그들에 대한 하나님의 사랑을 알려 주심으로써 그들을 깨어 있게 하신다(4-9절). 인간은 과거 역사에서 이루어진 일들을 회상함으로써 보다 더욱 인상 깊이 진리를 깨달으며 회개하게 되는 법이다.

하나님은 이 점에 있어서 다음과 같은 사실들을 보여주신다. ① 하나님이 이스라엘을 택하시고 그들과 약속하시고 그들의 하나님이 되어 주셨다는 것(5절). ② 가나안 땅을 주시겠다고 약속하셨다는 것(7절). ③ 애굽의 우상을 섬기지 말라고 하셨다는 것(7절). ④ 그들이 하나님의 말씀을 어기고 애굽의 우상을 섬겼음에도 불구하고, 그들을 버리지 아니하시고 애굽 땅에서 인도하여 내셨다는 것이다(8-9절). 위의 네 가지 사실은 하나님께서 이스라엘을 지극히 사랑하신다는 것을 보여준다. 이 말씀을 듣는 유대인들은 하나님의 이와 같은 사랑을 깨닫고 회개했어야 할 것이었다. 인간을 회개시키는 일에는 채찍보다 사랑이 더욱 강력하다.

3. 하나님께서 그의 백성을 구원하시는 일은 그들의 의가 근거가 되어서가 아니라 오직 자기 이름을 위하여 실시된다. 자기 이름을 위하여 그 백성을 구원하여 주신다는 말씀이 9, 14, 22절 등에 밝히 기록되었다. 선지자 예레미야도 이와 같은 구원관을 보여주었고(렘 14:20-21), 다니엘 역시 이와 같은 구원관을 지녔다(단 9:17-19). 하나님께서 자기 이름을 위하여 자기 백성

을 구원하신다는 말씀의 의미는 특별히 모세의 기도에 나타나 있다(신 9:26-29). 하나님께서 택한 백성을 구원하시지 않는다면, 그가 약속을 지키시지 않는다는 합당치 않은 많은 비난을 받으시게 될 것이며, 또한 그는 구원할 능력이 없는 자라는 헛된 비방을 받으실 우려도 있을 것이다. 그러나 하나님께서 이런 그릇된 평판(이름)을 받게 되실 리가 만무하다. 그는 택한 백성을 반드시 구원하신다.

4. 하나님께서는 택한 백성을 사랑하시기 때문에 그들에게 율법도 주셨고 안식일 제도도 주셨다(10-12절). 사람이 율법 아래서는 죄를 깨달음으로써 하나님을 믿게 되는데, 이런 의미에서 율법은 생명에 이르는 길이다. 그리고 사람이 안식일을 거룩하게 지키면 하나님을 알게 되므로 안식일 제도 역시 살길이다. 그러므로 신자는 율법과 안식일을 지키는 일을 기쁨으로 감당해야 한다.

5. 광야에서는 이스라엘 백성이 순간순간 하나님만 의지해야 할 처지에 있었다. 그 이유는 광야가 위험한 곳이기 때문이었다. 그런데도 그들은 거기서도 하나님께 범죄하였는데, 그것은 그들의 패역함을 잘 드러낸 것이다(13, 21절). 이런 사실로 보아 인류가 얼마나 본성적으로 깊이 부패했는지 알 수 있다.

6. 애굽의 멍에가 이스라엘 백성에게 무거웠으나, 그보다도 그들이 광야에서와 가나안 땅에서 우상을 섬기며 하나님께 범한 죄악의 멍에가 더욱 그들을 비참하게 만들었다(24-32절). 그들은 우상숭배의 악한 습관을 떠나지 못하고 거기 노예가 되어 있었다는 것이다. 그 결과 그들은 계속하여 하나님의 채찍을 맞았다. 신약 시대의 신자들도 하나님보다 무엇을 더 사랑한다면

그것이 바로 우상숭배의 마음가짐이다(골 3:5). 이 죄악 때문에 그들도 하나님의 벌을 받는 때가 많다.

7. 하나님은 죄인들을 회개시키기 위하여 죄를 지적하실 뿐만 아니라 그들에게 장래의 소망도 주신다(40-44절). 회개는 소망을 보고서야 실현된다. 하나님께서는 특히 바벨론에 포로로 잡혀간 유다 사람들이 회개할 것이라는 소망을 이 부분에서 보여준다.

제 21 장

✣ 내용분해

1. 하나님께서 20:45-49에 예언한 말씀을 해석하심(1-5절)
2. 에스겔에게 임박한 환난 때문에 슬퍼하라고 하심(6-7절)
3. 위에서 언급했던 환난을 칼에 비유하여 다시 진술함(8-17절)
4. 바벨론 왕 느부갓네살이 올 것을 내다 봄. 이것은 점괘로 결정된 일임 (18-24절)
5. 유다 왕 시드기야에게 내린 심판 선언(25-27절)
6. 암몬 족속이 당할 멸망을 예언함(28-32절)

✣ 해석

1 또 여호와의 말씀이 내게 임하여 이르시되. 15:1 해석을 참조하라.

3 내 칼을 칼집에서 빼어 의인과 악인을 네게서 끊을지라. 바벨론 군대가 유다를 침략한 것은 하나님께서 명하신 일이었다. "내 칼"이라는 말은 하나님께서

일으키시는 전쟁을 가리킨다. 이것을 보면 나라와 나라 사이에 일어나는 전쟁들은 우발적인 사건이 아님을 알 수 있다. 그런 일들도 결국 하나님의 장중에서 좌우되는 것이다. 그러므로 우리는 이런 환난 중에도 하나님을 경외하는 삶을 더욱 힘써야 한다. "의인과 악인을" 함께 그 땅에서 끊어버리시겠다는 말씀은 의인이 물려받을 유업이 세상에 있지 않고 내세에 있음을 알게 해 준다. 이 세상은 그리 중요하지 않기 때문에 의인도 자기 민족의 환난에 동참한다.

4-5 내가 의인과 악인을 네게서 끊을 터이므로 내 칼을 칼집에서 빼어 모든 육체를 남에서 북까지 치리니 모든 육체는 나 여호와가 내 칼을 칼집에서 빼낸 줄을 알지라. "의인과 악인"들이 차별 없이 민족적 수난에 함께 참여하는 것은 이상한 일이 아니다. ① 그런 때에 의인들은 연대 책임으로 환난에 동참하게 되는데 이것 역시 하나님이 내신 법이다. 그런 이유에서 악한 민족 가운데 거하는 의인이 파수꾼의 책임을 이행할 것이 절실히 요구된다(겔 3:20). ② 의인이 그 민족 중에서 파수꾼으로서 책임을 다하였어도 그 민족이 회개하지 않을 때는 하나님의 징계가 그들에게 임한다. 그 같은 경우에는 의인도 환난에 동참하게 되지만, 그의 생명은 내세에 구원을 받는다(시 17:14-15). ③ 이스라엘 민족이 끝까지 회개하지 않을 때는 의인도 악인과 함께 환난에 참여하게 될 만큼 그 환난이 크다. 이처럼 큰 환난은 이스라엘로 하여금 그들이 범한 죄악을 기억하게 할 것이다. 그때 그들은 악을 벌하시는 여호와가 살아 계심을 알게 된다.

6-7 **슬피 탄식하라.** 하나님의 사자들은 그들이 전할 말씀으로 남들을 감화시키기 위해 먼저 그 자신이 말씀의 내용을 실감해야 한다. 그들이 전할 말씀이 슬픈 것이라면 그것을 전할 하나님의 사자는 자신이 먼저 슬픔을 깊이 느껴야만 들을 사람들에게 힘있게 그것을 말할 수 있다.

8-10 **칼이여 칼이여.** 여기사 "칼"(חֶרֶב "헤레브")이라는 말이 반복된 것은 강조체로서 장차 이스라엘에게 임할 바벨론의 침략이 얼마나 심각한 것인지를

보여준다.

날카롭고도 빛나도다. 이 말도 그 칼이 얼마나 두려운 것인지를 강조한다. 하나님께서 이렇게 전쟁의 참상을 무섭게 묘사하여 예언하시는 목적은 그것을 당하게 될 이스라엘이 회개하도록 만드시려는 데 있다.

내 아들의 규가 모든 나무를 업신여기는도다(שֵׁבֶט בְּנִי מֹאֶסֶת כָּל־עֵץ). 이것은 ① 유다 왕("내 아들의 규")이 다른 민족들을 무시하는 죄를 범한다는 것이다. 교만한 자는 망하는 법이다(잠 16:18). ② 그러나 어떤 학자들은 이 문구를 다음과 같이 번역한다. "칼이 내 아들의 규를 업신여기기를 모든 나무를 업신여기듯 한다."[69] 이러한 번역에 따르면 바벨론의 칼이 유다 왕권("규"의 의미)을 침공하기를 다른 나라들을 공격하듯이 하리라는 뜻이 된다. 비록 유다는 하나님이 택하신 나라지만, 범죄 때문에 징계를 받는 마당에는 다른 나라 백성들과 마찬가지로 고난을 받는다는 것이다. 그러나 첫째 해석이 옳은 듯하다. "내 아들"(בְּנִי "브니")은 유다를 의미하고, "규"(שֵׁבֶט "쉐베트")는 왕권을 상징하고, "모든 나무"(כָּל־עֵץ "콜 에츠")는 다른 나라들을 상징한다.

11 그 칼을 손에 잡아 쓸 만하도록 빛나게 하되 죽이는 자의 손에 넘기기 위하여 날카롭고도 빛나게 하였도다 하셨다 하라. 이 말씀도 또다시 이스라엘로 하여금 바벨론의 칼이 얼마나 무서운 것일지를 예감하게 함으로써 회개하게 만들려 한다.

12 너는 부르짖어 슬피 울지어다…너는 네 넓적다리를 칠지어다. 에스겔은 임박한 환난 때문에 슬퍼하였는데, 그는 그 예언을 이스라엘 백성에게 힘있게 전달하게 될 것이다. 6-7절 해석을 참조하라.

13 이것이 시험이라 만일 업신여기는 규가 없어지면 어찌할까. 말하자면 바벨론의 유다 침략은 이스라엘(유다)에 대한 시련이었다. 이 시련 가운데서 유다 임금("규")이 망하면 "어찌할까" 하고 하나님께서 탄식하신다. 이것은 유다의 비

---

69) Jamieson, Faussett, Brown, Matthew Henry.

운을 가련하게 보시는 그의 탄식이다. 유다 임금("규")은 다른 민족들을 업신여기는 교만한 자였다. 이제 그 왕권은 끝나게 된다.

14 칼로 두세 번 거듭 쓰이게 하라. 이것은 바벨론으로 말미암은 전쟁의 재앙이 유다에 매우 두렵게 임할 것을 예언하는 말씀이다. "세 번"(שלשתה "슐리쉬타") 쓰이게 한다는 말은 칼을 여러 번 사용한다는 뜻이 아니라 그것을 강력하게 사용한다는 뜻이다

사람들을 둘러싸고 죽이는 큰 칼. 바벨론이 침략해 올 때는 사람들을 둘러싸서 큰 칼로 살육할 것이다.

15-16 내가 그들이 낙담하여 많이 엎드러지게 하려고 그 모든 성문을 향하여 번쩍번쩍 하는 칼을 세워 놓았도다 오호라 그 칼이 번개 같고 죽이기 위하여 날카로웠도다 칼아 모이라 **오른쪽을 치라 대열을 맞추라 왼쪽을 치라** 향한 대로 가라. 또다시 유대인들에게 바벨론의 칼을 두려워하여 죄를 회개하라는 의미로 말씀한다. 하나님께서 보내신 환난을 두려워할 줄 아는 자만이 회개할 수 있다.

그 칼이 "번쩍번쩍"한다든가, "번개 같다"든가 혹은 "대열을 맞추라 왼쪽을 치라"라는 말은 모두 다 그때의 유대인들로 하여금 임박한 전쟁이 얼마나 무서운 것인지 예상하게 한다. 하나님의 섭리로 임한 환난을 무서워하는 자만이 참으로 회개한다.

17 나도 내 손뼉을 치며 내 분노를 다 풀리로다. 이것은 아주 두렵게 침략군을 끌어들이신다는 뜻이다.

19-21 바벨론 왕은 유다를 침략하려고 와서 암몬 족속까지 칠 생각이었다. 그런데 어느 민족을 먼저 침공할 것인가가 문제다. 그래서 그는 점을 쳐서 예루살렘을 먼저 치기로 결정하리라는 뜻이다. 이것은 이방 임금의 미신적인 행위를 진술하는 것일 뿐이며 그 미신적 행위에 찬성한다는 말은 아니다.

화살들을 흔들어 우상에게 묻고 희생제물의 간을 살펴서. 여기서는 바벨론 왕이 세 가지 미신을 동원하여 점을 칠 것이라고 한다. ① "화살들"에 땅의 이름들

("예루살렘"과 암몬 도시인 "랍바")을 기록하여 전통에 넣고 그것들을 흔든 후에 나오도록 해서 먼저 나오는 화살을 선택할 것이고, ② 우상에게 물어볼 것이고, ③ 제물을 신에게 바치기 위하여 도살한 후에 그 "간"의 색깔을 살펴볼 것이다.

22 예루살렘으로 갈 점괘를 얻었으므로. 바벨론 왕이 예루살렘을 침공하려고 길을 택한 것은 하나님의 뜻이다. 그런데 그 일에 "점괘"도 응하게 된 것만은 우연한 일이었다. 하나님의 뜻은 결코 미신적인 점괘와 합치하는 것이 아니다.

"**공성퇴**"는 성안에 있는 사람들을 공격하기 위하여 성 밖에 마련된 시설이고, "**토성**"은 성 밖에 흙으로 높이 쌓은 무더기들이고, "**사다리**"는 망대와 같은 것을 의미한다. 선지자는 이렇게 바벨론 왕이 펼칠 공성전의 무서운 실정을 자세히 묘사한다. 그 목적은 이 예언을 듣는 이스라엘 백성들이 공포를 느끼도록 하여 그들을 회개시키려는 것이다.

23 전에 그들에게 맹약한 자들은 그것을 거짓 점괘로 여길 것이나. 이 문구의 히브리어(וְהָיָה לָהֶם כקסום־שָׁוְא בְּעֵינֵיהֶם שְׁבֻעֵי שְׁבֻעוֹת)를 직역하면 다음과 같다. "그것이 그들(이스라엘)의 눈에는 거짓 점괘와 같을 것이다. 그들의 소유는 (하나님과) 맺은 약속들 뿐이다." 다시 말해 이스라엘 사람들은 바벨론 왕이 점괘를 얻어서 예루살렘을 공격해 와도 걱정이 없다고 생각하였다. 그들은 바벨론 왕의 점괘를 헛된 것으로 여기고, 택한 백성을 버리지 않겠다고 하신 하나님의 약속만 믿는다고 자처한다. 그것은 그럴듯한 주장이다. 그러나 그들이 벌써 우상숭배를 고집함으로써 하나님을 배신하였으니, 이제 그들이 하나님과 그들 사이의 언약을 주장한들 무슨 소용이 있겠는가! 그것은 행렬이 지나간 뒤에 나팔을 부는 격이 아닌가?

24-25 이 부분의 말씀은 이스라엘 민족이 바벨론 왕에게 패망을 당한 것이 그들의 죄악 때문이라고 밝힌다. 그들이 이제는 더 이상 죄를 범할 기회를 얻지 못하도록 아주 망하게 된다. "**죄악의 마지막 때**"라는 말이 그런 뜻이다.

26 관을 제거하며 왕관을 벗길지라. 이것은 유다 왕 시드기야가 왕위에서 떨어질 것을 예언하는 말씀이다.

27 내가 엎드러뜨리고 엎드러뜨리고 엎드러뜨리려니와. 여기 세 번씩이나 "엎드러뜨리고"(עַוָּה "아바")라는 말이 중복 사용된 것은 시드기야 왕의 패망이 확실함을 강조하기 위한 것이다.

이것도 다시 있지 못하리라. "이것"(זֹאת "조트")은 "엎드러뜨림"(עַוָּה)을 가리키는데, 이 문구의 의미는 앞으로는 엎드러뜨리는 일도 없으리라는 것이다. 말하자면 시드기야가 엎드러진 후에는 메시아가 오실 때까지 다윗 왕통의 왕은 다시 없을 것이니 엎드러뜨림을 당하는 일도 없으리라는 것이다.

마땅히 얻을 자가 이르면 그에게 주리라. 이것은 왕위를 얻으시기에 마땅한 이는 메시아(그리스도)신데, 그가 오시면 진정한 의미에서 다윗 왕통의 왕위를 받으신다는 뜻이다. 이 예언은 결국 예수 그리스도에게서 성취되었다(눅 1:32).

28 여기서는 "암몬 족속"도 마지막에는 바벨론 군대의 침략을 당하여 망할 것을 예언한다.

29 네게 대하여 허무한 것을 보며 네게 대하여 거짓 복술을 하는 자가 너를 중상 당한 악인의 목 위에 두리니. 말하자면 암몬은 거짓된 지도자들의 인도를 받고 있었는데, 그 결과로 그 민족도 패망한다는 것이다. "중상 당한 악인"은 바벨론 군대에 의해 죽임을 당한 유대인들을 가리킨다. 이제 암몬 사람들도 죽은 유대인들의 "목 위에" 놓이게 된다. 이 말은 그들도 유대인들을 죽인 바벨론의 칼에 죽을 것이라는 뜻이다. 그들을 이처럼 죽게 만든 장본인들은 따져 보면 그들을 지도하고 있던 거짓 지도자들이었다. 이 구절의 상반절이 이런 사실을 지적한다.

이는 그의 날 곧 죄악의 마지막 때가 이름이로다. 이 말은 암몬 족속이 죄의 대가로 패망한 후에는 그 이상 범죄 생활을 계속할 기회조차 없다는 뜻이다.

30 칼을 그 칼집에 꽂을지어다. 이것은 암몬 민족에게 그들을 침공하러 멀리

서 온 바벨론 군대를 대적하지 말라는 말씀이다.

네가 지음을 받은 곳에서. 이것은 암몬 족속의 조국을 가리킨다. 그 민족은 사로잡혀 가지는 않고 자신들의 본토에서 완전히 망하고 만다.

31 **짐승 같은 자.** 이것은 바벨론과 같은 침략자를 가리킨다.

32 **네가 다시 기억되지 못할 것이니.** 헹스텐베르크(Hengstenberg)는 말하기를 "마카비 시대(주전 2세기 중간)부터 암몬 족속과 모압 족속은 역사상에서 종적을 감추었다"라고 하였다.

| 설교자료

1. 국가적인 환난이 임할 때는 의인과 악인의 구별 없이 모두가 재앙을 당하는 일이 많다(3절). 그때 의인이 화를 당하여도 어떤 의미에서는 하나님의 공의에 합당하다고 할 수 있다. 그 이유는 의인도 성품상으로는 하나님 앞에서 악하기 때문이다. 그러므로 인간은 누구든지 그리스도를 믿는 것 외에는 내세에 구원 소망의 근거가 없다(참조. 눅 13:1-5).

2. 하나님의 칼이 그 집에서 뽑히는 것은 유다 민족의 죄악을 미워하시는 하나님의 공의의 실현을 의미한다(4-5절). 이렇게 하나님께서는 악을 미워하시는데, 그런 성품이 없다면 어찌 그를 하나님이라고 부를 수 있을까! 악을 미워하지 않는 것은 마귀의 성품이다.

하나님께서 이같이 공의를 발동하신 것은 사실상 그의 사랑의 행위이기도 하다. 그 이유는 그가 공의를 사용하심으로써 그가 사랑하시는 모든 대상을 보호하실 수 있었기 때문이다(참조. 렘 47:6-7).

3. 진리로 남들을 가르치려는 지도자들은 먼저 그 자신이 그 진리를 정서

적으로 절실히 느껴야 한다. 그렇게 되기 전에는 그 진리로 남들을 감화시킬 수 없다. 감화는 정서에 따라 움직인다. 에스겔은 유다 민족에게 그들이 당할 환난을 실감하게 하려고 먼저 그 자신이 그 환난을 실감하고 탄식해야 했다(6-7절).

4. 하나님께서는 에스겔을 통하여 유다 민족에게 말씀하시면서 그들에게 임할 칼의 위험을 거듭거듭 말씀하신다(8-17절). 그는 이렇게 말씀하심으로써 유대인들로 두렵게 하여 회개하게 하려는 것이다. 회개는 공포심으로 말미암아 출발하기도 한다.

5. 하나님께서는 미신을 미워하신다. 그러나 그는 끝까지 회개하지 않고 외식하는 자들을 미신배의 장중에 내어 맡기신다(19-23절; 참조. 살후 2:9-12).

6. 죄인들도 형통하는 시절에는 자기들의 모든 흉악한 신분과 추악한 죄상을 회칠하여 가면서 감출 수 있다. 그러나 그들이 심판을 받는 날에는 그 모든 것이 탄로 난다(24-25절).

7. 낮은 자가 높아지고 높은 자가 낮아지는 일은 사람의 힘으로는 실현하기 어렵다. 그러나 하나님의 심판으로는 그것이 삽시간에 실현된다(26절). 그러므로 우리가 이렇게 되는 일을 볼 때는 그것을 하나님의 심판으로 알아야 한다.

8. 이스라엘이 하나님의 징벌을 받는 동시에 암몬 족속도 그것을 받으리라고 예언되어 있다(28-32절). 베드로전서 4:17-18에 말하기를 "하나님의 집

에서 심판을 시작할 때가 되었나니 만일 우리에게 먼저 하면 하나님의 복음을 순종하지 아니하는 자들의 그 마지막은 어떠하며 또 의인이 겨우 구원을 받으면 경건하지 아니한 자와 죄인은 어디에 서리요"라고 하였다.

제 22 장

✜ 내용분해

1. 하나님께서 유다와 예루살렘 사람들의 죄상을 논하심(1-16절)
2. 그들을 가리켜 금속 찌끼와 같은 자들이라고 하심(17-22절)
3. 모든 단계의 죄악들(23-31절)

✜ 해석

1 또 여호와의 말씀이 내게 임하여 이르시되. 이 문구에 대하여는 15:1 해석을 참조하라.

2 심판하려느냐. 여기서 "심판"이라는 말은 히브리어로 "샤파트"(שָׁפַט)인데, 판단 혹은 심문을 의미한다. 선지자 에스겔은 이제 하나님의 대언자로서 유다와 예루살렘의 죄악을 지적하여 그들이 받을 벌을 선고하게 되었으니 그것이 일종의 심판 행위다. 선지자의 권위는 그만큼 높은 것이다.

자기의 모든 가증한 일을 그들이 알게 하라. 이것은 유다와 예루살렘의 죄악을 지적하라는 말씀이다.

3 자기 가운데에 피를 흘려 벌 받을 때가 이르게 하며. 이 말은 예루살렘 가운데서 피 흘린 죄가 있어서 벌 받을 때가 이르게 되었다는 뜻이다. "자기 가운데에"(בְּתוֹכָהּ "베토카흐")라는 말은 그 나라가 도시 한복판에서 잔인하게 살인을 저지를 만큼 얼마나 무법천지였는지를 알려준다.

우상을 만들어(עָשְׂתָה גִלּוּלִים עָלֶיהָ). 이 문구는 "자기를 거슬러 우상들을 만들어"라고 번역해야 한다. "자기를 거슬러"(עָלֶיהָ "알레하")라는 말은 그 도시가 우상을 만든 일이 실상은 그 도시에 유익을 가져다준 것이 아니고, 도리어 그 도시 자체에 해독이 된다는 뜻이다(Kraetzschmar, Fisch).

4-5 네 날이 가까웠고 네 연한이 찼도다. 말하자면 유다 나라가 패망할 날이 가까웠다는 뜻이다.

내가 너로 이방의 능욕을 받으며 만국의 조롱거리가 되게 하였노라. 이 말씀에는 두 가지 교훈이 들어 있다. ① 다른 민족들도 알 수 있도록 범죄한 유다 민족은 다른 민족들이 알아볼 수 있을 만큼 큰 벌을 받게 된다는 것이다. 그렇게 되어야만 다른 민족들도 하나님을 두려워할 줄 알게 될 것이다. ② 하나님을 공경하는 자들이 범죄하고 회개하시 않으면 불신자들보다 낮아지는 벌을 받는다는 것이다(마 5:13).

이름이 더럽고 어지러움이 많은 자. 이 말은 우상으로 더럽혀지고 살인과 포학으로 질서가 없음을 가리킨다.

6 이스라엘 모든 고관은 각기 권세대로 피를 흘리려고 네 가운데에 있었도다. "고관"은 통치자들을 가리키는데, 그들은 마땅히 백성을 보호하여야 할 자들이었다. 그러나 그들은 도리어 그들이 가진 권세를 피 흘리는 일에 악용하였다. 이것은 그들에게 죄악이 가득하였기 때문이다. 이런 자들에게는 하나님의 벌이 임해야 마땅하다.

7 그들이 네 가운데에서 부모를 업신여겼으며 네 가운데에서 나그네를 학대하였으며

네 가운데에서 고아와 과부를 해하였도다. 이 구절은 고관들의 죄를 지적하기보다는 일반 대중의 죄를 진술한다(Delitzsch). 여기서 이른바 "부모를 업신여긴" 죄는 제5계명을 위반한 것이고, "나그네"와 "고아와 과부"를 학대한 것은 자비의 대상자들(출 22:21, 22)을 불쌍히 여기지 않을 뿐 아니라 도리어 해롭게 한 큰 죄악이다. 이것은 무자비의 극단이다.

8 너는 나의 성물들을 업신여겼으며 나의 안식일을 더럽혔으며. 하나님께 바칠 것을 다른 대상에게 바치면 그것은 "성물들을 업신여긴" 죄가 된다(출 22:20). "안식일을 더럽혔다"는 것은 그날에 예배하는 대신 육적인 사업한 것을 가리킨다. 20:12 해석을 참조하라.

9 네 가운데에. 이 말은 예루살렘 도시의 내부를 의미한다.

피를 흘리려고 이간을 붙이는 자. 이것은 사람을 죽이기 위하여 법정에서 거짓으로 증언하는 사람들(אַנְשֵׁי רָכִיל)을 가리킨다(왕상 21:1-10; 참조. 렘 9:3; 레 19:16).

산 위에서 제물을 먹는 자. 이 말에 대하여는 18:6 해석을 참조하라.

음행하는 자도 있었으며. 이것은 아래 10-11절에 기록된 모든 불결한 행동들을 가리키는 총괄적인 표현일 것이다.

10-11 여기 기록된 모든 비윤리적이고 음란한 죄목들은 레위기 18:6-20에서 엄하게 금지한 것들이다. 한마디로 이것들은 음행의 극단이었다. 사람은 자기 친족이나 혈통으로 연결된 자들에 대해서는 성적으로 이끌리지 않는 법이다. 그런데도 불구하고 누구든지 그들과 더불어 음행한다면 그것은 고의적인 범죄다. 11절에 이른바 "**더럽혀**"(טִמֵּא "티메")라는 말은 종교적 관점에서의 더러움을 가리킨다고 한다(Bertholet).

12 네 가운데에 피를 흘리려고 뇌물을 받는 자도 있었으며 네가 변돈과 이자를 받았으며 이익을 탐하여 이웃을 속여 빼앗았으며 나를 잊어버렸도다 주 여호와의 말씀이니라. 여기서는 세 가지 죄악을 지적하였다. ① "뇌물을 받고" 살인함. 이것은 공의

를 위하여 권세를 사용할 처지에 있는 자들이 공의는 돌보지 않고 도리어 불의를 행한 죄다. ② "이자"를 받음. 율법에 따르면 돈을 꾸어주되 이자이나 변리를 받지 말라고 하였다(출 22:25; 레 25:37; 신 23:19; 시 15:5). ③ "속여 빼앗음". 이것은 관직에 있는 자가 권력을 동원하여 백성의 돈을 착취한 것을 의미한다.

"나를 잊어버렸도다." 이것은 위의 모든 죄를 범하게 된 근본 원인이다. 다시 말해 하나님을 두려워하지 않는 것이 모든 악행의 근원이 된다(참조. 신 32:18; 렘 2:32; 3:21).

13-16 여기서는 하나님께서 범죄한 이스라엘에 대하여 심판을 선고하신다. 선지자는 위에 나열한 모든 죄악 가운데 특별히 불의하게 이자를 받은 죄와 피 흘린 죄를 대표적으로 다시 지적한다.

"손뼉을 쳤다"는 말은(13절) 진노의 표시다.

나 여호와가 말하였으니 내가 이루리라(14절). 하나님의 말씀은 사실과 마찬가지의 효력을 갖는다.

네가 자신 때문에 나라들의 목전에서 수치를 당하리니(16절). 말하자면 이스라엘은 자기 죄 때문에 모든 나라 가운데 흩어져 멸시와 천대를 받을 것이란 뜻이다.

17 여호와의 말씀이 내게 임하여 이르시되. 15:1 해석을 참조하라.

18 인자야 이스라엘 족속이 내게 찌꺼기가 되었나니 곧 풀무 불 가운데에 있는 놋이나 주석이나 쇠나 납이며 은의 찌꺼기로다. "찌꺼기가 되었나니." 여기서 말하는 "찌꺼기"는 은광석에 섞여 있는 것들인데, 말하자면 "놋", "주석", "쇠", "납"과 같은 것들이다. 어떤 학자는 이 네 가지가 각각 악인들의 성격을 비유한다고 해석한다. 구체적으로 "놋"은 악을 행함에 있어서 뻔뻔스러움을 가리키고(신 33:25; 사 48:4), "주석"은 악인들이 겉모습으로 나타내는 경건한 모양을 가리키고, "쇠"는 그들의 잔인성을 가리키고, "납"은 그들의 나약성을 가리킨다고 한다

(Matthew Henry). 이것들은 결국 은의 찌꺼기와 같다는 것이다(참조. 18하).

19-22 대장장이가 은광석을 녹여 은과 그 찌꺼기들을 분리하는 것과 같이 하나님께서 유다 민족에게 진노의 불, 다시 말해 환난을 내리시어 은과 같은 의인들로부터 다른 불순물과 같은 악인들을 갈라내시겠다고 말씀하신다. 이것은 단순히 악인들을 회개시키는 정도의 시련이나 환난(사 1:25; 렘 6:29; 말 3:2-3)이 아니고, 그들을 아주 멸절시키는 것이다(G. Ch. Aalders).

나 여호와가 분노를 너희 위에 쏟은 줄을 너희가 알리라. 끝까지 회개하지 않는 악인들은 하나님의 진노 아래서 멸망하게 된다. 그들이 그때에는 그들을 향한 하나님의 진노를 깨달을 것이다.

24 진노의 날에 비를 얻지 못한 땅이로다. 가뭄은 하나님의 진노의 증표다(참조. 왕상 17:1; 18:1-2, 16-18).

25-29 이 구절들은 유다 땅에 가득한 각계각층의 죄악을 진술한다. ① "선지자들"의 죄악(25절). 그들은 거짓 선지자들이므로 물질을 탐하고 거짓말로 사람들의 영혼을 죽이는데, 그들은 사자와 같이 잔인하다. ② "제사장들"의 죄악(26절). 그들은 타락하여 어두워진 자들이므로 율법과 성결을 파수하는 직책을 이행하지 못한다. ③ "고관들", 다시 말해 통치자들의 죄악(27-28절). 그들은 탐관오리들이므로 불의로써 사람을 죽이기까지 하여 재물을 취득한다. 거짓 선지자들은 이런 악한 통치자들의 악행을 정당화해주는데, 그것은 무덤에 회칠하는 것과 마찬가지의 행동이다. ④ "백성"의 죄악(29절). 위에 말한 지도자들은 저렇게(25-28절) 불의로 재물을 탈취하는 자들이므로 그들의 지도하에 있는 백성이 공의를 행할 리가 없다. 윗물이 맑아야 아랫물이 맑다는 격언도 참되다.

30 이 땅을 위하여 성을 쌓으며 성 무너진 데를 막아서서 나로 하여금 멸하지 못하게 할 사람을 내가 그 가운데에서 찾다가 찾지 못하였으므로. 앞에서 이미 말했던 것처럼 유다 민족은 위아래를 불문하고 모두 악한데, 이와 같은 민족적 죄악에 대해

용서를 구하기 위하여 하나님 앞에 나와서 기도하는 자도 없었다. 다시 말해 옛날의 모세와 같은(시 106:23) 중보자가 없었다(참조. 창 18:23; 20:7; 출 32:11; 민 16:47-48; 렘 5:1).

31 그들 행위대로 그들 머리에 보응하였느니라. 다음 구절들을 참조하라. 잠언 1:31, 이사야 3:11, 예레미야 6:19, 에스겔 9:10, 11:21, 16:43.

│ 설교자료

1. 사람들이 날마다 죄를 저지르지만 날마다 벌을 받는 것은 아니다. 그러나 그들이 벌을 받는 한 때가 있다(4절). 그러므로 범죄자는 그날그날 무사하다고 안심할 것이 아니고, 도리어 날마다 두렵고 떨림으로 회개해야 한다(참조. 롬 2:3-5).

2. 신자가 범죄하고도 끝까지 회개하지 않으면 그가 만민의 조롱거리로 전락할 때가 온다(4하-5절). 회개하지 않는 신자들도 그런 벌을 받는다. 하나님께서는 자기의 살아 계심을 나타내시기 위하여 많이 준 자에게서는 많이 찾으신다(눅 12:48).

3. 유다 민족이 모든 죄악을 범하게 된 이유는 그들이 하나님을 잊어버렸기 때문이다(12하; 참조. 6-12절). 언제든지 하나님을 마음에 두지 않는 것이 죄악의 근본이다(참조. 롬 1:28-32).

4. 하나님께서 말씀하신 것은 무엇이나 다 이루어진다(14하). 그는 말씀으로 만물을 창조하시고 또한 말씀으로 우리를 구원하신다. 그가 그 말씀으로 우리를 구원하시는 이치는 다음과 같다. 그는 말씀으로 우리를 깨끗하게

만드시고(요 15:3; 엡 5:26), 또한 말씀으로 우리를 든든히 세우셔서 유업을 누리게 하신다(행 20:32).

5. 끝까지 하나님의 뜻을 거스르는 자들은 풀무 가운데 부어진 찌꺼기와 같이 결국은 드러나고 내버림을 당한다. 회개하고 하나님을 따르는 믿음의 사람들만 풀무와 같은 환난을 지나고 나서도 하나님께 속한다(17-22절).

6. 사회가 깊이 부패하면 사람들이 각기 맡은 분야에서 범죄한다(25-29절). 그 사회에는 하나님의 징계를 피할 소망이 있는 부분이 없다(30절). 그러므로 그런 사회는 조만간 하나님의 징계를 받는다.

제 23 장

✤ 내용분해

1. 이스라엘과 사마리아의 타락과 그 멸망에 대하여 예언함(1-10절)
2. 유다와 예루살렘의 타락과 그 멸망(11-35절)
3. 선지자 에스겔이 하나님에게서 받은 책임(36-49절)
   1) 오홀라(사마리아)와 오홀리바(예루살렘)의 죄악을 지적함(36-45절)
   2) 그들이 받을 심판(46-49절)

✤ 해석

1 또 여호와의 말씀이 내게 임하여 이르시되. 15:1 해석을 참조하라.

2 두 여인이 있었으니 한 어머니의 딸이라. "두 여인"은 아래 4절에 나오는 오홀라(사마리아)와 오홀리바(예루살렘)를 가리킨다. 사마리아는 이스라엘의 열 지파를 대표하는 이름이고, 예루살렘은 유다와 베냐민 두 지파를 대표한다. 이들은 "한 어머니" 사라의 자손들이다. 일설에 "한 어머니"는 "한 민족"(één volk)을 뜻한다고 한다(G. Ch. Aalders).

3 그들이 애굽에서 행음하되 어렸을 때에 행음하여 그들의 유방이 눌리며 그 처녀의 가슴이 어루만져졌나니. 이스라엘 민족은 애굽에서 노예 생활할 때 애굽의 우상들을 섬긴 일이 있었다(20:7). 그것을 가리켜 "어렸을 때"의 음행이라고 하였다. 이 민족은 ① 그처럼 어릴 때도 우상을 숭배할 만큼 깊이 부패하였으며, ② 애굽의 박해자들이 섬긴 우상들까지 섬길 만큼 심히 부패하였다.

하나님께서 그 백성의 우상숭배를 음행에 비유하신 이유는 그가 그 백성을 사랑하시되 남편이 아내를 사랑함 같이 사랑하시기 때문이다. 그가 그렇게도 사랑하시는 백성이 그를 버리고 우상을 섬겼을 때 그의 마음은 음행하는 아내에 대한 남편의 마음과 같이 되었다는 말이다.

4 그 이름이 형은 오홀라요 아우는 오홀리바라. "오홀라"(אָהֳלָה)는 "그녀의 장막"(her tent)을 의미하는데, 이것은 하나님이 지정해 주신 장막(성전)이 아니라 자기가 제 마음대로 만든 장막이라는 뜻이다. 이것은 북쪽 이스라엘(열 지파)의 왕 여로보암이 자기 마음대로 우상을 섬기기 위하여 신당을 세웠던 사실을 염두에 둔 명칭이다. "오홀리바"(אָהֳלִיבָה)는 "나의 장막이 그녀에게 있다"라는 뜻인데 이는 예루살렘 도시 안에 하나님의 장막(성전)이 있다는 뜻이다. 이것은 하나님이 그곳을 성전 장소로 지정하시고 친히 그곳에 성전을 세우신 사실을 염두에 둔 명칭이다.

사마리아, 곧 북쪽을 예루살렘의 "형"이라고 부른 것은 사마리아가 우상 숭배의 죄로 말미암아 패망하는 일에 선례가 되었기 때문이다.

5-7 오홀라가 내게 속하였을 때에 행음하여 그가 연애하는 자 곧 그의 이웃 앗수르 사람을 사모하였나니 그들은 다 자색 옷을 입은 고관과 감독이요 준수한 청년이요 말 타는 자들이라 그가 앗수르 사람들 가운데에 잘 생긴 그 모든 자들과 행음하고 누구를 연애하든지 그들의 모든 우상으로 자신을 더럽혔으며. "오홀라", 곧 북쪽 이스라엘은 하나님보다 "앗수르"를 의지하여 살고자 하였다(왕하 15:19; 16:7-9; 17:3; 호 8:9). 이스라엘

의 이와 같은 행위는 앗수르의 화려함과 그 권세에 미혹되어 이끌린 결과다. 6-7절에 나오는 "자색 옷을 입은"이라는 말과 "준수한", "잘 생긴"이라는 말들은 비유인데, 앗수르의 화려함과 그 권세의 강대함을 가리킨다. 이스라엘은 그것들에 끌렸는데, 하나님은 그러한 행위를 음행으로 간주하셨다.

사람이 하나님의 아름다우심을 모르고 세상의 영광과 세력을 좋아하여 따를 때 하나님은 그것을 음행이라고 말씀하신다(약 4:4).

8 이 구절은 이스라엘의 영적 음행의 역사적 유래를 지적한다. 사람이 한번 음행하면 그것을 고치기 어렵고 결국 하나의 습성이 되는 것처럼, 이스라엘이 우상을 숭배하는 습성은 그들 역사의 초기 애굽 시대부터 시작된 것이었다.

9 그러므로 내가 그를 그의 정든 자 곧 그가 연애하는 앗수르 사람의 손에 넘겼더니. 이스라엘은 하나님 대신 "앗수르"를 의지했는데, 그것은 하나님을 버리고 앗수르와 "연애하는" 음행과 같았다. 그러므로 하나님은 이제 이스라엘을 그들이 의지하였던 앗수르의 손으로 벌하셨다. 그것이야말로 "그들의 밥상이 올무가 되게 하시며 그들의 평안이 덫이 되게" 하시는 오묘한 벌이다(시 69:22).

10 여인들에게 이야깃거리가 되게 하였나니(וַתְּהִי שֵׁם לַנָּשִׁים). 이 문구는 "그녀가 여자들에게 이름이 되었나니"라고 번역해야 한다. 말하자면 이스라엘이 그렇게 벌을 받은 사실이 모든 나라들에게 본보기가 된다는 뜻이다.

이는 그들이 그에게 심판을 행함이니라. 이 말은 앗수르 사람들이 이스라엘을 심판한다는 뜻이다.

11 그 아우 오홀리바가 이것을 보고도 그의 형보다 음욕을 더하며 그의 형의 간음함보다 그 간음이 더 심하므로 그의 형보다 더 부패하여졌느니라. "오홀리바"는 예루살렘으로 대표되는 유다를 가리킨다. 유다는 북쪽 이스라엘의 범죄와 그에 따르는 패망을 보았으니, 이제 깨우쳤어야 할 것이었다. 그런데 유다는 깨우치지 않고 오히려 이스라엘보다 죄를 더 많이 범하였다고 하나님은 탄식하신다. "좋

은 포도 맺기를 바랐더니 들포도를 맺었도다"(사 5:2)라고 하는 실망의 대상은 인류다. 인류는 이렇게 전적으로 부패하였다. 그들은 그리스도의 공로로만 구원을 받을 수 있다. 이제 유다가 하나님을 의지하지 않고 이방 세력을 의지한 음행은 한 나라와만 관계된 것이 아니고 세 나라와 관계된 것이었다. 말하자면 그들은 ① "앗수르"와 음행하였고(12-13절), ② "바벨론"과도 음행하였고(14-18절), ③ 또한 "애굽"과도 더불어 음행하였다(19-21절).

12 그가 그의 이웃 앗수르 사람을 연애하였나니(참조. 왕하 16:10-18). 이 말씀은 하나님을 버리고 앗수르를 의지한 것을 비유한다. 앞의 3절 해석을 참조하라. "화려한", "준수한"이라는 말에 대하여는 6-7절 해석을 참조하라.

13 그 두 여인이 한 길로 행하므로. 이는 유다(예루살렘)와 이스라엘(사마리아)이 앗수르를 의지해 보려는 죄를 범한 일에 있어서는 똑같다는 뜻이다.

그도 더러워졌음을 내가 보았노라. 유다가 앗수르를 의뢰한 사건으로 말미암아 더러워진 것을 하나님께서 보셨다. 인간은 자신이 더럽혀지고도 그러한 사실을 인식하지 못하지만 하나님은 그것을 아신다(참조. 잠 16:2).

14-16 그가 음행을 더하였음. "음행"에 대해서는 3절 해석을 참조하라.

붉은 색으로 벽에 그린 사람의 형상 곧 갈대아 사람의 형상을 보았음이니. 아마 그 당시에 갈대아 군대의 위세를 과시하는 그림이 왕궁의 벽에 그려져 있었던 것으로 보인다. 그것을 본 왕의 마음에 갈대아(바벨론)를 의뢰하려는 생각이 일어났던 것 같다. 이것은 그 당시 유다 나라가 하나님에 대한 신앙이 없었기 때문에 의지할 곳이 없어 세상 세력이라면 무엇이나 붙잡으려고 덤벼들었던 사실을 잘 묘사한다. 사람이 하나님을 단단히 의지하지 않으면 별수 없이 저렇게 약해져서 의리를 지키지 못하고 세상 세력을 붙잡으려고 광분한다.

17 음행으로 그를 더럽히매. 3절 해석을 참조하라.

그가 더럽힘을 입은 후에 그들을 싫어하는 마음이 생겼느니라. 하나님께서 택하신 백성이 하나님만 의지하지 않고 다른 나라를 의지하면 그들은 하나님 앞에 더럽혀진 자가 된다. 유다는 바벨론의 원조를 받음으로써 더럽혀졌다. 그리고 유다는 더럽혀진 후에 결국 바벨론을 배반하였다.

19-21 여기서는 유다가 또다시 하나님을 의지하지 않고 애굽을 의뢰한 사실(렘 2:18; 37:7)을 책망하였다. 유다의 이와 같은 행동은 일찍이 조상들의 시대에 애굽에서 우상을 섬기며 범죄하던 생활이 그리워서("생각하고" זָכַר) 그 생활로 되돌아간 셈이다.

22 싫어하던 자들. 이것은 바벨론 사람들을 가리킨다. 그들이 유다 민족을 공격하게 된 것도 우연한 일이 아니고 하나님의 섭리로 이루어진 것이다. 다시 말해 **"오홀리바"**(유다)가 바벨론을 배척한 행동이 바벨론을 격동시켜 유다를 침략하도록 하였지만, 거기에도 하나님의 주권이 역사하고 있었음을 우리는 기억해야 한다.

23상 **"바벨론 사람"**이라는 말은 아래 **"갈대아 모든 무리"**라는 문구와 동일한 내용을 가리킬 것이다. **"브곳"**은 티그리스(Tigris)강 동쪽에 살던 아람족이었다. **"소아"**와 **"고아"** 역시 티그리스(Tigris)강 동쪽에 살던 수투(Sutu)와 쿠투(Kutu) 두 족속을 가리켰을 것이다(G. Ch. Aalders). 어떤 학자들은 여기 기록된 세 가지 이름들(브곳, 소아, 고아)이 모두 "갈대아 모든 무리"라는 문구에 대한 설명이라고 하면서, "브곳"(פְּקוֹד)은 감독자(혹은 치리자)를 의미하고, "소아"(שׁוֹעַ)는 부유함을 의미하고, "고아"(קוֹעַ)는 존귀함을 의미한다고 하였다(Delitzsch).

모든 앗수르 사람. 이때에는 "앗수르"가 바벨론에 합병되었던 때이므로, 바벨론의 치하에 앗수르 민족도 속해 있었다.

23하-25 여기서는 바벨론 군대의 위엄을 진술하여 그 당시의 유대인들로 하여금 공포를 느끼도록 함으로써 회개시키려 한다. 완악한 자들에게는 공포심이 필요하다. 공포심이 그들의 교만을 꺾어서 부드러워지게 만들고 죄를 고백하게 해주기도 한다. 그 당시 유다를 쳤던 바벨론 군대는 하나님께서 보내신 것이었다. 유대인들이 그 군대를 두려워하는 일은 하나님을 인정하는 자세로서 필요한 것이기도 하였다.

"**재판**"(מִשְׁפָּט "미슈파트")(24절)은 심판을 의미한다. 하나님께서 이 세상에서 악인들을 심판하실 때는 사람들에게 권세를 주시어 그것을 시행하도록 하신다.

내가 너를 향하여 질투하리니 그들이 분내어(25상). 말하자면 하나님께서 유다 민족을 향하여 진노를 발하시겠다는 뜻이다. 그 진노는 바벨론 군대를 통하여 나타나게 마련이다. 하나님께서 하시는 일은 인간의 행위와는 무관하게 기적적인 방식으로만 실현되는 것은 아니다. 하나님의 역사가 인간의 행위를 도구로 이용하여 실시되는 경우도 많다.

네 코와 귀를 깎아 버리고(25절). 옛날에 애굽을 비롯하여 여러 국가에서는 포로들을 이렇게 학대하였다(참조. 왕하 25:7).

26 네 옷을 벗기며 네 장식품을 빼앗을지라. 이것은 유다 나라를 여자로 비유하여 말한 것이다. 유다는 음녀처럼 다른 나라들에 아첨하였다. 그러므로 이제 그 죄의 대가로 그 나라는 마치 음녀가 옷이 벗겨지고 장식품을 빼앗기듯이 참변을 당할 것이라고 한다.

27 애굽 땅에서부터 행음하던 것을 그치게 하여. 위에서 이미 말한 바와 같이 유다는 패전할 것이므로, 그 나라가 앞으로는 애굽 땅에서부터 습관이 되어온 음행(하나님을 의지하지 않고 외국들을 의지함)을 지속할 수 없을 것이라는 뜻이다. 과연 이 예언과 같이 유다 민족 중 많은 사람이 바벨론으로 끌려갔고, 또 많은 사람이 칼에 죽었으며, 남은 사람들은 사방으로 흩어지고 국권은 사라졌다. 그러므로 다시는 그 나라가 다른 나라와 외교할 위치에 서지 못할 것이다. "그들(열국)을 향하여 눈을 들지도 못하게 하며"라는 말씀이 그런 뜻이다.

28 이 구절에 대하여는 위의 22절 해석을 참조하라.

29-30 이 구절들은 유다가 바벨론의 침략으로 말미암아 모든 것을 빼앗

기고 그 강토가 초토화할 것을 예언한다.

너를 벌거벗은 몸으로 두어서. 이것은 그 나라의 모든 시설이 파괴되고 벌거숭이 땅이 될 것을 가리킨다. 그것이 그렇게 되는 일은 마치 음녀가 벌을 받아 벌거벗은 몸으로 내놓음이 됨과 같다고 한다. 유다 나라가 하나님을 믿지 않고 다른 나라를 의뢰한 것은 영적 음행이다.

31 네가 네 형의 길로 행하였은즉. 말하자면 오홀리바(예루살렘)도 오홀라(사마리아)가 범죄한 것처럼 범죄하였다는 뜻이다.

내가 그의 잔을 네 손에 주리라. "잔"은 분깃을 의미한다. 오홀리바가 오홀라의 죄와 같은 악을 범했으면 그가 받은 벌과 똑같은 벌을 분깃으로 받는 것이 마땅하다.

32-35 이 부분에 "잔"(כוס "코스")이라는 말이 네 번 나온다. "잔"은 분깃을 가리키는데, 여기서 이 말이 반복적으로 사용된 것은 하나님께서 유다가 받을 당연한 분깃이 어떠한 것인지를 강조하신 것이다.

네가 그 잔을 다 기울여 마시고 그 깨어진 조각을 씹으며 네 유방을 꼬집을 것은(34절). 유다 나라는 하나님이 주시는 진노의 잔을 마시되 끝까지 마시지 않을 수 없다. 말하자면 그들은 하나님이 주시는 진노의 잔을 피하려 해도 피할 수 없어서 마시는데, 잔의 "깨어진 조각"까지 씹을 정도로 받는다는 것이다. 요컨대 유다는 하나님의 벌을 남김없이 받을 수밖에 없다. 그녀가 자기 "유방을 꼬집"는다는 것은 하나님의 벌을 받는 그녀의 마음이 타는듯함을 비유한다. 그가 그 벌을 면할 수 없는 이유는 하나님께서 그렇게 되도록 말씀하셨기 때문이다. 하나님의 말씀이 갖는 권위는 이렇게 위대하다. 그가 말씀하신 것이면 반드시 그대로 되고야 만다.

"**네 음행**"(35절)이라는 말은 유다 나라가 마땅히 믿어야 할 하나님을 믿지 않고 외국의 세력들을 의뢰한 것을 비유한다. 앞의 3절 해석을 참조하라.

36 여호와께서 또 내게 이르시되 인자야 네가 오홀라와 오홀리바를 심판하려느냐 그

러면 그 가증한 일을 그들에게 말하라. "오홀라와 오홀리바"에 대하여는 4절 해석을 참조하라. 선지자는 하나님을 대리하여 죄악이 가득한 유다와 이스라엘을 심판할 처지였다. 이것은 물론 최후의 대심판이 아니고 역사상에 나타나는 섭리적 심판을 가리킨다.

37 그들이 행음하였으며 피를 손에 묻혔으며 또 그 우상과 행음하며 내게 낳아 준 자식들을 우상을 위하여 화제로 살랐으며. "행음"이라는 것은 신자가 하나님을 믿지 않고 외국 세력들을 의뢰하는 죄를 가리킨다(참조. 3절 해석).

"자식들을 우상을 위하여 화제로 살랐으며." 이것은 유다와 이스라엘이 자식들을 태워서 몰록 우상에게 바친 죄악을 가리킨다. 하나님을 섬긴다는 자들도 타락하면 심령이 어두워져서 이런 무서운 죄를 범한다.

38-39 이 외에도 그들이 내게 행한 것이 있나니 당일에 내 성소를 더럽히며 내 안식일을 범하였도다 그들이 자녀를 죽여 그 우상에게 드린 그 날에 내 성소에 들어와서 더럽혔으되 그들이 내 성전 가운데에서 그렇게 행하였으며. "당일에 내 성소를 더럽히며." 말하자면 그들이 자식을 태워 몰록 우상에게 바쳤던 그 날 곧바로 성전에 올라가서 하나님께 제사를 드렸다는 것이다. 이것은 너무도 파렴치한 짓이다. 그들은 큰 죄를 범하고도 양심에 아무 가책도 느끼지 않고 하나님 앞에 나아갔다. 그뿐 아니라 그들의 이와 같은 행위는 하나님과 몰록 우상을 동급으로 취급하는 외람된 행위다.

40-42 이 구절들은 유다와 이스라엘이 하나님 대신에 세상 나라들을 의뢰하고 군사 원조를 청한 사실들을 염두에 두고 한 말씀이다. 하나님께서는 그들의 이 죄악을 진술하실 때 음녀가 간음할 대상을 불러들여 접대하는 모습으로 그것을 비유하신다. 그가 그것을 이렇게 비유하시는 이유는 그들이 하나님을 의지하지 않고 다른 것을 의지하는 일이 하나님께 그토록 가증스러워 보이기 때문이다. 그들의 행태가 하나님께는 음행하는 아내의 행태처럼 보인다는 것이다. 불신앙은 모든 죄악의 대표가 될 만큼 하나님께 가증스

러운 것이다(요 16:9).

43 내가 음행으로 쇠한 여인을 가리켜 말하노라 그가 그래도 그들과 피차 행음하는도다. "음행으로 쇠한 여인"은 하나님을 등지고 세상 세력을 의지하는 행위를 비유한 말씀이다. 이 죄악은 유다와 이스라엘에 오래전부터 있어 온 것이었다. 그것은 그들에게 유익을 주지 않았고 도리어 손해를 끼쳐 그들을 쇠약하게 만들었다. 그럼에도 불구하고 그들은 끝내 그 습성을 버리지 않았다. 죄악이라는 것은 이처럼 무섭게 사람을 사로잡고 놓아주지 않는다.

45-49 이 구절들은 하나님께서 바벨론 군대를 보내시어 유다를 벌하실 것을 다시 예언한다. 여기서 **"의인"**은 하나님이 세우신 바벨론 군대를 가리킨다. 그들은 하나님의 의로운 심판의 대행자들이다(Delitzsch).

| 설교자료

1. 이 세상의 자랑거리에 끌려 음욕이 일어나는 것처럼 영적 음욕도 그렇다(6-7, 12절). 다시 말해 영적으로 음행하는 자는 하나님보다 이 세상을 더 좋게 보기 때문에 하나님보다 세상을 더 사랑한다(약 4:4).

2. 사람이 무언가를 하나님보다 더 사랑하면 그것이 영적 음행이다. 그는 그가 사랑하는 대상 때문에 망한다(9절). 그가 돈을 하나님보다 더 사랑하면 그 돈 때문에 망하고(딤전 6:10), 자식을 하나님보다 더 사랑하면 그 자식 때문에 망한다.

3. 오홀라(사마리아)의 죄보다 오홀리바(예루살렘)의 죄가 더 크다. 그 이유는 후자가 전자에게 벌이 임한 사실을 보고도 깨우치지 않았기 때문이다(11절). 오늘날도 누구든지 자기 주변에서 죄 때문에 벌 받는 자들을 보고도

깨어나지 않으면 그는 하나님 앞에서 죗값을 크게 받는다.

4. 사람들이 서로의 죄악을 용납함으로써 친구가 되면 오래지 않아 그 친분은 깨어진다(17절).

5. 범죄하는 자들은 하나님께 벌을 받을 때까지 기다리지 말고 즉시 회개해야 한다(27절).

6. 회개한 않는 죄인이 당하는 천벌은 흔히 그가 범하였던 죄악에 상응하여 나타난다(29-30절).

7. 같은 죄악은 거의 똑같은 벌을 받는다(31-34절). 이것을 보아도 하나님이 살아 계심을 알 수 있다.

8. 사람이 하나님을 의지하지 않고 다른 것을 의지하는 것이 곧 우상숭배다(40-42절).

제 24 장

↓ 내용분해

1. 가마에 고기를 끓이는 표상으로 예루살렘의 최후 멸망을 예언함(1-14절)
2. 에스겔이 아내가 죽었을 때 애통하지 않은 것처럼, 예루살렘이 멸망할 때도 사람들이 너무 기가 막혀 애통하지 못하게 됨(15-27절)

↓ 해석

1-2 날짜 곧 오늘의 이름을 기록하라. 여호야긴이 사로잡혀 간 지 "아홉째 해 열째 달 열째 날"은 바로 예루살렘 최후 멸망의 날이다(렘 36:1; 52:4; 왕하 25:1). 에스겔은 이날에 벌어질 일을 하나님의 계시로 알게 되었다.

3 너는 이 반역하는 족속에게 비유를 베풀어 이르기를 주 여호와께서 이같이 말씀하시기를 가마 하나를 걸라. "가마" 안의 고기 비유는 일찍이 유대인들이 예루살렘 성안에 사는 사람들은 안전할 것이라는 의미로 잘못 사용해온 것이었다 (11:3). 그러나 하나님께서는 이미 그들에게 이 비유의 뜻을 바로 깨닫게도 하

셨다(11:7). 이제 또다시 하나님께서는 그 비유를 가지고 말씀하신다. 비유로 말씀하시는 목적은 사람들로 하여금 인상 깊이 진리와 사실을 깨닫게 하려는 것이다.

4-5 "양 떼에서 한 마리를 골라", "모든 좋은 덩이", "고른 뼈"라는 표현은 모두 예루살렘의 주민들 가운데 특별히 이름난 자들, 요인들을 비유한다. 이 예언과 같이 바벨론 군대가 예루살렘의 모든 요인을 없이 하였다(렘 39:9-10).

6 녹슨 가마. 이것은 예루살렘이 주민들의 범죄로 더럽혀진 상태를 가리킨다.

제비 뽑을 것도 없이 그 덩이를 하나하나 꺼낼지어다. 이것은 가마로 비유된 예루살렘에서 고깃덩이로 비유된 주민들(특히 요인들)을 남김없이 잡아내어 죽이거나 혹은 사로잡아 감을 가리킨다. 이 일에 있어서 예루살렘의 모든 요인들은 "제비 뽑을 것도 없이" 모두 걸린다.

7-8 히브리어 원문에는 7절 첫머리에 "왜냐하면"(כִּי "키")이라는 이유 접속사가 있어서 위에 제시한 징벌의 원인을 보여준다.

티끌이 덮이게 하지 않고 맨 바위 위에 두었도다. 말하자면 예루살렘 사람들이 불의하게 살인하고도 파렴치하여 두려운 줄 몰랐다는 뜻이다. 그들은 죽임을 당한 자들의 피를 "티끌" 속에 묻지도 않았다. 그러므로 하나님께서도 "맨 바위 위에" 드러난 피를 그대로 두어 신원하여 주시겠다고 하신다.

9-11 나무 무더기를 크게 하리라(9절). 이것은 가마로 비유된 예루살렘을 대적하기 위해 군사력을 강화한다는 뜻이다.

고기를 삶아 녹이고 국물을 졸이고 그 뼈를 태우고 가마가 빈 후에는 숯불 위에 놓아 뜨겁게 하며 그 가마의 놋을 달궈서 그 속에 더러운 것을 녹게 하며 녹이 소멸되게 하라(10-11절). 이것은 하나님께서 예루살렘을 벌하시되 철저히 하실 것을 보여준다. 예루살렘 사람들의 범죄가 심히 악독하였던 것만큼이나 하나님의 징벌도 그러하다. 가마의 "놋"까지 소멸하려고 그것을 달굼과 같이 하나님께서 예루살렘을 벌하시는 일도 그만큼 심각하게 하신다. 이것을 보면 하나님께서 인간을 벌하실 때는 얼마나 철저하게 하심을 알 수 있다. 물론 그렇게 벌을 내리시기 전까지 그가 오래 참으시며 죄인들의 회개를 재촉하신다. 그런데도 불구하고 그들이 끝까지 회개하지 않음으로써 이제는 내버림을 당할 수밖에 없을 때 하나님의 징벌이 임하게 된다. 다시 말해 하나님의 그 크신 자비로도 더 참으실 수 없을 때 이런 징벌이 내린다.

12 이 성읍이 수고하므로 스스로 피곤하나 많은 녹이 그 속에서 벗겨지지 아니하며. 하나님께서는 "가마"에 비유된 예루살렘을 그렇게 심한 환난으로 벌하시겠다고 앞에서 이미 말씀하셨다(9-11절). 그가 그렇게까지 심하게 하셔야만 하는 필요성이 이제 이 구절에서 진술된다.

"이 성읍이 수고하므로 스스로 피곤하나"(תְּאֻנִים הֶלְאָת). 이 말은 그 성읍이 좀 더 부드러운 방법으로 정결해지기를 힘썼으나 아무런 효과를 보지 못하였다는 것이다(Delitzsch). 그러나 헹스텐베르크(Hengstenberg)는 이 문구를 다음과 같이 번역한다. "그 성읍이 우상을 섬기는 일과 외국을 의뢰하기를 계속하므로 나(선지자)를 괴롭히기만 하였다."

13 너의 더러운 것들 중에 음란이 그 하나이니라. 이것은 그 성읍의 "더러운" 일들 가운데 특히 "음란"이 깊이 뿌리박고 있다는 뜻이다(Matthew Henry). 몇몇 학자들(Kraetzschmar, Heinisch, Troelstra)은 이 문구를 또다시 원본이 아닌 문구라고 하였으나 그것은 그릇된 판단이다.

14 나 여호와가 말하였은즉 그 일이 이루어질지라. 이것은 하나님 말씀의 권위가 얼마나 위대한지를 보여준다. 하나님의 말씀은 바로 사실 자체다.

그들이 네 모든 행위대로 너를 재판하리라. 곧 모든 나라가 하나님의 사자 자격으로 유다를 심판하리라는 뜻이다. "재판하리라"(שָׁפַט "샤파트")라는 동사는 심판을 의미한다.

16-17 내가 네 눈에 기뻐하는 것을 한 번 쳐서 빼앗으리니. "네 눈에 기뻐하는 것"(מַחְמַד עֵינֶיךָ "마흐마드 에네카")은 예루살렘을 의미하는데(21절), 그것이 또한 에스겔의 아내로 상징되었다(18절).

너는 슬퍼하거나 울거나 눈물을 흘리거나 하지 말며. 장차 유다와 예루살렘에 임할 환난은 ① 모든 가족에게 임할 것이니 그때에는 죽음이 너무도 흔해져서 어느 한 사람도 죽음을 하나하나 애도할 처지가 못 된다. 그뿐 아니라 ② 그 환난은 하나님이 보내신 것이므로 경건한 신자들은 그것이 당연한 일인 줄 알고 하나님 앞에서 회개할 뿐이다. 하나님께서 이와 유사한 말씀을 일찍이 예레미야에게도 주셨다(렘 16:1-9).

18 내가 아침에 백성에게 말하였더니 저녁에 내 아내가 죽었으므로 아침에 내가 받은 명령대로 행하매. 선지자 에스겔은 하나님의 대언자였으므로 하나님께서 하라고 하시는 대로 순종할 따름이다. ① 그는 하나님의 말씀을 들은 대로 백성에게 전하였다. ② 그의 아내가 죽은 사건은 그가 선포할 환난의 상징으로 사용되었다. 물론 그 아내의 죽음은 하나님이 정하신 수명대로 살고 떠난 것이었다. 그러나 그녀의 죽음은 마치 남편의 설교를 위한 재료나 예언 재료로 제공된 듯한 인상을 주게끔 마련되었다. 그만큼 예언자의 가족은 하나님의 일을 위하여 희생해야 한다는 진리가 여기 드러난다. 하나님의 종은 인정에 끌리지 말고 가족을 아주 내버린 것과 같은 심정으로 하나님의 일을 해야 한다. 아브라함은 하나님의 명령에 따라 그의 독자라도 아끼지 않고 번제물로 바치려 했었다.

19 백성이 내게 이르되 네가 행하는 이 일이 우리와 무슨 상관이 있는지 너는 우리에게 말하지 아니하겠느냐 하므로. 백성이 에스겔의 행동에 관심을 가지게 된 것은 고마운 일이다. 그러나 그들이 그렇게 되기까지는 에스겔의 아내가 죽은 사건과 그 사건에 대한 에스겔의 순종이 있었다. 하나님께서는 그의 백성이 주의 깊게 선지자의 예언을 받아들이도록 하시기 위하여 이렇게까지 사건을 일으

키셨다.

21-24 에스겔이 그의 아내가 죽은 사건에도 불구하고 지체하지 않고 하나님께 순종하여 행한 것처럼 유대인들도 예루살렘 멸망의 환난 가운데서 울지 말아야 할 것이라고 말씀한다. 요컨대 그때는 죽는 자가 너무 많아서 아무라도 죽은 자들을 하나하나 조문할 여유가 없다는 것이다. 그뿐 아니라 그때에는 그들이 하나님 앞에서 회개하는 것이 중요하며 인정에 끌려 곡하는 일은 시급하지 않다는 것이다. 16절의 해석을 참조하라.

입술을 가리지 아니하며(22절). 유대인들은 슬픔을 표현하기 위해 수염을 손으로 가리는 풍속이 있었다. 수염을 가리게 되면 자연스럽게 입도 가리게 된다. 하나님께서는 여기서 유대인들에게 슬퍼하는 표시를 나타내지 말라고 하신다.

사람의 음식물을 먹지 아니하며(22절). 말하자면 조문객들이 가져오는 음식을 먹지 말라는 뜻이다. 다시 말해 조문을 받지 말라는 뜻이다.

수건으로 머리를 동인 채(23절). 슬픔을 당한 자는 두건을 풀어 버리는 풍속이 있었다.

발에 신을 신은 채(23절). 그 당시에는 슬픔을 당한 자가 맨발로 행하는 풍속이 있었다.

죄악 중에 패망하여 피차 바라보고 탄식하리라(23절). "죄악 중에 패망"한다는 말은 그들이 죄악으로 당하는 환난으로 말미암아 쇠약해짐을 말한다. 그리고 그들은 슬픔이 너무 크기 때문에 탄식할 뿐이고 울 수도 없다.

25 이 구절은 예루살렘이 멸망할 날을 가리킨다.

27 **다시는 잠잠하지 아니하리라.** 이것은 예언이 성취된 후에 선지자가 더욱 힘있게 하나님의 말씀을 전하게 될 것을 의미한다.

너는 그들에게 표징이 되고. 에스겔의 예언이 성취된 뒤에는 백성들이 그가 누구였는지 알게 된다는 것이다. 말하자면 그가 하나님의 권능으로 세워졌다는 사실과 그가 하는 말과 행동이 모두 "표징"(מוֹפֵת "모페트"), 곧 하나님으로 말미암은 기사(奇事)였다는 사실을 그들이 깨닫게 된다는 뜻이다.

그들은 내가 여호와인 줄 알리라. 예언의 성취는 위대한 일들 가운데 하나다. 이렇게 예언이 성취되는 것을 목도하는 자는 그 예언을 주신 이가 참으로 하나님이시라는 사실을 알게 된다.

| 설교자료

1. 옛날에는 먼 나라의 일을 알 수 없었고 오직 하나님의 계시로만 알 수 있었다(2절).

2. 죄는 없어지지 않는 가마의 녹과 같아서 사람에게 굳게 붙어 있다(6절; 참조. 12절). 이런 죄에서 구속할 능력은 예수님의 보혈밖에 없다.

3. 피 흘린 죄는 두려운 것이다. 그것이 보응을 받기 전에는 하나님의 눈앞에서 가려지지 않는다(8절).

4. 하나님의 말씀은 반드시 이루어지고야 만다(14절). 그러므로 시편 12:6에 말하기를 "여호와의 말씀은 순결함이여 흙 도가니에 일곱 번 단련한 은 같도다"라고 하였다(참조. 렘 23:28-29).

5. 사람들은 사랑하는 가족이 죽었을 때 그가 아주 사라져버린 것으로 잘못 생각하지 않아야 한다. 그의 영혼은 하나님께서 거두어 가신 것뿐이다(16절). 이런 의미로 이사야 57:1에는 "거두어 감"이나 "불리어감"이라는 말이 나온다.

6. 외식하는 유대인들은 성전에서 제사 의식을 거행함으로써 구원받는 줄로 잘못 알고 하나님의 말씀을 순종하지 않았다. 그것은 성전이나 제사 의식을 우상화한 죄악이었다. 그러므로 하나님은 그때에 성소를 아낌없이 더럽히겠다고 경고하신다(21절; 참조. 렘 7:4-15).

제 25 장

하나님의 심판은 먼저 교회에서 시작되는 법이다(벧전 4:17). 그러므로 에스겔은 지금까지 하나님의 백성 유다에 대하여 심판을 선고하였고 이제는 이방 나라들에 대하여도 하나님의 심판을 예언하게 된다.

✢ 내용분해

1. 암몬 족속에 대하여(1-7절)
2. 모압 족속에 대하여(8-11절)
3. 에돔 족속에 대하여(12-14절)
4. 블레셋에 대하여(15-17절)

이 민족들이 벌을 받아야 하는 이유는 그들이 하나님의 백성을 멸시하며 괴롭혔기 때문이다.

✙ 해석

1 여호와의 말씀이 또 내게 임하여 이르시되. 15:1 해석을 참조하라.

2-3 "암몬 족속"은 롯의 후손들이다(창 19:30-38).

내 성소가 더럽힘을 받을 때에 네가 그것에 관하여, 이스라엘 땅이 황폐할 때에 네가 그것에 관하여, 유다 족속이 사로잡힐 때에 네가 그들에 대하여 이르기를 아하 좋다 하였도다. 말하자면 유다가 바벨론의 침략을 당할 때 암몬 족속은 유다 민족이 패망해 가는 것을 보고 기뻐하였다는 뜻이다. 성도는 원수가 패망할 때도 기뻐하지 않아야 한다(참조. 잠 24:17-18). 암몬 족속이 유다 민족을 괴롭힌 역사에 대하여는 사사기 11:9, 사무엘상 11:1, 사무엘하 10:3, 열왕기하 24:2, 시편 83:6-8, 아모스 1:13, 스바냐 2:8 등을 참조하라.

4-7 이 부분에서는 암몬 족속의 땅이 아랍 민족들의 목축 장소로 변할 것을 예언한다. 여기 예언된 대로 바벨론 왕 느부갓네살은 암몬을 정복하였고,[70] 그 땅은 황폐하게 되었으며, 이후에 과연 그곳은 아랍 민족의 목축 장소가 되었다. 이 같은 사실은 버킹엄(Buckingham)이라는 여행자가 직접 목격한 사실이다(Zöckler). 하나님의 예언은 이토록 정확하게 성취된다.

8 모압과 세일. 여기 "모압"에 대한 예언 첫머리에 어째서 "세일"(에돔)이라는 이름도 함께 나오는가? 몇몇 학자들은 이것이 에스겔이 기록한 원본인지 의심스럽다고 하였다(Cornill, Toy). 그러나 모압과 에돔은 이스라엘을 대적하는 일에 공동으로 보조를 취하기 때문에, 여기서 "세일"(에돔)도 함께 언급되는 것이다(Fisch).

유다 족속은 모든 이방과 다름이 없다 하도다. 그들의 이러한 발언은 이스라엘의 하나님이나 그들의 우상이나 다를 것이 없다는 뜻이다. 이것은 여호와를 모

---

70) 렘 49:28; Josephus, Ant. X. 9. 1.

독하는 말이다.

9 **그 나라 국경에 있는 영화로운 성읍들 벧여시못과 바알므온과 기랴다임을 열고.** 말하자면 바벨론 군대가 침략할 수 있도록, 그 "성읍들"의 방어체계를 제거하시겠다는 뜻이다. 이 예언대로 바벨론 군대는 예루살렘을 멸망시킨 지 5년 후에 모압을 침략하였다(Josephus, Ant. X. 9. 7).

10-11 이 구절들은 모압의 운명이 결국 암몬 족속과 같을 것이라고 예언한다. 이 예언은 그대로 성취되었다. 오늘날 모압이라는 민족은 사라져 없어졌고, 그 땅에는 아랍 민족("동방 사람")이 살고 있다.

12 **에돔이 유다 족속을 쳐서 원수를 갚았고.** "에돔"이 끈질기게 이스라엘을 대적하였던 사실은 잘 알려져 있다.[71] 하나님의 백성을 대적하는 것은 바로 하나님을 대적하는 죄악이다.

13-14 **내 백성 이스라엘의 손을 빙자하여 내 원수를 에돔에게 갚으리니.** 이것은 에돔이 예후다 마카비(Judas Maccabeus)로 말미암아 완전히 정복되고 그 나라는 유다 국가에 편입될 사실을 예언한 것이다. 그때의 대제사장 히르카노스(Hyrcanus)가 주전 126년에 에돔 사람들로 하여금 강제로 할례를 받게 하였다.

15 **옛날부터 미워하여 멸시하는 마음으로 원수를 갚아 진멸하고자 하였도다.** 블레셋 족속도 이스라엘의 숙적이다.[72]

16 **그렛 사람을 끊으며.** "그렛 사람"은 블레셋 민족의 한 지파로서 처음에 가나안 서남쪽에 거주하였다(습 2:5). 블레셋 민족이 이 예언과 같이 멸망하는 일은 바벨론이 그때의 세계를 정복하던 시대에 시작되었다.

17 **내가 여호와인 줄을 그들이 알리라.** 특별히 그리스도로 말미암아 임한 구

---

71) 민 20:14; 신 2:4, 8; 사 34:5; 렘 49:7-22; 애 4:21; 욜 3:19; 암 1:11; 옵 1:10; 말 1:3-5.
72) 참조. 대하 26:6; 왕하 18:8; 사 11:14; 습 2:5; 암 1:8; 사 14:29-30; 렘 47:4.

원에 블레셋 사람들도 참여하게 되어 있다(슥 9:7).

| 설교자료

1. 하나님의 교회를 조롱하고 박해하며 끝까지 회개하지 않는 자들은 개인이든지 단체든지 예외없이 망한다(2-17절). 그들은 그렇게 벌을 받고서야 여호와께서 참 하나님이시라는 사실을 깨닫게 된다(7하). 이렇게 하나님은 그가 살아 계심을 심판 행위로 나타내신다.

2. 하나님 백성의 원수들이 하나님의 백성을 향하여 범하는 죄악은 여러 가지다. ① 그들은 하나님의 백성이 넘어짐을 기뻐한다(3, 6절). 하나님께서 그들의 이와 같은 태도를 미워하신다(잠 24:17-18). ② 그들은 유다와 이방을 동일시한다(8절). 다시 말해 모압과 세일은 유다 민족이 하나님께서 택하신 백성이라는 사실을 무시하였다. 그것은 하나님의 거룩하심을 멸시하는 행동이다. ③ 그들은 이스라엘에 대해 복수하였다(12절). 에돔 민족은 이스라엘이 곤란한 틈을 타서 그들을 쳤다(옵 11절). ④ 그들은 하나님의 백성을 미워하고 멸시하였다(15절). 이것은 특히 블레셋 족속의 소행이었다.

이렇게 범죄한 암몬, 모압, 에돔, 블레셋은 에스겔의 예언과 같이 하나님께 벌을 받아 모두 다 폐허가 되었다. 그러나 하나님의 말씀은 오늘날까지도 계속하여 성취되고 있다.

제 26 장

두로는 페니키아(Phoenicia)의 수도로서 세계적으로 유명한 상업 도시였다. 그러므로 이 나라에 대한 예언이 본 장부터 28장까지 광범위하게 진술된다.

↓ 내용분해

1. 두로의 죄악에 대하여 진술함(1-2절)
2. 두로의 멸망에 대하여 진술함(3-21절)
   1) 전적으로 멸망함(3-6, 12-14절)
   2) 그 도시를 멸망시키기 위해 열국과(3절) 느부갓네살 왕을 동원함(7-11절).
   3) 열국이 두로의 멸망을 보고 놀람(15-18절)
   4) 두로가 황폐하게 될 것을 확언함(19-21절)

✣ 해석

1 여호와의 말씀이 내게 임하여 이르시되. 이 문구에 대하여는 15:1 해석을 참조하라.

2 아하 만민의 문이 깨져서 내게로 돌아왔도다. 이것은 열국의 상인들이 유다를 통과하며 세금을 물게 되었던 사실을 지적한다. 이런 의미에서 유다는 한때 "만민의 문"(לְדַלְתוֹת הָעַמִּים "달르토트 하아밈") 같은 존재였었다(Bertholet). 그러나 이제 유다는 바벨론 군대의 침략으로 말미암아 패망을 당하였다. 두로는 이것을 보고 기뻐하며 이제는 자신들이 "만민의 문"이 되었다고 말한다. 카일(Keil)에 의하면, "만민의 문"이라는 말은 성전을 가진 예루살렘 도성의 구원사적 사명을 의미한다고 한다. 요컨대 만민이 예루살렘으로 와서 구원의 길을 발견하게 됨을 가리킨다는 것이다. 그러나 이런 해석은 옳지 않다. 만일 위와 같은 카일(Keil)의 해석이 옳다면 우리는 이 구절을 예루살렘이 패망한 후에 두로가 그처럼 고상한 종교적 역할을 감당할 수 있다고 자처한다는 의미로 해석해야 할 것이다. 그것은 사실과 맞지 않는다. 두로는 그런 사명을 감당하지 못한다. 그러므로 위의 처음 해석이 옳다.

"내게로 돌아왔도다." 말하자면 예루살렘이 열국의 상업적 요충지로서 누리는 특권이 이제는 사라지고 그 이권이 두로에게 돌아왔다는 뜻이다.

그가 황폐하였으니 내가 충만함을 얻으리라. 이것은 예루살렘이 패망하였으므로 두로에게는 이익이 많아졌다고 기뻐하는 모습을 보여준다. 하나님의 백성이 멸망한 것을 기뻐하는 일은 큰 죄악이다. 두로는 이 죄악 때문에 벌을 받아서 망하게 된다.

3-4 바다가 그 파도를 굽이치게 함 같이 여러 민족들이 와서 너를 치게 하리니. 하나님을 대적하는 자에게는 그가 지으신 모든 것이 다 원수가 된다. 두로에 대하여는 이제 모든 나라가 원수가 되었다.

두로의 성벽을 무너뜨리며. 이것은 바다 가운데 있는 섬이었던 새로운 두로에 대한 말씀이다.

나도 티끌을 그 위에서 쓸어 버려 맨 바위가 되게 하며. 여기에 "나도"라는 말이 왜 나오는가? 베르톨레트(Bertholet)는 말하기를, "인간의 파괴행위로는 할 수 없는 것을 하나님께서 자연현상을 동원하셔서 실행하신다는 것이다. 아마 여기서는 홍수로 말미암아 그 도시의 티끌이 휩쓸려간 것을 가리키는 듯하다"라고 하였다.[73]

그러나 이것은 헬라 제국의 알렉산드로스(Alexander) 대왕이 두로 섬을 침공했을 때(주전 332년) 본토에 있던 옛적 두로의 흙을 파서 바다를 메워 그 섬으로 들어가는 길을 만들 사실을 예언한 것이다. 그것도 하나님께서 섭리하신 것이다.

5 바다 가운데에 그물 치는 곳이 되게 하리니. 이것은 두로 섬이 아주 황폐하게 되어서 거기에는 어부들이 그물 말리는 바위들만 남으리라는 말씀이다. 이 같은 예언은 주후 1124년에 십자군이 두로 섬을 아주 황폐하게 만듦으로써 성취되었다. 오늘날 여행자들은 이 같은 예언이 역사적 사실로서 그대로 입증된 것을 보고 놀란다(Mundrell).

6 들에 있는 그의 딸들. 여기서 "들"(שָׂדֶה "사데")이라는 명칭은 군사적 방위 시설을 갖추지 못한 지방을 가리킨다(G. Ch. Aalders). 따라서 이것은 두로를 수도로 한 페니키아(Phoenicia) 본토를 의미하였을 것이다. "딸들"이라는 말은 일반 도시들이나 촌락들, 혹은 그곳에 거주하는 백성들을 비유한다.

7-10 이 부분에서는 두로를 침략할 바벨론 군대의 위용을 진술한다. 이렇게 자세하게 그 위용을 진술하는 이유는 멸망시킬 자들을 벌하시기 위해

---

73) Was Men-schen bei der Zerstörung nicht vermögen, das bringt Jahwe auf dem Weg des Naturgeschehens vielleicht ist an eine Übershwemmung Gedacht. -Kurzer Hand-Gommentar Zum Alten Testament, Das Buch Hesekiel, 135.

하나님께서 결정적으로 사용하시는 방법이 얼마나 무서운 것인지를 보여주기 위해서다. 하나님께서 악인들을 벌하시기 위하여 보내시는 환난은 그들이 모면할 수 없을 만큼 강하다. 그러므로 죄인들은 하나님의 벌이 내리기 전에 회개하는 것이 지혜롭다. 바벨론 군대의 위용은 다음과 같다.

1) **말과 병거와 기병과 군대와 백성의 큰 무리**(7절). 여기 "백성의 큰 무리"라는 말 대신에 70인역(LXX)에는 "매우 많은 나라들의 집단"(καὶ συναγωγῆς ἐθνῶν πολλῶν σφόδρα)이라는 문구가 있다. 어쨌든 이것은 바벨론의 지배하에 있었던 모든 민족 가운데서 선발된 군대를 가리킨다.

2) **사다리를 세우며 토성을 쌓으며 방패를 갖출 것이며 공성퇴를 가지고**(8-9절). 4:2, 17:17의 해석을 참조하라. "사다리"는 그들이 두로 성벽 밖에서 포위하고 있을 때 성내에 있는 사람들이 쏘는 화살을 막기 위한 방어 시설이고, "토성"은 성 밖에 높이 쌓은 무더기들이고, "방패"는 개인적으로 사용한 호신 무기이고, "공성퇴"는 성 밖에서 성내의 주민들을 공격하기 위한 기계 장치다(8-9절).

3) 행군할 때는 **"그 티끌이"** 사람들을 가리며 **"성곽이 진동할"**(10절) 것이다. 바벨론 군대의 이와 같은 위세는 하나님께서 "두로" 성을 벌하시기 위하여 그렇게 세우신 것이었다. 이 구절들(7-10절)의 진술은 실제로 강한 군대를 세우기도 하시는 하나님의 능력을 보여주기 위함이다.

11-12 그가 그 말굽으로 네 모든 거리를 밟을 것이며 칼로 네 백성을 죽일 것이며 네 견고한 석상을 땅에 엎드러뜨릴 것이며 네 재물을 빼앗을 것이며 네가 무역한 것을 노략할 것이며 네 성을 헐 것이며 네가 기뻐하는 집을 무너뜨릴 것이며 또 네 돌들과 네 재목과 네 흙을 다 물 가운데에 던질 것이라. 이 구절들은 두로를 정복하는 침략군이 행할 두려운 일들을 진술한 것이다. 구체적인 내용은 ① 생명과 재산을 탈취하고, ② 우상들을 엎드러뜨리며("석상"은 우상을 가리킴), ③ 성과 가옥들을 허물고 무너뜨리고, ④ 재목과 흙을 물 가운데 던지는 것이었다. 이 일은 특별히 헬라 제국의 알렉산드로스(Alexander) 대왕이 두로를 공격했을 때(주전 332년) 성취되

었다. 그가 군대를 두로 섬(이것은 새로운 두로임)에 침투시키기 위하여 본토의 토목을 물 가운데 쌓아서 제방처럼 만들어 섬에 이르는 길을 만들었다. 그 결과 새로운 두로(두로 섬)는 육지와 이어지는 반도가 되었다.

여기서 의문시되는 것은 지금까지 선지자가 바벨론 왕 느부갓네살의 두로 침략에 대해 말해 왔는데(7-10절), 이 부분(11-12절)에 와서는 주전 332년에 알렉산드로스 대왕이 행할 일을 예언했다는 해석이 자연스럽지 않게 보인다는 점이다. 그러나 예언자가 이 기록 첫머리(7절)에서 느부갓네살의 이름을 언급했던 것은 두로를 침략할 모든 왕들의 대표자로서 그리했던 것뿐이다.

느부갓네살 왕 한 사람이 두로를 멸망시킨 것은 아니었다. 그의 뒤에 알렉산드로스 대왕이 침략하였고(주후 332년), 또한 십자군도 그리하였다(주후 1124년). 두로가 완전히 멸망한 것은 그 후의 일이다.

14 그물 말리는 곳이 되고. 5절 해석을 참조하라.

15-18 이 부분에서는 두로가 멸망할 때 모든 해변 나라 왕들이 슬퍼하리라고 말씀한다. 그들이 슬퍼하는 이유는 그들이 일찍이 두로와의 무역을 통해 부유해졌는데 이제는 그 길이 끊어졌기 때문이다. 이 세상 사람들은 영적 손해를 당했을 때는 울지 않고 육신적인 손해에 대해서만 눈물을 흘린다.

19-21 이 구절들은 두로가 사람 살 만한 곳이 되지 못할 것을 예언한다. 특별히 **"황폐한 성읍이 되게 하고"**라는 말씀(19절)과 **"옛적 사람에게로 나아가게 하고"**라는 말씀(20절)도 그런 뜻이다. **"옛적 사람에게로 나아가게"** 한다는 말은 과거에 살던 사람, 다시 말해 죽은 사람의 처소로 내려가는 것을 가리킨다. 이 예언과 같이 오늘날 두로는 사람이 살 수 없는 곳이 되었다.

| 설교자료

1. 이기주의자는 다른 사람의 넘어짐을 통해 이익을 얻으려고 하는데, 그것은 하나님의 심판을 초래하는 큰 죄악이다(2절). 이런 죄를 범한 두로는 완전히 망하게 되었다. 자기를 희생하여 남을 도와주는 자가 하나님의 축복을 받는다(행 20:35).

2. 이 세상에 속한 자가 교회를 이기는 것은 겉모습일 뿐이다. 머지않은 장래에 그러한 승리의 결과는 없어지고 모든 자랑거리는 사라진다(2-6절).

3. 두로가 하나님께 벌을 받을 때는 그들이 자랑했던 바다도 두려움의 대상이 되어버렸다(3절). 하나님의 공격을 받는 자에게는 모든 방어 시설이 무의미하다.

4. 국가들에 대한 하나님의 예언들 가운데 어떤 것들은 매우 자세하다. 그런데 우리가 더욱 놀랄 것은 그처럼 자세한 내용이 결국 그대로 이루어졌다는 사실이다(7-14절). 이것을 보아서도 성경이 하나님의 말씀이라는 사실이 믿어진다.

5. 세상 사람들은 남이 망하는 것을 보고 슬피 울면서도 그를 구원하지는 못한다(15-18절).

6. 이 세상의 영광을 많이 받고서도 교만한 자들은 극도의 멸망과 참상을 당한다. 그들이 이렇게 벌을 받는 것 역시 하나님이 살아 계신 증거다(19-21절).

제 27 장

본 장에 진술된 내용은 이 세상의 부귀영화와 성공은 믿을 수 없다는 것이다.

✢ 내용분해

1. 두로의 찬란한 문화와 상업 활동을 묘사함(1-25절)
2. 두로의 멸망과 그에 대한 모든 열국의 애도(26-36절)

✢ 해석

1 여호와의 말씀이 내게 임하여 이르시되. 15:1의 해석을 참조하라.

2 슬픈 노래를 지으라. 이것은 두로의 멸망의 참상을 애도하라는 뜻이다. 이것은 장래에 일어날 일이지만 너무도 확실한 것이므로 눈앞에 마주한 참상처럼 여기고 슬퍼해야 한다는 것이다.

3 바다 어귀에 거주하면서. 이 말은 바닷가에 자리 잡은 항구에 있다는 뜻이다.

네가 말하기를 나는 온전히 아름답다 하였도다. 이것은 두로의 교만을 지적하는 말씀이다. 두로는 그 바다를 자랑하였고 그 국제적인 통상의 요충지라는 위치를 자랑하였다. 그것은 하나님을 모르는 행동이다.

4 네 땅이 바다 가운데에 있음이여. 여기서 "네 땅"(גְּבוּלָיִךְ "그불라이크")이라는 말은 해석하기 어렵다. 어떤 이들(Bertholet, Kraetzschmar, Noordtzij)은 이것을 약간 수정하여 "너를 위대하게 하였도다"라는 뜻으로 이해한다. 그리고 70인역(LXX)은 이것을 신의 이름인 "벨레임"(βεελείμ)으로 번역하였다. 그러나 우리말 번역 성경과 같이 "네 땅" 혹은 "네 지경"이라고 하는 것이 가장 합당하다(G.Ch Aalders).

"**너를 지은 자**"(בֹּנָיִךְ "보나이크")라는 말은 사실상 "너를 지은 자들"이라고 복수로 번역해야 한다. 70인역(LXX)은 이것을 "너의 아들들"(υἱοί σου)이라고 번역하였다. 이 번역을 택하게 되면 이 문구가 "너를 지은 너의 사람들"이라는 뜻이 된다. 어쨌든 이 말은 두로를 수도로 둔 페니키아의 정치, 문화 등 국가적 번영을 이룩한 그 나라 사람들을 의미할 것이다.

5-7 스닐의 잣나무로 네 판자를 만들었음이여 너를 위하여 레바논의 백향목을 가져다 돛대를 만들었도다 바산의 상수리나무로 네 노를 만들었음이여 깃딤 섬 황양목에 상아로 꾸며 갑판을 만들었도다 애굽의 수놓은 가는 베로 돛을 만들어 깃발을 삼았음이여 엘리사 섬의 청색 자색 베로 차일을 만들었도다. 여기서는 두로를 배에 비유하여 그 튼튼하고 찬란한 구조를 묘사한다. 이것은 비유로서 두로로 대표되는 페니키아(Phoenicia)의 번창하는 항해 무역을 가리켰을 것이다.

"스닐의 잣나무"는 헤르몬산의 잣나무를 가리키고, "레바논의 백향목"은 단단하고 내구성이 강하기 때문에 돛대의 재료가 된다.

"바산의 상수리나무." 이사야 2:13, 스가랴 11:2을 참조하라.

"깃딤 섬." 이것은 구브로섬을 가리킨다.

"엘리사 섬"은 시칠리아를 가리킨다고 해석하기도 하고, 혹은 이탈리아 남부, 헬라의 펠로폰네소스(Peloponnesus), 길기아 앞에 있는 한 섬, 혹은 카르타고(Carthago)를 가리킨다고 말하기도 한다. 그러나 이것이 키프로스(Cyprus) 섬을 가리킨다는 해석이 가장 유력하다. 아마르나(Amarna) 서신에 구브로 섬을 "엘리사"라고 하였다.[74]

위의 모든 말씀들을 통해 페니키아(Phoenicia)가 상업 국가라는 사실이 드러난다. 그 모든 목재는 국산이 아니고 외국에서 수입해 온 것이다. 그 나라는 비록 자국 내에서 생산되는 물자는 적었지만 견고하고 찬란한 나라가 될 수 있었다. 그것은 국민들의 성격과 재능으로 말미암은 것이다.

8-9 시돈과 아르왓 주민들이 네 사공이 되었음이여 두로야 네 가운데에 있는 지혜자들이 네 선장이 되었도다 그발의 노인들과 지혜자들이 네 가운데에서 배의 틈을 막는 자가 되었음이여 바다의 모든 배와 그 사공들은 네 가운데에서 무역하였도다. "시돈과 아르왓", "그발"은 모두 페니키아(Phoenicia)의 국토다.

"시돈"은 두로의 북쪽에 있고 "아르왓"은 시돈의 북쪽에 있는 섬인데, 모두 다 페니키아의 영지다. 이 지방들에 사는 자들은 항해에 익숙하였기 때문에 "선장"이나 "사공" 등의 업무를 맡았다. 여기서 이른바 "노인"(זְקֵנִים "지크님")이라는 단어나 "지혜자"(חֲכָמִים "하캄")라는 표현으로 볼 때 페니키아는 항해에 능숙하고 정통한 기술자들을 많이 양성해 왔던 것이 분명하다. 개인이나 국가가 어떤 특출한 기술을 지니고 있으면 성공하기 쉽다. 개인이나 국가가 어느 한 방면의 기술에 집중하면, 그 성격도 진실해지고 세계에 공헌하는 바가 크다. 그러므로 그런 국가나 개인은 겸손히 행하고 하나님을 거역하지 않는다면 흥하는 법이다.

---

74) Knudtzon, Die El-Amarna-Tafeln, Leipzig 1915, blz. 1076-1078.

10-11 페니키아 사람들은 항해술에는 능하였으나 군사적인 측면에서는 그렇지 못하였다. 그러나 그 나라는 항해술로 국운이 흥왕함에 따라 외교에도 성공하여 외국인 용병들을 군대로 동원하기에 이르렀다.

"룻"은 소아시아의 루디아 족속이고, "붓"은 애굽의 한 지파다.[75] "아르왓"은 페니키아의 한 지방이다(참조. 8절의 같은 말 해석).

12-15 이 구절들을 보면, ① 페니키아라는 나라가 어떻게 국제적인 무역으로 번창하였는지, ② 그리고 그 나라가 토산물은 많지 않았으나 외국 물자를 들여와 수공예품을 많이 만들어 수출하였다는 사실도 알려진다.

"다시스"는 스페인을 가리키는 듯하고, "야완"은 헬라를 뜻하며, "두발과 메섹"은 흑해와 카스피해 사이에 사는 산악 민족을 가리키고, "도갈마"는 아르메니아 민족이다.[76] "말"은 짐 싣는 말을 가리키고 "군마"는 기마병을 태우는 말을 가리킨다. "드단"은 페르시아해 가까이 있는 족속인데, "상아와 박달나무"를 두로로 가져왔다.

16-25 너의 제품이 풍부하므로(16절). 이 문구가 18절에 거듭 나온다. "민닛"(17절)은 이스라엘의 지명인데, 밀의 산출로 유명하다(왕상 5:9, 11).

헬본 포도주(18절). "헬본"은 수리아 지방인데, 지금은 알레포(Aleppo)라고 한다. 페르시아의 왕들은 헬본 포도주만 마셨다. 그만큼 그것이 유명하다.

"위단"은 아라비아 지방이고, "야완"도 아라비아에 있었던 헬라인의 식민지였던 듯하다(Jamieson, Faussett, Brown). 여기 나오는 "드단"은 15절의 드단과 다르나, 이것 역시 아라비아에 있었다. 그 족속은 아브라함과 그두라의 소생이다(창 25:3). "말을 탈 때 까는 천"은 사람이 짐승을 탈 때 사용하기

---

75) 참조. 대하 26:6; 왕하 18:8; 사 11:14; 습 2:5; 암 1:8; 사 14:29-30; 렘 47:4.
76) "Was Menschen bei der Zerstörung nicht vermögen, das bringt Jahwe auf dem Weg des Naturgeschehens vielleicht ist an eine Überschwemmung Gedacht." -Kurzer Hand-Gommentar Zum Alten Testament, Das Buch Hesekiel, 135.

좋은 천을 의미한다. "**아라비아**"는 아라비아 사막 지대의 유목 민족들을 가리키고, "**게달**"도 아라비아에 살던 유목 민족들 가운데 가장 유명하다. "**스바와 라아마**"도 아라비아에 있던 민족들이다.

"**하란**"은 메소포타미아에 있는 지방이고(창 12:4), "**간네**"는 티그리스(Tigris) 강변에 있는 앗수르 도시이고, "**에덴**"은 아마 바벨론에 있던 지방이었을 것이며(왕하 19:12; 사 37:12), "**스바**"는 페르시아만 가까이 있고, "**앗수르**"는 널리 알려진 앗수르 제국을 의미하는 것이 아니라 유프라테스 강변에 있는 오늘날의 "에수리에"(Essurieh)를 가리킨다(Delitzsch). 그리고 "**길맛**"도 유프라테스 강변에 있다(Bochart).

위의 모든 나라들과 지명들은 두로가 널리 세계적으로 무역 시장을 가지고 있었다는 사실을 보여준다. 그리고 다음 구절들(26-36절)은 그렇게 번창했던 두로가 한순간에 패망할 것을 보여준다. 이 두 가지 사실은 개인이나 국가가 이 세상의 물질과 세력으로 일시적으로 왕성한다 해도 그것이 영원하지 않다는 것을 가르친다.

26-28 네 사공이 너를 인도하여 큰 물에 이르게 함이여 동풍이 바다 한가운데에서 너를 무찔렀도다 네 재물과 상품과 바꾼 물건과 네 사공과 선장과 네 배의 틈을 막는 자와 네 상인과 네 가운데에 있는 모든 용사와 네 가운데에 있는 모든 무리가 네가 패망하는 날에 다 바다 한가운데에 빠질 것임이여 네 선장이 부르짖는 소리에 물결이 흔들리리로다. 배에 비유된 두로가 이제 파선한 광경이 여기 묘사된다. "바다 한가운데서" 파선하였으니 어찌할 도리가 없다. 이것은 아무리 강대해진 국가라도 죄악을 쌓으면 결국 하나님의 벌을 받아 그들이 가장 부강할 때도 별수 없이 패망할 수밖에 없다는 것을 보여준다. 하나님을 믿지 않고 다른 것을 믿는 자들은 언제나 이렇게 될 날이 찾아오고야 만다. 그때에는 그들이 든든하게 여기고 의지하던 것들이 허무로 돌아간다(2절). 두로가 평소에 믿고 의지하던 무역상들이 모두 다 "바다 한가운데 빠질 것"이라고 한다.

29-35 여기서는 두로가 망했을 때 슬퍼하는 자들에 대하여 진술한다.

노를 잡은 모든 자와 사공과 바다의 선장들. 이것은 두로를 비유하는 배에 속한 자들이 아니고 다른 배들에 속한 자들을 가리킨다. 요컨대 두로와 무역 관계를 맺고 내왕하던 배의 선원들을 뜻한다. 그들이 슬퍼하는 이유는 그들이 두로와 무역하면서 얻던 이윤을 이제는 두로가 멸망함으로써 더 이상 바라볼 수 없게 되었기 때문이다. 이 세상에 속한 자들은 죄를 회개하는 슬픔은 알지 못하고 다만 물질 때문에만 운다.

36 많은 민족의 상인들이 다 너를 비웃음이여. 두로가 망하여서 슬퍼하는 자들도 있다(29-35절). 그것은 그들이 두로로 말미암아 얻던 이익을 이제는 바라볼 수 없게 되었기 때문이다. 그러나 다른 한편 두로를 비웃는 자들도 있다. 이들은 두로가 저지른 범죄를 생각하고 비웃는다.

공포의 대상이 되고. 말하자면 두로가 범죄함으로 말미암아 망하였음을 깨닫고 자신들의 본보기로 삼아 똑같은 죄를 범하지 말아야 한다는 것이다.

| 설교자료

1. 육신에 속한 것은 무엇이든지 결국 슬픔으로 끝난다. 그 이유는 육으로 심은 것은 무엇이든지 부패하고 말기 때문이다(2절).

2. 이 세상에 속한 아름다움은 일시적 영광에 불과하나, 경건에 속한 아름다움은 영광으로부터 영광에 이른다(3-7절; 참조. 고후 3:18).

3. 올바른 자원을 올바른 장소에 사용하는 것은 옳은 일이다(8-11절). 그러나 그렇게 하면서도 하나님을 믿지 않고 사람의 재주를 믿을 때는 실패를 가져온다. 그러므로 예레미야 17:5에 말하기를 "여호와께서 이와 같이 말씀

하시니라 무릇 사람을 믿으며 육신으로 그의 힘을 삼고 마음이 여호와에게서 떠난 그 사람은 저주를 받을 것이라"라고 하였다.

4. 사람이 어떤 이익을 얻기 위하여 온 세계를 분주히 돌아다니더라도 하나님의 말씀대로 하지 않으면 헛될 뿐이다. 두로는 세계 각국을 상대로 무역하였으나 결국 멸망을 면치 못하였다(12-25절). 하나님의 말씀이 없는 거대한 상업 도시들은 결국 죄악의 도시들이다. 사람이 하나님 없이 높아지면 높아질수록 더욱 깊이 떨어질 날이 그에게 오고야 만다.

제 28 장

✤ 내용분해

1. 하나님께서 두로 왕의 죄와 멸망에 대하여 말씀하심(1-10절)
2. 두로 왕의 멸망은 죄악 때문이지만, 그것은 슬픈 일임(11-19절)
3. 시돈의 멸망을 예언함(20-23절)
4. 이스라엘의 회복을 예언함(24-26절)

✤ 해석

1 또 여호와의 말씀이 내게 임하여 이르시되. 15:1의 해석을 참조하라.

2 나는 신이라 내가 하나님의 자리 곧 바다 가운데에 앉아 있다 하도다. 이처럼 두로 왕은 자신이 수도를 바다 가운데 두고 있으므로 난공불락이니 "신"과 같다고 자처한다. 이것은 교만이며 따라서 패망의 선봉이다(잠 16:18).

3-5 네가 다니엘보다 지혜로워서 은밀한 것을 깨닫지 못할 것이 없다 하고 네 지혜와 총명으로 재물을 얻었으며 금과 은을 곳간에 저축하였으며 네 큰 지혜와 네 무역으로 재물

을 더하고 그 재물로 말미암아 네 마음이 교만하였도다. 여기서는 두로 왕이 보여준 교만의 근거를 지적한다. ① 스스로 지혜 있는 체함. 그는 스스로 "다니엘보다 지혜로워서 은밀한 것을 깨닫지 못할 것이 없다"라고 주장한다. 여기서 말하는 "다니엘"은 다니엘서에 기록된 실제 인물인 다니엘이다. 다니엘은 지혜의 사람으로 유명하였다(단 1:17; 2:48; 5:11-12). 쿡(Cooke)은 여기서 말하는 다니엘이 고고학자들이 발굴한 "라스 샤므라 토판"(Ras Shamra Tablets)에 등장하는 전기적 인물일지도 모른다고 제안한다.[77] 그러나 알더스(G. Ch. Aalders)는 이와 같은 견해가 옳지 않음을 지적하였다.[78] ② 재물로 말미암아 교만함(5절). 사람이 재물이 많으면 하나님보다 그것을 더 의지하게 되는데, 그런 마음이 교만한 마음이다.

6-10 이 부분은 하나님께서 두로 왕을 그 교만한 죄악 때문에 벌하시겠다는 예언이다. 또한 그 일이 외국의 군대가 하여금 두로를 정복하게 함으로써 이루어질 것이라고 한다. 그때는 ① 그의 **"아름다운 것"**, 곧 재물을 많이 가지고 **"영화를"** 취하던 삶이 파멸될 것이며(7절), ② 그는 죽을 것이다(8-10절). 그는 매우 고통스러운 죽음을 맞이하게 된다(8절). 여기 **"죽임"**(מְמוֹתֵי "메모테")이라는 말은 복수 명사로서 "죽음들"(deaths)을 의미한다. 그것은 강조의 복수(intensive plural)인데, 말하자면 여러 번 죽음을 당하는 것과 같은 아픈 죽음을 가리킨다. 그런 아픈 죽음을 맞이할 때 그는 교만할 수 없을 것이다. 그런 의미로 우리 본문은 말하기를 **"네가 너를 죽이는 자 앞에서도 내가 하나님이라고 말하겠느냐"** 라고 한다(9절).

두로 왕의 죽음은 또한 매우 부끄러운 죽음이라고 한다. 그는 **"할례 받지 않은 자의 죽음 같이"** 죽을 것이라고 하였는데(10절) 그것은 영광스럽지 않은

---

77) The I.C.C. Commentary, Ezekiel, 314.
78) G.Ch. Aalders, Commentaar op het Oude Testament, Ezekiel, 61.

불행한 죽음이다. 페니키아 사람들도 할례를 받는 풍속이 있었다.[79]

11-19절. 이 부분은 두로 왕에 대한 애가다. 하나님께서는 두로 왕이 과거에 높았던 처지와 그가 장차 멸망할 처지를 대조하심으로써 그의 심각한 불행을 보여주신다.

12 이 구절부터 15절 상반절까지는 두로 왕이 행복을 누리고 고귀하였던 시절을 묘사한다. 물론 그 묘사는 풍자적인 언어로 간주되어야 한다.

너는 완전한 도장이었고(אַתָּה חוֹתֵם תָּכְנִית). 이것은 두로 왕이 "완전함의 인을 쳤다"라는 뜻인데, 그의 왕국이 이상적인 국가였다는 것이다. 두로를 수도로 둔 페니키아라는 고대 왕국은 세계 방방곡곡에 거래처를 가지고 세계 경제를 좌우하던 나라였다.

지혜가 충족하며 온전히 아름다웠도다. 이것은 두로 왕의 지혜로운 정치가 그렇게 이상적으로 부유한 나라를 이루었다는 뜻이다.

13 **네가 옛적에 하나님의 동산 에덴에 있어서.** 여기서 두로 왕을 완전한 환경에 살던 아담에 비유한다. 이것은 그가 타락 이전의 아담처럼 무죄하였다는 의미가 아니고, 그가 살던 환경이 그토록 에덴과 가까웠다는 뜻일 뿐이다. 아담이 살았던 에덴동산에 보석이 있었던 것과 같이(창 2:12), 두로 왕이 살던 환경도 그처럼 온갖 보석으로 장식된 곳이었다. 그처럼 두로 왕은 외형적 삶이 화려하였다.

네가 지음을 받던 날에 너를 위하여 소고와 비파가 준비되었도다. 여기서 이른바 "네가 지음을 받던 날"(בְּיוֹם הִבָּרַאֲךָ "베윰 히바라아카")은 무엇을 의미하는가? ① 몇몇 학자들은 여기서 "지음을 받던"이라는 말을 엄격히 문자적 의미

---

79) Herodotus, Historae II, 104.

로 "창조되던"이라고 해석한다.[80] 이런 해석에 근거하여 뵐(Böhl)은 인간 창조와 타락에 관한 페니키아의 신화가 여기서 두로의 통치 기구에 채택되었다고 본다.[81] ② 그러나 알더스(G. Ch. Aalders)는 "지음을 받던"이라는 히브리어가 단순히 우리 한글 번역과 같이 "지음을 받는다"라는 뜻으로도 사용된다고 하였다. 그렇다면 "네가 지음을 받던 날"은 두로 왕의 생일을 의미하든지(Redpath, Ziegler, Fisch), 혹은 그가 즉위한 날을 가리켰을 것이다 (Haevernick, Keil).

14 너는 기름 부음을 받고 지키는 그룹임이여. 이것은 "기름 부음을 받은" 왕의 자격을 말한다. "지키는 그룹"은 법궤를 날개로 덮은 지성소의 그룹을 연상시키기도 하지만(출 25:20; 37:9; 왕상 8:7; 대상 28:18), 그보다는 에덴동산의 생명나무에 이르는 길을 지킨 "그룹"들을 의미하였을 것이다(창 3:24). 이것은 두로 왕의 영광이 매우 놀라웠던 것을 풍자적으로 비유하는 것일 뿐이다. **"하나님의 성산"**은 시온산을 가리킨다. 이것은 두로 왕이 시온산(성전산)에 있었다는 뜻이 아니고, 그의 처소가 시온산처럼 신성불가침인 듯이 자부하였음을 풍자한다.

불타는 돌들 사이에 왕래하였도다. 이 말은 두로 왕이 화광석(모든 보석)으로 꾸민 궁전에 살았다는 뜻인 듯하다.

15-19 이 부분에서는 두로 왕이 하나님의 벌을 받아서 불행해진 처지를 묘사한다. 그의 불행은 여기서 두 가지로 진술되었는데, ① 두로 왕의 **"불의"**가 드러났고(15-16상, 17상), ② 그가 벌을 받았다(16하, 17하, 18-19절). 죄를 쌓은 곳에는 반드시 하나님의 벌이 내리는 법이다(마 24:28).

20-23 이 부분은 **"시돈"**에 대한 예언이다. "시돈"은 가나안의 맏아들에

---

80) Herrmann, Cooke, Van Den Born.
81) in Alttestamentlische Studien, Rudolf Kittel Zum 60. Geburtstag dargebracht, Leipzig 1913, blz. 52.

의해 건설된 것인데(창 10:15), 어업으로 유명하였다. 이곳은 물론 페니키아에 속한 도시였다.

네 가운데에서 내 영광이 나타나리라(22절). 말하자면 하나님께서 시돈을 벌하심으로써 그가 살아 계심이 나타나리라는 뜻이다.

24-26 이 부분에서 하나님은 이스라엘의 원수들을 멸하신 뒤에는 이스라엘 민족에게 다시 축복하실 것을 약속하신다. 여기 있는 말씀을 보면 위에 열거한 이스라엘의 모든 원수의 멸망에 대하여 예언한 것이 결국 하나님이 택하신 백성의 구원과 관계있음을 알 수 있다. 열국에 대한 예언은 결코 그 나라들 자체의 장래만을 염두에 둔 것이 아니고, 그것은 하나님 백성의 구원 사적인 계시라는 것이다.

| 설교자료

1. 하나님께서는 교만한 자를 대적하신다(1-10절; 참조. 약 4:6). 하나님을 의뢰하지 않는 자는 자기가 죄인임을 알지 못하는 자이니, 그런 자는 재물이나 지혜를 많이 가질수록 하나님을 무시하고 자기밖에 없는 줄 안다. 하나님은 이러한 사람을 대적하신다.

2. 낮은 처지에서 높은 자리로 올라가게 되는 일은 하나님의 힘으로야 가능하다. 요셉이나 다윗이 그렇게 되었다. 반면에 사람이 높은 데서 낮은 데로 떨어지게 하는 것도 하나님께서 하시는 일이다(7-8절).

3. 세상에 속한 자들은 그들의 힘으로 이 세상을 에덴동산같이 만들어 보려고 한다. 그러나 그들이 하나님을 의지하지 않는다면 실패하고야 만다(12-19절). 반면에 신자들은 에덴동산과 같은 장소가 하늘에 있다고 생각하

고 그리스도를 믿음으로 그곳을 찾아간다.

4. 하나님의 심판이 나타날 때마다 하나님의 영광이 드러난다. 다시 말해 하나님께서 악인들을 공의롭게 심판하심으로 그가 살아 계심을 사람에게 알려 주신다(20-26절). "나를 여호와인 줄을 알지라"(22, 23, 24, 26절)라는 말씀이 그런 의미를 지닌다.

제 29 장

26-28장에서 두로에 대하여 길게 예언한 뒤에 이제부터는 애굽에 대하여 또 길게 예언한다(29-32장).

↓ 내용분해

1. 애굽 왕 바로의 멸망에 대하여 예언함(1-7절)
2. 애굽 땅이 황폐할 것을 예언함(8-12절)
3. 40년 후에 애굽이 회복될 것을 약속함(13-16절)
4. 느부갓네살이 애굽 땅을 분깃으로 얻을 것이라고 예언함(17-20절)
5. 이스라엘을 위한 자비의 약속(21절)

↓ 해석

1 열째 해 열째 달 열두째 날. 이것은 유다 민족이 바벨론으로 사로잡혀 간 때

부터 계수한 연대다. 성경에 기록된 하나님의 모든 말씀은 비역사적인 허구가 아니고, 엄연한 역사적 사건으로 임하였던 하나님의 계시다. 그러므로 신자들은 이 계시의 말씀을 완전히 신뢰할 수 있는 진리로 알아야 한다.

여호와의 말씀이 내게 임하여 이르시되. 에스겔이 전한 말씀은 자기 마음의 산물이 아니고 외부에서 주어진 것, 다시 말해 하나님으로부터 그에게 임한 말씀이다(참조. 15:1). 성경에 기록된 계시는 이렇게 초자연적이고 구체적인 말씀이다.

2 "**인자**"(בֶּן־אָדָם "벤 아담")는 에스겔을 가리킨다. 이 칭호의 의미는 에스겔이 사람으로서 하나님 앞에 얼마나 작은 존재인지를 보여주며 그가 하나님께 의존해야 할 자라는 것을 가리킨다(G. Ch. Aalders). 이 칭호가 에스겔서에 93번이나 거듭 나온다.

3 너는 자기의 강들 가운데에 누운 큰 악어라. 여기서 "강들"은 나일강과 지류들을 의미하는데, 애굽은 이 강물이 아니면 농사를 할 수 없다. 그러므로 나일강은 애굽의 자원이다. "악어"라는 말은 히브리어로 "타님"(תַּנִּים)인데, 바다에 있는 큰 동물을 가리킨다. 이것은 여기서 하나님을 대적하는 나라를 상징한다.

스스로 이르기를 나의 이 강은 내 것이라 내가 나를 위하여 만들었다 하는도다. 이것은 애굽 왕이 스스로 하나님으로 자처하는 외람된 말이다. 모든 것은 하나님의 피조물이므로 모두 다 하나님의 것이다. 그런데도 애굽 왕은 그렇게 교만한 말을 한 것이다.

4-5 갈고리로 네 아가미를 꿰고. 큰 물고기를 갈고리로 꿰어 가는 것처럼 하나님께서 애굽 왕에 대하여 그리하시겠다 함은 그가 침략군을 보내어 정복하게 하실 것을 가리킨다.

너의 강의 고기가 네 비늘에 붙게 하고 네 비늘에 붙은 강의 모든 고기와 함께 너를 너의 강들 가운데에서 끌어내고 너와 너의 강의 모든 고기를 들에 던지리니. 이것은 백성들이 왕에게 복종하여 그와 함께 패망의 길에 떨어질 것을 예언함이다. 이것은 후에 느부갓네살의 침략으로 말미암아 성취되었다.

6-7 갈대 지팡이. 애굽에 대한 이와 같은 비유는 열왕기하 18:21, 이사야 36:6에도 있다. 쿡(Cooke)은 아무 근거도 없이 말하기를 이 문구는 후대인이 열왕기하 18:21과 이사야 36:6에서 취하여 에스겔서에 붙인 것이라고 하였는데, 베르톨레트(Bertholet)와 크레취마르(Kraetzschmar)는 반대로 말하기를, 열왕기하 18:21과 이사야 36:6이 에스겔서의 이 부분에서 인용된 것이라고 하였다. 그러나 알더스(G. Ch. Aalders)는 "갈대 지팡이"(מִשְׁעֶנֶת קָנֶה "미슈에네트 카네")라는 말이 여기(겔 29:6)에도 본래부터 있었고, 저기(왕하 18:21; 사 36:6)에도 본래부터 있었을 것이라고 주장한다.

어깨를 찢었고. 그 갈대 지팡이가 파손됨에 따라 손과 팔을 찔러 어깨까지 미침을 가리킨다. 그렇다면 애굽은 이스라엘에게 도움이 되지 못할 뿐 아니라 도리어 실패의 원인이 된다(참조. 사 30:1-5; 렘 37:5-8).

설교 ▶ 갈대 지팡이 (1-7절)

하나님께서 애굽을 갈대 지팡이라고 하셨다. 그가 그렇게 말씀하신 이유는 무엇인가?

1. 애굽이 교만한 이유

애굽은 "악어"와 같은데, "스스로 이르기를 나의 이 강은 내 것이라 내가 나를 위하여 만들었다"(3절)라고 하였다. 바로는 이처럼 자기 나라를 자기 스스로 만들었다고 주장한다. 그러나 성경은 "지극히 높으신 이가 사람의 나라를 다스리시며 자기의 뜻대로 그것을 누구에게든지 주시며"라고 가르친다(단 4:17). 그러므로 바로는 자기가 다스리는 애굽을 하나님의 것으로 여겼어야 옳을 것이다. 우리도 오늘날 무엇을 소유하였든지 그것이 하나님의 것이라고 여겨야 한다. 우리가 그렇게 생각하지 않으면 우리는 교만한 자가 되는 일을 피할 수 없다. 교만한 자는 반드시 패망하는데, 마치 갈대 지팡이와 같다. 잠언 16:18에 말하기를 "교만은 패망의 선봉이요 거만한 마음은 넘어짐의 앞잡이니라"라고 하였다.

2. 애굽이 이스라엘이 의지하고 바라보는 대상이 되었던 이유

이스라엘은 하나님보다 애굽을 더 믿었다. 7절에 말하기를, "그들이 너를 손으로 잡은즉 네가 부러져서 그들의 모든 어깨를 찢었고"라고 하였다. 하나님의 백성은 하나님만 믿어야 한다. 하나님 이외에 다른 것을 의지하는 것이 큰 범죄다. 그것은 저주받을 죄악이다. 예레미야 17:5에 말하기를 "무릇 사람을 믿으며 육신으로 그의 힘을 삼고 마음이 여호와에게서 떠난 그 사람은 저주를 받을 것이라"라고 하였다. 그러므로 누가 사람들이 추앙하며 의뢰하는 대상이 되었다면 그것은 좋은 일이 아니다. 사람들에게서 하나님 대신 높임을 받으며 의지의 대상이 되는 자를 하나님께서 낮추신다. 그러므로 루터(Luther)는 자신을 칭찬하는 자에게 진심으로 노하였다. 야고보서 1:10에 말하기를 "부한 자는 자기의 낮아짐을 자랑할지니"라고 하였다.

하나님께서는 사람들의 신뢰 대상을 없애버리기를 원하신다. 이사야 3:1-3에 말하기를 "보라 주 만군의 여호와께서 예루살렘과 유다가 의뢰하며 의지하는 것을 제하여 버리시되 곧 그가 의지하는 모든 양식과 그가 의지하는 모든 물과 용사와 전사와 재판관과 선지자와 복술자와 장로와 오십부장과 귀인과 모사와 정교한 장인과 능란한 요술자를 그리하실 것이며"라고 하였다. 이스라엘은 하나님 대신 애굽을 의지하였다. 그러므로 애굽은 갈대와 같이 쉽게 끊길 자였다. 하나님께서 대적하시면 누가 그 앞에 서겠는가.

8-10 칼이 네게 임하게 하여(8절). 이것은 바벨론이 애굽을 침략할 것을 의미한다. 하나님께서는 사람들이 하나님을 무시하고 다른 것들을 의지할 때 그들이 의지하던 것을 없애버리신다(사 3:1-3). 9-10절 말씀이 그런 뜻이다. "믹돌"(10절)은 애굽의 북쪽 끝이고 "수에네"(10절)는 애굽의 남쪽 끝이다.

11-12 이 부분에는 바벨론 왕 느부갓네살의 애굽 침략으로 말미암아 그 땅이 황폐하게 된 참상이 더욱 자세히 진술된다. 말하자면 그 땅에는 사람이 내왕하지도 않고 거처하지도 않으리라는 것이다.

"사십 년 동안"이라는 말에 대하여는 학자들의 의견이 통일되지 않는다. ① 헤르만(Herrmann)은 말하기를 "사십 년 동안"이라는 말은 아래 13절의 "사십 년"이라는 말과 연결하기 위하여 후대의 편집자가 이 구절에 부가한 것일 뿐이라고 하였고(Zusatz), ② 쿡(Cooke)은 말하기를 "사십 년"이라는 말을 비롯하여 기타 문구들이 중복되는 것은 이 부분의 말씀이 원저자의 것이 아니라 편집자의 해설이라는 증표라고 하였다. 알더스(G. Ch. Aalders)는 쿡(Cooke)의 이와 같은 견해가 주관적인 억측이라고 하며 배척하였다. ③ "사십 년 동안"이라는 기간이 느부갓네살의 애굽 정복부터 바사 왕 고레스의 바벨론 정복까지의 기간이라는 학자들도 있고[82], ④ 델리취(Delitzsch)는 말하기를 "사십 년 동안"은 하나의 상징적인 연수로서 고난의 시기를 가리킨다고 하였다. 위의 해석 중 셋째와 넷째가 올바르다.

13-14 만민 중에 흩은 애굽 사람. 이것은 "애굽 사람"들이 느부갓네살의 침략 때문에 아라비아의 각처에 흩어진 것과 그들이 바벨론에 사로잡혀 간 사실을 가리킨다. 그러나 그와 동시에 이것은 그들이 국내에서도 단합하지 못하고 서로 분열됨을 가리키기도 한다.[83]

---

82) Jamieson, Faussett, Brown.
83) Jamieson, Faussett, Brown.

돌이켜 바드로스 땅 곧 그 고국 땅으로 돌아가게 할 것이라. 이것은 바사 왕 고레스로 말미암아 그들이 바벨론에서 해방되어서 본국으로 돌아갈 것을 예언한다.

그들이 거기에서 미약한 나라가 되되. 애굽은 이 예언과 같이 바벨론으로 말미암아 정복을 당한 후 오늘날까지 약소국이 되어 있다.

16 유다 민족이 하나님보다 애굽을 바라보았던 역사적 사실은 하나님을 극히 노엽게 한 것이었다. 그러므로 여기서도 유다의 역사적인 범죄를 다시 지적한다.

그 죄악이 기억되지 아니하리니. 이 말은 유다 민족이 전에 애굽의 우상을 섬긴 일이 있었는데, 이제는 그들이 그 죄악을 다시 범하기 위해 추억하지 않는다는 뜻이다. 이제는 애굽이 아주 미약해졌고 의지할 것이 없게 되었으니, 이스라엘이 그 나라의 우상을 섬기려고 추억할 필요도 없다.

내가 여호와인 줄을 그들이 알리라. 하나님께서는 인간에게 축복하심으로써 자기를 그 백성에게 알리기도 하신다. 그러나 때로는 그가 죄인들을 벌하심으로 그의 살아 계심을 사람들에게 알려 주신다.

17 스물일곱째 해 첫째 달 초하루. 이것은 유대 사람들이 바벨론에 사로잡혀 간 때부터 계수한 연대다.

18-20 느부갓네살은 두로 정복을 위하여 13년 동안이나 그곳을 포위하고 전쟁 경비만 많이 소비하였을 뿐 별로 소득은 없었다. 그러나 그가 애굽을 정복한 결과로서는 그 땅을 얻은 것이다.

21 그 날에(ביום ההוא "바욤 하후"). 이것은 여기서 종말관적인 의미를 지니지 않는다(Aalders). 이것은 유다 민족이 바벨론에서 해방되는 때를 염두에 둔 것이다.

한 뿔이 돋아나게 하고. 여기서 "뿔"(קרן "케렌")은 메시아를 가리키지 않고 다만 유다 민족이 새로이 얻을 힘을 가리킨다.

네가 그들 가운데에서 입을 열게 하리니. 이것은 유다 민족이 해방될 때 선지자는 자기의 예언이 성취된 것을 보고 힘을 얻어 의기소침해지지 않는다는 뜻이다.

| 설교자료

1. 하나님께서는 자기의 영광을 다른 자에게 빼앗기지 않으신다(사 48:11). 사람이 하나님의 것을 자기의 것이라고 주제넘게 생각하기 때문에 하나님께서는 그들을 대적하신다. 그가 애굽 왕 바로를 대적하신 이유도 바로 왕 자신이 애굽의 강들을 자기가 지었다고 하였기 때문이었다(3, 9절). 하나님이 대적하시는 대상이 된 자는 망할 수밖에 없다(4-5절).

2. 하나님께서는 사람들이 헛되이 믿는 대상을 반드시 파괴하신다. 애굽은 이스라엘의 신뢰 대상이었으나, 갈대 지팡이 같아서 쉽게 부러져 그것을 의지하던 자들을 실패하게 하였다. 그러므로 하나님께서 애굽을 벌하셨다(6-12절).

3. 황폐함은 죄악과 멸망의 상징이다. 9-12절에 "황폐"라는 말이 반복해서 나온다. 그와 같은 황폐함은 애굽의 죄악상을 생각나게 하는 하나님의 벌이다. 먼저 사람의 심령이 하나님 앞에서 질서를 잃고 황폐해졌으므로 결국 그들의 땅도 황폐해지는 벌을 받은 것이다.

4. 애굽이 하나님의 벌을 받아 미약한 나라가 되리라는 예언(14절)은 역사적으로도 확실하게 이루어졌다. 애굽은 오늘날까지 약소국가들 가운데 하나다. 이것은 개인이나 단체에 동일하게 응하는 진리이다. 언제든지 높아진 자도 낮아질 수 있다는 것이 보편적인 진리다. 그러므로 사람이 낮은 자리에 거하는 것이 높아지는 것보다 안전하다(참조. 약 1:10).

제 30 장

본 장은 계속하여 애굽이 멸망하는 날, 다시 말해 "여호와의 날"에 대하여 예언한다.

✤ 내용분해

1. 애굽의 심판 날이 다가오는데, 그때는 애굽을 돕던 나라들도 함께 심판을 받음(1-5절)
2. 애굽의 권세는 망하고 그 땅은 황폐해짐(6-9절)
3. 애굽 심판의 집행자(10-12절)
4. 애굽의 우상은 파괴되고, 요새는 무너지고, 청년은 칼에 죽고, 백성은 포로 됨(13-19절)
5. 느부갓네살이 바로의 세력을 꺾음(20-26절)

✣ 해석

1 또 여호와의 말씀이 내게 임하여 이르시되. 15:1 해석을 참조하라.

2 너희는 통곡하며 이르기를 슬프다 이 날이여 하라. 장차 임할 환난을 생각하여 죄를 회개하며 우는 것은 귀하다. 예수님께서 말씀하시기를, "지금 우는 자는 복이 있나니 너희가 웃을 것임이요"라고 하셨다(눅 6:21).

3 그 날이 가깝도다 여호와의 날이 가깝도다. "여호와의 날"은 여기서 세계적 종말을 의미하지 않고, 애굽을 심판하는 역사적인 시기를 가리킨다. 그때는 하나님께서 내리시는 재앙으로 인하여 그가 사람들에게 알려지신다.

70인역(LXX)에는 이 구절의 첫 부분, 다시 말해 "그 날이 가깝도다"라는 문구는 없고, "여호와의 날이 가깝도다"(ὅτι ἐγγὺς ἡμέρα τοῦ κυρίου)라는 문구만 있다. 그래서 몇몇 학자들[84]은 이 두 번째 문구만이 본래의 원본이라고 생각하였다. 그러나 그것은 그릇된 생각이다.

"구름의 날"(יוֹם עָנָן "욤 아난")은 재앙의 날을 가리키고, **"여러 나라들의 때"**(עֵת גּוֹיִם "에트 고임")는 열국이 심판 받는 시기를 가리킨다.

4 애굽에 칼이 임할 것이라. 이는 애굽에 바벨론 침략군이 쳐들어온다는 뜻이다.

구스에 심한 근심이 있을 것이며. "구스", 다시 말해 에티오피아와 이웃 나라도 전쟁 소식 때문에 무서워한다는 뜻이다.

애굽의 무리가 잡혀 가며(לָקְחוּ הֲמוֹנָהּ "라크후 하모나흐")라는 문구가 70인역(LXX)의 바티칸 사본에는 없다. 그러므로 이것이 본래의 원본이 아니라는 학자들도 있다.[85] 그러나 이것은 억측에 불과하다. 여기서 "무리"(הָמוֹן)라는

---

84) Cornill, Kraetzschmar, Heinisch, Hermann, Cooke, Bertholet, Schummpp, Ziegler, Steinmann, Fohrer-Galling.
85) Cornill, Hitzig, Heinisch, Herrmann, Steinmann, Fohrer-Galling, Rothstein.

말은 사람들의 무리를 의미하지 않고 물품들의 무더기를 가리킨다(G. Ch. Aalders).

그 터가 헐릴 것이요. 여기 "그 터"(יְסוֹדֹתֶיהָ)라는 말은 애굽 나라의 법률이나 질서의 유지로 말미암은 안전 보장을 가리킨다. 이제 그 나라가 패전함에 따라서 이런 것이 무너진다.

5 구스와 붓과 룻과 모든 섞인 백성과 굽과 및 동맹한 땅의 백성들. "구스"는 에티오피아, "붓"은 리비아, "룻"은 리디아, "섞인 백성"은 애굽에 와서 사는 외국인들, "굽"은 리비아의 오지에 사는 민족, 그리고 "동맹한 땅의 백성들"은 애굽과 교류하는 아프리카의 모든 나라를 가리킨다.

6 여호와께서 이같이 말씀하셨느니라. 다른 구절에서는 보통으로 "주 여호와께서 말씀하셨느니라"라고 하였는데, 여기에는 "주"(אֲדֹנָי "아도나이")라는 말이 없다. 이렇게 이 문구가 "주"라는 호칭 없이 사용되는 예는 에스겔서에 드물다. 다만 이곳과 11:5, 21:8, 14에서만 그렇게 사용된다.[86] 70인역(LXX)에는 이 문구가 없다. 그러나 히브리어 원문에는 있으므로 우리는 이것을 원본으로 생각한다.

애굽을 붙들어 주는 자도 엎드러질 것이요. 여기서 이른바 "붙들어 주는 자"(סֹמְכֵי "소므케")라는 말을 70인역(LXX)에서는 "원조들"(τὰ ἀντιστηρίγμα)이라고 번역하였다. 어떤 학자들은 이것이 원조를 제공하는 민족들(Hilfsvölker)을 의미한다고 하고,[87] 다른 학자는 이것이 군인을 가리킨다고 하고(Smend), 또 다른 학자들은 이것이 지원군(huurtroepen)을 의미한다고 하였다(Troelstra, Noordtzij). 어느 의견이 옳든 간에 이것은 애굽이 의지하는 무언가라는 것만은 틀림없다.

---

86) Herrmann, Die Gottesnamen in Ezechieltexte in Alttestamentliche Studie, Rudolf Kittel Zum. 60, Geburtstag dargebracht, Leipsig 1913, blz. 76.

87) Redpath, Herrmann, Ziegler, Fohrer-Galling.

애굽의 교만한 권세도 낮아질 것이라. 여기서 "교만한"(גְּאוֹן)이라는 말은 간접적으로 애굽이 패망한 원인이 교만이라는 사실을 지적한다.

믹돌에서부터 수에네까지. "믹돌"은 애굽의 북쪽 끝이고 "수에네"는 남쪽 끝이다.

7 황폐한 나라들 같이 그들도 황폐할 것이며. "황폐한 나라들 같이"(אֲרָצוֹת נְשַׁמּוֹת בְּתוֹךְ)라고 번역된 문구는 "황폐한 땅들 가운데"라고 번역해야 한다. 말하자면 애굽도 벌 받는 날에는 별수 없이 다른 나라들처럼 황폐해진다는 것이다. 에스겔이 예언하던 당시에는 애굽이 강한 나라였기 때문에, 그 나라가 황폐해지는 날이 온다는 것은 생각하기 어려운 일이었다. 그러므로 그의 이와 같은 예언은 성령으로 말미암아 된 것이다.

사막이 된 성읍들 같이 그 성읍들도 사막이 될 것이라. 이 말씀도 상반절과 유사하다. 한마디로 애굽의 성읍들도 별수 없이 패망한 일반 국가들의 성읍들처럼 된다는 것이다.

8 내가 애굽에 불을 일으키며. 여기서 이른바 "불"(אֵשׁ "에쉬")은 전쟁을 비유한다. "모든 돕는 자"는 모든 원조 국가들을 가리킨다. 하나님께서 넘어뜨리시는 자를 땅 위의 그 누가 일어서게 할 수 있겠는가?

그들이 나를 여호와인 줄 알리라. 하나님께서 죄인을 벌하실 때도 사람들은 그가 살아 계신 참 하나님이시라는 사실을 깨닫는다.

9 구스 사람을 두렵게 하리니 애굽의 재앙의 날과 같이 그들에게도 심한 근심이 있으리라. 애굽에 임한 전쟁의 재앙에 대한 소식이 에티오피아인들("구스 사람")에게 미쳤을 때 그들도 애굽 사람들만큼 놀라고 고민하리라는 뜻이다. 이것은 애굽이 받을 환난이 얼마나 큰지를 강조하기 위한 말씀이다.

10-19 이 부분에서는 하나님께서 바벨론 왕 느부갓네살을 통하여 애굽을 파멸시킬 참상에 대하여 말한다. ① 무리들을 끊을 것이다(10절). 여기서 "무리들"(הֲמוֹן "하몬")이라는 말은 사람들의 무리만 아니라 예컨대 가축과 같

은 소유물의 무리도 겸하여 가리킨다. ② 사람들이 많이 죽임을 당할 것이다(11절). ③ 나일강과 모든 강이 마를 것이다(12상). 이것은 그 나라의 농산물이 자라지 못하게 만드시겠다는 말씀과 같다. ④ 외국인들이 애굽 땅을 침입하여 황폐하게 할 것이다(12하). ⑤ 우상들을 멸하실 것이다(13상). "놉"은 멤피스(Memphis)라고도 하는데 거기에는 우상들이 많았다. ⑥ 왕이 다시 나지 못하게 만드실 것이다(13하). 일설에 의하면 이것은 느부갓네살의 침략 기간에 아프리에스 당(Apries)과 아마시스 당(Amasis) 사이에 내란이 발생하여 견고한 왕권이 없으리라는 사실을 예언한 것이라고 한다. ⑦ 애굽의 성읍들이 비참해질 것이다(14-18절). **"바드로스"** 는 애굽 상부를 대표하는 지역으로 **"노"** (데베스)라는 도시가 그 수도다. **"소안"** 은 애굽 하부의 도시다. **"신"** 은 애굽의 동북쪽에 있는 국경 도시고, **"아웬"** 은 "온"이라고도 하는데 헬리오폴리스(Heliopolis)다. 이곳에도 우상이 많다. **"비베셋"** 은 애굽 하부의 우상 도시이고, **"드합느헤스"** 는 "신"과 가까운 곳인데 거기에 애굽 왕 바로가 거주하였다(렘 43:7, 9).

위의 여러 장소들은 애굽의 주요 도시들로서 주로 우상들이 많은 곳이다. 특별히 그 도시들을 벌 받을 대상으로 말씀한 이유는 거기서 우상숭배가 이루어지기 때문이다. 이 도시들이 파괴됨으로써 세력은 꺾이는데, "내가 애굽의 멍에를 꺾으며"(18절)라는 말씀이 그런 뜻이다.

20 **열한째 해 첫째 달 일곱째 날.** 이것은 유다 민족이 바벨론에 사로잡혀 간 때부터 계산한 연대다.

21 **바로 왕의 팔을 꺾었더니.** 이것은 애굽 왕 바로 호프라(Hophra)가 바벨론 군대에게 당한 패전을 가리킨다(렘 37:5, 7).

22 **그 두 팔 곧 성한 팔과 이미 꺾인 팔을 꺾어서.** 이것은 애굽이 한 번만 패전할 것을 가리킨 것이 아니라 여지없이 패전 당할 것을 가리킨다.

23-26 이 부분에서 하나님은 애굽 사람들을 많은 나라 가운데 흩으실

것을 거듭 예언하시고(23, 26절), 동시에 그가 애굽 왕의 권세를 없애고 바벨론 왕에게 권세를 주실 것을 거듭 예언하신다(24-25절). 이 부분 말씀은 권세를 주거나 빼앗는 주재권이 오직 하나님께만 있다는 사실을 가르친다(삼상 2:6-8; 단 4:17, 35).

| 설교자료

1. 악인이 하나님의 심판으로 재앙을 당할 때는 그와 연루된 자들도 화를 면치 못할 것이 명백하다(1-5절). 그러므로 "복 있는 사람은 악인들의 꾀를 따르지 아니하며 죄인들의 길에 서지 아니한다"(시 1:1).

2. 교만한 자는 반드시 망한다(6하; 참조. 잠 16:18).

3. 범죄한 나라가 망한다는 것은 고대로부터 증명되어 내려오는 역사적 진리다. 이런 의미에서 하나님께서는 애굽에 대하여 예언하시기를 "황폐한 나라들 같이 그들도 황폐할 것이며 사막이 된 성읍들 같이 그 성읍들도 사막이 될 것이라"라고 하셨다(7절).

4. 염려 없이 평안히 사는 자들도 늘 하나님을 두려워하는 마음으로 살아야 한다. 그 이유는 하나님의 심판이 홀연히 임하기 때문이다. 염려 없이 살던 구스 사람들도 홀연히 하나님의 심판 때문에 두려워하게 될 것이라고 선지자는 말한다(9절).

5. 하나님께서 악한 나라를 벌하실 때는 종종 침략자를 들어 채찍으로 쓰신다(10-11절). 그러므로 침략을 당하는 나라 민족은 그때 하나님 앞에서

반성하며 회개해야 한다.

6. 애굽에서는 강물 때문에 농사가 잘된다. 그러므로 강물이 마르면 그 나라에는 흉년이 든다. 하나님께서 애굽의 강을 말리시겠다고 하셨으니(12절), 해마다 일어나는 자연의 혜택도 하나님의 주권하에 있다.

7. 나라의 흥망성쇠는 그 나라의 종교와 밀접한 관계를 가지고 있다. 애굽의 도시들이 황폐해짐에 따라 그 우상들도 파괴된다(13-18절).

8. 강한 자라고 늘 강한 법이 아니며 마침내 그의 팔이 꺾일 때가 온다(21-22절). "여호와는 죽이기도 하시고 살리기도 하시며 스올에 내리게도 하시고 거기에서 올리기도 하시는도다"(삼상 2:6).

제 31 장

위의 두 장(29-30장)에 이어 본 장도 애굽 왕에 관한 예언의 계속이다.

✤ 내용분해

1. 앗수르 왕과 그 왕국은 영화로웠지만, 애굽 왕은 거기에 미치지 못한다고 함(1-9절)
2. 앗수르 왕은 교만 때문에 패망하였다고 함(10-17절)
3. 애굽 왕에게 앗수르 왕을 본보기로 삼으라고 함(18절)

✤ 해석

1 열한째 해 셋째 달 초하루. 이것은 유다 민족이 바벨론에 사로잡혀 간 때부터 계산한 연대다.

2 네 큰 위엄을 누구에게 비하랴. 이 말씀은 애굽 왕의 "위엄"이 크다는 점을 확

언한다. 개인이든지 단체든지 그의 위엄으로 만족할 것은 아니다. 사람은 위엄이 클수록 교만해지기 쉽고, 교만하면 망한다. "교만은 패망의 선봉"이다(잠 16:18).

3 앗수르 사람은 가지가 아름답고 그늘은 숲의 그늘 같으며 키가 크고 꼭대기가 구름에 닿은 레바논 백향목이었느니라. 여기서 앗수르 왕의 위엄을 "레바논 백향목"에 비유한다. 성경은 종종 사람을 나무에 비유한다(삿 9:7-15; 사 6:13). "앗수르" 왕은 그처럼 최고의 세력과 위엄을 가졌었으나 교만하였으므로 망하였다. 이제 애굽 왕도 그렇게 되지 않을 수 없다는 것이다.

4-5 물들이 그것을 기르며 깊은 물이 그것을 자라게 하며 강들이 그 심어진 곳을 둘러 흐르며 둑의 물이 들의 모든 나무에까지 미치매 그 나무가 물이 많으므로 키가 들의 모든 나무보다 크며 굵은 가지가 번성하며 가는 가지가 길게 뻗어 나갔고. 여기서도 앗수르 왕을 염두에 두고 말하는 것이므로 "물들"이라는 말은 티그리스(Tigris)강을 의미하였을 것이다. 그러나 또 다른 학자들은 생각하기를 선지자가 앗수르 왕에 대해 말하면서 실제로는 애굽 왕을 염두에 두었으므로 여기서 "물들"이라는 말은 나일강을 의미하였을 것이라고 한다. 그러나 이 학설은 받아들이기 어려울 듯하다. "깊은 물"(תְּהוֹם "테홈")은 태고의 바다(Urozean)나 시원적인 홍수(Oervloed)를 의미하지 않고, 티그리스(Tigris)강이나 나일강을 가리킨다고 한다(Smend). 어떤 경우든 이것은 앗수르 왕이나 애굽 왕이 앉았던 지대를 비유적으로 가리키는 것이다. "둑의 물"은 운하와 같은 것을 가리킨다.

"기르며···자라게 하며···키가 들의 모든 나무보다 크며." 백향목은 일반적으로 20m 이상 자라며 가지들이 균형 있게 뻗어서 매우 장엄하고 또 아름답다. 이것은 모든 나무 가운데 왕을 비유하기에 합당한 것이다. 이 세상 나라의 왕들이 일시적으로 번영을 누리는 일도 하나님께서 주신 권세에 따른 것이다. 그러나 그들이 이러한 사실을 모르고 교만하다가 결국에는 하나님의 징벌을 받아 패망하게 된다.

6 공중의 모든 새가 그 큰 가지에 깃들이며. 이것은 모든 다른 민족들도 앗수르

의 통치하에서 살게 되었음을 가리킨다.

들의 모든 짐승이 그 가는 가지 밑에 새끼를 낳으며. 이것도 상반절 말씀과 같은 중복적인 의미다. "짐승"들은 이 세상 모든 나라를 비유한다. 그 당시에는 많은 나라가 앗수르의 보호 아래서 살고 있었던 것이 사실이다. "모든 큰 나라가 그 그늘 아래에 거주하였느니라"라는 말씀이 그런 뜻이다.

7-9 하나님의 동산의 백향목이 능히 그를 가리지 못하며(8상). 앞에서 말한 바와 같이 "백향목"(앗수르)은 "큰 물가"(티그리스 강가)에 자리 잡고 있었으므로 잘 장성하였다. 이것은 앗수르의 영화가 놀라운 것이었다는 의미로 "하나님의 동산의 백향목"도 그것보다 낫지 못하다고 한다. 이와 같은 표현이 두 번 더 나온다(8하, 9하). 요컨대 에덴동산의 백향목도 이보다 우월하다고 할 수 없다는 뜻이다. 이것은 물론 한편으로는 풍자적인 의미도 지니는 말씀이다. 이 세상 국가가 아무리 이상적으로 발전하였다 할지라도 에덴동산의 영광과는 실상 비교가 안 된다.

10-13 이 부분에는 두 가지 예언이 들어 있다. ① 앗수르가 교만해졌기 때문에 하나님께서 그 나라를 다른 민족의 손에 붙여서 파멸하실 것이다. "교만은 패망의 선봉"이다(잠 16:18). 교만한 자는 하나님 앞에서 쫓아냄을 당하는 만큼 **"여러 나라의 능한 자"**(אֵל גּוֹיִם "엘 고임"; 열국을 다스리는 자)가 자기 마음대로 교만한 앗수르(애굽을 비유함)를 처분할 수 있다고 한다. 여기서 이른바 "여러 나라의 능한 자"는 바벨론을 가리킨다. ② 일찍이 앗수르의 지배하에서 살던 민족들이 모두 앗수르의 지배를 떠나 앗수르가 무너진 자리에서 새로운 사회를 건설할 것이다. "세상 모든 백성이 그를 버리고 그 그늘 아래에서 떠나매"(12하)라는 말과 "공중의 모든 새가 그 넘어진 나무에 거주하며"(13상)라는 말이 그런 뜻이다. "공중의 모든 새"는 모든 민족을 비유한다.

14 이는 물가에 있는 모든 나무는 키가 크다고 교만하지 못하게 하며 그 꼭대기가 구름에 닿지 못하게 하며 또 물을 마시는 모든 나무가 스스로 높아 서지 못하게 함이니 그들을 다

죽음에 넘겨 주어 사람들 가운데에서 구덩이로 내려가는 자와 함께 지하로 내려가게 하였음이라. 이것은 하나님께서 교만한 앗수르(애굽을 비유함)를 벌하시는 목적을 보여준다. 그 목적은 나무들로 비유되는 다른 나라들이 교만하거나 스스로 높아지지 않게 하려는 것이다.

이 말씀을 보면 하나님께서 죄인을 벌하시는 목적 가운데 하나는 물론 죄의 대가를 치르게 하심으로써 공의를 성취하시기 위함이라고 할 수 있으나, 이에 더하여 주위의 다른 사람들이 징벌받은 죄인들의 전철을 밟지 않게 하려는 목적도 있다.

"그들을 다 죽음에 넘겨주어 사람들 가운데에서 구덩이로 내려가는 자와 함께 지하로 내려가게 하였음이라." 교만한 자들은 모두 다 스올로 내려가게 되어 있다. 하나님께서는 교만한 자를 물리치신다(약 4:6; 사 14:5-20).

15 앗수르가 바벨론 군대에게 포위된 지 2년이 지났다. 그동안 앗수르 백성은 애통하였을 것이다. 그렇게 2년이 지나고 제3년 봄에는 티그리스(Tigris)강이 범람하여 제방이 터졌으므로 물이 분산해서 흐르게 되었다. 그러므로 강물이 흐르던 자리는 길이 되어 원수들이 그 길로 성안으로 들어갔다고 한다.[88] 본문의 "깊은 바다를 덮으며 모든 강을 쉬게 하며 큰물을 그치게 하고"라는 말씀이 그런 뜻인 듯하다.

레바논이 그를 위하여 슬프게 울게 하며. 이것은 "레바논"의 백향목으로 비유된 모든 앗수르 귀족들이 그 나라의 패망으로 인하여 슬퍼하게 되었다는 뜻이다. "들의 모든 나무"는 앗수르와 교류하던 모든 임금들을 비유한다(5상, 6하).

쇠잔하게 하였느니라. 이것은 그들이 앗수르의 멸망으로 인하여 근심하므로 기운이 약해졌다는 뜻이다.

16-17 백성들이 그 떨어지는 소리로 말미암아 진동하게 하였고. 말하자면 그때 모

---

88) Duncker Ⅰ, 806.

든 나라가 그처럼 강한 나라였던 앗수르가 한순간에 멸망하는 것을 보고 놀라게 되었다는 뜻이다. 강한 나라라도 교만해져서 하나님을 거역하면 가장 왕성한 시기에 패망하는 일이 많다. 그것은 하나님이 살아 계심을 보여준다.

물을 마시는 에덴의 모든 나무. 이것은 하나의 풍자적인 비유다. 요컨대 하나님의 경륜에 따라 위대해진 나라의 군왕들이 스스로 강대해진 줄 알고 교만해진 태도는 마치 그들이 에덴동산의 군왕이나 된 듯이 덤비는 모습이었다. 그렇게 교만한 자들은 스올에 내려가 있다. 이제 그들은 앗수르 왕이 그곳에 내려와 자기들과 같이 되는 모습을 보고 위로를 받는다(사 14:9-10).

레바논의 뛰어나고 아름다운 나무들. 이것 역시 위에 나온 "에덴의 모든 나무"에 대한 설명이다. 그러므로 위의 그 문구의 해석을 참조하라. 이 "나무들"은 앗수르 왕을 위하여 충성하던 고위층의 귀족들(혹은 동지들)을 비유한다. 그들이 이미 스올에 가 있다가 이제 앗수르 왕을 거기서(음부에서) 만나게 되었다고 17절은 말한다.

그들은 옛적에 그의 팔이 된 자요. 말하자면 위에 언급한 앗수르 왕의 동지들로서 그를 돕던 자들이란 뜻이다.

18 **너의 영광과 위대함이 에덴의 나무들 중에서 어떤 것과 같은고.** 여기서는 결론적으로 애굽 왕의 처지가 결국 앗수르 왕의 처지와 같아질 것이라고 예언한다. 이것은 애굽 왕에게 경고하되 비교적 부드러운 방법을 취한 것이다. 이것은 선지자 나단이 다윗의 죄악을 꾸짖을 때 사용한 방법과 마찬가지다(삼하 12:1-15).

할례를 받지 못하고 칼에 죽임을 당한 자. 이것은 하나님을 모르는 자로서 죽어서 스올에 떨어진 자를 가리킨다.

| 설교자료

1. 에스겔 시대에 애굽은 크고 강성한 나라였다(1절). 그러나 크고 강하다

고 해서 하나님의 심판을 이길 수 있거나 망하지 않는 것이 아니다.

2. 성경에서는 종종 국가들을 나무에 비유하여 말씀한다(3절). 과연 국가는 나무처럼 커지고 왕성하여지기도 하다가 결국 나무처럼 베어진다. 하나님께서는 나무를 찍듯이 국가들을 꺾어 버리신다.

3. 하나님께서 이방 국가들에게도 은혜를 베푸셔서 형통하게 하신다(3-9절). 그렇게 하시는 목적은 그들도 하나님의 은혜를 깨닫고 하나님께로 돌아오도록 하기위한 것이다(행 17:26-27). 그러나 그들은 은혜를 깨닫지 못하고 도리어 교만해져서 하나님을 멸시한다(10절).

4. 개인이든 단체든 형통하고 왕성해지면 결국은 예외 없이 교만해지고, 교만해지면 하나님의 벌을 받는다(10-13절). 그러므로 높은 자리보다 낮은 자리가 안전하다. 야고보서 1:10에 말하기를 "부한 자는 자기의 낮아짐을 자랑할지니"라고 하였다.

5. 하나님께서 교만한 자를 꺾으시는 목적은 그것을 보는 사람들로 하여금 교만해지지 않게 하려는 것이다(14절). 하나님이 주시는 은혜 가운데서도 겸손하게 하시는 은혜가 제일 귀하다. "교만은 패망의 선봉"이다(잠 16:18).

6. 땅의 모든 영광은 결국 재와 티끌이 된다(15-18절). 그러나 세상 사람들이 이 사실을 믿는 것 같으면서도 실제로는 그것을 믿지 않는다. "우리가 전한 것을 누가 믿었느냐"라고 한 이사야의 말씀(사 53:1)을 우리가 기억해야 한다.

제 32 장

✙ 내용분해

1. 애굽 왕 바로의 패망에 관하여 애가를 부르라고 하심(1-16절)
2. 애굽의 국권이 음부에 떨어진 일에 대한 애가(17-32절)

✙ 해석

1 열두째 해 열두째 달 초하루. 이것은 유다 민족이 바벨론에 사로잡혀간 때부터 계산한 연대다.

2 너를 여러 나라에서 사자로 생각하였더니 실상은 바다 가운데의 큰 악어라. 바로는 느부갓네살 왕처럼 열국을 지배하는 "사자"가 아니라 물 가운데 있다가 이따금 물을 더럽히는 "악어"와 같다는 말이다.

발로 물을 휘저어 그 강을 더럽혔도다. "물을····더럽혔다"는 말은 이웃 국가들을 괴롭혔던 것을 비유 비유한다.

이 구절을 달리 해석하는 학자들도 있다. ① 크레취마르(Kraetzschmar

는 여기 "여러 나라에서 사자"(כְּפִיר גּוֹיִם, "케피르 고임")라는 문구를 "열국을 놀라게 하는 것"(פַּחַד גּוֹיִם, Schrecken der Völker)이라는 말로 바꾸어 넣었다. 그것은 물론 억측이다. ② 또 다른 학자들(Ziegler, Fohrer-Galling)은 "여러 나라에서 사자로 생각하였더니"(כְּפִיר גּוֹיִם נִדְמֵיתָ)라는 문구를 "바다의 작은 고기와 같이"(wie ein Fischlein des meeres)라는 의미로 읽었다(כְּפִי דגים). 그러나 이런 해석들은 신임하기 어렵다.

3 내가 많은 백성의 무리를 거느리고 내 그물을 네 위에 치고 그 그물로 너를 끌어오리로다. 여기 "많은 백성의 무리를 거느리고"(בִּקְהַל עַמִּים רַבִּים)라는 문구는 많은 민족들 가운데서 뽑아 편성된 바벨론 군대를 도구로 하여 애굽을 치겠다는 뜻이다. 어떤 학자들은 이 문구가 본래의 원문이 아니었을 것이라고 주장한다(Cooke). 그러나 70인역(LXX)은 이 문구를 가지고 있다. 많은 비평가들[89]도 이 문구가 본래의 원문이었다고 주장한다.

"내 그물을 네 위에 치고." 이것은 고기 잡는 것과 같이 애굽 왕을 잡을 것을 예언하는 말씀이다.

4-6 이 부분에서는 애굽 군대가 많이 죽어서 그 시체들이 "뭍", "들", "산", "개천" 등에 있을 것이라고 예언한다. 애굽도 하나님의 백성을 대적한 적그리스도 국가로 알려졌다. 그러므로 그 나라 사람들의 피가 사방을 물들일 날이 반드시 도래한다.

7-8 내가 너를 불 끄듯 할 때에. 애굽의 문화는 고대의 모든 민족 가운데서 하나의 불빛과 같았다. 그 민족들은 애굽 문명을 의지하고 따랐다. 그러나 그것이 아무리 일종의 문화라고 해도 이 세상에 속한 것이니 그것도 하나님의 심판을 받아 멸망할 날이 있다. 하나님은 그것을 "불 끄듯" 소멸시키신다.

하늘을 가리어 별을 어둡게 하며 해를 구름으로 가리며 달이 빛을 내지 못하게 할 것임이

---

89) Von Orelli, Smend, Kraetzschmar, Noordtzij, Schumpp, Auvray, Fisch.

여. 이와 같은 말로 이 세상 사회 질서의 무너짐을 비유하는 것은 이사야 선지자의 어투이기도 하다(사 13:10). 이 세상 사람들은 하나님을 의뢰하지 않고 이 세상 사회의 안전 보장을 통해서도 최고의 행복을 누릴 것이라고 믿는다. 그러니 일단 국가 사회가 어지러워지는 날에는 그들이 캄캄해질 수밖에 없다.

9-10 여기서는 애굽의 패망 때문에 다른 나라들이 두려워하며 고민할 것이라고 말씀한다. 애굽이 가장 왕성한 시기에 하나님께 벌을 받아 패망했을 때 다른 나라들은 그들도 그렇게 될 수 있다고 느낀다. 따라서 그들은 두려워한다. 그들은 그래야 옳다. 이 부분의 말씀은 애굽의 패망이 하나님의 징벌로서 이루어진 것이기 때문에, 다른 나라들도 그것을 두려워해야 한다는 뜻을 전달한다.

11-15 여기서는 바벨론 왕 느부갓네살의 애굽 정복이 하나의 우연한 사건이 아니고 하나님의 징벌임을 알게 하는 몇 가지 사실들을 보여준다. ① **"무리가…칼에"** 죽게 한다(12절). 많은 사람이 일시에 죽는 것은 우연이 아니다. 그것은 보는 사람들로 하여금 하나님의 진노를 생각하게 만드는 특별한 일이다. ② **"애굽의 교만을 폐한다"**(12하). 교만을 꺾는 방향으로 재앙이 임하는 것은 우연한 일이 아니고 분명한 목적을 가진 하나님의 진노의 표현이다. ③ 특별한 **"짐승"**들(회개하지 않는 악인들을 비유함)을 멸한다(13절). 짐승 같은 철면피의 악인들이 죽게 되는 것은 우연한 일이 아니다. 그것은 하나님의 징계다. ④ 애굽의 장래 축복이 약속된다(14절). 나일강의 **"물을 맑게"** 한다는 것과 **"그 강이 기름**(축복의 상징) **같이 흐르게"** 한다는 것은 장래의 축복을 의미하는 비유적 표현이다(Delitzsch). 에발트(Ewald)는 이것이 메시아 시대의 축복을 가리킨다고 하였다. 베르톨레트(Bertholet)는 이 해석을 무리하게 반대하여 말하기를, "이 문구가 애굽에도 임할 메시아 시대의 축복 약속을

가리킨다고 해석하는 것은 전적인 오해다"라고 하였다.⁹⁰⁾ 그러나 카일(Keil)과 델리취(Delitzsch)는 여기서 "기름"이라는 말이 성경에서 하나님의 축복, 혹은 성령의 능력을 가리킨다는 점을 근거로 이 구절이 장래 축복에 대한 약속이라고 강력하게 주장한다.⁹¹⁾ ⑤ **"땅이 황폐하여 사막이 되게"** 한다(15절). 많은 사람이 살던 땅이 황폐해지는 것은 우연한 일이 아니다. 그것도 하나님의 진노를 표현한다.

위의 다섯 가지 사실들은 느부갓네살의 애굽 정복이 하나님의 간섭으로 이루어졌다는 점을 명백하게 한다. 그런 의미에서 15절 끝에 말하기를 "내가 여호와인 줄을 그들이 알리라"라고 하였다.

16 이는 슬피 부를 노래이니. 애굽이 그런 슬픈 일을 아직 당하기도 전에 그 슬픔을 예언하는 의미에서 에스겔에게 애가를 부르라고 한다. 그 목적은 그런 비참한 일이 실현될 때 사람들이 그 애가를 지은 저자가 여호와 하나님이심을 깨닫게 하려는 것이다.

17 열두째 해 어느 달 열다섯째 날. 이것은 유다 민족이 바벨론에 사로잡힌 때부터 계산한 연대다.

18 그와 유명한 나라의 여자들. 이 말은 애굽의 무리와 다른 유명한 나라의 백성들이란 뜻이다. **구덩이에 내려가는 자.** 이것은 일반적으로 무덤에 "내려가는" 모든 자를 가리키는 것이니, 특정 인물을 의미하지 않고 누구든지 무덤으로 내려가는 자라면 모두 다 이 문구에 포함된다.

지하에 던지며. 에스겔 자신에게는 애굽의 악인들을 "지하에" 던질 힘이 없다. 그러나 에스겔이 전하는 하나님의 말씀에는 그렇게 할 힘이 있다. 왜냐하면 그 말씀은 전파된 그대로 성취되기 때문이다.

---

90) Das wird aber völlig missverstanden, wenn mann es als Verheissung auf die messianischen Zeiten zu deuten versucht, die auch über Ägypten Kommen sollen. -Marti, Hand-Commentar Ⅳ, 167.
91) The Prophecies of Ezekiel Ⅱ, 48.

19 **너의 아름다움이 어떤 사람들보다도 뛰어나도다.** 여기 제시된 개역개정판 본문과 달리 이전에 사용하던 개역한글판 성경 본문("너의 아름다움이 누구보다 지나는고")과 히브리어 원문은 애굽이 그 권세와 문화에 있어서 다른 유명한 나라들보다 우수한 것은 아니라는 뜻을 전달한다. 그러므로 애굽도 다른 유명한 나라들이 죄악으로 말미암아 받았던 쓴잔을 마시지 않을 수 없다.

너는 내려가서 할례를 받지 아니한 자와 함께 누울지어다. 애굽도 하나님을 모르는 자들이 가는 곳(무덤, 스올)에 떨어질 수밖에 없다는 예언이다.

20 **그들이 죽임을 당한 자 가운데에 엎드러질 것임이여.** 이것은 애굽의 무리가 "살육"을 당하게 된다는 뜻이다.

그는 칼에 넘겨진 바 되었은즉(חֶרֶב נִתָּנָה "헤레브 니타나"). 어떤 이는 이것을 "칼이 내어줌이 되었도다"라고 번역한다(Keil & Delitzsch). 말하자면 애굽 정복의 권세가 바벨론에 부여되었다는 뜻이다.

그와 그 모든 무리를 끌지어다. "끈다"(מָשְׁכוּ "모슈쿠")라는 동사는 납치해 간다는 뜻이다. 말하자면 애굽과 그 나라 폭군의 일당을 무덤으로 끌고 감을 가리킨다. 이 일은 선지자가 자기 힘으로 할 수 있는 것이 아니고, 다만 그가 외치는 하나님의 말씀이 그렇게 할 수 있으므로 여기서 "끌지어다"(מָשְׁכוּ)라는 명령형 동사가 사용되었다. 하나님의 말씀은 반드시 성취된다.

21 **용사 가운데에 강한 자**(אֵלֵי גִבּוֹרִים "엘레 기보림"). 이 말을 직역하면, "용사들 가운데 강한 자들"이다. 이들은 애굽 왕보다 일찍 죽은 모든 나라의 폭군들과 그의 추종자들을 가리킨다.

그를 돕는 자와 함께(אֶת־עֹזְרָיו). 이것은 일찍이 전쟁으로 피살된 바로의 군인들을 가리킨다.

스올 가운데에서 그에게 말함이여. 이미 "스올"에 가 있는 열국의 용사들과 폭군들 및 바로의 군인들이 이제 거기 내려오는 바로를 보고 담화를 시작한다는 것이다. 그 담화의 내용은 "**할례를 받지 아니한 자 곧 칼에 죽임을 당한 자들**

이 내려와서 가만히 누웠다"라는 것이다. 다시 말해 역대의 폭군들과 그들의 당파들이 모두 스올에 내려와 있다는 것이다. 그 폭군들과 당파들의 이름들은 아래(24-32절)에서 하나의 표본으로 제시된다.

22-30 이 구절들은 스올에 내려간 폭군들과 그 당파들이 당한 일에 대하여 진술한다. 그 폭군들과 그 당파들은 ① "앗수르와 그 온 무리"(22-23절), ② "엘람…그 모든 무리"(24-25절), ③ "메섹과 두발과 그 모든 무리"(26-28절), ④ "에돔 곧 그 왕들과 그 모든 고관"(29-30절)이다. 그들이 스올에서 당한 일은 다음과 같다.

1) **"그 무덤이 그 사방에 있다"**(22-26절). 이것은 큰 토굴 내부 이곳저곳에 여자 시체를 보관한 것을 가리킨다. 같은 말을 이 부분에 다섯 번이나 거듭 사용한 목적은 허욕으로 날뛰는 인생들로 하여금 그들도 죽음 이에는 별수 없이 캄캄한 굴속에 한 자리 차지하고 가만히 누워 있을 뿐임을 기억하게 하려는 것이다. 21절 끝에도 말하기를 "내려와서 가만히 누웠다"라고 하였다. 사람은 누구나 사후에는 한 줌 티끌이 된다는 것을 명심해야 한다. 23절 하반절에서는 폭군들이 생전에 하던 일을 풍자하는 의미로 말하기를, "그들이 생존하는 사람들의 세상에서 두렵게 하였다"고 한다(참조. 24-27, 30절).

2) **"할례를 받지 못하고 죽임을 당하였다"**(24-30절). 이것은 구약 시대에 할례가 중요하게 여겨졌음을 지적한다. 요컨대 사람이 죽을 때는 할례받은 자로 죽어야 할 것을 가리킨다. 사람이 할례를 받는 것은 그가 하나님의 백성이라는 증표다.

신약 시대의 할례는 무엇인가? 그것은 빌립보서 3:3이 보여주는 것처럼 "하나님의 성령으로 봉사하며 그리스도 예수로 자랑하고 육체를 신뢰하지 아니하는" 것이다. 바울은 그를 심문하는 아그립바에게 그리스도를 자랑하여 말하기를, "말이 적으나 많으나 당신뿐만 아니라 오늘 내 말을 듣는 모든 사람도 다 이렇게 결박된 것 외에는 나와 같이 되기를 하나님께 원하나이다"

라고 하였다(행 26:29).

3) **"수치를 당"**한다(24-25, 30절). 이 세상에서 높아지기를 원하는 자들은 "수치를 당할 날"을 만나게 된다. 왜냐하면 하나님은 높아지고자 하는 자를 반드시 낮추시기 때문이다. 폭군들은 이 세상에서 높아지기를 원한다. 그러므로 그들에게는 반드시 낮아지는 날이 오고야 만다(삼상 2:6-7).

4) **"백골이 자기 죄악을 졌음"**(27절). 본문에 말하기를 그들이 "스올에 내려가서 자기의 칼을 베개로 삼았으니 그 백골이 자기 죄악을 졌음이여"라고 하였다. 고대에는 폭군의 시체를 장사할 때 그가 쓰던 칼을 그의 베개로 주었다고 한다. 그것은 칼을 자랑하는 풍속을 따라 그렇게 한 것이었다. 그러나 실상 그것은 그가 평생 칼을 가지고서 범한 죄악을 그의 어깨에 지워주는 일이다. 오늘날 어떤 지방에서는 불신자들이 시체를 입관할 때 시체의 입에 쌀을 가득 넣어 준다. 이것은 쌀을 최고로 여기는 풍속에 따른 미신이며 "배를 하나님처럼 여기는" 우매한 일이다.

설교 ▶ 백골이 죄의 짐을 짊어짐에 대하여(26-28절)

본문에서는 메섹과 두발 족속의 죄악을 환기시킨다. 이 두 족속은 앗수르를 괴롭힌 호전적인 민족이었다. 다시 말해, 그들은 침략 전쟁을 일으켜 수많은 양민을 학살한 족속들이었다. 그들은 그 죄악을 상습적으로 범하기 때문에 죽을 때까지 회개하지 않는다. "백골이 자기 죄악을 졌음이여"라는 말에는 두 가지 뜻이 있다.

1. 그들이 백골이 되기까지 회개하지 않았다는 뜻

사람이 어떤 죄악을 습관화하면 양심이 무디어져서 그에 대한 죄책감이 없어진다. 그는 정서적으로는 그의 죄를 원통하게 여기지 못하는데, 따라서 의지적으로 금식과 같은 행위를 통해 죄악의 악습을 깨뜨려야 할 것이다. 그러나 많은 사람은 의지적으로 행하기보다 정서에 지배되기 때문에 그가 범한 죄에 대하여 정서적으로 괴로움을 느끼지 못하는 한 그 죄를 회개하지 못하고 넘어간다. 그래서 결국은 그 죄악이 골수에 사무칠 정도가 되어서 제2의 천성이 되어 버린다. 예를 들어 어떤 사소한 일로 화를 내는 습관이 있었다. 그는 그 죄악을 고치지 않았으며, 그 죄악은 더욱더 장성하였다. 하루는 그의 아내가 갓난아기를 그에게 맡기고 다른 곳에서 일하는 동안 그 아기가 계속 울고 보채자 아이를 방바닥에 메어쳤다. 그때 아기는 다리를 다쳤고 한평생 장애인으로 지내게 되었다고 한다. 이렇게 자기의 악한 습관을 제어하지 못하고 폭발시키는 결과는 너무도 두렵다. 죄를 회개하지 않고 그것을 습관화하는 자는 자기 가정에서나 사회에서도 많은 일을 그르친다. 그와 같은 자는 도자기 가게의 황소와 같다. 그가 그렇게 회개하지 않고 날뛰므로 그 죄악이 골수에까지 젖게 된다. 하나님께서는 그런 사람의 뼈도 미워하신다. 그런 의미에서 본문 27절은 말하기를 "그 백골이 자기 죄악을 졌음이여"라고 한다. 그러나 의인은 하나님께서 그의 뼈도 귀하게 여기신다. 엘리사의 뼈에 닿은 어떤 사람의 시체가 다시 살아나게 되었는데(왕하 13:21), 하나님께서는 엘리사를 귀히 여기셔서 그의 뼈를 통해 죽은 사람을 살리셨다.

2. 범죄자의 백골이 죄악을 졌다는 말은 그가 범한 죄악의 독이 뼈에까지 사무친 것을 가리킨다.

성경을 보면 죄악은 사람의 생명을 마르게 한다고 말한다. 시편 32:3에 말하기를 "내가 입을 열지 아니할 때에 종일 신음하므로 내 뼈가 쇠하였도다"라고 하였고, 시편 31:10 하반절에는 말하기를 "내 기력이 나의 죄악 때문에 약하여지며 나의 뼈가 쇠하도소이다"라고 하였고, 시편 109:18에는 말하기를 "저주하기를 옷 입듯 하더니 저주가 물 같이 그의 몸 속으로 들어가며 기름 같이 그의 뼈 속으로 들어갔나이다"라고 하였다. 죄악은 이렇게 골수에 까지 고통을 준다. 미국의 햄튼(Hampton) 공원에 큰 도토리나무들이 있었는데, 덩굴이 그 나무를 감고 올라갔으므로 그 나무들이 모두 죽어 버렸다. 덩굴은 처음에 작은 것이었으나 나무를 감고 올라가는 것을 그냥 두었으므로 그 덩굴이 차차 나무 꼭대기까지 감아 올라갔으므로 그 나무는 결국 죽음을 맞이하게 되었다. 죄도 이렇게 사람이 용납하여 주면 결국 골수에까지 침투하여 그 사람을 망하게 한다. 그것이야말로 백골이 죄악을 진 셈이다.

31-32 바로가 그들을 보고 그 모든 무리로 말미암아 위로를 받을 것임이여 칼에 죽임을 당한 바로와 그 온 군대가 그러하리로다 주 여호와의 말씀이니라 내가 바로로 하여금 생존하는 사람들의 세상에서 사람을 두렵게 하였으나 이제는 그가 그 모든 무리와 더불어 할례를 받지 못한 자 곧 칼에 죽임을 당한 자와 함께 누이리로다 주 여호와의 말씀이니라. 이것은 바로가 스올에 내려가서 자기와 같은 폭군들이 거기 있음을 보고 위로를 받는다는 것이다. 이것은 시적 표현이며, 또한 풍자적인 어투다.

| 설교자료

1. 폭군들은 백성의 유익을 위하지 않고 자기들의 개인적 영달을 위하는 자들이므로 사나운 짐승에 비유되거나 혹은 악어로 상징된다. 그러나 그들의 장래는 오래지 않아 비참해지는 법이다(1-8절). 애굽의 폭군 바로는 ① 그물에 고기가 걸리듯이 결국 하나님의 그물과 같은 심판에 걸리게 된다(3절). ② 들짐승들이 그의 시체를 뜯어 먹을 정도로 처참하게 죽을 것이다(4-6절). ③ 어두움으로 그의 나라는 가려질 것이다. 다시 말해 그 나라에는 기쁨도 없고 소망도 없게 된다(7-8절). 인류의 역사를 보면 모든 폭군의 종말은 이렇게 처참하였다. 폭군 네로(Nero)는 자살하였고, 스탈린(Stalin), 히틀러

(Hitler) 등의 종말도 모두 비참하였다.

2. 하나님께서는 한 사람에게 벌을 내리심으로써 모든 다른 사람들을 깨우치신다(9-10절; 참조. 31:14). 그는 애굽을 벌하심으로써 주위의 여러 나라가 공포심을 가지게 하셨다. 공포심은 사람들의 거짓된 안위감을 깨뜨려 준다. 사람들은 종종 하나님을 의지하지 않고, 의지할 만한 가치가 없는 거짓된 세상 세력을 믿고 회개할 줄 모른다. 이런 자들에게는 공포심이 필요하다.

3. 죄악으로 떠들던 세계는 결국 망하여 고요해질 때가 온다(11-15절). 본문 13절에 "다시는 그 물을 흐리지 못할 것임이여"라고 하였는데, 이는 애굽 사람들이 다시는 죄악의 활동으로 나일강을 더럽게 만들지 못할 것을 의미한다. 이제 애굽이 패망한 뒤에는 그런 행위가 사라지게 된다. 이런 의미에서 14절도 말하기를 "내가 그 물을 맑게 하여 그 강이 기름 같이 흐르게 하리로다"라고 하였다. 이 말씀들은 죄악으로 떠들던 애굽에 사람의 흔적이 사라지고 아주 적막해질 것을 상기시킨다.

4. 백성들을 두렵게 하던 폭군들의 죄악은 너무 커서 그들의 사후 상태도 극히 비참하다(17-32절). 그들의 죄는 특별히 남들을 두렵게 하는 행동이었다. 이 죄악이 우리 본문에 여러 차례 진술된다(24, 25, 26, 30, 32절). 하나님을 대리하여 백성을 다스리는 임금은, 자비로워서 백성들의 아버지와 같이 되어야 한다. 그런데도 폭군들은 그와 반대로 백성들을 두렵게 한다. 그들이 그 죄악을 회개하지 않고 죽으면, 영원히 용서받지 못한다는 의미에서 본문은 말하기를, "스올에 내려가서 자기의 칼을 베개로 삼았으니 그 백골이 자기 죄악을 졌음이여"라고 하였다(27하).

제 33 장

에스겔은 위의 여덟 장(25-32장)에서 모든 이방 민족이 받을 심판에 대하여 예언하였고, 여기서는 이스라엘 민족에 대하여 다시 말씀한다.

✤ 내용분해

1. 하나님께서 군대의 규율을 실례로 들어 파수꾼의 책임을 에스겔에게 알게 하심(1-9절)
2. 비록 악한 자라도 회개하면 멸망하지 않으나, 의인이라도 범죄하면 망한다고 함(10-20절)
3. 가나안 땅에 남아서 그 땅을 영구히 차지할 줄 아는 자들에게 보내는 말씀(21-29절)
4. 에스겔이 전하는 하나님의 말씀을 듣는 체만 하고 행하지 않는 자들을 꾸짖음(30-33절)

↓ 해석

1 여호와의 말씀이 내게 임하여 이르시되. 15:1 해석을 참조하라.

2-5 죄인들이 파수꾼의 경고를 듣고도 회개하지 않으면 멸망해도 마땅하다. 그러므로 파수꾼의 책임도 중대하지만 죄인들 자신의 책임이 더욱 중대하다.

6 그러나 칼이 임함을 파수꾼이 보고도 나팔을 불지 아니하여 백성에게 경고하지 아니하므로 그 중의 한 사람이 그 임하는 칼에 제거 당하면 그는 자기 죄악으로 말미암아 제거되려니와 그 죄는 내가 파수꾼의 손에서 찾으리라. "파수꾼"이 죄인에게 경고하지 않아서 죄인이 망하면, 그 죄책이 파수꾼에게 있다. 3:17-18에도 이와 같은 내용의 말씀이 있다.

7-8 여기서는 6절 내용을 반복하여 그 진리를 강조한다.

설교▸ 파수꾼이 되자 (1-8절)

파수꾼은 전쟁 때에 적군이 오는 것을 보고 나팔을 불어 모든 사람을 깨우는 자다. 만일 파수꾼이 적군이 오는 것을 보고도 나팔을 불지 아니하면, 그 자신이 책임을 지고 죽임을 당한다. 그와 같이 하나님의 자녀가 된 우리는 이 세상에서 파수꾼이다. 그 이유는 하나님의 자녀들만이 사람의 영혼을 망하게 하는 원수가 무엇인지 알기 때문이다. 그들만이 하나님의 아들 예수 그리스도를 알며, 하나님의 말씀을 알며, 죄악이 무엇인지를 안다.

그러면 파수꾼의 지위는 어떤 것인가? 파수꾼의 지위는 본문 7절 하반절이 보여주고 있다. 거기 말하기를 "너는 내 입의 말을 듣고 나를 대신하여"라고 하였다. 하나님의 말씀을 듣는 우리는 하나님을 대신하여 그 말씀을 전파할 자다. 우리는 하나님을 대표하는 자이니만큼 하나님과 함께할 만한 자격이 있어야 한다. 그 자격은 겸손이다. 물이 아래로 내려가는 것과 같이 하나님은 겸손한 자와 함께하신다. 야고보서 4:6에 말하기를 "하나님이 교만한 자를 물리치시고 겸손한 자에게 은혜를 주신다"라고 하였다. 그는 높고 거룩한 곳에 계시지만 "또한 통회하고 마음이 겸손한 자와 함께" 있겠다고 하신다(사 57:15). 이와 같은 의미에서 성경은 다시 말하기를 "무릇 마음이 가난하고 심령에 통회하며 내 말을 듣고 떠는 자 그 사람은 내가 돌보려니와"라고 하였다(사 66:2).

그렇다면 우리는 하나님을 대신하여 그의 말씀을 전파할 자들이다. 빌립보서 2:14-16에는 말하기를 "모든 일을 원망과 시비가 없이 하라 이는 너희가 흠이 없고 순전하여 어그러지고 거스르는 세대 가운데서 하나님의 흠 없는 자녀로 세상에서 그들 가운데 빛들로 나타내며 생명의 말씀을 밝혀 나의 달음질이 헛되지 아니하고 수고도 헛되지 아니함으로 그리스도의 날에 내가 자랑할 것이 있게 하려 함이라"라고 하였다. 우리가 하나님의 말씀을 전파하는 운동 가운데 주일학교 사업은 귀하다. 예수를 믿는 사람 가운데 절반 이상이 유년 시절에 회개하고 믿은 자들이다. 그러므로 어린 사람들을 하나님의 말씀으로 잘 가르치는 교사는 전도자 중에 전도자. 영혼을 사랑하는 신자는 예수님과 같이 어린아이에게 복음 전하기를 힘쓴다. 예수님은 말씀하시기를, "어린 아이들을 용납하고 내게 오는 것을 금하지 말라 천국이 이런 사람의 것이니라"라고 하셨다(마 19:14). 아메리카 원주민에게 평생 전도한 존 엘리어트(John Elliot)는 임종 시에도 원주민 아이 하나에게 성경을 가르치다가 별세하였다.

9 이 구절은 위의 3-4절에 있는 말씀을 거듭한 것이다.

10-11 그런즉 인자야 너는 이스라엘 족속에게 이르기를 너희가 말하여 이르되 우리의 허물과 죄가 이미 우리에게 있어 우리로 그 가운데에서 쇠퇴하게 하니 어찌 능히 살리요 하거

니와 너는 그들에게 말하라 주 여호와의 말씀이니라 나의 삶을 두고 맹세하노니 나는 악인이 죽는 것을 기뻐하지 아니하고 악인이 그의 길에서 돌이켜 떠나 사는 것을 기뻐하노라 이스라엘 족속아 돌이키고 돌이키라 너희 악한 길에서 떠나라 어찌 죽고자 하느냐 하셨다 하라. 유대인들은 말하기를 그들이 자신의 죗값으로 벌을 받아 "쇠퇴하게" 되어가고 있으므로 구원받을 소망이 없다고 하였다. 이것은 회개하기만 하면 산다는 하나님의 약속을 무시하는 불신앙이다.

그러므로 하나님께서는 악인이 돌이키고 생명을 얻는 것이 그가 기뻐하시는 일이라고 강력히 말씀하신다. 그리고 그는 유대인들에게 "돌이키고 돌이키라"(שובו שובו)라고 거듭 말씀하신다.

12 인자야 너는 네 민족에게 이르기를 의인이 범죄하는 날에는 그 공의가 구원하지 못할 것이요 악인이 돌이켜 그 악에서 떠나는 날에는 그 악이 그를 엎드러뜨리지 못할 것인즉 의인이 범죄하는 날에는 그 의로 말미암아 살지 못하리라. 아무리 의인이라도 그가 죄를 범하면 과거에 그가 행한 의가 그를 구원하지 못한다. 이것을 보면 인간의 의는 그를 구원하지 못한다는 것이 확실하다. 그리고 악인이라도 회개하기만 하면 과거의 죄악은 씻겨가고 그는 구원을 받는다. 한마디로 인간의 구원은 온전히 다른 이, 곧 하나님의 의로 말미암는다.

13 가령 내가 의인에게 말하기를 너는 살리라 하였다 하자. 여기서 "의인"(צדיק "차디크")은 하나님을 믿는 자를 뜻한다(합 2:4하). 하나님께서 그 의인에게 "너는 살리라"라고 하신 것은 그의 생명이 그의 공로에 근거한다는 의미는 아니다. 그의 삶은 그가 믿는 하나님으로 말미암는다. 하나님은 믿는 자의 하나님이시다. "살리라"(חיה יחיה "하요 이흐예")라는 말을 직역하면 "확실히 살리라"라는 뜻이다. "그가 그 공의를 스스로 믿고"(בטחו על־צדקתו)라는 문구는 그 의인이 하나님보다 자기 자신이 행한 의를 의지한다는 뜻이다. 그것은 도리어 불신앙이요 따라서 죄악이다. 그는 또한 다른 죄악들도 범하게 된다. 왜냐하면 불신앙은 모든 죄악의 모체이기 때문이다.

그 모든 의로운 행위가 하나도 기억되지 아니하리니. 의인이 과거에 선을 행한 것도 하나님의 은혜로 행한 것이니, 그것이 그의 의로 여겨질 리가 만무하다.

그가 그 지은 죄악으로 말미암아 곧 그 안에서 죽으리라. 그는 자기를 믿고 하나님을 믿지 않는 자이므로 완전한 죄인일 뿐이다. 그러므로 그는 "죄악으로 말미암아 곧 그 안에서" 죽을 수밖에 없었다. "죄악으로 말미암아 곧 그 안에서"라는 문구의 히브리어 원문에 "안에서"(בְּ "베")라는 말이 두 번 나온 것은 강조체다. 이것은 다음과 같은 사실을 강조한다. 그 "의인"이 한 번은 하나님의 계명을 지켜서 하나님의 생명을 약속받은 때도 있었으나(13상), 후에 그가 하나님 대신 자기의 의를 믿었을 때부터 일이 완전히 잘못되어 의는 하나도 없고 죄만 남은 자로 변했다는 것이다. 그는 이제 죄악 가운데 있는 자로서 죽을 수밖에 없다.

14-16 너는 죽으리라 하였다 하자 그가 돌이켜 자기의 죄에서 떠나서(14절). 죄인들은 "너는 죽으리라"라는 경고를 더욱 자주 들을 필요가 있다. 그런 경고는 그들에 대한 올바른 진단이다. 그들이 그런 경고를 감수하기만 하면, 그들에게 생명의 축복이 임한다.

정의와 공의로 행하여(14하). "정의"(מִשְׁפָּט "미슈파트")는 공의를 의미할 수도 있다. 사람이 "정의와 공의"로 행한다는 말은 자기의 소욕을 거부하고 엄정하게 하나님의 뜻을 순종한다는 뜻이다. 그것은 다음과 같은 의리로 나타난다. "**저당물을 도로 주며 강탈한 물건을 돌려보내고 생명의 율례를 지켜 행**"함으로써 말이다(15절). 이것은 그가 하나님의 계명에 순종하는 생활이다. 이 순종은 물론 주님을 믿음으로써 받는 은혜로만 가능해진다. 그것은 믿음의 열매다.

17-20 이 부분에서는 하나님께서 **"주의 길이 바르지 아니하다"**라는 이스라엘의 불평에 대답하신다. 위에 이미 말씀한 바와 같이 의인이 자기의 의를 믿으면 죄요, 죄의 값은 사망이라는 것이 공평한 법이다. 왜냐하면 생명

은 하나님을 믿고 마음에 모신 자에게만 있기 때문이다. 위의 13절 해석을 참조하라.

그뿐 아니라, 악인이 돌이켜 주님께로 돌아와서(믿어서) 의를 행하면 산다는 것도 공평한 판단이다. 그 이유는 생명이신 하나님께서 그를 믿는 자의 하나님이 되어 주시기 때문이다.

21-22 에스겔이 일찍이 예언한 것처럼 예루살렘이 완전히 함락되었다는 사실은 이제부터 더욱 그에게 말할 힘이 주어졌다는 것이다. 예언이 성취될 때 예언자가 으레 힘을 얻을 것은 사실이다.

24-29 예루살렘은 함락되었는데도 거기 남아 있던 자들은 아직도 헛된 생각을 하였다. 에스겔은 여기서 그들의 생각이 잘못임을 지적한다. 그들의 헛된 생각은 그들이 가나안 땅을 끝내 빼앗기지 않고 소유하게 된다는 것이었다. 그들의 이론은 다음과 같다. 아브라함은 혈혈단신으로도 가나안 땅을 기업으로 얻었으니 아직 남아있는 많은 수를 가진 그들은 더욱 그렇게 할 수 있다는 것이다(24절). 이것은 믿음과 순종은 도외시하고 머릿수만 믿는 허망한 생각이다. 아브라함이 가나안 땅을 얻은 것은 그의 믿음과 순종에 의한 하나님의 축복으로 된 것이다. 그러나 이때 유대인들은 믿음과 순종은 없었고 모든 가증한 일과 악한 일을 하였다(25-26절). 그러니 그들이 어떻게 가나안 땅의 소유를 유지할 수 있을까? 그들은 전쟁으로 많이 죽을 것이고(27절), 또한 땅은 황폐해질 것이라고 하나님은 말씀하신다.

30-33 이 부분에서는 하나님께서 말씀을 듣기만 하고 순종치 않는 유대인들을 꾸짖으신다. 그들은 선지자의 말씀을 음악 소리처럼 유흥거리로 취급하려고 한다(참조. 딤후 4:3-4). 하나님의 말씀은 인간의 취미를 위한 것이 아니라 순종을 위한 것이다.

그들이 선지자의 말씀에 순종하지 않더라도 그 말씀이 그대로 이루어질 날이 반드시 온다. 그것이 이루어질 때는 전에 순종하지 않던 자들도 그 말쏨이 선지자의 말씀이었던 것을 깨닫게 된다.

설교▶ 하나님을 업신여기지 말라(30-33절)

본문 말씀은 바벨론에 포로로 있는 선지자 에스겔에게 찾아온 유대인들의 외식을 꾸짖는 말씀이다. 이 본문에 하나님을 만홀히 여기지 말라는 말씀은 없으나 내용은 그와 같다.

1. 하나님을 업신여긴다는 것은 어떤 것인가?

갈라디아서 6:7-8에 말하기를 "스스로 속이지 말라 하나님은 업신여김을 받지 아니하시나니 사람이 무엇으로 심든지 그대로 거두리라 자기의 육체를 위하여 심는 자는 육체로부터 썩어질 것을 거두고 성령을 위하여 심는 자는 성령으로부터 영생을 거두리라"라고 하였다.

하나님의 말씀, 곧 진리는 하나님의 권위를 가지고 이 세상에 찾아온 것이다. 그런데도 사람들이 그 진리를 듣기만 하고 순종하지 않는 것은, 하나님을 업신여기는 죄악이다. 본문에 "가서 여호와께로부터 무슨 말씀이 나오는가 들어 보자"(30절)라고 하였는데 그것은 사실상 그들이 구원을 받는 일에 중대한 관심이 있어서가 아니고, 다만 하나의 호기심으로 말한 것일 뿐이다. 가장 먼저 이것이 하나님의 말씀을 농락하는 죄악이다. 하나님의 말씀은 생사 문제를 결단하는 창조주의 말씀으로 여겨져야 하는데, 그렇지 못한 취급은 모두 다 하나님을 업신여기는 죄악이 된다. 그뿐 아니라 본문에, "네 말을 들으나 그대로 행하지 아니"(31절)하였다는 것도 하나님을 가벼이 여기는 죄악이다. 하나님의 말씀을 행하는 자마다 그 맛을 보게 되고, 그 은택을 누리게 된다. 행함이 없이 형식으로만 하나님의 말씀 앞에 나오는 것은 하나님을 걱정시키는 동시에 그들 자신에게도 괴로운 일이다. 형식주의로 하나님을 공경하는 자들은 그들 자신도 권태를 느끼고 괴로울 뿐이다. 이사야 40:22-24에 있는 말씀이 이 같은 괴로움을 밝히 보여준다. 이런 형식주의적인 종교인들은 점차 타락하고 만다. 오늘날 영국 성공회는 이와 같은 형식주의에 매여서 교회는 점차 쇠퇴하여 문 닫는 교회가 늘어간다고 한다.

2. 하나님의 말씀을 듣기만 하고 지키지 않음으로써 하나님을 업신여기는 자는 반드시 멸망을 당할 것이다(33절).

하나님의 진리는 응함이 있는 말씀이므로 사람이 그것을 무시한다고 해서 그것의 효력이 정지되는 것은 아니다. 가령 사람이 높은 벼랑에서 떨어진다면 그의 몸이 파손된다는 것이 진리이다. 그런데도 어떤 사람이 그 진리를 무시하고 높은 벼랑에서 떨어진다면, 그 진리가 무효가 될 것인가? 그럴 리가 없다. 고린도후서 13:8에 말하기를 "우리는 진리를 거슬러 아무 것도 할 수 없다"고 하였다. 하나님의 모든 말씀은 에스겔 33장 말씀과 같이 응함이 있는 말씀이다. 우리가 이 혼란한 세상에서 이 진리를 붙잡고 살 수 있다면 얼마나 행복한가! 깊은 바다에서 파선 당했을 때 구명조끼를 가졌다면 얼마나 행복할 것인가! 그러므로 우리는 응함이 있는 하나님의 말씀에 생사 문제를 걸고 순종해야 한다.

| 설교자료

1. 파수꾼의 책임은 중대하다. 그 이유는 많은 다른 사람들의 생사 문제가 그의 사역에 달려 있기 때문이다(1-9절). 파수꾼이 된 하나님의 사자가 개인이나 단체의 죄악을 지적하지 아니하면 그것은 사랑이 아니고 잔혹함이다. 그 이유는 그들이 죄악을 깨닫지 못하면 회개할 수 없으므로 멸망 받기 때문이다. 그러나 파수꾼의 생활은 괴로운 것이다. 그는 찌르는 가시 가운데

행하는 자다. 그러나 하나님께서 그와 함께하시면 그는 그 책임을 감당하고도 남는다.

2. 사람들이 하나님께 돌아가지 않고 낙심하는 것은 하나님을 무시하는 교만이요 겸손이 아니다(10절). 왜 낙심할 것인가? 왜 죽고자 하겠는가? 하나님께서 죄인들을 구원하시는 쉬운 길, 다시 말해 복음의 길을 열어 놓지 않으셨는가(11-16절)! 복음의 길은 다른 것이 아니고 이때까지 범죄한 사람이라도 하나님의 말씀을 듣고 회개하기만 하면 과거의 무수한 죄악은 용서받고 영생하게 되는 길이다. 사람이 구원받는 길은 오직 이 길뿐이다. 사람이 아무리 과거에 의를 많이 행하였을지라도 자기 의를 믿고 범죄하면 과거의 모든 의로운 행위가 소용이 없어지는데, 이것 역시 복음의 원리다. 복음에 의하면 사람이 자기 의로 구원을 보장할 수 없고 오직 하나님의 의로만 구원을 받는다(13절).

3. 인간이 회개하지 않는 동안에는 하나님의 옳음을 깨닫지 못하고 도리어 하나님을 원망한다(17절). 죄를 회개하고 하나님께 돌아가는 자만이 하나님의 옳음을 깨닫는다(시 51:4).

4. 파수꾼은 하나님께서 말씀을 주실 때에만 말할 용기를 얻는다(21-22절).

5. 죄악으로 말미암아 어두워진 자들은 사람이 오직 신앙으로만 생명을 얻게 된다는 것을 깨닫지 못하고 다수의 힘으로 살 수 있는 줄 안다(23-29절). 우리는 다수를 믿지 말고 하나님을 믿어야 한다.

6. 외모로만 하나님의 말씀을 듣는 체하고 그 말씀을 행하지 않는 자들

은 자기들의 귀에만 듣기 좋은 말을 따라다닌다. 그들은 파수꾼을 음악가로 착각하는 자들이다(30-33절). 디모데후서 4:3-4에 말하기를, "때가 이르리니 사람이 바른 교훈을 받지 아니하며 귀가 가려워서 자기의 사욕을 따를 스승을 많이 두고 또 그 귀를 진리에서 돌이켜 허탄한 이야기를 따르리라"라고 하였다.

제 34 장

⚜ 내용분해

1. 이스라엘 지도자들의 직무 태만과 불충을 문책함(1-6절)
2. 그들의 잘못을 따지고 해임시킴(7-10절)
3. 하나님께서 친히 이스라엘의 양 떼를 찾으시고 또 먹이시겠다고 약속하심(11-16절).
4. 살지고 강한 양들의 잘못을 문책함(17-22절)
5 하나님께서 장차 메시아를 보내시어 자기 양들을 구원하실 것을 약속하심(23-31절)

⚜ 해석

1 여호와의 말씀이 내게 임하여 이르시되. 15:1 해석을 참조하라.
2 자기만 먹는 이스라엘 목자들. "목자들"(רֹעִים "로임")이라는 말은 주로 이스

라엘의 정치적 지도자들을 가리키는 비유다.[92] 그러나 여기서는 이 말로써 종교적 지도자들도 겸하여 가리킨다. 그들은 이스라엘 백성을 유익하게 하지 않고 자기들의 개인적 이익을 위해서만 활동하였다. 그러므로 하나님께서 그들을 꾸짖으신다.

3 너희가 살진 양을 잡아 그 기름을 먹으며 그 털을 입되 양 떼는 먹이지 아니하는도다. "양"은 하나님의 백성을 비유한다. 악한 지도자들은 그 백성 중 부유층의 재산을 착취하면서 백성을 도와주지 않는 죄를 범한다. 거짓된 종교 지도자들도 이렇게 자기 몸만 기른다(유 12절).

4 너희가 그 연약한 자를 강하게 아니하며 병든 자를 고치지 아니하며 상한 자를 싸매 주지 아니하며 쫓기는 자를 돌아오게 하지 아니하며 잃어버린 자를 찾지 아니하고 다만 포악으로 그것들을 다스렸도다. "연약한 자", "병든 자", "상한 자", "쫓기는 자", "잃어버린 자" 등은 모두 불쌍한 자들인데, 그들을 동정과 사랑으로 도와줄 필요가 있다. 그러나 여기 언급된 거짓 지도자들은 이런 불쌍한 자들을 "포악으로" 다스렸다. "포악"(חָזְקָה "하자크")은 여기서 권력을 가리킨다. 그런 가련한 자들을 권력으로만 다스리는 것은 잔인무도한 일이다. 권력은 그처럼 불쌍한 사람들을 대상으로 사용할 것이 아니고 죄악을 고집하는 무리를 다스리기 위하여 사용해야 한다.

5-6 목자가 없으므로 그것들이 흩어지고 흩어져서 모든 들짐승의 밥이 되었도다 내 양 떼가 모든 산과 높은 멧부리에마다 유리되었고 내 양 떼가 온 지면에 흩어졌으되 찾고 찾는 자가 없었도다. 양들이 목자를 떠나면 방황할 수밖에 없다. 그렇게 되면 양들은 살 수 없고 짐승들의 밥이 된다. 이 양들을 건사하고 보호할 자는 오직 목자뿐이다(참조. 민 27:17; 왕상 22:17). 목자의 책임은 이렇게 중대하다.

"유리되었고"(יָשׁוּט "이슈구")라는 말은 계속하여 유리된다는 뜻이다. 70인

---

92) 사 44:28; 렘 10:21; 23:1; 25:34; 슥 10:3.

역(LXX)에는 이 말이 없다. 어떤 학자들[93]은 이 말을 본문에서 제거하였다. 그러나 그렇게 하는 것은 옳지 않다.

7-10 양들로 비유된 이스라엘이 불행하게 된 원인은 목자들로 비유된 이스라엘 지도자들의 무책임함 때문이다. 말하자면 그들이 **"자기만 먹이고 내 양 떼를 먹이지 아니"**한 죄 때문이었다. 그러므로 하나님께서 그들의 직분을 거두시겠다고 하신다(8절).

11-16 이 부분에서는 하나님께서 친히 목자가 되실 것을 약속하신다. **"나 곧 내가"**(הִנְנִי אָנִי "히네니 아니")라는 말은 하나님께서 친히 목자가 되실 것을 강조하는 표현이다. 이것은 하나님께서 인간들 가운데서 지도자를 택하실 것을 예언하기보다는, 그가 친히 오셔서 자기 백성을 구원하실 것을 예언하는 말씀이다. 이 예언은 하나님께서 그 백성을 바벨론에서 본국으로 인도하실 예언이기도 하면서, 궁극적으로는 그 아들 예수 그리스도께서 친히 이 세상에 오셔서 그의 백성을 구원하실 것을 가리킨다. **"흐리고 캄캄한 날"**(12절)은 환난 날을 비유한다.

하나님께서 그 백성을 구원하실 사실에 대하여, 여기 몇 가지로 말씀한다. ① 흩어진 곳에서 건져냄(12하). 하나님의 백성이 그 목자가 있는 곳으로 모이는 것은 중요하다. 신약 시대에 그들이 모일 곳은 참된 목자이신 그리스도를 중심으로 하는 참된 교회다(요 10:16). ② **"좋은 꼴을 먹"**임(14상). "꼴"은 하나님의 말씀을 비유한다(참조. 요 10:9). ③ **"좋은 우리에 누워 있게"** 함(14-15절). "좋은 우리"는 "높은 산 위에" 있는 우리다. 옛날 팔레스타인에는 높은 산에 목초가 많았다(Fisch). 영적으로 말하면, "높은 산"은 하나님을 모신 성결의 높은 수준을 비유한다(합 3:19). ④ **"잃어버린 자", "쫓기는 자", "상한 자", "병든 자"**를 돌보며, **"살진 자와 강한 자"**를 심판함(16절). 70인역(LXX)에는 **"살

---

93) Herrmann, Ziegler, Fohrer-Galling.

진 자와 강한 자는 내가 없애고"라는 문구에서 "내가 없애고"(אַשְׁמִיד "아슈미드")라는 말이 "내가 지키고"(φυλάξω)라고 번역되었는데 그것은 옳지 않다. 많은 학자들[94]이 이 번역을 잘못된 것으로 안다.

설교 ▶ 하나님의 목양법(15-16절)

우리는 이 본문에서 양을 치시는 하나님의 일이 구체적으로 세밀하게 이루어진다는 사실을 볼 수 있다. 말하자면 누워 있게 하시며, 찾으시며, 돌아오게 하시며, 싸매 주시며, 강하게 하시며, 없애시며, 먹이시는 일이다. 하나님은 사랑이시기 때문에 양의 생명을 건사하시되 이렇게 주의 깊게 하신다. 선한 사마리아 사람이 불쌍한 자를 건진 일 역시 이같이 세밀하였다(눅 10:33-35).

1. 누워 있게 함

양들이 누워 있을 자리는 무엇보다 중요하다. 그것은 양의 우리라고 할 수 있다. 이런 장소(우리)는 신자들의 모임에 필요하다. 양이 누울 자리는 푸른 초장과 같아야 한다(시 23:1). 푸른 초장은 양이 먹을 꼴이 많은 곳이다(요 10:9). 영혼의 목자는 사람들에게 하나님의 말씀을 먹도록 공급해 주어야 한다.

2. 찾으시는 사역

잃은 양을 찾는 비결은 우리 안에 있는 아흔아홉 마리 양보다 잃어버린 양 한 마리를 위하여 힘을 더 많이 쓰는 것이다. 잃은 양을 찾는 목자의 비유에서 예수님이 가르치신 대로 아흔아홉 마리를 들에 두고 그 잃은 것을 찾도록 찾아다닌다고 하신 것은 잃어버린 자를 찾으시는 일에 더욱 많은 노력

---

94) Smend, Kraetzschmar, Lofthouse, Cooke, Van Den Born.

을 기울이신다는 것이다(눅 15:4). "죄인 한 사람이 회개하면 하늘에서는 회개할 것 없는 의인 아흔아홉으로 말미암아 기뻐하는 것보다 더하리라"라고 한 말씀이 이 뜻을 보장한다(눅 15:7). 이것을 보면 잃은 양을 위한 근심이 목자에게 있어서 얼마나 큰지를 알 수 있다. 목자는 목회에 있어서 교회의 현상 유지에 마음을 쓰는 것보다, 잃어버린 영혼들을 찾는 일에 더욱 마음을 써야 한다. 잃어버린 영혼을 위한 근심은 없고, 이미 이루어 놓은 교세에만 관심을 가지다가는 교역자들의 마음이 권세 다툼과 교권주의로 흐르게 된다. 그러나 잃은 양을 찾는 데 관심이 큰 하늘나라에는 이런 다툼이 없다.

3. 치료하는 일

목자는 양의 병을 고쳐 주어야 한다. 우리 주 예수 그리스도께서는 영혼의 병을 고쳐 주시는 일에 주력하셨다(사 61:1). 예수님께서 말씀하시기를, "건강한 자에게는 의사가 쓸 데 없고 병든 자에게라야 쓸 데 있느니라 너희는 가서 내가 긍휼을 원하고 제사를 원하지 아니하노라 하신 뜻이 무엇인지 배우라 나는 의인을 부르러 온 것이 아니요 죄인을 부르러 왔노라"라고 하셨다(마 9:12-13).

목자는 의사와 같다. 위에 인용한 예수님의 말씀과 같이, ① 의사는 병자를 긍휼히 여긴다. 그는 병자에게 부드러운 태도로 다가가며 병자의 고통을 자기의 고통과 같이 여긴다. 하나님은 죄인들을 회개시키실 때 극히 자비로운 방법으로 행하신다. 그는 독생자를 희생시켜 가면서까지 죄인들을 불쌍히 여기시며 회개하라고 하신다. 하나님의 참된 사역자들 역시 죄인들을 불쌍히 여기는 방법으로 일한다. 그들이 외치는 말 가운데 사랑이 없는 것처럼 여겨지는 것도 실상은 그런 것이 아니다. 세례 요한이 바리새파 유대인들을 향하여 "독사의 자식들아"라고 한 것은 사랑 없이 한 말이 아니었다. 그는 그 말을 하면서 청중에게 회개의 열매를 맺으라고 부탁하였다(마 3:7-8). ② 그뿐 아니라 의사는 병을 바로 진단하고 진실하게 그것을 고쳐 주어야 한다. 목자는 부드러워야 하겠지만 사람의 죄를 바로 지적하고 그가 주님만 의지하도록 만들어주어야 한다. 그것이 죄인을 치료하는 방법이다. 허물을 고치는 것도 귀하지만 하나님께로 돌아가는 것이 더욱 귀한데, 하나님께로 돌아가는 것은 허물도 고치고 생명도 얻는 길이다. 사람이 하나님께 돌아가려면 자신에 대하여는 절망하는 심리 상태가 되어야 한다. 그렇게 되게 하려면 죄를 바로 깨우쳐야 한다. 그리하여 영혼의 목자는 죄악의 위험성을 양 떼에게 드러내어 보여준다. 그는 작은 죄도 큰 죄와 똑같이 위험한 것이라고 양 떼에게 밝히 경고한다. 그는 죄악에 대하여는 사정을 보지 않는다. 거짓 목자는 이와 다르게 양 떼에게 아첨한다. 따라서 영혼의 병을 고쳐 주지 못한다. 예레미야는 거짓 선지자들에 대하여 말하기를 "그들이 딸 내 백성의 상처를 가볍게 여기면서 말하기를 평강하다, 평강하다 하나 평강이 없도다"라고 하였다(렘 8:11).

4. 징계함

본문에 말하기를 "살진 자와 강한 자는 내가 없애고 정의대로 그것들을 먹이리라"라고 하였다(16하). 이것은 잘 다스리는 목자의 일을 보여준다. "살진 자와 강한 자"는 교만하고 회개치 않는 자를 가리킨다. 그들은 남들을 해롭게 한다(겔 34:20-21). 권징의 원리는 멸하는 것과 먹이는 것 두 가지를 겸하는 것이다. 죄는 멸하고 영혼은 먹여야 한다. 곧 목자가 어떤 사람의 죄를 처리할 때는 어디까지나 그 사람을 먹여 살리려는 목적으로 해야 한다. 그 사람에 대한 확실한 사랑을 가지고 그 사람을 징계하여야 한다(딤전 1:5). 그 사람에게 대한 사랑이 있는지 없는지, 첫째는 하나님께서 아시고, 둘째는 징계받는 그 사람이 안다. 목자는 교인들을 수단으로 다스리려고 하지 말고 진실한 사랑으로 피차 돕도록 힘을 써야 한다. 수단 방법을 동원하는 교회 행정이 있는 곳에서는 언제든지 선한 열매를 거두지 못한다.

17-19 **내가 양과 양 사이와 숫양과 숫염소 사이에서 심판하노라**(참조. 마 25:31-46). 여기 "양과 양"은 일반적으로 이스라엘의 양민(良民)들을 비유하고, "숫양과 숫염소"는 남들을 압제하는 불량한 자들을 비유한다. 그들은 "살진 자와 강한 자"(16절)를 가리킨다. 몇몇 학자들이 여기 "숫양과 숫염소"라는 문구가 후대 편집자의 삽입구라고 하였다(Jahn, Hölscher, Bertholet). 그러나 그것은 억측이다(G. Ch. Aalders).

너희가 좋은 꼴을 먹는 것을 작은 일로 여기느냐 어찌하여 남은 꼴을 발로 밟았느냐. 이것은 남들을 무시하고 자기만 위하는 이기주의자들을 꾸짖는 말씀이다. 그들은 자기들만 먹고 자기들만 살면 그만인 줄 안다. 그들 때문에 모든 양민이 곤란을 당한다.

20-22 여기서는 위에서 언급한 양과 양 사이, 그리고 "숫양과 숫염소" 사이에 문책을 좀 더 자세히 한다.

23 **내가 한 목자를 그들 위에 세워 먹이게 하리니 그는 내 종 다윗이라 그가 그들을 먹이고 그들의 목자가 될지라.** "한 목자"(רֹעֶה אֶחָד "로에 에하드")는 누구를 가리킨 것일까? 이것은 하반절에 나오는 "다윗"과 내용을 같이한다. 어떤 학자들은 여기서 "다윗"이란 명칭이 다윗 왕족에서 일어날 통치자들을 가리킨다고 하였다.[95] 그러나 에델도르트(Edeldoort)는 이 해석이 선지자 에스겔의 중심을 모르는 것이라고 바로 비판하였다.

"한 목자" 혹은 "다윗"이 메시아를 의미한다는 학자들이 많은데,[96] 그중 알더스(G. Ch. Aalders)는 다음과 같은 네 가지 논거를 소개하였다. 곧 ① 에스겔이 이미 17:22-24; 21:31에도 메시아에 대하여 예언한 적이 있으니 여기서도 다시 예언했다는 것이다. ② 메시아를 "다윗"이라는 명칭으로 부른 실

---

95) Smend, Kraetzschmar, Fohrer-Galling, König.
96) G.Ch. Aalders, Davidson, Troelstra, Noordtzij, Heinisch, Ziegler, Auvray, Fisch.

례가 예레미야서(렘 30:9)에도 나온다는 것이다. ③ 여기서 하나님 자신이 다윗과 동일한 분으로 간주되었다는 점. 이러한 사실은 헤르만(Herrmann)도 잘 증명한다.[97] ④ 이 구절은 37:24-25과 같은 내용으로 말하는데, 특별히 37:25에는 "다윗이 영원히 그들의 왕이 되리라"라고 한다. 영원한 왕권은 메시아에게만 해당한다(Dronkowski).

스키너(Skinner)도 37:25에 관하여 말하기를 "내 종 다윗이 영원히 그 왕이 되리라는 말씀을 읽을 때 우리는 그것이 메시아를 가리켰다는 인상을 피할 수 없다"라고 하였다. 하그(Haag)라는 학자는 37:24에 대하여 말하기를, 이 말씀은 "그 전체에 있어서 메시아에 관한 것이다"라고 하였다.[98]

24 나 여호와는 그들의 하나님이 되고. 이것은 하나님과 그 백성의 관계가 가장 가까워졌다는 사실을 보여주는 상투적 문구. 이것이야말로 하나님의 백성이 영생을 얻었다는 말과 같다. 그 이유는 영생은 오직 하나님께만 있고, 그를 모시는 것이 바로 영생이기 때문이다. 하나님을 떠나서 달리 영생이 있는 줄로 생각하는 것은 이원론적 사고로서 진리가 아니다.

내 종 다윗은 그들 중에 왕이 되리라. 말하자면 메시아가 그 백성의 중보자시며 따라서 그들을 먹이시며 거느리시는 목자이시기 때문에 (계 7:17), 그가 영원한 왕이시다 (눅 1:32-33).

25-30 이 부분에는 하나님의 구원을 받은 그 백성의 생활 상태를 진술한다. ① 땅에 화평이 있음(25절; 참조. 렘 26:6). 거기는 해하는 짐승도 없다고 한다(참조. 사 11:6-9). ② 비가 순조롭게 내려 땅에 산물이 풍부함(26-27상). 이것은 영적으로 내리는 축복을 비유하였을 수도 있다. ③ 그들이 하나님을 앎(27하-28절). 그들이 하나님을 알게 된 것은 속박했던 멍에의 결박을 그가

---

97) Ezekielstudien, blz. 35.
98) Wohl in ihr Ganzheit messianisch ist.

끊어 주셨기 때문이다. 다시 말하면 유대인들이 다시는 이방의 전리품이 되지 않도록 하여 주셨기 때문이다. 본문(27절)에 **"멍에의 나무"**라고 한 히브리어(מוטות עלם "모토트 울람")를 70인역(LXX)에서는 "그들의 멍에"(τὸν ζυρὸν αὐτῶν)라고 번역하였다. 슈뢰더(Schröder)는 이것을 "그들의 멍의 제재"(bars of their yoke)라고 번역하였다.

놀랠 사람이 없으리라(28절). 이것은 그들을 놀라게 하거나 두렵게 할 사람이 없다는 뜻이다. ④ 파종할 좋은 땅이 되게 함(29절). 본문에 **"파종할 좋은 땅"**이라는 표현은 히브리어로 "마타 레쉠"(מטע לשם)인데 "이름을 위한 심음"(Plantation for a name)이라고 번역된다. 그것은 곡식을 심으면 잘 되기로 유명하다는 뜻이다. ⑤ 하나님이 그들과 함께하시는 줄 알게 됨(30절). 곧 그들이 하나님을 알 뿐만 아니라(27절), 하나님이 그들과 함께하신다는 사실까지 알게 되는 경건한 삶을 유지한다.

31 **너희는 사람이요 나는 너희 하나님이라.** 그들은 연약한 "사람"이지만 하나님께서는 그들의 "하나님" 되시기를 기뻐하신다는 뜻이다. 이 문구에 있어서 70인역(LXX)은 "사람"(אדם "아담")이라는 말을 가지고 있지 않다. 그러므로 어떤 학자들은 이 말이 본래의 원본이 아니라고 한다.[99] 그러나 알더스는 현존 히브리어 본문에 있는 말을 그렇게 쉽게 제거하기 어렵다고 하였다.

| 설교자료

1. 재앙을 당할 만한 목자들은 ① 하나님의 양 떼를 먹이지 아니하고 자기를 먹이며(2-4절; 참조. 유 12절), ② 진리와 의로 양 떼를 다스리지 않고 포악으로 다스린다(4하). 이런 자들은 하나님의 말씀에 따라 화를 받아 마땅하

---

99) Cornill, Toy, Davidson, Von Orelli, Troelstra, Noordtzij, Van Den Born.

다고 하였으니(2절), 교회는 그들을 불쌍히 여길지언정 그들의 지도를 받지 않아도 된다.

2. 하나님께서는 자기만 먹이고 양 떼를 먹이지 않는 목자를 심판하신다 (7-16절). 그 심판의 원리는 ① 양 떼를 그들에게서 빼앗음(10-11절), 그리고 ② 하나님께서 그 양 떼를 다른 방법으로 잘 되게 하심(12-16절)이다. 오늘날도 하나님께서는, 불의한 목자의 관하에 있는 양 떼를 다른 데로 보내어 거기서 잘 되게 하시는 일들이 있다. 그러므로 목자 된 자들이 양 떼를 잘 먹이기만 하면, 결국은 하나님께서 많은 양 떼를 그에게 맡기신다.

3. 하나님께서는 양과 양 사이와 수양과 수염소의 사이에도 심판하신다 (17-22절). 수양과 수염소로 비유된 자들은 교만하여 아직 아무것도 이루지 못하고서도 된 줄로 아는데, 그를 가리켜 우리 본문은 살진 양이라고 한다 (20하). 그런 자는 남들을 무시하고 남들이 잘살지 못하게 만들려고 한다. 예를 들면 중세 시대에 로마 가톨릭 교도들이 신교도들을 박해했던 것과 같은 것이다. 하나님께서는 이런 자들도 심판하신다.

4. 하나님께서는 결국 자기 교회를 위하여 목자 한 사람을 세우시겠다고 약속하신다(23-31절). 참 목자 한 사람은 예수 그리스도이시다(요 10:11). 이렇게 하나님의 교회가 참 목자 예수 그리스도만 알고 따른다면, ① 그릇된 지도자들이 억지로 그 양 떼를 주관하지 못한다. 그리스도만 따르는 곳에 교권주의가 일어날 수 없다. ② 그리스도만을 한 목자로 인식하는 교계에는 양과 양 사이에 사랑이 있어서 평강을 누리게 된다. 우리 본문(25, 27-28절)에 화평, 혹은 평화란 말이 네 차례 나온다.

제 35 장

↓ 내용분해

1. 에돔이 황폐해질 것을 예언함(1-4절)
2. 에돔이 그렇게 황폐해질 이유(5-15절)
   1) 이스라엘을 영구히 미워하는 까닭(5-9절)
   2) 이스라엘 땅을 차지하려 하며 또한 여호와 하나님을 훼방하는 까닭(10-15절)

↓ 해석

1 또 여호와의 말씀이 내게 임하여 이르시되. 이 구절에 대해 15:1 해석을 참조하라.

2 인자야 네 얼굴을 세일 산으로 향하고 그에게 예언하여. "세일 산"은 아라비아의 동쪽 사해 남단과 아카바만 사이에 자리 잡고 있었다(창 36:8; 신 2:5). 이것은 물론 에돔 나라를 가리킨다. "세일"(שֵׂעִיר)이라는 말의 뜻은 "털로 덮

인"(hairy)이라는 뜻이다. 그 산지는 과연 떨기나무들로 덮여 있다. 그곳은 에서의 자손들의 근거지다(창 32:3).

3 이르기를 주 여호와께서 이같이 말씀하시되 세일 산아 내가 너를 대적하여 내 손을 네 위에 펴서 네가 황무지와 공포의 대상이 되게 할지라. "황무지와 공포의 대상이 되게"하신다는 것은 그 나라가 완전히 망해서 없어질 것이라는 말씀이다. 후일의 역사는 이 예언의 성취를 보여준다. 다만 그 민족 중 남은 자들이 하나님께 속하리라는 점만은 약속되어 있다(암 9:12). 요컨대 그 족속 중에서도 일부 사람들이 그리스도를 믿어 구원을 얻으리라는 것이다.

4 내가 네 성읍들을 무너뜨리며 네가 황폐하게 되리니 네가 나를 여호와인 줄을 알리라. 예언 성취는 사람들로 하여금 그 예언을 주신 이가 하나님이시라는 사실을 알게 한다.

5 에돔은 이스라엘의 숙적이었다.[100]

이스라엘 족속의 환난 때 곧 죄악의 마지막 때에. 이것은 유다 민족이 환난을 당하는 때는 그들이 죗값으로 징벌을 모두 받아 끝내는 때라는 뜻이다.

칼의 위력에 그들을 넘겼도다. 이것은 바벨론의 유다 침략을 기쁘게 여긴 에돔이 그 침략에 협력한 사실을 가리킨다. 선지자 오바댜도 에돔의 이런 죄악을 공격하여 말하였다(참조. 욥 1:10-14). 성경은 원수의 패망을 보고 기뻐하지 말라고 가르친다(잠 24:17-18).

6 내가 너에게 피를 만나게 한즉 피가 너를 따르리라. 70인역(LXX)에는 이 문구에 대한 번역을 가지지 않았다. 따라서 토이(Toy)라는 주석가를 위시하여 여러 학자는 이것을 본래의 원본으로 간주하지 않는다. 그러나 또 다수의 학자는[101] 이 문구를 원본으로 지지한다. 그렇다면 이 문구의 의미는 하나님께서

---

100) 참조. 삼하 8:13, 14; 왕상 11:14; 왕하 14:7; 대하 28:17; 암 1:11.
101) Von Orelli, Smend, Noordtzij, Ziegler, Auvray, Van Den Born.

에돔 민족이 피 흘림을 당하게 하신 다음부터는 그런 일이 그 민족에게 계속된다는 것이다.

네가 피를 미워하지 아니하였은즉 피가 너를 따르리라. 이 말씀은 에돔이 피 흘리기를 좋아한 것만큼 그 자신이 피 흘림을 당하는 전쟁의 재앙을 끊임없이 당하리라는 뜻이다.

70인역(LXX)은 이 문구(אִם־לֹא דָם שָׂנֵאתָ וְדָם)를 달리 번역하여, "진실로 네가 피에까지 범죄하였나니 그러므로 피가 너를 따르리라"(εἰ μὴν εἰς αἷμα ἥμαρτες, καὶ αἷμα διώξεταί σε)라고 하였다.

7-9 이 구절들은 에돔 나라가 완전히 멸망하여 없어질 것을 보여준다. 하나님을 끝까지 대적하던 자가 영구히 멸망하는 일도 공의에 합당하다. 에돔은 하나님의 백성이 멸망할 때까지 오랫동안 미워한 나라였다.

10 이 두 민족과 두 땅은 다 내 것이며 내 기업이 되리라 하였도다. 요컨대 유다 민족이 바벨론에게 패전했을 때(BC 586) 에돔은 유다와 이스라엘 양국이 자기 관할하에 속해야 할 듯이 스스로 생각하였다. 그러나 그 두 나라는 패망한 후에도 하나님께 속하는 것이 하나님의 영원하신 경륜이다. 그러므로 에돔의 그와 같은 생각은 옳지 않다. 그것은 자기 유익을 위하여 다른 사람들의 멸망을 바라는 악한 생각이다.

여호와께서 거기에 계셨느니라. 이것은 유다와 이스라엘이 패망한 뒤에도 하나님께서는 그들을 버리시지 않고 그들의 현재와 장래를 주장하고 계신다는 말씀이다. 그 두 나라는 계속하여 하나님께 속하였다.[102]

11 네가 그들을 미워하여 노하며 질투한 대로 내가 네게 행하여 너를 심판할 때에 그들이 나를 알게 하리라. 하나님께서 에돔을 심판하심으로써 이스라엘은 하나님의 은혜를 입는 것이다. 그리고 사람들이 하나님의 은혜를 입을 때 그들 역시 하

---

102) 참조. 왕상 6:13; 대상 23:25; 시 9:10; 68:17; 132:13-14; 욜 2:18.

나님이 살아 계신다는 사실을 알게 된다.

12-15 에돔은 유다의 패망을 보고 횡재할 듯이 덤비며 유다 민족을 훼방하였다. 그러나 하나님께서는 자기가 잘되기 위하여 남들이 망하기를 원하는 에돔의 심리를 미워하셨다. 하나님께서는 그런 자의 심리를 꿰뚫어 보시며 아신다. 그는 아실 뿐만 아니라 그런 자를 심판하신다.

| 설교자료

1. 에돔이 아직 망하기 전에 하나님께서는 그 나라가 영원히 황폐하게 될 것을 예언하셨다(1-5절). 이 예언과 같이 에돔은 후에 완전히 멸망하여 국가로서는 다시 존재하지 않게 되었다.

2. 에돔은 사람의 목숨을 살해하기 좋아하는 민족이었다. 하나님께서는 민족의 죄악을 벌하시되 여기서도 죄악에 비례하여 징벌하신다(6절). 그것은 "칼을 가지는 자는 다 칼로 망하느니라"(마 26:52) 하신 말씀과 같다. 이와 같은 심판은 사람들로 하여금 그 심판이 하나님에게서 온 것임을 깨닫게 하는 것이다. 이런 동해보복법(Lex Talionis)에 따른 심판에 대하여 시편 18:25-26에서도 말한다.

3. 사람들은 흔히 자기들이 내뱉은 악한 말을 하나님께서 듣지 못하시는 줄 알고 안심한다. 그러나 하나님께서는 그들의 모든 은밀한 생각까지 다 아시고 심판하신다. 하나님께서 이렇게 인간의 모든 은밀한 생각과 말을 다 알고 계신다는 의미에서 10절은 말하기를 "여호와께서 거기에 계셨느니라"라고 하였고, 12절에는 "나 여호와가 들은 줄을 네가 알리로다"라고 하였고, 13절에는 "내가 들었노라"라고 하였다. 하나님이 이렇게까지 아시고 계신다

는 사실을 깨닫지 못하는 사람의 마음 자체가 벌써 어두움이요 죄악이다. 극도로 악한 무리는 하나님께서 그들의 행위를 보지 아니하신다고 생각한다(참조. 겔 8:12; 9:9).

4. 하나님께서는 그가 택하신 백성을 미워하는 자들을 벌하신다(14-15절). 잠언 24:17-18은 말하기를 "네 원수가 넘어질 때에 즐거워하지 말며 그가 엎드러질 때에 마음에 기뻐하지 말라 여호와께서 이것을 보시고 기뻐하지 아니하사 그의 진노를 그에게서 옮기실까 두려우니라"라고 하였다.

5. 사람들이 하나님을 즐거워하지 아니하고 이 세상을 즐거워하면 결국 그가 즐거워하였던 것에 상응하는 벌을 받게 된다. 나사로와 대조되었던 한 부자도 그렇게 되었다(눅 16:25). 그러므로 예수님께서 말씀하시기를, "화 있을진저 너희 지금 배부른 자여 너희는 주리리로다 화 있을진저 너희 지금 웃는 자여 너희가 애통하며 울리로다 모든 사람이 너희를 칭찬하면 화가 있도다 그들의 조상들이 거짓 선지자들에게 이와 같이 하였느니라"라고 하셨다(눅 6:25-26). 이렇게 세상을 즐거워하는 자들이 비참한 멸망을 당하는 이유는 그렇게 세상을 즐거워하는 것이 쾌락 사랑하기를 하나님 사랑하는 것보다 더하는 죄악으로서 극히 가증스럽기 때문이다(딤후 3:4).

제 36 장

✣ 내용분해

1. 유다 나라의 현재 처지로 말하면 강산은 황폐되고 주민들은 바벨론으로 사로잡혀 갔지만 마침내 그 민족은 회복될 것이 약속되었음(1-15절)

2. 유다 민족이 과거의 죄악과 심판을 기억하게 함으로써 그들을 겸손하게 만듦(16-21절)

3. 하나님께서 그의 거룩하신 이름 때문에 이스라엘 백성을 흩어져 살던 각국에서 돌아오게 하시고 그들을 거룩하게 하시겠다고 하심(22-28절)

4. 하나님께서 그 백성을 축복하시어 번성케 하시겠다고 하심(29-38절)

✣ 해석

1 인자. 2:1 해석을 참조하라.

이스라엘 산들에게 예언하여. 그때 이스라엘 주민들은 전쟁으로 많이 죽었고 많이 사로잡혀 갔으며, 국토는 황폐되었다. 그러므로 선지자가 말할 대상은

"산들"뿐이었다. 이 점에 있어서 우리가 또 한 가지 생각할 것은 선지자의 말씀이 그대로 이루어지고야 말 것이니 "산들"이라도 그 말씀을 들어두라는 뜻이다.

2-7절. 이 부분에서는 같은 의미의 말씀을 몇 차례나 반복하여 강조한다. 요컨대 황폐된 이스라엘을 비웃는 에돔과 기타 국가들의 죄악과 그들이 받을 보응을 열띤 어조로 거듭거듭 말한다. 그는 이 말을 할 때마다 "그러므로"(לָכֵן "라켄")라는 말로 시작하는데, 그 말이 우리말 성경에는 네 번(3, 4, 6, 7절), 그리고 원문에는 다섯 번 나온다. 이것을 보면 이스라엘의 억울함을 풀어주시기 위한 하나님의 열심을 알 수 있다.

2 **옛적 높은 곳이 우리의 기업이 되었도다.** "옛적 높은 곳"(בָּמוֹת עוֹלָם "바모트 올람")이라는 것은 하나님께서 옛적에 이스라엘의 족장들에게 주시기로 약속하신 산지, 곧 가나안 땅을 의미한다(창 49:26; 신 33:15). 에돔과 기타 이방 나라들이 이제 이 땅이 자기들의 것이라고 주장하는 일은 하나님의 거룩한 약속을 존중하지 않는 교만이다.

70인역(LXX)에는 "옛적 높은 곳" 대신 "옛적 황폐한 땅"(ἔρημα αἰώνια)이라고 하였는데, 그것은 현존하는 히브리어 본문(בָּמוֹת עוֹלָם) 대신에 다른 이형 본문(שַׁמּוֹת עוֹלָם)을 보고 번역한 듯하다. 그러나 현존하는 히브리어 본문이 옳을 것이다.

3 **그들이 너희를 황폐하게 하고 너희 사방을 삼켜**(שַׁמּוֹת וְשָׁאֹף אֶתְכֶם מִסָּבִיב). 70인역(LXX)에서는 이 문구를 다음과 같이 번역하였다. "너희가 너희 주위에 있는 자들로 말미암아 불명예스럽게 되었고, 또 미움을 당하여"(ἀντὶ τοῦ ἀτιμασθῆναι ὑμᾶς καὶ μισηθῆναι ὑμᾶς)라고 되어 있다. 그러나 이것은 추측에 근거한 번역이다(Cooke).

"남은 이방인"(שְׁאֵרִית הַגּוֹיִם "슈에리트 하고임")은 유다 민족이 바벨론으로 사로잡혀 간 뒤에 그 땅의 주위에 남아 있었던 다른 민족들을 가리킨다 (Smend, Kraetzschmar). 그 민족들은 에돔, 모압, 암몬 등이었을 것이다. 이 민족들은 언제나 유다 민족의 원수였다.

4 그러므로 이스라엘 산들아 주 여호와의 말씀을 들을지어다 산들과 멧부리들과 시내들과 골짜기들과 황폐한 사막들과 사방에 남아 있는 이방인의 노략 거리와 조롱 거리가 된 버린 성읍들에게 주 여호와께서 이같이 말씀하셨느니라. 여기서는 하나님께서 "이스라엘 산들"을 대표적으로 지명하실 뿐만 아니라, "멧부리들과 시내들과 골짜기들과 황폐한 사막들과" "이방인의 노략 거리와 조롱거리가 된···성읍들"을 대상으로도 말씀하신다. 이렇게 그는 그 백성을 돌보시는 일에 세밀하게 역사하신다.

5 주 여호와께서 이같이 말씀하시기를 내가 진실로 내 맹렬한 질투로 남아 있는 이방인과 에돔 온 땅을 쳐서 말하였노니 이는 그들이 심히 즐거워하는 마음과 멸시하는 심령으로 내 땅을 빼앗아 노략하여 자기 소유를 삼았음이라. 여기 "맹렬한 질투"(קִנְאָתִי אֵשׁ "에쉬 키느아")라는 말은 하나님께서 택하신 백성은 그의 소유이기 때문에 그 백성이 다른 민족에게서 죗값으로 당할 분량 이상으로 지나치게 침해를 당할 때는 그가 질투하듯이 뜨거운 마음으로 간섭하심을 의미한다. 그것은 그가 그 백성을 사랑하시되 보통 이상으로 뜨겁게 사랑하신다는 증표다.

"말하였노니." 이 부분(2-7절)에 여호와께서 말씀하셨다는 표현(혹은 "여호와의 말씀에"라는 표현)이 여러 차례 나와서(2절에 한 번, 3절에 한 번, 4절에 한 번, 5절에 두 번, 6절에 세 번, 7절에 한 번), 다시금 그가 말씀하셨다는 권위가 이렇게 강조되어 있다. 무슨 일에 대해서든지 하나님께서 말씀만 하신다면 일은 성사된다.

"즐거워하는 마음과 멸시하는 심령으로 내 땅을 빼앗아." 다시 말해 에돔과 기타 이방 나라들이 유다 민족의 수난기를 틈타서 기뻐하며 그 땅을 빼앗았다는 뜻이다. 원수가 넘어질 때 기뻐하는 것은 하나님의 뜻에 합당치 않다

(잠 24:17-18).

6 내 질투와 내 분노로. 5절 해석을 참조하라.

8-15 이 부분에서는 하나님께서 유다 민족에게 축복을 약속하신다. 여기 약속된 축복은 다음과 같이 몇 가지로 분류된다.

1) 이스라엘 산지에서 열매가 나오게 하심(8-9절). 그 땅의 소유자인 이스라엘 민족이 돌아와서 경작함으로써 그 땅에 소산이 있을 것이다. 멀리 사로잡혀 갔던 주인이 돌아오는 것은 하나님의 특별하고 놀랄 만한 은총이 아니고서는 될 수 없다.

2) 사람들이 생육하고 번성하게 하심(10-11절). 전쟁으로 인하여 사람들이 많이 죽었을 때 필요한 일은 인구의 증가다. 하나님께서 앞으로는 이스라엘을 번성하게 하시겠다고 약속하신다.

너희 전 지위대로 사람이 거주하게 하여(11절). 말하자면 바벨론이 침략하기 이전과 같이 유다에 많은 사람이 살도록 하시겠다는 뜻이다.

너희를 처음보다 낫게 대우하리니(11절). 이것은 유대인들이 회개하고 본국으로 돌아온 후에는 하나님께서 그들을 전보다 더욱 사랑하여 주시겠다는 뜻이다.

3) 유다 땅에서 그 주민들이 살육을 당하지 않도록 보호하시겠다고 하심(12-15절). 이스라엘 백성이 회개하고 고국으로 돌아온 후에는 그 범죄로 인하여 당했던 불행한 일들을 이제는 당하지 않게 되리라고 선지자는 예언한다. 요컨대 **"자식들을 잃어버리지 않게"** 되며(12절), **"사람을 삼키지 아니하며…백성을 제거하지 아니하"**며(14절), **"백성을 다시 넘어뜨리지 아니하게"** 되리라고 하신다(15절).

16-21 유다 민족은 그 나라에서 우상을 섬기며 살인하는 죄를 많이 범하여 그 땅을 더럽혔다. 그러므로 하나님께서 그들에게 벌을 내려 다른 나라에 사로잡혀 가도록 하셨다. 또한 그들이 사로잡혀 있을 때는 바벨론 사람들이

하나님의 이름을 더럽혔다. 한마디로 그들은 말하기를 "유대인들은 하나님의 백성인데도 사로잡힌 것을 보니 그들의 하나님도 별수 없구나"라고 한 것이다. 이렇게 된 책임도 유다 민족에게 있다.

내 거룩한 이름을 내가 아꼈노라(21절). 하나님의 백성 된 유다 민족이 어느 면으로든지 하나님의 이름을 거룩하게 하지 못하였으나 하나님께서 친히 자신의 이름을 거룩하게 나타내신다. 그런데 하나님께서 친히 자신의 이름을 거룩하게 나타내시는 일은 무엇으로 이루어질 것인가? 그것은 그가 열국에 흩어진 그의 백성을 본국으로 돌아오게 하신 구원 운동을 통해서였다. 이 일에 대하여 다음 구절들(22-38절)이 말한다.

22-24 이스라엘 족속아 내가 이렇게 행함은 너희를 위함이 아니요 너희가 들어간 그 여러 나라에서 더럽힌 나의 거룩한 이름을 위함이라. 하나님께서 사로잡혀 간 유대인들을 본국으로 돌아오게 하신 것은 그의 거룩하신 이름을 위한 것이라고 여기서 명백히 말씀한다. 인간은 자기 이름을 위하여 살 자가 아니고 하나님의 이름을 위하여 살아가야 하는 자다. 그러나 하나님은 그 자신의 이름을 위하여 모든 것을 행하심이 옳고 또한 그것이 인류를 위한 사랑이다. 그의 이름이 인류에게 참으로 알려질 때 인류에게 구원이 임하게 된다(요 17:3).

25 맑은 물을 너희에게 뿌려서 너희로 정결하게 하되. 이것은 정결케 하는 방법에 대한 구약의 표현이다. 이것은 하나님께서 친히 그 백성의 죄악을 깨끗이 제하여 주심을 비유한다.

모든 우상 숭배에서 너희를 정결하게 할 것이며. 이 예언은 그대로 성취되어 유대인들이 바벨론에서 돌아온 후에는 온전히 우상숭배를 버렸다(Maclaren).

26-27 또 새 영을 너희 속에 두고 새 마음을 너희에게 주되 너희 육신에서 굳은 마음을 제거하고 부드러운 마음을 줄 것이며 또 내 영을 너희 속에 두어 너희로 내 율례를 행하게 하리니 너희가 내 규례를 지켜 행할지라. 이 부분의 예언은 특별히 신약 시대에 그리스도의 구원 운동으로 이루어졌다. 그리스도의 속죄를 하나님의 백성에게

적용하시는 성령님께서는 먼저 그들을 거듭나게 하신다. 그것이 바로 이 구절들의 예언 내용이다. ① "새 영"이라는 말과 "새 마음"이라는 말은 인격의 내부적 변화를 가리키고, ② "굳은 마음을 제거하고 부드러운 마음을" 준다는 말은 사람들이 주님을 믿어 순종하게 만드시겠다는 약속이다. 이것은 신약 시대에 그리스도의 복음 운동으로 이루어진다. ③ "내 영을 너희 속에 두"겠다고 하신 말씀은 성령을 그의 백성 된 개인의 마음속에 주시겠다는 약속이다.[103]

설교▶ 심령에 은혜를 받자 (26-27절)

하나님께서는 신약 시대의 그리스도로 말미암은 축복의 약속에서 무엇보다도 사람들의 심령에 변화를 일으키겠다고 하신다. 본문에 "너희 속에"(בְּקִרְבְּכֶם "베키르브켐")라는 말이 두 번 나오고, "마음"(לֵב "레브")이라는 말이 세 번 나온다. 이렇게 하나님께서는 인간들을 구원하심에 있어서 그들의 "속" 혹은 "마음"(심령)에 은혜를 주시기로 약속하시며 이것을 반복하여 강조하셨다. 그러므로 우리는 무엇보다도 심령에 은혜를 받아야 산다.

1. 심령(혹은 영혼)은 가장 중요하다.

심령(혹은 영혼)은 육신이 죽은 후에도 사라지지 않고 하나님께로 가는 존재이다. 전도서 12:7에 말하기를 "흙은 여전히 땅으로 돌아가고 영은 그것을 주신 하나님께로 돌아가기 전에 기억하라"라고 하였다. 여기서 심령은 단순한 심리 작용을 의미하지 않고 사람 인격의 주체를 뜻한다. 사람이 생각하는 것이나 판단하는 것은 모두 다 그 인격의 주체인 심령의 역할이다. 물론

---

[103] 겔 37:14; 39:29; 사 42:1; 44:3; 59:21; 학 2:5; 욜 2:28-29.

심령은 "나"의 주체인데도 나에게 잘 알려지지 않은 측면들을 지니고 있다. 이는 마치 나무는 보이되 뿌리는 보이지 않는 것과도 같다. 그러나 심령은 인간 존재의 주인공이다. 잠언 20:27에 말하기를 "사람의 영혼은 여호와의 등불이라"라고 하였으니, 하나님께서 우리의 심령을 통하여 역사하시기를 기뻐하시는 것이 분명하다(참조. 잠 16:2).

우리의 심령에 은혜만 받으면 우리의 환경이 어떠하든지 우리는 만족한 생활을 할 수 있다. 잠언 18:14에 말하기를 "사람의 심령은 그의 병을 능히 이기려니와 심령이 상하면 그것을 누가 일으키겠느냐"라고 하였다. 우리의 심령만 살면 모든 괴로운 환경을 능히 극복할 수 있다. 칼빈(Calvin)은 그의 몸에 50여 가지의 질병이 있었다고 한다. 그런데도 그는 가장 힘있게 살았던 인물 중 한 명이었다. 유명한 찬송가 작사가였던 패니 크로스비(Fanny Crosby)는 시각장애인이었지만 한평생 기뻐하였다. 이는 그의 영혼이 은혜를 받았기 때문이었다.

2. 심령과 경건의 관계

잠언 23:26에 말하기를 "내 아들아 네 마음을 내게 주며"라고 하였다. 하나님께서 이렇게 말씀하신 이유는 우리의 도움을 얻고자 하심이 아니고, 우리를 유익하게 하려는 것이다. 우리가 하나님께 심령을 드리지 않으면 우리의 경건은 차디찬 얼음장과 같이 된다. 심령 없는 종교 행위는 모두 하나님을 조롱하는 행동이다.

3. 심령에 은혜를 받는 방법

1) 심령을 전적으로 하나님께 바침. 우리 심령을 하나님께 바쳐야 은혜를 받는다. 그러나 우리가 주의할 것은 심령을 바치되 전적으로 바쳐야 한다는 것이다(마 6:21-24). 마귀는 갈라진 마음도 좋아한다. 남의 아들을 제 아들이

라고 한 어떤 여자는 솔로몬 왕 앞에서 재판받을 때 그 아이를 둘로 나눠주겠다는 판결도 좋다고 하였다(왕상 3:25-26). 갈라진 마음은 죽은 마음이므로 하나님은 그런 마음을 기뻐하지 않으신다.

2) 보이지 않는 주님을 사랑함. 베드로전서 1:8-9에 말하기를 "예수를 너희가 보지 못하였으나 사랑하는도다 이제도 보지 못하나 믿고 말할 수 없는 영광스러운 즐거움으로 기뻐하니 믿음의 결국 곧 영혼의 구원을 받음이라"라고 하였다. 심령 혹은 영혼의 구원은 이렇게 보이지 않는 예수님을 보이는 것 이상으로 사랑하여 따르는 데 있다.

28 내가 너희 조상들에게 준 땅에서 너희가 거주하면서 내 백성이 되고 나는 너희 하나님이 되리라. 이 구절은 유대인들이 바벨론에서 본토로 돌아와서 하나님을 모시고 살게 될 것을 다시 예언한다. 그들이 본토로 돌아왔다는 사실이 중요한 것이 아니라 하나님께로 돌아와서 그와 함께 거하게 된 것이 문제 해결의 열쇠라는 말이다.

29-30 내가 너희를 모든 더러운 데에서 구원하고 곡식이 풍성하게 하여 기근이 너희에게 닥치지 아니하게 할 것이며 또 나무의 열매와 밭의 소산을 풍성하게 하여 너희가 다시는 기근의 욕을 여러 나라에게 당하지 아니하게 하리니. 여기서는 유대인들이 바벨론에서 돌아온 뒤에 가나안 땅에 곡식과 실과가 풍성할 것을 예언한다. 하나님의 은혜가 때로는 물질의 풍부함으로도 나타난다.

31 그 때에 너희가 너희 악한 길과 너희 좋지 못한 행위를 기억하고 너희 모든 죄악과 가증한 일로 말미암아 스스로 밉게 보리라. 사람들이 죄를 회개하기 전에는 자기 죄악을 사랑하며 숨기며 변호한다. 그러나 그들이 그것을 회개한 후에는 그 죄악의 더러움을 실감한다.

32 주 여호와의 말씀이니라 내가 이렇게 행함은 너희를 위함이 아닌 줄을 너희가 알리라 이스라엘 족속아 너희 행위로 말미암아 부끄러워하고 한탄할지어다. 하나님께서 그

백성을 구원하신 이유는 그들의 어떤 의를 보시고 그리하신 것이 아니다. 그는 자기의 이름을 위하여 그 백성을 구원하신다(참조. 22-24절 해석). 그러므로 구원받은 자들은 그들이 받은 구원 때문에 교만할 것이 아니라 도리어 자기 자신들의 더러움을 더욱 절실히 느껴야 한다.

설교 ▶ 자기를 미워하자 (31-32절)

1. 자기를 미워한다는 말은 무슨 뜻인가?

이 세상을 마음껏 좋아하다가 자기를 미워하게 되는 자가 있다. 누구든지 세상 향락을 극도로 좋아하다가는 절망의 때를 만난다. 그 이유는 이 세상의 향락이 사람을 속이기 때문이다. 중국의 영화배우 린다이는 〈달기〉라는 영화의 주연 배우였고 또한 갑부였다. 그리고 미국의 영화배우 마릴린 먼로(Marilyn Monroe)도 세상에서는 부족함이 없을 만큼 풍족한 생활을 하였다. 그러나 이들은 모두 생의 참된 만족이 하나님께 있음을 알지 못하였기 때문에 자살하였다.

그런데 본문에서 사람이 자기를 미워해야 한다고 말한 것은 앞에서 예로 든 경우들과는 다른 내용이다. 이것은 사람이 자기 죄악 때문에 자기를 미워하는 것을 가리킨다. 요컨대 사람이 하나님을 사랑하는 동기에서 죄를 미워하게 되고, 죄를 미워하기 때문에 죄악의 원천인 자기 자신을 미워하게 됨을 말한 것이다. 예수님은 신자들에게 "자기를 부인하라"고 하셨고(마 16:24), 욥은 말하기를 "가령 내가 의로울지라도 내 입이 나를 정죄하리니 가령 내가 온전할지라도 나를 정죄하시리라"라고 하였다(욥 9:20). "나"라는 존재가 거꾸러져야 그리스도께서 내 안에 사신다. 야곱의 허벅지 관절이 위골된 것은(창 32:25) 야곱의 거꾸러짐을 의미한다. 허벅지 관절의 근육은 얼마나 질긴지 그것을 쉽사리 끊지 못한다고 한다. 야곱은 그에게 있어서 가장 강하다고 믿던 허벅지 관절이 어긋남으로써 비로소 하나님의 축복을 받게 되었다. 우리는 모든 것을 버리는 일보다 자기 자신을 버리는 것이 중요하다 (Campbell Morgan). 이것은 자살이 아니고 자기 부패성을 죽임으로써 예수 그리스도께 전적으로 돌아가 의지함이다.

인도 선교사 헨리 마틴(Henry Martin)은 인도에 도착한 지 2년이 채 못 되어 죽었다. 그러나 그가 훌륭한 선교사로 꼽히는 이유는 그가 자기를 미워하듯이 겸손하였기 때문이다. 그는 말하기를 "주여 하나님을 위하여 나를 불태워 주옵소서"라고 하였다. 그는 그렇게 자기를 거부하였다. 중국 선교사 허드슨 테일러(Hudson Taylor)는 말하기를 "하나님께서는 나와 같은 작은 사람을 택하시고 사람들로 하여금 내가 섬기는 위대하신 하나님을 알게 하신다"라고 하였다.

2. 누가 자기를 미워하게 되는가?

하나님의 사랑을 깨닫는 자가 자기를 미워하게 된다. 하나님은 사람들이 이렇게 되도록 만드시기 위하여 그들에게 먼저 사랑을 베푸신다. 그것은 에스겔 36:29-30, 33-36이 보여준다. 기독교의 회개 운동은, 발만으로 이루어질 수 없고 하나님의 사랑으로만 된다. 하나님은 우리를 회개시키기 위하여 독생자를 주셨다. 구세군의 부스(Booth) 대장의 부인 캐서린 부스(Catherine Booth)가 죽었을 때 그 장례식에는 여러 계층의 사람들이 참여했다고 한다. 그중에서도 강도들이 울면서 그의 관 앞으로 걸어왔으며, 술주정뱅이가 관 앞에 와서 마루에 엎드려 "이 부인이 나를 위하여 살았다"라고 하였고, 또 어떤 여인은 말하기를 "이 부인은 나의 두 아들을 구원한 은인이다"라고 말했다고 한다.

33-36 여기서는 황폐했던 유다 땅이 재건되어 사람들이 많이 살게 될 것

을 예언한다. 이 예언이 이렇게 반복되는(8-10절에도 있음) 이유는 황폐했던 유다 땅을 도로 찾는 것이 사람의 힘으로는 될 수 없고, 다만 하나님의 능력으로 이루어지는 것이 너무 기쁜 사실이기 때문이다. 이 일이 이루어질 때는 이방인들도 그 일이 하나님의 능력으로 말미암은 것을 인식하게 된다고 한다(36절). 그만큼 그 일은 놀랍다.

37 그래도 이스라엘 족속이 이같이 자기들에게 이루어 주기를 내게 구하여야 할지라. 하나님께서는 그 백성을 위하여 장차 행하실 일을 약속하셨다. 그러나 이 일에 있어서 그들이 기억할 것은 그것이 성취되기를 위하여 그들이 기도해야 한다는 것이다. 하나님의 약속은 그의 백성에게 기도할 힘을 일으키기 위한 것이다. 그 약속의 내용은 특별히 이 구절 후반부터 38절까지에 포함되어 있다. 한마디로 이스라엘 무리의 숫자를 늘리시겠다는 것이다. 물론 이 약속은 유대인들이 바벨론에서 본국으로 돌아오게 되는 일도 포함한다.

38 정한 절기의 양 무리. 이것은 특별한 절기를 당하여 사람들이 하나님께 제물을 드리려고 많은 양을 가지고 오는 것처럼(대하 35:7), 유대인들이 본토로 많이 돌아올 것을 가리킨다.

| 설교자료

1. 하나님의 백성이 이방 사람들에게 과도한 수모를 당할 때는 하나님께서 반드시 간섭하셔서 자기백성을 구원하여 주신다(1-15절). 하나님께서 그의 미천해진 백성에게 간섭하실 때 그들을 전보다 나은 처지로 인도하지 못하실 이유가 없다(9, 11절). 하나님께서 하시는 일을 누가 막겠는가.

2. 하나님의 백성이 큰 죄악을 범하였을지라도 하나님께서는 자기 이름을 위하여 그들을 구원해 주실 수 있다. 이런 의미에서 21절 끝에 말하기를

"내 거룩한 이름을 내가 아꼈노라"라고 하였고, 22절 끝에도 "나의 거룩한 이름을 위함이라"라고 하였고, 23절에도 "나의 큰 이름을 내가 거룩하게 할지라"라고 하였다. 우리에게는 죄만 있고 의는 없으므로 우리의 구원은 하나님의 무조건적 은총에만 달려 있다. 하나님의 은혜에 속하는 구원은 바로 그의 이름을 위하여 실시되는 구원이다(참조. 신 9:25-29; 렘 14:20-21; 단 9:17-19). 그러므로 요한계시록 7:10에 말하기를 "구원하심이 보좌에 앉으신 우리 하나님과 어린 양에게 있도다"라고 하였다.

3. 우리의 구원은 심령이 새로워짐으로써 이루어진다. 심령은 인격의 가장 중요한 부분이니 그것이 새로워지면 인격 전체에 영향을 준다. 그러므로 사도 바울은 말하기를 "주 예수 그리스도의 은혜가 너희 심령에 있을지어다"라고 하였다(갈 6:18; 빌 4:23).

심령이 새로워지는 데 있어서 요점은 그것이 부드러워진다는 점이다(겔 36:26). 이것은 하나님을 순종하는 일에 부드러워짐을 의미한다. 인간은 하나님을 순종하는 의미에서 신앙을 가지며 또한 계명을 지킨다. 이 두 가지 일은 심령이 부드러워져야 할 수 있다. 하나님께서 우리의 심령을 부드럽게 만드시기 위하여 성령을 주셨다. 그러나 어떤 때에는 우리가 성령의 감화를 깨닫지 못하고 순종하지 않음으로써 하나님이 우리에게 환난과 고통을 주시기도 하신다. 환난과 고통은 결단코 무의미한 것이 아니다. 그것들은 우리의 완악함을 깨뜨리고 우리 심령을 부드럽게 하기 위한 것이다.

4. 사람의 진정한 회개는 그 자신의 죄악으로 말미암아 자기를 미워하는 행동이다(31-32절). 자기를 미워하는 자는 낙심하고 절망하는 것으로 끝내지 않고 주님께로 돌아간다. 그것이 바로 "자기 십자가를 지고 나를 따르라"고 하신 예수 그리스도의 말씀의 뜻이다(눅 14:27). 사도 바울은 자기 몸을

"쳐 복종시킨다"고 하였고(고전 9:27), 자기보다 "남을 낫게" 여긴다고도 하였고(빌 2:3), 자기는 "세상의 더러운 것과 만물의 찌꺼기 같이 되었다"고도 하였고(고전 4:13), "만삭되지 못하여 난 자 같다"고도 하였고(고전 15:8), "죄인 중에 괴수"라고도 하였다(딤전 1:15).

5. 하나님께서 우리에게 좋은 약속을 많이 주셨는데, 우리는 기도를 통해서 그 약속들을 받는다. 그러므로 본문 37절에 "그래도 이스라엘 족속이 이같이 자기들에게 이루어 주기를 내게 구하여야 할지라"라고 하였다. 다니엘도 하나님의 약속을 믿었으나 그럼에도 불구하고 가만히 있지 않고 기도하였다(단 9:2 이하). 하나님께서 그 자녀들에게 은혜를 주시기로 약속하시면서도 그들이 기도해야만 주시겠다고 하신 이유는, ① 약속도 귀하지만 기도도 그만큼 귀하기 때문이며, ② 기도를 통해 받아야만 그것을 주신 이가 하나님이시라는 사실을 더욱 확실히 깨닫게 되기 때문이다. 그러므로 진실한 신자들은 하나님에게서 은혜를 받기 위해 무엇보다도 기도하는 일에 진력하였다. 욥기 5:8에 말하기를 "나라면 하나님을 찾겠고 내 일을 하나님께 의탁하리라"라고 하였고, 다윗은 말하기를 "나는 사랑하나 그들은 도리어 나를 대적하니 나는 기도할 뿐이라"라고 하였고(시 109:4), 야고보서 4:2은 말하기를 "너희가 얻지 못함은 구하지 아니하기 때문이요"라고 하였다.

6. 인구가 증가하는 것은 하나님의 은혜다(37하-38절). 하나님께서 인생을 지으시고 복을 주시며 말씀하시기를, "생육하고 번성하여 땅에 충만하라"라고 하셨다(창 1:28). 그러나 우리가 기억해야 할 점은 이 축복이 타락하기 이전 사람을 대상으로 주어졌다는 사실이다. 사람이 하나님을 참되게 공경하면 그들의 숫자가 많을수록 더욱 크게 하나님을 영화롭게 한다. 이 본문에서도 그런 경우를 염두에 둔 것이다.

제 37 장

✤ 내용분해

1. 유다 민족이 포로 된 바벨론에서 고토로 돌아오는 것은 죽은 자의 부활과 같이 어려운 일이지만(1-10절), 하나님께서는 이를 실행하실 수 있다(11-14절)

2. 이스라엘 민족이 남북으로 갈라졌으나 하나님의 능력으로 연합할 수 있다(15-23절). 이런 의미에서 하나님께서는 에스겔로 하여금 막대기 둘을 취하여 연합하여 하나로 만드는 행동 예언을 하게 하신다.

3. 위의 두 가지 행동 설교를 끝내고 이어서 그리스도의 왕국을 예언함(24-28절)

✤ 해석

1-2 여호와께서 권능으로 내게 임재하시고 그의 영으로 나를 데리고 가서 골짜기 가운데 두셨는데 거기 뼈가 가득하더라 나를 그 뼈 사방으로 지나가게 하시기로 본즉 그 골짜기 지

면에 뼈가 심히 많고 아주 말랐더라. 여기 나오는 "뼈"는 허물과 죄로 죽은 인간들(엡 2:1, 특히 그 당시 유대인들)을 비유한다. 하나님께서 에스겔을 해골 골짜기로 데려가서서 해골을 보여주신 이유는 그가 바벨론에 포로 된 유대인들을 해골과 같이 소망 없는 자들로 간주하시기 때문이다. 그들이 해골과 같았으나 하나님은 그들을 유다 본토로 구원해 내실 수 있기 때문에 이제 에스겔에게 이 전망을 보여주신다.

이 계시를 통하여 우리는 신약 시대 복음 운동의 성격을 생각할 수도 있다. 복음 운동에서도 하나님은 사람을 바로 아시고 그들을 사실 그대로 상대하여 주신다. 하나님은 말씀을 전파하실 때도 보다 나은 사람들만을 대상으로 삼지 않으신다. 이처럼 하나님은 모든 민족과 모든 인류를 해골과 같이 바로 아시고 상대하여 주신다. 그러므로 하나님의 복음은 가장 못난 사람들도 부끄러워하지 않는다. 사람의 성격이나 민족적 근성이 복음 전파의 용기를 누그러뜨리지는 못한다(참조. 고전 1:27-29).

사람들은 그리스도의 진리를 안다고 하면서도 그 대상을 보아가면서 말할 용기를 낸다. 그것은 죽은 자를 살릴 수 있는 진리에 대한 확신이 없이 그것을 전하는 것이나 마찬가지다. 어떤 이는 지식인에게만 복음을 전하고 배움이 없는 자에게는 전하지 않는다. 또 다른 이는 가난한 자에게는 복음을 전하지만 부자나 권세 있는 자에게는 말하지 못한다. 우리가 믿는 복음은 마른 뼈에게도 전할 만한 진리다.

3 그가 내게 이르시되 인자야 이 뼈들이 능히 살 수 있겠느냐 하시기로 내가 대답하되 주 여호와여 주께서 아시나이다. 여기 기록된 에스겔의 대답은 하나님을 향한 그의 확신을 표시한다. "주께서 아시나이다"라고 한 것은 확신의 표현이다. 에스겔은 자기가 아는 것을 중요시하지 않고, 하나님께서 아시는 대로 따르고자 하였다. 사람은 모르는 것투성이지만 하나님은 모두 아신다. 무디(Moody)는 말하기를 "신앙은 인간의 지식을 하나님의 지식 앞에서 희생하

는 것이다"라고 하였다.

4-5 또 내게 이르시되 너는 이 모든 뼈에게 대언하여 이르기를 너희 마른 뼈들아 여호와의 말씀을 들을지어다 주 여호와께서 이 뼈들에게 이같이 말씀하시기를 내가 생기를 너희에게 들어가게 하리니 너희가 살아나리라. 이것은 "마른 뼈들"을 부활시키는 말씀이다. 그것은 선지자가 그것들을 부활시킬 하나님의 계획을 전달할 뿐이고 사람의 방법을 동원하는 것이 아니다. 전도는 언제나 이와 같아야 한다. 그것은 "하나님이 이렇게 말씀하셨다"라고 말할 뿐이다. 기독교는 하나님의 말씀이 만능임을 주장한다.

6 너희가 살아나리라 또 내가 여호와인 줄 너희가 알리라 하셨다 하라. 우리가 지식을 배움으로써 하나님을 알게 되는 것이 아니며, 오직 하나님의 말씀대로 살아갈 때 하나님을 알게 된다. 기독교는 이론뿐인 종교가 아니고 하나님의 말씀으로 사람을 살리는 생명의 종교다.

7-10 이 부분에서는 그 뼈들의 부활하는 순서를 보여준다. 그것은 다음과 같다. 먼저 뼈들이 서로 **"연결됨"**, **"힘줄이 생김"**, **"살이 오름"**, **"가죽이 덮임"** 등의 순서다. 그것은 연합과 연결을 긴요하게 보여준다. 이것이 신약 시대의 복음 운동과 관련하여서는 사람들이 교회에 모여 진리로 화합하여 하나 됨을 가리킨다고도 할 수 있다. 우리는 먼저 진리로 뭉쳐야 큰 은혜를 받는다.

11-12 또 내게 이르시되 인자야 이 뼈들은 이스라엘 온 족속이라 그들이 이르기를 우리의 뼈들이 말랐고 우리의 소망이 없어졌으니 우리는 다 멸절되었다 하느니라. 그러므로 너는 대언하여 그들에게 이르기를 주 여호와께서 이같이 말씀하시기를 내 백성들아 내가 너희 무덤을 열고 너희로 거기에서 나오게 하고 이스라엘 땅으로 들어가게 하리라. 이 구절들은 위(1-10절)에 기록된 행동 예언의 의미를 설명한다.

"이 뼈들은 이스라엘 온 족속이라." 말하자면 위에 언급된 뼈들은 이스라엘 족속을 비유한다는 뜻이다. 그들이 바벨론에서 포로 생활을 할 때는 아주 마른 뼈와 같이 실망 상태에 있었다.

"내 백성들아." 이 말(עַמִּי "아미")이 70인역(LXX)에는 없기 때문에 이것이 본래의 원본이 아니라고 말하는 학자들이 있다.[104] 그러나 그들의 이런 추측은 근거 없는 것이다.[105]

"내가 너희 무덤을 열고 너희로 거기에서 나오게 하고." 카일(Keil)은 이 말씀이 예수 그리스도로 말미암은 천국(βασιλεία τῶν οὐρανῶν)의 도래를 비유한 것이라고 하였다. 그러나 알더스(G. Ch. Aalders)는 이것이 하나님께서 유대인들을 바벨론에서 해방하실 것을 비유한다고 하였다. 우리는 이 말씀이 위의 두 가지 해석이 가리킨 뜻을 다 포함한다고 생각한다. 하나님께서는 소망 없는 자들에게 소망을 주시는 구원자시다. 예수님도 소망 없던 38년 된 병자에게 소망을 주시는 의미에서 "네가 낫고자 하느냐"(요 5:6)라고 하시고서 "일어나 네 자리를 들고 걸어가라"라고 하셨다(요 5:8). 하나님께서 무덤과 같은 바벨론에서 이스라엘을 구원해 내시겠다고 여기서 약속하신다.

13 내 백성들아 내가 너희 무덤을 열고 너희로 거기에서 나오게 한즉 너희는 내가 여호와인 줄을 알리라. 유대인들이 바벨론에서 해방되는 일은 하나의 기적이다. 그러므로 그 사건을 체험하는 그들은 하나님이 살아 계심을 깨닫게 될 것이다.

14 내가 또 내 영을 너희 속에 두어 너희가 살아나게 하고. 여기서 "내 영"(רוּחִי "루히")이라는 말이 성령을 의미한다고 하는 학자들도 있으나,[106] 그것이 생기를 의미한다는(9-10절) 학자들도 있다.[107] 알더스(G. Ch. Aalders)는 둘째 해석을 택하였다.

나 여호와가 이 일을 말하고 이룬 줄을 너희가 알리라. 위의 13절 해석을 참조하라.

---

104) Cornill, Rothstein, Toy, Kraetzschmar, Bertholet, Hans Schmidt, Heinisch, Herrmann, Troelstra, cooke, Fohrer-Galling
105) De Bondt, blz, 171, note 26.
106) Von Orelli, Redpath, Troelstra, Noordtzij, Schumpp, Fohrer-Galling.
107) Keil, Smend, Davidson, Herrmann, Fisch, Van Den Born.

16 너는 막대기 하나를 가져다가 그 위에 유다와 그 짝 이스라엘 자손이라 쓰고. "막대기"는 여기서 이스라엘 민족의 "지파"를 상징한다(민 17:2). 그런데 하나님께서 에스겔에게 "막대기" 하나에는 "유다"의 이름과 "그 짝(남쪽 나라 유다에 속하는 다른 지파) 이스라엘 자손"이라고 쓰라고 하셨다. 이것은 유다 지파로 대표된 남쪽 나라를 가리킨다.

또 다른 막대기 하나를 가지고 그 위에 에브라임의 막대기 곧 요셉과 그 짝 이스라엘 온 족속이라 쓰고. 말하자면 북쪽 나라의 대표자인 "에브라임의 막대기"(요셉 지파와 함께 북쪽 나라를 구성하는 이스라엘 다른 지파들의 막대기)라고 쓰라는 뜻이다.

17 그 막대기들을 서로 합하여 하나가 되게 하라. 이것은 하나님께서 남북 양국이 합하여 하나 되게 하실 것을 상징적 행위로 예언하라는 뜻이다.

18-22 위의 16-17절에 기록된 상징적 행동 예언의 뜻을 알고자 하는 유대인들에게 선지자가 해석하여 준 내용이 이 부분에 기록되어 있다.

"내 손에서 하나가 되리라"(19절). 이것은 유대인들이 바벨론에서 본국으로 돌아온 뒤에는 남북으로 분리하여 있지 않을 것을 예언한다. 22절에 나오는 **"그들이 한 나라를 이루어서 한 임금이 모두 다스리게 하리니"**라는 말씀 역시 그런 뜻이다. 유다 민족의 이와 같은 통일은 그들이 예수 그리스도를 믿음으로써 영적으로 하나가 되는 사건을 통해서만 완전히 실현된다. 크레취마르(Kraetzschmar)는 "한 임금"(מֶלֶךְ אֶחָד "멜레크 에하드")이라는 말이 다만 유다 민족이 바벨론에서 해방된 후에 통일을 이루고 있을 것을 가리킬 뿐이고 메시아를 의미하지는 않는다고 한다. 그러나 이 말이 적어도 간접적으로라도 메시아를 예언하는 것만은 틀림없다.

설교 ▶ 하나님께서는 우리가 진리로 하나 되기를 원하신다(15-22절).

마태복음 18:19에 말하기를 "진실로 다시 너희에게 이르노니 너희 중의 두 사람이 땅에서 합심하여 무엇이든지 구하면 하늘에 계신 내 아버지께서 그들을 위하여 이루게 하시리라"라고 하였다. 합심한 교회는 이렇게 힘이 있다. 그 힘은 사람들의 힘을 끌어모은 정도가 아니고 하나님께서도 더해 주시는 힘이다(마 18:20). 우리는 우리 눈을 가장 편안하게 해주는 빛을 잘 아는데, 그것은 모닥불 빛도 아니고 형광등 빛도 아니고 태양 빛이다. 태양 빛은 일곱 가지 색이 합하여 이루어진 것이다. 교회가 연합하기 위해서는 교인들이 동고동락(계 1:9)할 줄 알아야 한다. 특별히 고생을 함께하는 일이 무척 중요하다. 우리는 지금 세상에서 무서운 원수 마귀와 전쟁하는 상태에 있는 줄을 알아야 한다. 마귀를 대적하는 전쟁에서 우리는 공동 작전을 취하지 않을 수 없다. 이 공동 작전을 전개하는 마당에 신자들 간에 있는 다툼은 봄날에 눈 녹듯이 사라질 수밖에 없다. 기독교 내에서 교파의 존재는 피할 수 없으나 복음주의 교파 간에 서로 다투는 일은 피차 조심함으로써 피할 수 있다. 복음주의 교파들이 현재에는 서로 나누어져 있지만 내세에는 모두 다 하나가 될 것이다. 이것은 마치 무수한 냇물이 각자 흐르고 있으나 결국은 한 바다로 모이는 것과 같다.

기독교회는 일곱 가지 같은 요소를 지녔는데, 요컨대 ① "몸이 하나"이며, ② "성령이 하나"이며, ③ "소망이 하나"이며, ④ "주도 하나"이며, ⑤ "믿음도 하나"이며, ⑥ "세례도 하나"이며, ⑦ "하나님도 하나"이시다. 그러므로 신자로서 적어도 마음으로라도 남들과 하나 되기를 힘쓰지 않는 자는 이상 일곱 가지 동일성을 반대하는 자다. 인생이 성경 말씀을 대항하여 싸울 수 있겠는가?

23 유대인들이 바벨론에서 해방되어 돌아온 후에는 다시 우상을 섬기지 않으리라는 것이 역사적 사실로 이루어졌다.

24-28 이 부분에는 좀더 분명하게 메시아 예언이 제시된다. "내 종 다윗"(24절)은 메시아를 의미한다(참조. 34:23 해석).

내가 내 종 야곱에게 준 땅 곧 그의 조상들이 거주하던 땅에 그들이 거주하되(25절). 이것은 문자적으로 해석할 말씀이 아니고 영적으로 해석해야 하는 것이다(G. Ch. Aalders). 그리스도의 왕국은 영적인 나라지만(요 18:36), 구약에서는 구약 시대의 용어로 진술될 수밖에 없었다. 선지자 자신도 이런 용어를 사용하여 말하면서 그가 말하는 내용을 깨닫기 어려웠을 것이다(벧전 1:10, 12).

특별히 이 부분(24-28절)에 "영원"(עוֹלָם "올람")이라는 말이 다섯 번이나 나온다. 그것은 그리스도의 단회적인 사건이 종말적 성격을 지니고 있어서 그 효력이 영원토록 지속된다는 사실을 잘 보여준다. ① 신자들("그들과 그들의 자자손손"이라는 말의 뜻)은 그리스도 안에서 영원히 살 수 있다(25절). ② 그리스도("다윗"이라는 말이 가리키는 뜻)께서는 영원토록 신자들의 왕이시다(25하). ③ 그리스도께서 세우신 새로운 은혜 언약은 영원하다(26상). ④ 그리스도로 말미암은 하늘 성소는 영원하다(26하, 28상).

| 설교자료

1. 우리가 마른 뼈와 같이 소망 없이 보이는 인생, 다시 말해 허물과 죄로 죽은 자들만을 본다면 낙심할 것이다. 그러나 우리는 그런 마른 뼈와 같은 인생들을 다시 살릴 수 있는 하나님의 말씀으로 말미암아 용기와 소망을 가져야 한다. 우리의 소망은 하나님의 말씀에만 달려 있다(1-5절).

2. 우리가 복음을 받아들이도록 만드심으로써 영생을 얻게 하시는 이가

참 하나님이시다(6절). 누구든지 복음을 듣고 생명을 얻었으면 그 복음을 주신 이가 여호와시라는 사실을 확신하게 될 것이다. 그에게 다른 이론들은 부수적인 요소일 뿐이다. 태어나면서부터 맹인 되었던 자가 예수님으로 말미암아 고침을 받고 바리새인들 앞에서 담대히 증언하기를, "그가 죄인인지 내가 알지 못하나 한 가지 아는 것은 내가 맹인으로 있다가 지금 보는 그것이니이다"라고 하였다(요 9:25).

3. 하나님의 교회는 훌륭한 교리 체계로만 성립되는 것이 아니다. 인체에 뼈가 중요한 것처럼 교리는 교회에 중요하지만(7-10절), 이에 더하여 성령의 역사로 말미암는 신령한 생명 운동이 교회에 절대 필요하다. 우리는 이 은혜를 받기 위하여 힘써 기도해야 한다.

4. 사람들이 보기에는 어떤 사람이 아무리 소망이 없어 보여도 하나님께서는 그에게 소망을 주실 수 있다(11-14절). 하나님께서는 돌들로도 아브라함의 자손을 만드실 수 있다(마 3:9). 그러므로 우리는 아브라함과 같이 하나님을 "바랄 수 없는 중에 바라고 믿어야" 한다(롬 4:18).

5. 하나님께서는 이스라엘 민족에게 새로운 은혜를 주시는 동시에 남북 왕국의 연합을 이루시겠다고 약속하신다(15-23절). 그러므로 우리가 영적 생명의 은혜를 많이 받을수록 다른 사람들을 사랑하고 화평과 연합을 힘써야 한다.

하나님의 교회에서 화평은 주님을 모시는 데 중요한 조건이다. 히브리서 12:14에 말하기를 "모든 사람과 더불어 화평함과 거룩함을 따르라 이것이 없이는 아무도 주를 보지 못하리라"라고 하였고, 마태복음 18:19에서는 신자들이 합심하여 모인 곳에 기도 응답이 있을 것을 말하였고, 마태복음 5:23-24

을 보면 형제와 화목하고 "그 후에 와서 예물을 드리라" 하였고, 디모데저서 2:8에는 "분노와 다툼이 없이 거룩한 손을 들어 기도하기를 원하노라"라고 하였다. 이렇게 화평은 주님과 교제하는 데 있어서 절대 필요한 조건이 된다.

제 38 장

본 장과 다음 장은 하나님 백성의 원수인 "곡"과 "마곡"에 대한 예언이다.

⚜ 내용분해

1. 곡과 마곡의 방대한 전쟁 준비(1-9절)
2. 곡이 이스라엘 민족을 먹으려고 함(10-16절)
3. 하나님께서 곡에 대하여 심판하심(17-23절)

⚜ 해석

1 여호와의 말씀이 내게 임하여 이르시되. 15:1의 해석을 참조하라.

2-3 인자야 너는 마곡 땅에 있는 로스와 메섹과 두발 왕 곧 곡에게로 얼굴을 향하고 그에게 예언하여 이르기를 주 여호와께서 이같이 말씀하시기를 로스와 메섹과 두발 왕 곡아 내가 너를 대적하여. "인자"에 대하여는 2:1의 해석을 참조하라. "마곡"은 메대

의 북쪽 지대와 흑해 연안 사이에 놓인 장소인 듯하다(G. Ch. Aalders; 참조. 15절). "곡"은 왕의 호칭인데 학자들의 해석이 나눠진다. 델리취(Delitzsch)는 여기서 "곡"이라는 왕이 아슈르바니팔(Assurbanipal)의 연대기에 나타나는 "가기"(Gagi)와 동일 인물이라 하고,[108] 세이스(A. H. Sayce)는 이것이 "가이게스"(Gyges)라는 루디아 왕명과 같은 것이라 하고,[109] 크누트존(J. A. Knudtzon)은 아마르나 토판에 기록된 "가가야"(Gagaia)라는 땅 이름과 같은 것이라고 하였다.[110] 그러나 이런 학설들은 모두 확실한 것이 아니다. 그리고 스키너(Skinner)는 이것이 실제로 존재하는 역사적 인물의 이름은 아니었다고 하는데 그것도 억측이다. 이 이름이 창세기 10:2에 나오는 것으로 보아 역사적인 이름인 것이 분명하다(G. Ch. Aalders).

"로스"는 민족의 명칭인 듯한데, 어떤 학자들[111]은 그것이 현대의 러시아(Russia)를 가리킨다고 한다. 그리고 "메섹"과 "두발"도 민족의 이름들인데, 그들은 흑해의 동남쪽 소아시아에 거주하였다. 고대 금석문 가운데 이 족속들의 침략사가 기록되어 있다. 요컨대 앗수르의 디글랏빌레셀 1세 때는 메섹 족속이 침공해왔고(BC 1100년), 살만에셀 2세 때는 두발 족속이 침공해왔다고 한다(BC 840년). 역사가 헤로도토스(Herodotus)에 의하면 메섹과 두발이 애굽을 침략한 일도 있다고 하였다. 현대 러시아(Russia)의 모스크바(Moscow)와 토볼스크(Tobolsk) 등의 지명들이 "메섹"과 "두발"이란 이름에서 유래하였다는 학자들도 있다.[112]

4 너를 돌이켜 갈고리로 네 아가리를 꿰고 너와 말과 기마병 곧 네 온 군대를 끌어내되

---

108) Wo lag das Paradies? Leipzig 1881, blz, 246.
109) The Higher Criticism and the Verdict of the Monuments, London, 1908, blz. 9.
110) Die El-Amarna-Tafeln, Leipzig 1915, blz. 1015.
111) Jamieson, Faussett, Brown.
112) Jamieson, Faussett, Brown.

완전한 갑옷을 입고 큰 방패와 작은 방패를 가지며 칼을 잡은 큰 무리와. 하나님의 원수가 자기 멋대로 일어나는 것 같지만, 하나님께서 그 "아가리"에 재갈을 물려서 그 자갈 끈을 친히 잡고 계신다. 하나님의 원수인 "곡"이 이제 대군을 거느리고 이스라엘을 치러 오지만, 그는 하나님의 재갈을 물고 있는 자다. 그러므로 하나님의 백성은 그를 두려워할 것이 없다.

5-6 바사와 구스와 붓과 고멜과 그 모든 떼와 북쪽 끝의 도갈마 족속과 그 모든 떼. "곡"은 이렇게 많은 민족을 통치하는 자로서 그 모든 민족을 군대로 동원한다.

7-9 너는 스스로 예비하되 너와 네게 모인 무리들이 다 스스로 예비하고. 이것은 "곡"의 전쟁 준비를 가리킨다. 그가 이렇게 준비하는 것은 하나님의 경륜에 따른 일이다. 악한 자가 자기를 위해서 일을 하지만 그것도 결국은 하나님의 경륜 안에서 이루어지는 것이다(참조. 잠 16:4).

여러 날 후 곧 말년에 네가 명령을 받고. 여기서 "말년"(אַחֲרִית הַשָּׁנִים "아하리트 하샤님")이 세계의 종말을 의미한다고 하는 학자들이 있다.[113] 그러나 그것이 반드시 그런 종말론적인 맥락에서 사용되었다고 보기는 어렵다고 한다(G. Ch. Aalders).

오래 황폐하였던 이스라엘 산에 이르리니 그 땅 백성은 칼을 벗어나서 여러 나라에서 모여 들어오며 이방에서 나와 다 평안히 거주하는 중이라. 이것은 바벨론에서 해방되어 본국으로 돌아와 하나님의 은혜로 평안히 사는 유대인들을 가리킨다. 이렇게 은혜를 받은 유다 민족을 하나님의 원수인 "곡"이 언제 침략하였는지 우리는 알기 어렵다. 아마도 이것이 그리스도인들을 대상으로 하는 "곡과 마곡"의 전쟁(계 20:8)과 동일한 사건을 예언하는 것인지도 모른다. 일설에 이것이 수리아 왕 안티오코스 4세 에피파네스(Antiochus IV Epiphanes)의 유다

---

113) Keil, Troelstra, Noordtzij.

침략을 예언한 것이라고 하나,[114] 옳다고 단언하기 어렵다.

10-12 주 여호와께서 이같이 말씀하셨느니라 그 날에 네 마음에서 여러 가지 생각이 나서 악한 꾀를 내어 말하기를 내가 평원의 고을들로 올라가리라 성벽도 없고 문이나 빗장이 없어도 염려 없이 다 평안히 거주하는 백성에게 나아가서 물건을 겁탈하며 노략하리라 하고 네 손을 들어서 황폐하였다가 지금 사람이 거주하는 땅과 여러 나라에서 모여서 짐승과 재물을 얻고 세상 중앙에 거주하는 백성을 치고자 할 때에. "평원의 고을들"은 무방비 상태의 유다 도시들을 가리킨다. "성벽도 없고 문이나 빗장이 없어도 염려 없이 다 평안히 거주하는 백성"이라는 말도 무장하지 않고 하나님만 믿고 사는 유다 민족을 가리킨다. 이런 나라를 침략하는 것은 특별히 하나님 앞에 죄를 범하는 행위다. 유대인들이 바벨론에서 본국으로 돌아온 뒤에는 그 민족에 대한 하나님의 본래 뜻대로(시 20:7) 그들이 하나님을 의지하고 아무런 군사시설도 필요하게 여기지 않게 되어 있다. 이렇게 신앙으로 사는 자들을 군사력으로 침해하는 일은 하나님을 대적하는 것과 같다. "세상 중앙에 거주하는 백성"이라는 말은 지리적인 의미라기보다 도덕적 또는 종교적으로 세계의 중심이 될 만한 민족을 의미한다. 이것은 유다 민족을 가리킨다.

13 스바와 드단과 다시스의 상인과 그 부자들이 네게 이르기를 네가 탈취하러 왔느냐. 탐심이 강한 민족들, 예컨대 "스바와 드단과 다시스"는 "곡"이 유다를 침략한 동기가 탐심이었음을 알아본다.

14 내 백성 이스라엘이 평안히 거주하는 날에 네가 어찌 그것을 알지 못하겠느냐. "곡"은 이스라엘이 평안히 거하게 된 원인을 알아야 할 것이다. 이스라엘 백성에게 군사적 방어 시설은 없었으나, 그 민족의 방어체계는 하나님 자신이었다. 그러나 "곡"은 이 사실을 모르고 덤벼들 것이다.

16 내가 너를 이끌어다가 내 땅을 치게 하리니. 이 말에 대하여는 7-9절 해석을

---

114) Jamieson, Faussett, Brown.

참조하라. "곡"은 자기의 뜻대로 이스라엘을 치러 오지만, 그것도 하나님의 경륜에 포함된다.

이방 사람의 눈앞에서 내 거룩함을 나타내어. "곡"이 불의하게 이스라엘을 치지만 하나님께서는 결국 불의를 심판하시는 의미에서 "곡"을 실패하게 하신다. 그것은 하나님의 "거룩함", 다시 말해 그가 살아 계셔서 공의대로 심판하심을 만민에게 알리시는 사건이다.

17 내가…말한 사람이 네가 아니냐(הַאַתָּה־הוּא אֲשֶׁר־דִּבַּרְתִּי). 70인역(LXX)은 이 말을 의문사로 번역하지 않고, "너는 내가 말한 그 사람이라"(σὺ εἶ περὶ οὗ ἐλάλησα)라고 번역하였다. 다수의 학자가 이 번역을 옳게 여긴다.[115] 그러나 현존하는 히브리어 원문대로 의문사로 이해하는 것이 옳다고 여기는 학자들도 많다.[116] 어떤 것을 택하든지 여기 있는 말씀은 "곡"을 가리킨 것이다.

그런데 하나님께서 **"옛적에…이스라엘 선지자들을 통하여"** "곡"에 관한 예언을 하셨다고 하는데 이것은 어느 선지자들의 예언을 염두에 두신 것일까? 여기서 "곡"이라는 명칭을 구체적으로 사용하지 않았어도 세계 종말에 나타날 성도들의 원수에 관해 예언한 말씀은 모두 "곡"에 대해 예언한 것과 마찬가지다. 예를 들어 요엘 3:2, 11, 이사야 25:5, 10, 26:21, 예레미야 30:23-24 등이다(Keil & Delitzsch). 그러나 알더스(G. Ch. Aalders)는 말하기를 "곡"이라는 임금을 구체적으로 지적한 예언들이 있기는 있었으나 우리에게 전해지지는 않았다고 주장한다.[117]

내가 너를 이끌어다가 그들을 치게 하리라. 4절 해석과 7-9절 해석을 참조하여라. 여기서 "그들"이라는 말은 이스라엘을 의미한다.

---

115) Cornill, Jahn, Toy, Kraetzschmar, Bertholet, Hans Schmidt, Heinisch, Herrmann, Troelstra, Noodtzij, Cooke, Ziegler, Auvray, Steinmann.
116) Hengstenberg, Keil, Smend, Von Orelli, Davidson, Redpath, Fisch.
117) G.Ch. Aalders, Ezechiël II, 225.

18 **내 노여움이 내 얼굴에 나타나리라.** "곡"이 이스라엘을 침략한 것은 하나님의 뜻을 거스른 행동이다. 그러므로 하나님께서 그 원수를 멸하시기 위하여 "노여움"을 발하신다.

19-20 "곡"을 멸하시기 위한 하나님의 진노는 다음과 같은 일들로도 상징되었다. ① **"지진"**이 일어남. ② 모든 짐승과 벌레들도 두려워 떪. ③ **"산"**들과 **"절벽"**들과 **"성벽"**들이 무너짐 등이다. 이 몇 가지 표현들은 하나님의 직접적인 간섭으로 임한 환난의 성격을 잘 보여준다.

21-22 "곡"이 패전하게 된 것은 ① 하나님을 대적하여 일어난 전쟁 때문이며, ② 자체적인 내란 때문이며, ③ 하나님께서 내리시는 모든 재앙 때문이다.

23 이 구절에 대하여는 16절 하반절의 해석을 참조하라.

| 설교자료

1. 기독교회는 안팎으로 많은 대적들을 두고 있다. 특히 적그리스도의 큰 무리가 역사상에 일어날 때가 있다(1-9절). 그러나 그리스도인들이 신앙적으로 생각한다면 그 많은 원수를 두려워할 이유는 없다. 왜냐하면 원수들이 일어나는 것도 우연한 일이 아니고 하나님의 경륜과 계획 가운데 포함된 일이기 때문이다. 심지어 그들이 무장하는 것과 전쟁을 준비하는 일도 하나님의 주권 하에서 이루어지는 일이다. 그들이 하는 일은 결국 하나님이 어떠한 분이심을 드러낼 뿐이다(참조. 17하, 23하). 곡과 마곡이 하나님의 백성을 대적하기 위하여 군대를 크게 동원하는 것도 하나님의 주권하에서 이루어지리라고 한다. 하나님께서 그들을 "끌어내리시겠다"는 말씀(4, 6절)이 그런 의미다.

2. 하나님의 섭리대로 다른 나라의 속박을 벗어나서 평안히 사는 민족을 침략하는 자는 화를 당한다. 곡과 마곡은 "칼을 벗어나서 여러 나라에서 모

여 들어오며 이방에서 나와 다 평안히 거주하는"(8절) 하나님의 백성을 침략할 것이다. 그것은 하나님의 진노를 일으키는 죄악이다. 하나님의 백성은 침략행위를 하지 않는다는 의미에서 "평안히 거하는" 백성이라고 불린다(9, 11, 14절). 그들은 남들과 평화롭게 지내기를 힘쓴다(참조. 마 5:9).

3. 이 세상에 속한 사람들은 물질을 제일로 여기고 그것 때문에 전쟁을 일으킨다. 곡과 마곡이 하나님의 백성을 침략하는 목적도 그것 때문이다. 그들은 말하기를, "물건을 겁탈하며 노략하리라"라고 한다(12, 13절). 그러나 하나님의 백성은 빼앗길 수 있는 물질에 생명을 걸지 않고, 빼앗길 수 없는 하늘의 보화로 만족한다(참조. 시 49:15-20; 73:25-26). 그러므로 하나님의 백성이 누리는 이런 즐거움을 빼앗을 자는 없다(요 16:22).

4. 하나님께서는 그 백성을 침략하는 국가에 대하여 반드시 진노를 발하신다. 그때에는 심지어 짐승들과 곤충들과 물고기들까지도 두려워 떨 만큼 하나님의 위엄이 나타난다(19-21절). 하나님의 진노는 강대한 국가라도 이렇게 벌하시는데 하물며 범죄한 개인을 벌하시지 않겠는가.

5. 하나님께서는 이 세상의 죄인들을 오래 참으시며 벌하지 않으시나 결국은 그가 세계적으로 큰 전쟁이나 환난을 보내시는 때가 도래한다. 그때에는 세계적으로 많은 사람이 깨달으리만큼 그 환난을 통하여 하나님의 살아계심과 그의 의로우심이 드러난다(23절). 시편 14:4-5에 말하기를 "죄악을 행하는 자는 다 무지하냐 그들이 떡 먹듯이 내 백성을 먹으면서 여호와를 부르지 아니하는도다. 그러나 거기서 그들은 두려워하고 두려워하였으니 하나님이 의인의 세대에 계심이로다"라고 하였다.

제 39 장

본 장에는 곡이 완전히 멸망하리라는 점이 자세히 예언되었다.

✢ 내용분해

1. 하나님께서 친히 곡을 패배하게 하심(1-7절)
2. "곡"의 멸망에 대한 자세한 내막(8-24절)
   1) "곡"의 모든 병기를 불사름(8-10절)
   2) 그 군인들의 시체들을 매장함(11-16절)
   3) 그 시체들을 새와 짐승들이 먹음(17-24절)
3. 이스라엘에 대한 하나님의 약속(25-29절)

✢ 해석

1 인자야. 2:1 해석을 참조하라

로스와 메섹과 두발 왕 곡. 38:2 해석을 참조하라.

2 너를 돌이켜서 이끌고 북쪽 끝에서부터 나와서 이스라엘 산 위에 이르러. 38:4, 7-9절 해석을 참조하라.

3-5 네 활을 쳐서 네 왼손에서 떨어뜨리고 네 화살을 네 오른손에서 떨어뜨리리니 너와 네 모든 무리와 너와 함께 있는 백성이 다 이스라엘 산 위에 엎드러지리라 내가 너를 각종 사나운 새와 들짐승에게 넘겨 먹게 하리니 네가 빈들에 엎드러지리라 이는 내가 말하였음 이니라 주 여호와의 말씀이니라. 하나님께서 "곡"의 군대들이 전쟁하지 못하도록 만드신다. 전쟁할 힘을 주시는 이도 하나님이시고(시 18:34), 그 힘을 약하게 하시는 이도 하나님이시다(삿 7:21-23). "곡"의 군대가 패배를 당하고 "새"와 "들짐승"이 그 시체들을 "먹게" 될 것이라고 말씀한다. 이것은 전쟁에 아주 참패할 것을 가리킨다.

이스라엘이 "곡"을 참패시키는 일은 이스라엘의 군사적 실력으로 말미암은 것이 아니었다. 이 예언(38-39장)에 언급되는 이스라엘은 아무런 군사적 시절이나 방위체계를 갖추고 있지 않다(38:11-12). 그러므로 "곡"을 패망하게 하는 일은 오직 하나님의 특별한 간섭에 의한 것이다. 하나님의 백성에게 이와 같은 승리가 주어지는 사건이 구약에 많이 기록되어 있다.[118] 요한계시록 20:7-10에 기록된 대로, "곡"의 군대가 멸망하는 일도 하나님의 특별한 간섭으로 말미암을 것이다.

6 내가 또 불을 마곡과 및 섬에 평안히 거주하는 자에게 내리리니 내가 여호와인 줄을 그들이 알리라. "섬에 평안히 거주하는 자"는 "곡"의 이스라엘 원정을 원조하던 모든 이방 나라들을 가리킨다.

"내가 여호와인 줄을 그들이 알리라." "곡"의 강력한 군대가 결국 하나님의 권능 앞에서 패배하는 모습을 지켜보는 자들은 하나님이 살아 계심을 알

---

118) 출 17:8-16; 수 10:12-14; 삿 7:1-23; 사 37:36.

게 된다.

7 다시는 내 거룩한 이름을 더럽히지 아니하게 하리니 내가 여호와 곧 이스라엘의 거룩한 자인 줄을 민족들이 알리라. 말하자면 이스라엘이 하나님의 권능으로 말미암은 구원을 경험한 후에는 하나님을 진실하게 믿고 그의 이름만 높이게 된다는 뜻이다. 따라서 모든 다른 민족들도 이스라엘의 하나님이 참 하나님이신 줄 알게 된다. 신자들이 소금과 빛의 사명을 잘 감당하면, 불신자들이 하나님께로 돌아오게 된다.

8 주 여호와의 말씀이니라 볼지어다 그 날이 와서 이루어지리니 내가 말한 그 날이 이 날이라. "와서 이루어지리니"(בָּאָה וְנִהְיָתָה "바아 베니흐야타")라는 문구를 문자적으로 번역하면 "왔고 또 이루어졌다"(came and was done)라고 할 수 있다. 이처럼 미래의 사건을 이미 발생한 과거의 일로 표현하는 문체는 성취의 확실성을 보여 주기 위한 것이다.[119]

"내가 말한 그 날이 이 날이라." 이 말은 하나님께서 예언자들을 통하여 늘 하시던 말씀에 "여호와의 날"(심판 날)이라는 것이 바로 "이 날"("곡"이 멸망하는 날)이라는 뜻이다.

9-10 이스라엘 성읍들에 거주하는 자가 나가서 그들의 무기를 불태워 사르되 큰 방패와 작은 방패와 활과 화살과 몽둥이와 창을 가지고 일곱 해 동안 불태우리라 이같이 그 무기로 불을 피울 것이므로 그들이 들에서 나무를 주워 오지 아니하며 숲에서 벌목하지 아니하겠고 전에 자기에게서 약탈하던 자의 것을 약탈하며 전에 자기에게서 늑탈하던 자의 것을 늑탈하리라 주 여호와의 말씀이니라. "곡"의 군대는 패망하고 그 병기들은 불살라 지게 된다. 그것을 불사르는 데만 "일곱 해"가 걸린다고 한다. 어떤 학자들은 여기서 "일곱 해"는 수리아 왕 안티오코스 4세 에피파네스(Antiochus IV Epiphanes)의 유다 침략 이후 그가 죽을 때까지의 기간을 예언한 것이라고

---

119) Ges. -k§ 106 n, Jouön Gr, § 112 g.

하지만,[120] 그것은 이해하기 어려운 해석이다. 여기 "일곱 해"는 단순히 많은 햇수를 가리키는 상징적 표현이다.

이스라엘이 "일곱 해" 동안이나 "곡"의 병기들을 불사른 사실을 통하여 두 가지 사실이 알려진다. ① "곡"은 그렇게 많은 병기를 가지고 왔어도 패전 하리라는 사실이다. 제아무리 강한 군대라도 하나님께서 패전하게 하실 때 에는 그들도 별수 없다. ② 그때 이스라엘은 승전이 하나님께 달려 있음을 알 고 병기를 의존하지 않았다는 사실이다. 그들은 그 많은 병기를 국방에 이용 하려고 도모하지 않고 그것들을 도리어 해로운 것으로 여기고서 불태워 버 린다. 이것은 하나님을 왕으로 모신 천국 운동이 실현되었다는 증표다. 이것 이 바로 이사야 2:4에서 선지자가 예언한 것처럼 "그들의 칼을 쳐서 보습을 만들고 그들의 창을 쳐서 낫을 만들" 시대의 일일 것이다.

11-16 이 부분에서는 전사한 "곡"의 군대의 시체들을 매장함에 대하여 말한다.

이스라엘 족속이 일곱 달 동안에 그들을 매장하여(12절). 그 시체들을 매장하는 데만 "일곱 달"이나 걸린다고 하였으니, 전사자가 심히 많았음을 알 수 있다. 따라서 이것 또한 하나님의 권능이 얼마나 큰지를 보여 준다. 하나님의 백성 에게는 아무런 군사적 방어 수단이 없었으나 신기하게도 적군은 그 땅에 와 서 전멸하였다.

바다 동쪽 사람이 통행하는 골짜기(11절). 이곳은 어떤 지방인지 알기 어렵 다. 이 골짜기를 어떤 학자는 감람산 골짜기(슥 14:4)라 하였고(Hitzig). 다 른 학자는 여호사밧 골짜기라 하였으며(Kliefoth), 또 다른 학자는 므깃도 (Megiddo) 골짜기라 하였고(Hengstenberg), 또 다른 학자는 이것이 지중해 와 평행하여 북에서 남으로 뻗은 골짜기라고 하였다(G. Ch. Aalders). "하몬

---

120) Jamieson, Faussett, Brown.

곡"이라는 말은 "곡의 무리"라는 뜻이다.

그 땅 모든 백성이 그들을 매장하고 그로 말미암아 이름을 얻으리니(13절). 이것은 이스라엘이 그렇게 대승을 거둠으로 이름이 높아질 것을 가리킨다. 그 이름은 인간의 야망으로 얻은 허영이 아니고 하나님께서 가져다주신 참된 영예다.

지나가는 사람들이 그 땅으로 지나가다가 사람의 뼈를 보면 그 곁에 푯말을 세워 매장하는 사람에게 가서 하몬곡 골짜기에 매장하게 할 것이요(15절). 여기서 이른바 "지나가는 사람들"(עֹבְרִים "오브림")은 여행자들 혹은 통행자들을 가리킨다. 이 구절(15절)은 그 당시 이스라엘이 "곡"의 군대 시체를 매장하는 일을 얼마나 철저히 했는지를 보여 준다. 여행자가 지나가다가 뼈 한 개라도 발견하면 그냥 지나가지 않고 반드시 표시하여 매장하는 사람들이 그것을 묻도록 할 것이라고 한다. 이것은 이스라엘이 사회적으로 일치단결하여 하나님 앞에 합당한 성결의 도를 지킬 것을 보여 준다. 구약의 성결 규례에 따르면 시체는 부정한 것인데(레 21:11), 그것을 땅에 버려두지 않고 매장하는 것은 하나님의 뜻에 합당한 일이다. 이제 "곡"을 이긴 이스라엘은 성결의 법을 지키는 일에 사회적으로 총동원하여 철저히 한다. 이것은 하나님의 교회가 본보기로 삼을 만한 일이다.

성읍의 이름도 하모나라 하리라(16절). 말하자면 그 도시의 이름까지 "하모나"(הֲמוֹנָה)라고 하여 "곡"의 무리를 패하게 하신 하나님의 능력을 기념한다는 뜻이다.

17-19 여기서는 하나님의 원수인 "곡"의 군대가 패전한 것을 기쁘게 여기는 의미에서 비유로 말한다. 요컨대 새들과 짐승들에게 "곡"의 군대 시체들을 먹으라는 초청이다. 땅에 뒹굴고 있는 시체는 새나 짐승이 뜯어먹게 마련이다. 여기서 모든 동물을 연회에 초청하듯이 말한 것은 "곡"의 많은 군인이 죽게 되리라는 것을 알려주는 비유의 말씀이다.

21-23상 여기서는 하나님께서 그의 백성 이스라엘을 침략한 "곡"을 멸절

시키심으로써 그의 영광이 열국 중에 나타나게 되었다고 말씀한다. 다시 말해 그 일로 말미암아 열국이 하나님의 살아 계심을 알게 되리라는 말씀이다. 좀 더 자세히 말하면 그 사건 때문에 이스라엘은 여호와를 자기 하나님으로 확인하게 되고 열국은 이스라엘이 사로잡혀 갔던 이유가 그들의 죄에 대한 보응이었음을 깨닫는다는 것이다. 전에는 그들이 오해하기를 이스라엘이 사로잡힌 원인이 하나님의 무능함 때문이라고 생각했었다(36:20).

23하-24 하나님께서는 일찍이 이스라엘이 전쟁의 환난을 겪게도 하셨고, 또한 그들에게 진노하신 적도 있다.

25-28 여기서는 하나님께서 이스라엘을 그들의 고국으로 돌려보내실 것을 또다시 예언한다.

그들이 그 땅에 평안히 거주하고 두렵게 할 자가 없게 될 때에 부끄러움을 품고 내게 범한 죄를 뉘우치리니(26절). 말하자면 이스라엘 백성이 바벨론에서 해방되어 고국으로 돌아와서 평안히 살게 되는 은혜를 받을 터인데, 그때에는 그들이 비로소 전에 지었던 죄악을 부끄러워할 줄도 알고 회개하기도 할 것이라는 뜻이다. 하나님께서는 우리가 죄인 되었을 때 우리를 사랑하여 주셨다(롬 5:6-8). 우리는 이처럼 강렬한 사랑으로 말미암아 회개하지 않을 수 없다.

그들로 말미암아 나의 거룩함을 나타낼 때라(27절). 이것은 이스라엘 백성을 구원하시기 위하여 그의 권능을 나타내실 때를 의미한다.

29 **내가 다시는 내 얼굴을 그들에게 가리지 아니하리니 이는 내가 내 영을 이스라엘 족속에게 쏟았음이라.** 이 말씀은 신약 시대의 구원 운동까지도 예언한다고 말할 수 있다. 하나님께서는 그의 성령을 주셔서 거듭나게 하신 백성을 버리시는 법이 없다.

| 설교자료

1. 하나님의 말씀은 반드시 그대로 이루어지기 때문에 그 말씀은 사실과 마찬가지다. 이런 의미에서 5절에 말하기를 "이는 내가 말하였음이니라"라고 하였다. 그러므로 이사야는 말하기를 "내 입에서 나가는 말도 이와 같이 헛되이 내게로 되돌아오지 아니하고 나의 기뻐하는 뜻을 이루며 내가 보낸 일에 형통함이니라"라고 하였다(사 55:11; 참조. 시 12:6).

2. 하나님께서 불의를 벌하신 뒤에는 사람들이 하나님의 살아 계심을 알게 된다(6-7절). 이런 의미에서 우리 본문은 말하기를 "내가 여호와인 줄을 그들이 알리라"(6하), "내가 내 거룩한 이름을 내 백성 이스라엘 가운데에 알게 하여"(7상), "내가 여호와 곧 이스라엘의 거룩한 자인 줄을 민족들이 알리라"(7하)라고 하였다. 하나님께서 사람들에게 복을 주실 때에 그들 중에서 어떤 자들은 하나님이 살아 계신 줄을 알게 된다. 그러나 어떤 자들은 깨닫지 못하고 결국 벌을 받고 나서야 하나님이 살아 계심을 알게 된다. 하나님이 살아 계신다는 사실이 사람들에게 알려지기 위해서는 그들이 벌 받는 것도 좋은 일이다. 사람들은 벌을 받고서라도 하나님이 살아 계신 사실을 알아야 한다. 사람들이 하나님을 모르는 것은 사실상 그들이 벌 받는 것 이상으로 뼈 아픈 일이다.

3. 그리스도인들이 하나님만 진실히 믿으면 그들이 가장 두려워하는 원수들까지도 하나님께서 거꾸러뜨려 주신다(8-16절). 그것이야말로 그들에게는 싸우지 않고서도 이기는 길이다. 그들은 원수들이 내버린 병기를 "일곱 해 동안" 불 태우며(9절), 그 원수들의 시체를 "일곱 달 동안" 매장할 만큼(12절) 큰 승리를 거둔다(참조. 요 16:33; 계 17:14).

4. 곡과 마곡은 하나님의 백성을 삼키려고 불의한 침략을 하였으나, 그 죗값으로 도리어 그들의 시체가 들짐승의 밥이 된다(17-18절). 이것이야말로 "남 잡이가 제 잡이"라는 속담과 같은 것이다. 시편 9:16에 말하기를 "여호와께서 자기를 알게 하사 심판을 행하셨음 이여 악인은 자기가 손으로 행한 일에 스스로 얽혔도다"라고 하였고, 시편 7:15-16에는 말하기를 "그가 웅덩이를 파 만듦이여 제가 만든 함정에 빠졌도다 그의 재앙은 자기 머리로 돌아가고 그의 포악은 자기 정수리에 내리리로다"라고 하였고, 시편 27:2 에는 "악인들이 내 살을 먹으려고 내게로 왔으나 나의 대적들, 나의 원수들인 그들은 실족하여 넘어졌도다"라고 하였다.

5. 하나님의 교회가 범죄할 때 하나님께서는 원수들을 일으켜 교회들을 벌하신다. 그러나 마침내 그가 교회와 관련된 자기 이름으로 말미암아 그 교회를 구원해 주신다. 이런 구원을 맛보는 교회는 과거의 죄를 깨닫고 회개하게 된다(23-26절).

그러므로 어떤 때에 교회가 세상 사람들 앞에 수치를 당한다고 해서 교회가 망하는 것은 아니다. 그런 수치와 모욕의 시기가 지나간 뒤에는 하나님께서 그의 거룩하신 이름을 위하여 그 교회를 구원해 주시는 회복의 시기가 오는 법이다. 우리는 특별히 25절에서 "내가 이제 내 거룩한 이름을 위하여 열심을 내어 야곱의 사로잡힌 자를 돌아오게 하며 이스라엘 온 족속에게 사랑을 베풀지라"라고 하신 말씀을 기억하자! 구원은 우리의 공로나 의에 근거한 것이 아니고, 하나님의 거룩하신 이름 때문에 주어지는 것이다.

제 40 장

본 장의 내용분해에 41-42장을 포함시키는 이유는 그 장들이 본 장의 연속이기 때문이다.

✢ 내용분해

1. 머리말(40:1-4)
2. 성전에 대한 계시(40:5-49)
   1) 성전의 외벽에 대한 진술(5절)
   2) 바깥 뜰 동문과 및 바깥뜰에 대한 진술(6-19절)
   3) 바깥 뜰 북문과 안뜰 북문 또는 동문에 대한 진술(20-23절)
   4) 바깥 뜰 남문과 및 안 뜰 남문에 대한 진술(24-31절)
   5) 안 뜰 동문간과 북문간 측량에 대하여(32-37절)
   6) 문벽 곁에 있는 번제물 씻는 방(38절)
   7) 희생제물을 잡는 상들과 갈고리(39-43절)
   8) 안뜰에 있는 방들(44-47절)

9) 성소 문의 벽, 현관, 층계, 기둥(48-49절)

　3. 성소의 내부 측량에 대한 진술(41:1-4)

　4. 지성소의 벽과 골방들에 대한 진술(41:5-11)

　5. 서쪽에 있는 별관과 성전의 외부 면적(41:12-15상)

　6. 성전의 내부 장식에 대한 진술(41:15하-26)

　7. 북편 골방 뜰에 있는 두 방과 남편 골방 뜰에 있는 두 방에 대하여 진술함(42:1-14)

　8. 성전의 담을 측량함(42:15-20)

✣ 해석

1-4 에스겔은 포로가 되어 바벨론에서 고생하는 이스라엘 백성 가운데서 예언한 선지자였다. 요컨대 그는 위로자로서 이스라엘을 붙들어 준 선지자라고 할 수 있다. 이스라엘이 포로 된 지 25년이나 지난 쓰라린 고통의 때에, 에스겔은 이제 또다시 하나님의 말씀을 이스라엘 백성에게 전하게 되었다. 그는 하나님의 성령으로 말미암아 이상 중에 예루살렘으로 가게 되었다. 거기서 그는 하나님이 천사를 통하여 주시는 말씀을 받은 것이다. 그 천사가 말하기를 **"내가 네게 보이는 그것을 눈으로 보고 귀로 들으며 네 마음으로 생각할지어다"**라고 하였다(4절). 이 말씀은 하나님이 보여 주시는 것을 확실하게 또는 바로 보라는 뜻이다. 우리가 중요한 일을 잘못 보면 크게 잘못된다. 특별히 우리 영혼이 상대하는 것은 하나님의 말씀인데, 그것을 잘못 알아서는 안 된다.

설교 ▶ 오늘날 우리가 하나님의 말씀을 바로 본다는 것은 무슨 의미일까(4절)

1. 마음의 느낌을 우선시하지 않고 밖으로 드러난 말씀, 다시 말해 성경을 바로 깨달아야 한다. 우리 본문에 하나님의 말씀을 바로 깨닫기 위하여 "눈"도 사용하고 "귀"도 사용하고 "마음"도 사용하라는 의미로 말씀하였는데, 그것은 신중하게 하나님의 말씀을 깨닫는 일에 올바르게 하려고 힘써야 할 것을 강조한 것이다. 하나님께서는 특별히 성경을 깨닫기 위하여 힘쓰는 자를 기뻐하신다. 사도행전 17:11에 말하기를, "베뢰아에 있는 사람들은 데살로니가에 있는 사람들보다 더 너그러워서 간절한 마음으로 말씀을 받고 이것이 그러한가 하여 날마다 성경을 상고하므로"라고 하였다.

2. 하나님의 말씀을 바로 본다는 것은 하나님의 말씀과 인격적인 관계를 맺는 것을 의미한다. 본문에 사용된 눈, 귀, 마음과 같은 표현들은 전 인격을 가리킨다. 기독교는 관념의 종교가 아니다. 우리가 기독교에 대하여 행동으로 관련을 맺지 못한다면, 아직도 기독교와 관계없는 사람들이다. 하나님의 말씀을 인격적으로 바로 대하는 자는 영적으로 하나님을 본다. 그는 자기 속 사람을 표준으로 삼지 않고 밖에 있는 하나님의 말씀인 성경을 표준 삼으며, 땅에 매이지 않고 하늘에 매이며, 사람에게 매이지 않고 하나님께 매인다. 그리고 그는 두루 돌아봄으로써 마음이 산란해지지도 않으며, 앞을 내다봄으로써 낙심하지도 않고, 다만 그리스도를 바라봄으로써 구원을 받고 기뻐한다. 이렇게 그리스도를 인격적으로 바라보는 구체적인 방법은 무엇인가? 그것은 우리의 실생활로 그리스도만 바라보는 것이다. 우리가 세상에 사는 동안 세상에 속한 일들을 다루지 않을 수는 없다. 그러나 주님보다 세상을 위하는 마음이 강해져서는 안 된다. 이것은 실제 문제다. 우리가 주님보다 세상

을 더 바라보다가는 주님을 잃는다. 어떤 사람이 좋은 위치에 집을 지었는데, 멀리 있는 산들도 잘 보여서 전망이 좋았다. 그 집 주인은 환경을 아름답게 만들기 위하여 집 둘레에 나무를 많이 심었다. 그런데 그 나무들이 자란 후에는 앞을 가렸으므로 전에 보이던 산들이 이제는 보이지 않게 되었다. 그와 같이 우리가 이 세상 생활을 너무 즐기다가는 하늘에 계신 주님을 보지 못하게 된다.

5 내가 본즉 집 바깥 사방으로 담이 있더라 그 사람의 손에 측량하는 장대를 잡았는데 그 길이가 팔꿈치에서 손가락에 이르고 한 손바닥 너비가 더한 자로 여섯 척이라 그 담을 측량하니 두께가 한 장대요 높이도 한 장대며. "집 바깥 사방으로 담이 있더라." 여기서 "집"(בַּיִת "바이트")은 하나님의 집을 가리키는데, 그것을 두꺼운 외벽으로 둘렀다. 그 외벽의 두께는 "한 장대"("팔꿈치에서 손가락에 이르고 한 손바닥 넓이가 더해진 자로 육척" 2.7m)이며 "높이도 한 장대"라고 하였다. 이렇게 생긴 벽은 하나님의 성전에서 성결을 파수하기 위한 영적 의미를 지닌다. 하나님께서 성전(신약 시대의 교회)의 성결을 보호하시는 일은 이토록 견고하다. 그는 교회를 대적하는 자들에게 "불로 둘러싼 성곽"과 같으시다(슥 2:5).

여기서 우리는 에스겔이 보았던 성전과 거룩한 도시에 관한 계시를 하나님의 교회에 대하여 가르치는 상징으로만 여겨야 한다. 칼빈주의 학자들도 에스겔서의 성전 계시를 상징으로 해석한다.[121] 알더스(G. Ch. Aalders)도 여기서 계시된 "담"은 실물로 존재하는 벽을 가리키는 것이 아니며 상징적 의미를 지닌다고 하였다.

6 그가 동쪽을 향한 문에 이르러 층계에 올라 그 문의 통로를 측량하니 길이가 한 장대요 그 문 안쪽 통로의 길이도 한 장대며. 먼저 "동쪽을 향한 문"으로 들어가는 이유

---

121) E.J.Young, An Introduction to the old Testament, 1950, 241-242.

는 그 문이 성전 출입에 일반적으로 사용되기 때문이었다. 일설에 의하면 동문은 장차 하나님의 영광이 돌아올 문이기 때문에(43:1-2; 44:1-3), 천사가 에스겔을 이 문으로 인도하였다고 한다.

"층계에 올라." 이것은 성전 외벽의 문 바깥에 놓인 계단들을 가리킨다. 이것은 육신을 떠나 영적 세계로 들어갈 수 있는 신앙생활의 높은 수준을 상징한다.

"문의 통로를 측량하니 길이가 한 장대요." 여기 "문의 통로"(סף "사프")라는 말은 문턱을 의미한다. "문의 통로"(혹은 문턱)의 "길이"는 사실상 성전을 향해 들어가며 측량되는 척도다. 그것은 외벽의 두께와 똑같은 길이였다(참조. 앞의 5절 해석).

"그 문 안쪽 통로의 길이도 한 장대며." 이 문구가 70인역(LXX)에는 없다. 그러므로 쿡(Cooke)이라는 학자는 이것이 필사자의 실수로 말미암아 반복된 문구라고 주장한다. 몇몇 학자들(Haevernick, Keil)은 이것이 앞에 나온 "문의 통로"(문턱)의 길이를 재차 강조한 것이라 하였고, 알더스(Aalders)는 이것이 7절에서 묘사하는 둘째 문의 통로를 미리 당겨 말한 것이라고 말한다.

7 그 문간에 문지기 방들이 있는데. 자세히 말하자면 들어가는 방향으로 보아서 좌우편에 각각 방이 세 개씩 있다(10절). 이것들은 성전에서 수종드는 자들이 머무는 방들이다. 이것을 보면 성전(신약 시대의 교회)에서는 하나님만 중심이 되고 수종자들은 누구를 막론하고 "문지기"의 대우를 받을 뿐이다. 그러나 하나님의 집 문지기가 얼마나 행복한가! 시편 84:10에 말하기를 "악인의 장막에 사는 것보다 내 하나님의 성전 문지기로 있는 것이 좋사오니"라고 하였다. 신약 교회의 수종자들(교직자나 평신도를 막론하고)은 모두 다 "문지기"의 자세를 가져야 한다. 그들은 실상 문지기들이다.

각기 길이가 한 장대요 너비가 한 장대요 각방 사이 벽이 다섯 척이며. 우리는 여기 기록된 모든 숫자가 각기 상징하는 의미를 알기 어렵다. 그러나 이 모든 숫자가 가리키는 큰 뜻은 알 수 있다. 한마디로 하나님의 성전(신약 시대의 교회)을 구성하는 모든 부분(지체)에는 각자의 치수가 있다는 것이다. 아무리 중요한 부분이라도 혼자서 전부를 담당하는 것은 아니다. 신자들은 각각 자기의 위치가 제한되어 있다는 것을 깨달아 "마땅히 생각할 그 이상의 생각을 품지 말고 오직 하나님께서 각 사람에게 나누어 주신 믿음의 분량대로 지혜롭게 생각"해야 한다(롬 12:3; 참조. 롬 12:4-8; 고전 12:15-26).

안쪽 문 통로의 길이가 한 장대요. 이것은 성전을 향하여 들어가는 도중에 문지기의 방들을 지나서 도착하는 둘째 문의 통로(문턱)를 가리킨다.

그 앞에 현관이 있고. 이것은 안쪽 문의 통로(문턱) 앞에 있는 "현관"을 가리킨다.

그 앞에 안 문이 있으며. 말하자면 현관 "앞에 안 문이 있"다는 뜻이다. 성전에 들어가기 전에 이렇게 이중으로 문들(바깥 문과 안 문)이 있다. 이것은 신자가 하나님께로 가까이 나아가는 신앙의 수준이 단계적이라는 점을 비유한다. 우리의 신앙은 단번에 완성이 아니고 기도와 노력을 통하여 점점 성장해가야 하는 처지에 있다.

8 그가 또 안 문의 현관을 측량하니 한 장대며. 이 말씀이 많은 히브리어 사본에 없다. 다만 몇몇 학자들(Schumpp, Ziegler, Fisch)이 이것을 본래의 원본이라고 지지한다.

9 안 문의 현관을 또 측량하니 여덟 척이요. 이것은 "한 장대"(5절)보다 좀 더 많은 척수다.

10 문지기 방은 왼쪽에 셋이 있고 오른쪽에 셋이 있으니 그 셋이 각각 같은 크기요 좌우편 벽도 다 같은 크기며. 이 말은 "문지기 방"들에는 좋고 나쁨의 등급이 없고 모두 다 하나의 등급으로 되어 있다는 뜻이다. 그것은 하나님의 일을 하는 자들은 어떤 일을 하든지 하나님의 사랑을 받음에 있어서 차별이 없음을 보여 준다.

11-12 이 구절들은 앞의 말씀에 이어서 문지기의 방들에 대하여 진술한다. 10절 해석을 참조하라.

13 여기서 "**문간**"으로 번역된 히브리어(שַׁעַר "샤아르")는 문을 의미하는데 그 너비가 "스물다섯 척"이라고 한다.

14 **그가 또 현관을 측량하니 너비가 스무 척이요.** 여기 말하는 "현관"은 9절에 언급된 그 현관이다. 여기서는 그 "너비"을 말해주기 위하여 다시 언급된다.

15 **바깥 문 통로에서부터 안 문 현관 앞까지 쉰 척이며.** 이렇게 그 건물들을 각 방면으로 측량하여 척수를 보여 주는 목적은 7절 해석에서 이미 말한 것과 같이, 하나님의 교회의 모든 지체와 부분들이 하나님의 지혜에 따라 각기 분량대로 구성되었음을 알려주려는 것이다. 그러므로 교회의 지체인 신자가 자기의 분량에 넘치는 생각을 품으면 안 된다(롬 12:3).

16 **각각 닫힌 창이 있고.** 이같이 많은 창은 신약 시대의 교회가 주님의 빛인 성경 말씀으로 밝혀져야 할 것을 예표한다.

각 문 벽 위에는 종려나무를 새겼더라. "종려나무"는 승리의 상징이다(계 7:9). 하나님을 공경하는 자들이 성전에 출입할 때는 언제나 종려나무 형상을 보고 승리를 사모해야 한다. 그는 세상을 이기며 죄악을 이겨야 할 자이다.

◆ 6-16절에 기록된 문간에 대하여는 〈그림 1〉을 참조하라.

<그림 1. 문간>

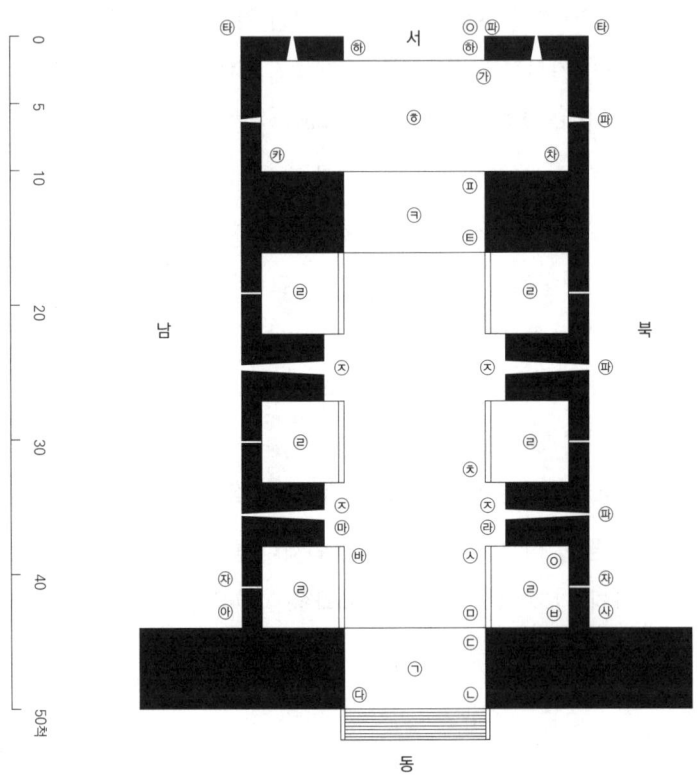

㉠	40:6, 11, 14	㉣	40:7, 9	㉶	40:13
㉡-㉢	40:6	㉮-㉵	40:9	㉶-㉭	40:14
㉤	40:7, 10, 12	㉮-㉯	40:9, 16	㉷	40:14
㉱㉲㉳㉴	40:7, 12	㉳-㉰	40:11	㉡-㉯	40:15
㉵	40:7, 10, 16	㉴-㉰	40:11	㉸	40:16
㉳-㉵	40:7, 10	㉴-㉹	40:12	㉨	40:16
㉺	40:7	㉰-㉻	40:12		
㉢-㉶	40:7	㉳-㉼	40:13		

17-18 뜰 삼면에 박석 깔린 땅이 있고. "박석 깔린 땅"은 빛나는 돌로 만든 석판을 가리키는데, 그것은 성결을 상징한다. 그것은 그리로 다니는 자들의 발이 깨끗해야 할 것을 상기시킨다.

19 여기서는 "아래 문간 앞(바깥 뜰 안 문)에서부터 안뜰 바깥 문간 앞"까지의 거리를 말해준다.

20-23 이 부분에서는 "**바깥뜰 북쪽을 향한 문간의 길이와 너비**"에 대하여 말한다.

종려나무. 앞의 16절 해석을 참조하라.

일곱 층계. 앞의 6절에 있는 "층계"에 대한 해석을 참조하라.

24-27 여기서는 "**남쪽을 향한 문간**"의 "**측량**"에 대하여 말한다. 이 "문간"들의 척수가 처음에 측량한 동문과 똑같은데도 천사는 에스겔에게 이 문간들도 일일이 측량하여 보여 준다. 이것은 신자가 천국의 말씀을 귀로만 듣지 말고, 알 만한 것도 실제로 실행함으로써 체험해야 할 것을 보여 준다.

일곱 층계. 앞의 6절에 있는 "층계"에 대한 해석을 참조하라.

종려나무. 앞의 16절 해석을 참조하라.

28-31 이 구절들은 "**안뜰…남문의…측량**"에 대하여 말한다. "안뜰…문간" 척수도 바깥 뜰 문간 척수와 같다. 천국 문은 모두 한 가지 원리로 이루어져 있다. 문은 예수 그리스도를 비유한다(요 10:17). 사람들이 어느 방면으로 와서 천국에 들어가든지 한 분 예수 그리스도로 말미암아 들어간다.

종려나무. 앞의 16절 해석을 참조하라.

여덟 층계. 이 말이 34, 37절에도 나온다. 바깥 뜰 문은 일곱 층계를 올라가서 들어가는데(6절), 안 뜰 문은 이렇게 "여덟 층계"를 올라가서야 들어간다. 하나님께 가까운 봉사를 할 사람일수록 일반 신자들보다 한층 더 성결해야 한다.

32-34 이 구절들은 "**안뜰 동쪽…문간…측량**"에 대하여 말한다. "안뜰 동쪽 문간"도 안뜰 남쪽 문간(28-32절)과 같은데도, 천사는 그것을 일일이

측량하여 에스겔에게 보여 준다. 24-27절의 해석을 참조하라.

여덟 층계. 31절의 같은 말 해석을 참조하라.

35-37 이 구절들은 안 뜰 "**북문…측량**"에 대하여 말한다. 이것이 위에 이미 측량된 문간들의 척수와 같은데도 천사는 이것을 측량하여 에스겔에게 보여 준다. 24-27절의 해석을 참조하라. "**종려나무**"에 대하여는 16절의 같은 말 해석을 참조하라.

38-43 이 구절들은 북문 "**벽 곁에 문이 있는 방**"과 및 "**상 둘**"에 대하여 말한다. "**번제물을 씻는 방**"이 북문에만 있는 이유는 희생제물을 제단 북쪽에서 잡기 때문이다(레 1:11).

"**번제**"에 대해서는 레위기 1:3-17을 참조하라. "**속죄제**"에 대해서는 레위기 4:1-5:12을 참조하라. "**속건제**"에 대해서는 레위기 5:14-16을 참조하라. 70인역(LXX) 39절에는 "번제"라는 말이 없다.

이 부분에서는 제물에 대한 언급이 여섯 번이나 나온다. 이같이 제물에 대하여 거듭 말하는 이유는 그것을 강조하기 위함이다. 구약 종교나 신약 종교에서 제물은 그 중심이다. 이 제물은 속죄제물이 되신 예수 그리스도를 예표한다.

갈링(Galling)과 베르톨레트(Bertholet)는 이 부분(38-43절)이 후대의 첨언(Nachtrag)으로서 그리 중요하지 않다고 하나 그것은 근거 없는 억설이다. 성전의 모든 제도 가운데 제물에 관한 것이 가장 중요한 것이다. 에스겔을 인도하는 천사도 이 점에 대해 자세한 해설을 덧붙이고 있다.

44-47 이 부분에서는 "**북문 곁에 있는 방**"과 "**남문 곁에 있는 방**"에 대하여 말한다. 46절의 "이들"(הֵמָּה "헤마")이라는 말이 "**제단을 지키는 제사장들**"(46절)만을 가리킨다는 학자들이 있다.[122] 그러나 이것이 "**성전을 지키는**

---

[122] Von Orelli, Davidson, Heinisch, Herrmann, Cooke.

제사장들"도 겸하여 가리킨다고 하는 학자들도 있다.[123) 이 둘째 해석이 옳다(G. Ch. Aalders). "**사독**"은 솔로몬 시대에 경건하게 살았으므로 아비아달의 대제사장 자리를 차지하게 되었다(왕상 2:35).

48-49 이 구절들은 "**성전 문**(성소 문) **현관…측량**"에 대하여 말한다.

◆ 5-49절에 기록된 성전에 대하여는 다음 장의 〈그림 2〉를 참조하라.

---

123) Keil, Kraetzschmar, Bertholet, Troelstra, Noordtzij.

<그림 2. 성전전면도>

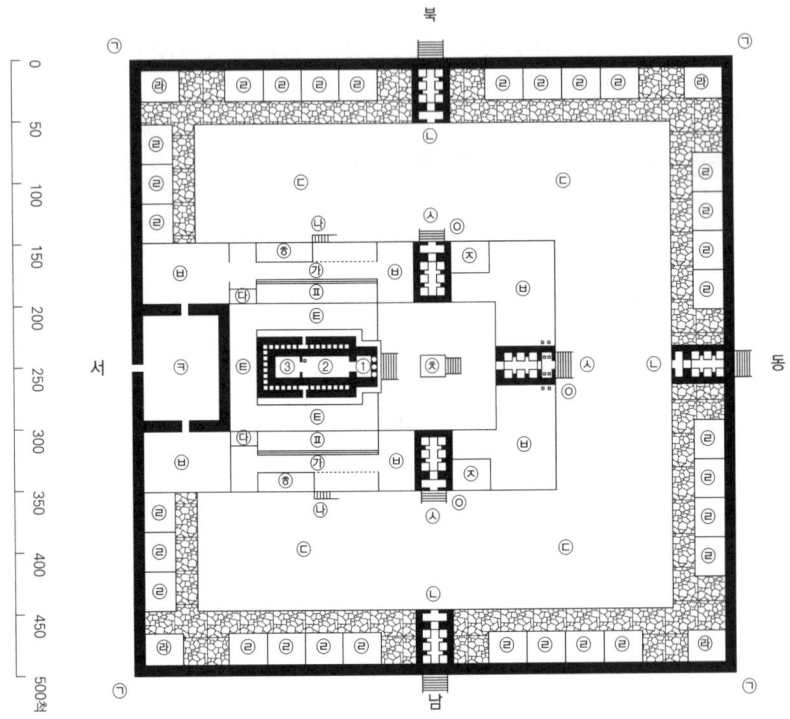

㉠ 성전 바깥 벽	40:5, 42:20	㉭ 구별된 장소	
㉡ 성전 바깥 문	40:6, 20, 24	㉮ 거룩한 방들	42:1, 13
㉢ 성전 바깥 뜰	40:17	㉯ 거룩한 방들	42:1, 13
㉣ 여러 방	40:17	㉰ 통로	42:4, 11
㉤ 박석 깔린 땅	40:17	㉱ 통행구	42:9
㉥ 성전 안 뜰	40:28	㉲ 제사장들의 부엌	46:19
㉦ 성전 안 문	40:28, 32, 35	㉳ 백성들의 부엌	46:21-24
㉧ 안문계단	40:31, 34, 37	① 현관	40:48
㉨ 안문곁방	40:44	② 성소	41:1
㉩ 번제단	40:47	③ 지성소	41:4
㉪ 서편 뜰 뒷건물	41:12		

제 41 장

본 장의 〈내용분해〉는 40장의 〈내용분해〉에 포함되었다.

↓ 해석

1-2 이 구절들은 성소의 **"문 벽"**, **"문 통로"**, 또는 **"성소를 측량"** 함에 대하여 말한다. 측량하는 천사와 에스겔은 계속적으로 전진한다. 신자에게는 후퇴가 없다. 후퇴는 마귀가 주는 멸망의 장본이다.

3-5상 이 구절들은 지성소 측량에 대하여 말한다.

그가 안으로 들어가서(3절). 이 문구에서 "들어가서"(בָּא "바")라는 말은 천사가 홀로 들어간 것을 가리킨다. 계시를 받는 중에도 에스겔은 지성소에 들어가지 못하였다. 거기는 대제사장만 들어갈 수 있는 곳이다(레 16:1-5; 히 9:7; 참조. 왕상 6:20).

5하 성전 삼면에 골방이 있는데. 히브리어 원문에는 "삼면"이라는 말이 없는데, 한글 성경은 그것을 보충한 것이다. 지성소의 동쪽에는 성소가 연접해 있으므로 "골방"이 있을 자리가 없다. 다만 그곳을 제외한 세 방위, 곧 남쪽, 북쪽, 서쪽에 골방이 있을 수 있었다. "골방"이라는 말의 히브리어는 "첼라"(צֵלָע)인데 갈비뼈라는 뜻이다. 이 방들이 지성소에 갈비뼈처럼 둘러 있었다.

6-11 이 구절들은 **"골방"**들에 대하여 자세히 말한다. 여기 몇 가지 신령한 의미를 생각할 것이 있다. ① 이 골방들은 **"삼 층"**으로 되었는데 각층에 **"서른"**씩이다. 이것들은 성전에서 수종 드는 제사장들이 사용할 것이다. 하나님은 자기 백성을 위하여 있을 곳을 많이 제공하고자 하신다(요 14:2).

② 골방의 **"층이 높아질수록 넓"**다고 하였는데(7절), 이는 신자의 신앙 수준이 높을수록 그 마음도 넓어짐을 비유한다(Matthew Henry).

12 서쪽 뜰 뒤에 건물. 이것은 역대상 26:18에 언급된 "뜰"에 해당하는 건물인 듯하고, 그 목적은 알 수 없다.

13-15상 여기서는 성전 및 그 주위의 부속물들에 대한 측량의 결과를 말해준다.

15하-20 여기서는 성전 내부의 벽에 **"널판자로"** 대고 거기 **"그룹들과 종려나무를"** 새긴 것에 대하여 말해준다. ① **"그룹"**은 하늘의 것이고, "종려나무"는 땅의 것인데, 이 둘이 서로 섞인 것은 성결과 승리의 화합을 상징한다. 하나님 백성의 승리는 성결로써 성립되는 것이다. ② 그리고 이와 같은 조각은 성전 내부의 아름다움을 보여 주기도 한다. 그것은 신약 교회의 영적 아름다움을 상징한다.

21-22 외전 문설주는 네모졌고 내전 전면에 있는 양식은 이러하니 곧 나무 제단의 높이는 세 척이요 길이는 두 척이며 그 모퉁이와 옆과 면을 다 나무로 만들었더라 그가 내게 이르되 이는 여호와의 앞의 상이라 하더라. **"나무 제단."** 이것에 철물을 덧입혔다는 말씀이 없는 것을 보면 그 위에서는 불을 사용할 수 없었을 것이다. 제물 드리는 자가 제단 위에서는 불을 가지고 수종 든다. 그렇다면 여기서 계시로 보여 준 제단이 왜 불타기 쉬운 나무로 만들어졌을까? 그 이유는 다음과 같다. 여기서 보여 준 제단은 구약 시대의 제사와 같이 불로 제물을 태워서 바치는 데

사용될 것이 아니다. 이 제단은 신약 시대의 예수 그리스도를 비유하는 것일 뿐이다. 신약 시대에는 예수 그리스도가 속죄제물이시다(고전 5:7; 히 9:14, 23-28; 13:10-13).

"여호와의 앞의 상이라." 제단을 "상"이라고 한 이유는 신약 시대에 그리스도가 당하신 속죄의 희생, 다시 말해 그의 피와 살이 신자들의 영적 양식이 되기 때문이다. 신자들이 그리스도의 살과 피를 먹고 마시듯이 믿으면 구원을 받게 된다(요 6:53-58).

23-26 여기서는 "**내전**(지성소)**과 외전**(성소)…**문**"들의 모양과 기타 시설에 대하여 말씀한다. 여기서 "내전과 외전"에 대하여 말씀하면서 휘장에 대하여는 전혀 말씀하지 않는다. 이 침묵의 이유는 다음과 같다. 에스겔이 하나님의 계시로 말미암아 보게 된 성전은 구약 시대에 세우기로 한 것이 아니다. 그것은 신약 시대의 교회를 상징한다. 신약 교회의 성도들은 그리스도의 피로 말미암아 하나님 앞에 직접 들어갈 수 있다(히 10:19-20).

◆ 23-26절에 기록된 성소에 대하여는 다음 장의 〈그림 3〉을 참조하라.

<그림 3. 성소>

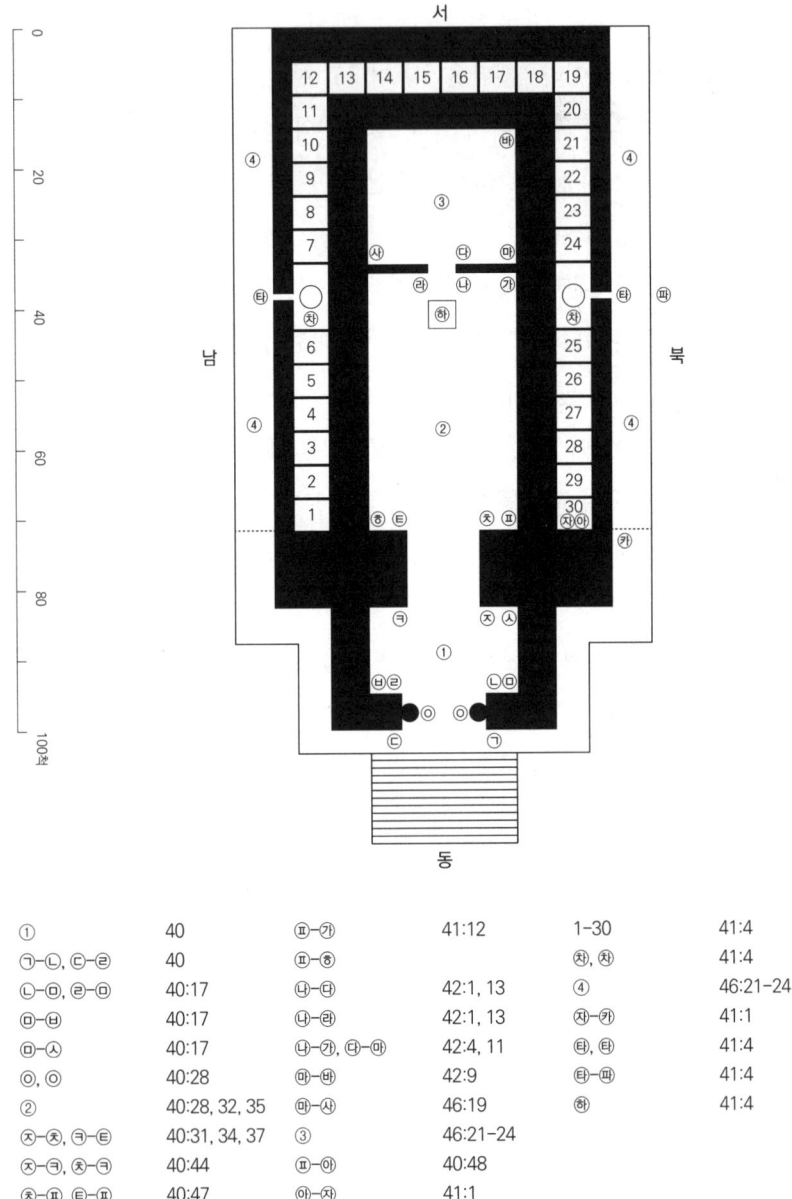

①	40	ㅍ-ㄱ	41:12	1-30	41:4
ㄱ-ㄴ, ㄷ-ㄹ	40	ㅍ-ㅎ		ㅊ, ㅊ	41:4
ㄴ-ㅁ, ㄹ-ㅁ	40:17	ㄴ-ㄷ	42:1, 13	④	46:21-24
ㅁ-ㅂ	40:17	ㄴ-ㄹ	42:1, 13	ㅈ-ㅋ	41:1
ㅁ-ㅅ	40:17	ㄴ-ㄱ, ㄷ-ㅁ	42:4, 11	ㅌ, ㅌ	41:4
ㅇ, ㅇ	40:28	ㅁ-ㅂ	42:9	ㅌ-ㅁ	41:4
②	40:28, 32, 35	ㅁ-ㅅ	46:19	ㅎ	41:4
ㅈ-ㅊ, ㄱ-ㅌ	40:31, 34, 37	③	46:21-24		
ㅈ-ㅋ, ㅊ-ㅋ	40:44	ㅍ-ㅇ	40:48		
ㅊ-ㅍ, ㅌ-ㅍ	40:47	ㅇ-ㅈ	41:1		

제 42 장

본 장의 〈내용분해〉는 40장의 〈내용분해〉에 포함되었다.

↓ 해석

1-14 이 구절들은 성전 **"북쪽 뜰"**의 **"두 방"**과 **"남쪽 뜰"**의 **"두 방"**에 대하여 말한다. 이 방들은 제사장들이 성전에서 수종들다가 사적으로 사용하기 위한 것이다. 사적으로 사용한다고 해서 개인의 육체적인 편리를 위하여 사용한다는 의미는 아니다. ① 거기서 제사장들이 **"지성물"**을 먹게 되어 있고, 수종 들 때 입던 **"의복은 거룩하므로"** 벗어 두도록 정해져 있으니(13-14절), 그곳도 하나님의 거룩한 법을 지키는 장소다. ② 그곳은 제사장들의 공적 성전 봉사를 위한 준비실이라고 할 수 있다. 공적 사역을 위해서는 이렇게 골방의 준비가 필요하다. 골방의 준비야말로 거룩한 사역의 힘이라고 할 수 있다.

15-20 여기서는 성전의 **"사방 담을 측량"**함에 대하여 말한다. 그 크기는 **"길이가 오백 척이며 너비가 오백 척"**으로 정방형이다. 정방형은 힘 있고 견고함을 비유한다(Patrick Fairbairn). 다시 말해 이것은 천국이 언제나 동요하지

않음을 비유한다.

그 담은 거룩한 것과 속된 것을 구별하는 것이더라(20절). 이 성전은 신약 시대의 교회를 상징하는 것인 만큼 이방인들이 유대인들과 분리되어 머무는 곳이 없다. 이방인과 유대인이 그리스도 안에서는 하나가 된다(엡 2:14). 그러나 이 성전에서 세상과 교회는 엄격히 구분되어야 한다는 점이 여기 계시되어 있다. 신약 시대의 교회는 세속주의를 엄격하게 막는다.

세대주의 학자들은 40-48장에 기록된 예언이 구약의 외부적 성격을 지니고 있다는 이유로 이것이 영성을 지닌 신약 교회를 통해 성취되었다고 말할 수 없다고 한다. 그들은 이 예언이 그리스도의 공중 재림 후에 유대인들로 말미암아 문자적으로 성취된다고 주장한다. 그러나 이 학설은 옳지 않다. 그 이유는 다음과 같다.

1) 그리스도의 속죄로 말미암아 이미 모든 구약 제사 제도들은 영원히 폐지되었기 때문이다(히 10:18).

2) 천국의 기업을 누릴 자들이 이제는 육체적인 이스라엘 민족이 아니고 새로운 이스라엘, 곧 참된 교회이기 때문이다(마 21:43; 벧전 2:9-10).

3) 요한계시록은 신령한 천국을 묘사할 때 에스겔서의 이 부분에 나타난 표현을 많이 채용하였다(계 21:9-22:5). 그것은 에스겔서의 이 부분 말씀들도 신령한 천국을 가리킨다는 암시다. 내가 "신령한 천국"이라는 말을 통해 의미한 것은 그리스도로 말미암아 속죄함을 받고 구원받은 자들이 들어가는 천국이다.

4) 40-48장에 기록된 예언이 이스라엘 민족을 중심으로 삼은 듯하고 그 색채가 외부적이라고 하여 그것이 영성을 지닌 신약 교회를 가리키지 않는다고 말할 이유는 없다. 신약 교회에서 성취된 구약의 메시아 예언들은 모두 다 이스라엘 민족을 중심으로 삼은 듯이 보이며, 외부적이고 물질적인 색채를 띤다. 실례를 들면 다음과 같다.

① 다윗의 집에서 메시아가 나시리라는 예언.[124] 그는 왕이요(슥 9:9), 선지자요(신 18:15; 사 11:2), 제사장이시다(시 110:4; 사 53장; 슥 3:8; 6:13).

② 메시아로 말미암은 제사 회복의 예언.[125]

③ 물질적 성격을 띤 메시아 시대의 축복 예언.[126]

④ 메시아 시대에 이방인들이 이스라엘에게 복속하리라는 예언.[127]

위에 열거한 모든 예언은 주로 이스라엘 민족을 중심으로 삼은 듯하고 또한 물질적 색채를 띤다. 그러나 영적으로야 완전히 성취될 수 있는 요소들도 포함하고 있다. 말하자면 거기에 "영원"이라는 술어가 종종 나타나고 자연계의 변동에 대한 언급도 나온다. 그 예언들이 이처럼 외부적인 색채를 지닌 것은 그것이 실물의 그림자였다는 사실을 보여준다(히 10:1). 예를 들어 죄악은 레위기의 제사 제도에서 지적한 불결로 상징되었고, 하나님을 섬기는 일은 예루살렘에 올라가는 일로 표현되었으며, 영생은 지상에서의 장수로 상징되었다. 그러나 이것들은 모두 다 실물의 그림자였다. 이것들의 성취로 신약의 일들이 실현되었다. 그러므로 신약은 저런 그림자들이 그리스도와 그의 속죄로 성취되었다는 의미로 "참된 것"이라는 말씀을 많이 사용하였다. 요컨대 그리스도를 가리켜 "진리"라 하고(요 14:6), 성령을 "진리의 영"이라 하고(요 16:13; 요일 5:7), 복음의 말씀을 "진리"라고 한다(요 17:17). 이 밖에도 신약의 모든 사항이 구약의 성취라는 의미에서 특별한 표현들이 사용되었다. 말하자면 "그리스도의 할례"(골 2:11), "유월절 양 곧 그리스도"(고전 5:7), "향기

---

124) 렘 23:5; 30:9; 33:17, 21, 22, 26; 겔 34:23, 24; 37:22-24; 호 3:5; 암 9:11.
125) 사 2:2; 28:16; 30:19; 33:5; 35:10; 52:1; 56:6-7; 60:7; 61:6; 66:20-23; 렘 3:16-17; 30:18; 31:38; 33:18, 22; 욜 3:17, 20; 암 9:14-15; 옵 1:17, 21; 미 4:1-2; 7:11; 학 2:6-9; 슥 1:17; 2:1-5; 3:1-8.
126) 사 2:4; 32:15-20; 51:3; 60:17-18; 62:8, 9; 65:9, 22; 렘 31:6, 12-14; 겔 34:14, 25, 29; 36:29-30; 47:1-12; 호 2:18; 14:6; 욜 3:16-18; 암 9:13-14; 옵 1:21; 미 4:3-4; 슥 8:12; 14:8, 10.
127) 시 2; 21; 24; 45; 46; 47; 48; 68; 72; 86; 89; 96; 98편; 사 18:7; 19:18-25; 23:15-18; 25:6-9; 렘 3:17; 4:2; 16:19-21; 33:9; 겔 17:24; 욜 3:2-15; 암 9:12; 옵 1:17-21; 미 5:3; 습 2:4-11; 3:8, 9; 학 2:7; 슥 2:11; 8:20-23; 14:16.

로운 제물과 희생제물"(엡 5:2), 아브라함의 자손, 이스라엘, 하나님의 백성,[128] "성전",[129] 시온 또는 예루살렘,[130] "예배"[131]와 같은 표현들이다. 또한 아브라함이 유대인의 조상이기만 한 것이 아니라 모든 믿는 자들의 아버지라 하고(롬 4:11; 갈 3:14, 29), 그리스도 안에는 유대인과 헬라인의 구별이 없다고 하였다(고전 12:13; 갈 3:28-29; 골 3:11).

---

128) 롬 9:25-26; 고후 6:16-18; 갈 3:29; 딛 2:14; 히 8:8-10; 약 1:1, 18; 벧전 2:9; 계 21:3, 12.
129) 고전 3:16; 고후 6:16; 엡 2:22; 히 8:2.
130) 갈 4:26; 히 12:22; 계 3:12; 21:2, 10.
131) 요 4:24; 롬 12:1; 빌 3:3; 4:18.

제 43 장

↓ 내용분해

1. 하나님의 영광이 성전으로 들어가는 회복의 계시(1-5절)
2. 이스라엘이 우상을 버리고 하나님을 경배한다면 그들과 함께하시기로 약속하심(6-12절)
3. 번제단에 대한 자세한 진술(13-17절)
4. 제단 봉헌에 관한 지시(18-27절)

↓ 해석

1-2 그 후에 그가 나를 데리고 문에 이르니 곧 동쪽을 향한 문이라 이스라엘 하나님의 영광이 동쪽에서부터 오는데 하나님의 음성이 많은 물소리 같고 땅은 그 영광으로 말미암아 빛나니. "하나님의 영광." 40-42장에서는 성전을 보여주었다. 그것은 신약 시대의 교회를 상징한다. 그러나 성전만으로는 하나님 백성의 구원이 성립될 수 없다. 오직 하나님의 임재만이 성전의 가치를 성립시킨다. 이제 하나

님의 영광이 새 성전으로 돌아오는 광경이 계시된다. "이스라엘 하나님의 영광"(כבוד אלהי ישראל)이라는 말은 하나님께서 그 백성을 구원하시기 위하여 임재하시는 증표다.[132]

3-5 그 모양이 내가 본 환상 곧 전에 성읍을 멸하러 올 때에 보던 환상 같고(참조. 1:28; 3:23, 8-11장, 특히 11:22 이하). 신약시대에 하나님의 백성을 구원하시기 위하여 오시는 구주는 다른 분이 아니고 바로 구약 시대에 에스겔에게 나타나셨던 하나님이시다. "예수 그리스도는 어제나 오늘이나 영원토록 동일하시니라"(히 13:8).

내가 곧 얼굴을 땅에 대고 엎드렸더니. 1:28, 3:23, 9:8, 11:13, 44:4을 참조하라.

영이 나를 들어 데리고. 2:2, 8:3을 참조하라.

여호와의 영광이 성전에 가득하더라. 이것은 첫 번째 성전 봉헌식 때 일어난 일과 마찬가지다(참조. 출 40:33-34; 왕상 8:11).

6 성전에서 내게 하는 말을 내가 듣고 있을 때에 어떤 사람이 내 곁에 서 있더라. 아래 이어지는 말씀으로 보아 여기서 말하는 "어떤 사람"은 하나님 자신이시다. 하나님은 영이시므로 형상이 없으시다. 그러나 그가 천사를 통하여 대리적으로 나타나실 때는 "사람"의 모양으로 나타나신다(참조. 창 18:1-15).

7 이는 내 보좌의 처소, 내 발을 두는 처소, 내가 이스라엘 족속 가운데에 영원히 있을 곳이라. 이것은 40-42장에서 계시로 나타난 성전을 가리키는데, 그가 그 백성을 다스리시는 곳이라는 뜻이다. "보좌"는 여기서 성전을 의미하고(렘 3:17), "발을 두는 처소"도 성전을 의미한다(대상 28:2; 시 132:7). 이렇게 성전을 두 가지 표현으로 반복해서 언급하는 목적은 성전(참된 교회)에 계신 하나님의 임재의 확실성을 강조하려는 것이다(G. Ch. Aalders).

이스라엘 족속 곧 그들과 그들의 왕들이 음행하며. 이 문구 중에서 "음행하

---

132) 참조. 1:28; 3:12, 23; 10:4, 18; 11:23.

며"(בזנותם "비즈누탐")라는 말은 문자적으로 "그들의 음행으로"라는 뜻이다. 여기서 이른바 "음행"은 우상숭배를 가리킨다.

그 죽은 왕들의 시체로 다시는 내 거룩한 이름을 더럽히지 아니하리라. "죽은 왕들의 시체로"(בפגרי מלכיהם במותם)라는 문구를 직역하면, "그들의 높은 곳들에서 그들의 왕들의 시체들로"라고 해야 한다. 그렇다면 ① 이 문구는 이스라엘이 산당들에서 "몰록"(왕이라는 뜻을 지닌 우상의 이름)을 섬김으로써 하나님의 이름을 더럽혔다는(7하) 뜻일 것이다. 이 같은 해석을 취할 때 "시체"라는 말은 우상의 생명 없음을 가리키는 표현이었을 것이다. ② 그러나 70인역(LXX)은 이 문구를 번역하기를, "그들 중에서 그들의 왕들을 죽임으로써"(ἐν τοῖς φόνοις τῶν ἡγουμένων ἐν μέσῳ αὐτῶν)라고 하였다. ③ 다른 학자들은 이 문구를 다음과 같이 해석한다. 요컨대 유다 왕들 가운데서 어떤 자들이 죽어서 성전 가까이에 묻힘으로써 성전을 더럽혔다는 것이다. 위의 세 가지 해석 중 첫 번째나 세 번째가 옳을 것이다.

8 그들이 그 문지방을 내 문지방 곁에 두며. 위의 7절에 대해 첫 번째 해석을 택할 때 이 말씀의 뜻은 이스라엘이 스스로 만든 우상 종교를 여호와의 참 종교와 나란히 놓았다는 것이다. 말하자면 그들이 하나님을 섬긴다고 하면서 다른 한편으로는 우상을 섬겼다는 뜻일 것이다.

그 문설주를 내 문설주 곁에 두어서. 이것은 위의 첫 번째 문구의 뜻과 같은 뜻을 보여준다.

그들과 나 사이에 겨우 한 담이 막히게 하였고. 어떤 학자들은 이것이 우상을 섬기는 이스라엘과 하나님 사이에는 도무지 통함이 없다는 뜻이라고 이해한다. 그러나 위의 7절 하반절에 대한 세 가지 해석 가운데 세 번째를 택할 때 이 문구는 다음과 같은 뜻을 지니게 된다. 요컨대 유다 왕들이 성전 가까이 매장됨으로써 하나님의 성전을 더럽힌 것이다. 왜냐하면 구약 시대에는 시체를 불결하게 여겼기 때문이다. 그렇게 성전 가까이 왕의 시체들을 묻었으니,

그야말로 그 문지방을 하나님의 문지방에 둔 것과 마찬가지며 하나님과 왕들의 시체 사이에 담 하나를 세운 것과 같았다는 것이다.

내가 노하여 멸망시켰거니와. 말하자면 과거에 하나님께서 이스라엘을 그 범죄 때문에 벌하셨다는 뜻이다. 이것은 그들이 바벨론의 침략을 받아 그 국가가 패망한 사실을 가리킨다.

9 이 구절에 대하여는 위의 7절 해석을 참조하라.

10 이 성전을 이스라엘 족속에게 보여서 그들이 자기의 죄악을 부끄러워하고 그 형상을 측량하게 하라. 이것은 선지자가 위의 40-42장에서 말한 이상적 성전(신약 시대에 나타날 기독교회)을 그 백성에게 보여줌으로써 그들이 회개하게 만들라는 말씀이다. 사람이 하나님의 축복에 대한 약속을 받음으로써 자기의 부족과 죄악을 깨닫는 경우가 있다.

"그 형상을 측량하게 하라"(מָדְדוּ אֶת־תָּכְנִית). 학자들 가운데는 이 문구가 지시하는 일을 이스라엘이 실행하기 어렵다는 이유로 이 문구의 순정성을 의심하는 자들이 있다(Van Den Born). 70인역(LXX)은 이 문구를 우리 한글 번역 성경과 같이 번역하지 않고, "그 모양과 그 배열(을 보여주라)"(τὴν ὅρασιν αὐτοῦ καὶ τὴν διάταξιν αὐτοῦ)이라고 하였다. 이 번역이 좀 더 정확한 본문에 근거하였을 것이라고 여기는 학자들도 있다(Skinner, G. Ch. Aalders). 그러나 오렐리(Von Orelli)라는 학자는 우리 한글 성경과 같은 번역을 채용하되 다만 그 문구가 "주의 깊이 관찰하라"[133]라는 뜻을 지닌다고 하였다.

11 만일 그들이 자기들이 행한 모든 일을 부끄러워하거든 너는 이 성전의 제도와 구조와 그 출입하는 곳과 그 모든 형상을 보이며 또 그 모든 규례와 그 모든 법도와 그 모든 율례를 알게 하고 그 목전에 그것을 써서 그들로 그 모든 법도와 그 모든 규례를 지켜 행하게 하라. 이스라엘이 그 죄를 회개하는 조건으로 새 성전의 더욱 자세한 "규례와···법

---

133) die sorgfältige, sinnende Betrachtung.

도와···율례를" 그들에게 알려 주라고 하신다. 하나님께서는 성물을 개에게 주는 것을 허락지 않으신다(마 7:6).

12 성전의 법. 이것은 새 성전의 법, 곧 신약 시대의 기독교회로 나타낼 구원 제도를 가리킨다.

산꼭대기 지점의 주위는 지극히 거룩하리라. 이 말은 에스겔이 계시를 통하여 보게 된 새 성전은 "산꼭대기"에 있었는데(40:2), 그 성전의 지대가 "지극히 거룩하다"는 뜻이다. 그 성전이 산꼭대기에 자리 잡은 것은 바로 그것이 세상에서 탁월하게 성별되었다는 사실을 무언중에 보여준다.

인간을 구원할 수 있는 비결은 하나님 자신의 성결이다. 이 일 때문에 하나님 자신이신 그리스도께서 이 세상에 강림하신 것이다. 이러한 사실이 새 성전 계시를 통하여 예언적으로 상징되었다.

성전의 법은 이러하니라. 이와 똑같은 문구가 이 구절 첫머리에 나왔는데, 여기 이 구절 끝에 또다시 나온다. 어떤 학자는 이것이 필사자의 실수로 중복된 것이라고 주장한다(Toy). 이 문구가 70인역(LXX)에는 아예 나타나지 않는다. 그러나 그렇다고 해서 본래의 원본에 그것이 없었을 것이라고 말할 수는 없다. 이 문구가 반복되는 것은 강조를 위함이다(G. Ch. Aalders).

13 제단의 크기는 이러하니라. 에스겔에게 계시된 성전의 다른 내부 시설에 관해서는 별로 진술되지 않았다. 그러나 "제단"에 대하여는 길게 진술되어 있다. 성전에는 제단이 중심이다. 왜냐하면 죄인의 구원에는 속죄가 근본이기 때문이다. 이것은 신약 교회가 속죄자이신 그리스도를 중심으로 삼는다는 점을 예표한다.

한 자는 팔꿈치에서부터 손가락에 이르고 한 손바닥 넓이가 더한 것이라. 이것은 여기서 사용된 한 자의 길이를 밝혀준다(참조. 40:5).

제단 밑받침의 높이는 한 척이요 그 사방 가장자리의 너비는 한 척이며 그 가로 둘린 턱의 너비는 한 뼘이니 이는 제단 밑받침이요. 델리취(Delitzsch)는 이 문구를 다음과 같이 번역하였다. "밑받침의 높이가 한 자요 그 너비가 한 자요 또한 사면 가장자리가 한 뼘이니 이것이 제단 밑받침이요"라고 하였다.

<도표>

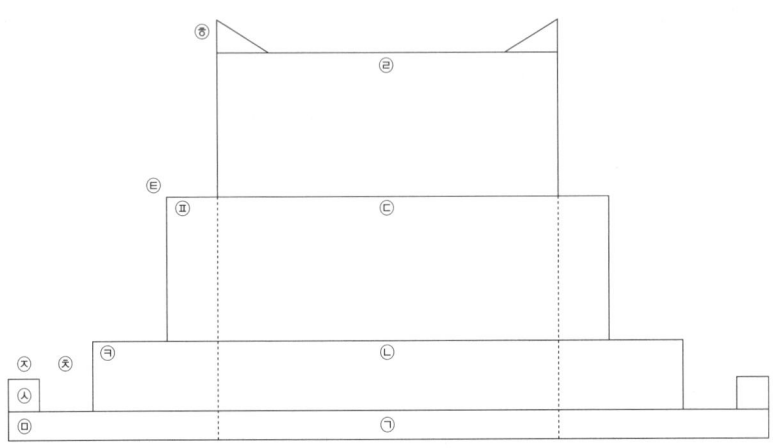

㉠	밑받침	ㅇ-ㅊ	아랫층 높이
㉡	아랫층	ㅊ-ㅋ	아랫층 가장자리 넓이
㉢	이층	ㅋ-ㅍ	이층 높이
㉣	윗층	ㅌ-ㅍ	이층 가장자리 넓이
ㅁ-ㅅ	밑받침 높이	ㅍ-ㅎ	윗층 높이
ㅅ-ㅇ	밑받침 가장자리 넓이	ㅎ-ㅏ	뿔
ㅅ-ㅈ	턱의 높이	ㅏ-ㅑ	번제하는 바닥

14-17 제단의 구조에 대하여 몇 가지 기억할 것이 있다. ① 몇 개의 **"층"**으로 이루어져 있다. 이것은 협력과 화합의 의미를 지닌다. 말하자면 아래서 위의 무게를 받쳐주는 구조를 보여준다. ② **"뿔"**이 있다(15하). **"뿔"**은 권세 혹은 권능을 비유한다. ③ **"그 번제하는 바닥의 길이는 열두 척이요 너비도 열두 척이니 네모 반듯"**하다(16절). 이것은 견고성, 안전성, 지구성을 의미한다. 위의

세 가지 성격은 그리스도께서 이루실 속죄의 성격을 예언한다. 그것은 하나님과 사람이 화목하도록 돕는 것이며, 죄인을 구원하는 권세와 능력이 있고, 그 효과가 안전하며 영구하다.

18-27 이 구절들은 일반적으로 드리는 제사를 시행하기 전에 먼저 **"제단"** 자체를 정결하게 하기 위한 제사를 드릴 것이라고 한다. 제단 자체는 모든 사람의 죄를 대속하는 **"속죄제물"**을 드리는 곳이니, 그곳이 불결하면 안 된다. 그러므로 그곳의 정결을 완전히 보장하는 의미에서 먼저 **"칠 일 동안"** 그것 자체를 **"정결하게"** 하는 제사를 드린다. 이 제사는 다음과 같이 거행되었다.

1) **"사독의 자손"**들이 제사를 집행한다(19절). "사독"은 아론의 후손인데, 아론의 다른 자손들(이다말의 후손들)이 범죄하였으므로 솔로몬이 사독을 대제사장으로 세웠다(왕상 1:7-8; 2:26-27). 신약 시대에 그리스도 신자들은 그리스도로 말미암아 의를 얻어 하나님 앞에 제사 드릴 자격을 가진다.

2) **"칠 일 동안은 매일"** 하나님께 속죄제를 드린다(25절). 여기 "칠 일"은 완전한 날수를 상징한다. 그러므로 이 기간에 속죄제를 계속해 드린다는 것은 제사를 많이 드린다는 의미이다. 이것은 단번에 자기 자신을 제물로 바친 그리스도의 대속제사의 모형이다. 그는 단 한 번의 속죄제로 무궁한 횟수의 제사를 이루셨다(히 9:23-28). 그리스도는 신약 시대에 교회를 위한 제단과 같다.

3) 제물에 **"소금"**을 친다(24절). "소금"은 신인 간의 언약과 관련되어 있다. 제물에 소금을 치는 것(레 2:13)은 계약을 의미한다(민 18:19; 대하 13:5). 물론 이 계약은 하나님께서 인간에 대하여 솔선하여 맺으신 것이다. 하나님께 나아가 제물을 바칠 자는 먼저 신앙에 의하여 이 계약에 참여해야 한다.

제 44 장

✤ 내용분해

1. 성전 동문을 닫아두고 다시 열지 못함에 대하여(1-3절)
2. 이스라엘의 성전 더럽힌 죄악을 꾸짖음(4-9절)
3. 성전과 관련된 레위 자손과 제사장들의 지위(10-16절)
4. 제사장직에 관한 여러 가지 규례들(17-31절)

✤ 해석

1-2 그 문이 닫혔더라…이 문은 닫고 다시 열지 못할지니. 이것은 새 성전으로 상징되는 신약 교회에 임재하신 하나님께서 다시는 떠나시지 않고 영원히 그 백성과 함께 계시리라는 의미다(참조. 마 28:20).

3 왕은 왕인 까닭에 안 길로 이 문 현관으로 들어와서 거기에 앉아서 나 여호와 앞에서 음식을 먹고 그 길로 나갈 것이니라. 여기서 "왕"(נָשִׂיא "나시")이라는 말이 두 번 나오는데, 두 번째 "왕"이라는 말이 70인역(LXX)에는 없다. 그래서 이 말을 본

래 원본의 것이 아니고 필사자가 실수로 되풀이한 것(dittography)이라고 하는 학자들이 있다.[134] 그러나 이것은 억측이다. 그렇다면 여기서 이른바 "왕"은 누구인가? 이것은 유다의 정치적 지도자를 의미했을 것이다. 그러나 궁극적으로는 메시아를 가리킨다.

"여호와 앞에서 음식을 먹"음은 하나님께 제물을 드린 후에 먹는 것을 가리킨다.[135] "그 길로 나갈 것이니라"라는 말은 들어왔던 북문으로 나갈 것을 의미한다.

4-5 그가 또 나를 데리고 북문을 통하여 성전 앞에 이르기로 내가 보니 여호와의 영광이 여호와의 성전에 가득한지라 내가 얼굴을 땅에 대고 엎드리니 여호와께서 내게 이르시되 인자야 너는 전심으로 주목하여 내가 네게 말하는 바 여호와의 성전의 모든 규례와 모든 율례를 귀로 듣고 또 성전의 입구와 성소의 출구를 전심으로 주목하고. 하나님께서 에스겔에게 전에 보여주신 성전의 "모든 규례"를 알아두는 일에 전심하라고 하신다. 그는 특별히 성전의 "입구와⋯출구"를 전심하여 알아두라고 하신다. 성전의 모든 내용을 잘 아는 자라도 그 출입구를 모른다면 그 모든 지식이 헛되다. 이것은 신약 시대의 교회에서 이루어질 일을 예표하는 것이다. 요컨대 신약 교회에 있어서 신자가 구원으로 들어가는 문이신 그리스도(요 10:7)를 모른다면 모든 것이 다 헛되다.

6-9 여기서는 하나님께서 이스라엘이 과거에 범한 한 가지 죄를 지적하신다. 그것은 그들이 이방인을 성전의 중요한 봉사에 채용한 것이다.

내 떡과 기름과 피를 드릴 때에. 레위기 3:16-17을 참조하라.

이방인을 데려오고⋯그들로 내 성소 안에 있게 하여 내 성전을 더럽히므로(7절). 율법에는 성전에서 "이방인"이 제물 드리는 일이 어느 정도 허락되어 있다(레

---

134) Toy, Cornill, Bertholet, Kraetzschmar, Heinisch, Ziegler, Steinmann.
135) 출 18:12; 레 7:15; 신 12:7, 18; 27:7.

17:10, 12; 민 15:13-16; 왕상 8:41-43). 그러나 다만 그들이 유월절 잔치에는 참여하지 못하도록 규정되어 있다(출 12:43). 그렇다면 여기서 "이방인"(בְּנֵי־נֵכָר "브네 네카르")으로 성전을 더럽혔다는 말은 무엇을 가리키는가? 이것은 이방의 우상숭배로 타락한 유대인들이 성전에서 수종들도록 허락한 것을 가리킨다고 한다(Rashi). 그러나 그보다도 어떤 이방인 포로로 하여금 성전에서 수종들게 하되 그들에게는 맡기지 못할 무거운 책임까지 맡긴 것을 가리킨 듯하다(G. Ch. Aalders). 이렇게 되면 그 이방인들이 하나님의 성전 법규를 어기는 일도 많이 하였을 것이다. 그것을 가리켜 본문은 "**그들**(이방인들)**이 내 언약을 위반**"한 것이라고 말한다.

대신 지키게 하였느니라(8하). 이것은 7절 내용을 가리킨다.

10-14 이스라엘이 거족적으로 우상 섬기는 자들로 전락할 때 "**레위**" 지파도 거기에 휩쓸렸다. 그러므로 그들은 "**그 죄악을 담당**"하게 되었다. 그 결과 그들은 제사장의 직분을 빼앗기고 다만 성전을 지키는 일, 수종드는 일, 그리고 "**희생물을 잡**"는 일 같은 것을 맡아 할 뿐이라고 하였다(11, 14절). 하나님의 일을 맡았으면서도 부주의하여 하나님의 영광을 도둑질하는 자들은(12절), 그 영광스러운 직위에서 탈락시키는 것이 마땅한 벌이다.

이 부분(10-14절)에 죄악(혹은 "가증한 일")을 "**담당하리라**"(יִשְׂאוּ "나스우")라는 말이 세 번 나온다(10, 12, 13절). 그러나 하나님께서 그들도 불쌍히 여기셔서 범죄 하기 이전보다는 낮은 것이지만 그래도 직분을 그들에게 주셨다. 우리는 실수할지라도 은혜로우신 하나님은 변하지 않으신다. 이제 "레위" 사람들이 자기 자신을 반성하고 겸손히 충성하기만 하면 하나님께서는 그들을 다시 높이실 것이다.

15-31 이 구절들은 제사장에 대한 규례들을 보여준다. 여기 여러 가지 규례들이 명시되어 있다.

1) "**사독**"의 계열에서 제사장이 계승되도록 정해졌다(15절). "사독"은 아

론의 아들 엘르아살의 후손으로서(대상 6:1-8, 49-53), 압살롬의 반란 때는 다윗에게 충성하였고(삼하 15:24-29). 아도니야의 반란 때는 솔로몬에게 충성하였다(왕상 1:32-39). 반면에 대제사장 아비아달은 아도니야와 합류하였다(왕상 1:7, 25). 그러므로 아비아달은 대제사장직에서 파면당하고, 사독이 그 대신 그 자리를 차지하게 되었다(왕상 2:25, 27, 35).

2) 그들이 성전에서 수종 들 때 입는 의복(17-19절). ① 그들이 **"수종들 때에는…가는 베 옷을 입"**도록 하고(17절; 참조. 출 28:39; 39:27), ② 그들이 **"바깥 뜰 백성에게로 나갈 때에는…다른 옷을 입"**고 나가도록 하였다(19절). 이것은 거룩함을 지키는 동시에 일반 민중과도 잘 섞이기 위한 것이다. 하나님의 사역자는 사람들과 잘 접촉해야 한다.

3) 제사장들의 **"머리털을 깎"**는 법(20절). "머리털"을 미는 것이나 길게 자라게 하는 것은 다 극단이다. 하나님의 사역자는 극단을 피한다.

4) 그들은 수종 들 때 **"포도주를 마시지 말"**아야 한다(21절; 참조. 잠 31:4-5; 레 10:9).

5) 그들의 혼인하는 법(22절).

6) 그들은 거룩함을 분별하는 지식이 있어야 한다(23절).

7) 그들은 **"재판"**을 공정하게 진행해야 한다(24상).

8) 그들은 **"안식일을 거룩하게"** 지켜야 한다(24하).

9) 그들은 특수한 경우 이외에는 **"시체를 가까이"**하지 않아야 한다(25-27절).

10) 그들에게는 소유("기업")가 없어야 한다(28-31절). 그들의 **"기업"**은 하나님 자신이시다. 그들이 하나님을 봉사하고 있는 것인 만큼 그들이 하나님께 바쳤던 제물과 처음 익은 열매는 먹을 수 있다.

이 부분(15-31절)에 대제사장에 관한 말씀이 한마디도 없다. 그러나 이것은 이상한 일이 아니다. 그것 역시 새 성전, 다시 말해 에스겔이 하나님의 계시를 통하여 보았던 성전이 신약 시대의 기독교회를 예표하는 증표임을 말해 준다. 신약 시대의 교회에서는 예수 그리스도가 대제사장이시다. 그는 하늘에 계신다. 히브리서 4:14에 말하기를 "그러므로 우리에게 큰 대제사장이 계시니 승천하신 이 곧 하나님의 아들 예수시라 우리가 믿는 도리를 굳게 잡을지어다"라고 하였고, 히브리서 8:1에도 말하기를 "지금 우리가 하는 말의 요점은 이러한 대제사장이 우리에게 있다는 것이라 그는 하늘에서 지극히 크신 이의 보좌 우편에 앉으셨으니"라고 하였다(참조. 히 9:12).

제 45 장

✤ 내용분해

1. 제비 뽑아 거룩한 땅을 나눔에 대하여 자세히 말함(1-8절)
2. 왕과 백성에게 지시해 주신 공의로운 법규(9-12절)
3. 백성이 드릴 예물과 왕이 드릴 예물에 대하여 말함(13-25절)

✤ 해석

1 제비 뽑아 땅을 나누어. 이 문구에서 70인역(LXX)에는 "제비 뽑아"라는 말이 없고 다만 "땅을 나누어"(ἐν τῷ καταμετρεῖσθαι ὑμᾶς τὴν γῆν)라고만 되어 있다.

한 구역을 거룩한 땅으로 삼아 여호와께 예물로 드릴지니. 이것을 보면 성경은 언제든지 하나님 제일주의요, 하나님 중심주의다. "땅"을 나누는 일에서도 먼저 하나님께 바칠 것을 내놓는다.

2 그 중에서 성소에 속할 땅은 길이가 오백 척이요 너비가 오백 척이니 네모가 반듯하

며. "네모가 반듯"하다는 말은 그곳이 안전하고 동요함이 없고 견고함을 비유한다. 하나님의 참된 교회는 이러하다.

3 이 측량한 가운데에서 길이는 이만 오천 척을 너비는 만 척을 측량하고 그 안에 성소를 둘지니 지극히 거룩한 곳이요. 이것은 1절 하반절 말씀과 달리 새롭게 "측량"하는 것을 의미하지 않고, 다만 1절 하반절 말씀을 되풀이하는 것뿐이다. 이 점에 있어서 우리가 주목해야 할 것은 성전을 그 땅 "가운데" 둔다는 말씀이다. 여기서도 하나님이 거하시는 곳을 가장 중요시한다는 사실이 드러난다.

4 그곳은 성소에서 수종드는 제사장들 곧 하나님께 가까이 나아가서 수종드는 자들에게 주는 거룩한 땅이니. 말하자면 "성소"를 위하여 내놓은 땅의 공지들은 "제사장"들이 사용할 수 있도록 그들의 몫으로 준다는 것이다(참조. 고전 9:13). 이것을 보면, 하나님께서는 그를 충성스럽게 수종드는 자들을 자기의 측근자로 간주하심이 분명하다.

5 또 길이는 이만 오천 척을 너비는 만 척을 측량하여 성전에서 수종드는 레위 사람에게 돌려 그들의 거주지를 삼아 마을 스물을 세우게 하고. 이것도 1절 하반절의 측량을 재차 진술하는 것뿐이다. "레위 사람" 역시 성전에서 수종드는 자들인 만큼 하나님께 드린 땅에 살도록 정해져 있다는 것이다(참조. 4절 해석).

6-8 이 부분에는 백성과 왕에게 준 몫이 기록되어 있다. 하나님께 드린 지극히 거룩한 땅을 둘러싸고 백성들에게 준 땅이 있고, 그다음에는 왕에게 준 땅이 있다. 이처럼 왕은 가장 변두리에 있는 땅을 차지하게 되어 있다. 왕이 권세를 가졌지만, 그 권세는 자기를 위한 것이 아니고 성전과 백성을 보호하기 위한 것인데 그가 차지하는 땅의 위치가 이런 의미를 지닌다. 아래 나오는 말씀을 참조하라.

9-12 여기서는 왕의 책임이 백성을 보호하는 데 있음을 보여준다. 위의 6-8절 말씀에 이어서 이런 말이 나오는 것은 자연스럽다. 왕이 차지한 땅의 위치(변두리)가 왕의 이와 같은 책임을 암시하여 준다. 다시 말해 땅의 위치

가 갖는 의미를 보더라도 그에게는 남들을 보호해 줄 사명이 있음을 확인할 수 있다. 한마디로 왕이 행할 일은 백성을 보호하기 위해 공평과 공의를 실현하는 것이다(9절).

여기서는 도량형의 정확한 사용을 명령하였으나, 그것은 일반적으로 행정상 "정의"와 "공의"에 대한 강조를 비유하기도 한다. 백성이 도량형을 가지고 남들을 속이지 않는다는 것은 그만큼 그 나라 정부의 모든 행정이 공의로운 데서 파생되는 열매다. 여기 기록된 **"에바"**와 **"밧"**은 똑같은 부피인데, 각각 **"십분의 일 호멜"**이다. 그리고 은을 달아보는 **"세겔"**로 말하면, 1세겔(14.5g)이 **"이십 게라"**요, 60세겔이 1**"마네"**다. 하나님께서 이렇게 도량형에 대하여 자세하게 말씀하신 목적은 그 행정 관리들이 공평과 공의를 정확히 시행해야 할 것을 보여주시기 위함이다.

13-17 여기서는 그 백성이 하나님께 드릴 예물의 분량에 대하여 말씀한다. 요컨대 **"밀"**, **"보리"**, **"기름"**, **"양"**(羊)을 바침에 있어서 합당한 분량을 제시하여 주신다. 곡물에 한해서는 수입의 1/60을 바치고, "기름"에 한해서는 1/100을 바치고, "양"에 한해서는 200마리 가운데 한 마리를 바치도록 하셨다. 여기에는 십일조의 원리가 기록되지 않고, 그보다도 훨씬 적은 분량으로 바칠 것을 말씀한다. 그 이유에 대해서는 다음과 같이 설명할 수 있다. 하나님께 바칠 이 예물은 이스라엘 백성이 직접 바치는 것이 아니다. 그들이 임금에게 그것을 드려서 그를 통하여 하나님께 바치도록 할 것이므로(16절), 그 예물은 십일조 이외의 특수한 것이다. 그들이 친히 하나님께 바치는 것에 대한 말씀은 여기 없다. 그들이 이렇게 그들의 왕을 통하여 예물을 하나님께 바침은 신약 시대의 한 가지 일을 예표하기도 한다. 말하자면 그것은 신자들이 그리스도의 이름으로 하나님께 예물 바침을 예표한다. 그리스도는 우리를 대신하여 하나님 앞에 서서 우리의 예물을 대신 바쳐주시는 중보자시다.

18-20 여기서는 특별한 **"속죄제"**의 제도를 가르친다. 곧 **"첫째 달 초하룻**

날"과 "그 달 칠일"에 이 제사를 실행한다. 그 속죄제사의 목적은 **"성소를 정결하게"** 하기 위함과 **"모르고 범죄한 자"**로 하여금 죄를 용서받도록 하기 위한 것이다. 이렇게 이 부분 말씀은 하나님께 제사하는 법에 있어서 "정결"을 지극히 중요하게 여긴다. 모든 제물을 바치기 전에 성소와 제사할 자를 정결하게 한다. 이같이 완전한 정결을 우리 죄인들에게 보장시켜 준 속죄제물은, 신약 시대의 그리스도의 보혈을 예표한다. 우리가 그의 보혈을 믿을 때 이처럼 완전한 "속죄제사"를 통과한 자들로 간주된다.

21-25 여기서는 하나님의 백성이 규칙적으로 드리는 **"유월절"** 제사와 **"장막절"** 제사에 대하여 말한다. "유월절" 제사는 이스라엘이 애굽에서 맏아들이 죽는 환난을 통과하여 출애굽 한 것을 기념하는 제사이며(출 13장), "장막절"은 이스라엘이 광야에서 고난받으며 하나님의 은혜로 통과한 사실을 기념한다.[136] 이 절기들을 당하여 **"속죄제"**를 드리는 것 역시 그리스도께서 우리를 대신하여 죽으실 속죄를 예언한다(고전 5:7-8). **"에바"**에 관해서는 앞의 10절을 참조하여라. "한 힌"은 7리터다.

---

136) 레 23:40-44; 민 29:2-34; 신 16:16; 대하 8:12-13.

제 46 장

↓ 내용분해

1. 하나님께서 왕과 백성에게 주신 자세한 예배법에 대한 말씀(1-15절)
2. 왕이 자기의 기업을 처리함에 대하여(16-18절)
3. 희생제물을 삶음에 대하여(19-24절)

↓ 해석

1-2 이 부분에서는 이스라엘의 **"군주"**가 하나님께 **"예배"**하는 법을 말해 준다. 이 일에 관하여 우리 본문은 몇 가지 중요한 사실들을 보여준다. ① 성전 **"안뜰 동쪽을 향한 문"**은 평상시에는 열지 못하는 것이지만, **"안식일"**과 **"초하루"**에는 열기 때문에 왕이 들어갈 수 있으나 **"문 벽 곁"**까지만 갈 수 있다. ② 제사장이 그를 대신하여 제사를 드려 준다는 것이다. ③ 왕은 그 **"문 통로에서 예배한 후에 밖으로 나"**간다는 것이다. 이것을 보면 하나님께 제사 드리는 일이 얼마나 엄격한 일인지를 알 수 있다. 왕도 그 제사를 자기 마음

대로 드리지 못하고 겨우 문턱에서 예배를 드릴 뿐이다. 이렇게 엄격한 제사를 신약 시대에는 그리스도께서 우리를 대신하여 드리셨기 때문에 "우리가 그 안에서 그를 믿음으로 말미암아 담대함과 확신을 가지고 하나님께 나아감을 얻었다"(엡 3:12).

3 백성도 "**문 입구**"에서 하나님께 경배하였다.

4-8 여기서는 "**안식일**"이나 "**초하루**"를 맞아 "**군주**"가 하나님께 드릴 제물들에 대하여 밝혀준다. 그것들은, "**어린 양**", "**숫양**", "**수송아지**", "**밀가루**", "**기름**" 등이다. 특별히 희생제물("숫양", "수송아지")에 대하여는 "**흠 없는**" 것 (תְּמִימִם "타밈")을 택하기로 한다. "흠 없는" 제물은 실상 신약 시대의 그리스도를 예표한 것이다(벧전 1:19). 그리고 위의 희생제물에 소제(곡물로 드리는 제사)를 겸하는 것도 뜻이 있다. 그 이유는 하나님께서 인류에게 축복하실 때 가축으로만 하시는 것이 아니고 곡물로도 하시기 때문이다(신 28:4; 참조. 민 28:9-12, 15).

9 그러나 모든 정한 절기에 이 땅 백성이 나 여호와 앞에 나아올 때에는 북문으로 들어와서 경배하는 자는 남문으로 나가고 남문으로 들어오는 자는 북문으로 나갈지라 들어온 문으로 도로 나가지 말고 그 몸이 앞으로 향한 대로 나갈지며. 여기서는 백성이 하나님 앞에 제사하러 나올 때 그가 내왕하는 법을 보여준다. 그것은 그들이 "들어온 문으로 도로 나가지 말고 그 몸이 앞으로 향한 대로" 나가라는 것이다. 이것은 신자의 신앙생활에 후퇴하는 일이 없어야 할 것을 말해 준다(참조. 빌 3:13-14).

10 여기 "**군주**"라는 말은 히브리어로 "나시"(נָשִׂיא)인데 이 말은 이 구절에서 장차 오실 메시아를 상징한다(G. Ch. Aalders). 왕은 그 백성의 대표가 되기 때문에 그 백성과 함께 다니도록 되어 있다. 진리대로 행하는 왕은 이렇게 민주주의적이다.

11 여기 가르친 교훈은 45:24("유월절과"과 "장막절"에 관한 것)과 46:5-

7("안식일"과 "월삭"에 관한 것)에 지시한 제물의 내용을 되풀이하는 말씀이다. 이처럼 다른 때 바칠 제물도 그와 똑같은 것임을 보여준다.

12 여기서는 특별한 절기 이외에 왕이 자원하여 "**번제**"나 "**감사제**"를 드릴 때 지켜야 할 규례를 보여준다. 하나님께서 규정하신 것 이외에 "자원하여" 제물을 드리는 것은 반드시 있어야 할 일이다. 우리는 법에 매여서 하나님을 겨우겨우 섬길 자가 아니고, 자원하는 마음과 기쁨으로 섬겨야 하는 자들이다. 왜냐하면 우리는 그리스도가 베푸시는 속죄의 은혜를 받은 자들로서 우리 자신을 전부 바쳐야 하기 때문이다(참조. 고후 8:5, 11, 12, 17).

13-15 기서는 백성이 "**아침마다**" 드려야 할 "**번제**"와 "**소제**"를 보여준다. 그 제사는 물론 제사장이 대리적으로 행할 것이다. 이스라엘 백성이 바벨론으로 잡혀가기 전에는 매일 드리는 제사를 하나님 앞에 드렸다.[137] "드리고"란 말의 히브리어(תַּעֲשֶׂה "타아세")는 "네가 드리고"라는 뜻인데, 이것은 백성을 가리켜 "너"라고 하신 것이다. 이 부분(13-15절)의 말씀은 우리의 생활이 날마다 제물이 되어야 할 것을 가르친다. 이것이 중요하다는 의미에서 우리 본문은 말하기를 "**이는 영원한 규례로 삼아 항상 나 여호와께 드릴 소제라**"라고 하였다.

16-18 여기서는 "**군주**"가 그 자손에게 물려줄 "**기업**"에 대하여 말한다. 그는 자기의 것을 자손에게 물려줄 것이고, 백성의 것을 빼앗으면 안 된다고 하였다(참조. 왕상 21:2 이하). 이같이 그리스도께서는 그의 신령한 것을 자녀된 백성들에게 물려주신다.

19-24 이 부분에서는 천사가 에스겔에게 "**희생제물을 삶**"는 제도를 보여준다. "**속건제**"나 "**속죄제**"의 희생은 피를 흘린 제물들을 가리키고, 소제의

---

137) 왕상 18:36; 왕하 16:15; 참조 대상 16:40; 대하 13:11; 31:2; 느 10:34.

제물은 곡식 가루나 혹은 떡과 같은 것이다.[138] 이것들을 삶거나 굽는 것은 제사를 마친 후에 제사장들이 먹기 위한 것이다(레 10:17). 제사장들이 이렇게 제물을 먹는 의식은 어떤 의의를 가지는가? 그것은 그들이 다른 사람을 위하여 드린 제사가 하나님 앞에 열납 되었고, 따라서 완수되었음을 선포하는 의미를 지닌다.[139]

---

138) 출 29:40; 레 23:10-12, 17-20; 민 15:1-13.
139) Patrick Fairbairn, The Typology of Scripture 1900, II.

제 47 장

✤ 내용분해

1. 성전 문지방 밑에서 흘러나오는 생명수의 강에 대한 계시(1-12절)
2. 이스라엘 지파들과 및 이방인들에게 가나안 땅을 나누어 주시는 계시(13-23절)

✤ 해석

1-2 그 문지방 밑에서 물이 나와. 성전 있는 곳 예루살렘은 강이 없는 지대다. 바벨론 같은 도시에는 유프라테스 강이 있었다. 고대에 강물은 문화 발전에 큰 도움이 되었다. 중국 문화는 양쯔강을 중심으로 발달하였고, 애굽은 나일강을 중심으로 번성하였다. 그러나 교회를 상징하는 예루살렘에는 강이 없다. 이것은 그 도시가 세상 문화의 표준을 따라가지 않는다는 의미다. 교회는 이 세상에서 통용되는 형통의 조건을 따르는 것이 아니다. 교회가 세상의 세력을 소유했다고 하여 거기서 생명수의 강이 흐르는 것은 아니다.

3-5 이 부분의 말씀을 보면 천사가 **"천 척을 측량"**할 때마다 물이 깊어진다.

설교 ▶ 물을 건너는 체험의 의의(3-5절)

1. 물은 무엇을 의미하는가?

여기서 천사가 보여준 것은 일반 강물이 아니다. 만일 그것이 일반 강물이라면 어떻게 성전에서 그처럼 큰 강이 흘러나올 것인가? 여기 계시된 강은 영적 생명을 온 인류에게 제공하는 신약의 복음 운동을 비유한다. 예수 그리스도께서 말씀하시기를, "누구든지 목마르거든 내게로 와서 마시라 나를 믿는 자는 성경에 이름과 같이 그 배에서 생수의 강이 흘러나오리라"라고 하셨다(요 7:37-38). 인간의 육신 생명에도 물은 다른 식료품보다 귀하다. 인체는 물이 70%를 차지하고 있고, 고기는 물 없이 살지 못한다. 이렇게 물은 모든 생명을 살려주는 귀중한 것이다.

2. 에스겔은 모든 신자를 대표하여 생명수의 강을 건넜다.

그는 이 일에 있어서 절대적으로 하나님의 지도를 받는다. 신자의 은혜 체험이라는 것은 하나님의 측량줄에 따라야 한다. 여기 우리 본문에 나오는 측량줄은 하나님의 말씀을 비유한다. 성경에서 이탈한 은혜 체험이라는 것은 허무하고 위험한 것이다.

3. 은혜 체험은 점점 깊어져야 한다.

선지자 에스겔은 처음에는 발목에 오르는 물을 건너보았고, 그다음에는 무릎에 오르는 물, 또 그다음에는 허리에 오르는 물, 나중에는 건너지 못할 깊은 물에 잠겨 보았다. 그는 이렇게 전진하였다. 전진이 없는 신앙생활은 퇴

보한다.

4. 이 깊은 물은 무엇을 비유하는가?

그것은 그리스도로 말미암은 구속의 은혜를 상징한다. 그리스도가 베푸시는 구속의 은혜를 그렇게 크게 여기는 이유는 우리를 대신하여 흘리신 그의 보혈이 무궁한 가치를 지닌 하나님 아들의 보혈이기 때문이다. 하나님의 아들은 천지 만물보다 크시니 그의 보혈의 가치도 무궁하다. 그러므로 ① 우리가 그의 피를 믿어 죄 사함을 받는다는 것은 우리의 몇 가지 죄만 용서받는다는 것이 아니다. 그것은 우리의 많은 죄를 전부 용서받는다는 것이다. ② 우리가 그로 말미암아 의롭다 함을 얻는 것은, 그의 무궁한 의를 받는다는 뜻이다. 고린도후서 5:21에 말하기를 "하나님이 죄를 알지도 못하신 이를 우리를 대신하여 죄로 삼으신 것은 우리로 하여금 그 안에서 하나님의 의가 되게 하려 하심이라"라고 하였다. ③ 그는 모든 것이 우리에게 은혜가 되게 해 주셨다. 그로 말미암아 우리의 죽음마저도 우리에게 은혜가 된다(고전 3:22). ④ 우리가 발목까지 오르는 물이나 무릎까지 오르는 물이나 허리까지 오르는 물에서는 물을 의지하지 않고 우리 자신을 의지한다. 그와 같이 우리는 얕은 은혜에서는 우리 자신의 뜻대로 행하여 과오를 범한다. 그러나 우리가 깊은 물에서는 물만 의지하고 헤엄치는 것처럼, 우리가 깊은 은혜 가운데 살 때는 주님만 의지하고 주님에게 사로잡힌다.

6-9 에스겔이 본 강물은 결국 사해로 흘러 들어갔다. 그 강물은 생물이 살지 못하던 사해를 변화시켜서 거기에 생물이 번성하게 한다. 이것은 비유인데, 신약 시대에 그리스도의 복음이 사해 같은 세상에 들어와서 죽은 인생들(엡 2:1)에게 영생을 가져다줄 것을 가리킨다.

10 또 이 강 가에 어부가 설 것이니 엔게디에서 부터 에네글라임 까지 그물 치는 곳이 될

것이라. 여기서 이른바 어부들은 무엇을 의미하는가? 이들은 신약 시대에 그리스도의 복음을 전하는 일꾼들을 비유한다. "엔게디"는 사해 서쪽에 있고, "에네글라임"은 엔게디 건너편 끝이다(Jamieson, Faussett, Brown).

큰 바다의 고기 같이 심히 많으려니와. 이것은 신약 시대에 그리스도인들의 숫자가 많으리라는 것을 보여준다.

11 **그 진펄과 개펄은 되살아나지 못하고 소금 땅이 될 것이며.** 여기 "진펄과 개펄"(못과 웅덩이)은, 사해 언덕에 바닷물이 넘쳐서 괴었다가 마른 뒤에 소금만 남은 곳들이다. 이곳에는 염분이 많으므로 생물이 살지 못한다(참조. 신 29:22; 시 107:34; 습 2:9). 이곳들은 마음이 여호와로부터 떠난 자들이 자기 자신을 믿는 교만을 비유한다(렘 17:5-6). 이들은 복음 운동의 길에 가까이 있으면서도 "은혜에 이르지 못하는 자"들이다(히 12:15). 그리스도를 믿는다고 하면서도 몸을 그리스도의 말씀에 내맡기지 않는 사람들이 이런 부류에 속한다. 그들은 메마른 땅과 같이 완악한 자들이다. 그들은 마음에 죄에 대한 감각이 없고 따라서 고침을 받지 못한다. "되살아나지 못하고"(לֹא יֵרָפְאוּ "로 예라프우")는 치료되지 못한다는 뜻이다. "하나님께서 구하시는 제사는 상한 심령(통회하는 마음)이라"라고 하였는데(시 51:17), 그것을 모르는 완악한 마음은 얼마나 불행한가? 하나님께서 그 택한 백성에게서 "굳은 마음을" 제하고 부드러운 마음을 주시겠다고 하셨는데(겔 36:26), 굳은 마음의 소유자는 얼마나 불행한가? 우리가 완악하여 죄를 회개하지 않고 넘어간다고 해서 그것이 그냥 넘어가지겠는가? 우리가 죄를 찾아 회개하지 않으면 죄가 우리를 찾고 죄에 대한 벌이 우리를 찾아온다.

12 **각종 먹을 과실나무가 자라서 그 잎이 시들지 아니하며 열매가 끊이지 아니하고 달마다 새 열매를 맺으리니.** 이것은 그리스도인들이 그리스도의 은혜를 풍성히 받아서 생명으로 충만할 것을 비유한다(시 1:3).

13 **너희는 이 경계선대로 이스라엘 열두 지파에게 이 땅을 나누어 기업이 되게 하되 요**

셉에게는 두 몫이니라. 여기 "이 경계선대로"라는 말은 이 아래 15-20절에 지시한 내용을 가리킨다.

"이스라엘 열두 지파에게 이 땅을 나누어 기업이 되게 하되." 이것은 유다 민족이 바벨론에서 돌아온 뒤에 시행될 일을 가리킨다.

"요셉에게는 두 몫이니라." 이것은 야곱의 예언대로 시행할 것을 지시하는 말씀이다(창 48:5, 21-22). 야곱의 맏아들 르우벤이 상실한 장자의 기업이 요셉의 아들들에게 돌아간다.

14 내가 옛적에 내 손을 들어 맹세하여 이 땅을 너희 조상들에게 주겠다고 하였나니 너희는 공평하게 나누어 기업을 삼으라. 하나님께서 이스라엘 민족에게 가나안 땅을 주시겠다고 약속하신 것은 아브라함에게였다.[140] 하나님께서는 약속하신 것을 그대로 이루시고야 만다. "공평하게"(אִישׁ כְּאָחִיו)라는 말은 "모두에게 똑같이"라는 뜻이다(레 7:10).

15-17 "헤들론"은 어디인지 알 수 없고, "스닷"은 다메섹에서부터 에메사로 가는 길 동쪽에 있다. "하맛"은 다메섹 북쪽에 있고, "브로다"는 소바 왕국에 속하고(삼하 8:8, 5), "시브라임"은 어디인지 알기 어렵다. "하우란"은 다메섹 남쪽의 산악지대를 가리키고, "하셀핫디곤"은 "하우란" 지경에 있는 하자르(Hazar)라는 땅의 중부일 것이다. 위의 여러 지방은 모두 이스라엘 북쪽에 있었다.

18 동쪽은 하우란과 다메섹. "하우란과 다메섹"은 북쪽 지방이라고 이미 설명하였는데(5-16절), 여기 "동방"에 관한 말씀은 그 뜻을 알기 어렵다. "동방"은 주로 요단강이 있는 지대를 가리킨다.

19 "다말"은 사해 남쪽에 있고, "므리봇 가데스"는 신 광야를 가리킨다. "애굽 시내"는 깊고 메마른 골짜기인데, 지금은 "와디 엘 아리쉬"(Wadi-el-

---

140) 창 12:7; 13:14-17; 28:13; 50:24; 15:18; 출 13:5, 11; 32:13; 33:1; 민 14:16.

Arish)라고 하며 시나이반도(Sinaitic Peninsula)의 북쪽에 있다.

20 여기 **"대해"** 는 지중해를 말한다.

21-23 이스라엘 땅에 거주하는 외국인들도 유대인과 동일한 권리로 땅을 차지하게 하도록 하나님께서 지시하신다. 이것은 이방인들도 그리스도의 복음을 믿어 천국에 들어감을 비유한다(롬 10:12; 갈 3:6; 골 3:11).

제 48 장

↓ 내용분해

1. 이스라엘 열두 지파에게 땅을 나누어 주는 계시(1-7, 23-29절)
2. 성전과 제사장(8-11절), 레위인(12-14절), 성읍(15-20절), 왕(21-22절)에게 각각 땅의 몫을 줌
3. 성읍의 문들에 대하여 말함(30-35절)

↓ 해석

1-7 이 부분에서는 이스라엘의 열두 지파 중 일곱 지파가 차지할 땅에 대하여 말한다. 그리고 나머지 다섯 지파가 차지할 땅에 대하여는 다시 23-29절에서 밝혀준다. 여기서 열두 지파는 신약의 교회를 상징하며, 땅을 차지하는 일은 영생의 기업에 참여하는 것을 비유한다. 마태복음 5:5에서 "온유한 자는 복이 있나니 그들이 땅을 기업으로 받을 것임이요"라고 말씀하신 예수님은 이 부분 말씀을 염두에 두셨다. 알더스(G. Ch. Aalders)는 말하기를 "성

경에서 가나안 땅은 천국 기업의 모형이라고 가르친다"라고 하였다.[141]

알더스(Aalders)가 여기서 천국이라는 말로 의미한 것은 참된 교회다. 땅을 차지하는 것을 묘사할 때 각 지파의 몫에 대하여 "동쪽에서 서쪽까지"라는 말을 똑같이 사용하였다. 이것을 보면 그 기업의 경계선이 복잡하지 않고 단순함에 있어서 모든 지파는 똑같았다. 그뿐 아니라 열두 지파가 차지한 기업의 면적도 똑같다. 이와 같은 현상은 이 세상 민족들이 소유한 영토들의 형편과 다르다. 이 세상 민족들의 영토는 경계선도 복잡하고 면적도 천태만상이다.

에스겔의 이 예언이 가리키는 신약 교회에서도 하나님의 백성들이 차지한 기업들이 다 같이 예수 그리스도 안에 있다는 점에서는 모두 동일하다.

여호수아서에는 땅을 나눔에 있어서 기업을 받는 자들의 이름들이 그 출생의 순서대로 기록되어 있다(수 13:8-17:18). 그러나 여기서는 그렇지 않다. 그 이유는 에스겔서에 있는 이스라엘 지파들의 땅을 나누는 사건이 영적으로 해석될 일이기 때문이다. 하늘나라에서는 모든 것이 육체적 또는 자연적 질서에 따르는 것이 아니라 영적 질서대로 진행된다.

8-10 이 부분에서는 하나님께 드린 땅에 대하여 말한다. 특별히 ① **"성소는 그 중앙에 있을지니"**라는 말씀이 여기 두 번 나온다. 이렇게 땅을 나누는 일에 있어서 하나님의 "성소"가 "중앙"에 있어야 한다는 사실이 여기서 강조되고 있다. 이것은 하나님 중심주의를 보여주는데, 하나님을 중심으로 하는 곳에만 참다운 질서와 평안이 있다. ② **"제사장"**들이 이 **"거룩한 땅"**을 사용하도록 규정되어 있다(10절). "제사장"은 "성전에서 나는 것을 먹"는다(고전 9:13).

11-12 하나님께 충성한 자들에게 특별한 몫인 성전이 있는 땅을 주도록

---

141) G.Ch. Aalders, Commentaar op het Oude Testament, Ezechiël II, 363.

정해져 있다. 여기서 이른바 "사독의 자손"이라는 말은 하나님의 일에 충성한 자들에 대한 공통적인 명칭으로 사용되었다(삼하 15:24 이하; 왕상 1:8, 32). 그때 충성한 자들은 남들이 실수하는 데 따라서 실수하지 않은 자들이다(11절). 누구든지 남들이 실수한다고 하여 자기도 함께 실수하면 그 죄도 가벼운 것이 아니다. 성도의 특징은 남들이 다 실수해도 자기는 실수하지 않는 그것이다. 그는 언제나 좁은 길로 가야 한다.

13-14 "**제사장**"의 몫에 병행하여 "**레위 사람의 몫**"이 있다. 그들이 그 땅을 사용할 수 있으나 자유롭게 처분하지는 못한다.

15-20 이 구절들은 "**성읍**"을 위하여 분할된 땅에 대하여 말한다.

21-22 여기서는 "**왕에게 돌릴**" 땅에 대하여 말한다(참조. 45:7-8 해석).

23-29 이 부분에서는 남쪽에 있을 다섯 지파에게 나누어줄 땅에 대하여 말한다. 1-7절의 해석을 참조하여라.

30-34 여기서는 "**성읍의 출입구**"에 대하여 말한다. 그것이 사방에 각각 "**셋**"씩 있고, 그 문마다 각기 한 지파에게 속한다. 이와 같은 제도는 새 예루살렘의 성문들과 같다(계 21:12-13).

35 그 날 후로는 그 성읍의 이름을 여호와삼마라 하리라. "**여호와삼마**"(יְהוָה שָׁמָּה)라는 말은 "여호와께서 거기 계신다"라는 뜻이다. 하나님께서 계시는 곳은 임마누엘이신 그리스도 예수께서 계시는 신약 교회이고, 결국은 그것의 완성인 무궁한 안식의 세계다(계 21:22).

설교 ➤ 여호와삼마 [1](35절)

에스겔이 성전과 예루살렘의 이상적 재건을 예언하고 결론적으로 제시한 것은 "여호와삼마"다. 우리가 여기서 깨달을 점은 다음과 같다.

1. 하나님께서 그 백성을 구원하시는 역사의 최종적 열매는 "여호와삼마"라는 점이다.

사람들이 꿈꾸는 유토피아(Utopia)는 사람들이 인간 중심으로 인간의 욕심이 성취될 세계를 생각한 것이다. 그들은 하나님이 제일 좋은 줄을 모른다. 그러나 하나님은 우리의 최종적 행복이 하나님 자신이시므로 자기 자신을 우리에게 제공하기 원하시며 그대로 뜻을 이루시고야 만다.

2. 모든 것은 지나가고 말지만 하나님만은 영원히 계신다는 점이다.

물에 빠진 자가 육지에 발붙이기를 원하는 것처럼, 변천과 죽음으로 유수같이 흘러가 버리는 인생은 언제나 계시고 불멸하시며 영생하시는 하나님을 의지하기를 원한다. 그러므로 모세는 말하기를 "주여 주는 대대에 우리의 거처가 되셨나이다"라고 하였다(시 90:1).

3. "거기"와 "여기"의 대조를 통하여 소망을 가지게 하신다는 점이다.

우리는 "여호와삼마"(여호와께서 거기 계신다)라는 말에서 "거기"라는 단어를 주의 깊게 살펴보아야 한다. 우리가 "여기"(현세)에서만 살 줄로 알고 "거기"(내세)를 내다볼 줄 모르면 진정한 소망도 없고 기쁨도 없다. 사람은 영생의 소망으로 즐거워할 줄 알아야 한다(전 3:11). 그것이 없다면 우리의 삶은 아무런 의미도 가지지 못한다.

4. 우리가 거기 들어가기 위하여 여기서 할 일이 있다는 점이다.

미래의 소망은 현재의 각성을 일으켜 주는 법이다. 소망을 내다보면서도 현재에 노력하지 않는 자는 기형적인 인간이다. 그렇다면 현재 우리가 할 일은 무엇인가? 그것은 우리의 유일한 참된 길이신 그리스도(요 14:6)를 진심으로 따라가는 일이다. 우리는 그분을 따라가야만 "여호와삼마"의 세계에 들어간다. 알프스산맥의 지리를 모르는 여행자가 안내자 없이는 그곳을 탐험할 수 없다. 밤중에 군사분계선을 넘는 이들은 안내자 없이는 그 위험한 곳들을 통과할 수 없다.

설교▶ 여호와삼마 [2] (35절)

에스겔 40-48장은 하나님이 그 백성의 구원을 완성하실 내용을 보여준다. 그리고 이 완성된 하나님 나라의 성읍 이름을 "여호와삼마"(יהוה שמה)라고 한다. 이것은 하나님께서 거기 계신다는 뜻이다. 이 칭호는 구원이 완성된 그곳에 매우 적절한 것이다.

1. 진정한 내세

인생들은 그들의 상상력을 동원하여 내세를 생각하지만, 그들이 상상하는 내세는 모두 다 감성적인 세계다. 예컨대 육신의 생명이 장생불사하는 곳이라고 말하기도 하고, 혹은 영원토록 쾌락을 누릴 수 있는 곳이라고 말하기도 한다. 그러나 에스겔서가 말해 주는 내세는 여호와 하나님이 계시는 곳이다. 진리대로 바로 알려진 내세는 여호와 하나님을 모신 곳이다. 인생이 여호와 하나님과 함께 사는 그것이 바로 구원이요 영생이다. 그러므로 신구약성경에 나타난 모든 신인 계약은 하나님이 신자들의 하나님이 되어 주심을 그 요점으로 한다.[142]

2. 하나님께서 그의 백성을 일시적으로 벌하시지만 결국에는 구원하심

에스겔서를 보면 하나님께서 유다 민족의 죄악 때문에 그들로부터 떠나

---

142) 참조. 출 29:45; 레 26:12; 렘 26:12; 31:1; 겔 37:27; 호 1:10; 계 21:3.

가시는 광경이 묘사된다(9:3). 그뿐 아니라 그가 많은 유대인을 바벨론 군대의 손에 죽도록 내버려 두셨다. 이와 같은 말씀은 특별히 9장에 기록되었다. 그러나 하나님께서는 그들을 아주 버리지 않으시고 결국 구원하셨다. 이것을 보면 하나님께서 세계 만민 중에 있는 모든 택한 백성을 그들의 죄 때문에 벌하시되 마지막에는 구원하심을 알 수 있다. 하나님은 그의 백성을 그들의 죄 때문에 엄격하게 벌하시지만, 결국 그들에게 "여호와삼마"의 세계를 주신다. 미가 7:8-9은 말하기를 "나의 대적이여 나로 말미암아 기뻐하지 말지어다 나는 엎드러질지라도 일어날 것이요 어두운 데에 앉을지라도 여호와께서 나의 빛이 되실 것임이로다"라고 하였다.

구약주석
다니엘

A Commentary on THE BOOK OF DANIEL

서론

I. 다니엘서의 저자

 탈무드(Talmud) 바바 바트라(Baba Bathra) 15a에 말하기를 대회당(Great Synagogue)의 사람들이 다니엘서를 기록하였다고 하였다. 그러나 이 말은 다니엘이 본서를 기록하였다는 가르침에 반하는 이론은 아니다. 이 말은 다니엘이 저술한 것을 대회당 사람들이 편집하였다는 의미일 수 있다. 그뿐 아니라 탈무드(Talmud)의 주장을 언제나 받아들여야 한다고 말할 필요도 없다. 본서를 다니엘이 기록하였다는 것은 유대인의 전통과 기독교 전통이 함께 증언하는 사실이다. 특히 예수님께서 본서를 다니엘의 저작으로 아시고 이 책에서 인용하신 사실은 중대한 증거다(참조. 마 24:15; 단 9:27; 12:11). 특별히 본서에서 다니엘은 자기를 일인칭("나 다니엘")으로 묘사하면서 그가 하나님의 계시를 받았다고 증언한다.[143] 본서가 다니엘의 저작임을 부인한 자

---
143) 7:2; 4; 6; 8장, 9:2; 10:2; 12:5-8; 12장.

는 포르피리오스(Porphyry)라는 인물이었다. 그는 생각하기를 본서는 다니엘이 저술한 것이 아니고 헬라 제국 시대(안티오코스 4세 에피파네스 시대)의 어떤 사람이 다니엘의 이름을 빌려 내놓은 위작이라고 하였다. 근대 자유주의 학자들도 포르피리오스의 학설을 따른다. 그러나 그의 주장은 너무도 근거 없는 것이다. 다니엘서에는 고상한 도덕과 굳센 신앙적 절개가 기록되어 있는데, 이러한 도덕과 신앙을 강조하는 저자 자신이 위작을 내었을 리는 만무하다. 선에서는 악이 나올 수 없다.

II. 다니엘서의 난제들

1. 벤 시라가 저술한 집회서(Ecclesiasticus)는 왜 다니엘서에 대하여 침묵하는가?

집회서는 주전 200년경에 기록되었다. 그 책에는 이스라엘의 역대 성인들을 열거하였는데(44-50장), 이사야, 예레미야, 에스겔, 그리고 소선지자들을(개개인의 이름은 명시하지 않고 통칭으로) 언급했다. 그런데 그는 다니엘은 거명하지 않았다. 그러므로 프린스(Prince)는 말하기를, 다니엘은 벤 시라에게 알려지지 않았던 것 같다고 하였다.[144] 그러나 집회서에는 에스라의 이름도 생략되었을 뿐 아니라, 집회서의 저자가 구약의 모든 선지자의 이름을 거론하는 것을 의도하지도 않았다. 벤 시라의 시대에는 다니엘서가 소선지서의 일부로 편입되어 있었을 수도 있다. 마치 예레미야애가가 예레미야의 일부로 편입되어 있었던 것처럼 말이다. 그렇다면 벤 시라의 집회서가 본서에 대하여 침묵한 것은 문제 될 것이 없다.

---

144) Prince, Commentary on Daniel, 16.

1) 집회서의 저자가 다니엘서를 알면서도 다니엘서를 언급할 필요가 없었기 때문에 언급하지 않았을 수도 있다. 집회서 저자에게는, 다니엘이 그다지 유명하게 생각되지 않았을지도 모른다. 다니엘서에 기록된 사자굴 이야기와 유사한 기사들은 헤로도토스(Herodotus)나 리비우스(Livy)의 역사에도 많이 있으니 그렇게 특별한 것이 아니며, 해몽도 애굽, 앗수르, 바벨론, 크리소스, 알렉산드로스와도 관련되어 있다. 그리고 다니엘의 지위는 바벨론 궁정에서 수종든 정도이니 이스라엘의 국부들의 지위에 세울 만큼은 여겨지지 않았을지도 모른다. 집회서에는 그 밖에 많은 유명한 사람들의 이름들도 빠졌다. 그중에 기드온, 삼손, 요나도 빠졌다. 특별히 느헤미야에 대한 언급은 있으면서 에스라는 제외되었다. 그는 성경에 없는 후대 인물인 시므온이란 대제사장에 대해서도 열일곱 구절을 할애하여 길게 말하였고, 그보다 위대한 인물이라고 할 수 있는 엘리야에 대하여는 열한 구절, 다윗에 관해서는 열 구절, 노아에 관해서는 두 구절, 요셉에 관해서도 두 구절, 모세에 관해서는 다섯 구절 정도로 진술하였다.

2) 아마도 사상적으로 집회서 저자에게 다니엘서가 중요하게 여겨지지 않았는지도 모른다. 다니엘서에는 부활에 대한 교리가 있는데, 집회서 저자는 내세 사상을 드러내지 않았다. 이 밖에 다니엘서의 특징이 되는 사상들과 색채들이 집회서에는 없다(예컨대 금식이나 천사에 관한 교훈).

3) 신약성경 27권도 사도 시대에 엄연히 존재하였지만, 어떤 책들은 논쟁서신(antilegomena)으로 있다가 결국은 교회가 다 받은 것이다. 루터(Luther)도 처음에는 야고보서를 정경으로 간주하지 않았다. 그처럼 구약 중 어떤 책이 어떤 사람에게는 알려지지 않았을지도 모르며, 또한 일정 기간 동안은 정경으로 인정되지 않았을 수도 있다. 혹은 구약성경 39권이 한 책으로 묶여 있지 않고 여러 부분으로 흩어져 있었으니, 아마 벤 시라가 다니엘서 두루마리를 접하지 못했을 수도 있다.

4) 어떤 학자들은 벤 시라가 다니엘을 언급하지 않는다는 이유로 다니엘이 실존 인물이 아니라고 주장하는데 그것은 잘못이다. 에스겔도 다니엘을 언급하였고 1세기의 유대인 역사가 요세푸스(Josephus)도 다니엘을 역사적 인물로 제시하였다. 요세푸스는 유대인의 전통에 근거하여 말하였다.

2. 다니엘서가 다른 문헌에 인용되지 않았다는 난제

1) 다니엘서는 정경 외 여러 문헌에 인용되지 않았다. ① 아리스토불로스(Aristobulus)의 문건들. 아리스토불로스는 주전 160년경에 글을 썼는데, 그는 다니엘서를 인용하지 않았을 뿐 아니라, 다른 예언서들도 인용하지 않았다. 그러므로 문제 될 것이 없다. ② 아히카르(Ahikar)의 아람어 문건들. 이 문건들은 구약의 다른 책들에서는 인용하지 않았다. 그렇다면 그 문건들에 다니엘서가 인용되지 않은 것은 문제 될 것이 없다. ③ 신구약 중간기(말라기 이후 약 400년 동안)에 기록된 "희년서"(Jubilees)라는 책과 "열두 족장의 유언"(XII patriachs)이라는 책은 저자들이 자칭 모세 이전에 저술되었다고 주장하는데 어떻게 그들이 다니엘서를 인용할 수 있었겠는가?

2) 에스라, 역대기, 전도서 등 후기의 책들에 다니엘서가 인용되지 않은 것을 보아서 다니엘서가 주전 6세기에 존재했었는가 하는 의문. 이것은 난제가 아니다. 이 책들에는 이사야, 예레미야, 에스겔도 인용되지 않았는데, 유독 다니엘서가 이 책들에 인용되지 않았다고 해서 다니엘서의 정경성을 문제시할 수는 없다.

3. 계시 문학(신구약 중간기의 저작들)과 다니엘서의 연대

1) 비평가들은 다니엘서의 글의 체재가 계시 문학의 그것과 같다고 여기는데, 그들은 계시 문학의 연대가 주전 200-135년 어간이므로 다니엘서 연대도 그만큼 늦을 것이라고 주장한다. 그러나 이 학설이 난제로 여기는 것은

사실상 문제 될 것이 없다. ① 다니엘서 체재에 있어서 꿈 해석과 같은 것(4장; 7장)은 다니엘 시대 전에도 있었으니, 요셉이 바로의 꿈을 해석한 것과 같은 일들이 이미 있었다. ② 기도 응답에 관한 내용(9장)도 다니엘 시대 이전에 이미 존재했었다(예컨대 히스기야의 기도가 응답된 것). ③ 다니엘서에 나타난 상징과 설명으로 이루어진 예언 체재는 일찍이 다른 선지자들에게서도 발견된다(예컨대 아모스, 이사야, 예레미야, 에스겔, 스가랴 등). 이런 체재들이 비단 신구약 중간기의 계시 문학에만 있었던 것은 아니다.

2) 비평가들은 말하기를 "계시 문학의 저자들은 유다 나라가 강대국의 압제하에 고통받을 때의 현실을 기록하면서, 그 일을 미래에 이루어질 것으로 예언하는 관점에서 말하고 있는데, 다니엘의 예언도 그렇다"라고 하였다. 그들이 제시하는 이유는 다니엘의 예언(11장)이 너무 세밀하고 후대의 역사(안티오코스 4세 에피파네스의 유대인 핍박에 관련된 일들)와 정확히 일치하기 때문이라는 것이다. 그러나 다니엘은 예수님께서 인정하신 선지자다(마 24:15). 그러므로 그가 성령으로 예언할 때 그처럼 자세한 예언을 할 수 있었다.

결론적으로 말하면, 계시 문학에 속하는 책들의 내용은 글의 체재로 보아서 다니엘서와 다르다. ① "희년서"(Jubilees)라는 책은 다니엘서와 유사하지 않다. 그 책의 내용은 역사와 율법의 교훈을 섞은 것이고 거기에는 꿈과 계시의 체재가 없다. ② "열두 족장의 유언"[145]이라는 책에는 족장들이 그 아들들에게 축복한 내용이 있을 뿐이고 꿈과 계시에 관한 언급은 없다. ③ "바룩서"(Baruch)에도 꿈과 계시에 관한 내용이 없고, ④ "시빌라의 신탁"(Sibyline Oracles)이라는 책은 주전 100년경에 기록된 것으로서 다니엘서의 내용과 유사한 것이 없다. ⑤ "에녹서"(Enoch)도 주전 100년경에 기록되었다고 하는데, 그 체재는 다니엘서와 비슷하다고 할 수 있다. 그러나 많

---

[145] The XII Patriachs.

은 다른 점들이 있다. 다니엘은 그가 계시받은 연대를 기록했으나 에녹서는 그렇지 않고, 다니엘은 그 자신이 땅 위에 늘 있었는데 에녹은 하늘로 올라가서 계시를 보았다고 주장한다. 다니엘은 그 당시 역사적 인물들의 이름을 제시하지만, 에녹서에는 역사상의 어떤 인물의 이름도 기록되지 않았다. 이렇게 에녹서는 막연한 글이다. ⑥ "모세 승천기"(Assumption of Moses)라는 책에는 모세가 임종 시에 여호수아에게 부탁한 내용이 기록되었다. 그 책 제6장이 다니엘서 11장처럼 예언의 체제에 있어서 자세하다. 그러나 꿈과 계시는 기록되지 않았으니, 그 둘의 체제는 서로 다르다. ⑦ "이사야 승천기"(Ascension of Isaiah)라는 책에는 메시아의 죽음과 열두 제자를 전도하라고 내어 보내실 것까지 예언되어 있다. 이것은 신약의 복음서와 사도행전을 보고 기록한 듯하다. 그 체제에 있어서 다니엘서와 다른 것은 말할 필요조차 없다.

III. 내용분해

1. 전체에 대한 서론: 유다의 네 청년이 신앙의 절개를 지키기 위하여 왕의 진미를 먹지 않음(1장)

2. 느부갓네살 왕이 꿈 가운데 이상을 보고 잊은 후 괴로움을 당한 사실. 바벨론의 박사들이 그 꿈을 알아내지 못하고 또 해몽하지도 못하였으나, 오직 다니엘이 이를 알아내고 해몽함(2장)

3. 느부갓네살 왕이 금 신상을 세우고 모든 백성으로 하여금 경배케 하였는데, 그때 세 청년이 경배하기를 거절하고 풀무불에 던져졌으나 되었으나 승리함(3장)

4. 느부갓네살이 또 꿈 때문에 고통을 당하고 박사들에게 꿈을 해몽하라

고 하였지만, 그들은 하지 못하였고 다니엘이 이를 왕에게 말함(4장).

5. 벨사살 왕이 큰 연회를 하는 중 맞은편 벽에 이적적으로 글이 나타나고 다니엘이 그 글을 해석함(5장)

6. 다리오 왕에게 아부하는 자들이 다니엘을 모함하여 사자 굴에 던졌으나 다니엘은 이적적으로 하나님의 보호를 받음(6장)

7. 벨사살 왕 초년에 다니엘이 환상 중에 네 짐승(네 왕국을 비유함)과 작은 뿔(적그리스도)을 보았는데, 그 뒤에 하늘에서 인자가 임하시는 광경이 묘사됨. 그 후에 그 계시를 천사가 해석함(7장)

8. 숫양으로 나타난 메대-바사와 수염소로 비유된 헬라의 관계(헬라가 메대-바사를 멸망시킴)가 묘사되어 있음. 그리고 헬라의 알렉산드로스 대왕이 죽은 후 그의 왕국은 분열되어 네 뿔로 상징되는 세력들로 나타남과 작은 뿔(안티오코스 4세 에피파네스)의 활동. 그리고 그 상징적 계시에 대한 가브리엘의 해석(8장)

9. 다니엘이 예레미야가 예언했던 유다 민족의 포로 생활 70년 기간에 관해 연구하고 힘을 얻어 그 백성의 죄를 회개하며 기도하고 응답을 받음(9장)

10. 다니엘이 하나님의 계시의 뜻을 알고자 하여 슬퍼하고 천사가 깨닫게 함(10장)

11. 애굽 왕들과 수리아 왕들 사이에 일어날 전쟁을 예언함(11장)

12. 결론(12장)

제 1 장

✢ 역사성

반스(Barnes)는 다음과 같이 비평가들의 학설을 비판하였다. 비평가들은 본 장에 나온 다니엘에 관한 기사가 역사적 사건일 수 없다고 말한다. 그들의 주장은 다음과 같다.

1) "다니엘"이라는 이름이 에스겔 14:14, 20에 나오는데, 어떻게 다니엘과 함께 바벨론에 포로로 잡혀 온 에스겔이 동료 포로(다니엘)를 상고 시대의 성도들(노아, 욥)과 나란히 언급할 수 있었을까 하는 것이다. 더욱이 에스겔 당시에 다니엘은 젊은 사람이었으니, 에스겔이 그렇게 하였을 수 없었을 것이라는 말이다.

그러나 본서에 기록된 바와 같이 다니엘은 경건과 지혜로 말미암아 바벨론의 고위층 관원이 되기까지 하였으니 그는 탁월한 성도였음이 분명하다. 그렇다면 에스겔이 그의 이름을 노아와 욥의 반열에 높일 수도 있었을 것이다.

2) 에스겔 28:3에는 에스겔이 두로 왕에 관하여 예언하면서 다니엘의 이름을 언급하였다. 다니엘이 에스겔 당시의 유대인 포로 중 한 사람이었다면, 두로 왕이 어떻게 그 사람을 알았을 것이기에 에스겔이 그 사람의 이름을 언

급하였을까 하는 것이 비평가들의 문제 제기다.

그러나 이것은 문제 될 것이 없다. 두로 왕에 관한 에스겔의 예언은 두로 왕을 직접 대상으로 한 것이 아니라 도리어 유다 민족을 교훈하기 위한 것이었다. 그뿐 아니라 다니엘의 이름이 두로 왕에게 알려지지 않았을 것이라는 확실한 증거도 없다. 다니엘이 이방 바벨론에서 그 지혜로 말미암아 높이 등용되었다면, 두로 왕도 그의 명성을 들었을 것이 아니겠는가?

3) 베른슈타인(Bernstein)은 말하기를, 다니엘의 이름이 노아 및 욥과 함께 거론된 것으로 보아 다니엘도 그들과 같이 옛 시대의 인물이었겠고, 에스겔 시대의 인물은 아니었을 것이라고 추론한다. 그러나 이와 같은 이론은 성립될 수 없다. 만일 다니엘이 노아와 욥같이 고대의 인물이었다면, 구약성경의 다른 저자들은 어찌하여 그의 이름에 대하여 전혀 침묵하였겠는가?

✤ 내용분해

1. 바벨론 왕 느부갓네살이 유대인을 포로로 잡아가고 성전 기구를 가져감(1-2절)
2. 그가 사로잡혀 간 자들 가운데 소년들을 택하여 궁정에서 교육받게 함(3-7절)
3. 다니엘이 시험을 이김(8-16절)
4. 시험을 이긴 다니엘과 그 친구들이 더욱 신령한 지혜를 얻음(17-21절)

✜ 해석

1 **유다 왕 여호야김이 다스린 지 삼 년이 되는 해에 바벨론 왕 느부갓네살이 예루살렘에 이르러 성을 에워쌌더니.** 이 말씀에 연대가 기록된 것을 우리가 무심히 읽으면 안 된다. 이것은 성경에 기록된 사건들이 엄격한 역사성이 있는 것임을 보여 준다.

2 **주께서 유다 왕 여호야김과 하나님의 전 그릇 얼마를 그의 손에 넘기시매 그가 그것을 가지고 시날 땅 자기 신들의 신전에 가져다가 그 신들의 보물 창고에 두었더라.** "주께서"(אֲדֹנָי "아도나이"). 다수의 사본이 이 단어 대신에 "여호와"(יְהוָה)라는 단어를 가지고 있다. 몽고메리(Montgomery)는 다니엘서에서 9장을 제외하고는 "하나님"(אֱלֹהִים "엘로힘")이라는 성호를 사용한다는 이유로 여기서도 본래는 "하나님"이 사용되었을 것이라고 주장한다. 그러나 이런 주장은 추측에 불과하다.

느부갓네살이 여호야김을 사로잡아 가고 또 성전 기구를 가져간 것은 하나님께서 그들을 그의 손에 붙이셨기 때문이다. 성전 기구는 하나님을 섬기는 데 사용되는 거룩한 것이지만, 유대인들의 종교적 외식에만 이용되었을 때 하나님께서는 그것들조차도 폐지하셨다. 하나님은 종교적 외식을 무종교보다 더욱 싫어하신다.

"시날 땅"(אֶרֶץ שִׁנְעָר). 이곳은 수메르 땅(mat Sumeri), 다시 말해 바벨론 남쪽이었을 것이라고 생각되어 왔으나, 지금은 바벨론의 옛 이름이라고 여겨진다(창 10:10; 11:2; 14:1; 사 11:11). "자기 신들"은 "벨"(בֵּל)이나 "마르두크"(Marduk) 같은 신을 의미하였을 것이다. "그 신들의 보물 창고"(בֵּית אֱלֹהָיו)라는 말은 "신들의 집"이라는 뜻일 수도 있다. 이 말이 70인역(LXX)에는 없으나 히브리어 원문에는 있다. 어떤 학자들은 이 문구가 바로 앞에 있는 "시날 땅"의 동의어(해설 문구)라고 해석한다. 말하자면 "시날 땅"이 "신들의 집"을 뜻한다는 말이다.[146] 그러나 이런 해석은 합당치 않다.

3 왕이 환관장 아스부나스에게 말하여 이스라엘 자손 중에서 왕족과 귀족 몇 사람. "환관장"(רַב סָרִיסָיו). "환관"은 일반적으로 고자를 의미하나 여기서는 고관을 의미한다(E. J. Young).

"이스라엘 자손 중에서"(מִבְּנֵי יִשְׂרָאֵל "미브네 이스라엘"). 이 문구는 특별히 "유대인"이라는 민족 칭호와는 달리 신정 국민, 다시 말해 하나님께서 택하신 백성을 가리킨다. 이렇게 본서의 저자는 우상의 나라 바벨론에서 하나님 백성의 특이한 처지를 새삼스럽게 느낀다.

4 갈대아 사람의 학문과 언어를 가르치게 하였고. "학문"(סֵפֶר "세페르"). 70인역(LXX)과 테오도티온 역본(Theodotion)은 이것을 "문학"(γράμματα)이라는 뜻으로 번역하였고, 라틴어 불가타 역본(Vulgate)도 문학(litteras)으로 번역하였다. 그러나 이 말은 천문학, 점성학과 같은 것도 가리켰을 것이다. 그것은 미신을 포함한다. 그러나 다니엘은 그것을 받아들이지 않았을 것이다. 다만 미신을 반대하기 위하여 그것에 대한 지식을 가지는 것은 잘못이 아니다(Chrysostom).

5 그들에게 왕의 음식과 그가 마시는 포도주에서 날마다 쓸 것을 주어. 일설에 느부갓네살이 그들을 이같이 대우한 목적은 그들이 조국을 잊어버리게 하려는 것이었다고 한다(Calvin). 그러나 그보다도 그들이 왕궁에서 섬길 만한 건강과 아름다움을 얻게 하려는 것이다(Barnes).

왕 앞에 서게 될 것이더라. 유다 소년들이 사로잡혀 가서 왕궁의 환관이 되는 것은 이사야의 예언 성취다(사 39:7).

6-7 이 부분에 기록된 대로 네 소년의 이름을 바벨론 식으로 고친 것은

---

146) K. Marti, Fasst man אֱלֹהָיו בֵּית appositionell zu אֶרֶץ־שִׁנְעָר=die Heimat seines Gottes. Hand-Commentar, Das Buch Daniel, 2.

그들을 바벨론에 동화시키기 위한 것이었다.

8상 다니엘은 뜻을 정하여 왕의 음식과 그가 마시는 포도주로 자기를 더럽히지 아니하리라 하고. 다니엘은 느부갓네살이 주는 음식을 먹지 않기 위하여 "뜻을 정하였다"고 한다. 그가 그렇게 한 이유는, ① 그 음식이 구약 시대의 유대인들이 지켜야 할 규례(레 11장)에 맞지 않기 때문이었다고 한다. 만일 다니엘이 그 음식을 먹으면 구약 시대의 성결을 더럽힐 것이었다. 그뿐 아니라 ② 그 당시 이방인들이 음식을 만든 후 먹기 전에 먼저 그들의 신에게 얼마를 제물로 바치던 풍속이 있었기 때문에 다니엘이 그 음식을 먹지 않기로 뜻을 정하였던 것이다.

설교 ▶ 다니엘의 입지 [1](8절)

다니엘은 하나님 앞에서 거룩하게 살기 위하여 "뜻을 정하"였다. 그 당시 왕이 주는 음식을 거절하기는 매우 어려운 일이었다. 무엇보다도 폭군의 뜻을 거스르는 일이기 때문에 어려운 것이고, 또한 바벨론 풍속을 따르는 것이 포로가 된 유대인들의 대중심리였기 때문에 혼자서만 절개를 지키기도 어려웠을 것이다. 그러나 다니엘은 생명보다 성결을 귀히 여겼다. 사람에게 이런 확신이 있으면 그는 그 마음에 정한 대로 실행해나갈 수 있다. 신자들에게는 반드시 확신에 기초한 결심이 있어야 한다. 이런 결심이 없는 자는 타락하기 쉽다. 다니엘의 결심이 특별히 귀하게 여겨지는 이유는 그가 젊은 시절에 그렇게 결심했기 때문이다. 사람이 청년 시절에 잘못되면 한평생 잘못되기 쉽다. 비유컨대 청년 시절은 집을 짓는 데 있어서 터를 닦는 것과 같다. 터를 잘 못 닦은 집은 언제든지 무너진다. 그러므로 전도서 12:1-2에 말하기를 "너는 청년의 때에 너의 창조주를 기억하라 곧 곤고한 날이 이르기 전에, 나는 아무 낙이 없다고 할 해들이 가깝기 전에 해와 빛과 달과 별들이 어둡기 전에,

비 뒤에 구름이 다시 일어나기 전에 그리하라"라고 하였다. 그뿐 아니라 시편 110:3에는 말하기를 "주의 권능의 날에 주의 백성이 거룩한 옷을 입고 즐거이 헌신하니 새벽 이슬 같은 주의 청년들이 주께 나오는도다"라고 하였다. 청소년은 하나님께 바칠 만한 가장 신선한 제물이다. 예수님께서 예루살렘에 입성하실 때 사람이 아직 한 번도 타지 아니한 나귀 새끼를 사용하신 것 같이, 그는 사람들이 청소년 시절에 자기에게 오는 것을 원하신다. 청소년 시절부터 하나님께 헌신한 자는 온전한 제물이라고 할 수 있다. 과연 청소년 시대의 회개는 열매를 많이 맺는다. 바울도 청년 시기에 회개했으므로 그와 같이 많은 일을 할 수 있었다. 유명한 설교자 리처드 백스터(Richard Baxter)는 6세 때에 회개하였고, 아이작 와츠(Isaak Watts)는 9세 때에, 요나단 에드워즈(Jonathan Edwards)는 7세 때에 각각 회개하였다.

8하-9 자기를 더럽히지 아니하도록 환관장에게 구하니 하나님이 다니엘로 하여금 환관장에게 은혜와 긍휼을 얻게 하신지라. "구하니"(וַיְבַקֵּשׁ, "예바케쉬"). 이것은 강한 청구(seek demand)를 의미한다. 그러나 그것은 어디까지나 구하는 태도였으니 대립하는 태도는 아니었다. 그는 환관장으로부터 "은혜와 긍휼을 얻"음으로써 문제를 해결하고자 하였다. 비록 신앙의 절개 문제로 마음은 사자와 같이 굳센 다니엘이었지만, 인간관계에 있어서는 매우 온유하였다. 이것이 무서운 시험을 잘 이기는 비결이라고 할 수 있다.

10 환관장이 다니엘에게 이르되 내가 내 주 왕을 두려워하노라. "환관장"은 다니엘의 청원을 들어주지 못하겠다고 말했는데, 그 이유는 "왕을 두려워하"였기 때문이다. 다니엘은 하나님을 두려워하였으나, 환관장은 왕을 두려워하였다. 내 머리가 왕 앞에서 위태롭게 되리라(וְחִיַּבְתֶּם אֶת־רֹאשִׁי לַמֶּלֶךְ). 70인역(LXX)은 이 문구를 "내가 내 머리로 모험하게 되리라"(I will run the risk of my head)라고 하였고, 시리아어 역본은 "임금께서 내 머리를 베리라"라는 뜻으로 번역하였

다. 그러나 어떤 번역들은 이것을 단순히 어떤 사건에 대해 책임진다는 뜻으로만 생각하였다(J. A. Montgomery). 그러나 느부갓네살과 같은 폭군 앞에서는 사소한 일로도 사형을 받는 일들이 있었으니, 여기서 이 문구는 사형을 의미했을 것이다.

11 감독하게 한 자. 이것은 히브리어로 "멜차르"(מֶלְצַר)라고 하는데 관직의 명칭인지 혹은 사람의 이름인지 알기 어렵다. 게제니우스(Gesenius)는 이것이 왕궁에서 술이나 떡을 맡은 관직을 의미한다고 하였고 또 다른 학자는 재정을 맡은 관직이라고 하였다. 그러나 불가타 역본(Vulgate)과 시리아어 역본(Syriac), 70인역(LXX) 등은 이것이 사람의 이름을 가리키는 것으로 번역하였다. **다니엘이 말하되.** "다니엘"은 그의 세 친구와 뜻이 같았기 때문에, 자기 자신과 그들을 대표하여 청원하였다. 그는 "우리"(13절)라는 말로 자기와 그 세 사람을 대표하였다. 신앙인은 사람을 의지하지 않고 하나님만 의지한다. 그러나 그도 하나님이 세우신 사람들로 말미암아 즐거워한다. 다윗도 말하기를 "땅에 있는 성도들은 존귀한 자들이니 나의 모든 즐거움이 그들에게 있도다"라고 하였다(시 16:3). 이런 즐거움으로 뭉친 동지들로 인하여 더 큰 좋은 일이 성취된다. 그러나 이들의 뭉침은 결코 육적인 것이 아니므로, 교만하게 움직이지 아니하고 겸손히 하나님의 성결한 뜻을 이루려고 할 뿐이다. 다시 말해 그들은 인간적인 야욕으로 뭉친 것이 아니고 하나님을 기쁘시게 하려는 동기로만 뭉친 것이다.

12-13 청하오니 당신의 종들을 열흘 동안 시험하여 채식을 주어 먹게 하고 물을 주어 마시게 한 후에 당신 앞에서 우리의 얼굴과 왕의 음식을 먹는 소년들의 얼굴을 비교하여 보아서 당신이 보는 대로 종들에게 행하소서 하매. "청하오니." 다니엘은 거룩하게 살려고 하면서도 교만하지 않았다는 사실이 여기에 드러났다. 그것은 다니엘이 환관장에게 청원하는 형식으로 말한 것으로 보아서 알 수 있고(8절), 자기들을 가리켜 "종들"이라고 한 것을 보아서도 알 수 있다(12절). 참으로 성결을 따르

는 자들은 남들을 자신들과 완전히 다른 종류의 사람으로 생각하지 않고 오히려 남들을 높인다.

"시험하여." 다니엘의 이와 같은 제안은 하나님의 능력을 믿는 용감한 도전이다. 신자들은 세상을 향하여 이런 도전을 할 수 있어야 하고, 또 그 결과로 하나님의 능력을 보여주어야 한다. 하나님의 성결을 파수하는 자는 이런 신앙적인 도전을 할 수 있다. 그 이유는 하나님께서 그의 편이 되시기 때문이다. 다니엘은 채소와 물만 먹게 될지라도 하나님의 말씀을 지키는 길이라면 건강상으로 하나님의 도우심을 받을 줄로 믿었다.

중국의 어떤 촌에 메뚜기 재난이 임하여 곡식을 모조리 먹어버렸을 때 모든 사람이 메뚜기를 없애 달라고 우상들에게 제사를 지냈다. 그때 그리스도인 한 사람은 제사하기를 거부하고 하나님께 기도하면 메뚜기가 없어질 것이라고 단언하였다. 과연 그가 기도하였더니 메뚜기가 다 없어져 버렸다고 한다. 이것은 신앙적 도전이었다. 캐나다의 노바스코샤(Nova Scotia) 지방에 화재가 발생했다. 그 도시에 은퇴한 목사가 예배당에 들어가 그 건물이 불붙지 않기 위해서 기도하였다. 그 도시가 점점 불바다로 변하는데도 그는 기도를 계속하였다. 그의 친구들이 예배당에 찾아가서 빨리 나가자고 권했지만, 그는 끝까지 그 자리에서 떠나지 않았다. 그때 불길이 예배당 근처까지 와서는 갈라지면서 예배당은 태우지 않고 지나갔다고 한다. 이런 것도 신앙적 도전의 결과다.

14-16 이 구절들은 다니엘과 그의 세 친구가 열흘 동안 채소와 물만 먹었으나 그들의 얼굴이 더 아름다워졌다고 말한다. 이것은 하나님의 능력으로 말미암은 그들의 승리를 보여 준다. 하나님께서는 그를 담대히 믿고 서는 자에게 권능을 보여주신다. 열대 지방의 어떤 사람이 자기 어머니의 질병 때문에 얼음이 필요했다. 그런데 옛날에 열대 지방에서 얼음을 구하기는 불가능한 일이었다. 그러나 그가 하나님께 간절히 기도하였더니 그때 갑자기 우박

이 내려서 그것을 모아 얼음 대신 사용하였다고 한다.

설교 ▶ 다니엘의 입지 [2] (8절)

다니엘 1:1-7을 보면, 바벨론에 포로로 잡혀간 네 청년이 바벨론 왕 느부갓네살 앞에 시종하기 위하여 3년 동안 교육을 받게 되었다. 8절을 보면, "다니엘은 뜻을 정하여 왕의 음식과 그가 마시는 포도주로 자기를 더럽히지 아니하리라 하고 자기를 더럽히지 아니하도록 환관장에게 구하니"라고 하였다. 이는 다니엘의 결심을 보여주는 말씀이다. 결심은 사람으로 하여금 썩지 않게 하는 귀한 심리 작용이다. 결심이 없는 사람은 좋은 방향으로 성장하지 못하며 어려움을 극복하지 못한다. 소도 한 번 빠졌던 구멍에 다시는 안 빠진다고 한다.

1. 다니엘은 사람이 사는 것이 사람이 떡으로만 살 것이 아니요 하나님의 입으로부터 나오는 모든 말씀으로 살 것이라" 하신 하나님의 말씀(신 8:3,마 4:4)을 믿었다. 음식보다 하나님의 말씀이 우리 삶에 있어서 더욱 요긴한 양식이 된다는 말씀은 성경에 많이 있다. 아모스 8:11에 하나님의 말씀을 먹지 못하는 세대를 가리켜 말하기를 "양식이 없어 주림이 아니며 물이 없어 갈함이 아니요 여호와의 말씀을 듣지 못한 기갈이라"고 하였다.

하나님의 말씀으로 사는 삶은 어떤 중요성을 지니는가? 이것은 육보다도 영이 사는 것이다. 영이 살아 있다는 것은 구체적으로 무엇을 의미하는가? 이것은 하나님을 붙잡는 삶이다. 하나님을 모르는 삶은 참된 삶이 아니고 죽음이다. 그런데 우리는 하나님을 그의 말씀으로 붙잡는다. 그의 말씀이 우리의 심령에 참되게 밝혀질 때 하나님은 우리의 영에 계신다. 어떤 나이 많은 신자가 세상을 떠나면서 말하기를 "나는 죽는 것이 두렵지 않다. 내가 그의 말씀으로 하나님을 붙잡은 사실을 하나님이 아신다"라고 하였다. 그러므로 하나님의 말씀을 참으로 받은 자마다 만족을 느끼며 좋은 음식을 먹은 듯이 기뻐한다. 예레미야는 말하기를 "내가 주의 말씀을 얻어먹었사오니 주의 말씀은 내게 기쁨과 내 마음의 즐거움이오나"라고 하였다(렘 15:16).

그렇다면 하나님의 말씀을 먹지 못하는 기갈은 어떠한 것이겠는가? 이는 영의 기갈이다. 이 기갈은 어떤 자들에게 오는가? 그것은 여호와의 말씀을 들어도 반갑게 여기지 않는 자들에게 오는 것이다. 그들은 다니엘처럼 맨몸, 다시 말해 벌거벗은 처지로 하나님의 말씀을 대하지 않고 세상의 다른 것들을 많이 입고서 대한다. 그러므로 그 말씀이 그들의 몸에 들어오지 않는다. 다시 말하면 그들이 하나님과 맺는 관계는 "나와 너"(I and thou relationship)의 대면 관계가 아니고, 하나님을 멀리 있는 제3자로 여기는 것일 뿐이다. 그렇다면 어떻게 하나님의 말씀이 직접 그들에게 들어올 수 있겠는가? 하나님의 말씀을 대하는 우리 태도가 의식주나 기타 현세 생활의 모든 요건보다 말씀을 더욱 중히 여기지 않는다면 우리는 아직 하나님을 직접 대면하는 자가 아니며, 하나님의 말씀을 진정으로 먹는 자가 아니며, 우상을 섬기는 자들이며 우상의 밥을 먹는 자들이다.

2. 다니엘의 결심은 이방인들, 다시 말해 비종교인들이 조성한 환경에서 이루어진 것이다. 그러므로 그때 그에게는 사람들로부터 종교적 칭찬을 들으려는 동기는 전혀 없었을 것이다. 그 당시 그에게는 오직 하나님을 기쁘시게 하려는 동기만 있었다. 사도 바울도 이와 같은 정신으로 말하기를 "내가 지금까지 사람들의 기쁨을 구하였다면 그리스도의 종이 아니니라"라고 하였다(갈 1:10하). 우리의 신앙생활이 잘못되는 때는 언제나 사람에게 보이려는 동기가 우리에게 작용하는 그때다. 사람을 기쁘게 하려는 동기로 움직이는 자는 아직 사람의 세계에 포로로 잡혀 있는 자요, 하나님 세계의 자유인은

아니다. 그는 아직 하늘에 올라가지 못했고, 불쌍하게도 인간계에 감금되어 있다.

신자로서 어찌하여 사람이 알아주지 않는 데서는 열심을 못 내는가? 신자는 어떤 명예심도 가지지 말고 사심이 없는 아이처럼 옳은 것은 옳다 하고 잘못된 것은 잘못되었다고 말하는 자가 되어야 하지 않겠는가? 신자로서 어찌하여 하나님 한 분만 바라보면서 다른 사람의 비평을 무시하지 못하는가? 남들이 무어라고 하든지 담대히 옳은 것은 옳다고 하면서 마땅히 옳은 편에 서야만 신자다운 신자다.

우리는 이 점에 있어서 순수한 영국 아이의 순교담을 되새길 필요가 있다. 그는 8세 된 아이였는데, 자기 아버지가 신앙을 위하여 감옥에 갇혔을 때 찾아가서 만나보려고 하였다. 그때 박해자는 말하기를 "너의 아버지는 이단자다!"라고 하였다. 그때 이 순박한 어린아이는 대답하기를, "우리 아버지는 이단자가 아니며 당신에게 발람의 표가 있다"라고 담대히 말하였다. 그 한마디 말 때문에 그 아이는 박해자들에게 맞아 죽었다. 그 아이는 진리를 위하여 목숨을 바친 것이다.

17-21   여기서는 승리한 소년들에게 새로이 임한 하나님의 은혜를 보여준다. 하나님께서 세 소년에게는 **"학문"**과 **"지혜"**를 더하시고, 다니엘에게는 **"환상과 꿈"**을 깨닫는 은혜를 주셨다.

| 설교자료

1. 유다 민족이 하나님 앞에 범죄했으므로 바벨론의 침략을 받아 사로잡혀 가는 사건은 도합 세 번에 걸쳐 일어났다. 하나님께서 이같이 그 백성을 단번에 완전히 벌하시지 않고 몇 번에 나누어 벌하시는 사실이 1:1에 나타나

있다. 여호야김 왕 때에 사로잡혀 간 것은 마지막이 아니다. 마지막 사건은 시드기야 왕 때의 일이다. 하나님께서 이처럼 그 백성을 벌하실 때 단번에 하시지 않고 몇 차례로 나누어서 하시는 이유는 그들로 하여금 회개하게 하시려는 것이다.

2. 하나님께서 성전 기구를 우상 섬기는 바벨론의 수중에 내어 주셨으니(2절), 이것으로 보아 하나님을 섬기는 자들이 외식한 죄가 얼마나 큰지를 알 수 있다. 하나님의 백성이 성전 기구와 같이 거룩한 도구들을 외식(外飾)으로 사용할 때 하나님께서는 그들이 행하는 종교의식을 아끼지 않으시고 내어버리시기까지 하신다. 그는 그렇게까지 행하심으로써 참 종교의 생명이 진실한 신앙인에게만 부여된다는 것을 명백히 밝히신다.

3. 느부갓네살 왕은 유다 포로들 가운데 가장 지혜 있는 소년들을 뽑아 특별히 교육하여 자기를 수종들게 하였다(3-7절). 이것은 모든 정복자들이 취하는 방법이다. 그들은 피정복 국가의 유망한 인재들을 잘 이용한 것이다.

4. 다니엘이 우상에게 바쳐진 이방 임금의 진미를 먹지 않고 포도주를 마시지 않기 위하여 취한 비결이 8-13절에 기록되어 있다. 그것은 ① 다니엘이 뜻을 정하고(8상), ② 극히 부드러운 태도로 환관장에게 구하였고(8하), ③ 신앙의 용단을 내린 것이다(12-13절). 한마디로 그는 하나님의 능력만 믿고 하나님의 뜻을 끝까지 지켜 나아가려고 한 것이다.

5. 신앙으로 용단을 내린 자는 반드시 승리한다(15-16절).

6. 신앙으로 승리한 자는 또한 새롭게 하나님의 은혜를 받는다(17-21절).

다시 말해 다니엘과 그의 세 친구는 승리한 후에 출중한 영적 지혜를 하나님에게서 받았다.

제 2 장

✣ 역사성

반스(Barnes)에 의하면, 본 장의 역사성에 대하여 의심하는 자들의 이론은 다음과 같다. 그들은 "느부갓네살 왕의 성격으로 보아서 그가 사소한 일로 인하여 그렇게 많은 사람에게 사형 선고를 내리지는 않았을 것이었다. 그런데도 불구하고 본문에 의하면 그가 박사들과 술객들에게 자기가 잊어버린 꿈을 알아내어 그것을 해몽하라고 하였고, 그들이 그것을 알아내지 못하자 그들을 죽이라고 하였다고 한다. 이것은 사실이 아닐 것이다"라고 주장하였다. 그러나 느부갓네살은 잔인한 폭군이었으니(왕하 25:6-7) 그런 일을 충분히 강요했을 것이다.

사람들이 자기가 꾸었던 꿈을 잊어버리는 일이 발생하기도 한다. 그런데 느부갓네살 왕은 생각하기를 해몽하는 자는 남이 잊어버린 꿈도 알아낼 만하다고 여겼던 듯하다. 그러므로 그의 요구는 그 자신에게 있어서 무리한 것이라고 느껴지지 않았을 것이다.

✣ 내용분해

1. 느부갓네살이 모든 박수와 술객과 점쟁이에게 자기 꿈을 알아내어 해석하라고 함(1-13절)

2. 다니엘이 느부갓네살의 꿈을 해득함(14-30절)

3. 다니엘이 느부갓네살에게 그 꿈 내용을 설명함(31-45절)

4. 느부갓네살이 다니엘에게 예물을 주고 또 이스라엘의 하나님을 칭송함(46-47절)

5. 느부갓네살 왕이 다니엘과 그 친구들을 등용함(48-49절)

✣ 해석

바벨론으로 잡혀간 유대인들에게는 그 민족의 장래에 대한 계시가 필요하였다. 그리고 이스라엘을 압제한 열국의 장래에 대한 계시도 필요하였다. 그러므로 본 장은 열국의 장래에 대한 계시를 다루는 동시에 거룩한 백성의 장래도 취급한다.

1-13절. 느부갓네살의 포학한 성격. ① 그는 박수, 술객, 점쟁이들이 자기의 꿈을 말해 주지 못하면 그들을 죽이겠다고 하였다(5절). ② 그들이 왕의 꿈을 말해 주지 못하자 왕은 그들을 죽이라고 명령하였다(12-13절).

이같이 바벨론 왕 느부갓네살의 포학성은 말할 수도 없다. 그러나 우리 신자들이 거기서도 깨달을 수 있는 점은 그처럼 잔학한 폭군도 하나님께서 다스리신다는 것이다. ① 하나님께서 그에게 꿈을 주셨는데, 이것은 그가 잠들어 있는 시간에도 하나님께서 그를 주장하신다는 것을 보여주며, ② 그의 포학한 행정은 다니엘을 통해 하나님의 놀라운 기적이 나타날 기회를 마련해준 셈이다. 그가 그때 사람들(박수, 술객, 점쟁이)에게 자기 꿈을 알게 하라고 강요하지 않았다면, 다니엘이 꿈을 해몽할 기회도 오지 않았을 것이다.

1 느부갓네살이 다스린 지 이 년이 되는 해에. 여기 "이 년이 되는 해"라는 표현은 해석상 난제처럼 보인다. 1:5 이하에 따르면 느부갓네살 왕의 명령대로 다니엘과 기타 유다 소년들이 3년 동안 훈련을 받고 왕께 수종들고 있었다. 그렇다면 2장에 기록된 느부갓네살의 꿈은 그가 왕이 된 지 3년 후에야 된 일이 아니었겠는가? 그런데 왜 "이 년"이라고 하였을까? 그러나 이것은 난제가 아니다. 느부갓네살이 즉위한 첫해에는 섭정왕이었던 것인 만큼 그것이 2:1의 "이 년"에는 포함되지 않았을 듯하다.

마음이 번민하여 잠을 이루지 못한지라. 옛날 사람들은 인상 깊은 꿈은 반드시 이루어지는 것으로 믿었다. 느부갓네살의 꿈은 그에게 불안감을 줄 정도로 이상하였고, 또 그것이 좋은 꿈으로 생각되지도 않았다. 그러므로 그는 "번민"하였다.

2 박수와 술객과 점쟁이와 갈대아 술사. 이들을 자세히 구분하기는 어렵다. 이들은 미신을 숭상하는 무리인데, 이런 미신을 숭배하는 것은 구약성경이 엄히 금하고 있으며 또한 처벌받을 죄라고 말한다(신 13:5; 18:11).

부르라 말하매 그들이 들어가서 왕의 앞에 선지라. 느부갓네살이 사람들을 부른 목적은 그들로 합심하여 해몽하도록 하려는 것이다. 그런데 왕은 그 꿈을 잊어버렸고 그들에게 먼저 꿈의 내용을 알아내라고 한다. 이 같은 강요는 옛날 폭군들이 하는 짓이었다.

4-6절. 술사들이 꿈을 알려 달라고 왕에게 두 번째 청원하였을 때 왕은 또다시 그의 포학한 성격으로 위협한다.

4 아람 말로(אֲרָמִית "아라미트"). 오페르트(Oppert)는 이 표현이 본래의 원

본이 아니었고 후대에 첨가된 것이라고 한다. 이 학설을 추종하는 자들이 많다.[147] 그러나 이런 견해는 억측이다. 유력한 학자들이 이 말을 본래의 원본이라고 주장한다.[148] 아람 말은 순수한 셈족 방언이었고, 갈대아 말은 셈족 방언 이외에 다른 방언의 요소들도 내포하고 있다. 갈대아의 관리들은 아람 말을 사용하였다(Otto Zöckler).

5 내가 명령을 내렸나니(מִלְּתָה מִנִּי אַזְדָּא). 학자들은 이 문구를 서로 다르게 번역한다. 어떤 이는 "이 명령이 내 편에는 확정되어 있다"라고 번역하고, 다른 이는 "이 명령이 내 편에서 공포되었다"라고도 하고, 또 다른 이는 "이 명령이 내게 알려져 있다"라고도 하였다. 어느 것을 취하든지 그 뜻은 그의 명령이 변경될 수 없다는 것이다.

7-9절. 술사들이 왕의 꿈을 알려 달라고 세 번째 청원하니, 왕은 그들을 꾸짖는다.

8 시간을 지연하려 함이로다(עִדָּנָא אַנְתּוּן זָבְנִין "이다나 안툰 자브닌"). 70인역(LXX)과 테오도티온 역본(Theodotion)은 "너희가 기회를 사려고 한다"(καιρὸν ὑμεῖς ἐξαγοράζετε)라고 번역했고, 시리아어 역본(Syriac)은 "너희가 시간을 요구하는구나"(You ask for time.)라고 하였다. 어느 번역을 채택하든지 그 뜻은 ① 벌 받을 시간을 늦추려 한다는 것, ② 왕의 분노가 멎기까지 시간을 연장하려 한다는 것, ③ 새로운 환경이 전개되기까지 문제를 끈다는 것 등이다.

9 너희를 처치할 법이 오직 하나이니(חֲדָה־הִיא דָתְכוֹן "하다 히 다트콘"). 우리 한글 번역은 고대 번역문과 일치한다. 라틴어 불가타 역본(Vulgate)도 이와 같은

---

147) Knabenbauer, Bevan, Haupt, Charles, Marti, Prince, Montgomery.
148) d'Envieu, Behrmann, Kamphausen.

뜻으로 표현되어 있고(una est de uobis sententia), 시리아어 역본(Syriac)도 그렇다. 여기 아람어로 "법"(דָּת "다트")이라는 단어는 페르시아어 풍의 말이다.[149] 그러면 "오직 하나"라는 것은 무엇을 의미하는가? 그것은 위의 5절에 말한 사형을 가리킨다.

때가 변하기를 기다리려 함이라. 말하자면 그들이 지금 당면한 상황에 변화가 있기를 기다리는 의미로 시간을 보낸다는 뜻이다.

10-13절. 그들이 왕의 강요에 응하지 못하였을 때 왕은 그들을 진멸하라고 지시하였다. 이것 역시 폭군이 행하는 처사다.

10 어떤 크고 권력 있는 왕이라도 이런 것으로 박수에게나 술객에게나 갈대아인들에게 물은 자가 없었나이다. 이 문구의 의미는 아무리 큰 권세 있는 왕이라도 이런 것을 알려 달라고 강요할 수는 없다는 것이다. 70인역(LXX)에는 여기에서 "물은"이라는 과거 시제 동사 대신 "묻는"(ἐπερωτᾷ)이라는 현재 시제 동사가 사용되었다.

11-13 술사들이 자기들로서는 왕의 꿈을 알아낼 수 없다고 고백한 것이 자연스러운 일이었다(11절). 그러나 왕은 그 말로 말미암아 크게 노하였고 그들을 죽이려고 하였다. 이같은 포학한 일은 옛날의 모든 폭군들의 공통점이었다.

우리가 여기서 주목할 점은 이런 폭군 앞에서도 다니엘은 자기 신앙을 지키는 동시에 그때 당면한 문제를 해결했다는 사실이다. 신앙이 진실한 자는 언제나 폭군 앞에서도 성공을 거두는 법이다.

14-16 다니엘이 그때 당면한 난제를 해결하기 위하여 근위대장 아리옥을 찾아가서 말한 것이 여기에 기록되어 있다. 이 일에 있어서 다니엘은 신

---

149) Marti, דָּת ist Persisches Lehnwort.

앙의 담력을 나타내었다. 그는 간접적으로 폭군 느부갓네살을 책망하는 말을 하였다. 요컨대 **"왕의 명령이 어찌 그리 급하냐"**(15절)라고 한 것이 그의 담대한 말이다. 여기 "급하냐"라는 말은 아람어로 "므하흐츠파"(מְהַחְצְפָה)인데, "혹독하다" 혹은 "잔인하다"를 의미한다. 70인역(LXX)은 이것을 "단호하냐"(πικρῶς)라고 번역하였고, 테오도티온 역본(Theodotion)과 시리아어 역본(Syriac)은 "파렴치한가"라고 번역했고, 킹제임스 역본(King James Version)은 한글 번역과 같이 "급하냐"라고 번역하였다.

시간을 주시면 왕에게 그 해석을 알려 드리리이다 하니라. 이것도 문제 해결을 확신했던 다니엘이 신앙의 담력으로 한 말이다. ① 성도가 역경을 당했을 때 이에 대한 해결을 확신하고 담대할 수 있는 비결은 의리를 붙잡고 하나님 편에 서는 데 있다(잠 28:1). 그때 다니엘이 애매하게 폭군의 손에 죽게 되었는데, 그는 하나님의 편인 반면 폭군 느부갓네살은 불의의 편이었다. 하나님께서 이제 억울하게 죽게 된 다니엘을 돌보실 것은 명백하다. ② 신자가 역경을 당하여 하나님을 의지하는 것은 하나님이 기뻐하시는 일이니, 그런 때에 그는 믿음으로 담력을 얻는다(막 5:36). 그런 상황에서 하나님을 믿지 않는 것은 자살 행위와 같다.

모든 위대한 성도들은 믿음으로 용단한 자들이었다. 영국 사람으로서 중국에 갔던 고든(Gordon) 장군은 클라크(Clark)가 저술한 〈귀한 약속들〉(Precious Promises)이라는 책을 늘 품고 다녔다고 한다. 그는 그 책에서 하나님의 말씀을 해석한 대로 하나님의 약속을 믿고 많은 모험을 하기도 하였다.

17-18 다니엘이 집으로 돌아가 신앙의 동지들에게 그 난제 해결을 위하여 기도하라고 부탁했던 것도 그의 신앙을 보여준다. 그는 기도가 만능이라는 사실을 믿었다. 그는 어떤 어려운 일을 당하든지 기도하면 해결될 것으로 믿었다. 그의 이와 같은 신앙은 기도의 사람 다윗이 보여준 신앙과 같다. 다윗은 말하기를 "나는 사랑하나 그들은 도리어 나를 대적하니 나는 기도할

뿐이라"(시 109:4)라고 하였다. 욥기에 말하기를 "나라면 하나님을 찾겠고 내 일을 하나님께 의탁하리라"라고 하였다(욥 5:8). 다니엘은 무엇보다도 합심 기도를 더욱 중요히 여기는 의미에서 그의 세 친구에게 기도를 부탁하였다.

19 이에 이 은밀한 것이 밤에 환상으로 다니엘에게 나타나 보이매. 이 계시는 다니엘에게 꿈으로 임한 것이 아니고, 그가 깨어 있던 중에 임한 것이다(Young; 참조, 욥 4:13; 7:14; 20:8; 33:15). 설령 그것이 꿈으로 임하였다고 해도 그 계시 방법이 열등하다고 말할 이유는 없다. 계시 시대에는 선지자들에게도 꿈으로 계시가 임한 일이 있었다(민 12:1-8). 다니엘이 받은 계시와 같은 역할을 하는 것이 오늘날 우리 손에 있는 성경이다. 그러므로 우리는 성경을 받아서 가지고 있다는 점에 대해 지극히 감사해야 한다.

하늘에 계신 하나님을 찬송하니라. 신앙은 간구하는 일에 진실할 뿐만 아니라 찬송하는 일도 쉬지 않는다. 야고보서 5:13에 말하기를 "너희 중에 고난당하는 자가 있느냐 그는 기도할 것이요 즐거워하는 자가 있느냐 그는 찬송할 지니라"라고 하였다. 모든 좋은 것을 하나님에게서 받은 줄 아는 자는 은혜를 아는 자다. 그런 신자는 자기가 영광을 취하는 일이 죄악이라는 것도 안다. 시편 115:1에 말하기를 "여호와여 영광을 우리에게 돌리지 마옵소서 우리에게 돌리지 마옵소서 오직 주는 인자하시고 진실하시므로 주의 이름에만 영광을 돌리소서"라고 하였다.

20 지혜와 능력이 그에게 있음이로다. 하나님에게는 "지혜"가 있을 뿐 아니라, 그 지혜대로 실행하실 "권능"도 있다. 그러므로 무엇이든지 그가 모르시는 가운데 이루어지는 일은 없다. 우리가 이처럼 지혜와 권능을 가지신 하나님의 통치하에서 살게 된 것이 참으로 행복한 일이다.

21-22 이 두 구절은 위에서 언급한 하나님의 지혜와 권능에 대하여 좀 더 자세히 설명한다.

그는 때와 계절을 바꾸시며 왕들을 폐하시고 왕들을 세우시며. 이 말씀은 하나님의 능력의 어떠한지를 보여준다. 요컨대 임금들을 폐하기도 하시고 세우기도 하신다는 것이다. 이 세상에서는 임금보다 높은 자가 없는데, 하나님께서는 그들도 주장하신다.

지혜자에게 지혜를 주시고 총명한 자에게 지식을 주시는 도다. 하나님은 무한한 지혜와 지식의 소유자이실 뿐 아니라, 그것을 인생들에게 나누어주시기까지 하신다. 모든 참된 지혜와 지식은 하나님의 선물인데도 불구하고 그것을 가진 자들이 교만하게 되는 것은(고전 8:1) 그들이 우매하기 때문이다. 돼지가 도토리나무 아래 떨어진 도토리를 주워 먹으면서도 그 나무를 알아볼 줄은 모른다.

그는 깊고 은밀한 일을 나타내시고 어두운 데에 있는 것을 아시며 또 빛이 그와 함께 있도다. 칼빈(Calvin)은 이 말씀이 구속 사역에 대한 하나님의 계시를 가리킨다고 하였다. 그러므로 이것은 자연계의 이치가 아니고 예언의 깊은 지혜를 드러낸 것이다. 바벨론을 포함하여 모든 고대 국가들의 흥망성쇠는 장차 메시아 왕국이 도래하는 프로그램과 관련되어 있다(31-45절).

23 나의 조상들의 하나님이여. 하나님에 대한 이와 같은 칭호는 사실상 언약 사상과 관련된 것이다. 다니엘의 하나님은 그가 처음으로 발견한 신이 아니고, 이미 그의 조상 때부터 언약의 말씀으로 임하시고 또 그대로 성취하시는 진실하신 하나님이시다. 신앙은 이렇게 예로부터 참된 성도들이 섬겨왔던 바로 그 하나님을 알고 믿는 것이다. "예수 그리스도는 어제나 오늘이나 영원토록 동일하시니라"(히 13:8).

우리가 주께 구한 것을 내게 알게 하셨사오니. 다니엘은 "나"라는 표현을 많이 사용하는 이 단락에서도 "우리가 주께 구한 것"(בְּעוּתֵנָא מִנָּךְ "베에이나 미나크")라는 표현을 의도적으로 사용한다. 요컨대 그들이 당면한 난제로 말미암아 기도하되 자기 혼자 한 것이 아니라 그의 친구들과 함께 기도했다는 것이다(17-18절). 그는 이처럼 주변 사람들을 존중하였다. 그리고 그는 기도의 응답이 특별히 자기에게 임한 사실을 황송하게 생각하며 감사한다.

내가 주께 감사하고 주를 찬양하나이다. 이 문구에 대해서는 19절에 있는 "하늘에 계신 하나님을 찬송하니라"라는 문구에 대한 해석을 참조하라.

곧 주께서 왕의 그 일을 내게 보이셨나이다. "왕의 그 일"이라는 말은 하나님께서 느부갓네살 왕의 꿈에 보여주셨던 대로 왕에게 이루어질 일을 가리킨다.

24 바벨론 지혜자들을 죽이지 말고. 이것은 다니엘이 보여준 박애 정신이다. "바벨론 지혜자들"은 왕의 꿈을 알아내는 데 실패하였는데도 다니엘은 그들까지 자기와 함께 살려달라고 요청한다. 그는 자기의 승리로 말미암아 그들을 차별 대우하려고 하지 않는다. 그는 하나님만 높이고 자기 자신은 겸손하게 바벨론의 지혜자들과 동등한 수준의 인생으로 낮추었다.

25 아리옥이 다니엘을 데리고 급히 왕 앞에 들어가서 아뢰되 내가 사로잡혀 온 유다 자손 중에서 한 사람을 찾아내었나이다. "아리옥"은 왕에게 한층 더 인정받기 위해서 다니엘을 자기가 찾아낸 사람이라고 자랑한다. 이 세상 관리들은 이렇게 임금에게 잘 보이는 일에만 노력을 기울인다. 그들은 세상 영광만 알기 때문이다.

26 벨드사살이라 이름한 다니엘. 1:7 해석을 참조하라.

27 다니엘이 왕 앞에 대답하여 이르되 왕이 물으신 바 은밀한 것은 지혜자나 술객이나 박수나 점쟁이가 능히 왕께 보일 수 없으되. 다니엘이 "지혜자나 술객이나 박수나 점쟁이"들의 생명은 보호하면서도(24절), 느부갓네살에게 그들을 의뢰하지 말고 하나님만 의뢰해야 한다고 말해 준다. 그는 자기 자신도 높이지 않고 하나님만 높였다. 느부갓네살의 꿈을 해몽하는 자가 이방 지혜자들 가운데서는 하나도 없었다는 사실 역시 의미심장하다. 이방 권세들은 메시아 왕국을 이겨낼 수도 없지만, 메시아 왕국에 대한 이상(묵시)을 해석할 능력도 없다. 느부갓네살이 이방 박사들에게 자기가 잊어버린 꿈을 알아내라고 명령한 것은 그들의 실력을 알아보는 시험이라고 할 수도 있다. 잊어버린 꿈을 알아낼 능력이 없는 자가 어떻게 그것을 해석할 수 있겠는가? 그들은 할 수 없고, 오직

살아 계신 대 주재 하나님의 종 다니엘만이 그 꿈을 알아낼 수 있었다. 이 사실은 바로 하나님 나라, 곧 메시아 왕국이 세상 나라들에 대한 승리자임을 가리키기도 한다. 그 이유는 다니엘이 느부갓네살의 꿈을 해몽한 것은 자기의 지혜에 의한 것이 아니고 하나님의 도우심으로 된 것이기 때문이다. 이처럼 하나님께서는 지혜로도 세상 모든 나라를 이기신 것이다. 다니엘이 기도를 통하여 느부갓네살의 꿈을 해몽한 사실은 바로 하나님께서만 그런 은밀한 일을 아신다는 것을 보여준다. 다니엘 자신도 여러 말로써 이 사실을 설명하였다. 요컨대 그의 해몽은 자기의 지혜로 말미암은 것이 아니고 하늘에 계신 하나님의 지혜로 말미암았다는 것이다(Harvie Conn).

28 오직 은밀한 것을 나타내실 이는 하늘에 계신 하나님이시라 그가 느부갓네살 왕에게 후일에 될 일을 알게 하셨나이다 왕의 꿈 곧 왕이 침상에서 머리 속으로 받은 환상은 이러하니이다. 이 구절에 대하여 하비 칸(Harvie Conn)은 다음과 같이 해석한다. 여기서 이른바 "후일"이라는 말은, 아람어로 "아하리트 요마야"(אַחֲרִית יוֹמַיָּא)라고 하는데, 그것은 "날들의 마지막 부분"이라는 뜻을 가진 관용구로서 "준비기간이" 다 지나간 후에 임할 "성취의 시대"를 가리킨다. 다시 말해 메시아(그리스도)가 오실 것을 바라보던 시대들이 다 지나간 후에 임할 메시아 시대(신약 시대)를 가리킨다는 뜻이다.

전통 학파에서는 이 문구를 위에 말한 것과 같이 메시아와 관련시킨다. 그들에 의하면 이 문구가 의미하는 시대는 하나님께서 땅에 나타나심으로써 시작된다(Young, Leupold, Calvin).

자유주의 학자들은 이러한 해석을 지지하지 않는다. 그들은 이 문구가 메시아 시대와 관련이 없다고 주장한다. 그들 중에 특별히 드라이버(S. R. Driver)는 이 문구가 일반적 의미의 미래를 뜻한다고 한다. 그러나 우리는 자유주의 학자들의 해석을 지지하지 않는다. 위에 이미 소개된 전통 학파의 해석은 신약성경의 지지를 받는다. 70인역(LXX)에서 이 문구를 "말일"($\dot{\epsilon}\sigma\chi\acute{\alpha}\tau\omega\nu$ $\tau\tilde{\omega}\nu$

ἡμέρων)이라고 번역하였는데, 신약은 그것을 그대로 사용하면서 그것이 메시아 시대, 다시 말해 신약 시대를 의미하는 것으로 이해한다.[150] 이렇게 신약성경에서 이 어구의 용법은 전통적 학파의 해석을 지지한다.

위에서 제시한 하비 칸(Harvie Conn)의 논조는 지당하다. 오토 죄클러(Otto Zöckler)도 이 어구가 메시아 시대를 가리킨다고 하였고, 카를 마르티(Karl Marti)도 다음과 같이 말하였다. "후일이라는 말은 히브리어에서 종말의 시기를 가리키는 전문용어다"라고 하였다.[151]

29 여기서도 다니엘은 그가 왕의 꿈을 알게 된 것이 그의 지혜로 말미암은 것이 아니고 오직 하나님께 달린 것임을 밝혀준다. 다니엘은 이렇게 사람들의 시선을 하나님께 돌리고 하나님만 신뢰하게 한다.

30 내게 이 은밀한 것을 나타내심은 내 지혜가 모든 사람보다 낫기 때문이 아니라 오직 그 해석을 왕에게 알려서 왕이 마음으로 생각하던 것을 왕에게 알려 주려 하심이니이다. 다니엘이 여기서 말한 것은 두 가지다. 요컨대 자기가 왕의 꿈을 알게 된 것은 ① 자기에게 남보다 우수한 지혜가 있었기 때문이 아니며, ② 오직 왕에게 그 꿈의 내용을 알게 하시려는 하나님의 뜻으로 말미암은 것이라고 하였다. 계시는 사람들로 하여금 진리를 깨닫게 하려는 목적으로 주어지는 것일 뿐이다.

이 말씀에서도 다니엘은 어디까지나 하나님의 말씀 운동이 인생의 어떤 가능성에 의존하는 것이 아니고, 인생을 높이기 위한 것도 아니라는 점을 강조한다. 그리고 하나님의 말씀 운동은 사람들로 하여금 온전히 진리를 깨닫게 하려는 것일 뿐이라고 말한다.

31 왕이여 왕이 한 큰 신상을 보셨나이다 그 신상이 왕의 앞에 섰는데 크고 광채가 매우 찬란하며 그 모양이 심히 두려우니. 여기서 "신상"이라는 말은 아람어로 "칠

---

150) 히 1:1-2; 행 2:17; 딤전 4:1; 딤후 3:1; 요일 2:18.
151) אַחֲרִית יוֹמַיָּא ist der aus dem Hebr. bekannte technische Terminus für die Endzeit vgl. zu Jes 2:2 -Das Buch Daniel, 14.

렘"(ܢܨܒ)인데, 사람이 서 있는 형상을 의미하는 것일 뿐 신의 형상을 의미하지 않는다. 그러므로 우리 한글 성경에 "신상"이라고 번역된 것은 오역이다. 히치히(Hitzig)도 이것이 신상이나 우상을 가리키는 것이 아니라 동상과 같은 사람의 형상을 가리킨다고 하였다.

하비 칸(Harvie Conn)에 의하면 이 신상은 인간의 모양으로 만들어진 것으로서 그 근원이 인간 세계에 속한 것이라는 점을 분명하게 보여준다. 과연 그 신상은 인간의 산물로서 이 세상 나라들의 성격을 보여준다. 말하자면 그것은 이 세상 나라들의 인간적 작품이라는 것이다. 이와 같은 성격은 이후에 나와서 세상 나라들을 멸망시킬 하늘나라의 신적 근원과 대조된다. 매클라렌(Alexander Maclaren)은 말하기를 "그 신상은 인간적 활동과 정복자의 욕망이나 군대와 같은 인간적 방편의 강조점을 보여준다"라고 하였다.

이 신상과 관련하여 몇 가지 주목할 것이 있다. 요컨대 거대하다는 점, 광채가 찬란하다는 점 등이다. 참으로 세상 나라들은 저렇게 화려해 보이는데, 느부갓네살과 같은 정복자의 눈에도 그렇게 보였을 것이다. 그러나 다니엘 자신의 눈에는 그 나라들이 그렇게 보이지 않고 오히려 잔인한 것으로 보였기 때문에 그는 그가 보았던 세상 나라들의 성격을 짐승들에 비유하기도 하였다(7장).

"그 모양이 심히 두려우니"라는 문구에 대하여 클리포트(Kliefoth)는 생각하기를 그것이 두려운 이유는 그것을 구성하는 금속의 광채와 크기 때문이라고 할 수 있으며, 또한 그것으로 대표된 세상 권세가 하나님의 백성을 두렵게 하기 때문이라고 하였다. 그러나 우리 문맥의 요점은 그것이 다니엘이나 기타 하나님의 백성을 두렵게 한다는 것이 아니라 그것이 느부갓네살을 두렵게 한다는 점이었다. 그러므로 클리포트(Kliefoth)의 위와 같은 이론은 합당하지 않다.

그리고 우리가 여기서 또 한 가지 주목할 점은 그 신상이 한 덩어리로 이루어졌다는 점이다. 본문의 "한 큰 신상"이라는 말에서 "한"(חַד "하드")이라는 서술어가 중요하다. 느부갓네살은 네 개의 신상들을 본 것이 아니라 하나의 신상을 보았다. 이것은 그 하나가 모든 세상 국가들을 대표한다는 의미다. 따라서 그것은 세상 모든 나라가 하나의 공통된 성격을 지니고 있음을 보여준다. 그것들은 그 근원과 성질이 인간적이라는 점에서 공통된다. 하나님께서는 이런 나라들을 보실 때에 그것들이 공통적인 역사와 사상을 가진 것으로 여기신다. 칼빈(Calvin)은 말하기를 "하나님께서는 이 비유에서 주님의 재림 때까지 흥망성쇠를 거듭할 나라들의 공통적인 성격을 표현하신다. 하나님께서 이 네 나라가 서로 다름에도 불구하고 하나의 신상에 그것들을 접합시키신 이유가 여기 있다"라고 하였다. 하나님께서 여기 단 하나의 신상을 통해 보여주신 교훈은 모든 정복자와 국가들이 일어났다가 반드시 패망한다는 사실이 공통점이라는 것이다.

32-33 **그 우상의 머리는 순금이요 가슴과 두 팔은 은이요 배와 넓적다리는 놋이요 그 종아리는 쇠요 그 발은 얼마는 쇠요 얼마는 진흙이었나이다.** 찰스 바우트플라워(Charles Boutflower)에 따르면 그 신상의 각 부분을 구성하는 금속들은 전통적으로 동일시되어왔던 각기 해당 국가(바벨론, 메대-바사, 헬라, 로마)에 부합한다고 하였다. 그의 말에 따르면 "순금"은 특별히 바벨론에 부합한다. 어느 나라보다 바벨론이 금을 많이 사용하였는데, 우상들과 신당들이 순금으로 단장되어 있었다. 마찬가지로 "은"은 또한 메대-바사에 부합한다. 메대-바사 제국에서는 사람들이 은을 돈과 같이 여겼다. 그리고 "놋"은 헬라에서 무기를 만드는 데 많이 사용되었다. 알렉산드로스(Alexander) 대왕이 특별히 이것을 많이 사용하였다. 마지막으로 "쇠"는 로마에서 흔히 사용되었는데, 로마 시대의 갑옷이나 무기가 모두 쇠로 제조되었다.

하비 칸(Harvie Conn)은 이 구절들에 대해서 다음과 같이 말하였다. 요컨대 이 구절들에서 우리는 나라들이 점차 약체화되는 사실을 볼 수 있다는 것이다. 다시 말해 후에 일어나는 나라가 전에 있던 나라보다 점점 약해진다는 말이다. 이 같은 사실은 몇 가지로 표시되었는데, ① 나라로 비유된 신상 각 부분의 재료가 점차 저급해진다. 순금이 은으로, 은이 놋으로, 놋이 쇠로, 그리고 쇠는 쇠와 진흙이 섞인 것으로 점점 퇴보해간다. 이것은 뒤에 나오는 나라가 전에 있던 나라보다 저열하다는 사실을 보여준다(참조. 39상). 이러한 사실은 ② 신상 각 부분의 중요도에 의해서도 나타난다. 인체에 있어서 머리는 가장 중요하므로 그것으로 비유된 나라는 가장 강하다고 볼 수 있다. 그리고 그다음 부분들은 점차 낮은 위치에 있는데, 그것들로 비유된 나라들의 세력이 점차 약해진다는 사실을 보여준다. 이러한 사실은 ③ 클리포트(Kliefoth)와 카일(Keil)에 의해 또 다른 방법으로 지적되었는데, 말하자면 통일의 정도 차이에 의한 것이다. 단일체로 된 순금 "머리"는 이상적 통일을 보여주는 동시에 강한 나라를 비유한다. 그다음에 나오는 나라는 "가슴과 팔들"로 나눠진 만큼 분파성을 보여주고, 또다시 그다음에 나오는 나라는 "배와 넓적다리"로 비유되었으니 더욱 분파성을 보여준다. 그리고 "종아리와 발"로 대표된 나라는 가장 극심한 분파성을 지니고 있다. 이렇게 후에 나오는 나라일수록 점점 약체화된다. 이 넷째 부분에서 우리가 한 가지 더 생각할 것은, 그 신상의 발이 "얼마는 진흙"이라는 점이다. 진흙으로 번역된 아람어 "하사프"(חֲסַף)는 여기서 진흙으로 만들어진 생산품을 의미하고 진흙이라는 원료를 의미하지 않는다. 몽고메리(Montgomery)에 의하면 옛날 바벨론에서 진흙으로 구워 만든 생산품들을 많이 사용하였는데, 페르시아나 헬라에서도 그리하였다고 한다. 그런데 본문에서 신상의 발에 이 재료가 사용된 것은 우리의 이목을 끈다. 이 재료는 여기서 어떤 미술품으로 사용된 것이 아니고 건축 재료로 사용되었는데, 이처럼 파괴되기 쉬운 약한 재료가 그 입상의 기초가 되어 있다. 그렇다면 이 넷째 나라는 하나님 보시기에 얼마나 더 약한 것인지 짐작할 수 있다.

위에서 진술한 해석에도 참고할 점이 많이 있다. 그러나 필자는 여기에 한 가지 보충적으로 덧붙일 것이 있다. 말하자면 느부갓네살이 본 신상의 각 부분으로 대표된 나라들에서 후에 일어날 나라가 전에 있던 나라보다 약하여지는 경향이 있으나 성령께서 이 신상 계시에서 일률적으로 그런 점을 보여주신 것은 아니라는 사실이다. 넷째 나라 로마는 약한 나라로 드러나지 않는다. 특별히 40절은 말하기를 "넷째 나라는 강하기가 쇠 같으리니"라고 하였다.

34-35 또 왕이 보신즉 손대지 아니한 돌이 나와서 신상의 쇠와 진흙의 발을 쳐서 부서뜨리매 그 때에 쇠와 진흙과 놋과 은과 금이 다 부서져 여름 타작 마당의 겨 같이 되어 바람에 불려 간 곳이 없었고 우상을 친 돌은 태산을 이루어 온 세계에 가득하였나이다. 이 구절들이 보여주는 계시는 위에서 진술된 아무 동작 없는 신상과 달리 동적인 계시로 나타난다. 그것은 바로 "손대지 아니한 돌"의 움직임이다. 여기서 이른바 "손대지 아니한"이라는 문구는 그 돌이 움직이게 된 근원을 지적한다. 그것은 신상의 기원과 대조된다. 신상은 인간의 발명이지만, 그 돌의 움직임은 그런 것이 아니다. 그것은 사람의 손으로 말미암은 것이 아니다(참조. 단 8:25; 욥 34:20; 애 4:6).

그 돌의 파괴력은 우리 본문에 상세히 기록되어 있는데, ① 그것이 쇠와 진흙의 혼합물로 이루어진 발을 쳐서 부서뜨린다. 그것은 세상 권세의 마지막 형태를 파괴한다는 의미다. 이렇게 마지막 형태가 파괴됨에 따라서 전에 있었던 모든 세상 세력들도 함께 파괴된다. 이와 같은 현상은 이 세상의 모든 권세를 형성하는 인간의 모든 노력이 결국 그리스도로 말미암아 완전히 파괴될 것을 보여준다. ② 하나님께서 인간의 교만을 여지없이 파쇄하신다는 의미도 여기 있다. "여름 타작 마당의 겨 같이 되어 바람에 불려 간 곳이 없었다"는 말은 그와 같은 뜻을 보여준다(Harvie Conn).

36 그 꿈이 이러한즉 내가 이제 그 해석을 왕 앞에 아뢰리이다. 위의 31-35절에서

다니엘은 느부갓네살의 꿈이 무엇이었는지를 말하였다. 그리고 36절부터는 그에 대한 해석이다. 여기서 "내가"라고 번역된 말은 실상 아람어 원문에서 "우리"라는 복수 대명사로 표현되었다. 카일(Keil)과 류폴드(Leupold)는 이 복수가 다니엘과 그의 세 친구를 가리킨다고 하였다. 그러나 영(Young)은, 몽고메리(Montgomery)와 일치하게 이 복수를 겸손의 표현으로 본다. 말하자면 다니엘이 자기를 두드러지게 나타내지 않고 다른 사람들 속에 포함시켰다는 뜻이다. 요컨대 꿈을 해몽하는 일은 다니엘 개인의 지혜로 할 수 없고 오직 하나님께서만 하실 수 있는 것이다. 그러므로 다니엘은 자기 자신을 드러내지 않고 "우리"라는 복수 속에 자신을 묻어버린다.

37-38 왕이여 왕은 여러 왕들 중의 왕이시라 하늘의 하나님이 나라와 권세와 능력과 영광을 왕에게 주셨고 사람들과 들짐승과 공중의 새들, 어느 곳에 있는 것을 막론하고 그것들을 왕의 손에 넘기사 다 다스리게 하셨으니 왕은 곧 그 금 머리니이다. 하비 칸(Harvie Conn)은 말하기를, 여기 "여러 왕들 중의 왕"이라는 말은 몽고메리(Montgomery)와 프린스(Prince)의 주장과 같이 왕을 존대하는 페르시아(persia) 어투이고 바벨론 어투가 아니라고 한다. 그러면 바벨론의 포로였던 다니엘이 바벨론 식으로 왕을 부르는 용어를 왜 몰랐을까 하는 것이 문제다. 그러나 영(Young)과 류폴드(Leupold)는 다니엘이 이 같은 술어를 사용한 것이 당연하다고 하였다. 그 이유는 ① 선지자 에스겔도 바벨론 왕에 대하여 이 술어를 사용하였기 때문이다(겔 26:7). ② 한편 바벨론의 비문에 느부갓네살을 "여러 왕들 중의 왕"이라고 하지 아니하고, "바벨론 왕 느부갓네살, 높은 왕, 마르두크(Marduk)의 사랑을 받은 자"라고 한 것은 사실이지만(Prince), 이러한 비문의 내용은 그 왕이 자기 자신에 대하여 자칭한 것이고 그에 대한 남들의 존칭은 아니었다. 그러므로 다른 사람들이 느부갓네살 왕을 가리켜 "여러 왕들 중의 왕"이라고 불렀을 수도 수 있었을 것이다. ③ 페르시아에 왕을 가리켜 "여러 왕들 중의 왕"이라고 표현한 비문이 있는 것도 사

실이다(Young). 그렇다면 다니엘도 바벨론에서 그런 명칭으로 느부갓네살을 불렀을 수 있다. ④ 그 당시 바벨론은 한 민족만 아니라 여러 민족을 통치하였다. 그러므로 사실상 느부갓네살은 많은 민족의 통치자라는 의미에서 "여러 왕들 중의 왕"이라는 칭호를 받은 것이 자연스럽다.

"하늘의 하나님"이라는 칭호는 하나님의 주권을 보여주는 것으로서 느부갓네살이 자랑하는 제국도 이같이 참되신 하나님의 선물이라는 것을 암시한다. 이 칭호는 특별히 구약 후기의 책들에 많이 나온다.[152] 이 칭호는 바벨론의 잡신들과 대조되는 탁월하신 하나님을 가리킨다. 바벨론 사람들은 해와 달과 별을 숭배하였으며 그것들이 인간의 운명을 결정한다고 믿었다. 그러므로 바벨론에서 점성술과 같은 미신이 발달했다. 그러나 다니엘은 자기가 믿는 하나님을 "하늘의 하나님"이라고 부름으로써 그 하나님이 해와 달과 별까지도 주장하시며 인간의 삶과 목숨을 주장하시며, 모든 피조물보다 탁월하신 하나님이시라고 선포한다. 그러므로 그 하나님은 바벨론의 신들보다 위대하시며, 느부갓네살의 나라도 그가 주신 것이라고 다니엘은 지적한다. (바벨론의 종교와 점성술에 대해서는 Charles Pfeiffer의 Exile and Return을 참조하라.)

"주셨고"(הַסְנָא "히스나")라는 동사도 여호와 하나님의 주권을 보여준다. 몽고메리(montgomery)는 고대의 파피루스 문헌에서 이 단어의 뜻을 발견하였는데, 요컨대 이것은 땅을 빌려준다는 법률용어다. 그렇다면 이 말은 여기서 다음과 같은 의미를 지닌다. 말하자면 그 왕국을 느부갓네살이 스스로 만든 것이 아니고 하나님에게서 빌려 받았다는 것이다. 그렇다면 그는 소작인과 같아서 하나님께 절대적으로 복종해야만 하는 것이었다. 군왕들은 그의 국권을 자기 힘으로 얻기라도 한 듯이 교만해진다. 그러므로 다니엘이 느

---

152) 참조. 스 1:2; 6:9; 7:12; 느 1:5; 2:4; 시 136:26.

부갓네살에게 준 이 말씀은 진리에 따른 직언이다. 그는 왕 앞에서도 전혀 위축되지 않고 바른말을 하였다.

"어느 곳에 있는 것을 막론하고." 이것은 얼핏 보면 과장되고 실체가 없는 말인 것처럼 보인다. 왜냐하면 사실상 느부갓네살 왕의 나라가 세상 끝까지 확장되지는 못했기 때문이다. 그러나 바벨론에 관하여 과장하는 것처럼 보이는 다니엘의 이러한 표현은 문제 될 것이 없다. 느부갓네살 왕은 실제적으로 그 당시에 알려졌던 세상 전체를 통치했기 때문이다. 이러한 말이 과장이 아니라는 점은 그 시대에 통치했던 모든 왕이 자신에 대해서 그런 수식어를 사용했다는 사실로도 알 수 있다. 그 말의 요점은 그가 모든 세상 권력의 우두머리이며 대표라는 것이다. 이런 관점을 지지하는 흥미로운 증거를 고고학이 제시한다. 고고학자들의 발견에 따르면 앗수르 왕 산헤립 역시 자신을 가리켜 "사방을 다스리는 왕"이라고 말했다(E. J. Young, Montgomery). 앗수르 초기의 왕들 가운데 한 사람도 말하기를 "앗수르 사람이 사는 곳이면 어디든지 그 군대를 파견한다"라고 하였다. 바꾸어 말하면 다니엘은 여기서 그 당시 왕들이 전형적으로 사용했던 표현을 빌려온 것뿐이다. 바벨론 왕 느부갓네살의 통치를 가리켜 전 세계에 대한 통치라고 말하는 예를 예레미야 27:6-7, 28:14에서도 찾아볼 수 있다. 바사 왕 고레스도 느부갓네살의 나라(바벨론)와 그의 왕위를 빼앗았을 때 말하기를, "하늘의 하나님 여호와께서 세상 모든 나라를 내게 주셨고"(스 1:2)라고 하였다. 이 말에서도 역시 느부갓네살 왕의 통치가 갖는 범세계적 성격을 추측할 수 있다. 그의 세계적인 통치권은 그의 후계자인 고레스 왕에게 돌아갔다.

그런데 느부갓네살 왕의 통치권은 사람들과 나라들을 넘어서까지 확장되었다고 한다. 본문을 보면, 그가 "들짐승과 공중의 새들"까지도 다스린다고 말하고 있다. 이 말의 요점은 그의 통치 권력이 짐승들에게까지 미치기라도 하는 듯이 절대적인 것으로 여겨졌다는 것이다. 그뿐 아니라 이 문구의 의미는 시편 8:6-8을 연상시키기도 한다. 이 구절들은 인간이 모든 피조물에 대하여 하나님으로부터 주권을 받았다고 선언한다. 인간은 하나님의 이름으로 피조물을 다스리도록 세움을 받았다. 그렇다면 본문이 말하는 바는 느부갓네살 왕이 창조자가 주신 사명으로 피조물을 다스리는 권위를 받은 인간의 본보기라는 뜻이기도 하다. 카일(Keil)은 말하기를 "여기 짐승에 대한 언급은 그의 권세가 이 세상에 속한 것이라는 점과 하나님께서 모든 것을 그(느부갓네살)에게 복종시켰다는 점을 보여준다"라고 하였다.

이 점에 대하여 고고학자들이 다음과 같이 증언한다. 요컨대 고대에는 왕들이 동물원을 소유하기도 했는데 그것은 이 세상 전체에 대한 그들의 통치권을 상징한 것으로 보인다는 것이다. 6장에 나오는 다리오 왕의 사자 굴은 아마 그러한 사례 가운데 하나일 것이다. 몽고메리(Montgomery)도 이러한 왕들의 동물원에 관하여 말한 바 있다. 그는 이 주제와 관련하여 마이스너(Meissner)의 저서 "Assyrische Jagden in D. alte Orient"를 추천한다.

"왕은 곧 그 금 머리니이다." 여기서 "왕"이라고 번역된 말이 아람어 원문에는 "당신"이라고 되어 있다. 이 문구에서 우리가 생각할 점은 여기서 느부갓네살 개인이 "금 머리"로 비유되었다는 뜻인지 혹은 그로 내표되는 바벨론이 "금 머리"와 같다는 것인지 구분해야 한다는 것이다. 다수의 학자가 여기서는 느부갓네살 개인을 뜻한 것이 아니고 그로 대변되는 바벨론 제국을 염두에 두었다고 해석한다.[153] 특별히 칼빈(Calvin)은 말하기를, "여기서 당신"이라고 한 것은 느부갓네살의 나라와 그의 모든 후계자들을 가리킨다"라고 하였다. 우리가 이렇게 해석해야 하는 이유는 특별히 본 장 39절에서 신상의 둘째 부분도 왕국을 뜻하기 때문이다. 그런데 문제는 왜 여기서는 당신이라고 하여 느부갓네살 개인을 지적하였는가 하는 점이다? 클리포트

---

153) Young, Kliefoth, Leupold, Keil, Calvin.

(Kliefoth)는 말하기를, 그 당시 바벨론 왕국을 대표한 느부갓네살이 다니엘의 눈앞에 있었기 때문이라고 하였다. 모든 해석가들이 "금 머리"는 바벨론 제국을 비유한다고 일치하게 생각한다. 바벨론 이전에도 땅 위에 나라들이 있었다. 그러나 그 나라들은 다 지나갔으니 느부갓네살의 꿈과는 무관하다. 그러므로 그 꿈을 통한 하나님의 계시는 바벨론으로부터 시작하는 것이 자연스럽다. 바벨론을 순금에 비유하는 말씀은 다른 예언서에도 있다(렘 51:7; 계 18:16). 이 세상에 속한 권세를 가지고 하나님의 교회를 대적하는 일에 있어서는 바벨론 제국이 그 대표적인 자리에 있었다(창 10:8-12; 계 17:3-6).

바벨론은 "금 머리"와 같이 분리됨이 없이 통일된 나라를 유지하였던 것으로 유명하다. 그 나라가 그렇게 강했기 때문에, 그 당시 알려졌던 세계 전부가 바벨론 치하에 놓였다는 것이다. 바튼(Barton)에 의하면 느부갓네살 자신이 말한 대로 바벨론 제국의 영토는 세계적이었다. 느부갓네살의 말을 인용하면 다음과 같다. "나는 바벨론의 신 마르두크(Marduk)를 신뢰하고, 멀리 있는 나라들과 산들과 험한 길들과 막힌 길들과 가기 어려운 길들과 사막 길들을 통행하였다. 그리하면서 나는 순종하지 않는 자들을 멸망시켰고 원수들을 사로잡았고 나라들 가운데 공의를 세웠으며 그 백성을 높여주었고 악을 진압하였다"라고 하였다.[154]

39   왕을 뒤이어 왕보다 못한 다른 나라가 일어날 것이요 셋째로 또 놋 같은 나라가 일어나서 온 세계를 다스릴 것이며. 이 구절에는 국가들의 흥망성쇠가 하나님의 장중에 있다는 뜻도 담겨 있다. 이렇게 중요한 사상을 강조하는 것이 이 예언의 핵심 목표다. 나라들의 흥망성쇠는 우연에 속한 일이 아니다. 그러므로 신자들은 이 세상 나라들이 전개되어 가는 역사 앞에서도 하나님만 경외해야 한다. 이 점과 관련하여 하비 칸(Harvie Conn)의 해석은 다음과 같다. 말하자

---

154) Archaeology and the Bible, 1927, 349.

면 이 구절에는 그 신상의 둘째 부분과 셋째 부분이 해석된다는 것이다. 이 부분들이 비유하는 왕국들은 7장과 8장과 10장에서 더 자세히 진술된다.

여기 둘째 나라에 대하여 말한 대로 바벨론이 지나간 후에 다른 나라가 일어날 것이다. 그 나라는 바벨론만큼 강력하지는 못할 것이다. 여기 "못한"이라는 말은 아람어로 "아르아"(אַרְעָא)인데, 이것은 "땅으로 향하여"라는 뜻을 가진 단어로서 "보다 낮음" 혹은 "열등함"을 가리킨다. 그렇다면 어떤 의미에서 이 나라가 먼저 있던 나라보다 열등한가? 칼빈(Calvin)은 말하기를, 둘째 나라는 메대-바사인데 그 나라는 도덕적으로 열등했다고 설명한다. 그리고 클리포트(Kliefoth)는 말하기를, 이 나라의 영토가 바벨론보다 작았기 때문에 열등하다고 하였다. 또 한 가지 해석이 있는데, 그것은 이 둘째 나라가 내부적으로 통일을 이루지 못했기 때문에 열등하다는 것이다(Keil, Young). 이 해석을 지지하는 이들이 제시하는 이유는 이 해석이 그 신상 전체가 보여주는 상징에 부합한다는 것이다. 말하자면 바벨론은 단 하나의 머리로 대표되어 완전한 통일성을 유지하는 반면에 그 뒤에 나오는 국가들은 인체의 나눠진 부분들에 비유되어 분파성을 지닌다는 것이다. 둘째 나라는 "가슴과 팔"로, 셋째 나라는 "배와 넓적다리"로, 넷째 나라는 "종아리"와 "발"로 각각 상징되고 있다. 이 상징은 뒤에 오는 나라일수록 점차 내부적 통일이 부족하여 열등해져 가는 경향을 보여준다. 다만 로마는 넷째 나라지만 가장 강력하다(40절).

이 둘째 나라가 과연 메대-바사 제국일까? 이 문제에 대하여 학자들 사이에 논쟁이 있었다. 이것이 메대-바사가 아니고 메대 나라일 뿐이라는 것은 비평가들의 학설이다.[155] 그러나 전통적 해석가들은 이것이 메대-바사 제국

---

155) Prince, Driver, Montgomery, Charles, Rowley

이라고 하였다.[156] 이 둘째 나라가 메대만을 가리킨다고 하는 비평가들의 학설에는 커다란 위험이 있다. 요컨대 다니엘서에 오류가 있다는 것이다. 왜냐하면 비평가들은 역사상으로 바벨론의 멸망 이전에 메대라는 나라가 따로 없었는데도 불구하고 다니엘은 그것이 있었던 것처럼 말하였기 때문이라는 것이다. 그러나 성경에는 그릇됨이 없다. 다니엘은 메대라는 나라가 독립적으로 존재했었다고 생각하였을 리가 없다.

이 둘째 나라가 메대-바사라고 주장하는 학설에 대하여 에드워드 영 박사(Dr. Edward. J. Young)가 길게 논증한 바 있다.[157] 본문에는 더 자세한 설명이 없으나, 7장과 8장에서 이 문제를 밝혀준다. 특별히 8:20은 이 둘째 나라에 해당하는 두 뿔 가진 수양을 가리켜 메대와 바사라고 하였다. 두 뿔은 역사상으로 바사와 메대를 가리키는데, 바사가 주동적 역할을 하기 때문에 10:13, 20에서는 이 둘째 나라를 가리켜 단순히 "바사"라고 말한 바 있다. 그 말은 이 나라에 메대가 합병되어 있다는 사실을 무시하는 것은 아니다. 그뿐 아니라 7장에서는 이 둘째 나라가 곰으로 비유되었는데 몸 한쪽으로 일어섰다고 하니(7:5), 이것 역시 그 나라가 두 부분으로 이루어져 있음을 암시한다. 그러므로 이 나라가 단순히 메대 나라일 뿐이라고 생각하는 것은 잘못이다. 그뿐 아니라 위에서 이미 언급한 바와 같이 메대라는 나라가 독립적으로 바벨론 멸망 이전에 존재했던 적이 없는데 비평가들은 이 둘째 나라를 완전한 독립국으로 생각하고 그것이 바벨론이나 헬라와 동등한 지위를 누렸던 것처럼 해석하고 있으니 잘못이다.

우리는 이 둘째 나라를 역사상에 존재했던 메대-바사로 생각한다. 다니엘서는 합병된 메대-바사 제국을 말하고 있다(6:8, 12, 15, 28; 참조. 대하

---

156) Luther, Hengstenberg, Calvin, Pusey, Keil, Leupold, Young.
157) E. J. Young, The Prophecies of Daniel, 275-294.

36:19-20). 역사적으로 말하면 고레스 왕이 바벨론을 함락하기 20년 전에 벌써 바사를 다스리고 또한 메대를 점령하였다. 주전 559년에 바사와 메대는 합병되었고, 그 뒤에 고레스가 바벨론을 정복하였다. 다니엘은 이러한 사실을 내다보고, 그 일이 일어나기 50년 전(BC 604)에 이미 예언한 것이다.

"셋째로 또 놋 같은 나라가 일어나서." 보수 학자들은 모두 이 나라가 헬라를 가리킨다고 해석하였다.[158] 세대주의 학파에서도 그렇게 말한다. 자유주의 학자들은 이것을 바사라고 해석하나 옳지 않은 해석이다. 특별히 이 나라가 "온 세계를 다스릴 것"이라는 말씀은 헬라(마케도니아) 제국에 잘 부합한다. 헬라 제국의 알렉산드로스(Alexander) 대왕은 많은 나라들을 정복하였다.

40 넷째 나라는 강하기가 쇠 같으리니 쇠는 모든 물건을 부서뜨리고 이기는 것이라 쇠가 모든 것을 부수는 것 같이 그 나라가 뭇 나라를 부서뜨리고 찧을 것이며. 이것은 일찍이 역사상에 나타났던 로마 제국을 예언하는 비유다. 이 "넷째 나라"에 대한 묘사가 특별히 자세한 이유는 ① 어떤 의미에서 그 나라의 권세와 힘이 유달리 강대했기 때문이며, ② 그 나라의 미래가 장차 임할 천국 운동(그리스도의 복음 운동)과 밀접히 관련되었기 때문이라고 한다.[159] 특별히 이 기사(40절)에서 부서뜨린다는 말이 거듭해서 나오는데, 이와 같은 문체를 이상하게 생각하는 학자도 있다(Montgomery). 그러나 이런 중복체는 여기에 필요한 것이다. ① 그 나라의 정복력이 철저하다는 사실이 중복체로 표시되고, ② 그와 같은 강한 나라도 천국의 능력 앞에서는 파멸되리라는 사실도 암시된다(44-45절). "찧을 것"이라는 말은 망치로 파괴하는 것을 의미한다.

41-43 왕께서 그 발과 발가락이 얼마는 토기장이의 진흙이요 얼마는 쇠인 것을 보셨은

---

158) Luther, Calvin, Hengstenberg, Leupold, Young, Keil, Pusey.
159) The Messianic Prophecies, Sylabus, 28.

즉 그 나라가 나누일 것이며 왕께서 쇠와 진흙이 섞인 것을 보셨은즉 그 나라가 쇠 같은 든든함이 있을 것이나 그 발가락이 얼마는 쇠요 얼마는 진흙인즉 그 나라가 얼마는 든든하고 얼마는 부서질 만할 것이며 왕께서 쇠와 진흙이 섞인 것을 보셨은즉 그들이 다른 민족과 서로 섞일 것이나 그들이 피차에 합하지 아니함이 쇠와 진흙이 합하지 않음과 같으리이다. 이 점에 대하여 하비 칸(Harvie Conn)의 해석을 다음과 같이 소개한다. 요컨대 이 부분 말씀은 넷째 나라의 혼합적인 성격을 진술하여 그 내부적 단합이 부족함에 따른 약점을 지적한다. 여기 사용된 문체 역시 중복체로서 그 나라 구조의 혼합성을 강조한다. 히브리어와 아람어 문법에 따르면 중복체는 강조의 의미를 지닌다. 구약에는 어떤 뜻을 강조하기 위하여 두 번, 혹은 그 이상 여러 번이라도 거듭 말하는 경우가 많다. 그러나 몽고메리(Montgomery)는 이러한 중복을 불필요한 것으로 여기고 본문을 고쳐보려는 쓸데없는 노력을 하였다.

그 나라가 비록 "쇠"같이 강하지만 그렇게 발과 발가락들이 나누어진 채로 혼합되어 있을뿐더러, 얼마는 "쇠"이며 얼마는"진흙"이기 때문에 서로 완전히 융합되지 않는다. 이와 같은 약점은 앞서 지나간 나라들의 경우보다 심하다. 바벨론은 단 하나의 "순금 머리"로 비유되어 최대한의 통일성을 유지하고 있는 셈이었고, 메대-바사는 "가슴과 팔들"로 대표되었고, 헬라는 "배와 넓적다리"로 비유되었었다. 그만큼 그 국가들은 통일성의 결핍에 있어서 넷째 나라처럼 심하지는 않았다. 넷째 나라는 "종아리"들로 나뉘었고, 더 나아가서는 "발과 발가락"들로까지 세분되었으며, 그 체질도 일부는 쇠로 만들어진 반면에 나머지는 진흙이다. 이러한 상황이니 서로 융합될 수 없는 처지였다. 41절의 "나누일 것이며"(פְּלַג "플라그")라는 표현을 양분된다는 뜻으로 해석한 학자가 있으나(Driver), 그것은 잘못이다. 이것은 다양성으로 나누어져 있음을 가리킨다(Young, Montgomery). 특별히 이것은 주로 내부적 통일성의 결여를 의미한다(창 10:25; 시 55:9).

"그들이 다른 민족과 서로 섞일 것이나 그들이 피차에 합하지 아니함이." 이 말씀에 대한 해석은 여러 가지다. ① 여기서 이른바 "그들"이라는 말이 "왕들"을 의미하고 "섞일 것"이라는 말은 왕족들의 국제결혼을 가리킨다고 해석하는 학자들이 있다. ② 그러나 류폴드(Leupold)는 다음과 같이 말한다. 요컨대 이 문구는 일반적인 혼종 결혼을 의미하는 것으로서 로마 제국의 말기에 벌어질 일을 예언한다는 것이다. 다시 말해 쇠는 본래의 로마족이고, 진흙은 게르만족 또는 다른 종족들인데 이들이 서로 혼종 결혼할 것이 여기에 예언되었다는 것이다. ③ 위에 말한 류폴드(Leupold)의 해석은 자연스럽지 않다. 그는 여기서 서로 섞인다는 말을 혼종 결혼의 뜻으로 전용했으나 그것은 지나친 해석이다. 서로 "섞인"다는 말은 서로 다른 민족들의 정치적 합병을 의미한 것인데, 정치적 합병은 반드시 결혼으로만 이루어지는 것이 아니다. 이 해석이 옳다고 보는 이유는 다음과 같다. 43절의 "그들"은 44절 첫머리의 여러 나라 왕들을 미리 당기어 말한 것으로 생각될 수 없고, 위에서 이미 언급한 쇠와 진흙을 가리킨다. 그리고 쇠와 진흙은 민족이나 문화를 가리킨다. 이들이 서로 섞여 있어도 융합되지는 않는다고 본문은 말한다.

여기서 우리가 들여다볼 수 있는 것은 하나님의 도우심이 없는 인간의 노력은 실패한다는 것이다. 따라서 그 아래 말씀(44-45절)에서 강조한 바는 이렇다. 곧 이 세상 나라는 아무리 강하여도 실패하고 오직 하나님의 나라가 영원히 승리한다는 것이다.

그러면 이제 문제는 넷째 나라가 역사상 어느 나라인가 하는 점이다.

1) 다니엘서의 역사성을 부인하는 자유주의 학자들은 이것이 헬라 제국을 가리킨다고 하였고,[160]

---

160) Prince, Driver, Montgomery, Charles, Rowley.

2) 전통주의 학자들은 이것이 로마 제국을 가리킨다고 하였다.[161] 에드워드 영(E. J. Young)은 이것이 로마 제국을 가리킨다는 해석을 지지하는 논거 몇 가지를 들었으니 그것은 다음과 같다.

① 제7장의 넷째 짐승이 제8장의 숫염소(이는 자유주의 학자들도 헬라를 가리킨다고 함)와는 동일한 것이 아니지만, 제2장의 넷째 나라와는 동일하다. 제7장의 넷째 짐승과 제8장의 숫염소를 비교해 보면 그것들은 서로 다르다.

(다니엘 2:41-43)

제7장의 넷째 짐승	제8장의 숫염소
바다에서 나옴	땅의 서편에서 옴
이름이 없음	수염소란 이름이 있음
열 뿔이 있음	눈 사이에 뿔이 있음
다른 한 뿔이 열 뿔 중 세 뿔을 뽑음	큰 뿔이 꺾이고 다른 뿔 넷이 나옴
짐승이 죽음	숫염소가 전쟁 후에 커짐

위의 도표를 보아도 그 두 짐승은 서로 다른 것이다. 그러므로 제8장의 숫염소가 헬라이므로 제7장의 넷째 짐승은 로마다(셋째 짐승은 헬라이므로). 그러므로 제2장의 넷째 나라도 로마다.

② 둘째 나라가 메대-바사(메대만이 아니라)이므로 네 나라의 순서는 바벨론, 메대-바사, 헬라, 로마일 수밖에 없다.

③ 다니엘의 말에 의하면, 메시아의 나라가 넷째 나라의 시대와 접촉하여 건립된다고 하였다. 역사적 사건으로 보아서도 메시아는 셋째 나라, 다시 말해 헬라 시대에 오시지 않았고, 헬라 다음 나라인 로마 시대에 오셨다. 로마는 넷째 나라다.

---

161) Augustine, Luther, Calvin, Hengstenberg, Keil, Pusey, Kliefoth, Boutflower, Leupold, Young.

3) 근년에 이르러서 세대주의 학자들 역시 넷째 나라를 로마로 본다. 게이블라인(A. C. Gabelein)은 다니엘 2장을 가리켜 성경의 중추라 하였고, 해리 아이언사이드(Harry Ironside)는 예언의 입문이라 하였고, 디한(Dehaan)은 다니엘 2장과 요한계시록을 연관시킨 연구가 성경의 모든 예언에 대하여 가장 명석한 깨달음을 준다고 하였다. 이들은 모두 다 넷째 나라를 로마로 해석한다.

그러나 그들은 전통주의 학자들과 다르게 이 넷째 나라의 발가락이 그리스도의 재림 직전에 있을 재생될 로마를 상징한다고 해석한다. 다시 말해 그 열 발가락은 열 나라인데 그 나라들이 재생될 로마 속에 있다고 한다. 아이언사이드(Ironside)는 말하기를, 이 열 나라는 옛날의 로마 제국을 근거로 하여 서로 동맹한다고 하였고, 디한(Dehaan)은 말하기를, 이 열 나라가 연맹을 결성하고 있으나, 한쪽은 진흙으로 비유되는 5대 민주주의 국가이고, 다른 한쪽은 쇠로 비유된 5대 전체주의 국가들이라고 하였다.

세대주의에 따르면 재생된 로마 제국이 그리스도의 재림으로 말미암아 멸망하고 천년왕국이 성립된다고 한다. 그들은 이방인의 권세가 그리스도의 초림 시보다 재림 시에 멸망한다고 하며, "손대지 아니한 돌"이 열 발가락을 부서뜨린다는 것은 그리스도의 초림 사건에는 맞지 않는다고 한다. 다시 말해 부서뜨린다는 표현이 평화롭게 임하는 복음 운동을 가리킨다고 볼 수 없고, 그리스도의 재림으로 이루어질 심판을 가리킨다고 해야 한다는 것이다.

위에 말한 세대주의(dispensationalism)의 해석을 총괄하면, 다음과 같은 사실이 드러난다. ① 이 해석은 제2장에 있는 열 발가락을 특별히 강조하여 생각한다. ② 그 열 발가락은 그리스도의 재림 직전에 있을 재생될 로마 제국을 가리킨다고 주장한다. ③ 재생될 로마 제국은 그리스도의 재림으로 인하여 갑자기 멸망한다고 말한다. ④ "손대지 아니한 돌"은 그리스도의 초림이 아니고 재림을 뜻한다고 본다. ⑤ 2:44-45에 묘사된 천국은 천년왕국을 의미한다고 해석한다.

어떤 칼빈주의 학자들에 의하면, 위의 세대주의 주장들이 건전한 해석에서는 성립되기 어렵다고 하는데, 그 이유는 다음과 같다.

첫째, 세대주의 해석에서 "열 발가락"을 중점적으로 설명한 것은 잘못이다. 여기 41절에는 그 신상의 발가락들이 "열"이라고 말하지 않는다. "열"이라는 숫자는 세대주의 학자들이 7:24-27의 "열 뿔"이라는 말에서 인용한 것이다. 물론 사람에게는 열 개의 발가락이 있다. 그러나 우리 본문(41절)에서 "열"이라는 숫자를 염두에 두고 강조하지는 않았다. 여기서 강조점은 그 발가락들이 쇠와 진흙의 혼합물로 만들어진 것인 만큼 서로 일치하지 않는다는 점에 있다. 그뿐 아니라 우리 본문에서 말하는 것은 돌로 말미암아 발가락보다도 발이 부서졌다는 것이다(34절). 그러므로 여기에는 발이 중점적으로 설명되어 있다. 우리는 본 장에서 그 강조점이 숫자에 있지 않다는 사실도 주목해야 한다. 숫자에 대한 설명은 7장과 9장에 나온다.

둘째, 세대주의에서는 제2장의 발가락들이 재생될 로마 제국의 열 명의 왕을 의미한다고 하는데(Gabelein), 그 해석은 44절의 "이 여러 왕들의 시대에"라는 문구가 지지한다고 한다. 그러나 여기서 "여러 왕들"이라는 말은 "열 명의 왕"을 의미하는 것이 아니고 위에 이미 언급된 신상의 각 부분으로 상징된 사대 왕국을 대표할 뿐이다.

셋째, 세대주의에서는 돌로 말미암은 멸망이 갑작스럽게 임한다고 하는데, 그것은 독단적인 해석이다. 특별히 스코필드(Schofield) 주해 성경은 이 점에 대해 말하기를, "부서뜨린 돌이 이방 세계를 최종적으로 또는 갑자기 멸망시키는데, 이런 것은 그리스도의 초림에 의하여 성립되는 것이 아니다. 이방 세계의 권세는 아직도 존재한다. 부서뜨리는 일은 아직도 보류되어 있다"라고 하였다. 그러나 이같이 돌로 말미암아 부서뜨리는 일이 갑작스럽게 찾아올 것이라고 강조하는 것은 본문에 근거를 둔 해석이 아니다. 우리 본문

(41-43절)은 그 멸망의 완결성을 강조하는 것일 뿐이고, 그 긴박성을 강조하는 것이 아니다.

넷째, 세대주의에서는 돌로 말미암은 멸망이 그리스도의 재림에 따른 것이라고 한다. 그러나 우리는 이것이 그리스도의 초림으로 말미암은 것이라고 본다. 알리스(O. T. Allis)는 말하기를, 세대주의가 일어나기 전까지 이 해석(그리스도의 초림으로 말미암는다는 해석)이 보편적으로 받아들여져 왔다고 한다. 이 같은 해석은 순교자 유스티누스, 테르툴리아누스, 이레나이우스, 칼빈, 카일, 류폴드, 알리스, 영[162] 등이 찬동한다. 아래 44-45절에 대한 해석이 우리의 결론을 더욱 정당화한다.

위의 비판에 따르면 돌이 신상을 부서뜨리는 사건은 그리스도의 초림으로 말미암은 복음 운동을 가리킨다고 한다. 이러한 견해는 그 사건이 그리스도의 재림과 전혀 관계가 없다는 뜻은 아닐 것이다. 그 이유는 그 돌이 신상을 부서뜨린 후에 커져서 태산을 이루어 온 세계에 가득하였다고 하기 때문이다(2:35). 그것이 온 세계에 가득하다는 것은 천국의 완성을 가리키는데, 그 일은 그리스도의 재림으로 이루어진다. 이 점에 있어서, 칼빈주의 신학자 알더스(G. Ch. Aalders)의 해석도 참고할 만하다. 그는 다음과 같이 말하였다. "우리는 이 부분에 종말론적 요소가 있다고 본다. 본문에 있는 영원한 나라는 이 세상 나라가 아니다. 이것은 유대인의 왕국도 아니다. 이것은 그리스도의 하늘 영광의 나라다. 그것이 천년왕국이 아니라는 점은 그것이 '영원'하다는 말로 증명된다. 그것은 세상 끝날에 그리스도의 재림으로 완성될 나라다"라고 하였다.[163]

44-45 이 여러 왕들의 시대에 하늘의 하나님이 한 나라를 세우시리니 이것은 영원히 망

---

162) Justin Martyr, Tertullian, Irenaus, Calvin, Keil, Leupold, Allis, Young.
163) G.Ch. Aalders, Commentaar op het Oude Testament, Daniël, 1962, 73.

하지도 아니할 것이요 그 국권이 다른 백성에게로 돌아가지도 아니할 것이요 도리어 이 모든 나라를 쳐서 멸망시키고 영원히 설 것이라 손대지 아니한 돌이 산에서 나와서 쇠와 놋과 진흙과 은과 금을 부서뜨린 것을 왕께서 보신 것은 크신 하나님이 장래 일을 왕께 알게 하신 것이라 이 꿈은 참되고 이 해석은 확실하니이다 하니. 여기서는 영원히 세워질 하나님 나라에 대하여 예언하고 있다. 44절 상반절에는 이 나라가 세워질 시기가 예언되었는데, 요컨대 "여러 왕들의 시대에" 이 나라를 세우실 것이라고 한다. 이 문구에 대한 해석도 여럿으로 나뉘진다.

1) 이미 앞에서 세대주의적 해석을 다소 고찰한 바 있다. 세대주의 신학자 게이블라인(Gabelein)과 기타 몇몇 주석가들은 이 문구가 그리스도의 재림 직전 열 명의 왕이 연맹한 시대에 관한 설명이라고 하였다.

2) 최근에 다니엘서의 이 문구에 대하여 자유주의 학파는 다음과 같은 주장을 하고 있다. 요컨대 다니엘서에 따르면 메시아 왕국(천국)이 이전 네 나라에 뒤이어 나타날 것이라고 말한다는 것이다. 다시 말해 네 나라의 통치가 종결되기 전에는 메시아 왕국(천국)은 임하지 않는다고 하였으니, 넷째 나라는 반드시 로마가 아니고 헬라 제국이라고 주장한다. 왜냐하면 메시아의 나라(예수의 초림으로 말미암은 복음 운동)는 로마 제국의 뒤를 이은 것이 아니라 헬라 제국을 계승하였기 때문이라고 한다. 로울리(H. H. Rowley)는 〈메대 사람 다리오와 4대 제국〉이라는 그의 책에서 이와 같은 주장을 하고 있다.

이 같은 주장은 44절의 확실한 의미에 일치하지 않는 것이다. 44-45절에서는 분명히 메시아의 나라가 4대 제국의 여러 왕들의 시대 중에 건설될 것이라고 예언되었다. 바꾸어 말하면 이 나라들이 존재하고 있는 기간, 곧 그 나라들이 멸망하기 전에 메시아의 나라가 건설되리라는 것이다. 그러므로 메시아의 나라가 4대 제국이 멸망한 뒤에 계승된다고 하는 로울리의 주장은 그릇된 해석이 아닐 수 없다.

3) 그렇다면 어떤 의미에서 이 네 나라의 때에(그 시대 중에) 메시아의 나

라가 건설된다는 것일까? 그것은 넷째 나라 로마("재생 로마"가 아니고 역사적 로마) 시대에 그리스도의 초림으로 건설될 천국을 가리킨다.

우리는 이 구절(44절)에서 예언된 나라가 예수 그리스도(메시아)의 나라이며, 이 나라는 지금으로부터 1,900여 년 전에 예수 그리스도와 그의 제자들에 의해서 가이사(Caesar) 통치의 시대에 먼저 영적으로 건설되었다고 믿는다. 이 메시아 왕국은 참된 교회로 성장해 오고 있으며, 전 세계로 널리 퍼지고 있다(천국의 최종적 완성은 물론 그리스도의 재림으로 이루어진다). 이와 같은 견해를 강력히 지지해 주는 증거는 다음과 같다. 요컨대 세례 요한과 예수님께서 다 "천국이 가까웠다"라고 가르치신 점이다. 복음서에 기록된 대로 우리 주님의 교훈은 천국에 중점을 두고 있다. 예수님은 누가복음 4:43에서 그의 주된 사명이 하나님 나라의 기쁜 소식(복음)을 전하는 것이라고 말씀하셨다. 이와 같은 강조는 주님의 설교 가운데도 많이 나타난다. 주님은 "심령이 가난한 자는 복이 있나니 천국이 그들의 것임이요", "의를 위하여 박해를 받은 자는 복이 있나니 천국이 그들의 것임이라"(마 5:3, 10)라고 하셨다. 주님이 가르치신 많은 비유도 "천국은 마치 ~와 같으니"라는 문구로 시작한다(마 13:44, 45, 47; 20:1; 22:2; 25:1). 그렇다면 하늘나라의 노래는 예수님의 초림 및 그의 사역과 관련된 중대한 역사적인 사건이었다. 다시 말해 여기 44-45절에 예언된 주님의 나라는 그 예언 당시에는 없었고 미래에 건설된 나라로 지적되었는데, 복음서에서 예수 그리스도로 말미암아 그 나라가 임하였다고 말한다.

이 점과 관련하여 해답을 요구하는 또 하나의 문제가 있다. 그것은 아래와 같다. 주 예수 그리스도께서 다니엘 2장 가운데 등장하는 "넷째 나라"인 로마 제국 시대에 천국을 세우신 것은 역사적 사실이다. 그렇다면 다니엘은 어찌하여 메시아의 나라가 "여러 왕들의 시대"에 세워진다고 말했는가? 이미 말한 바와 같이 "여러 왕들의 시대"를 4대 제국(바벨론, 메대-바사, 헬라, 로마)에 관한 것으로 이해한다면 어떻게 하나님 나라가 4대 제국의 모든 시대에 걸쳐 건립될 것이라고 말할 수 있을 것인가? 실로 천국은 바로 4대 제국 중 마지막 나라인 로마 시대에 걸쳐서 건립된 것이 아닌가? 우리는 이 문제를 어떻게 해결하는가? 그러나 이것은 난제가 아니다. 이미 앞에서 제시한 4대 제국은 다니엘의 예언에 있어서 별개의 네 제국을 의미하기보다는 차라리 그 넷을 하나의 세상 국가로 간주하는 것이다. 알리스(O. T. Allis)의 말을 빌리자면 메대-바사는 바벨론을 정복하여 자기 영토로 합병하였고, 그 뒤에 헬라가 메대-바사에 대하여 그리하였고, 로마는 헬라 영토의 대부분을 점령하였다. 이렇게 결과적으로 로마는 결국 위의 세 나라를 통합한 단일체라고 할 수 있다. 그러므로 돌이 신상을 부서뜨리는 일이 로마 시대에 이루어졌지만 어떤 의미에서는 네 나라의 시대에 이루어진 것이라고 말할 수 있다(Harvie Conn).

4) 알더스(G. Ch. Aalders)는 44절에 나오는 "여러 왕들의 시대"라는 말을 다음과 같이 이해한다. "우리는 그 신상의 발에서 로마의 멸망과 세상 끝날 사이에 끼어 있는 세계 역사의 전 시대를 본다"라고 하였다.[164] 알더스의 해석은 "여러 왕들"이 로마의 멸망 이후 세상 끝날까지 이어질 세계 역사를 대표하는 것으로 이해하는 한편 돌이 신상의 발을 부서뜨리는 사건은 세계 역사의 막바지에 발생할 사건으로도 이해하는 셈이다. 우리는 위의 셋째, 혹은 넷째의 해석을 채택할 것이다.

"하늘의 하나님이 한 나라를 세우시리니." 이것은 천국의 기원에 대하여 말한다. 이 나라는 사람이 세우는 것이 아니고 하늘의 하나님께서 세우시는 것이다. 다니엘은 여기서 다시 바벨론의 신들보다 높으신 대주재 하나님의 성호를 사용한다.

---

164) Commentaar op het Oude Testament, Daniël, 1962, 73.

이 나라의 신적 기원에 대한 강조는 대조적인 표현들로 나타났다. 4대 제국은 신상으로 상징되었는데, 그것은 인공적인 인체의 모양이었다. 말하자면 그 형상은 수공을 통해서 금속 물질로 정밀하게 주조되었다. 이것은 이 세상 나라가 어떤 면에서는 인간의 산물임을 비유한다. 그뿐 아니라 그 신상은 움직임이 없고 생명이 없다는 점에서 천국과는 반대되는 것이다. 천국은 참 생명을 가진 것이기 때문에 동적이고 초자연적인 운동으로 나타난다. "손대지 아니한 돌"이라는 말이(45절) 바로 이 같은 사실을 보여준다.

"영원히 망하지도 아니할 것이요." 이 말씀은 천국이 지속되는 기간을 보여주는데, 그것은 "영원"하다는 것이다. 인간이 세운 국가들은 없어질 때가 있으나, 그리스도의 왕국은 영원토록 지속된다. 세대주의자들은 말하기를 이 부분 말씀이 천년왕국 시대를 보여준다고 한다. 그러나 사실상 이 본문 말씀에는 그렇게 주장할 근거가 없다. 본문에서 "영원히 망하지도 아니할 것"이라는 말씀과 또는 "영원히 설 것"이라는 말씀은 천년이라는 그 왕국의 제한된 기간과 반대된다. 특별히 이 왕국은 "다른 백성에게로 돌아가지도 아니할 것"이라는 말씀 역시 그 나라의 영원성을 보여준다.

"쇠와 놋과 진흙과 은과 금을 부서뜨린 것." 이것은 천국의 권능을 보여준다. 그 나라에는 이렇게 파괴적인 능력이 있음을 이 문구가 보여준다. 하나님의 나라는 완전히 승리하고 인간들의 나라는 장차 완전히 파괴될 것이라는 사실이 여기서 밝히 드러난다. 세대주의자들은 말하기를, 하늘나라의 이와 같은 파괴 운동을 어떻게 그리스도의 초림 사역에 대한 예언이라고 할 수 있는가 하고 반문한다. 다시 말해 그리스도의 초림 사역은 인류를 회개시키는 점진적인 운동인데 어떻게 그것을 갑작스럽게 파괴하는 운동이라고 할 수 있을지 묻는 것이다. 그러나 이와 같은 견해는 그리스도의 복음 전파의 능력에 대하여 제대로 이해하지 못한 것이다. 게할더스 보스(Geerhardus Vos)는

〈왕국과 교회〉165)라는 그의 작지만 탁월한 책에서 예수님이 전하신 왕국의 능력을 올바르게 지적하였다. 고린도전서 15:25에 말하기를 "그가 모든 원수를 그 발 아래에 둘 때까지 반드시 왕 노릇 하시리니"라고 하였는데, 여기서 왕 노릇 하신다는 말은 그리스도께서 복음 전파를 통하여 모든 원수를 정복하시는 과정을 가리킨다. 예수님의 사역은 가장 확실하고 능력 있는 정복 사역이었다. 그는 마귀를 정복하셨다(마 12:28). 그의 모든 이적(異蹟)들도 능력의 표현이었다. 복음서에 기록된 대로 그가 행하신 이적들은 천국이 그들 가운데 임했다는 증표였다. 그것들은 바로 장차 천지를 변혁시킬 권능이 현세에 이미 움직이고 있다는 증표들이다. 그는 그의 이적들이 바로 메시아 왕국의 증표라고 강하게 말씀하셨다(마 11:5; 눅 4:18-19).

말하자면 예수님의 초림은 천국 능력의 완전한 표현이다. 본문에 대한 이와 같은 해석은 그 "돌"이 자라서 "태산을 이루어 온 세계에 가득하였다"는 말씀과도 부합한다. 그리스도께서 전파하신 복음은 과연 온 세계에 충만할 수 있다. 빈약한 열두 제자가 하나님의 말씀을 전파하였지만 결국 온 세계가 진동하게 되었다. 그렇다고 해서 45절 말씀이 천국 운동의 한 방면(그리스도의 복음 운동)만 강조하고 그리스도의 재림 사건을 내포하지 않았다는 뜻은 아니다. 본문은 그리스도의 재림을 가르치기도 한다.

"이 꿈은 참되고 이 해석은 확실하니이다." 다니엘은 여기서 느부갓네살에게 확신을 재촉하는 의미에서 그 해석의 진실성을 지적한다. 그는 느부갓네살이 잊어버린 꿈을 알려주는 정도로 그치지 않고 그 꿈이 가르치는 교훈을 인상 깊게 강조한다. 다니엘이 전한 이 말씀을 듣는 자는 그것을 명심하고 하나님께 영광을 돌려야 한다(Harvie Conn).

결론적으로 느부갓네살의 꿈을 해석한 다니엘의 예언은 다음과 같은 사

---

165) Geerhardus Vos, The Kingdom and the Church.

실을 밝히 지적한다. 이 세상 나라들은 일어났다가 멸망하곤 한다. 그러나 역사는 이 같은 사건들로 영원토록 순환하는 것이 아니라 새로운 능력이 세상에 찾아오는 때가 있다는 것이다. 이 새로운 능력은 사람의 힘으로 말미암은 것이 아니다. 그것은 하늘에서 찾아와서 땅 위의 옛 질서를 파괴하고 영원히 승리하는데, 그것이 바로 예수 그리스도로 말미암은 천국 운동이라는 것이다. 이 능력은 점점 자라나서 온 세계에 하나님을 아는 지혜가 충만하게 만들 것이다(Harvie Conn). 본문은 그리스도의 복음 운동을 예언하기도 하지만 그와 동시에 그의 재림 사건도 포함하여 말한다. 이것은 마치 우리가 산을 멀리서 바라볼 때는 한 개의 산으로 보이지만 그 산에 올라가 보면 그 뒤에 또 다른 봉우리가 드러나는 것과 같다.

46 이에 느부갓네살 왕이 엎드려 다니엘에게 절하고 명하여 예물과 향품을 그에게 주게 하니라. "느부갓네살"은 다니엘이 꿈을 해몽하는 것을 보고 놀라서 그를 신과 같이 여기고 경배하였다. "예물과 향품을 그에게 주게" 했다는 말이 그런 뜻이다. 특별히 "향품"은 신에게 드리는 것이다. 하나님을 모르는 이방 임금은 이렇게도 쉽사리 사람을 하나님처럼 높이는 잘못을 범한다.

47 왕이 대답하여 다니엘에게 이르되 너희 하나님은 참으로 모든 신들의 신이시요 모든 왕의 주재시로다 네가 능히 이 은밀한 것을 나타내었으니 네 하나님은 또 은밀한 것을 나타내시는 이시로다. 여기서 이른바 "대답하여"라는 말은 문맥과 분리되어 갑작스럽게 등장하는 것처럼 보인다. 이런 대답이 나올 만한 연결고리를 앞 절에서 찾을 수 없으므로 우리는 다음과 같이 생각할 수 있다. 말하자면 느부갓네살 왕이 다니엘을 신과 같이 여기고 경배하였을 때 다니엘은 즉시 자기가 해몽한 것이 아니라 하나님이 하신 것이라고 분명하게 대답하였던 것으로 보인다. 그리고 그 말에 대해 느부갓네살이 대답하면서 다니엘의 하나님을 칭송한 듯하다.

48-49 이 구절들은 다니엘과 그 세 친구가 고위 관리로 등용되었다는

사실을 보여준다.

| 설교자료

1. 폭군과 다니엘(1-13절). 하나님을 공경하는 자들은 평화롭고 안전할 때만 하나님을 섬기는 자가 아니다. 포학한 정치 체제하에서도 다니엘은 신앙을 굳게 지켰다. 느부갓네살 왕의 꿈을 해석하기 위하여 불려갔던 바벨론의 모든 지혜자들과 술사들은 실패하였으나 다니엘은 승리하고 오히려 지혜자들과 술사들의 생명까지 구원해 주었다.

2. 다니엘의 신앙의 담력(14-16절). 다니엘은 폭군을 꾸짖을 만큼 담대하였다. 그가 "왕의 명령이 어찌 그리 급하냐"(15절)라고 했던 말이나, 또한 기한을 주면 그 꿈을 해석하겠다는 말은 담대한 그의 신앙을 보여준다(16절).

3. 다니엘이 난제를 해결한 비결(17-19절). 다니엘은 폭군의 꿈을 알아내기 위하여 자기 신앙의 동지들과 함께 기도하였다. 개인의 기도도 유력하지만 같은 신앙을 가진 동지들과 합심하여 드리는 기도는 더욱 유력하다.

4. 다니엘의 감사(20-24절). 그는 폭군이 꾸었던 꿈의 내용과 의미를 깨닫게 되었을 때 그에게 지혜를 주신 하나님께 먼저 감사하는 일을 잊지 않았다. 흔히 진실한 신자들도 하나님에게서 받기는 일에만 마음을 기울이고 감사를 잊어버리는 경우가 많다. 그러나 다니엘은 여러 말로 그의 감사를 표현하였다. 요컨대 지혜와 능력이 그에게 있다고 하였고, 왕들을 폐하시고 왕들을 세우시는 주권이 하나님께 있다고 하였으며 하나님께서 깊고 은밀한 일을 나타내신다고 하였다.

5. 다니엘은 느부갓네살 왕을 대면하여 그의 꿈을 해몽해주기에 앞서 먼저 여호와 하나님께만 소망을 가지고 그분만을 높여야 할 것을 왕에게 말하였다. 그는 이렇게 하나님만 높였다.

6. 다니엘은 느부갓네살의 꿈이 "후일에 될 일", 다시 말해 메시아 시대와 관련된 것임을 먼저 지적한다(28절). 후일에 이루어질 일이라는 것은 종말론적 성격을 지닌 사건을 의미하는데, 그런 의미에서 신약 시대와 관련된다. 느부갓네살의 꿈 가운데 나타난 신상은 4대 왕국을 차례로 보여주는데, 그 넷째 왕국 시절에 메시아 왕국이 계시되었다. 이 같은 사실에 있어서 주목할 점은 하나님께서 무엇이든지 구약 시대에 계시하신 것들은 메시아의 시대, 곧 신약 시대를 목표하신 것이라는 사실이다.

7. 다니엘은 느부갓네살의 꿈을 해석할 때 그의 왕권이 하나님으로부터 부여되었다는 사실을 명백히 지적하면서, 그로 하여금 마땅히 하나님을 경외해야 할 것을 깨닫게 한다(36-38절). 이처럼 다니엘은 그 당시 천하의 폭군이었던 느부갓네살도 하나님의 장중에 있고 그에 의해 좌우된다고 믿었다. 그의 신앙은 이 정도로 하나님 우선주의에 확고히 서서 요동함이 없었다.

8. 하나님께서 느부갓네살에게 꿈으로 주신 계시 가운데 특별히 위대하고 정점을 이루는 것이라고 할 수 있는 내용은 그리스도의 영원한 왕국에 대한 것이다(44-45절). 이 계시에 있어서 "그 나라가 영원하리라"라는 의미의 말씀은 그 나라의 성격이 이 세상 나라와 다르다는 점을 보여준다. "영원"이라는 말은 이 세상의 것으로는 성립될 수 없으니 영원한 나라야말로 하나님께서 직접 구원하여 주셔서 이루어진 천국을 가리킬 뿐이다. 다시 말해 그 나라는 예수 그리스도의 보혈로 속죄받은 하나님의 백성이 영생하여 하나

님의 기업을 누리는 나라라는 것이다. 구약성경은 모든 중요한 예언에 있어서 이처럼 영광스러운 정점이 되는 예언, 다시 말해 신약 시대에 대한 예언으로 결말짓는다.

제 3 장

✤ 역사성

자유주의 학자들은 몇 가지 이유로 본 장의 역사성을 의심한다. 그러나 그들이 제시하는 근거들은 정당하지 않다. 그들은 말하기를, ① 느부갓네살은 다른 민족의 종교도 존중하는 자인데(2:46-49), 어떻게 자기 나라 우상에게 절하지 않는 자들을 풀무불에 던지라는 칙령을 제정할 수 있었겠는가 하고 의문을 제기한다. 그러나 이와 같은 의문은 정당하지 않다. 느부갓네살 왕이 자기가 세운 우상에게 절하지 않는 자들을 처벌한 이유는 자기 우상에게 절하지 않는 그들의 행동이 자신의 종교를 무시하는 일이라고 생각하였기 때문이다. 그가 내린 처분은 그가 생각하기에 다른 사람들의 종교를 핍박하는 의미가 아니고 자신의 종교를 옹호하는 일이었다. ② 또 비평가들은 말하기를, 본 장에 등장하는 악기의 명칭들 가운데 헬라 시대의 용어들이 발견되는데(예컨대 "생황" סוּמְפֹּנְיָה), 그것은 본 장이 헬라 시대에 기록된 증거라고 주장한다. 그러나 이 같은 주장은 성립하지 않는다. 그 이유는 헬라의 악기 명칭이 실상은 바벨론에서 유래했을 수도 있기 때문이다. ③ 비평가들은 또 말하기를, 사드락과 메삭과 아벳느고를 풀무불에 던지던 사람들 자신들이 불에 타서 죽었다고 한 말씀(22절)이 사실처럼 보이지 않는다고 한다. 그러나 그런 추측도 정당하지 않은데, 풀무불을 일곱 배나 더 뜨겁게 하였으므로 거기에 접근한 자들이 타서 죽을 수도 있는 일이기 때문이다. ④ 비평가들은 다시 말하기를, 다니엘도 느부갓네살이 세운 우상에 절하지 않았을 텐데 그는 어찌하여 처벌을 받지 않았는가 질문한다. 그들은 이와 같은 의문을 가지고 본 장의 역사성을 부인하려 한다. 그러나 이런 이론은 정당하지 않다. 당시에 다니엘은 출타 중이어서 원수들의 고발 대상이 되지 않았을 수도 있다.

✤ 내용분해

1. 느부갓네살 왕이 금 신상을 세우고 모든 사람에게 경배하라고 명령함(1-7절)

2. 다니엘의 세 친구가 우상숭배에 타협하지 않으므로 참소를 당함(8-12절)

3. 사드락, 메삭, 아벳느고에 대한 느부갓네살의 위협과 세 사람의 거부(13-18절)

4. 사드락, 메삭, 아벳느고가 풀무불에 던져졌으나 불타지 않음(19-23절)

5. 느부갓네살이 사드락, 메삭, 아벳느고의 하나님을 찬송함(24-30절)

✤ 해석

1 느부갓네살 왕이 금으로 신상을 만들었으니 높이는 육십 규빗이요 너비는 여섯 규빗이라 그것을 바벨론 지방의 두라 평지에 세웠더라. 여기서 이른바 "두라 평지"는 바벨론 남쪽 10km쯤 떨어져 있는 곳으로서 지금도 거기에 벽돌 건축의 유적이 남아 있다고 한다. 느부갓네살이 금으로 신상을 만든 것은 그가 꿈에서 본

우상의 금 머리가 바벨론 왕이라는 다니엘의 해석을 듣고(2:38) 자기와 바벨론의 신을 높이는 의미에서 취한 행동인 듯하다. 그가 다니엘의 놀라운 해몽을 듣고 하나님을 찬송했었는데(2:46-49), 이렇게도 급속히 변하여 하나님이 미워하시는 우상을 세운 것은 하나님을 노엽게 하는 일이다.

2-3 느부갓네살 왕이 사람을 보내어 총독과 수령과 행정관과 모사와 재무관과 재판관과 법률사와 각 지방 모든 관원을 느부갓네살 왕이 세운 신상의 낙성식에 참석하게 하매 이에 총독과 수령과 행정관과 모사와 재무관과 재판관과 법률사와 각 지방 모든 관원이 느부갓네살 왕이 세운 신상의 낙성식에 참석하여 느부갓네살 왕이 세운 신상 앞에 서니라. 이 부분에서는 느부갓네살 왕이 우상의 낙성식을 위하여 전국 관리들을 참석하게 한 성대한 운동에 대하여 묘사한다. 여기서 여덟 가지나 되는 관리들의 목록을 두 번이나 반복한 것은 일종의 강조법이다. 이것은 그 당시 우상을 섬기기 위한 행사가 얼마나 성대하였는지를 독자들에게 인상 깊게 전달한다.

4-7 이 부분에서도 그 당시 우상을 섬기기 위한 바벨론의 전국적인 행사가 얼마나 성대하였는지를 보여준다. ① 바벨론의 통치하에 있는 모든 민족이 우상에게 절하도록 동원되었다(4절). ② 바벨론 사람들은 음악을 사랑하였는데(사 14:11; 시 137:3), 모든 악기를 총동원하여 우상숭배를 거족적으로 찬양하였다(5절). ③ 누구든지 우상에게 절하지 않는 자는 풀무불에 던진다고 함으로써 극단적인 위협으로 우상숭배를 강요하였다(6절).

위에 말한 것과 같이 바벨론 제국 전체는 우상을 위하는 행사에 총궐기하였다. 이런 시기에 사드락, 메삭, 아벳느고 세 사람은 신앙의 절개를 지키고 우상에게 절하지 않았다. 그런 절박한 때에 하나님의 이적이 나타나는 법이다. 시편 119:126에 말하기를 "그들이 주의 법을 폐하였사오니 지금은 여호와께서 일하실 때니이다"라고 하였다.

8-12 이 부분에서는 "어떤 갈대아 사람들이···사드락과 메삭과 아벳느고"를 느부갓네살 왕에게 고소한 사실을 밝혀 준다. 그들이 고소한 이유는

이 세 사람이 왕의 사랑을 받고 권세를 차지한 것을(2:48-49) 시기했기 때문이기도 하다. 이것도 하나님의 진노를 격동시키는 일이었다. 이 모든 사실이 하나님의 특별한 간섭을 자극하는 일이었다.

13-15 느부갓네살 왕이 직접 사드락, 메삭, 아벳느고를 심문하였으니 이것이야말로 강권을 발동한 것이다. 그의 심문에는 회유와 위협이 포함되어 있다. ① 회유는 다음과 같은 말로 나타났는데, 요컨대 "너희가 내 신을 섬기지 아니하며 내가 세운 금 신상에게 절하지 아니한다 하니 사실이냐 이제라도 너희가 준비하였다가 나팔과 피리와 수금과 삼현금과 양금과 생황과 및 모든 악기 소리를 들을 때 내가 만든 신상 앞에 엎드려 절하면 좋거니와"라는 말이었다(14-15상). ② 그리고 위협은 다음과 같이 주어졌는데, 곧 "너희가 만일 절하지 아니하면 즉시 너희를 맹렬히 타는 풀무불 가운데에 던져 넣을 것이니 능히 너희를 내 손에서 건져낼 신이 누구이겠느냐"라는 말이었다(15하). 그리스도인들이 죄를 범하도록 만들기 위한 마귀의 시험은 종종 이렇게 양동작전으로 나타난다.

16 우리가 이 일에 대하여 왕에게 대답할 필요가 없나이다. 이 대답은 거론할 필요조차 없다는 뜻이다. 칼빈(Calvin)은 말하기를 "사람들이 우리에게 하나님을 거역하라고 유혹할 때는 이론이 필요하지 않고, 우리는 그들의 말에 귀를 막고 언급하기를 거부해야 한다. 우리는 이런 때에 우리의 생명을 보존할 방법을 의논할 필요조차 없고, 다만 하나님께 우리 자신을 내어 맡기는 수밖에 없다"라고 하였다.

17-18 왕이여 우리가 섬기는 하나님이 계시다면 우리를 맹렬히 타는 풀무불 가운데에서 능히 건져내시겠고 왕의 손에서도 건져내시리이다 그렇게 하지 아니하실지라도 왕이여 우리가 왕의 신들을 섬기지도 아니하고 왕이 세우신 금 신상에게 절하지도 아니할 줄을 아옵소서. "우리가 섬기는 하나님." 이 말은 그들이 섬기는 하나님의 영광을 위하여 그들이 느부갓네살의 신상에 절하지 못하겠다는 뜻도 내포한다. 우리는 이

들의 신앙을 통해 하나님의 능력을 볼 수 있다. 다니엘의 세 친구는 타국에 있는 외로운 처지였고 도와주는 사람도 전혀 없었으며, 폭군 앞에 서서 풀무 불에 타 죽는 무서운 형벌을 당해야 할 처지인데도 불구하고 담대한 신앙으로 일관한다. 그들의 이와 같은 신앙은 하나님의 능력으로 말미암아 생긴 것이다. 그들의 신앙은 다음과 같다.

설교 사드락과 메삭과 아벳느고의 신앙 [1](16-18절)

1. 하나님께서 건져 주실 줄 믿는 신앙

하나님은 전능자시다. 우리는 어려움을 당할 때일수록 그를 믿어야 한다. 특별히 그런 때에 믿음이 생기는 것이 이미 기적이다. 신자가 하나님의 의를 증언하여 나타낼 때는 특별히 주님의 이적이 나타난다. 교회 시대에도 그런 일이 없다고 할 수 없다. 중국에 있었던 그리스도인 한 사람의 놀라운 행적을 생각하여 보자. 그의 동네 사람들이 화재를 막아준다는 우상을 섬기기 위하여 돈을 모을 때, 그는 살아 계신 하나님을 믿고 우상이 화재를 막아주지 못한다고 생각했기 때문에 거절하였다. 얼마 후에 그 동네에 화재가 발생했는데 집들이 거의 다 탔으며 불은 그 신자의 집 근처까지 번져왔다. 이때 그가 하나님께 기도하였더니 바람의 방향이 변하여 그의 집에는 피해가 없었다. 우리는 주님을 믿는 믿음이 이미 기적이라는 점을 깨달아야 한다. 랠프 노턴(Ralph, C. Norton)이 1917년 9월에 대서양을 건너게 되었는데, 제1차 세계대전 중이었으므로 물속으로 어뢰가 지나다니고 있었다. 그때 그는 욥기 5:19을 읽으라는 음성을 들었다. 그 구절은 "여섯 가지 환난에서 너를 구원하시며 일곱 가지 환난이라도 그 재앙이 네게 미치지 않게 하시며"라는 말씀이었다. 그는 무사히 대서양을 건넜다.

2. 하나님께서 건져 주시지 않아도 그에게 충성하겠다고 결심함

1) 이것은 그들이 더 좋은 부활을 얻고자 하여 충성한 신앙이다. 히브리서 11:35에 말하기를 "어떤 이들은 더 좋은 부활을 얻고자 하여 심한 고문을 받되 구차히 풀려나기를 원하지 아니하였으며"라고 하였다.

2) 그들이 하나님의 계명을 사랑하기 때문에 그렇게 결심하였다. 그들은 풀무불에 들어갈지언정 계명은 어기지 못하겠다고 생각하였다. 사랑은 죽음과 같이 강하다(아 8:6). 가령 "네 아이를 네 손으로 죽이지 않으면 너를 풀무불에 던지겠다"라는 악한 협박을 당할 때 어느 누가 자기 아이를 자기 손으로 죽일 수 있겠는가? 차라리 자기 자신이 풀무불에 던져지기를 원할 것이 아니겠는가!

3) 그들은 하나님의 뜻에 자신들을 내어 드리는 일을 단행한 것이다. 그들의 마음에는 하나님께 순종하는 것 이상으로 좋은 것이 없었다. 예수님께서도 하나님의 뜻에 순종하는 것을 주릴 때의 양식(요 4:32, 34)과 같이 여기셨다.

설교▶ 사드락과 메삭과 아벳느고의 신앙 [2](16-18절)

1. 하나님께서 환난에서 건져내실 수 있다고 믿는 신앙(17절)

이것은 능력을 행하는 믿음이다. 모든 사람이 이런 믿음을 가지는 것은 아니다. 이런 믿음 자체가 이적이다. 모든 신자가 다 같이 이런 믿음은 가지지 못한다고 성경은 말한다. 고린도전서 12:9에 말하기를 "다른 사람에게는 같은 성령으로 믿음을" 주신다고 하였고, 고린도전서 12:29에는 "다 능력을 행하는 자이겠느냐"라고 하였다. 이런 사실을 생각하고 우리가 깨달을 것은, 그런 믿음은 하나님께서 주시는 것이니

1) 우리도 그런 믿음을 사모하여 구할 수 있다는 점이다. 그런 믿음을 구

하는 것도 신앙이다. 왜냐하면 그렇게 구하는 태도가 그런 믿음을 주시는 하나님의 존재를 믿는 것이기 때문이다.

2) 그런 믿음이 우리에게 생기지 않더라도 우리는 낙심할 것 없으며, 자포자기할 것도 없다. 도리어 여전히 하나님이 살아 계심을 믿을 수 있다. 그 이유는 우리가 그런 권능을 행하는 믿음을 받지 못하는 것도 성경의 말씀대로 이루어진 일인 줄로 인식하기 때문이다. 다시 말해 "다 능력을 행하는 자이겠느냐"(고전 12:29)라는 말씀과 같이 하나님께서 역사하심이 분명히 알려지기 때문이다.

2. 풀무불의 환난에서 하나님이 구원해 주시는 기적이 나타나지 않을지라도 끝까지 하나님만 섬기겠다는 신앙(18절)

1) 이것은 하나님의 일반 섭리로도 만족하겠다는 신앙이다. 이것은 그들이 계속 고난을 받아도 하나님의 뜻이요, 또 그것이 그들에게 유익할 줄 아는 신앙이다. 요컨대 인간의 지혜로는 이해하기 어려운 일들도 하나님의 수중에서 이루어지는 줄 아는 신앙이니 이것도 큰 믿음이다. 이것은 보지 못하는 것을 보는 깃 같이 믿는 신앙이다. 이것은 일상적인 일들도 살아 계신 하나님의 장중에 있다고 여기는 신앙이다. 이것은 무슨 일을 대하든지 그 배후에서 섭리하시는 살아 계신 하나님의 사역을 간파하는 신앙이다.

2) 이것은 그들이 자기 자신을 하나님께 제물로 바치기를 기뻐하는 신앙이다. 이것은 어려운 일이다. 누가 죽기를 좋아하겠는가? 누가 죽기까지 고통 받기를 좋아하겠는가? 사람은 흔히 비진리와 타협하고서라도 죽음을 면하고자 하며 고난을 피하려고 한다. 그러나 우리는 이 점에 있어서 생각을 바로 하고 바른 결단을 내려야 한다. 우리는 다음과 같은 일들을 미리 생각해야 한다. ① 하나님을 섬기던 자로서 죽음과 고난을 두려워하여 비진리와 타협하면, ⓐ 그 후부터는 사는 일이 죽는 것만 못하며 기쁨도 없고 가치도 없

다는 점이다. ⓑ 결국에는 하나님의 벌을 면치 못한다는 점이다. ② 반면에 신자가 주님을 위하여 죽음과 고난을 택하면, ⓐ 하나님께서 그에게 힘을 주셔서 그로 하여금 죽음과 고난을 견디게 하여 주신다는 점이다. ⓑ 그가 내세에 상급을 많이 받는다는 점이다.

19-21 느부갓네살로 말미암아 성도들을 대적하는 잔인한 행사가 극도에 이르렀다. 그것은 다음과 같은 말씀이 증명한다. "느부갓네살이 분이 가득하여", "그 풀무불을 뜨겁게 하기를 평소보다 칠 배나 뜨겁게 하라"고 한 것이다. 얼핏 보면 이런 절박한 순간에도 하나님이 그 성도들을 도와주시지 않는 것 같았으니 그 순간에 그들이 조금 더 견디지 못했더라면 낙심하였을 뻔하였다. 그러나 하나님의 도우심은 결국 그가 정하신 때, 말하자면 그 다음 순간에 찾아온 것이다.

22 불꽃이 사드락과 메삭과 아벳느고를 붙든 사람을 태워 죽였고. 그 세 성도를 죽이려 했던 "사람"들(아람어 원문에는 복수임, גֻּבְרַיָּא)은 세 사람을 풀무불에 던지는 순간 불에 타서 죽었다. 이것도 공의로우신 하나님이 살아계신다는 증거다. 남을 죽이려는 자들은 그 자신들이 죽는 벌을 받는다.

23 사드락과 메삭과 아벳느고는 결박된 채 맹렬히 타는 풀무불 가운데에 떨어졌더라. 여기에 그들이 "결박된 채⋯떨어졌"다고만 하였을 뿐, 그들이 떨어진 결과에 대하여는 말해주지 않는다. 그러나 이 구절의 목적은 그 세 사람이 확실히 풀무불에 떨어진 사실만을 밝혀 주는 것이니 문제 될 것이 없다.

24-25 이 부분에서는 느부갓네살이 놀랐던 사실 몇 가지를 진술한다. 요컨대 ① 풀무불에 던져진 자들이 본래 "세 사람"이었는데 지금은 "네 사람"으로 보인다는 점, ② 결박된 채 던져진 그들이 결박되지 않고 자유롭다는 점, ③ 그들이 가만히 있지 않고 걸어 다닌다는 점, ④ 그들이 불에 타지 않고 있다는 점, ⑤ "넷째" 사람은 "신들의 아들"과 같다는 점 등이다.

"신들의 아들"(בַּר־אֱלָהִין "바르 엘라힌"). 고대 주석가들은 이 말이 그리스도를 의미한다고 하였다(Chrysostom). 그러나 칼빈(Calvin)은 이것이 천사를 의미한다고 하였다. 우리는 사드락과 메삭과 아벳느고에게 나타난 이적을 볼 때 그들을 위대하게 여길 것이 아니라, 그 같은 이적을 행하신 하나님만 높여야 한다. 누구든지 이 이적과 관련된 세 사람을 영웅시하면 그것은 영웅 숭배에 불과한 것이지 신앙은 아니다. 이 세 사람과 관련된 이적은 우리로 하여금 하나님만 믿게 하려는 목적을 가진 것이다.

26 지극히 높으신 하나님. 이 칭호는 아람어로 "엘라하 일라야"(אֱלָהָא עִלָּיָא)인데, 이방인들의 입으로 히브리인의 하나님을 부르는 호칭이다. 그들은 하나님을 "여호와"(יהוה)라고 부를 줄은 몰랐으며, 다만 여호와 하나님의 위대하심을 발견하고 "지극히 높으신 하나님"이라고 하였다. 멜기세덱이 하나님을 "지극히 높으신 하나님"이라 하였고(창 14:19), 발람도 그리하였고(민 24:16), 앗수르 왕도 그리하였다(사 14:14).

느부갓네살은 이렇게 하나님의 이적을 본 뒤에야 하나님이 지극히 높으신 분이라고 생각하였다. 진리의 체계는 모르면서 이적만을 보고 하나님을 높이는 자세는 언제나 견고하지 못한 법이다. 느부갓네살은 일찍이 다니엘의 하나님을 "모든 신들의 신"이라고 칭송한 적이 있었다(2:47). 그런데 그는 또 다시 우상을 섬겼고, 또 우상에게 절하지 않는 다니엘의 친구들을 박해하기까지 하였다(1-23절).

27 총독과 지사와 행정관과 왕의 모사들이 모여 이 사람들을 본즉. 이것은 엄격한 검사 중에도 가장 엄격한 것이다. 그들이 검사해 본 결과 그 세 사람은 "머리털도 그을리지 아니하였고 겉옷 빛도 변하지 아니하였고 불 탄 냄새도 없었더라"라고 하였다. 이 구절의 문제는 사실 그대로를 진술하는 것이며 과장법이 아니다. 이것은 그 세 사람의 구원이 온전히 하나님께서 행하신 기적이라는 사실을 드러낸다. 우리는 이런 기적을 행하실 수 있는 하나님을 믿어야 한

다. 이런 신앙이라야 하나님을 끝까지 힘있게 부르짖는다.

28 느부갓네살이 말하여 이르되 사드락과 메삭과 아벳느고의 하나님을 찬송할지로다 그가 그의 천사를 보내사 자기를 의뢰하고 그들의 몸을 바쳐 왕의 명령을 거역하고 그 하나님 밖에는 다른 신을 섬기지 아니하며 그에게 절하지 아니한 종들을 구원하셨도다. 이것은 느부갓네살이 사드락과 메삭과 아벳느고가 취하였던 행동을 보고 말한 것이다. 하나님을 모르고 어두움 가운데 있던 이방의 폭군도 세 사람이 믿음으로 취한 행동을 명백히 간파하였다. 그만큼 그 세 사람이 그들의 신앙을 행동으로 명백히 보여준 것이 드러난다. 그들은 ① 하나님을 의뢰한 결과 ② 그 몸을 내어버리면서까지 하나님을 위하여 왕의 명령이라도 거역하였다는 것이다. 그들의 신앙은 이렇게 명백하여 누구든지 알아볼 정도였다. 심지어 무지한 폭군도 그것을 알아보았다. 하나님께서는 이러한 신자들을 구원하시되 특별히 많은 사람이 알아볼 수 있도록 하신다.

29-30 느부갓네살은 사드락과 메삭과 아벳느고의 하나님을 유일한 구주로 알았고, 또 그 세 사람을 더욱 높이게 되었다.

| 설교자료

1. 본 장에서 중요하게 다룰 요소는 사드락, 메삭, 아벳느고의 신앙적 결단에 따라 하나님의 능력이 어떻게 나타났는가 하는 점이다. 다니엘서 저자가 이 점에 있어서 두드러지게 나타낸 것은 그 당시에 하나님이 그처럼 능력으로 간섭하실 만큼 죄악이 팽배하였다는 사실이다. 하나님께서는 인간의 죄악이 극도에 다다를 때 특별히 기적적으로 간섭하신다.

그 당시 죄악이 극도에 다다른 사실은 다음과 같은 기록들을 보아도 알 수 있다. ① 느부갓네살이 우상숭배를 위하여 동원한 사람들의 범위가 극히 광범하다는 것이다. 그 일을 위하여 바벨론 제국의 모든 관원이 동원되었으며(2-3절), 느부갓네살의 통치하에 있었던 모든 민족이 동원되었으며(4, 7절), 또한 모든 악기가 동원되었다(5, 7, 10, 15절). 특별히 이와 같은 동원에 대한 기록이 여러 차례 반복되었다는 것은, 그 행사가 극히 맹렬하였다는 점을 보여주고 있다. 다시 말해 그 당시 천하는 우상숭배를 위해 총력을 기울였다는 것이다. ② 그 당시 우상숭배에 참여하지 않았던 사드락, 메삭, 아벳느고에 관하여 왕에게 참소한 자들이 있었다(8-12). 이처럼 의인을 모함하는 것은 극도의 죄악이다. ③ 느부갓네살이 사드락, 메삭, 아벳느고로 하여금 우상숭배의 죄를 범하도록 유인하였다는 점이다(13-15절). 다른 사람들이 죄를 범하도록 유인하기까지 하는 것은 하나님의 노를 격동시키는 일이다. ④ 느부갓네살 왕이 하나님을 멸시하는 말을 하였다는 것이다(15하). 그는 일찍이 다니엘을 통하여 사드락, 메삭, 아벳느고의 하나님을 알았으며, 또 칭송하기까지 하였었다(2:46-49). 그런데도 이제 와서는 그같이 참되신 하나님을 모르는 자가 되었으며 자기만을 높이는 오만한 말을 하였다. 요컨대 그는 "능히 너희를 내 손에서 건져낼 신이 누구이겠느냐"라고 하였다.

2. 사드락과 메삭과 아벳느고의 신앙은 16-18절에 세 가시로 나타난다. ① 그들은 폭군 느부갓네살이 그들을 우상에게 절하게 만들려고 유인하는 말을 무조건적으로 무가치하게 생각하고 답변할 필요조차 없다고 하였다(16절). 이것은 그들의 확고한 신앙 태도를 보여준다. ② 그들은 설령 느부갓네살로 말미암아 풀무불 가운데 던져진다고 할지라도 하나님께서 능히 건져 주실 수 있다고 믿었다(17절). 이것은 하나님의 사랑과 권능을 믿는 신앙이다. ③ 그들은 하나님께서 그들을 풀무불 가운데서 건져 주시지 않는다고 할지라도 우상에게 절할 수 없다고 하였다(18절). 이것은 성도를 곤경에서 건져 주시지 않을 수도 있는 하나님의 지혜로우신 경륜을 신뢰하는 신앙이다.

3. 우리가 여기서 한 가지 난제로 생각하는 것은 느부갓네살이 보여준 극도로 악한 행동이다. 그는 일찍이 사드락과 메삭과 아벳느고의 하나님을 칭송한 적이 있었고(2:47), 또한 그들의 재능을 높이 사서 등용하기까지 하였는데, 이제는 그들을 이토록 잔인한 극형에 처하도록 한 것은 너무 돌발적이 아닌가? 이 난제는 해결하기 어렵지 않다. ① 고대의 폭군들은 자기 수하에 있는 사람들의 생명을 가벼이 여기고 살해하는 일을 서슴지 않았다. ② 느부갓네살이 육체적인 동기에 의하여 일시적으로 자기 문제를 해결한 사건 때문에 다니엘과 그의 세 친구를 높였지만 그 심령이 거듭난 것은 아니었다. 그러므로 그는 자기를 둘러싸고 있는 간신배들의 간교한 말에 넘어가서 그 태도가 얼마든지 변할 수 있었다. ③ 그뿐 아니라 옛날의 폭군들은 자기 자신을 극도로 높였기 때문에 자기가 공포한 명령을 끝까지 관철하려고 하였다. 금신상에 절하지 않는 자는 극렬히 타는 풀무에 던져 넣겠다고 그가 친히 명령하였으니(6절), 어디까지나 자기의 권위를 높이는 일을 생명처럼 여기는 폭군은 다니엘의 세 친구에 대해서도 그가 말한 대로 집행하게 된 것이다(19-23절).

4. 느부갓네살은 풀무불에 던져진 세 사람이 죽지 않았다는 점과 그들과 함께 천사("신들의 아들과 같"은 이)가 있는 모습을 보고 놀랐다(24-28절). 그러므로 그는 그 세 사람을 지극히 높으신 하나님의 종들이라고 불렀다. 그는 이렇게 이적을 보고 일시적으로 하나님을 높일 줄 알았다. 그러나 확실히 하나님께로 돌아온 것은 아니었다. 이것은 마치 바로 왕이 모세를 통한 하나님의 이적을 보고 일시적으로 하나님을 두려워하여 이스라엘 백성을 놓아 보내려고 한 것과 같다. 우리는 바로가 그 후에 다시 완강해졌던 것을 알고 있다. 느부갓네살은 이렇게 하나님의 크신 권능을 보고도 근본적으로 회개하지 않았기 때문에, 그 후에도 다시 교만해져서 하나님을 두려워하지 않았다.

그 교만 때문에 결국 그는 짐승과 같이 살아가는 광인이 되는 벌을 받기도 하였다(4:28-33).

5. 느부갓네살이 하나님께 충성하고자 했던 동기는 좋으나 그가 택한 방법은 세속적인 수단이었다(29절). 그는 하나님에 대해 경솔히 말하는 자들의 몸을 쪼개어 죽이겠다고 하였다. 그러나 참된 종교는 신령한 것이므로 육체적인 충성은 도리어 그 종교를 해롭게 한다.

6. 악인들이 성도들을 해치고 낮추려 하였으나(8-12절), 하나님께서는 마침내 폭군을 통해서라도 성도들을 높이셨다(30절). 하나님께서 함께해 주시는 자들이 박해를 받으면 도리어 높아지는 법이다.

제 4 장

✣ 역사성

1. 비평가들은 느부갓네살이 만년에 미친 자가 되어 짐승처럼 살았다는 본 장의 내용이 구약성경 다른 부분에 전혀 기록되지 않았다는 이유로 본 장의 역사성을 의심한다. 그러나 우리는 비평가들의 이와 같은 이론을 문제시하지 않는다. 성경은 어떤 개인의 역사에 대하여 그 자세한 내용을 다 기록하려는 목적을 가지지 않았다. 구약이 느부갓네살에 대하여 기록한 것은 그가 유대인들과 관련된 사실에 국한하므로 만족한다.

2. 또 다른 자유주의 학자들은 말하기를, "느부갓네살이 그때 천하에 반포한 조서의 내용은(1-3절) 이방 임금의 사상이 아니고 정통 유대인의 사상을 보여준다. 그러므로 본 장에 기록된 내용은 역사적 사실이 아니다"라고 주장한다. 그러나 우리가 느부갓네살의 조서와 본 장에 기록된 그의 모든 행적을 읽어보면 그의 사상이 유대적인 요소도 포함하고 있는 동시에 이교적인 것도 섞여 있다. 예를 들어 이교적인 것은 "거룩한 신들의 영"(8절) "순찰자"(13절)와 같은 것이다. 느부갓네살은 다니엘의 영향을 받아 하나님에 대

해 올바른 사상을 가진 동시에 여전히 이교적인 사상에서 벗어나지 못하였다. 그러므로 우리는 본 장에 기록된 모든 말씀이 사실 그대로를 반영한다고 믿는다.

↓ 내용분해

1. 바벨론 왕 느부갓네살의 명령(1-3절)
2. 사람의 지혜와 하나님의 지혜(4-9절)
3. 느부갓네살 왕의 꿈 내용(10-18절)
4. 다니엘이 느부갓네살 왕의 꿈을 해석함(19-27절)
5. 느부갓네살 왕이 미친 자가 됨(28-33절)
6. 느부갓네살 왕의 회개와 회복(34-37절)

↓ 해석

1 천하에 거주하는 모든 백성들과 나라들과 각 언어를 말하는 자들. 이것은 동쪽으로는 엘람과 메대에서 애굽까지이며, 서쪽으로는 지중해 연안 모든 지역에 사는 사람들을 가리킨다(참조. 렘 25:26; 27:5-6).

2-3 지극히 높으신 하나님. 3:26의 같은 말 해석을 참조하라.

그의 나라는 영원한 나라요 그의 통치는 대대에 이르리로다. 이것은 느부갓네살이 체험적으로 하나님의 주권을 인지하고서 하는 말이다. 그는 사람이 높아지는 것이나 낮아지는 것이 하나님께 달려 있다는 것을 인정하는 의미에서 여기 말하기를 "그의 통치는 대대에 이르리로다"라고 하였다. 여기 "그의 통치"

는 하나님의 통치를 의미한다.

4-5 나 느부갓네살이 내 집에 편히 있으며 내 궁에서 평강할 때에 한 꿈을 꾸고 그로 말미암아 두려워하였으니 곧 내 침상에서 생각하는 것과 머릿속으로 받은 환상으로 말미암아 번민하였노라. 느부갓네살이 평안히 거하는 가운데 고민이 될 만한 꿈을 꾸었다는 점은 의미심장하다. 사람이 평안할 때 그에게 주어진 평안을 즐기고만 있는 것은 교만이다. 그는 평안할 때도 의를 위하여 수고해야 한다. 그러나 느부갓네살은 그 평안을 즐겼다. 그가 그렇게 교만했을 때 하나님의 심판은 그의 꿈을 통하여 임하였다. 특별히 "머리 속으로 받은 환상"이라는 말이 우리의 주의를 끈다. 말하자면 우리는 이 말씀을 보고 하나님께서는 폭군의 머릿속도 주장하신다는 사실을 깨닫게 된다. 여기서 이른바 "환상"은 그의 꿈에 나타난 내용을 가리킨다.

6-7 느부갓네살은 자기 꿈의 뜻을 알기 위하여 **"박수와 술객과 갈대아 술사와 점쟁이"**를 불렀다. 이러한 사실을 보면 거듭나지 않은 자는 하나님의 권능을 체험한(2:47; 3:28) 뒤에라도 또다시 미신으로 기울어짐을 알 수 있다. 느부갓네살은 일찍이 자기 꿈의 해몽을 위하여 이런 거짓된 자들의 도움을 구한 적이 있었다(2:2). 그러나 그들은 그의 요구를 이루어주지 못했었다(2:11). 그랬음에도 불구하고 느부갓네살은 또다시 그들을 불러서 도움을 구했다.

8-9 여기서도 느부갓네살이 여호와 하나님께로 완전히 돌아오지 않고 여전히 전에 섬기던 헛된 신을 위한다는 사실이 드러난다. 여기서 **"내 신의 이름을 따라"**라고 한 문구가 그러한 사실을 보여준다.

"박수장"이라는 말은 아람어로 "라브 하르투마야"(רַב חַרְטֻמַיָּא)라고 하는데, 이것이 문제를 불러일으킨다. 여호와 하나님을 공경하는 유대인 다니엘이 어떻게 미신을 따르는 박수들과 한 무리가 되어 그들의 우두머리 노릇을 하였을까? 그러나 이것은 다시 생각하면 문제 될 것이 없다. ① 다니엘을 가리켜 "박수장"이라고 한 것은 느부갓네살이 그를 그렇게 인식했던 것일 뿐이고(2:46-49) 다니엘이 박수들과 한통속이 되어 지냈다는 뜻은 아니다. 그것은 일찍이 느부갓네살이 그 꿈으로 인하여 박수들을 불렀을 때 다니엘이 그들 중에 끼어 있지 않았던 것을 보아서도 알 수 있다(2:2; 4:6-7). ② 그뿐 아니라 여기서 "장"이라고 번역된 "라브"(רַב)는 같은 반열에 속하는 무리의 우두머리를 뜻하지 않는다. 이 말은 아라비아 언어에서 "신"이라는 뜻도 있고 "주"라는 뜻도 있다. 이렇게 해석될 때 다니엘은 박수들의 반열에 속하는 우두머리라는 의미가 아니다. 이것은 그가 그들과는 차원이 다른 탁월한 권위자임을 가리킨다. 가령 하나님을 가리켜 피조물의 주라고 할 때, 그것은 하나님을 피조물과 같은 반열에 속하는 이로 생각함이 아니다. 혹은 주인을 가리켜 종들에 대한 "주"라고 말할 수 있는데 그것도 그 주인이 그 자신도 종으로서 다른 종들의 머리 되는 자라는 의미가 아니다(R. D. Wilson).

10-12 느부갓네살은 환상 가운데 한 나무가 왕성하게 자란 것을 보았다. "**나무**"는 22절에 해석된 것 같이 느부갓네살 왕을 비유한다. 사람을 "**나무**"에 비유하는 예는 성경 다른 부분에도 나온다.[166] 그런데 느부갓네살의 정치가 이 구절들이 말한 것같이 왕성한 나무처럼 모든 사람에게 혜택을 주었을까? 이에 대한 대답은 폭군의 통치도 폭도보다는 낫다는 것이다. 폭군을 통해서도 하나님께서 은총 가운데 사회 질서를 유지하시는 경우가 있다(Calvin).

"**공중에 나는 새는 그 가지에 깃들이고 육체를 가진 모든 것이 거기에서 먹을 것을 얻더라.**" 이 말은 그 당시 민족들이 느부갓네살의 통치하에서 삶을 영위했음을 가리킨다.

13-16 또한 느부갓네살은 환상 중에 한 순찰자를 보았다. "**순찰자**"는 깨

---

[166] 시 1:3; 37:35; 52:8; 92:12; 잠 11:28; 호 14:7.

어서 파수하는 자, 한마디로 천사를 의미한다. 천사에 대해 이와 같은 칭호를 사용한 예는 이사야서에도 있다(사 62:6). 그런데 어떤 학자들은 이것이 바벨론 점성술의 관념에 따라 별자리의 신으로서 우주를 지키는 자를 가리킨다고 주장한다. 그렇다면 느부갓네살이 천사를 가리켜 이렇게 이교의 미신 관념에 따른 이름을 부여한 것이다. 그들은 이것이 다니엘서가 바벨론에서 기록된 증거이며 다니엘서의 역사성을 나타낸다고 말한다.[167]

본문에서 "순찰자"라는 말에 이어 "거룩한 자"라는 칭호가 뒤따르는 것을 보아도 순찰자가 천사를 의미하는 것은 확실하다.[168]

그 나무를 베고 그 가지를 자르고 그 잎사귀를 떨고 그 열매를 헤치고. 이 말씀은 느부갓네살 왕이 장차 그 다스리는 지위에서 떠나게 될 것을 가리킨다(참조. 25절).

그 뿌리의 그루터기를 땅에 남겨 두고 쇠와 놋줄로 동이고. 여기서 이른바 "쇠와 놋줄로" 동인다는 말은 장차 느부갓네살 왕에게 임할 광기의 증상이 그를 여지 없이 견제하게 될 것을 비유한다(참조. 시 107:10-11; 욥 36:8-9).

짐승과 더불어 제 몫을 얻으리라. 이것은 느부갓네살이 장차 "짐승과 더불어" 거하게 되고 그들과 같은 운명에 처할 것을 가리킨다.

17 지극히 높으신 이가 사람의 나라를 다스리시며 자기의 뜻대로 그것을 누구에게든지 주시며 또 지극히 천한 자를 그 위에 세우시는 줄을 사람들이 알게 하려 함이라 하였느니라. 이 말은 느부갓네살이 그의 국운의 발전이 하나님께로 말미암은 줄을 모르고 자기 힘으로 이루어진 것처럼 여겼기 때문에 14-16절에 명시된 벌을 받게 된다는 뜻이다. 이처럼 그릇된 생각이 지속되는 동안에는 그 벌이 해제되지 않는다고 한다. 사람이 자신의 형통함을 볼 때 하나님께 감사하지 않고 도리어 자기 힘으로 된 줄로 여기는 것은 큰 교만이다. 하나님께서는 교만한 자

---

167) R.D. Wilson, Studies in the Book of Daniel, 2nd Series 193.
168) 신 33:2; 욥 5:1; 15:15; 시 89:6-7; 슥 14:5.

를 반드시 벌하신다. 잠언 16:5에 말하기를 "무릇 마음이 교만한 자를 여호와께서 미워하시나니 피차 손을 잡을지라도 벌을 면하지 못하리라"라고 하였고, 잠언 16:18에는 말하기를 "교만은 패망의 선봉이요 거만한 마음은 넘어짐의 앞잡이니라"라고 하였다. 하나님의 주권을 믿지 않는 것은 무엇보다도 큰 교만이다. 그것은 피조물로서 창조주를 멸시하는 죄악이다.

18-19 이는 거룩한 신들의 영이 네 안에 있음이라. 느부갓네살 왕이 성령을 가리켜 "거룩한 신들의 영"이라고 한 것은 바벨론의 다신론 사상에 기초한 그릇된 표현이다.

다니엘이 한동안 놀라며 마음으로 번민하는지라. 이때 "다니엘이⋯번민"한 이유는 느부갓네살 왕의 꿈이 그대로 이루어질 때 왕의 원수들이 기뻐할 것이기 때문이다. 19절 끝에 "그 꿈은 왕을 미워하는 자에게 응하며 그 해석은 왕의 대적에게 응하기를 원하나이다"라는 말씀이 이 같은 해석을 지지하여 준다. 이 말씀은 실상 다음과 같이 번역되어야 한다. "그 꿈은 왕을 미워하는 자에게 그 해석은 왕의 대적에게 해당하는 것이면 좋겠나이다"라고 해야 한다.

20-22 이 구절들에 대하여는 10-12절 해석을 참조하라.

23-26 이 구절들은 느부갓네살의 꿈에 대한 다니엘의 해석이다. 그 해석은 다음과 같다. 곧 그가 장차 광인이 되고 얼마간 왕위에서 물러나게 된다는 것이다. 다니엘의 이와 같은 해몽은 하나님의 성령에 의해 감화되지 않고서는 불가능한 것이다. 어떻게 일개 이방의 나그네로서 폭군에 대하여 이런 과감한 말을 할 수 있었겠는가(28-33절).

27 그런즉 왕이여 내가 아뢰는 것을 받으시고 공의를 행함으로 죄를 사하고 가난한 자를 긍휼히 여김으로 죄악을 사하소서 그리하시면 왕의 평안함이 혹시 장구하리이다. 다니엘은 여기서 느부갓네살에게 재앙과 벌을 면할 방법을 진언한다. 폭군 앞에서 그의 죄를 지적하는 것은 하나님을 의지하는 담력이 아니고는 할 수 없다.

"가난한 자를 긍휼히 여김으로 죄악을 속하소서." 폭군은 흔히 간신들과 부유한 사람들의 이익을 도모한다. 그 이유는 그들이 뇌물을 가지고 그를 기쁘게 하기 때문이다. 그러나 가난한 자는 폭군 앞에 그림자도 비치지 못하고 고요히 폭군에게 착취를 당한다. 느부갓네살의 죄악은 이 방면에 많이 쌓여 있었다. 그러므로 다니엘은 이것을 용감스럽게 지적하였다.

28-31 느부갓네살 왕은 다니엘의 충언을 듣지 않고 끝까지 교만하여 바벨론의 국운이 자기 힘으로 말미암았다고 호언장담하였다. 이것이 그가 벌받을 죄라는 점을 31절이 지적하여 준다. 바로 "이 말이 아직도 나 왕의 입에 있을 때에 하늘에서 소리가 내려 이르되 느부갓네살 왕아 네게 말하노니 나라의 왕위가 네게서 떠났느니라"라는 말씀이다.

32-33 네가 사람에게서 쫓겨나서 들짐승과 함께 살면서 소처럼 풀을 먹을 것이요 이와 같이 일곱 때를 지내서 지극히 높으신 이가 사람의 나라를 다스리시며 자기의 뜻대로 그것을 누구에게든지 주시는 줄을 알기까지 이르리라 하더라 바로 그 때에 이 일이 나 느부갓네살에게 응하므로 내가 사람에게 쫓겨나서 소처럼 풀을 먹으며 몸이 하늘 이슬에 젖고 머리털이 독수리 털과 같이 자랐고 손톱은 새 발톱과 같이 되었더라. 이 구절들은 느부갓네살이 그의 꿈과 같이 벌 받을 것이라는 사실을 말해준다.

코닐(Cornill)과 기타 학자들은 다음과 같은 몇 가지 이유로 이 기사의 진실성을 부인한다.

1) 70인역(LXX)은 이 본문의 "일곱 때"(שִׁבְעָה עִדָּנִין)를 7년으로 번역하였는데 그렇게 오랫동안 광인으로 지내는 왕을 바벨론 사람들이 어떻게 퇴위시키지 않았겠는가 하고 묻는다. 그러나 "일곱 때"라는 것은 일곱 정한 시일을 가리키기 때문에 7개월을 의미할 수도 있다.[169] 그뿐 아니라 그런 폭군을 그 당시 바벨론 사람들이 건드릴 수 없었을 것이다.

2) "사람이 어떻게 짐승의 마음을 가지게 될까"라는 의혹을 던지기도 한

---

169) R. C. Thomson's Reports of the Magicians and Astrologers of Nineveh and Babylon, Number 251, Rev 3-6.

다. 그러나 이것도 광인의 심리로서 얼마든지 가능한 일이라고 할 수 있다. 리칸트로피(Lycantropy)가 저술한 〈심리 요법 사전〉을 보면, 어떤 사람이 미쳐서 늑대와 같이 행동한 예를 들었다(p. 752).

3) 동시대의 역사에는 느부갓네살의 광인이 되었다는 기록이 없다고 한다. 그러나 갈대아(바벨론) 역사가 베로수스(Berosus)에 따르면 느부갓네살이 심약해져서 죽었다고 하였다. 이것은 그 나라 군왕의 질병에 대한 부드러운 표현일 것이다. 아비데누스(Abydenus)라는 역사가는 말하기를, "느부갓네살이 지붕에서 어떤 신이 들렸다고 갈대아 사람을 통하여 전해 내려온다"라고 하였다(R. D. Wilson).

34-35 여기서는 느부갓네살의 회개하는 태도를 보여준다.

나 느부갓네살이 하늘을 우러러 보았더니. 이 말은 이제 그의 마음이 하나님을 높이어 회개하게 된 것을 의미한다. 34하-35절을 보면 그가 전에는 자기를 높였으나 이제는 하나님만을 높이며 찬양하는 것으로 구체적인 회개의 모습을 표현한다. 요컨대 그는 하나님을 "지극히 높으신 이", "영생하시는 이"라고 부르며, 하나님의 "권세는 영원한 권세"이며 그의 "나라는 대대에 이르리로다"라고 말한다.

36-37 여기서는 느부갓네살의 정신이 다시 돌아온 것과 왕의 지위가 회복된 사실에 대하여 말한다. 그리고 그는 또다시 하나님을 찬양하였는데, 요지는 "그의 일이 다 진실하고 그의 행하심이 의로우시므로 교만하게 행하는 자를 그가 능히 낮추심이라"라는 것이었다. 이것은 물론 하나님의 심판이 갖는 성격을 깊이 깨닫고서 드린 찬송이었다.

| 설교자료

1. 하나님께 대한 느부갓네살의 증언(1-3절). 이 부분에 기록된 느부갓네

살의 증언은 선지자들이 하나님께 드리는 찬송과 같은 느낌을 준다. 그는 폭군이지만 그 당시에 하나님께서 그를 사용하신 것만은 사실이다. 하나님은 느부갓네살의 꿈과 활동을 통하여 그가 살아 계심을 증언하셨다. 하나님은 폭군을 통해서라도 그의 뜻을 이루신다. 여기 기록된 말씀은 하나님께서 그에게 주신 신령한 감동이라고 해도 무방할 것이다. 왜냐하면 하나님의 신령한 감동이 그에게는 임할 수 없으리라는 증거가 전혀 없기 때문이다. 실제로 하나님께서는 그에게 신령한 감동을 주셨다. 무엇보다도 2장과 4장에 기록된 꿈들이 신령한 감동으로 된 것이 아닌가. 우리는 이러한 사실을 통해서도 생각할 것이 있다. 그것은 우리 신자들이 폭군 앞에서도 두려워할 이유가 없다는 것이다. 폭군도 우리 아버지 하나님의 장중에 있다.

2. 느부갓네살이 두 번째로 꿈을 꾸고 그 해몽을 위하여 또다시 지혜자들과 술객들을 불렀다고 했는데 그것도 하나의 난제가 아닌가? 이미 2장에 나타난 대로 지혜자들과 술객들은 해몽에 있어서 무능하다는 사실이 드러나지 않았는가? 그런데 그는 어찌하여 또다시 그들을 불렀을까? 이미 기록된 바와 같이 느부갓네살은 폭군으로서 근본적으로 하나님께 돌이킨 일은 없고 하나님을 높이다가도 곧바로 태도를 변하곤 하였다. 그러므로 그가 이미 가졌던 미신적인 태도를 다시 드러내는 것은 자연스러운 일이라고 할 수 있다. 물론 지혜자들이나 술객들이 요술이나 기타 기만적인 방법을 사용하여 어느 정도 왕을 놀라게 만든 일들이 일찍이 없었다고 할 수도 없다. 그러니 그들에 대한 왕의 기대가 아직 남아 있었으리라고 짐작할 수 있다(4-8절).

3. 다니엘의 사랑(19절). 그는 폭군 느부갓네살에게 임할 불행에 대하여 근심하였다. 일반적으로는 사람들이 폭군에게 어떤 천벌이 내리기를 기대하는데 다니엘은 반대로 느부갓네살이 당할 일에 대하여 번민하기까지 하였다

고 한다.

    4. 개인이나 국가의 권세가 나무처럼 자라나서 크게 되는 일은 하나님께서 뜻하신 대로 이루어지는 것이지 사람의 힘으로 되는 것이 아니다(20-23절). 그러나 이렇게 크게 된 자가 하나님께 감사하지 않고 도리어 교만하면 그는 하나님께 징계를 받는다(25-27, 30-33절).

    5. 느부갓네살의 입을 통하여 고백된 하나님의 주권(34-37절). 하나님께서는 구약 시대에도 이방 민족에게 진리를 증언하신 일들이 있다. 그것은 특별히 교만한 폭군의 입을 통하여 하나님을 찬미하게 하신 특이한 역사였다. 느부갓네살의 찬송 가운데 "땅의 모든 사람들을 없는 것 같이 여기시며 하늘의 군대에게든지 땅의 사람에게든지 그는 자기 뜻대로 행하시나니 그의 손을 금하든지 혹시 이르기를 네가 무엇을 하느냐고 할 자가 아무도 없도다"(35절)라는 구절이 있다. 하나님이 정하신 "기한이 차매" 느부갓네살에게 총명이 돌아왔으며 그는 위의 찬송 구절과 같이 하나님을 높였고 다시금 왕위를 회복하여 다스리게 되었다.

제 5 장

✧ 역사성

본 장에 대하여 비평가들은 다음과 같은 몇 가지 이유를 들어 그 역사성을 의심한다.

1. 그들은 본 장에 기록된 모든 사건이 어떻게 하룻밤(20절)에 모두 일어날 수 있었을까 하며 의심한다. 그러나 이런 상상은 공연한 것이다. 실상 본 장에 기록된 사건들이 그렇게 많은 것도 아니다.

2. 그들은 또한 벨사살 왕이 잔치할 때 "맞은편 석회벽"에 손가락이 나타나 글을 쓰는 이적이 나타날 필요가 없다고 주장한다. 따라서 필요 없는 사건에 관한 기록은 믿을 수 없다고 말한다. 그러나 이와 같은 주장들은 그들의 공연한 추측이다. 하나님께서 기적적인 간섭을 통하여 벨사살 왕의 죄를 깨닫게 하실 필요가 있었음을 그들은 알지 못한다.

3. 그들은 또한 기적적인 방법으로 석회벽에 기록된 글을 바벨론 박사들

도 읽지 못하였다고 하는데 어떻게 다니엘이 읽었을까 하고 묻는다. 그러나 이것도 다니엘이 하나님의 기적적 계시를 통하여 그 글을 읽게 되었다는 사실을 부인하는 그릇된 말이다. 본 장의 역사성은 각 구절에 대한 해석을 통하여 밝히 드러난다.

↓ 내용분해

1. 벨사살의 우상을 칭송하는 연회(1-4절)
2. 왕궁의 석회벽에 손이 나타나 글을 쓰는 것을 보고 왕이 놀람(5-6절)
3. 왕이 술사와 점쟁이와 지혜자들을 불러 글을 읽도록 명하였으나 읽지 못함(7-9절).
4. 왕비의 제안(10-12절)
5. 왕이 다니엘을 불러서 그 글을 해석하라고 부탁함(13-16절)
6. 다니엘이 그 글을 해석함(17-28절)
7. 벨사살이 다니엘에게 상을 줌(29절)
8. 벨사살이 피살당함(30-31절)

↓ 해석

1 벨사살 왕. "벨사살"을 바벨론의 마지막 왕으로 다루는 본 장의 기사를 세속 역사에서는 확증하지 못한다. 세속 역사는 나보니두스(Nabonidus)가 마지막 왕이라고 말하고 있다. 그렇다면 벨사살이 어떻게 바벨론의 마지막 왕의 지위에 앉게 되었을까? 그것은 다음과 같다. 바벨론의 비문들에 따르면

나보니두스의 아들 벨샤르우수르(Belscharusur)가 있었다.[170] 이 사람이 바로 벨사살이라는 점은 의심할 여지도 없다. 그 이유는 나보니두스가 바사 왕 고레스에게 보르시파(Borsippa)에서 패전했을 때 벨사살이 그의 뒤를 이어 국사를 처리한 것이 명백하기 때문이다. 이때 그는 자기 아버지의 섭정왕으로서 국사에 임하였다.

2 벨사살이 술을 마실 때에 명하여 그의 부친 느부갓네살이 예루살렘 성전에서 탈취하여 온 금, 은 그릇을 가져오라고 명하였으니 이는 왕과 귀족들과 왕후들과 후궁들이 다 그것으로 마시려 함이었더라. 이 말씀을 보면 "느부갓네살"을 가리켜 벨사살의 "부친"이라고 하였는데 이것은 난제다. 바벨론 왕들의 계보는 다음과 같다. 느부갓네살은 그의 아들 에윌므로닥(Evil-Merodach)에게 왕위를 계승했고(BC 561; 왕하 25:27), 에윌므로닥은 그의 매형 네르갈사레셀(Nergal-Sharezer)에게 왕위를 계승했고(BC 559), 네르갈사레셀(Nergal-Sharezer)은 그의 아들 라바쉬마르두크(Labash-Marduk)에 의해 계승되었고, 그 뒤에는 나보니두스(Nabonidus)가 왕이 되었는데(BC 554), 그의 아들이 벨사살이다(참조. 1절 해석).

우리는 성경을 표면적으로만 볼 것이 아니라 자세히 살펴보아야 한다. 벨사살의 부친은 나보니두스(Nabonidus)이지만, 느부갓네살을 가리켜 "그의 부친"이라고 할 수도 있다. 그것은 ① 벨사살이 느부갓네살의 손자일 경우에도 느부갓네살을 그의 부친이라고 부를 수 있기 때문이다. 그것은 히브리 풍속에 따른 것이다. 히브리 풍속에는 조부를 부친으로 일컫기도 한다. ② 또한 벨사살이 느부갓네살의 국권을 계승했다는 의미에서도 그의 아들이라고 할 수 있다. 느부갓네살도 자기보다 1,000년 전에 살았던 나람신(Naramsin)을 가리켜 자기의 늙은 아버지라고 불렀다(R. D. Wilson). 예후는 아합 왕가

---

170) R. D. Wilson, Studies in the Book of Daniel, 1st series, 101.

를 멸망시키고 그 왕가를 계승한 후에 오므리를 자기 아버지라고 부른 일도 있다. 오므리는 물론 아합 왕가를 일으킨 조상이었다. 그러므로 우리 본문에 느부갓네살을 가리켜 벨사살의 부친이라고 한 것은 전혀 문제 될 것이 없다.

3-4 이에 예루살렘 하나님의 전 성소 중에서 탈취하여 온 금 그릇을 가져오매 왕이 그 귀족들과 왕후들과 후궁들과 더불어 그것으로 마시더라 그들이 술을 마시고는 그 금, 은, 구리, 쇠, 나무, 돌로 만든 신들을 찬양하니라. 이 구절들은 벨사살의 죄악상이 어떠한 지를 보여준다. 그는 예루살렘 성전에서 가져온 그릇들을 가지고 우상에게 바쳐진 술을 마셨고, 또한 우상을 찬양하였다. 그것이야말로 의도적으로 하나님을 모독하는 행동인 동시에 우상을 높이는 가증한 일이었다. 그것은 극도의 교만이다.

그런데 하나님께서 유대인을 벌하시기 위하여 성전의 그릇들을 바벨론으로 옮겨가도록 허용하신 것이 아닌가? 다시 말해 하나님께서 성전 그릇들을 바벨론 군왕들의 손에 넘겨주신 것이 아닌가? 그렇다면 그 그릇들을 그들 마음대로 사용하는 일이 왜 범죄가 되는가? 이러한 의문이 우리 마음속에 일어날 법도 하다. 그러나 사실은 그런 것이 아니다. 하나님께서 유대인을 벌하시기 위하여 성전 그릇들을 바벨론 군왕들의 손에 넘기셨지만 그렇다고 해서 바벨론 군왕들이 그것을 범죄의 기회로 삼아도 된다는 뜻은 아니다. 만일 그들이 그 일을 계기로 악한 일들을 행한다면 그것 역시 범죄가 되는 것이다(슥 1:15).

매클라렌(Maclaren)은 벨사살의 이 같은 죄악상을 통해 다음과 같은 영적 교훈을 지적하였다. "성전 기명은 하나님을 공경하는 데만 사용하는 것인데, 벨사살은 그것을 가지고 자기의 오락을 위하여 사용하였다. 그처럼 신자가 마땅히 하나님께 바쳐야 할 지식과 감정과 의지를 자기 자신을 기쁘게 하는 데만 사용한다면 그것 역시 하나님을 모독하는 죄가 된다는 것이다. 우리가 우리의 몸을 가지고 하나님을 영화롭게 하지 아니하면, 비록 그것을 가지고 특별한 악행을 범하지 않았다 할지라도 무서운 죄가 된다는 것을 기억해야 한다"라고 하였다(참조. 고전 3:16-17).

그뿐 아니라 벨사살은 바벨론이 메대-바사에게 침략을 당하는 순간에도 그렇게 지나친 쾌락에 빠져 있었던 것이다. 그것이야말로 잠언 29:1 말씀대로 된 것이었다. 거기서도 "자주 책망을 받으면서도 목이 곧은 사람은 갑자기 패망을 당하고 피하지 못하리라"라고 하였다.

5 그 때에 사람의 손가락들이 나타나서 왕궁 촛대 맞은편 석회벽에 글자를 쓰는데 왕이 그 글자 쓰는 손가락을 본지라. 여기서 이른바 "석회벽"은 오늘날 고고학자들의 발굴로 말미암아 바벨론 왕궁 폐허에서 발견된다. 거기 기록된 글은 아마도 그 당시 사람들이 이해할 수 없는 일종의 암호로 이루어졌던 듯하다. 왜냐하면 바벨론 박사들도 그 글을 읽지 못하였기 때문이다.

6 이에 왕의 즐기던 얼굴 빛이 변하고 그 생각이 번민하여. 벨사살이 이같이 놀란 이유는 하나님께서 그의 마음을 그렇게 주장하셨기 때문이다. 그는 자신도 알지 못하는 중에 멸망이 가까웠다는 암시를 느꼈다. 그렇게도 지나친 쾌락에 빠져서 즐기던 자가 갑자기 기쁨을 잃어버리게 된 것은 하나님의 벌이라고 아니할 수 없다. 벨사살 왕은 쾌락만을 추구하여 하나님을 노엽게 하였기 때문에 이제 갑자기 그의 기쁨은 빼앗기고 정반대로 극도의 공포심에 사로잡히게 된 것이다.

7-9 벨사살 왕은 바벨론의 다른 왕들처럼 난제를 앞에 놓고 **"술사와 점쟁이"**와 **"지혜자들"**을 불렀다. 이것을 보아도 고금을 막론하고 이교 국가들은 사람을 잘 속이는 자들을 지도자로 세웠다는 것을 알 수 있다. 이같이 이교 세계는 흑암에 잠겨 있다. 일찍이 느부갓네살 왕도 술사들과 점쟁이들의 무능을 경험하였다. 그런데도 벨사살은 그 사실을 아는지 모르는지 또다시 "술사"들과 "점쟁이"들을 불렀다. 하나님을 믿지 않는 자들은 어려운 일을 당할 때마다 별수 없이 그처럼 무능한 자들을 거듭해서 찾을 수밖에 없었다.

10-12 여기서 이른바 "**왕비**"는 왕의 모친인 듯하다. "**거룩한 신들의 영이 있는 사람**"이라는 말은 다니엘을 가리키는데, 이런 명칭은 역시 이 기록의 역사성을 잘 드러낸다. 이런 명칭은 다신론 사상을 가진 바벨론의 술어라는 것을 부인할 수 없다. 바벨론 사상을 가진 "왕비"가 다니엘을 알아보면서도 아직껏 유일신 사상을 받아들이지는 않았다는 것이다. 그러므로 그도 다니엘에 대하여 "신들의 영이 있는 사람"이라고 불러 줄 정도였다. 이것을 보면 여기 기록된 말씀은, 그 당시 바벨론 환경에서 이루어진 일을 그대로 정확히 기록한 것임이 분명하다.

느부갓네살 왕이 그를 세워 박수와 술객과 갈대아 술사와 점쟁이의 어른을 삼으셨으니. 이 말을 보고 우리는 혹여나 잘못 생각하기를, 어떻게 여호와 하나님만 섬기는 경건한 사람 다니엘이 그처럼 속이는 무리("박수", "술객", "술사", "점쟁이")의 "어른"으로 추대될 수 있었을까 하는 의문을 가질 수도 있을 것이다. 그러나 여기서 이른바 "어른을 삼"았다는 말은 느부갓네살이 일찍이 다니엘을 바벨론의 모든 지혜자보다 뛰어난 자로 여겼다는 의미일 뿐이다. 이 말은 다니엘이 술사들과 긴밀한 관계를 맺었다는 의미가 아니다. 이 점에 대하여 4:9에 있는 "박수장 벨드사살"이라는 말의 해석을 참소하여라.

13-16 여기서는 벨사살 왕이 왕비의 말을 듣고 다니엘을 불러 석회벽에 나타난 이상한 글을 읽고 해석해 달라고 요구한다. 그는 다니엘에게 약속하기를 만일 그 글을 해석해 준다면 "**자주색 옷을 입히고 금 사슬을 네 목에 걸어 주어 너를 나라의 셋째 통치자로 삼으리라**"라고 하였다. "자주색 옷"은 그 당시 귀족들이 입었던 것이며, "금 사슬" 역시 상류 계층에서 사용하는 장신구였다. 특별히 여기 "셋째 통치자"라는 말에 대해서는 해석이 여러 가지다. 그중 가장 신임할 만한 것은 벨사살의 부친 나보니두스가 첫째 치리자요, 섭정왕 벨사살이 둘째 치리자요, 그다음으로 벨사살이 세울 치리자가 "셋째 치리자"라는 것이다. 바벨론 제국에 이 같은 치리자들이 있었다는 것은 역사적

사실이다.

17 다니엘이 왕에게 대답하여 이르되 왕의 예물은 왕이 친히 가지시며 왕의 상급은 다른 사람에게 주옵소서 그럴지라도 내가 왕을 위하여 이 글을 읽으며 그 해석을 아뢰리이다. 왕의 말을 들은 후에 다니엘은 여기서 두 가지로 자기의 덕행을 나타내었다. 요컨대 ① 그의 청렴함과 ② 그의 관대함이다. 그는 왕에게서 "예물" 받기를 원하지 않았고 차라리 "다른 사람에게" 그것을 주라고 하였다. 그뿐 아니라 어쨌거나 그는 왕을 위하여 그 글을 해석하여 주겠다고 하였다. 다니엘은 신앙이 굳세면서도 언제나 부드럽게 처신했다는 것이 드러난다. 그는 그렇게 부드러우면서도 암흑세계에 하나님을 증언하는 일에 있어서는 철저하였다.

18-24 앞 절에 나타난 것과 같이 다니엘은 부드럽고 관대하였다. 그러면서도 그는 죄를 지적하는 일에 있어서는 유보적인 자세를 취하지 않았다. 그는 벨사살의 죄악을 지적할 때 그것이 얼마나 심각한 죄악인지를 자세히 말하였다. 요컨대 벨사살은 그의 조상 느부갓네살이 교만 때문에 징벌을 받은 것을 알면서도, 그것을 본보기로 삼지 않고 그 자신도 똑같이 교만의 죄를 범하였다는 것이다. 폭군 앞에서 이같이 담대히 말하는 것은 하나님을 의지하지 않고는 할 수 없는 일이다.

25-28 다니엘은 왕궁의 석회벽에 나타난 글을 이제 해석한다. 이 글은 **"메네 메네 데겔 우바르신"**(מנא מנא תקל ופרסין)인데, 그 뜻은 "세어 보고 세어 보고 달아보매 부족하여 나눈다"라는 것이다. 말하자면 하나님께서 바벨론 나라의 모든 죄악을 아시고 그 연대를 정하셨다가 마침내 그 나라를 패망시키시고, 메대와 바사에게 그 나라를 내어 주신다는 것이다. 다니엘이 이 문구를 해석함에 있어서 28절에 이르러 **"베레스"**(פרס)라고 한 것은 25절 끝에 있는 **"바르신"**(פרסין)을 단수로 말한 것이다. 그러므로 그 두 말은 뜻이 똑같다.

우리는 여기 이 이상한 문구를 통하여 하나님이 모든 일을 계수하시다시피 판단하시며 저울로 달아보듯이 심판하시는 사실을 볼 수 있다. 벨사살 왕은 자기보다 높은 이가 없는 듯이 하나님을 모욕하는 행동을 하였다. 그것은 그가 예루살렘 성전 그릇으로 술을 마시며 우상을 찬양한 일이다. 그러나 하나님께서는 그의 이러한 행동을 저울로 달아보듯이 분명히 아시고 심판하셨다. 죄악이 극도에 이르면 하나님의 초자연적인 간섭도 급격한 법이다. 이 급격한 심판이 바로 왕궁 석회벽에 나타났다. 우리는 하나님의 심판을 당하기 전에 미리 우리 자신의 행위와 생활을 반성하며 저울로 달아보듯이 판단하고 회개해야 한다. 왜냐하면 하나님은 평소에도 우리를 달아보시듯이 살피시기 때문이다. 사무엘상 2:3에 "여호와는 지식의 하나님이시라 행동을 달아 보시느니라"라고 하였고, 욥기 31:6에는, "하나님께서 나를 공평한 저울에 달아보시고 그가 나의 온전함을 아시기를 바라노라"라고 하였다. 우리 인생은 하나님의 저울에 달릴 때 참으로 부족함을 느끼게 되는데, 그때 우리는 회개하며 주님을 전적으로 믿게 될 수 있다. "여호와를 의지하는 자는 시온 산이 흔들리지 아니하고 영원히 있음 같도다"(시 125:1).

29　셋째 통치자. 7절에 있는 같은 말 해석을 참조하라.

30-31　여기서는 벨사살 왕이 피살된 것과 메대 사람 다리오가 바벨론을 점령하게 된 사건을 기록한다. 메대 사람 다리오에 대해서는 6.1 해식을 참조하라.

| 설교자료

1. 벨사살 왕이 범한 과오는 ① 그에게 주어진 권세를 가지고 호화롭고 방탕하게 생활하였을 뿐만 아니라, ② 예루살렘 성전에 있었던 그릇들을 불경스럽게 유흥의 도구로 사용했다는 점이다. ③ 그뿐 아니라 그는 하나님을 대면하여 모욕하는 죄악을 범하였다. 말하자면 위에 말한 것과 같이 그가 한 편으로는 여호와 하나님의 성전 기구들을 잔치 도구로 사용하면서 다른 한

편으로는 우상을 찬양했다는 것이다(1-4절).

2. 벨사살 왕의 잔치 석상에 손가락이 나타나서 맞은편 석회벽에 글자를 쓴 것은 그렇게 패역무도한 왕과 그 나라에 하나님의 징벌이 임할 것을 예언하는 사건이었다(5-6절). 인간의 죄악이 극도에 달하면 하나님의 초자연적인 간섭이 나타난다. 특별히 포로 된 하나님의 백성(유다 민족)과 긴밀하게 관련되어 있던 바벨론에게는 여호와 하나님이 살아 계심을 증거할 필요가 있었다. 그렇기 때문에 하나님께서 특별히 그 당시 바벨론 역사에 이와 같은 특이한 일을 나타내셨다. 그 일은 사실상 인간의 관점에서 볼 때는 갑작스러운 것이었다. 하나님께서는 언제든지 어두움에 속한 자들에게 나타나실 때는 비상한 방식으로 갑작스럽게 임하신다. 그야말로 도둑같이 그의 심판을 나타내신다(살전 5:1-4). 이교 세계는 하나님을 마음속에 두지 않고 오랫동안 죄악을 쌓아 나아가다가 마침내 심판을 받게 되는데, 그들의 눈에는 그것이 갑작스러운 일처럼 여겨지는 것이다. 하나님은 죄인들을 날마다 벌하시는 것이 아니며, 그들을 오래 참으시다가 그들의 죄가 넘치는 날에 한꺼번에 벌을 내리시는 것이다.

3. 벨사살은 위에 말한 것 같은 갑작스러운 일을 당하여 술객과 점쟁이들을 불렀다. 그것은 얼핏 보면 모순된 행동 같다. 그 이유는 술객들과 점쟁이들이 일찍이 느부갓네살 왕 때도 난제 해결을 위하여 불려왔으나, 그것을 해결하지 못하였기 때문이다. 그런 난제를 해결하지 못하는 자들을 또다시 부른 이유가 무엇인가? 그러나 우리가 고려해야 하는 점은 벨사살이 느부갓네살의 바로 다음 왕이 아니고 몇 대를 지난 뒤에 왕위에 올랐다는 사실이다. 그는 조상 때 일어난 일을 기억할 수 없었을 뿐만 아니라, 그 당시에도 왕성하게 활동하고 있는 모든 거짓된 술사들을 항시 접촉하고 있었다. 그러므로 그

가 불신자로서 거짓된 술사들에게 난제 해결을 부탁하는 것은 자연스러운 일이었을 것이다(7-9절).

4. 다니엘은 하나님을 증언하였다(17-28절). ① 다니엘은 증인으로서 극히 청렴하였다. 그는 마땅히 받을 예물이나 상급을 원치 아니하였다(17절). ② 다니엘은 세상의 모든 군왕도 하나님이 세우신 자들이라고 여겼으며 오직 하나님의 절대적 주권을 믿었다(18-19절). ③ 폭군이라도 그 마음이 교만하여지면 별수 없이 하나님의 징계를 받는다(20-21절). 느부갓네살도 하나님이 그를 높여주셨을 때 감사하지 않았을뿐더러, 도리어 교만해졌으므로 마침내 광인이 되었다는 것이다. ④ 다니엘은 폭군들 앞에서도 그들의 죄악을 지적할 만큼 담대하였다(22-23절). 그는 벨사살 왕의 죄악을 분명하게 지적하였다. 요컨대 벨사살은 느부갓네살이 천벌을 받은 사실을 알고도 교만해졌다는 것이다. 말하자면 그가 하나님을 거역하여 성전 그릇들을 가지고 술을 마셨으며 우상을 찬양하였다는 것이다. ⑤ 다니엘은 바벨론이 멸망하리라는 점을 왕궁 석회벽에 나타난 글자를 해석함으로써 선포하였다(24-28절).

제 6 장

✣ 역사성

1. 비평가들은 말하기를 본 장에 기록된 것처럼 다리오 왕 이외에 다른 신에게 기도하는 자를 사자 굴에 던진다는 조서를 반포했다는 것은 개연성이 없는 일이라고 주장한다. 임금으로서 그처럼 비상식적인 조서를 내려 나라에 불안을 초래하는 것은 어리석은 일이니 그런 일은 역사적 사실일 수 없다는 것이다. 그러나 이와 같은 반론은 정당하지 않다. 고대 왕국에서 폭군은 그 백성을 아무런 권리도 없는 종과 같이 여겼기 때문에 이처럼 비상식적인 명령을 내릴 수도 있었다.

2. 비평가들은 또 말하기를 본 장에 기록된 사건에 어찌하여 다니엘만 연루되고 그의 세 친구는 언급되지 않았는가 하고 묻는다. 그들은 주장하기를 다니엘만을 문제 삼은 것으로 볼 때 본 장은 도덕적 교훈을 주기 위하여 기록된 것일 뿐이고 역사적 사실을 전달하는 것이 아니라고 한다. 그러나 여기서 우리가 생각할 점은 다니엘의 원수들이 그의 세 친구는 문제 삼지 않고 유독 다니엘만 시기하여 죽이려고 하였다는 것이다.

3. 또한 비평가들은 사자들이 다니엘을 해치지 않은 이유가 그 당시 사자들이 주리지 않았기 때문이라고 주장한다. 그러나 비평가들의 이와 같은 주장은 이적을 믿지 않으려는 데서 나온 것이다. 그때 사자들이 주리지 않았다면 어찌하여 다니엘을 참소한 자들을 삼켰는가(24절)?

✢ 내용분해

1. 다니엘이 다리오 왕에게 높이 등용되어 총리가 됨(1-3절)
2. 동료들이 다니엘을 시기하며 모함하여 죽이고자 함(4-9절)
3. 다니엘이 여전히 하루 세 번씩 하나님께 기도를 계속함(10절)
4. 동료들이 다니엘을 왕에게 고소하여 그를 사자 굴에 던지게 함(11-17절)
5. 다리오 왕이 다니엘을 처치한 것을 후회하며 슬퍼함(18-20절)
6. 사자들이 다니엘을 해하지 못하였음(21-23절)
7. 왕이 다니엘의 원수들을 사자 굴에 던짐(24절)
8. 왕이 백성들에게 조서를 내려 다니엘의 하나님을 누려워하라고 함(25-27절)
9. 다니엘이 평생 형통함(28절)

✢ 해석

1 다리오. 5:31에는 **"메대 사람 다리오"**라고 하였다. "메대 사람 다리오"라는 이름은 다니엘서 이외의 다른 역사 문헌에는 없다. 그러므로 비평가들은 다니엘서가 하나의 우화에 불과하며 사실에 대한 기록이 아니라고 주장한

다. 그러나 윌슨(R. D. Wilson)은 다음과 같이 말한다. "성경에서는 '메대 사람 다리오'라 했으나 실상 그 이름이 일반 역사에는 달리 불렸을 것이다. 고대 국가에 있어서 왕들의 이름은 한 가지만이 아니었다. 애굽 왕 람세스 2세 (Rameses Ⅱ)의 이름이 헬라 말로는 세소스트리스(Sesostris)로 불린 것으로 보이며, 솔로몬은 여디디야(Jedidiah)라고 불렸고, 웃시야는 아사랴(Azariah) 라고 불렸고, 바사 왕 고레스(Cyrus)는 스트라보(Strabo)라는 역사가에 따라면 아그라데테스(Agradetes)라고 불렸고, 앗수르 왕 디글랏빌레셀 4세 (Tiglath-Pileser Ⅳ)가 바벨론에서는 불(Pul)이라고 불렸으며, 앗수르 왕 살만에셀 3세(Shalmaneser Ⅲ)가 바벨론에서는 울룰라이(Ululai)라고 불렸다."[171] 그러므로 "다리오"라는 이름은 바벨론이 정복된 지 얼마 후(BC 539), 고레스로 말미암아 바벨론 총독이 된 "구바라"(Gubara)를 가리키는 페르시아 식 이름일 것이다(idem. p. 139). 그를 왕이라고 부른 것은 메대-바사 전국의 왕이 아니라 바벨론 지역의 왕(총독이라는 의미)을 의미했을 것이다(9:1). 메대-바사 전국의 왕은 고레스였다.

2 여기서는 다니엘이 메대-바사에서 높은 관직에 등용된 사실을 보여준다. 비평가들은 다니엘이 실제로 역사적 인물이 아니었다고 주장한다. 그들이 제시하는 논거는 바벨론이나 기타 지역에서 발굴된 금석문들 가운데 "다니엘"이란 이름이 없다는 점이다. 과연 이 금석문들 가운데 "다니엘"이란 이름이 없다는 말은 사실이다. 건축물에 새겨진 비문(Building inscriptions)에는 왕족들의 이름 외에 다른 이름이 없고, 역사적 비문(Historical inscriptions)에도 "다니엘"이란 이름이 나타나지 않고, 기타 금석문에도 "다니엘"이란 이름은 없다. 그리고 계약 문서 점토판(Contract tablets)에서도 "다니엘"이라는 이름은 발견되지 않는다. 그러나 이것이 문제 될 것은 전혀 없다

---

171) Studies in the Book of Daniel, 138-139.

고 생각된다. 그 금석문들이 작성된 시대는 유대인들이 포로로 생활하던 시대였으니만큼 그 지역에 유대인들이 많이 있었을 것이다. 그런데도 이 금석문들에는 다른 유대인들의 이름도 나타나지 않는다. 탈퀴스트(Talquist) 박사가 수집한 점토판 모음(Neubabylonisches Namenbuch)에는 벨사살이라는 이름이 여러 번 나타나는데, 윌슨(R. D. Wilson)은 그 가운데 두어 번은 다니엘을 가리킨 듯하다고 말한다. 다니엘의 바벨론식 이름이 벨드사살인데, 바벨론 사람들은 그것을 벨사살로 통용하였다고 한다. 설령 그것이 다니엘을 의미하지는 않았다 하더라도 문제 될 것은 전혀 없다. 그 이유는 다음과 같다. 위의 금석문들이나 점토판 등에 다른 유명한 사람들의 이름도 기재되지 않았는데 유독 포로들 가운데 하나인 다니엘의 이름이 거기에 기록되어 있어야 한다고 주장할 이유가 무엇인가?[172)]

3-10 이 부분에서는 다니엘이 관원들의 간악한 모함에 빠졌으나 동요하지 않고 기도했다는 것을 보여준다.

설교▶ 사자 굴을 통과하는 이적이 나타나게 된 경위(3-10절)

1. 바사의 관원들이 다니엘에게 극도로 불법한 처사를 하였다(4-9절).

① 그들은 충성된 다니엘을 시기하여 계략을 꾸몄다(4절). ② 그들은 율법을 철저하게 지키는 다니엘의 신앙생활과 충돌하는 법을 제정함으로써 다니엘을 함정에 빠뜨리려 하였다(5절). ③ 그들은 다리오 왕을 신으로 추대하였다(7하). ④ 마침내 왕을 충동질하여 다니엘이 어길 수밖에 없는 법을 제정하였다(8-9절). 이와 같은 악독한 운동을 하나님께서는 방관하시지 않는다. 시편 119:126에 말하기를 "그들이 주의 법을 폐하였사오니 지금은 여호와께

---

172) R. D. Wilson, Studies in the Book of Daniel, 1st series, 25-44.

서 일하실 때니이다"라고 하였다. 밤이 깊으면 낮이 가깝다(롬 13:12). 성도가 극악한 박해를 받을 때 하나님께 충성하기만 하면 하나님의 기적적인 도우심이 반드시 오는 법이다.

2. 다니엘의 기도

1) 용단 있는 기도. 10절에 말하기를 "다니엘이 이 조서에 왕의 도장이 찍힌 것을 알고도 자기 집에 돌아가서는 윗방에 올라가 예루살렘으로 향한 창문을 열고 전에 하던 대로 하루 세 번씩 무릎을 꿇고 기도하며 그의 하나님께 감사하였더라"라고 하였다. 신자는 이따금 용단을 내려야 하는 일들이 있다. 그는 어려운 일이라도 하나님께서 기뻐하실 일이라면 하나님을 의뢰하고 용단을 내려야 하며, 손해를 보더라도 하나님 편에 서야 한다. 이 점에 있어서 우리가 기억할 것은 이런 어려운 투쟁을 다니엘이 홀로 하지 않았고 하나님께서 그와 동행하셨다는 사실이다(23절). 그는 어떻게 이런 용단을 내리게 되었는가? 그것은 불신 세계에 살아 계신 하나님을 증언하기 위해서였다. 다니엘은 이때까지 어려운 일을 당할 때마다 하나님을 증언하기 위하여 신앙으로 용단을 내렸다. 그는 하나님께 충성하기만 하면 살아 계신 하나님이 역사하여 주실 줄 믿고 그렇게 행동했다. 그가 내린 신앙의 용단은 생명을 담보로 한 것이었다. 다니엘은 이렇게 이방의 어두움과 타협하지 않고 홀로 살아 계신 하나님의 빛을 드러내었다. 그러므로 다리오 왕도 다니엘의 이와 같은 신앙생활을 인정하는 의미에서 말하기를 "네가 항상 섬기는 너의 하나님이 너를 구원하시리라"라고 하였다(16절).

무신론 국가의 어두운 환경 속에서는 하나님을 증언하는 방법이 이 같은 신앙의 모험밖에는 없다. 성도가 하나님을 전혀 모르는 자들 가운데서는 하나님을 위해서 생명을 바쳐야만 한다는 것이다. 그러나 이렇게 어려운 증거 행위에는 기쁜 일도 동반되는데, 그것은 하나님이 살아 계심을 체험하는 것이다. 그는 애당초 하나님의 살아 계심을 믿기 때문에 그처럼 용감하게 행동한 것이다. 다리오 왕도 다니엘의 하나님은 살아 계신 하나님이라는 의미에서 "살아 계시는 하나님의 종 다니엘아"라고 하였다(20절).

2) 전에 행한 대로 기도함. 이것은 규칙적 기도를 뜻한다. 무슨 일이든지 규칙성 있게 하지 않으면 성공하기 어렵다. 기도는 더욱 그러하다. 기도는 부패한 인간이 하기 싫어하는 일이며, 보이지 않는 대상에게 하는 것이기 때문에 실행을 위한 동기가 저하되기 쉽다. 그뿐 아니라 기도를 방해하는 장애물도 많다. 그러므로 기도의 규칙은 무엇보다도 엄격해야 한다.

3) 기도에 간절하였음. 다니엘은 무릎을 꿇고 기도하였다. 그가 무릎을 꿇은 것은 특별히 간절한 태도이며, 생명을 바친 제물의 태도다. 그는 힘을 다하였고 정성을 바쳤다. 이런 기도에 하나님의 응답이 임한다. 교회에도 제물다운 기도자들이 있어야 부흥한다.

4) 감사하는 기도. 다니엘은 역경에 처해 있었다. 그는 포로들 가운데 한 사람이었고, 그가 살아가는 환경은 외국이었다. 그리고 그는 모함에 빠졌으므로 심한 고민에 빠져 근심할 수밖에 없는 처지였다. 그러나 그는 하나님께 감사하였다. 그가 감사한 이유는 ① 하나님께서 그와 함께해 주셨기 때문이다. 그가 하나님과 함께 살기 원하여 하나님 우선주의로 행하였으므로 하나님께서 그와 함께해 주셨다. 하나님보다도 다른 것들을 더 좋아하는 자에게는 하나님께서 함께해 주실 이유가 없다. ② 그는 이스라엘 백성이 바벨론에 포로로 잡혀 온 이유가 그들의 죄악 때문인 줄 알고 있었으니 감사할 수 있었다. 9:3-19에는 반복하여 이스라엘 백성이 범죄했다는 말씀이 나온다. 이렇게 다니엘은 주님은 의로우시고 자기와 자기 민족은 범죄한 줄 알았기 때문에 그들이 받는 벌이 당연하다고 여겼다. 우리는 모든 괴로움을 당할 때 감사할 줄 알아야 한다. 우리는 마음으로 범한 죄에 대해서도 대가를 치러야 하는 알아야 한다.

11-12 이 부분에는 다니엘의 원수들이 다니엘을 죽이기 위해 세웠던 간사한 계책이 진술되어 있다. ① 그들은 다니엘이 하나님께 기도하는지 정탐하다가 마침내 그가 기도한다는 사실을 발견하였다. 다니엘은 물론 그들의 정탐 행위를 예측하였다. 그러나 그는 위축되지도 않았고, 기도를 숨어서 하지도 않았다. 그러므로 그의 기도 행위가 원수들에게 발견되었다. ② 그들은 왕에게 가서 다니엘의 기도 사건은 언급하지 않고, 왕에게 그가 선포한(8-9절) 법령을 재확인하도록 요청하였다. 이것 역시 그들의 간교한 술책이다. 그뿐 아니라 그들은 간교하게도 왕에게 아첨하였는데, 그들은 왕을 "신"으로 높인 것이다. 그들은 "누구든지 왕 외의 어떤 신에게나 사람에게 구하면"이라고 말함으로써 왕을 신과 동격으로 삼은 것이다.

13-15 다니엘의 원수들이 다니엘의 기도 사건을 왕께 고발하자 왕은 고민하게 되었다. 왕은 다니엘을 신임하여 나라의 중책을 맡기기까지 하였던 만큼 이제 그를 위기에서 구원하려고 애썼다. 그러나 다니엘을 시기하는 원수들은 이미 제정된 법을 실시하라고 왕에게 요청하였다. 이때 왕은 자기 위신을 지키기 위해서는 자신이 친히 세운 법을 준수할 필요가 있다고 생각하였다. 물론 그것은 그의 약점이었다. 그는 명예심의 종이었고, 의의 종은 아니었다. 따라서 그는 다니엘을 모함한 종들의 종이 된 셈이다.

16-17 이에 왕이 명령하매 다니엘을 끌어다가 사자 굴에 던져 넣는지라 왕이 다니엘에게 이르되 네가 항상 섬기는 너의 하나님이 너를 구원하시리라 하니라 이에 돌을 굴려다가 굴 어귀를 막으매 왕이 그의 도장과 귀족들의 도장으로 봉하였으니 이는 다니엘에 대한 조치를 고치지 못하게 하려 함이었더라. 다리오 왕의 이 같은 행동은 헤롯왕이 세례 요한을 죽이도록 내어 준 사실과 유사하며, 빌라도가 예수님을 십자가에 못 박도록 내어 준 것과도 유사하다. ① 사람이 의를 시행할 역량이 있는데도 사소한 이유로 의를 시행하지 않으면, 그는 약한 자가 아니라 악한 자다. 그리고 ② 그런 식으로 일을 저지르고 나서 그 일을 수습해 주시기를 하나님께 구하는 것

도 어리석은 일이다. 다니엘이 사자 굴에서 구원받은 것은 다리오의 이와 같은 어리석은 축원("너의 하나님이 너를 구원하시리라") 때문이 아니었다. 그가 구원받은 것은 용기 있는 신앙을 돌보시는 하나님으로 말미암은 것이었다.

18 왕이 궁에 돌아가서는 밤이 새도록 금식하고 그 앞에 오락을 그치고 잠자기를 마다 하니라. 약자는 언제나 후회밖에 할 줄 모른다. 신앙을 지킨 다니엘은 사자 굴에서도 양심이 평안하였을 것이고, 그곳이 다리오의 왕궁보다 평안하였을 것이다. 그러나 양심을 지키지 못한 다리오는 왕궁에서도 불안을 느꼈다.

19-20 다리오는 왜 이튿날 새벽에야 다니엘이 던져진 사자 굴을 방문한 것일까? 그가 밤중에는 거기 가지 못한 이유가 무엇이었는가? 그것은 그의 비겁한 심리 때문이었을 것이다.

슬피 소리 질러 다니엘에게 묻되 살아 계시는 하나님의 종 다니엘아 네가 항상 섬기는 네 하나님이 사자들에게서 능히 너를 구원하셨느냐. 의로운 다니엘의 피해를 원통히 여기는 다리오의 슬픔은 그가 비겁함을 거의 극복할 수 있도록 만들었다(Calvin). 그러나 그에게는 아직 살아 계신 하나님에 대한 신앙은 없었다. 그러므로 그는 다니엘이 사자 굴에서 구원받을 것이라고 확신하지는 못하였다.

다니엘이 하나님께 충성했다는 사실은 이방인 다리오도 확실히 알고 있었다. 그는 다니엘을 가리켜, "살아 계시는 하나님의 종"이라고 불렀고 또한 하나님을 가리켜 "네가 항상 섬기는 네 하나님"이라고 하였다.

21-23 이 구절들은 사자 굴에서 다니엘이 구원받은 이유를 밝혀 준다. 그가 구원받은 이유는 ① 그가 "무죄"(22하)하였기 때문이며, ② 그가 "하나님을 믿었기" 때문이었다(23하).

24 왕이 말하여 다니엘을 참소한 사람들을 끌어오게 하고 그들을 그들의 처자들과 함께 사자 굴에 던져 넣게 하였더니 그들이 굴 바닥에 닿기도 전에 사자들이 곧 그들을 움켜서 그 뼈까지도 부서뜨렸더라. 다니엘을 죽이기로 모함한 자들은 사자 굴에 던져져서 사자들에게 삼켜졌다. 무죄한 자를 모함한 죄는 이렇게 무섭다. 그들이 받

은 벌은 다리오의 명령으로 시행된 것이지만 실상은 무죄한 자를 신원하여 주시는 하나님의 섭리로 말미암은 것이다.

25-27 다리오가 메대-바사 국민들에게 하나님을 두려워하라는 조서를 내리고 하나님이 어떤 분이신지를 알려준다. 요컨대 하나님은, ① "살아 계시는 하나님이시요", ② "영원히 변하지 않으실 이시며", ③ "그의 나라는 멸망하지 아니할 것이요 그의 권세는 무궁할 것이며", ④ "구원"하시며, ⑤ "이적과 기사를 행하시는 이시라"고 하였다.

28 이 다니엘이 다리오 왕의 시대와 바사 사람 고레스 왕의 시대에 형통하였더라. "다니엘"은 이처럼 이방 땅에서 일개 포로로서 위험한 일을 많이 당하였다. 그러나 그가 하나님을 굳게 믿고 그에게 충성했으므로 마침내 "형통"하였다.

| 설교자료

1. 다니엘은 높임을 받았다(1-3절). 다니엘이 이렇게 높임을 받은 일은 하나님의 경륜으로 말미암은 것이다. 하나님께서는 그가 살아 계심을 특별히 이방 세계에 증언하시기 위해 이렇게 진실한 성도를 이방의 고위 관직에 등용되도록 하셨다. 그가 높은 자리에서 하나님의 영광을 나타낼 때 이방 모든 세계에 하나님이 하시는 일이 전파된다. 하나님이 이방 세계를 버려두시고 그들에게 아무 증거도 주시지 않은 것은 아니다. 사도행전 14:17에 말하기를 "그러나 자기를 증언하지 아니하신 것이 아니니"라고 하였다. 일찍이 하나님께서 요셉을 애굽에 세워 애굽 민족에게도 자기를 증언하셨다.

2. 다니엘이 처한 환경이 극도로 악하였다(4-9절). 메대-바사의 관원들이 다니엘을 시기하여 다리오 왕에게 청원해서 다니엘을 함정에 빠뜨릴 수 있는 율법을 제정하도록 하였다. 의인은 언제든지 대적하는 자들을 만나는

법이다(딤후 3:12).

3. 다니엘의 기도는 그의 신앙의 담력을 보여준다. 10절에서 "다니엘이 이 조서에 왕의 도장이 찍힌 것을 알고도"라는 말씀은 그의 신앙에 동요가 없음을 보여주고, 또한 "그의 하나님께 감사하였더라"라고 하였으니(10하) 이것은 역경에서 도리어 하나님께 감사하는 신앙의 담력을 보여준다.

4. 다리오 왕은 나약한 자였다(14-18절). 다리오 왕은 다니엘을 동정하면서도 그의 주변에 있는 신하들의 요청대로 결국 다니엘을 사자 굴에 던졌다. 이것은 옛날에 폭군이 자기의 권위와 위신을 진리와 의리보다 더 중요시했음을 보여준다.

5. 다리오 왕이 경험한 다니엘의 하나님은 어떤 분이었는가(20절)? 그는 하나님을 가리켜 "살아 계시는 하나님"이라고 하였고, 또한 다니엘이 "항상 섬기는 하나님"이라고 하였는데 이것은 그가 다니엘의 실제 삶에서 목격하고 알게 된 사실이었다. 진실한 성도의 삶은 이처럼 폭군에게라도 하나님을 알게 하는 증거의 열매를 맺는다.

6. 다니엘이 담대할 수 있었던 이유는 무엇인가? 다니엘이 담대할 수 있었던 이유는 그가 일찍이 하나님의 권능을 체험했기 때문일 수도 있겠지만, 특별히 그가 그런 박해를 받을 만한 허물이 없었기 때문이기도 하다. 그의 "무죄"가 그의 담력을 이끌어 낸 것이다. 잠언 28:1에 말하기를 "악인은 쫓아오는 자가 없어도 도망하나 의인은 사자 같이 담대하니라"라고 하였다.

7. 다리오 왕은 다니엘을 모함한 자들을 사정없이 처벌하였다(24절). 이

것을 보면 그 시대에는 생살여탈권이 온전히 폭군의 장중에 있었음을 알 수 있다. 이런 폭군 앞에서도 진실한 신자는 하나님께 영광을 돌리고 진리를 드러낼 수 있었다. 그러므로 아무리 위험천만한 때라 해도 참다운 신앙생활은 얼마든지 가능한 것이다. 다니엘의 참된 신앙생활은 도리어 폭군에게 살아 계신 하나님의 권세를 알려 주었다(25-27절).

제 7 장

✤ 내용분해

1. 바벨론 왕 벨사살 원년에 다니엘이 계시를 봄(1절)
2. 환상 중에 본 네 가지 짐승에 대한 진술(2-8절)
3. 엄위하신 심판장이신 하나님(9-12절)
4. 인자가 나라를 받으심(13-14절)
5. 계시에 대한 천사의 해석(15-27절)
6. 다니엘의 번민(28절)

✤ 해석

본 장의 해석에는 주로 하비 칸(Harvie Conn)의 견해를 채택하고 필자의 의견을 일부 첨가하였다.

1 바벨론 벨사살 왕 원년에. "벨사살"을 "왕"이라고 한 문제에 대하여는 5:1

해석을 참조하라. 성경 기자가 자신이 계시 받은 연대를 밝힌 점은 의미심장하다. 하나님의 계시는 어떤 사람의 상상이 아니고 확실한 역사성을 가진 사건이다. 그러므로 그것이 나타난 연대를 정확히 제시하고 있다.

다니엘이 그의 침상에서 꿈을 꾸며 머릿속으로 환상을 받고 그 꿈을 기록하며 그 일의 대략을 진술 하니라. 다니엘이 받은 계시는 음성을 "말하는" 방식으로 임한 것이 아니라 환상을 "보여주는" 방식으로 임하였다. 이러한 계시 방법(시각적인 방법)이 청각적인 방법과 특별히 다른 점은 계시를 받는 자의 몸에 영향을 준다는 사실이다. 이런 방식으로 계시를 받은 에스겔이나 다니엘은 엎드려졌다고 말씀한다. 그들이 그렇게 엎드려진 것은 하나님을 경배하는 행위가 아니고 다만 하나님의 힘이 계시 받는 자에게 영향을 끼친 결과다.[173] 다니엘은 계시를 받은 후에 몇 날 동안 병이 났다고도 하였다(7:28; 8:27).

그런데 "환상"과 "꿈"이 서로 어떻게 다른지는 말하기 어렵다. 보스(Vos)는 생각하기를, 이 둘의 차이는 몸에 영향을 끼치는 여부로 밝혀진다고 한다. 말하자면 "환상"이 주어질 때는 몸이 피로하여지는 일이 종종 있으나, "꿈"을 꿀 때는 그렇지 않다는 것이다.[174] 특별히 아람어 원문을 보면 "꿈"이라는 말은 단수이고 "환상"이라는 말은 복수인데, 우리말 성경에는 이를 구분하지 않고 둘 다 단수로 번역되었다. 이렇게 단수와 복수를 각각 사용한 이유는 꿈 하나에 여러 개의 환상이 포함되어 있었기 때문일 것이다. 단수와 복수의 이러한 용법은 2:28, 4:5, 10, 13에도 나타나 있다.

다니엘이 받은 "환상"을 가리켜 "머릿속으로" 받았다고 표현했다. 그 말의 뜻은 그 환상들이 다니엘의 심리 작용에 기원을 두었다는 것은 아니다. 아래 이어지는 말씀을 보면, 그 꿈의 기원은 초자연적 현상이며 인간적인 현

---

173) Vos, Biblical Theology, 242.
174) idem, 242.

상이 아니다. 그렇다면 "머릿속으로 환상을 받았다"는 말은 무슨 뜻인가? 그 것은 그가 초자연적 계시를 받되 마음의 명백한 활동을 통해 받았다는 것 이다. 이같이 얻은 꿈은 더욱 무게를 지닌다. 이런 방식은 다니엘의 머릿속 에 어떤 혼잡도 발생하지 않도록 하는 것이었다. 하나님께서 다니엘에게 알 리고자 하신 내용을 그의 맑고 안정된 마음(머릿속)에 꿈으로 알도록 하셨다 (Calvin). 그리고 그 꿈이 다니엘의 기억에만 남도록 내버려 두시지 않고 성령 님의 인도를 따라 그것을 기록하도록 하신 것도 중요하다. 이것은 인간 편에 서의 자주적인 의식 없이 이루어진다는 소위 입신과는 다르다.

다니엘이 기록하여 진술한 것을 우리말 성경에서는 "그 일의 대략"(אשׁר) "레쉬")이라고 하였는데, 그것은 킹제임스역(KJV), 미국표준역(ASV), 개정표 준역(RSV)이 지지하는 번역이다. 어떤 비평가들은 이 같은 번역을 받아들이 지 않는다. 몽고메리(Montgomery)는 말하기를, 이 아람어 표현(אשׁר)은 차 라리 그 이야기의 "시초"라고 번역하는 것이 좋을 것이라고 주장한다. 히튼 (Heaton)도 몽고메리의 의견을 지지하여 말하기를 이 용어는 그 환상(묵시) 의 단편적인 제목을 의미하는 것이라고 하였다. 그러나 우리는 전통적인 우 리말 성경의 번역을 받아들이고자 한다. 이 번역을 에느워드 영(Edward J. Young), 류폴드(Leupold), 카일(Keil) 등의 학자들이 지지한다. "그 일의 대 략"이라는 번역은 "본질"(essence) 혹은 "개요"라는 뜻인데, 말하자면 다니 엘은 자기 꿈의 골자를 여기 소개한다는 것이다. "시초"라는 번역은 류폴드 (Leupold)의 말대로 "개요"를 포함하지 않는 것이다. 다니엘이 그 꿈에 대하 여 말하면서 왜 시초만 말하였을 것인가? 어찌하여 그가 체험한 모든 것(적 어도 "개요"만이라도)을 말하지 않았겠는가?

2-3 다니엘이 진술하여 이르되 내가 밤에 환상을 보았는데 하늘의 네 바람이 큰 바다 로 몰려 불더니 큰 짐승 넷이 바다에서 나왔는데 그 모양이 각각 다르더라. 여기서 "보았 는데"라는 말은 "보고 있었는데"라고 번역해야 한다. 이 말이 본 장에 여덟

번 나오는데, 계속해서 보는 행동을 말한다. 이 두 구절은 네 짐승, 말하자면 네 나라의 기원을 보여준다. 이 점을 강조하기 위하여 아람어 원문에서는 "볼지어다"(ארו "아루")라는 말이 "하늘의 네 바람"이라는 문구 앞에 나온다. "하늘의 네 바람"은 무엇을 의미하는가? 고대 주석가들 가운데 히에로니무스(Jerome)는 이것들이 네 나라를 지키는 천사들이라 하였고, 카일(Keil)은 하나님께서 세상 국가들을 움직이도록 세우신 하늘의 세력이라고 하였다. 근대의 자유주의 학자들 가운데는 고대 신화에서 이에 대한 설명을 찾는 이들이 많다. 예컨대 헤르만 궁켈(Hermann Gunkel)은 바벨론의 티아마트(Tiamat) 신화에 비추어 이 말을 설명하려고 한다. 히튼(Heaton)은 궁켈의 해석을 지지하여 말하기를, 이 구절은 바벨론의 창조 설화를 반영한다고 하였다. 그가 염두에 둔 바벨론 창조 설화의 내용은 바벨론의 신 마르두크(Marduk)가 자기 원수를 잡기 위하여 네 바람을 붙잡아 두었다는 것과 그가 후에 일곱 바람으로 무장하여 티아마트(Tiamat)를 죽이고 세상을 창조하려고 나섰다는 설화 등이다.

그러나 자유주의 학자들 가운데서도 몽고메리(Montgomery)는 우리 본문이 이런 신화적 성격을 지닌다는 주장에 대해 반대하였고, 보수주의자 영(Young)은 더욱 강력히 반대하였다. 다니엘이 바벨론의 다신론적인 창조 설화를 참조하여 글을 썼다는 추측은 하나님이 주신 계시의 독특성과 반대된다. 다니엘의 보았던 "꿈"은 계시이며, 그가 기록한 내용은 스스로 지어낸 것이 아니었다. 더욱이 실제적으로도 다니엘서의 이 부분 말씀과 완전히 병행하는 고대의 문헌 자료는 전혀 없다. 그렇다면 이 문구가 보여주는 뜻은 무엇인가? 이것은 세상 나라들의 흥망성쇠가 하나님이 위에서 섭리하신 대로 이루어진다는 것이다. 물론 이 세상 국가들은 짐승과 같아서 하나님 나라와 반대되며 성도들을 박해한다. 다니엘은 유대인들이 바벨론에서 해방될 날이 머지않았던 때에 이 계시를 보았다. 이것은 유대인들이 해방되더라도 또다시 그들 앞에는 환난이 연달아 기다리고 있다는 경고다. 신자들은 이 세상에는 한순간도 평화가 없다는 것을 알아야 한다. 그러나 그들이 그런 세상에서도 위로를 받을 수 있는 이유는 그런 험악한 국가들을 일으키시고 주장하시는 이가 하나님이시라는 사실을 알기 때문이다.

"바다"는 하나님을 반대하는 이 세상을 비유한다. 이 세상 나라들의 흥망성쇠는 마치 바다 물결이 일어났다가 가라앉는 것과 같다(계 17:15). 그리고 "짐승"은 세상 나라들을 비유한다. 짐승으로 세상 나라를 비유한 이유는 짐승이 잔인무도한 것처럼 이 세상 나라들도 하나님 나라에 대하여 무지하고 성도들을 박해하기 때문이다(참조. 시 17:12; 74:12-14; 겔 29:3; 32:2). 성도들은 한 가지 사실을 깨달아야 한다. 요컨대 그 나라들이 크고 두려운 것 같지만 그 나라들도 하나님의 통제하에 있으므로 마침내 그의 심판을 받는다는 것이다(참조. 사 40:12-17).

4 첫째는 사자와 같은데 독수리의 날개가 있더니. "사자"는 바벨론을 비유하고 (렘 49:19), "독수리의 날개"는 그 군대를 비유한다(렘 49:22). 고고학적 발견들도 우리 본문의 비유를 지지하여 준다. 날개 달린 사자의 조각상이 바벨론 유적지에서 종종 발견되는데, 바벨론의 왕궁을 지키는 수호자로 날개 날린 사자의 조각상이 사용되기도 했고, 왕이 행차하는 도로의 벽에 120마리의 사자를 새겨놓기도 하였다. 이 모든 고고학적 유물들이 본 절의 비유를 지지하는 증거들이다.

본문의 이와 같은 비유를 보면, 본서의 저자는 마카비 시대(헬라 시대) 사람이 아니다. 이러한 비유는 바벨론 색채를 농후하게 보여주고 있으며(Keil, Young), 결단코 마카비 시대에 팔레스타인의 무명 인사가 이런 글을 쓸 수 없다. 그런데도 자유주의 학자들은 본서를 마카비 시대의 작품이라고 주장하지만 그런 이론은 성립될 수 없다.

그 날개가 뽑혔고 또 땅에서 들려서 사람처럼 두 발로 서게 함을 받았으며 또 사람의 마음

을 받았더라. 이것은 바벨론의 국권이 빼앗긴 뒤에는 그 민족이 보통 사람으로 살게 된다는 것이다(Calvin). 사람들이 권세 있는 때는 짐승처럼 잔인하지만, 그것을 빼앗긴 다음에는 잔인성도 감소해서 사람의 마음을 도로 회복한다. 일설에 이 말씀은 잔인무도하여 짐승 같았던 느부갓네살의 성격이 하나님께 벌을 받고 회개한 후에는 비교적 겸손해진 것(4장)을 가리킨다고 말한다.

5 다른 짐승 곧 둘째는 곰과 같은데 그것이 몸 한쪽을 들었고 그 입의 잇사이에는 세 갈빗대가 물렸는데 그것에게 말하는 자들이 있어 이르기를 일어나서 많은 고기를 먹으라 하였더라. "곰"은 사자 다음에 나올 만큼 크고 사나운 짐승이다. 이 두 짐승은 성경에서 가장 위험한 동물을 가리키는 것으로 종종 함께 등장한다(삼상 17:34; 잠 28:15; 호 13:8; 암 5:19). "곰"은 사자만은 못한 짐승으로 여기서 두 번째로 나타난다. 그것은 마치 2장에서 느부갓네살의 꿈 가운데 은으로 비유된 나라가 순금으로 비유된 나라를 뒤잇는 것으로 묘사되었던 것과 마찬가지다. "곰"은 사실상 둔한 짐승으로서 사자만 못하다. "몸 한쪽을 들었다"는 말은 무슨 뜻인지 알기 어렵다. 이것은 뒷발로만 섰다는 의미도 아니고 그의 몸 한쪽을 낮췄다는 의미도 아니다. 이 말이 두 발로 선 것을 의미한다는 학자들이 있다(Young, Keil, Montgomery). 그 짐승의 이와 같은 자태는 먹을 것을 덮치려고 대기하는 모습이다. 이것은 메대-바사가 바벨론 왕국을 정복하려고 움직이는 모습을 비유한다.

"잇사이에는 세 갈빗대가 물렸다"는 말은 무슨 뜻인가? 이 문구에 대한 해석들 가운데는 로울리가 지적한 대로 모순된 것이 많다.[175] 이 "둘째" 짐승을 메대-바사로 보는 학자들은 ① "세 갈빗대"는 메대-바사가 정복한 세 나라를 의미한다고 하였다. 이 세 나라에 대한 그들의 견해는 일치하지 않는다. 카일(Keil)과 퓨지(Pusey)는 이 세 나라를 리디아(Lydia)와 바벨론과 애굽

---

175) D. M. 151-154.

이라고 하였다. ② 루터(Luther)는 이 "세 갈빗대"를 바사의 세 왕, 요컨대 고레스, 다리오, 크세르크세스라고 하였고, 클리포트(Kliefoth)는 이 말의 뜻이 메대-바사의 영토 확장이 두루 사방으로 진출하지 못하고 오로지 세 방향으로만 이루어진 것을 비유한다고 하였다. 이렇게 "곰"을 메대-바사로 보는 학파의 해석은 "세 갈빗대"에 대하여 확정된 견해를 가지지 못한다. ③ 다니엘 2장의 "순금"을 메대로만 보는 자유주의 학파 내에서도 이 문구에 대해서는 해석이 일치하지 않는다. 로울리도 결론을 내리지 못하였다.[176] ④ 어떤 학자들은 다음과 같이 결론짓는다. 여기 "세 갈빗대"가 상징하는 바는 그 짐승의 탐욕을 강조한 것이다. 말하자면 그 짐승은 하나로 만족하지 않고 셋을 탐할 정도로 마음껏 차지하기를 원한다는 것이다. "세 갈빗대"라는 말은 역사적 사건에 적용하여 해석할 것이 아니고, 다만 그 짐승으로 비유된 나라의 정복욕이 크다는 사실을 지시한다는 것이다(Montgomery, Young, Calvin). 이것이 자연스러운 해석이다. ⑤ 여기서 또 한 가지 참고로 생각할 만한 해석은 다음과 같다. 요컨대 "세 갈빗대"에서 3이라는 숫자가 위의 다섯 번째 해석에서처럼 비유적으로 사용되는 동시에 세 지역의 의미도 겸하였을 수 있다는 것이다. 본 장에서 네 짐승이 네 나라를 의미하는 것처럼 세 갈빗대도 세 지역을 의미하였을 가능성이 있다. 위의 해석들 가운데 다섯째나 여섯째 해석을 채택하는 것이 바람직하다.

"일어나서 많은 고기를 먹으라." 이것은 그 짐승이 이미 붙잡은 것을 그 입으로 "먹으라"는 명령이라고 해석하는 학자들이 있다(Keil, Young). 그러나 우리는 이 명령이 이미 붙잡은 것만 먹으라는 뜻은 아니라고 생각한다. 그 명령은 그 짐승으로 비유된 나라가 앞으로 다른 나라들을 더욱 많이 정복하라고 지시한다. 그렇다면 여기서 지시하는 자는 누구인가? 학자들은 지시하

---

176) D. M. 154.

는 자가 하나님이라고 이해한다(Calvin, Young). 하나님의 섭리는 이 세상 역사에도 관여한다. 그렇다고 해서 하나님이 정복자들의 잔인성을 부추긴다는 말은 아니다. 하나님께서는 고레스가 많은 나라 사람들을 죽이는 일을 어떤 의미에서는 기뻐하지 않으신다. 그는 많은 피를 흘리는 독재를 싫어하신다. 그러나 다른 의미에서는 하나님께서 고레스의 행동을 명하셨다고 말할 수 있다. 그것은 이 세상 사람들의 배은망덕과 거기에 더하여 반역한 죄악들을 벌하시기 위한 것이다(Calvin).

그렇다면 "둘째 짐승"인 "곰"은 무엇을 상징하는가? 전통적 해석가들은 한목소리로 이것을 메대-바사로 받아들인다(따라서 그들은 "넷째 짐승"을 로마에 대한 비유로 해석한다). "넷째 짐승"을 헬라에 대한 비유로 여기는 자유주의 학자들은 이 둘째 짐승에 대하여 해석이 일치하지 않는다. 그들 중에서 로울리(Rowley)는 이 둘째 짐승을 메대로 해석한다. 이 해석이 19세기에는 많은 학자의 지지를 받게 되었는데, 이 해석을 받아들이는 학자들은 "넷째 짐승"을 헬라로 간주한다.

이미 2장에서 우리는 둘째 나라가 메대-바사라는 전통적 해석을 채택하였다. 이 둘째 나라가 2장에서는 은으로 만들어진 가슴과 팔로 비유되었고, 7장에서는 곰으로 비유되었다. 이 둘째 나라가 메대-바사라는 주장이 정당하다는 의미에서, 우리는 다음과 같이 말하고자 한다. 요컨대 퓨지(Pusey)와 영(Young)은, 7장에서 곰으로 비유된 나라가 메대-바사라는 해석이 더욱 합당한 것이라고 주장한다. 하지만 로울리(Rowley)는 이 해석이 "세 갈빗대"라는 불분명한 문구를 근거로 삼았다고 비난하였다. 그는 둘째 나라가 메대라는 자신의 주장도 이 문구를 통해서는 입증될 수 없다고 말한다.[177] 그러나 우리는 로울리의 접근 방식에 찬동할 수 없다. 어찌하여 그는 의미가 분명

---

177) D. M. 153.

하지 않은 "세 갈빗대" 비유만을 근거로 둘째 나라가 어느 나라인지 밝히고자 하는가? 우리는 이 문제를 해결하기 위해 "세 갈빗대" 비유가 아니라 해석 가능한 다른 문구를 살펴보아야 하고 이를 통해 둘째 나라가 메대-바사임을 입증할 수 있다. 그 해석 가능한 말씀이 사실상 이 구절의 중추가 되어 있다. 해석하기 어려운 세 갈빗대 비유는 사실상 이 구절의 핵심 문구가 아니다. 로울리는 바로 이 핵심 문구를 파악하지 못하였다. 그렇다면 여기서 핵심 문구는 무엇인가? 영(Young)은 여기서 "그것이 몸 한쪽을 들었고"라는 문구를 근거로 둘째 짐승이 메대-바사라고 결론 지었다. "그것이 몸 한쪽을 들었고"라는 말은 다른 한쪽도 있음을 암시하면서 그 왕국이 양면을 가지고서 다른 나라들을 정복하기 위해 행진함을 보여준다. 이렇게 그 나라가 양면을 갖추었다는 점에 대하여 8장도 지지하고 있다. 8:3에 나오는 "두 뿔 가진 숫양"이라는 표현이 그런 의미다. 이와 같은 표현은 메대-바사 왕국이 "메대"라는 나라와 "바사"라는 두 나라의 "양면" 세력으로 이루어진 사실을 잘 비유하여 준다. 메대-바사는 이렇게 양면을 가졌는데, 카일(Keil)에 의하면, "그 하나는 메대로서 세계 국가를 세우는 기초가 되며, 다른 하나는 바사인데 후에는 메대보다 커져서 새로운 침략을 준비하고 있었다"라고 하였다. 이렇게 이 구절의 핵심 문구는 "곰"이며, 이것은 메대가 아니라 메대-바사라는 연합 제국을 비유한다. 다시 말해 이 구절의 중심 사상은 "곰"으로 비유된 나라가 많은 영토를 정복한다는 것이다. 메대 혼자서는 이러한 정복 국가의 특징을 보여줄 수 없다. 만일 본서의 저자가 "곰"이라는 말로 메대만을 가리키고자 했다면, 그것은 8:3, 20의 사상과 충돌한다. 거기서는 바사가 메대 뒤에 일어나서 메대와 합병하고 주권을 행사할 것을 보여준다. 과연 메대-바사 제국은 많은 영토를 정복하였다. 퓨지(Pusey)는 메대-바사의 호전적인 침략성을 다음과 같이 진술한다. "그 나라는 언제나 적을 이길 만한 대군을 가지고 움직였다." 메대-바사는 군대를 동원할 때 작은 규모의 원정 때도 30-100만을 동원했다고 한다. 다리오가 원정 때 동원한 군사의 수가 70만이라고 전해지며, 게다가 600척의 배와 12만 명의 해군을 가졌다고 한다. 그리고 헬라를 정복하기 위해 크세르크세스가 동원한 군대는 250만 명으로 추산된다. 전쟁을 싫어했던 바사 최후의 왕도 이수스(Issus) 전투에 50-60만을 파견했다고 한다. 그는 그 전투에서 패한 지 2년 후에 그다음 패전 때까지 100만 명의 군대를 더 동원하였다. 바사 제국은 고레스의 건국 때(BC 539)부터 헬라의 알렉산드로스에게 패망할 때까지(BC 333) 그 정도의 규모의 군사력을 계속 유지하였다. 바사 제국의 전성시대에는 동편으로는 인디아, 서편으로는 헬라, 북쪽 국경으로는 도나우강과 흑해, 그리고 남쪽으로는 아라비아 사막까지 영토를 확장하였다. 그 나라의 길이는 동서로 거의 5,000km 가까이 되었으며 폭이 2,400km로 면적이 천만 제곱킬로미터가 넘었다. 바사 제국의 크기는 바벨론의 2배나 되었던 것이다.[178] 그러므로 탐욕이 강한 "곰"으로 비유된 나라는 역사적으로 보아 메대-바사와 동일시되는 것이 매우 합당하다.

6 그 후에 내가 또 본즉 다른 짐승 곧 표범과 같은 것이 있는데 그 등에는 새의 날개 넷이 있고 그 짐승에게 또 머리 넷이 있으며 권세를 받았더라. 여기서 "내가"라는 말은 다니엘 자신을 가리킨다. "다른 짐승"(셋째 짐승)은 "표범과 같"다고 하였는데, 그 짐승은 성경에서 동작이 빠른 것으로 묘사된다(렘 5:6; 호 13:7; 합 1:8; 계 13:2). 다니엘도 여기서 그와 같은 성격을 염두에 둔 듯하다. 그런 의미에서 그것의 "등에는 새의 날개 넷"이 있었다고 한다. 여기서 "등"을 "곁"으로 번역하는 학자가 있다(Leupold). 그는 이런 번역을 통해 그 날개는 앞으로 나아가기 위한 것이며 도망치기 위한 것은 아니라고 주장한다. 몽고메리(Montgomery)는 특히 바벨론의 벽화나 조각상에서 짐승들이 곁에 날개를 가졌다는 점을 지적하기도 하였다. 그러나 유력한 학자들은 여기 사용된 아

---

178) Westminster, Historical Atlas to the Bible, Westminster, 1945, 71.

람어 단어가 "둥"을 의미한다고 주장하였다.[179] 어쨌거나 우리가 여기서 주목하는 것은 그 날개가 넷이나 된다는 점으로 보아 그 짐승의 행동이 신속하다는 점이다. 첫째 짐승("사자")도 날개를 가졌으나 둘 뿐이었는데, 이 짐승("표범")은 날개 넷을 가지고 있다. 이런 점으로 보아 "표범"으로 비유된 나라가 다른 나라들을 정복하는 일에 얼마나 신속했는지를 미루어 짐작할 수 있다(Young).

그렇다고 해서 이 짐승이 지닌 가치와 영광이 위에 나온 첫째나 둘째 짐승보다 뛰어나다는 의미는 아니다. 2장에서 느부갓네살의 꿈에 나타난 신상의 각 부분으로 비유된 나라들의 영광이 뒤로 갈수록 낮아진 것처럼 여기서도 그러하다. 이 셋째 짐승의 날개는 "사자와 같은" 첫째 짐승에게 달려 있던 독수리 날개가 아니라 평범한 날개다. 이것으로 보아 표범으로 비유된 나라의 신속한 정복이 바벨론의 그것처럼 비중 있고 우러러볼 만한 정복은 아니라는 것을 알 수 있다.

이 짐승은 또한 "머리 넷"을 가졌다고 하는데 이 말은 해석하기 어렵다. 로울리(Rowley)는 이 문구에 대한 다양한 해석들이 서로 상충한다는 사실을 지적하였다(D. M. pp. 154-160). ① 어떤 학자들은 "머리 넷"은 헬라의 알렉산드로스 제국이 이후에 네 부분(헬라, 서부 아시아, 애굽, 바사)으로 나뉜 것을 비유한다고 하였다.[180] ② 그러나 자유주의 학자들은 여기서 "머리 넷"이 11:2의 네 왕을 의미한다고 주장한다.[181] 그러나 이 해석은 자연스럽지 않다. ③ 그런가 하면 보수학계나 자유주의 진영에서 모두 그럴듯하게 여기는 해석을 주장하는 자들도 있다.[182] 요컨대 "머리 넷"은 이 짐승("표범과 같은

---

179) Calvin, Montgomery, Keil, Young.
180) Jerome, Luther, Calvin, Leupold, Wright, Keil.
181) Ewald, Prince, Bevan, Charles, Farrar.
182) Montgomery, Rowley, Young.

것")으로 비유된 나라가 그 영토를 사방으로 차지한다는 해석이다. 말하자면 "네 머리"는 사실상 땅의 사방을 가리킨다는 것이다. 이 해석의 정당성은 다음과 같은 논리에 근거한다고 한다. ㉠ "넷"이라는 숫자는 7장 다른 구절에 나오는 같은 숫자의 용법과 같을 것이라는 논리다. 말하자면 2절의 "네 바람"도 사방을 의미하였고, 6절의 표범이 가지고 있는 "네 날개" 역시 최대의 속력으로 멀리까지 도달한다는 보편성을 보여주고 있다. 이렇게 넷이라는 숫자는 가장 멀리까지 두루 영향을 미치는 것을 의미한다는 것이다. ㉡ "머리 넷"이 알렉산드로스의 후계자들이 제국을 여럿으로 나눠 차지한 것을 의미한다면, 그것은 알렉산드로스의 제국이 아니라 그의 뒤를 잇는 왕국들을 가리키는 것이 되고 만다. 그렇다면 로울리의 말과 같이 그런 해석은 이 구절의 내용과 부합하지 않는다는 것이다. ㉢ "머리 넷"이 사방을 의미한다는 해석은 이 비유의 중심 사상과 잘 부합한다고 말한다. 이 비유의 중심 사상은 표범으로 비유된 나라의 신속한 정복력이다. 신속하게 정복한다는 말은 영토를 사방에서 얻는다는 말과 크게 다르지 않다.

우리는 위의 첫째 논리도 자연스럽다고 생각한다. 그러나 성경에서 "머리"라는 말은 방위보다는 왕국을 의미한다(계 17:9). 그러므로 우리 본문의 "머리 넷"은 알렉산드로스 대왕 이후 헬라 제국이 분열되어 형성된 네 왕국을 의미한다고 생각된다. 네 왕국은 ① 프톨레마이오스(Ptolemy) 왕국, ② 리시마쿠스(Lysimachus) 왕국, ③ 카산드로스(Cassander) 왕국, ④ 셀레우코스(Seleucus) 왕국이다. 그렇다면 여기서 셋째 짐승은 헬라를 비유한다.

그런데도 자유주의 학자들은 셋째 짐승이 바사를 가리킨다고 해석한다(그들은 둘째 짐승이 메대를 가리킨다고 본다). 로울리가 그들을 대표한다고 할 수 있는데, 우리는 이 문제에 있어서도 본문의 중심 사상을 근거로 접근해야 할 것이다. 본문의 중심 사상은 이 짐승으로 비유된 나라가 다른 나라를 정복하는 일에 매우 신속하다는 것이다. 히튼(Heaton)이라는 학자는 역시 이와 같은 이론으로 셋째 짐승을 바사라고 하였다. 몽고메리(Montgomery)도 이와 같은 이론에 찬성하였다.[183] 물론 바사의 고레스 왕이 다른 나라를 정복하는 일에 대단히 신속하였다는 것은 사실이다. 그는 주전 549년에 바사 민족을 통일하였고, 메대를 정복하였다. 그리하여 그는 메대-바사의 왕이 된 것이다. 그리하여 그의 영토는 서쪽으로 메소포타미아를 거쳐서 소아시아에까지 이르렀다. 그리고 주전 546년에 그는 다시 리디아(Lydia) 왕 크로에수스(Croesus)를 정복하여 영토를 확장함으로써 그의 나라는 에게해에까지 이르렀다. 그뿐 아니라 그는 주전 539년에 바벨론에 무혈 입성하였으며 주전 525년에는 애굽도 점령하였다. 이렇게 그는 25년 동안에 동방 문화권 전체와 인디아를 점령하였다.[184]

그러나 보수주의 학자들은 이 셋째 짐승이 헬라를 가리킨다고 주장한다. 이러한 주장이 위에서 언급했던 이 구절의 중심 사상에 더욱 적합하다고 생각하기 때문이다. 이 구절의 중심 사상은 신속한 정복인데, 바사보다 헬라가 다른 나라들을 정복하는 일에 더욱 신속하였다. 바사가 다른 나라들을 정복하는 데는 25년이 걸렸으나, 헬라의 알렉산드로스 대왕은 13년 만에 더욱 많은 영토를 정복하였다. 자세히 말하자면 알렉산드로스 대왕은 그의 부친 필리포스가 죽은 후에 마케도니아와 헬라를 단속하여 자기 통치하에 두었고, 주전 334년에 소아시아로 건너가서 바사와 전쟁한 결과 이수스(Issus)에서 바사 왕 다리오의 대군을 격퇴했다. 이후에 그는 수리아, 팔레스타인, 애굽도 정복하였다. 주전 323년에 그가 요절함으로써 헬라를 중심으로 하는 범세계적 왕국을 꿈꾸던 그의 계획은 끝난 셈이다. 이러한 사실을 볼 때 그의 군사적 정복이 매우 신속하였으니 본문의 중심 사상과 잘 부합한다.

---

183) The International Critical Commentary, Daniel, 289.
184) F. F. Bruce, Israel and the Nations, Eerdmans, 1962, Chapters 12-14; op. cit, 69-70.

"권세를 받았더라." 류폴드(Leupold)는 헬라의 알렉산드로스 대왕에게서 이 말씀이 성취되었다고 바르게 말하였다. 그러나 알렉산드로스가 그 왕국을 자기 힘으로 성취한 것이 아니라 거저 받았다고 말한 것은 잘못이다. 역사적으로 볼 때 알렉산드로스 대왕은 전쟁을 통하여 그의 영토들을 얻은 것이다. 그렇다고 해서 본문의 말씀이 역사적 사실과 어긋난다고 말할 필요는 없다. 알렉산드로스가 전쟁을 통하여 그 많은 영토를 얻었지만, 실상 그 배후에는 하나님의 섭리가 있었다. 다시 말해 하나님이 그에게 나라들을 정복할 수 있는 권세를 주셨기 때문에 그가 그 모든 전쟁에서 승리했다는 것이다.

7-8 내가 밤 환상 가운데에 그 다음에 본 넷째 짐승은 무섭고 놀라우며 또 매우 강하며 또 쇠로 된 큰 이가 있어서 먹고 부서뜨리고 그 나머지를 발로 밟았으며 이 짐승은 전의 모든 짐승과 다르고 또 열 뿔이 있더라 내가 그 뿔을 유심히 보는 중에 다른 작은 뿔이 그 사이에서 나더니 첫 번째 뿔 중의 셋이 그 앞에서 뿌리까지 뽑혔으며 이 작은 뿔에는 사람의 눈 같은 눈들이 있고 또 입이 있어 큰 말을 하였더라. 다니엘은 무서운 짐승으로 비유된 넷째 나라에 대한 자세한 계시를 보았다. 말하자면 이 부분에서는 "넷째 짐승", 곧 네 짐승(3절) 가운데 가장 주목되는 짐승이 묘사된다. 다니엘은 넷째 짐승에 가장 많이 주목하고 있다. 그가 이것을 특별히 주시했다는 사실은 이에 대한 진술이 다른 짐승들과는 달리 머리말을 동반한다는 것으로 알 수 있다. 그런 머리말은 위의 세 짐승에 대한 진술에서는 발견되지 않는다. 첫째 짐승에 대해서도 없었고, 둘째 짐승에 대해서는 아람어 원문에서 "볼지어다"라는 단어가 있을 뿐이며, 셋째 짐승에 대해서는 그보다 조금 더 말하였을 뿐이다. 그런데 넷째 짐승에 이르러서는 머리말이 이 단락(2-8절)에 나타난 계시 전체에 관한 머리말(2절)과 비슷하다. 그것은 바로 "내가 밤 환상 가운데에 그 다음에 본"이라는 문구다. 이렇게 특별한 머리말을 동반하는 것만 보아도 여기 진술된 "넷째 짐승"이 독특하다는 것을 알 수 있다. 그 짐승의 독특성은 또한 그것이 특정 짐승과 비슷하다는 말이 없다는 것을 보아서도 알 수

있다. 위의 세 가지 짐승에 대하여는 "사자"(독수리), "곰", "표범" 등과 같다고 하였으나, 여기서는 그런 유비를 말하지 않는다. 여기서는 다만 "넷째 짐승"이라고 말할 뿐이다.

위의 다른 짐승들에 대하여 고유한 특징을 강조한 것처럼, 여기 "넷째 짐승"에 대해서도 그리한다. 이 "넷째 짐승"의 특징은 강렬하고 파괴적인 성격이다. 그런 의미에서 본문은 말하기를 "무섭고 놀라우며 또 매우 강하며"라고 묘사하였다. 이 같은 점으로 보아 이 "넷째 짐승"은 자연계에서 유사한 짐승을 찾아볼 수 없다. 또한 이 짐승은 "쇠로 된 큰 이가 있"다고 하였는데 이것도 그 파괴적인 성격을 잘 묘사한다. "쇠"는 2장에서 신상에 관한 계시를 묘사할 때도 파괴적 성격을 표시하였다(2:40). 그뿐 아니라 그 짐승이 "그 나머지를 발로 밟았으며"라고 하였으니 이것은 극도로 잔혹한 정복국가를 비유한다. 이런 의미에서 류폴드(Leupold)는 이것이 로마를 비유한다고 하였다. 그는 말하기를 "로마는 다른 국가들을 정복하는 일을 쉬지 않았다. 카르타고도 로마 앞에서는 파멸할 수밖에 없었다. 로마는 그들의 손에 정복당한 국가들이 발전하지 못하도록 막았다"[185]라고 하였다.

그 짐승이 "열 뿔"을 가졌다고 하였는데, 성경에서 뿔은 권세를 의미한다(신 33:17; 삼상 2:1; 왕상 22:11; 시 18:2; 암 6:13). 뿔 하나도 권세인데 "열 뿔"은 얼마나 큰 권세이겠는가. 그런데 이렇게 많은 뿔이 한 짐승에게 있었다. 그 많은 권세를 가지고서 부서뜨리고 발로 밟아버리는 만행을 저지르는 것이다. 다니엘은 이 뿔들에 대하여 깊은 관심을 가졌다. 그런 의미에서 그는 말하기를 "내가 그 뿔을 유심히 보는 중에"라고 하였다. 그가 그 뿔을 보는 중에, 그것들 외에 다른 한 뿔("작은 뿔")이 돋아났으며, 그 "작은 뿔"이 이전부터 있었던 세 뿔을 제거했다. 다니엘은 특별히 이 "작은 뿔"을 더욱 주목하였다. 그

---

185) Exposition of Daniel, 297-298.

런데 그것이 작다고 말하는 이유가 무엇인가? 드라이버(Driver)는 작은 뿔로 비유된 나라가 소규모로 시작하기 때문이라고 하였다. 그러나 영(Young)은 이 작은 뿔이 8장에 나오는 작은 뿔과 달라서 크게 자라나지 않는다고 말한다. 그러므로 그것을 "작은 뿔"이라고 부르는 이유는 그것이 언제나 작으면서도 "큰 말"을 하기 때문이다. 다시 말해 8절에 기록된 대로 그것은 "사람의 눈 같은 눈들이 있고 또 입이 있어 큰 말을 하였"는데, 실상은 그가 그의 말과 같이 크지는 않다는 뜻이다. 그것은 사람에 불과하면서도 초자연적인 존재라도 되는 듯이 교만하다. 그러므로 다니엘은 실상 이 같은 명칭으로써 그것을 정죄한다. 요컨대 "작은 뿔"이 교만하게도 자신이 하나님인 듯이 "큰 말"을 하지만, 실상 사람일 뿐이라는 것이다.

그러면 이 "넷째 짐승"은 무엇이며, 그 "열 뿔"은 무엇이며, 또 "작은 뿔"은 무엇인가? 이것은 대답하기 어려운 문제다.

1) 로울리(Rowley)는 〈메대 사람 다리오〉(Darius the Mede)라는 책에서 이에 대한 여러 가지 해석을 소개한다.[186] 그의 결론은 이 "넷째 짐승"으로 비유된 나라가 헬라이며 로마가 아니라는 것이다. 이 해석을 따르는 자유주의 학자들이 많다. 여기서는 로울리의 해석에 대한 반론을 자세히 다루지는 않을 것이다. 2장에서 "종아리와 발"로 비유된 넷째 나라가 로마라고 하였는데 그 이론은 여기서도 유력하다.

2) "넷째 짐승"에 대한 진술은 헬라에 적합하지 않고 로마에 적합하다. 이 "넷째 짐승"으로 비유된 나라가 로마라는 주장에 대하여 반대하는 이론들도 있다. 그러나 그 반대 이론은 성립될 수 없다. 그 반대 이론들을 검토하면 다음과 같다. ① 드라이버(Driver)의 반대. 그는 이 "넷째 짐승"을 로마와 동일시하는 이론이 역사적 사실과 부합하지 않는다고 말한다. 요컨대 로

---

186) Darius the Mede 70-137.

마는 주후 476년에 멸망했는데 그 뒤에 일어난 어떤 나라들을 가리켜 "열 뿔"과 같은 것이라고 말할 수 있을지가 난제라는 것이다. ② 로울리(Rowley)의 반대. "넷째 짐승"을 로마와 동일시하는 학설은 아래 소개하는 것처럼 여러 가지 형태가 있는데, 로울리는 그것들을 모두 다 반대한다. ㉠ "열 뿔"과 "작은 뿔"은 이미 과거에 성취된 예언이라고 하는 학설. 이 학설은 칼빈(Calvin)이 주장하는 것이다. 칼빈은 "작은 뿔"을 로마 황제 율리우스 카이사르(Julius Caesar) 또는 그의 후계자들이라고 하였다. 로울리는 이 해석이 로마 제국을 헬라의 자리로 앞당겨 잡는 셈이니, 그것이 역사적 사실과 맞지 않는다고 하였다.[187] 그는 이 밖에 여러 가지 이유로 이 학설을 반대하였다. ㉡ "넷째 짐승"을 로마라 하고 "작은 뿔"을 로마 가톨릭 교황이라고 하는 학설. 특별히 이 학설은 종교개혁 시대에 많은 사람의 지지를 받았다. 현대에는 류폴드(Leupold)가 이 견해를 지지하면서 1948년에 책을 내었다. 로울리(Rolwey)는 이 학설에 반대하는 관점에서 말하기를 "이 해석은 우리 본문에 나타난 계시와 전혀 관계없는 말을 한다. 그 이유는 이 '작은 뿔'이 넷째 짐승에게서 나와서 넷째 짐승의 권세를 사용했다고 하며, 그 '작은 뿔' 때문에 넷째 짐승이 망하였다고까지 하는데, 어떻게 교황제도가 로마를 멸망시키고 그 왕권을 잡았다고 말할 수 있는가?"[188] 하고 반문한다. ㉢ 미래파. 이 것은 "넷째 짐승"을 로마와 동일시하고, "작은 뿔"을 세계 종말에 나타날 인물로 규정한다. 그런데 그가 어떤 인물인지에 대해서는 그들 가운데서도 의견이 일치하지 않는다. 그뿐 아니라 "열 뿔"이 무엇을 의미하는가에 대해서도 의견이 분분하다. 그런데 이 해석에 대해서도 로울리가 반대하는 이유는 다음과 같다. 요컨대 "만일 이 '넷째 짐승'이 로마라면, 로마는 이미 멸망했

---

187) D. M. 90.
188) Idem.

는데 어떻게 세계의 종말에 나타날 '작은 뿔'이 로마를 멸망시킨다는 말이 성립되겠는가?" 하고 묻는다. 그러나 로울리의 이 같은 이론은 옳지 않다. 2장의 신상에 관한 계시에서 나타난 넷째 나라도 이미 옛적에 망하고 그 당시에 있지 않았던 나라들(바벨론, 메대-바사, 헬라)을 멸망시켰다고 하지 않았는가 (2:40)? 그렇다면 거기서도 그렇게 말하는 것이 모순된 것같이 보인다. 그러나 그 넷째 나라가 먼저 있던 모든 나라를 계승한 국가를 멸망시킨다면, 바로 그것이 그 모든 나라를 멸망시킨 것과 마찬가지다. ㉢ 넷째 나라를 로마와 동일시하는 학설에 로울리가 반대하는 또 한 가지 이유는 로마의 뒤를 이은 국가들 가운데 "열 뿔"로 상징되는 국가들을 역사적으로 지목하기 어렵다는 점 때문이다. 그러나 우리가 생각하기에는 해석가들이 열 뿔로 상징되는 국가들을 지목하기 어렵다고 해서 그러한 국가들 자체가 없다고 단언할 수는 없는 것이다. 이 넷째 나라가 헬라라고 주장하는 로울리 자신은 그 열 뿔이 헬라의 어느 왕들인지 확실히 지적하고 있는가? 우리는 차라리 "열 뿔"이라는 숫자를 상징적으로 간주한다.[189] 다시 말해 그것은 칼빈(Calvin)이 말한 것처럼 다수를 의미한다. 본 장에서는 "넷"이라는 숫자가 상징적 의미를 지녔을 뿐 아니라, 또한 10절에 있는 "천천, 만만"이라는 숫자 역시 그러하다. 요한계시록에서도 숫자가 상징적 의미를 지니는 경우가 많다. "열 뿔"이 비유하는 국가들을 성경적 근거 없이 세속 역사에서 확정적으로 지목하려 하는 것은 무리한 일이다. 일설에 로마 제국이 멸망한 후에 그 영토에 다음과 같은 열 개의 후생 국가들이 있었다고 한다. 요컨대 반달족(Vandals), 알란족(Alans), 수에비족(Suevi), 헤룰리족(Heruli), 프랑크족(Franks), 비시고트족(Visigothes), 오스트로고트족(Ostrogoths), 부르군트족(Burgundians), 롬바르드족(Lombards), 브리톤족(Britons)을 제시한다. 그러나 이러한 학설이 얼

---

189) Keil, Pusey, Leupold, Calvin, Young.

마나 확실성 있는 것인지 알기 어렵다.

또 한 가지 연구할 제목은 "열 뿔"로 상징된 나라들이 언제 일어나는가 하는 점이다. 이것도 난제다.

1) 세대주의 학파의 초창기 학자들은 이 문제에 대하여 명백한 대답을 하였다. 이 학파의 대표자 게이블라인(Gabelein)은 7장의 "열 뿔"을 2장의 "발가락"들과 동일시하였다. 그는 말하기를 "이 두 가지 상징이 반드시 로마 제국 자체 안에 있어야 할 것인데, 실제로 역사상 로마 제국에는 여기에 해당하는 나라들이 없었다. 그러니만큼 이 '열 뿔'로 상징된 국가들은, 그리스도의 재림 직전에 있을 재생 로마 제국 안에 있을 나라들이다. 그 시대에 예수님께서 성도들을 땅에서 공중으로 데려가시고, 땅에는 이렇게 열 나라로 된 재생 로마 제국이 통치한다"라고 하였다.

우리는 세대주의 학자들의 해석에 대하여 동조하는 몇 가지가 요소가 있다. 그들이 "넷째 짐승"을 로마와 동일시하는 것처럼 우리도 그러하고, 그들이 "작은 뿔"을 세계 종말에 나타날 적그리스도와 동일시하는 것처럼 우리도 그렇게 생각하고, 그들이 7장을 바벨론에서 시작하여 세상 나라들의 종말까지의 역사로 이해하는 것처럼 우리도 그렇게 생각한다. 그러나 우리는 이 구절에 관하여 세대주의 학자들과 근본적으로 다르게 생각하는 점들도 있다. ① 우리가 생각하기에 "열"이라는 숫자가 7장에서는 뿔과 관련되어 명백히 기록되었지만 2장에서는 그것이 발가락과 관련되어 설명되지 않는다. 그만큼 7장에서는 뿔들을 강조하고 있는 반면에, 2장에서는 발가락을 중점적으로 다루지 않는다는 것이다. ② 2장에서는 나라들에 대하여 중점적으로 말했으나, 7장에서는 왕들에 대하여 그리한다는 것이다. ③ 2장에서는 세계 역사를 일반적으로 묘사하는 반면에 7장에서는 작은 뿔과 그리스도의 재림에 대하여 강조한다. ④ 2장에서는 발가락이 그 나라의 약점을 표시하는 반면에, 7장에서는 뿔들이 그 나라의 강력한 권세를 보여준다. 그러므로 다니엘이 7장의 "열 뿔"과 2장의 "발가락"을 가지고 똑같은 사건을 가리킨다고 생각할 수는 없다. 그런데도 세대주의 학자들은 두 기사가 똑같은 의미를 보여준다고 하면서 그것을 "재생될 로마 제국" 가설의 근거로 삼는다. 그러나 "열 뿔"이 재생될 로마 제국을 상징한다고 주장하는 것은 잘못이다. 왜냐하면 "열 뿔"이 그 넷째 짐승(로마)이 망한 뒤에 나오는 것이 아니고, 살아 있을 때 나오기 때문이다.

2) 에드워드 영(Edward J. Young)은 본문을 해석하면서 "넷째 짐승"의 역사에서 세 가지 시대를 유추하였다. 첫째 시대는 짐승 자체의 시대인데(7절), 바로 예수님의 시대와 그 후에 이어진 로마 제국 시대를 뜻하며, 둘째 시대는 "열 뿔"로 비유된 나라들의 시대인데, 그것은 로마 제국 멸망 이후부터 "작은 뿔"로 비유되는 적그리스도에 이르기까지의 기간이며, 그 시대야말로 로마 제국의 뒤를 잇는 시대라고 한다.[190] 그리고 셋째 시대는 "작은 뿔"의 시대인데, 그때는 적그리스도의 시대라고 말한다.

3) 우리는 이와 같은 에드워드 J. 영의 해석에 동조하면서도 그 해석에 만족스럽지 못한 점이 있다고 생각한다. 그는 "넷째 짐승"에서 "열 뿔"로, "열 뿔"에서 "작은 뿔"로 계승되는 역사를 상정하였다. 물론 여기서 "작은 뿔"과 "열 뿔"과의 관계는 역사적 계승의 의미를 지니고 있다. 왜냐하면 "작은 뿔"은 모든 다른 뿔보다 이후에 나오는 것으로 기록되었기 때문이다(8절). 그러나 "넷째 짐승" 자체와 "열 뿔"의 관계는 일종의 역사적 계승을 보여준다고 말할 수 없다. 왜냐하면, "열 뿔"이 "넷째 짐승" 이후에 나왔다는 말이 없고, 다만 그 짐승과 함께 "열 뿔"이 있는 것으로 묘사되기 때문이다(7하). 영의 견해는 퓨지의 견해와 다르지 않다.[191] 이들의 해석은 물론 24절에 근거한 것

---

190) M.P.D. 41-42.
191) 퓨지의 다니엘서 연구, 78-79

으로 생각된다. 거기서 말하기를, "그 열 뿔은 그 나라에서 일어날 열 왕이요 그 후에 또 하나가 일어나리니"라고 하였다. 여기 "일어난다"라고 번역된 아람어(קום "쿰")는 일반적으로 역사적 계승을 의미하는 것으로 보인다(2:39, 7:17). 그러나 본문 24절에서는 반드시 그렇다고 보기 어렵다. 24절에 처음 등장하는 "일어날 열 왕"이라는 표현은 역사적인 계승으로 일어난다는 의미가 아니다. 그것들은 짐승과 함께 일어나서 이미 존재하는 것이지만, 그것들에 대하여 설명하는 자가 편의상 순차적으로 말한 것일 뿐이다. 2:44에서도 같은 동사가 하늘나라에 대하여 사용되었는데(거기서는 "설 것이라"라고 번역되었음), 거기서도 물론 역사적인 계승을 의미하지 않는다. 하늘나라는 영원히 존재한다. 또한 이 동사가 7:10에서는 "그 앞에서 모셔 선자는 만만"이라는 문구에도 사용되었는데, 여기서 사용된 동사형(יקומון)은 "모셔 선"이라고 번역되었다. 그러므로 그것도 역사적 계승을 의미하지 않는다. 물론 이 말이 24절의 "그 후에 또 하나가 일어나리니"라는 문구(작은 뿔이 일어난다는 뜻)에서는 시간적 계승을 표시하는 것이 사실이다. 그렇다면 동일한 동사(일어남)가 "열 뿔"에도 사용되었으니 "열 뿔"도 시간적 계승을 의미하여 그 짐승의 후계자를 가리키는 것이 아니겠는가? 그러나 본문이 보장하는 대로 "작은 뿔"은 역사적 계승자로 확실히 간주할 수 있지만 "열 뿔"은 그렇게 생각되지 않는다. 다만 그 "작은 뿔"이 먼저 있던 "열 뿔" 가운데 몇 개를 "뿌리까지 뽑는다"는 말은 확실히 시간적 계승의 의미를 생각하게 한다. 7:7에서 말하는 대로 그 "넷째 짐승"은 처음부터 "열 뿔"을 가지고 있었다고 하였으니, 그 "열 뿔"은 그 짐승과 일체다. 퓨지(Pusey)도 이 점에 대해서는 같은 해석을 보여준다. 그러므로 "열 뿔"의 시대가 로마의 멸망으로부터 "작은 뿔"의 시대에 이르기까지의 기간이라고 볼 이유는 없다. "열 뿔"의 시대는 로마 제국의 멸망으로부터가 아니라, 바로 로마 제국으로부터 "작은 뿔"이 일어날 때까지라고 생각된다. 위에 말한 몇 가지 견해를 아래 도표로 살펴보자.

	넷째 짐승		열 뿔	작은 뿔
세대주의	땅의 서편에서 옴	넷째 짐승과 열 뿔 사이의 공백기를 생각함	재생될 로마	재생될 로마의 한 왕
칼빈	수염소란 이름이 있음		역사상 로마의 여러 지역들	율리우스 카이사르와 그의 후계자들
영과 뮤지	눈 사이에 뿔이 있음		로마 멸망으로부터 적그리스도까지	적그리스도
하비 칸	큰 뿔이 꺾이고 다른 뿔 넷이 나옴		역사상 로마로부터 적그리스도까지	적그리스도

4) "넷째 짐승"의 "열 뿔"에 대한 로울리의 해석은 성립될 수 없다. 로울리의 학파에서도 "열 뿔"이 무엇을 상징하였는지 말하기 곤란하기는 마찬가지이다. 로울리는 그의 저서에 모든 해석가들의 주장들을 열거하고 그 약점을 지적하였다. 그는 "열 뿔" 가운데 일곱 뿔은 셀레우코스 왕조의 처음 일곱 왕, 말하자면 ① 셀레우코스 1세(Seleucus I), ② 안티오코스 1세(Antiochus I), ③ 안티오코스 2세, ④ 칼리니코스(Callinichus), ⑤ 케라우노스(Ceraunus), ⑥ 안티오코스 3세, ⑦ 필로파토르(Philopatro)를 가리킨다. 그리고 여덟 번째 왕인 안티오코스 4세(Antiochus IV Epiphanes)를 "작은 뿔"이라고 한다. "넷째 짐승"을 헬라와 동일시하는 많은 학자가 로울리와 유사한 해석을 채택한다.[192] 로울리는 또한 "작은 뿔"이 뽑아낸 세 왕이 ① 데메트리오스 1세 (Demetrius I), ② 안티오코스(Antiochus, 데메트리오스의 피살된 동생), ③ 프톨레마이오스 필로메테르(Ptolemy Philometer)라고 주장한다. 그러나 이 해석은 많은 난관에 봉착한다(Young). 역사에 의하면 데메트리오스 1세는 안티오코스 4세가 죽은 후에 왕이 되었는데, 어떻게 "작은 뿔"로 비유되었다는 안티오코스 4세가 데메트리오스 1세를 뽑아냈다고 할 수 있을까? 그의 시대는 "작은 뿔" 이전이 아니라 이후였다. 그리고 로울리가 위에

---

192) Eichorn, Maurer, Stuart, Ewald, Delitzsch, Montgomery, Farrar.

언급한 데메트리오스의 동생이라는 인물에 대해서는 우리가 역사상으로 확인할 수 없다. 또한 프톨레마이오스 필로메테르에 대해서도 난제가 있다. 그는 셀레우코스 왕조(수리아)의 왕이 아니었으니, 셀레우코스 왕조에 속하는 안티오코스 4세가 그를 뿌리 뽑았다는 말도 성립될 수 없다. 그뿐 아니라 로울리의 이 같은 해석은 본 장 비유의 내막에 잘 들어맞지 않는다. 로울리는 "열 뿔"이 서로를 계승한 왕통이라고 말하지만, 실상 우리 본문은 그렇게 가르치지 않고 "열 뿔"이 동시에 존재한다고 말한다. 더욱이 로울리는 안티오코스 4세를 "작은 뿔"로 보면서 나중에 (열한 번째 왕으로) 나타날 것이라고 말하지 않는다. 그의 해석에서는 "작은 뿔"이 여덟 번째 왕으로 설명된다. 그러나 성경 텍스트는 "작은 뿔"을 열한 번째 왕으로 소개한다.

우리는 다니엘서 자체를 떠나서 또 한 가지 이유로 "넷째 짐승"을 헬라 제국과 동일시하는 로울리의 해석에 반대한다. 그 이유는 신약성경의 증거에 따른 것이다. 주님께서는 자신을 가리켜 "인자"라고 하셨는데(요 12:23; 눅 9:26; 막 8:38), 이것은 그가 다니엘 7:13에 근거하여 말씀하신 것이다. 이렇게 다니엘서를 염두에 두신 그가 마태복음 24:15에서는 "멸망하게 할 가증한 것"(단 12:11)을 로마 시대에 일어날 성전 파괴와 관련시키셨다. 바울도 적그리스도에 대하여 경고할 때 다니엘 7:25을 사용하였으며(살후 2:3-4), 요한계시록도 로마 시대에 있었던 일이나 이후에 있을 세상 정권에 대하여 말할 때 다니엘 7장의 상징들을 사용하였다. 다시 말해 다니엘 7:7-8에 대한 신약성경의 해석은 그 구절이 로마 제국과 그 후에 일어날 일들을 예언한 것으로 간주한다.

9 내가 보니 왕좌가 놓이고 옛적부터 항상 계신 이가 좌정하셨는데 그의 옷은 희기가 눈 같고 그의 머리털은 깨끗한 양의 털 같고 그의 보좌는 불꽃이요 그의 바퀴는 타오르는 불이며. 하비 칸(Harvie Conn)의 해석은 다음과 같다. 이 구절부터 14절까지는 성경에서 가장 놀라운 심판 광경 중 하나가 묘사된다(Leupold). 9-10절

은 심판하실 주님에 대하여 말하고, 11-12절은 심판 자체에 대하여 말하고, 13-14절은 인자가 나라를 받으실 것에 대하여 말한다. 인자가 나라를 받으실 것에 대한 계시는 그날 밤에 이루어진 계시의 절정으로서 모든 역사의 최종목표를 보여준다.

이 부분의 계시는 가장 아름다운 통일성을 가지고 있는데, 거기서는 네 짐승으로 비유된 나라들과 천국을 대조한다. 바람이 맹렬하고 괴이한 짐승들이 출몰하는 큰 바다와 대조적으로 하나님의 장엄한 심판 광경이 나타난다(Montgomery). 여기에는 이처럼 세상 권세와 하나님의 권세 간의 대조가 묘사되어 있다. 이 점에 있어서 우리가 기억해야 하는 점은 9절부터 이어지는 말씀이 이전 말씀과 무관한 것이 아니라는 사실이다. 9절 이하의 말씀은 앞 문단의 연속으로 나타난 것이다. 다시 말해 이것은 동일한 계시가 갖는 또 하나의 새로운 측면을 보여주는 것일 뿐이다. 이것은 게이블라인(Gabelein)이 말한 것처럼 위에서 이미 주어진 계시와는 아주 다른 "셋째 밤 계시"라고 말할 수 없다.

"왕좌가 놓이고." 아람어 원문에서는 여기서 "왕좌"(כָּרְסָוָן "카르사반")라는 말이 복수형으로 되어 있다. 그렇다면 그 뜻은 심판자가 되시는 하나님을 위한 왕좌 이외에 그와 함께 심판을 위하여 앉을 회중의 자리도 마련되어 있다는 것이다. 이 왕좌들에 앉을 자들이 누구인가에 대해서는 많은 논쟁이 있다. 거기 앉을 자들은 세상을 떠나 구원의 영광을 얻을 사람들이라고 해석하기도 하고(Hengstenberg), 혹은 천사들이라고 말하기도 하고(Keil, Young), 에녹서(Enoch)는 인자가 앉으실 자리라고 해석하기도 하였다.

이 점에 있어서는 우리가 몽고메리(Montgomery)와 히튼(Heaton)과 류폴드(Leupold)의 해석을 수용해도 무방할 것이다. 그들은 다른 보좌들에 앉을 자들에 대하여 큰 관심을 보이지 않는다. 몽고메리는 말하기를 "여기서 '보좌'라는 말이 복수로 사용된 것이 별다른 의미를 지니는 것은 아니다. 왜냐하면 오직 한 분만이 자리에 앉으셨기 때문이다"라고 하였고, 류폴드는 말하기를 "여기서 '보좌'라는 말이 복수 형태로 사용된 이유는 심판의 의미를 강조하기 위해서일 뿐이다"라고 하였고, 히튼은 말하기를 "많은 수의 보좌들은 큰 임금을 수행하는 자들이 많다는 점을 상기시킨다"라고 하였다.

"옛적부터 항상 계신 이가 좌정하셨는데." 아람어 표현인 "아티크 요민"(עַתִּיק יוֹמִין)이 우리말 성경에서는 이처럼 "영원하신 분"이라는 의미를 가진 "옛적부터 항상 계신 이"라고 번역되었다. 그것은 스튜어트(Moses Stuart)의 해석과 일맥상통한다. 그러나 오늘날 해석가들 대다수는 이 같은 번역에 찬동하지 않는다. 자유주의자들과 보수주의자들은 일관되게 이 어구를 "세월이 오랜 자"라는 뜻으로 번역한다.[193] 그렇다면 이 문구는 나이가 많은 자라는 뜻이다. 다니엘은 여기서 영원하신 하나님에 대해 말하기보다는 "노인에 대해 말하면서 장엄하신 하나님을 대신 나타낸 셈이다"(Keil). 심판하는 장면에서는 사실상 영원하신 자보다 장엄하고 존경할 만 한자가 적합하다. 그러므로 본문에서 "옛적부터 항상 계신 이"는 노인을 가리킬 것이다. 나이가 많은 것은 존경의 대상이 된다. 장엄한 심판을 위하여 앉을 이는 존엄한 인물이어야 할 것이다. 우리는 심판주가 입은 옷이 눈같이 희나는 말씀을 통해서도 이러한 인상을 얻을 수 있다.

"그의 옷은 희기가 눈 같고." 희다는 말은 구약성경에서 죄로 말미암아 더럽혀지지 않은 순결을 비유한다. "너희의 죄가 주홍 같을지라도 눈과 같이 희어질 것이요 진홍 같이 붉을지라도 양털 같이 희게 되리라"(사 1:18)라는 말씀이나, "우슬초로 나를 정결하게 하소서 내가 정하리이다 나의 죄를 씻어 주소서 내가 눈보다 희리이다"(시 51:7)라는 말씀들이 모두 그런 뜻을 보여준다. 신약의 요한계시록에서도 마찬가지다(계 3:5; 4:4; 19:8). 그리고 그 심판주

---

193) Leupold, Keil, Young, Heaton, ASV, RSV.

의 "머리털은 깨끗한[흰] 양의 털"로 비유되었는데, 이것 역시 그의 성결을 비유한다(참조. 계 1:14). 성결은 심판주의 자격이다.

"그의 보좌는 불꽃이요 그의 바퀴는 타오르는 불이며." 성경에서 "불"은 주님의 임재와 함께 나타나곤 하였다. 그가 떨기나무에서 모세에게 나타나실 때도 그리하셨고(출 3:3), 그가 시내산에 내려오셔서 그의 백성과 언약을 맺으실 때도 그리하셨다(출 19:18; 참조. 출 20:18). 그리고 구약에서는 하나님을 가리켜 삼키는 불에 비유하기도 하였는데(신 9:3; 겔 1:4, 13, 27), 신약에서도 마찬가지다(히 12:29). 불은 하나님의 성결과 심판을 상징한다. 카일(Keil)에 의하면 "불"은 하나님께서 죄인들을 벌하실 것을 상징할 뿐만 아니라, 자기 백성을 깨끗하게 하시려는 불타는 열심을 비유하기도 한다. 심판주가 앉으신 보좌는 수레와 같은 형태를 지니고 있는데, 그것은 에스겔서(1:15-28)에 묘사된 바와 유사하다. 류폴드(Leupold)가 말한 바와 같이 고대에는 왕들이 앉는 보좌에 바퀴가 달리기도 했다고 한다. 어쨌거나 여기서 "바퀴"는 하나님의 심판이 한 곳에만 임하는 것이 아니라, 어디든지 임한다는 것을 보여준다. 불타오르는 바퀴는 하나님의 심판이 온 땅 위에 시행되고 있음을 보여준다(Kliefoth, Keil, Leupold).

10 불이 강처럼 흘러 그의 앞에서 나오며 그를 섬기는 자는 천천이요 그 앞에서 모셔 선 자는 만만이며 심판을 베푸는데 책들이 펴 놓였더라. 이 문구의 내용은 요한계시록 4:5과 유사하다. 어쨌거나 이 두 구절에서는 하나님의 임재를 모두 "불"과 관련시켰다. 왕이요 심판주시며 창조주이신 하나님은 "불"과 같은 능력의 근원이시다(참조. 시 21:9; 50:3; 104:4). 카일은 말하기를 "하나님의 보좌를 둘러싼 '불'이 하나님으로부터 이 세상을 향하여 '강처럼 흘러'나왔다고 하는데, 그것은 하나님을 반대하는 이 세상의 모든 원수와 죄악을 소멸하는 동시에 하나님의 백성을 순결하게 만들고 영화롭게 하는 것이다"라고 하였다.

"그를 섬기는 자는 천천이요 그 앞에 모셔 선 자는 만만이며." 다니엘이 처음에는 네 짐승만 보았는데, 이후에는 그의 시야가 하나님의 보좌를 볼 수 있을 만큼 넓어졌고, 이제는 더 넓어져서 그 보좌 앞에 있는 무수한 무리도 보게 된다. 그 무리는 너무 많아서 세기 어려우므로 "천천", "만만"이라는 숫자로 묘사되었다. 여기서 이른바 "섬기는"이라는 말이나 "모셔 선"이라는 말은 임금에게 수종드는 일을 가리키는 술어들이다. 그러므로 이러한 표현들을 통해 우리는 하늘의 수종자들이 하나님 앞에서 즐거운 마음으로 섬기고 있음을 알게 된다.

"심판을 베푸는데 책들이 펴 놓였더라." 여기서 "심판을 베푸는데"라는 말은 재판을 위한 법정이 열렸다는 뜻이다. 그리고 "책들이 펴 놓였다"고 하는데 이 책들이 무엇을 가리키는가에 관해 학자들의 의견이 일치하지 않는다. 히튼(Heaton)은 이 말씀이 바벨론의 창조 신화에 나오는 "운명의 서판"(Tablets of Fate)에서 유래했다고 주장한다. 말하자면 바벨론의 창조신 마르두크(Marduk)가 그의 배우자 티아마트(Tiamat)에게서 운명의 서판을 얻어서 그것을 자기 가슴에 붙였다는 설화를 반영한다는 것이다. 좀 더 자세히 말하면, 그 운명의 서판은 최고 권력의 상징이었기 때문에 마르두크는 그것을 가지고 모든 신들 가운데서 최고의 권력을 누리게 되었다는 것이다. 운명의 서판은 매년 바벨론 신년제에서도 중요한 역할을 하였는데 그때 새해의 운명을 정하는 의식이 거행되었고, 새해의 운명이 결정되는 대로 느보(Nebo)라는 신이 그것을 기록하였다고 한다. 그러나 히튼의 이 같은 해석은 여러 가지 이유로 우리 본문에 합당하지 않다. 그의 해석은 여기 진술된 계시의 근원을 대단히 잘못된 방식으로 다룬다. 이 계시의 근원은 다니엘의 풍부한 상상력이 아니었고, 그가 속해 있던 지역의 문화도 아니었다. 그것은 오직 하나님의 계시였다. 다시 말해 이 계시는 다니엘이 조작한 것이 아니고, 하나님께서 친히 우리를 위하여 다니엘에게 주셔서 기록하도록 하신 것이다. 다니엘이 그처럼 저급한 바벨론의 다신론 사상으로 엮어진 창조 신화를

그의 자료로 사용하였을 리는 만무하다.[194]

그뿐 아니라 다니엘 7장은 심판에 대해 묘사하는 반면에, 바벨론의 창조 신화는 미래에 대한 전재적 결정을 묘사하고 있다. 다시 말해 다니엘서의 말씀은 인간의 죄에 대한 거룩하신 하나님의 심판과 관련되어 있고, 바벨론의 서판은 미래에 대한 운명론적 결정과 관련되어 있다. 이처럼 양자는 서로 다르다. 그렇다면 이 "책들"은 무슨 책들인가? 칼빈은 이것이 복음 전도를 상징한다고 해석하였다.[195] 그러나 그것은 잘못된 해석이다. 카일과 영은 구약 사상에 부합하는 적절한 해석을 제공하는데, 그들은 이 책들이 인간의 행실에 대한 하나님의 기록이라고 말한다.[196] 류폴드(Leupold)는 이 책들의 내용이 무엇인지 밝히려고 애쓸 필요가 없다는 의미에서 말하기를 "그 책들은 심판 업무의 시작과 관련된 것일 뿐이니, 우리는 그 이상 더 나아가서 그 책들의 목적을 결정하려고 할 필요는 없다"라고 하였다.

11-12 **그 때에 내가 작은 뿔이 말하는 큰 목소리로 말미암아 주목하여 보는 사이에 짐승이 죽임을 당하고 그의 시체가 상한 바 되어 타오르는 불에 던져졌으며 그 남은 짐승들은 그의 권세를 빼앗겼으나 그 생명은 보존되어 정한 시기가 이르기를 기다리게 되었더라.** 이 말씀의 뜻은 다음과 같다. 이 두 구절에서 우리는 네 짐승에게 심판이 임한 것을 볼 수 있다. "그 때에 내가 작은 뿔이 말하는 큰 목소리로 말미암아 주목하여 보는 사이에"라는 문구에서 "말미암아"(민 "민")라는 단어는 다니엘이 주목하여 보는 이유를 말해준다. 요컨대 "작은 뿔이 말하는 큰 목소리" 때문에 다니엘이 주목하여 그 작은 뿔이 받게 될 벌을 보았다는 것이다. 그러나 클리포트(Kliefoth)와 몽고메리(Montgomery)와 영(Young)은 이 문구를

---

194) M. Unger, Archaeology and the Old Testament, Zondervan, 1954, Chapter II, "The Biblical and Babylonian Account of Creation.
195) Calvin, Commentaries on Daniel II, 36.
196) 출 32:32; 시 69:28; 139:16; 사 65:6; 렘 17:1; 말 3:16; 눅 10:20; 계 20:12.

다음과 같이 번역하였다. "작은 뿔이 말하는 큰 목소리가 나는 때부터 나는 주목하여 보았노라." 이 번역은 그 작은 뿔이 큰 목소리를 내는 동안 다니엘은 옛적부터 항상 계신 이를 쳐다보는 자세를 계속하여 유지했다는 뜻이다. 다시 말해 그는 작은 뿔이 교만하게 말하는 소리를 듣는 동시에 심판의 광경을 바라보았다는 것이다. 여기서는 대조적인 광경을 보여주는 동시에 "작은 뿔"과 "옛적부터 항상 계신 이" 사이에 적대 행위가 있을 것을 내다보는 기대감을 드러낸다.[197]

"그의 시체가 상한 바 되어 타오르는 불에 던져졌으며." 짐승의 멸망이 너무도 급속하게 묘사되기 때문에 그것을 하나의 돌발적인 사건이라고 해석하는 학자가 있다(Montgomery). 그러나 본문의 어투는 그 멸망이 완전한 것임을 보여주는데, 한마디로 그것은 "넷째 짐승"을 아예 없애버린다는 뜻이다. 본문이 말한 대로 처음에는 그 짐승을 죽였다고 하고, 그다음에는 그 시체를 훼손했다고 말한다. 시체가 상한 바 되는 것이 멸망의 둘째 단계였다(Leupold). 이를테면 그것은 그 짐승이 죽은 다음에 시체의 모든 부분을 절단하였다는 뜻이다. 그리고 그다음에는 시체가 "불에 던져졌다"고 말한다. 이렇게 넷째 짐승은 더할 나위 없이 완전히 파멸되고 다시는 그 짐승이 권세를 부리는 일도 없게 되었다는 것이다.

여기서도 우리는 하나님의 공의로우신 성품을 볼 수 있다. 그는 죄악의 정도에 따라 공평하게 심판하신다. 넷째 짐승으로 비유된 나라의 죄악이 가장 크기 때문에 그의 멸망도 가장 비참하게 시행된다(참조. 살후 1:5-9; 계 18:6-8; 19:20-21).

여기서 "불"이 지옥 불을 의미한다고 해석하는 학자들이 있다. 카일(Keil)과 류폴드(Leupold)에 의하면 이 문구는 악한 자가 죽음 이후에 불 가운데

---

197) M.P.D. Young, 43-44.

서 받을 고통을 말해주는 것이라고 하였다. 그러나 우리는 여기서 말하는 "불"이 그런 뜻이라기보다는 심판의 완전한 승리를 가리킨다고 본다. 이러한 해석이 여기 사용된 상징의 내용과 가장 잘 통한다. 여기 사용된 상징은 개인들의 멸망보다는 국가들의 멸망을 시사한다. 이런 해석이 다니엘서에 일반적으로 사용된 불의 의미와도 잘 통하는 것이다(11:2). 그뿐 아니라 여기서 말하는 "불"은 하나님의 보좌 앞에서 나오는 것이므로(10절) 그것은 심판의 불이다. 그러나 우리는 히튼(Heaton)이 말한 것처럼 지옥에 관한 사상이 여기에 전혀 없다고 단언하지는 못한다. 다만 이 구절에서 "불"이라는 개념이 주로 하나님의 심판을 상징한다는 점을 우리는 강조할 필요가 있다.

위에 말한 바와 같이 "넷째 짐승"의 멸망의 완전성은 또 한 가지를 상기시킨다. 그것은, "넷째 짐승"을 헬라와 동일시하고 "작은 뿔"을 안티오코스 4세(Antiochus IV Epiphanes)와 동일시하는 해석이 이 점에서 성립되지 못한다는 것이다. 왜 그런가 하면, 만일 이 예언이 헬라와 안티오코스 4세를 가리킨다면 그것이 역사적 사실과 부합하지 않기 때문이다. 역사에 의하면 안티오코스 4세 이후에도 다른 왕들이 유다 민족을 괴롭게 하였다. 그러므로 완전히 멸절된 이 넷째 짐승은 헬라를 가리키지 않는다.

"그 남은 짐승들은 그의 권세를 빼앗겼으나." 짐승들의 멸망에 대해 언급하는 다니엘서 저자는 어찌하여 넷째 짐승의 멸망을 먼저 말하고 그보다 앞서 나왔던 다른 짐승들의 멸망에 대해서는 이제야 말하는가? 이것은 올바른 순서가 아닌 것처럼 보인다. 역사적 사실로 보자면 처음 세 짐승(세 나라)이 넷째 짐승보다 먼저 망하였다. 이 난제를 해결하는 방법에 있어서 학자들의 의견은 서로 다르다.

1) 몽고메리(Montgomery)의 학설. 이것은 넷째 짐승이 멸망한 뒤에도 그보다 먼저 있었던 세 짐승이 어떤 형태로 계속 잔류하다가 이제 망하게 되었다는 것이다. 말하자면 넷째 나라가 멸망한 뒤에 그 앞에 있었던 세 나라도

망한다고 하는 본문의 말씀은 2장에 나타난 신상 계시에서 신상의 넷째 부분(넷째 나라)이 멸망함에 따라 다른 부분들(다른 나라들)도 함께 부서뜨림을 당하게 된 것과 유사하다는 것이다. 그러나 이런 해석은 잘못된 것이다. 신상 계시에서는 넷째 나라가 멸망하는 것과 함께 앞에 있던 세 나라도 단번에 함께 멸망했다. 그런데 7장에서는 넷째 나라가 멸망한 뒤에 다른 세 나라는 별도로 멸망하게 되어 있으니 어떻게 이 둘이 서로 같다고 할 수 있겠는가?

2) 칼빈(Calvin)의 학설. 그는 말하기를, "먼저 나온 세 나라는 이미 멸망했다. 그러나 히브리어 문체의 용례에 따라 뒤에 멸망한 나라(넷째 나라)가 먼저 언급되었다는 것이다. 히브리어 구문에서는 역사적 기록에 있어서 종종 시간적 순서를 살피지 않고, 뒤에 일어난 사건을 먼저 말하고 앞에 일어난 사건을 나중에 말하는 경우가 있다"라고 하였다.

3) 영(Young)과 류폴드(Leupold)의 학설. 그들은 말하기를 이 문장에서는 시간적 순서를 중시할 필요가 없으며, 여기서는 다만 "넷째 짐승"의 멸망을 강조하기 위하여 미리 앞당겨 말했다는 것이다. 다시 말해 "넷째 짐승"이 완전히 없어질 정도로 멸망할 것을 강조하기 위해서 그것을 먼저 말하고, 그 뒤에 넷째 짐승보다는 덜 교만했던 이전의 세 짐승의 멸망에 대하여 언급한다는 것이다. 물론 그들의 멸망은 넷째 짐승만큼 심한 것은 아니었다.

"그 생명은 보존되어 정한 시기가 이르기를 기다리게 되었더라." 여기서 깨달을 수 있는 사실은 앞서 나왔던 세 짐승의 멸망이 넷째 짐승의 그것보다 심하지 않다는 점이다. 넷째 짐승은 속히 망하였으나 이 셋은 얼마간 존속하다가 멸망에 들어간다. "정한 시기"라는 말은 하나님의 계획을 연상시킨다. 하나님께서는 각자에게 생명의 기간을 정하여 주셨다(Keil).

13-14 내가 또 밤 환상 중에 보니 인자 같은 이가 하늘 구름을 타고 와서 옛적부터 항상 계신 이에게 나아가 그 앞으로 인도되매 그에게 권세와 영광과 나라를 주고 모든 백성과 나라들과 다른 언어를 말하는 모든 자들이 그를 섬기게 하였으니 그의 권세는 소멸되지 아니하는

영원한 권세요 그의 나라는 멸망하지 아니할 것이니라. 이 구절에 대한 하비 칸(Harvie Conn)의 해석은 다음과 같다. 다니엘이 열국에 대한 하나님의 심판을 말한 뒤에, 여기서는 하늘나라의 임재를 진술한다.

"내가 또 밤 환상 중에 보니." 이 문구는 본 장에서 의미심장하고 중요한 말을 할 때 사용된다. 이것은 본 장 계시 전체에 대한 머리말로도 쓰였고, 넷째 짐승에게 특별히 주의를 끌기 위해서도 사용되었다(7절). 그리고 여기서는 중요하다고 할 수 있는 심판의 광경(9-12절)보다도 오히려 "인자"라는 인물에게 더욱 주의를 끌기 위하여 이 말이 사용된다. 그러므로 다니엘의 의도는 "인자"의 "나라"에 중점을 두어 그것과 넷째 짐승(넷째 나라) 간의 대조를 보여주는 것이라고 할 수 있다.

"인자"라는 인물에 대해서는 본문에 많은 설명이 주어져 있지 않다. 위에서 이미 관찰했던 "옛적부터 항상 계신 이"(9절)에 대한 기록과 같은 찬란하고 장엄한 진술이 "인자"에게는 사용되지 않았다. 그렇지만 류폴드(Leupold)가 말한 것처럼 이런 간소한 기록만으로도 근본적인 진리는 밝히 드러나 있다. "인자"라는 말은 아람어로 "바르 에나쉬"(בַּר אֱנָשׁ)다. 다니엘이 환상(묵시) 중에 본 인물은 사람과 같은 분이다. 여기서 나타내고자 하는 것은 위에 이미 나온 짐승들, 특히 넷째 짐승이 대표하는 나라와 사람이 대표하는 나라 간의 대조다. 사람이 짐승과 다른 것처럼, 이 다섯째 나라는 그 영광에 있어서 탁월하다. "인간에게 속하는 좋은 것, 고상한 것, 그리고 탁월한 것은 무엇이든 그리스도의 나라로 표현된다"(Leupold). 그런데 "인자"라는 말에 "같은"을 의미하는 접속사(ְּכ "케")가 붙어서 그 인물이 사람과 유사하면서도 다르다는 의미도 전달한다. 여기서 같다는 말은 똑같다는 의미가 아니고 비슷하지만 다른 점도 있음을 암시하는 말이다. 다시 말해 그 인물은 사람이면서 또한 그 이상이라는 뜻이다. 그렇다면 그 인물은 누구인가? "다니엘서에서 이것은 해결하기 어려운 하나의 난제다. 특별히 이 용어가 신약의 그리스도론과 관련되어 있어서 더욱 어렵다고 생각된다"(Montgomery).

"인자"라는 용어에 대한 해석은 세 가지로 나눠진다. ① 메시아 개인을 가리키며 그러므로 예수 그리스도를 의미한다는 해석이 있다.[198] 몽고메리(Montgomery)는 이 해석을 유대인들과 기독교인들의 가장 고전적인 해석이라고 부른다. ② 상징적으로 이스라엘 백성을 의미한다는 해석이 있다. 이 해석은 오늘날 자유주의 학자들이 채택하는 것이다.[199] 모빙켈(Mowinckel)은 그들을 대표한다고 할 수 있다. ③ 신화적 해석이 있다. 이것은 다니엘서의 배후에 "인자"라는 인물의 근원이 되는 신화가 있었다는 것이다(Gunkel, Hugo, Grasman). 이 해석은 오늘날 널리 퍼져 있는데, "인자"라는 칭호가 백성에 대한 집합명사가 아니고 개인을 가리킨다는 것이다.

우리는 이 "인자"라는 말이 집합적으로 백성을 의미하지도 않으며, 신화에 근원을 두었다고도 생각하지 않는다. 이 용어는 메시아, 곧 예수 그리스도를 가리키는데, 그가 하나님 나라를 대표하고 있으며, 그가 오심으로써 그의 나라가 임한다는 것이다.

위의 세 가지 해석 중에 특별히 "인자"를 이스라엘 백성과 동일시하는 해석은 18절, 27절을 논거로 삼는다고 말해진다. 그 구절들에서 성도들이 나라를 얻는다는 말은 인자가 나라를 얻는다는 14절 말씀에 대한 해설이라는 것이다. 그렇다면 그 구절들(18, 27절)에서 "성도들"이라는 말은 인자를 의미하는 단어를 해석적으로 바꾸어 넣은 것이라는 뜻이다. 그러니 "인자"라는 말은 바로 성도들을 가리킨다고 한다. 그러나 18, 27절에서 성도들이 나라를 얻는다는 말은 하나님에게서 직접 얻는다는 말이 아니고 인자를 통하여서 얻는다는 뜻으로 보이기 때문에 성도들을 인자와 동일시할 이유는 없다.

---

198) Ewald, Orelli, Cornill, Wright, Boutflower, Calvin, Leupold, Young, Hengstenberg.
199) Hitzig, Bevan, Prince, Montgomery, Rowley, Heaton, Charles, C.H.Dodd.

다니엘은 이 계시를 해설하면서 "짐승"들이 나라들을 상징한다고 밝혔지만(17, 23-24절), "인자"가 백성을 의미한다고 말하지는 않았다. 더욱이 이 계시에서는 짐승들과 인자가 대조되었는데, 그 대조의 요지는 다음과 같다. "짐승"들은 하나님께 복종하지 않는 세상 나라들을 상징하는 반면에 "인자"는 하나님께 절대적으로 복종하는 자를 가리킨다는 것이다. 그러므로 여기서 "인자"는 성도들이라기보다 메시아라고 해야만 그 같은 대조의 내용이 성립될 수 있다. 오직 메시아만 하나님께 절대적으로 복종하신다. 성도들은 신이 아니기 때문에 하나님께 그처럼 완전한 복종을 하지 못한다. 성도들이 불완전하고 죄악이 많다는 사실은 다니엘의 기도에도 나타난다(9:5). 거기서 다니엘은 그들의 죄와 반역에 대하여 강하게 말한다. 그러므로 "인자"라는 말은 불완전한 성도들을 의미하지 않고 메시아를 의미한다.

여기서 또 한 가지 생각할 것이 있다. 그것은 바로 "같은"(ִ "케")이라는 말이다. "같다"라는 말은 사람과 비슷하나 한편으로는 다른 면도 있음을 암시한다. 말하자면 이 말은 그 인물이 인간을 초월하는 존재라는 사실을 보여 준다는 것이다. 이스라엘 백성은 인간 이상이 될 수 없다. 영(Young)은 말하기를 "만일 '같은'이라는 말이 신성을 포함하는 요소를 가리키는 것이라면, 그것은 그 인물이 이스라엘 백성과는 차별화된다는 것이다"라고 하였다.[200]

그러므로 우리는 이 구절들(13-14절)을 해석하는 가운데서 "인자"라는 용어가 메시아를 의미한다는 점을 지적하려고 한다.

1) "하늘 구름을 타고 와서." 우리말 번역은 이 문구의 아람어 원문(ִ ִ ִ ִ "임 아나네")보다 70인역(LXX)의 "구름 위에"라는 번역을 따르는 셈이다. 아람어 원문대로는 "구름과 함께"라고 번역해야 한다(ASV, RSV). "구름과 함

---

200) Daniel's Vision of the Son of Man, 20.

께"라는 번역은 자유주의자들과 보수주의자들이 다 함께 지지한다.[201] 이 어구가 "인자"라는 뜻을 밝혀내는 데 있어서 요긴하며, 따라서 많은 학자들이 토론의 대상으로 삼는다. 이 점에 있어서는 영(Young)의 해석이 가장 완전한 것으로 보인다.[202] 그 해석은 아래에 소개될 것이다.

자유주의 학자들은 이 어구 역시 "짐승"들과 "인자"의 대조를 보여주는 데 어느 정도 맡은 역할이 있다고 본다. 몽고메리(Montgomery)는 말하기를 "구름은 짐승들이 출현한 바다와 대조되는데, 그것은 바로 하늘나라와 세상 나라 간의 대조를 성립시킨다"라고 하였고, 로울리(Rowley)도 비슷한 의미로 말하기를 "세상 나라들은 바다, 다시 말해 아래에서 생겼으나 하늘나라는 구름, 다시 말해 위에서 임한다"라고 하였다.[203]

그런데 "구름과 함께"라는 번역과 "구름 위에"("구름을 타고")라는 번역의 차이점을 얼마나 중요하게 다루어야 하는가 하는 것이 논쟁의 초점이다. 몽고메리는 말하기를 "구름 위에(구름을 타고) 온다는 말은 그것을 탄 자가 신성의 소유자임을 상징하게 된다(사 19:1; 시 104:3). 그러나 다니엘이 여기서 그렇게 말하지는 않았으니, 이 '인자'라는 말도 메시아 개인을 의미하지 않는다"라고 하였다. 그러나 이 점에 있어서 영(Young)은 말하기를 "몽고메리는 이 어구들('구름 위에'라는 말과 '구름과 함께'라는 말)의 차이를 필요 이상으로 강조한다. '구름과 함께'라는 말도 그와 관련된 인자의 신성을 보여주는 것이다. '구름 위에'라는 표현만 인자의 신성을 보여준다고 여길 이유는 없다. 이 어구는 구름이 인자의 오심과 관련되어 있다는 것을 말해줄 뿐이다. 아람어 원문이 보여주고자 하는 것은 인자의 오심이 구름과 관련되어 있다는 점이

---

201) Keil, Leupold, Young, Montgomery, Heaton, Rowley.
202) DVSM, 10-16.
203) D. M. 62.

다"라고 하였다.²⁰⁴⁾

"인자"의 오심이 "구름"과 관련되었다는 것이 중요하지 않은 것은 아니다. 그와 같은 표현은 구약에서 사용하는 상징 어법이다. 구름은 종종 하나님과 관련되어 있다. 구름은 하나님의 좌소, 그의 임재의 상징, 그를 가리는 도구, 그의 능력의 표상 등으로 나타난다.²⁰⁵⁾ 구름이 이렇게 하나님과 관련되어 있다는 사실은 유대인 해석가들도 인정한다. 유대인들은 생각하기를 메시아는 구름과 함께 계시는 분이라 하였고 구름의 아들이라고 여기기도 하였다. 로울리(Rowley)는 다니엘 7:14의 "인자"가 메시아 개인을 의미하지 않는다고 주장하면서도, 메시아가 구름과 관련되어 있다는 해석이 고대로부터 발달되어왔다는 점은 인정한다. 그는 위경(에녹1서 46:2 이하, 48:2)을 통해서 이 사실을 지적하기도 한다.

구름이 신성과 관련되었다는 가장 확실한 논증은 신약에 있다. 그리스도께서 친히 그런 말씀을 하셨다. 그리스도께서는 그의 재림에 대하여 말씀하실 때 하늘의 구름을 상징으로 사용하여 재림의 초자연적 성격을 강조하셨다.²⁰⁶⁾ 영(Young)은 그리스도께서 자기를 "인자"라고 하시고 그가 구름과 관련되어 오실 것을 말씀하시는 신약 구절들에서 "구름 위에"라는 표현이 사용되지 않고 "구름과 관련되어"(함께)라는 표현이 사용되었다는 사실을 지적하였다(evn 막 13:26, meta, 막 14:62, evpi, 마 24:30; 26:64).

"구름과 함께"라는 표현보다는 "구름 위에"라는 표현이 인자의 신성을 더욱 분명하게 보여준다는 몽고메리(Montgomery)의 사고방식이 예수님의 염두에는 없었다는 것이다. 위에 언급한 복음서의 구절들에서 "구름과 관련

---

204) DVSM. 12.
205) 삼하 22:12; 욥 22:14; 참조. 출 13:21 이하; 19:9 이하; 왕상 8:10 이하; 시 18:10-18; 104:3; 사 19:1; 렘 4:13; 겔 10:4; 나 1:3.
206) 마 24:30; 26:64; 막 13:26; 14:62.

된" 예수의 재림은 그가 하나님으로서 또는 하나님의 권위로서 오시는 것을 의미하였다. 다시 말해 다니엘 7:13의 구름과 관련된 "인자"의 오심은 바로 "인자"라는 인물이 하나님이신 메시아 개인이라는 점을 확증한다. 구름과 관련되어 오시는 것은 인자의 초자연적 기원만을 보여주는 것이 아니라 인자의 "신성"을 보여준다. 인자를 이스라엘 백성, 다시 말해 성도들과 동일시하는 해석이 여기서 난관을 만난다. 인자를 백성으로 해석한다는 것은, 그들이 구름과 관련되었다는 말을 단순히 그들이 하나님께 속하였다는 의미로 이해해야 한다는 뜻이다. 그러나 구름과 관련되어 온다는 말은 신성을 가리키는 것이며, 따라서 구름과 관련되어 오는 자는 신이신 메시아일 수밖에 없다.

2) "옛적부터 항상 계신 이에게 나아가 그 앞으로 인도되매." 그가 이같이 인도된 목적은 14절에 기록된 대로 왕위를 받기 위함이다. "옛적부터 항상 계신 이"는 세상 국가들의 멸망과 함께 끝나지 않고 영원한 하늘나라를 세우신다. 이렇게 생각할 때 위의 네 나라가 멸망한 것은 바로 하늘나라를 위한 준비 과정이다. 이제 메시아로 말미암아 천국이 임한다.

어떤 주석가들은 이 문구가 바벨론에서 해마다 거행되는 왕의 즉위식 기념잔치에서 유래되었다고 주장한다. 히튼(Heaton)은 그의 소책자에서 이러한 학설을 암시하였다(다니엘서 주석, p. 183). 그는 벤첸(A. Bentzen)의 학설을 추종한다. 벤첸에 의하면 다니엘 7장은 고대 세계에서 왕의 즉위식 기념잔치를 말세론적으로 연출한 것이라고 한다.[207] 그가 이해하는 말세론은 다음과 같다. 그는 "세계국가들은 각기 시대가 있고, 마침내 인자로 대표되는 유다 민족이 세계를 통치하는 것으로 마감한다는 것이다"라고 하였다. 그러나 다니엘 7장에는 바벨론 궁정의 즉위식 기념잔치 풍속에서 유래한 것이라고 인정할 만한 요소가 전혀 없다. 그러한 주장은 다니엘 7장이 강조하는 바를 오

---

207) A. Bentzen, King And Messiah, London, 1955, 75.

해한 것이다. 다니엘 7장은 그 내용이 하나님의 계시라는 점을 강조한다. 물론 여기에 "인자"께서 왕위를 받으시는 광경이 묘사된 것만은 사실이지만 이것은 순전한 계시다.

3) "그에게 권세와 영광과 나라를 주고." 이 말씀은 "인자"가 신성의 소유자라는 사실을 반영한다. 물론 어떤 의미에서는 느부갓네살도 "권세와 영광과 나라"를 받았다(2:37). 그 같은 요소들이 하나님께 속한 것이라는 점은 분명하다. 느부갓네살이 이 같은 사실을 무시하고 그것들을 마치 자기가 만들기라도 한 것처럼 말했을 때 그는 징계를 받았다(4:30-33). 그가 후에 그것들이 하나님께만 속한 것임을 인정했을 때 그가 받았던 징계가 해제되었다(4:34). "권세와 영광과 나라"가 오직 하나님께만 속하였다는 점은 다리오 왕도 인정하였다. 그것은 다니엘이 사자 굴에서 구원받은 사실을 찬송하는 그의 발언 가운데 나타나 있다(6:26). 이렇게 이방 임금도 "권세와 영광과 나라"는 하나님의 것이라고 인정하였다. 그러므로 가장 이상적인 의미에서 이것을 받게 될 "인자"는 신이신 메시아 개인이라는 점이 또다시 증명된다.

4) "모든 백성과 나라들과 다른 언어를 말하는 모든 자들이 그를 섬기게 하였으니." 이 말씀을 보아도 "인자"의 나라와 네 짐승의 나라들 사이에 뚜렷한 대조가 나타난다. 네 짐승의 나라들은 지역적으로 제한되어 있었고, 다만 하나님의 명령에 의해서만 다른 나라들을 정복하였던 것이다. 그것들이 하나님의 명령 없이 활동한 것은 아니다(7:5-6). 그러나 본문에서 "인자"의 나라는 지역적으로 무한한 것으로 암시되고 있다. 이 세상 나라들도 이처럼 범세계적이고 보편적인 국가를 이루어 보려다가 실패한 것이다. 그러나 이것을 이루신 이는 신이신 메시아시다. 여기서 이른바 "모든 백성과 나라들과 다른 언어를 말하는 모든 자들"이라는 문구에는 지극히 높으신 이의 성도들도 포함되었다고 할 수 있다. 그렇다면 "그를 섬긴다"라는 말에서, "그"는 "인자", 곧 메시아를 의미하였을 것이다.

그뿐 아니라 여기서 "섬긴다"라고 번역되는 아람어 "펠라흐"(פלח)에 대해서도 생각해 볼 필요가 있다. 영(Young)은 카일(Keil)과 동조하여 말하기를, 이 말은 하나님을 섬기는 일과 관련해서만 사용된다고 하였다. 이 말이 구약성경 전체에서 다섯 번 사용되었다(3:12, 14, 17 이하; 7:14; 스 7:19). 다니엘 3:12, 14, 17에서는 이 동사가 느부갓네살이 세운 우상과 관련하여 종교적 숭배를 의미하였고, 에스라 7:19에서도 역시 그러하다. 어떤 학자들은 이 용어가 종교적 숭배만을 의미한다는 주장에 반대한다. 몽고메리(Montgomery)는 말하기를, 이 용어는 인간을 섬기는 일이나 하나님을 섬기는 일에 모두 사용되는데, 다니엘 7:27에서는 성도들을 섬기는 일에 대하여 사용되었다고 주장한다. 물론 그 문맥을 보아서 "모든 권세 있는 자들이 다 그를[성도들을] 섬기며 복종하리라"라는 문구는 성도들을 섬기는 일을 가리킨 것으로 생각된다. 그러나 거기서 성도들을 섬긴다는 말은 성도들을 종교적으로 숭배했다는 의미는 아니다. 그것은 그들의 머리 되시는 주님을 종교적으로 높이는 의미에서 그들을 섬긴다는 뜻이다.[208] 느부갓네살도 다니엘의 하나님을 숭배하는 의미에서 다니엘에게 절한 일이 있었다(2:46). 이사야 45:14을 보아도 이방인들이 하나님의 백성에게 절할 것이라는 취지의 말씀이 있는데, 그것은 그들(하나님의 백성) 가운데 거하시는 하나님을 경배할 목적으로 그리한 것이다. 그러므로 다니엘 7:27에 나오는 "섬긴다"라는 말도 궁극적으로는 성도들을 위한 것이 아니고 "인자"를 위한 것이다.

그렇다면 이 부분(13-14절)에서 "인자"의 나라가 보편적인 세계라는 점이나 "섬긴다"라는 말의 대상이 누구인지를 생각할 때 "인자"는 신이신 메시아 개인을 가리키는 것이지 이스라엘 민족을 가리키는 것이 아니다.

5) "그의 권세는 소멸되지 아니하는 영원한 권세요 그의 나라는 멸망하

---

208) Young, DVSN, 24.

지 아니할 것이니라." 이 말씀을 보아도 "인자"의 나라와 위의 네 나라 간에 뚜렷한 대조가 나타난다. 네 나라는 없어졌다. 그러나 하나님의 나라는 적극적 의미에서는 "영원"하다고 하였고, 소극적 의미에서는 "멸망하지 아니할" 것이라고 하였다(2:44; 4:34). 이런 나라는 세상에 속한 나라일 수 없고 메시아의 나라를 가리키는 것이다. 이 예언은 역사상으로 성취를 보게 되었다. 그것은 예수 그리스도의 인격과 사역에서 그 깊은 뜻이 실현되었다. 예수님께서는 자기가 메시아라는 자의식을 가지셨던 것이 명백하고, 더욱이 친히 자기에 대하여 "인자"라는 칭호를 사용하셨다. 게할더스 보스(G. Vos) 박사는 이 칭호가 복음서에 81차례나 나온다고 하였다. 이것이야말로 그가 자기를 계시하기 위해 사용하신 칭호이다. 다시 말해 예수 그리스도는 다니엘 7장에 예언된 초자연적 인물이 바로 자기라고 생각하셨다. "인자"가 오시리라는 구약의 예언은 그에게서 성취를 보았다. 그리고 "인자"라는 말은 다니엘서에서든지 예수님에게서든지 똑같은 의미를 지닌다. 그 칭호의 강조점은 초자연적인 메시아의 영광과 권세에 있다. 예수님께서 이 칭호를 사용하실 때는 모든 영광과 찬송을 받으시기에 합당하신, 하늘에서 오신 메시아의 성격을 밝히 드러내신다. 특별히 요한복음에서 "인자"라는 칭호는 영원 전부터 계신 예수님의 초자연적 성격을 내포한다.[209]

설교▶ 지나가는 나라들과 영원한 나라 (1-14절)

1. 이 세상 나라들은 지나간다.

이사야 40:8에 말하기를 "풀은 마르고 꽃은 시드나 우리 하나님의 말씀은 영원히 서리라"라고 하였다. 아무리 강하던 나라일지라도 마침내는 망하

---

209) Geerhardus Vos, Self-Disclosure of Jesus, Eerdmans, 1954, Chapter 13.

고 없어진다.

평양에서 시외로 조금 나가면 "낙랑"(樂浪)이라는 나라의 유적이 있는데 오늘날 그곳에는 왕들의 무덤만 남아 있을 뿐이며, 경주에 가면 신라의 유적이 있는데 그 유적의 상당 부분도 왕들의 무덤이다. 그리고 중국 봉천(奉天)의 북릉(北陵)과 동릉(東陵)에 가보아도 왕릉들이 있을 뿐이다. 그 나라 왕들의 세력은 간데없고 무덤들만 쓸쓸히 남아 있다.

본문에서 다니엘은 무서운 나라들이 일어날 것을 예언하였다. 첫째 짐승(바벨론을 상징), 둘째 짐승(메대-바사를 상징), 그 후의 짐승(헬라를 상징), 그리고 넷째 짐승(로마를 상징)으로 장차 올 나라들을 예언한다.

그렇다면 여기서 "첫째", "둘째", "그 후에", "넷째"라는 순서는 무엇을 의미하는가? 그것은 나라들이 일어났다가 망한 뒤에 다른 나라들이 또다시 일어나곤 하는 것을 가리킨다. 이같이 이 세상 나라들은 모두 다 지나가고 만다. 모든 인생도 지나가고 만다. 인생들이 일시 동안 이 세상에 마음을 빼앗기지만 그것도 잠깐이며 결국 속는 것뿐이다.

2. 하나님의 나라는 영원하다.

1) 하나님의 나라는 "항상 계신 이가 좌정"하신 곳이며(9절), 그 나라의 "권세는 영원한 권세"라고 한다(14절). 우리는 "항상 계신 이"에게 붙어살아야 참으로 행복하다. 그것이 영생이다.

2) 그 나라는 "심판을 베푸는" 곳이며(10절), 심판을 받는 곳이 아니다. 그러므로 그곳에 들어간 자들은 승리자의 기세를 가지고서 안전하게 산다. 회개하고 믿는 자만이 그 나라에 들어간다. 그는 죄를 회개하였으므로 하나님 편에서 사는 자다. 그러므로 예수님은 말씀하시기를 "회개하라 천국이 가까이 왔느니라"(마 4:17)라고 하셨다. 비록 심판은 두렵지만 회개하고 믿는 자는 심판하시는 자의 편에서 영원히 함께 살게 된다.

설교 ▶ 인자를 바라보라 (13-14절)

본문은 "인자 같은 이"가 하늘나라를 받을 사실에 대하여 예언하고 있다. 이것은 그리스도께서 이 세상에 오셔서 이루실 천국 운동을 예언한 것이다. "인자"라는 말은 그리스도의 인성을 염두에 두고 부르는 호칭이다. 우리를 하나님께로 인도하시는 그리스도가 하나님이신 동시에 사람이시라는 사실은 우리의 구원을 완성하는 일에 절대적으로 필요하다.

1. 세상에 오신 그리스도의 인성으로 말미암아 우리는 보이지 않는 하나님을 믿게 되었다.

신약성경이 말하는 대로 그리스도의 인성은 절대적으로 완전하여, 인간이 상상할 수 없는 인격으로 드러난다. ① 그리스도의 완전하신 인격과 사랑을 보면 그는 하나님으로부터 오신 것이 분명하다. 그러므로 우리는 그분이 보여주시는 하나님을 믿는다. 그뿐 아니라, ② 그분을 이렇게 완전하신 분으로 우리에게 소개하는 성경도 인간이 감히 상상할 수 없는 거룩한 기록이기 때문에 우리는 그것을 하나님의 말씀으로 믿게 되며, 따라서 우리는 그 같은 기록을 주신 이가 바로 하나님이심을 믿게 된다.

2. 그리스도의 인성은 우리의 죄악 문제를 해결하여 준다.

우리는 죄악 문제 때문에 하나님 앞에 나아가지 않을 수 없다. 그러나 성경 말씀에 범죄한 인간이 하나님을 보면 죽는다고 하였다(출 19:21; 33:20; 사 6:5; 딤전 6:16). 그러므로 우리 죄인들에게는 우리와 같은 인성을 가지신 분이 우리를 하나님 앞에 설 수 있도록 도와주시는 일이 절대 필요하다. 그런데 신구약 성경은 이와 같으신 분이 우리를 위하여 계신다고 말해준다. 본문은 그가 인성을 지니시고 우리에게 오실 자라고 예언하며, 그의 성호는 "인자"

라고 밝혀준다. 그는 우리와 같이 살과 뼈를 가지신 분이시니 말하자면 우리의 친척이라고 할 수 있다. 과연 그는 우리 친척의 지위를 취하심으로써 우리를 구속하여 주신 구속자시다. 구속자라는 말은 히브리어로 "고엘"(גֹּאֵל)인데, 이 단어는 친척을 의미하기도 한다. 구약 율법을 보면 어떤 사람이 자기 재산을 다 잃고 자기 자신까지 종으로 팔린 경우, 그의 가까운 친척이 그의 부채를 갚아주고 건져내는 법이 있다(레 25:25, 47-49; 참조. 룻 4:1-12). 이때 그 가까운 친척을 가리켜 "고엘"이라고 부른다.

예수 그리스도는 우리와 같이 인성을 가지신 점에 있어서 하나님 아버지와도 다르시고 천사들과도 다르시다. 그는 이처럼 우리와 친밀한 관계를 지니셨다. 그는 이런 점에서 우리의 친척이라고 할 수 있다. 하늘나라에 계신 분으로서 그는 우리와 가장 가깝다. 그러므로 우리는 그를 믿을 수 있고, 그를 사랑할 수 있고, 그로 말미암아 천국에 들어갈 것을 믿는다.

3. 우리는 그리스도께서 인자이시기 때문에(인성을 가지셨기 때문에) 하늘 소망을 가진다.

우리와 같은 인성을 가지신 분이 지금 하나님 우편에 앉아 계신 것으로 보아 우리도 그 자리에 갈 수 있으리라고 믿을 수 있다. 물론 인간성을 가진 우리가 우리 자신의 의나 공로에 의하여 하나님 우편에 갈 수 있는 것은 아니다. 물론 우리는 그리스도의 의와 그의 공로에 의지하여 그곳에 간다. 그러나 우리가 아는 것은, 우리가 인간성을 가지고 있음에도 거기 갈 수 있다는 사실이다. 우리 인간성은 약하고 허물투성이고 죄악이 가득하지만, 그리스도로 말미암아 영광의 나라에 들어갈 수 있다. 그것이 우리의 소망이다.

15-28절. 이 부분에는 다니엘이 이미 받은 계시에 대한 해석을 받는 광경이 기록되었다. 그 가운데 15-16절은 머리말인데, 여기서 다니엘은 그 계시

의 의미에 관한 그의 무지와 공포를 자백한다. 다니엘의 꿈(1절)은 하나님께서 주신 꿈이었으니 그 해석도 하나님의 계시로만 가능하다. 인간은 미래를 보지 못할 뿐 아니라 미래에 대한 하나님의 계시를 해석할 능력도 없다. 그러므로 다니엘은 여기서 그의 연약과 무지를 자백하면서 하나님께 설명을 구한다.

15 나 다니엘이 중심에 근심하며 내 머리 속의 환상이 나를 번민하게 한지라. 다니엘은 자기가 받은 계시로 말미암아 "근심하며···번민"하였다고 말한다. 그가 이렇게 고민한 이유는 단지 그 계시에 대한 무지 때문만은 아니었다. 계시에 대한 설명을 들은 후에도 그는 계속해서 고민하였다(28절). 그러므로 그가 고민한 주된 이유는 아마도 계시의 내용 때문이었을 것이다. 그 넷째 짐승의 무서운 모습, 하나님의 놀랄 만한 심판, 보좌로부터 나오는 불, 이 모든 요소들은 그 일들에 대하여 알지 못하는 다니엘의 마음에 고민과 공포를 가져올 만하였다.

그의 고통은 육체에도 관련되어 있다. "중심"이라는 말이나 "머리"라는 말이 사용된 것으로 보아 그 당시 다니엘은 심리적, 정서적 격동을 경험했던 것으로 보인다. 영(Young)은 다니엘의 고통이 지니는 육체적 측면에 대해 주시하고[210] 다음과 같이 말하였다. "하나님의 계시는 종종 그것을 받는 자의 육체에도 영향을 끼친다. 발람은 눈이 감겨 넘어졌다고 하고, 사울은 하나님의 영이 그에게 임했을 때 하루 밤낮을 벌거벗고 누워 있었다. 이런 현상은 바벨론 제사장들의 경우와 같이 인간의 어떤 적극적인 수단이나 훈련을 통해 나타나는 것은 아니다. 다만 하나님의 계시 행위의 압도적 능력 때문에 그렇게 되는 것이다"(MPD).

16 그 곁에 모셔 선 자들. 이것은 왕궁에서 왕을 모시는 자를 가리키는 표현

---

[210] Young, MPD. 49-50.

이다(Montgomery). 바벨론 왕에게 수종드는 청년들을 가리킬 때도 이런 표현을 사용하였다(1:5). 이것은 물론 하늘의 왕 하나님께 수종드는 천사를 가리킨다.

내가…나아가서 이 모든 일의 진상을 물으매. 이 말씀을 보면 다니엘 자신이 계시를 받는 일에 능동적으로 활동한 것으로 볼 수 있다. 여기서 그와 천사 사이에 담화가 열리고 있다. 다니엘 자신이 먼저 천사에게 말을 하는데, 어떻게 이런 일이 가능한지 우리로서는 알기 어렵지만 우리는 그 사실을 믿을 뿐이다. 이 점에 대하여 칼빈(Calvin)은 말하기를 "다니엘의 실례를 보고 우리는 모든 환상을 배척할 것이 아니라 그대로 받아야 한다. 우리는 다니엘처럼 하나님의 해석을 구해야 한다. 우리 시대에는 하나님께서 환상을 주시지 않고 다만 우리가 성경으로 만족하기를 원하신다. 우리는 우리 죄 때문에 어두워져서 성경을 깨닫지 못하기 때문에 다니엘처럼 배우기를 구해야 한다. 그러나 천사에게 배우는 것이 아니라 그리스도께 친히 배우기를 힘써야 한다. 그리스도께서는 그가 세우신 교역자들을 통하여 우리를 가르치신다"라고 하였다.

17 이 구절과 다음 구절은 위에 나온 계시의 의미를 간결하게 요약하고, 19절 이하에서는 "넷째 짐승"과 "작은 뿔"에 대하여 길게 말한다. 이 구절에서 천사가 해석한 것처럼 "네 큰 짐승은 세상에 일어날 네 왕"이다. 이것을 보아도 2장의 신상 계시에서는 왕국을 다루었던 반면 7장에서는 왕들(개인들)을 다루었다는 점이 분명해진다. 물론 이 왕들이 왕국의 건설자요 대표자인 것만은 사실이다.[211]

세상에 일어날. 앞에 3절에서는 "바다에서" 나온다고 하였는데, 여기서는 "세상"(땅)이라고 하니 모순된 것처럼 보인다. 그러나 이것은 바다가 세상을

---

211) E. J. Young, MPD. 50-51.

상징한다는 하나님의 해석이다. 세상은 바다와 같아서 하나님을 거슬러 요동한다. 이 세상 임금들은 그렇게 해서 "인자"와 반대된다. "인자"는 하나님과 친밀한 교제를 나누며, 하늘에서 오신다. 그러나 이 세상 임금들은 땅에 속하여 하나님을 거스른다. 여기 "일어날"이라는 말이 미래 시제라는 점이 어떤 학자들에게는 문제가 된다. 히치히(Hitzig)는 이것을 근거로 첫째 나라도 다니엘 시대에는 아직 오지 않았다고 주장한다. 그러나 이 같은 해석은 자유주의자들과 보수주의자들이 다 같이 배척한다. 여기서 "일어날"이라는 말은 시간적인 미래를 의미하는 것이 아니라, "반드시 일어나게 되어 있다"(destined to arise)라는 뜻이다(Kliefoth, Keil).

18 지극히 높으신 이의 성도들이 나라를 얻으리니 그 누림이 영원하고 영원하고 영원하리라. 여기서 천사는 다섯째 나라, 곧 "인자"의 나라에 대하여 설명한다. 이 나라는 먼저 나온 네 나라와 대조되었는데, 두 가지 점이 특이하다. 첫째는 먼저 나온 나라들이 지나가고 사라지는 반면에 이 나라는 영원하다는 점이고, 둘째는 먼저 있던 나라 왕들이 땅에 속한 반면에 이 나라는 지극히 높으신 자에게 속한다는 점이다. 이 나라의 왕은 하나님 자신이신 "인자"(메시아)시다.

그런데 "지극히 높으신 이의 성도들"은 누구를 가리키는가?

1) 자유주의 학자들의 해석. 자유주의 진영에서는 이 어구가 13절에 나온 "인자"라는 용어에 대한 설명이라고 주장한다. 다시 말해 "인자"는 성도들, 다시 말해 유다 민족을 의미한다고 한다. 그들은 말하기를, 이곳 7장의 "작은 뿔"은 안티오코스 4세(Antiochus IV Epiphanes)를 가리키기 때문에 "지극히 높으신 이의 성도들"은 신실한 유대인들을 가리킬 수밖에 없다고 한다. 신앙을 타락시키려 하는 안티오코스 4세에게 핍박을 당한 자들은 바로 유대인들이라는 것이다. 그러나 우리는 이런 해석을 이미 거부하였다. 이 같은 해석은 본문을 바로 다루지 못한 것이다. 7장에 나오는 이 "성도들"은 물론 작은 뿔의 역사와 관계되어 있다. 작은 뿔이 그들과 더불어 싸워서 잠시

이겼으나(21, 25절), 마침내 성도들이 작은 뿔을 이기고 "나라"를 소유하게 된다(22절). 만일 7장에 나오는 작은 뿔이 안티오코스 4세라면 이 "성도들"은 유대인들일 것이다. 그러나 7장에 나오는 "작은 뿔"은 안티오코스 4세가 아니며, 안티오코스 4세는 8장에 나온다.

2) 세대주의 학자들의 해석. 이 학파에서는 "지극히 높으신 이의 성도들"이라는 표현이 신약 시대 말기에 남아 있을 유대인 성도들(Jewish remnant saints)을 가리킨다고 주장한다. 이 학파에 속하는 게이블라인(Gabelein)은 이들을 가리켜 "장차 큰 환난을 통과하고 하나님이 약속하신 축복을 누릴 경건한 유대인들"이라 부르며, 필립 뉴엘(Philip Newell)도 유사한 주장을 펼친다.[212] 그들의 견해를 좀 더 자세히 소개하자면, 다니엘서는 신약 교회에 대하여 말하지 않고 유대인의 역사만 말하기 때문에 본 장의 "성도들"은 신약 교회의 신자들이 아니고 유대인들이라는 것이다(세대주의 학파에 따르면 다니엘서에는 신약 교회 시대가 언급되지 않고 공백으로 보류되어 있다고 한다). 그들은 계속하여 말하기를, 이 유대인들이 재생 로마 제국의 왕("작은 뿔")의 핍박을 통과하여 천년왕국에 들어간다고 하였고, 교회의 성도들(유대인 성도들이 아님)은 환난 전에 공중으로 들어 올려지게 된다고 하였다.

세대주의 학파의 견해에 대해서는 9장 해석에서 더욱 자세하게 다루겠지만, 여기서도 간략하게 그들의 견해를 비판하고자 한다. 그 학파의 견해는 성립되기 어렵다. 왜냐하면 ① 7장에서는 그 "성도들"이 받을 나라가 천년왕국이라고는 말하지 않고 단지 영원한 나라라고만 하였기 때문이며, ② 세대주의 학파가 말하는 것처럼 다니엘서에서 "신약 시대가 공백기로 보류되었다"라는 주장, 요컨대 다니엘서는 유대인의 역사에 대해서만 언급하며 신약 시대, 곧 이방 교회 시대는 건너뛰고서 그에 대해 아무 말도 하지 않고 끝에 가

---

212) Daniel, Moody Press, 1962, 93-95.

서 유다의 장래를 말한다는 주장은 옳지 않기 때문이다. 이 주제와 관련하여 오스왈드 앨리스(Oswald Allis)는 그의 저서인 〈예언과 교회〉"[213]에서 이 문제를 잘 밝혔다. 위에 언급된 성도들이 일반 성도들(말하자면 신약 교회의 성도들)을 의미하는가, 아니면 유대인 성도들을 의미하는가 하는 문제는 세대주의 학파가 가르치는 "신약 시대 공백설"(The parenthesis theory)의 진위 여하에 달려 있다. 만일 신약 시대가 다니엘서에 서 공백기로 다루어졌다면, 그 "성도들"은 교회 성도들이 아니고 유대인 성도들일 것이다(p. 126). 그러나 우리가 2장에서도 밝혔던 것처럼 "신약 시대 공백설"은 받아들일 수 없는 학설이다.

3) 본문 18절의 "성도들"이라는 표현이 모든 시대의 모든 성도를 의미한다는 해석. 이러한 해석에 따르면 그 "성도들"은 유대인이나 이방인을 막론하고 모두 참된 하나님의 백성이라고 말할 수 있다(Leupold). 카일(Keil)은 말하기를 "여기서 '성도들'이라는 말은 유대인과의 대비되는 이방인들을 말하는 것도 아니고, 회개하고 천년왕국에 들어갈 이스라엘을 말하는 것도 아니고, 출애굽기 19:6과 신명기 7:6의 말씀과 같이 새 언약의 모든 참된 백성을 가리킨다. 그들은 모든 민족 가운데 있는 진실한 신자들로 성립된다"라고 하였다. 영(Young)도 이 해석에 동조한다.

물론 이러한 해석은 세대주의 학파의 해석보다는 받아들일 만하다. 그러나 이 해석에도 난제는 있다. 7:21, 25을 보면 작은 뿔이 성도들과 더불어 싸우리라고 하였으므로 작은 뿔과 성도들은 같은 시대에 속한다. 그런데 작은 뿔이 주님의 재림 직전에 나타날 적그리스도라면, 이 성도들도 그처럼 제한된 시점에 속하지 않을 수 없다. 다시 말해 그들은 그리스도의 재림 직전의 성도들일 수밖에 없다. 그러므로 그 "성도들"이 모든 시대의 참된 신자들을

---

213) Prophecy and the Church.

의미한다는 해석은 성립될 수 없다.

4) 그러므로 우리는 여기서 "성도들"이 그리스도의 재림 직전에 있을 진실한 신자들(유대인이나 이방인이나)을 가리키는 것으로 이해한다. 그들은 장차 적그리스도로 말미암아 괴로움을 당할 것이다(7:25; 참조. 마 24:22-23).

"나라를 얻으리니." 앞 절(17절)에서는 네 짐승에 대해 설명하면서 그들의 큰 권세와 두려움을 보여주었다. 그러나 이 구절에 이르러서 천사는 그 짐승들(세상 나라들)이 일어나는 일에 대하여 염려할 것이 없음을 암시한다. 그런 위험한 세상 국가들이 일어날지라도 결국은 성도들이 이긴다는 것이다. 여기 "얻으리니"라는 말에 대해 생각해볼 필요가 있다. 네 짐승으로 비유된 나라들은 인간의 힘으로 세워진 것이었다. 그러나 성도들이 얻을 나라는 성도들이 아니라 하나님으로 말미암아 세워진다. 그 성도들은 단지 그 나라를 받을 뿐이다. 하나님께서 그 나라를 인자에게 주시고 인자께서는 다시 그것을 성도들에게 주실 것이다. 그들이 그 나라를 다스리기 위해 수고한 부분은 전혀 없다. 그렇다고 해서 그들이 그 나라를 소유하는 일에 아무런 실제적인 내용 없이 피상적으로만 얻는다는 것은 아니다. 말하자면 그들이 나라를 얻는 일을 허수아비의 일처럼 생각할 것이 아니라는 뜻이다. 그들은 실제로 그 나라를 다스리는 자가 된다(Leupold).

19-20 이에 내가 넷째 짐승에 관하여 확실히 알고자 하였으니 곧 그것은 모든 짐승과 달라서 심히 무섭더라 그 이는 쇠요 그 발톱은 놋이니 먹고 부서뜨리고 나머지는 발로 밟았으며 또 그것의 머리에는 열 뿔이 있고 그 외에 또 다른 뿔이 나오매 세 뿔이 그 앞에서 빠졌으며 그 뿔에는 눈도 있고 큰 말을 하는 입도 있고 그 모양이 그의 동류보다 커 보이더라. 이 부분에서 다니엘은 또다시 의문을 가지고 "알고자" 한다. 그는 특별히 "넷째 짐승"(더욱이 "작은 뿔")에게 관심을 가진다. "넷째 짐승"의 독특성은 다니엘의 주의를 끌었다. 일설에 의하면, 다니엘이 "넷째 짐승"에게 이렇게 크게 관심을 가진 이유는 그와 그의 시대 사람들이 넷째 짐승으로 대표된 나라로부터

박해를 받을 것이기 때문이라고 한다(Heaton). 그러나 이와 같은 해석은 "넷째 짐승"을 헬라와 동일시하고 본서의 저자를 헬라 시대의 유대인으로 여기는 자유주의 학파의 견해다. 이와 같은 해석이 잘못되었다는 점은 이미 "넷째 짐승"이 헬라를 가리키지 않는다는 주장에서 밝힌 바 있다(참조. 7절 해석). 다니엘이 "넷째 짐승"에 대하여 깊은 관심을 가지게 된 배경은 19절에 기록된 대로 그 짐승이 유달리 무섭게 생겼다는 점 때문이다.

7-8절에서 이미 이 짐승에 대해 묘사했으나 이 부분(19-20절)에서는 거기에다가 두 가지를 더하였는데, 하나는 "그 발톱은 놋"이라는 점이고(19절), 다른 하나는 "그 모양이 그의 동류보다 커" 보인다는 점이다(20절). "커 보인다"라는 말은 아람어 "라브"(רַב)를 번역한 것이다.[214] 여기서 크다는 말은 육체적으로 덩치가 큰 것을 의미하지 않는다. 이 말이 20절에 두 번 나오면서 강조하는 바는 그 "뿔"로 비유된 적그리스도가 교만하게 자기를 크게 여기고 선전하는 것을 의미한다. 그것은 일종의 자기포장이며 다른 뿔들보다 자기를 높이는 것이다.

21-22 내가 본즉 이 뿔이 성도들과 더불어 싸워 그들에게 이겼더니 옛적부터 항상 계신 이가 와서 지극히 높으신 이의 성도들을 위하여 원한을 풀어 주셨고 때가 이르매 성도들이 나라를 얻었더라. 위의 19-20절에서 다니엘이 품은 의문에 대한 답변이 주어지기에 앞서 잠깐 동안 계시가 지속된다. 그것이 바로 이 부분(21-22절) 말씀이다. 이 부분 말씀은 천사의 해석도 아니고 다니엘이 품었던 의문도 아니다. 이것은 계시 자체의 한 부분이다. 이렇게 생각되는 이유는 21절 첫머리에 나오는 "내가 본즉"이라는 말 때문이다. 앞에서는 하나님의 계시가 소개될 때마다 이 문구가 나오곤 하였다(2, 4, 6-9, 11, 13절). 그러므로 이 부분은 계시의 계속이다. 이 부분을 가리켜 앞에 나온 계시의 간단한 개요라고 말하는

---

214) Young, Montgomery, RSV.

히튼(Heaton)의 주장은 잘못된 것이다.

"이 뿔이 성도들과 더불어 싸워 그들에게 이겼더니." 이것은 이미 나왔던 계시에는 없던 것이며 지금 처음 등장하는 내용이다. 다니엘이 이와 같은 계시를 전에도 보았는데 이제야 처음 말하는 것인지, 아니면 그가 그것을 지금 처음 보았다는 말인지 알기 어렵다. 어쨌든 여기서 말하는 내용은 그 "뿔"이 교만하게 하나님의 "성도들과 더불어" 싸운다는 것이다. 그 뿔이 미워하는 대상은 성도들이다. 여기서 "성도들"이라고 번역된 아람어 단어(קַדִּישִׁין "카디쉰")가 관사를 동반하지 않았으므로 그것은 거룩한 특징을 뚜렷이 지적하는 문체라고 말한다(Leupold). 그렇다면 적그리스도의 미워하는 것은 바로 성결이라는 뜻이 여기 나타나 있다. 그 "뿔이" 성도들을 "이겼다"고 하였으니, 하나님께서 악한 권세에도 어느 정도 성공을 허락하시는 일이 있음을 알 수 있다. "교회가 자기 힘으로는 사탄의 방법을 사용하는 자들의 전략과 힘을 이기지 못한다"(Young). 그러나 그 뿔의 승리는 잠깐이니 마침내 승리는 교회에 돌아온다. 22절은 이것을 보여준다.

"옛적부터 항상 계신 이가 와서." 교회가 자력으로는 적그리스도를 이기지 못하나, 하나님께서 오셔서 그들의 원한을 풀어 주실 때 그들은 영원한 나라를 받는다. 교회가 가장 어두운 시점에 봉착할 때 하나님의 간섭이 임하여 구원을 주시는 법이다.

"성도들을 위하여 원한을 풀어 주셨고."(דִינָא יְהִב לְקַדִּישֵׁי) 헹스텐베르크(Hengstenberg)는 이 문구를 "성도들에게 심판을 주셨고"라고 번역하자고 제안하며, 그것은 하나님께서 성도들에게 심판권을 주신다는 의미라고 주장한다. 그러나 우리말 번역이 옳다. 앞의 9-11절을 보면 심판하시는 이는 하나님 자신이시다. 그의 심판으로 말미암아 하나님의 백성은 불법자들의 박해에서 구원을 받는다.

영(Young)은 본 장에 기록된 심판을 두 가지로 구분한다. 요컨대 11, 26

절의 심판은 세상 국가들에 대한 것이고, 22절의 심판은 세상 끝 날에 있을 최후의 심판이라는 것이다. 그러나 우리는 본 장에 기록된 심판들이 모두 같은 것을 의미한다고 생각한다. 다시 말해 11, 22, 26절에 언급된 심판은 모두 종말론적인 사건들과 관련되었다고 본다. 특별히 11절 말씀에는 하나님의 최종적 승리와 넷째 짐승의 최종적 실패가 강조되어 있다. 26절의 심판 역시 그러하다. 22절에 기록된 심판 묘사는 사실상 11절(26절에 재 진술됨)에 기록된 심판 묘사를 확대한 것이다. 이 둘은 같은 심판을 다룬다.

23 모신 자가 이처럼 이르되 넷째 짐승은 곧 땅의 넷째 나라인데 이는 다른 나라들과는 달라서 온 천하를 삼키고 밟아 부서뜨릴 것이며. 이 말씀은 다니엘이 품었던 의문(19-20절)을 풀어 주는 천사의 대답이다. "모신 자"라고 번역된 아람어 원문은 "그가"라고 번역해야 합당하다.

여기서는 "넷째 짐승"으로 비유된 나라가 앞선 모든 나라들과 다른 점이 무엇인지를 보여준다. 그것은 그 나라가 온 세상을 삼킬 것이라는 점이다. 넷째 나라는 이루 말할 수 없이 잔인하다. "삼키고", "밟아", "부서뜨릴 것"이라는 표현들은 그 나라의 잔혹한 파괴력을 잘 나타낸다. 헬라보다는 로마가 이런 묘사에 합당한 나라였다.

24 그 열 뿔은 그 나라에서 일어날 열 왕이요 그 후에 또 하나가 일어나리니 그는 먼저 있던 자들과 다르고 또 세 왕을 복종시킬 것이며. 앞서 7절에서도 이미 말했던 것처럼 "열 뿔"이라는 표현에서 "열"이라는 숫자는 충만한 수를 의미하는 것이며 문자적으로 10을 의미하는 것이 아니다. 넷째 짐승에게서 나온 "열 뿔"은 역사상 로마 제국 시대로부터 적그리스도의 날까지 출현하게 될 인간 정권의 총체를 비유한다(Leupold).

그렇다면 여기서 "그 후에 또 하나가 일어나리니"라는 말로 묘사된 "작은 뿔"(8절)은 무엇을 의미하는가? 달리 말해 그것은 누구를 가리키는가? 여기에 대하여 세 가지 해석이 있다.

1) 자유주의 학파의 견해. 그들은 이 "작은 뿔"이 안티오코스 4세 에피파네스를 가리킨다고 말한다. 안티오코스 4세는 주전 2세기경에 유대인을 무섭게 박해했던 셀레우코스 왕조(수리아)의 폭군이었다. 그의 왕명에 덧붙여진 "에피파네스"라는 수식어는 "빛난다"라는 뜻인데 신성을 가리키는 칭호다. 유대인들은 "에피파네스"를 "에피마네스"(미친 사람)라고 바꾸어 불렀다. 그는 아테네에서 출생하여 12년 동안 로마에 볼모로 잡혀 있으면서 세계를 호령할 만한 권력을 숭상하고 그것을 탐내기 시작하였다. 그는 마침내 팔레스타인을 자기 수중에 넣어 그곳을 이교도의 땅으로 만들려고 하였다. 이스라엘의 역사에서 안티오코스 4세가 압제하던 때는 가장 어둡고 참혹한 시대 중의 하나였다. 그는 명령을 내려 성전에서 제사 의식을 멈추게 하였고, 성경을 훼손하게 하였고, 안식일과 모든 절기를 지키지 못하게 금하였고, 음식물에 관한 율법의 금령을 폐지하게 하였고, 할례를 중단시켰다. 특히 주전 167년 12월에는 성전의 번제단 자리에 제우스 신상을 세워 그것을 숭배하게 하였다. 게다가 유대인들이 제우스에게 제사할 때 그들이 더럽게 여기는 동물들의 고기로 제물을 삼게 하였다. 그는 제우스 신당을 팔레스타인 각처에 세우도록 하고 그곳에서 제사하지 않는 자들을 극형에 처했다. 그리고 어린 아기에게 할례를 행하는 자나, 돼지고기 먹기를 거부하는 자나, 율법 책을 가진 자를 사형하도록 명령하였다. 이와 같은 역사적 사실들에 비추어 볼 때 "작은 뿔"이 안티오코스 4세를 가리킨다는 자유주의 학파의 해석도 그럴듯하다.

그러나 본문 해석상 위의 견해는 합당치 않다. ① "작은 뿔"은 분명히 종말론적 의미를 가지는데, "옛적부터 항상 계신 이"가 오셔서 심판하심으로써 이 작은 뿔이 멸망하고 영원한 하늘나라가 임한다(7:11-14, 26-27). 이 작은 뿔이 멸망함으로써 세계의 역사는 끝난다. 그러므로 헬라 시대에 통치했던 안티오코스 4세가 그런 종말론적 인물일 수는 없다. ② "작은 뿔"은 "인자" 및 "옛적부터 항상 계신 이"와 역사상으로 근접해 있다. 인자가 나라를 받기 직전에 일어나는 일이 바로 작은 뿔의 멸망이라는 것이다. ③ "작은 뿔"이 안티오코스 4세를 가리키기보다는 적그리스도를 가리킨다고 보는 이유는, 그 작은 뿔이 범세계적인 역할을 하기 때문이다. 이 작은 뿔은 넷째 나라와 관계되어 있는데, 이 넷째 나라야말로 극히 보편적인 권세를 가지고 있다. 이것이 온 세상을 삼킨다고 하는데, 헬라보다는 로마가 이런 묘사에 더 적합한 나라다. 그러므로 헬라의 안티오코스 4세를 작은 뿔로 해석할 수 없다. ④ "작은 뿔"이 안티오코스 4세가 아니라는 가장 강한 증거는 신약의 말씀이다. 바울은 적그리스도에 대하여 진술할 때 다니엘 7장 말씀을 반영한다. 게할더스 보스(G. Vos) 박사는 〈바울의 종말론〉[215] 제5장에서 이 같은 사실을 잘 지적하고 있다. 바울은 "불법의 사람"(죄악의 사람 = 적그리스도)을 묘사할 때(살후 2:4) 다니엘서의 술어들을 사용하였다는 것이다(참조. 7:8, 20-21; 11:31, 36, 40). 위에 말한 바와 같이, 작은 뿔에 대한 다니엘의 사상이 바울의 적그리스도론에 반영되었다.

2) 보수주의 학파의 견해. 그들은 "작은 뿔"이 그리스도의 재림 직전에 나타날 적그리스도라고 이해한다. 이 견해는 클리포트(Kliefoth), 카일(Keil), 영(Young), 류폴드(Leupold) 기타 학자들이 주장하는 견해다.

3) 세대주의 학파의 견해. 이 학파에 속하는 학자들의 견해는 보수주의 학파의 견해와 공통되는 점이 많다. 두 학파 모두 이 작은 뿔이 그리스도의 재림 직전에 올 인물을 가리킨다고 본다. 세대주의 학자들 대다수가 이 인물을 가리켜 적그리스도라고 한다.[216] 그러나 그들의 학설은 일반 보수주의 학자들의 학설과 비교할 때 특이한 점들을 지니고 있다. 요컨대 이 적그리스도

---

215) G. Vos, Pauline Eschatology, Eerdmans 1952.
216) Philip Newell, Coleman Luck.

가 그리스도의 재림 직전에 재생될 로마 제국에서 나온다는 것이다. 이 재생 로마 제국으로 말하면, 사탄이 친히 만들어내는 것으로서 그 임금(적그리스도)이 7년 동안 권세를 잡는데, 교회의 성도들은 7년이 시작될 때 공중으로 들어 올려지고, 땅에서는 불신 유대인들이 이 적그리스도와 더불어 처음 3년 반 동안 계약을 맺고 잘 지내다가, 나중 3년 반은 적그리스도에게 박해를 받는데, 그 마지막에 그리스도께서 오셔서 적그리스도를 멸하고 천년왕국을 세우신다고 한다.

그러나 로마 제국 재생설은 앞의 7절에서 말한 바와 같이 믿기 어려운 해석이다(참조. 7절 해석). 그뿐 아니라 세대주의 학자들의 학설은 7장 23절 24절 사이에 장구한 세월의 공백기(Great parenthesis)를 상정하는 셈이다. 다시 말해 23절은 본래의 역사상 로마 제국을 말하고, 24절은 오랜 세월이 지난 후 그리스도의 재림 직전에 있을 재생 로마 제국을 진술하는 셈이다. 그러나 우리가 본문에서 주목하는 것은 "열 뿔"이 넷째 짐승이 죽은 다음에(로마가 망한 뒤에) 일어나는 것이 아니라 살아 있을 때 나온다는 것이다. 이와 같은 말씀으로 볼 때 재생 로마설은 성립하지 않는다. "열 뿔"은 로마 제국 멸망 이후에 일어날 국가들을 대표하는 세력으로서 세상 끝날까지 있을 것이나.

우리는 차라리 앞에 소개된 보수주의 학파의 견해와 바울 서신의 말씀처럼 이 "작은 뿔"이 적그리스도를 의미하는 것으로 이해한다. 이러한 견해에 굳이 세대주의 학파의 재생 로마설을 포함시킬 이유는 없다.

25 그가 장차 지극히 높으신 이를 말로 대적하며 또 지극히 높으신 이의 성도를 괴롭게 할 것이며 그가 또 때와 법을 고치고자 할 것이며 성도들은 그의 손에 붙인 바 되어 한 때와 두 때와 반 때를 지내리라. 이 구절은 작은 뿔이 하는 일에 대해 집중적으로 진술한다. 작은 뿔로 비유된 적그리스도가 "지극히 높으신 이를 말로 대적"할 것이라고 한다. 여기서 "말"은 물론 적그리스도의 악한 내용을 가리키는데, "대적"한다는 표현이 그것을 드러낸다. 우리 우리말 성경의 "대적"한다는 문구

는 아람어의 한 부분만 나타내고 있다. 아람어 "레차드"(לצד)는 "옆에서"(at the side of)라는 뜻인데, 하나님과 대등한 위치에서 말하는 것을 가리킨다고 한다. 한마디로 적그리스도가 자기를 하나님과 동등한 자리에 올려놓고 말한다는 것인데, 그것이야말로 하나님을 배제하고 자기 자신을 하나님 자리에 높이는 불경스러운 말을 하리라는 것이다. 그것은 데살로니가후서 2:4의 내용과 같이 그가 하나님께만 속한 권위를 외람되이 자신에게 돌리는 행동이다. 이 때문에 신약에서 그를 가리켜 적그리스도라고 한다. 또한 그를 적그리스도라고 부르는 이유는 그가 그리스도를 반대하기 때문만은 아니고, 그가 그리스도께 속한 영광을 자기에게 돌리고 그리스도 노릇을 하려 하기 때문이다. 그는 자기가 왕이 되기 위하여 하나님의 왕권을 폐하고자 한다.

"지극히 높으신 이의 성도를 괴롭게 할 것이며." 적그리스도는 하나님의 대적인 동시에 하나님 백성의 대적이니 그만큼 막강한 적대자다. 그가 하나님의 백성을 통제하려고 활동하는 시기가 바로 성도들에게는 큰 환난의 때다.

"때와 법을 고치고자 할 것이며." 적그리스도의 교만한 행동이 여기 나타난다. 그는 자연계까지 통제하여 변화시키려고 한다. 이 말씀에 대하여 클리포트(Kliefoth)는 말하기를 "적그리스도는 자연 질서에 있어서도 하나님이 본래 정하신 법을 인정하지 않고, 그 대신 자기 좋을 대로 제도를 고쳐 인생들이 따를 법을 바꾼다. 그는 이렇게 함으로써 자기를 하나님과 동등으로 간주한다"라고 하였다. 그는 하나님의 백성을 통제할 뿐 아니라, 하나님이 세우신 자연 질서까지도 반역적으로 통제하려고 교만하게 덤빈다.

"때와 법"은 무엇을 의미하는가? 넷째 짐승을 헬라로 생각하는 자유주의 학자들은 이 말씀이 유대 종교를 가리킨다고 하며 그것을 고치고자 한 것이 바로 안티오코스 4세의 행동이라고 해석하였다(Heaton, Montgomery). 히튼(Heaton)은 말하기를 "여기서 '때'라는 말은 유대의 종교 절기를 가리키고 '법'이라는 말은 포로 이후 시대의 기초가 되는 모세 율법이다"라고 하였다.[217] 그러나 우리는 이 말씀이 그런 제한된 뜻을 가진다고 생각하지 않는다. "때"라는 표현이 특정한 종교 절기를 가리키는 것은 아니다. 몽고메리(Montgomery)도 그 점은 인정한다. "때"라는 표현은 차라리 하나님이 정하신 절기들을 가리킨다(창 1:14; 17:21; 18:14). 그리고 "법"이라는 말은 아람어로 "다트"(דָּת)인데, 반드시 종교적 율법을 의미하는 것은 아니고 일반적으로는 법칙들을 의미한다. 다니엘서에는 이 단어가 여덟 번[218] 사용되었는데, 그 중 한 번(6:5)만 종교적 율법을 의미하고 나머지 일곱 번은 일반적 법칙을 뜻한다. 그러므로 여기서 "때"와 "법"은 하나님에게서 난 인생의 근본 원리들과 규례들을 가리킨다.[219] 적그리스도는 이렇게 인생의 근본 규례들을 변경하고자 한다.

"한 때와 두 때와 반 때를 지내리라." 이 말씀을 보니 성도들에게 소망이 있다. 적그리스도의 행동은 결국 성공하지 못한다. 그는 때와 법을 고치고자 하나 결국 그 일이 무산된다. 그가 그렇게 하고자 하는 권세도 하나님으로부터 받았으니("그의 손에 붙인 바 되어"), 그도 결국 하나님의 장중에서 통제받고 있다는 것이다. 그러므로 이러한 사실을 아는 성도는 소망을 가진다. 사탄의 도구인 적그리스도는 하나님이 허락하시는 범위 안에서만 움직이도록 정해져 있다. 그로 말미암은 큰 환난도 마침내 성도들을 위하여 단축된다(마 24:22).

그렇다면 적그리스도로 말미암아 오는 환난의 시기가 "한 때와 두 때와 반 때"라고 했는데, 그것은 무엇을 의미하는가? 자유주의 학자들은 이것이 헬라 시대 안티오코스 4세가 주도한 유대인 박해의 가장 혹독한 시기를 의

---

217) Daniel, 188.
218) 2:9, 13, 15; 6:5, 8, 12, 15; 7:25.
219) Calvin, Keil, Leupold, Young.

미한다고 하였다. 예를 들어 몽고메리는 이 시기가 주전 168년 유대인의 예배 행위 금지에서 시작되고 주전 165년에 예후다 마카비(Judas Maccabeus)가 성전을 중수한 때에 마친다고 하였다.

그러나 이러한 해석에는 난제가 많은데, 몽고메리 자신도 그것을 인정한다.

1) 몽고메리의 해석이 "한 때와 두 때"는 해결하지만 "반 때"는 해결하지 못한다. 다시 말해 "때"라는 표현을 1년으로 간주하여 "한 때와 두 때"를 합하면 3년이 되는데, 그것은 위에 설명한 안티오코스 4세의 극심한 박해 기간과 일치한다. 그러나 "반 때"라는 표현은 설명되지 않는다.

2) 몽고메리의 학설은 외경 문서인 마카베오상을 근거로 계산된 것이다. 마카베오상에서는 안티오코스 4세의 혹독한 박해 기간이 3년이라고 하였다. 그러나 마카베오하에서는 그 기간이 2년이라고 하였다(2 Macc. 10:30). 그러므로 이것은 난제다.

3) 몽고메리의 해석에서 또 한 가지 난제는 "때"를 1년으로 보는 것이다. 그는 4:23의 "때"도 1년으로 해석해야 한다고 주장한다. 그리고 그는 여기 "한 때와 두 때와 반 때"가 9:27에 나오는 "이레의 절반"과 같다고 하고, 8:14에 나오는 "이천삼백 주야"와도 대략 일치한다고 말한다. 그는 1세기의 요한계시록 저자도 이런 맥락에서 해석했다고 주장한다(계 11:2; 12:14; 13:5). 세대주의 학자들도 이같이 "때"를 1년으로 간주하는 해석을 따른다. 본서에서는 카일(Keil)의 견해를 따라 이 문제를 다루고자 한다. 그는 말하기를 "4:23의 '일곱 때'를 7년으로 해석하는 것은 확실한 근거를 가지지 못한다. 그리고 12:7이나 요한계시록에 나오는 '한 때, 두 때'의 의미도 그렇다고 할 수 없다. 한 날을 한 해로 간주하는 것도 확실한 근거가 없는 해석이고, '한 때와 두 때와 반 때'를 8:14의 '이천삼백 주야'와 같이 보는 것도 근거 없는 해석이다"라고 하였다(p. 242). 이 점에 있어서 몽고메리와 세대주의 학자들은 다니엘서의 비유를 올바로 다루지 않는다.

4) 몽고메리와 세대주의 학자들의 해석에서 또 한 가지 난제는, 만일 다니엘이 "한 때와 두 때와 반 때"라는 표현으로 3년 반을 가리키고자 했다면 어째서 단순하게 3년 반이라고 표현하지 않았을까 하는 점이다. 그는 "3년 반"이라고도 하지 않았고, "세 때 반"이라고도 하지 않았고 "한 때와 두 때와 반 때"라고 굳이 세 부분으로 나누어 말하였다. 그러므로 우리는 이와 같은 표현법에는 반드시 상징적 의미가 내포되어 있다고 생각한다. 요컨대 이것은 적그리스도의 활동이 가지는 세 가지 단계를 가리킨다. 이러한 상징을 통해 다니엘은 적그리스도의 핍박 행위가 점점 강해지다가 마침내 끝나게 될 것을 분명히 보여주는 것 같다. 영(Young)은 다음과 같이 말하였다. "한 때와 두 때와 반 때"라는 것은 환난의 기간으로서 하나님의 백성을 위하여 마침내 단축되고 말 것을 가리킨다. "한 때"는 하나님의 은밀한 계획 가운데 끝을 가지고 있는 기간이고, "두 때"는 그때("한 때")의 지속을 의미한다(Calvin). 그처럼 적그리스도가 "한 때" 권세를 얻고 그것이 점차 강화된다는 의미에서 "두 때"라고 하였다. 다시 말해 "한 때"는 그의 핍박 행위의 시작을 의미하고, "두 때"는 그 핍박 행위의 강화를 의미한다는 것이다. 그리고 "반 때"는 그 핍박 행위가 단절되고 말 것을 상징한다. 적그리스도의 환난에 대한 주님의 말씀도 이와 같은 해석을 암시한다. 예수님께서 말씀하시기를, "난리와 난리 소문을 듣겠으나···아직 끝은 아니니라···이 모든 것은 재난의 시작이니라"(마 24:6-8)라고 하신 뒤에 많은 재앙을 말씀하시고, "그러나 택하신 자들을 위하여 그 날들을 감하시리라"(마 24:22)라고 하셨다(참조. 마 24:6; 막 13:7; 눅 21:9). "날들을 감하시리라"라는 예수님의 말씀은 계속되는 환난의 날들을 감하신다는 의미다.

26 그러나 심판이 시작되면 그는 권세를 빼앗기고 완전히 멸망할 것이요. 앞의 25절은 적그리스도가 성도들을 박해하는 기간이 갑자기 단축되리라는 것을 보여주었다. 그러므로 이제 26절의 내용이 뒤따르는 것은 자연스럽다. 이 구절

은 적그리스도가 받을 최후 심판을 진술한다. 물론 그 "멸망"은 "완전"한 멸망이다. 이와 같은 사실을 바울도 데살로니가후서 2:8에서 밝혀준다. 곧 "주 예수께서 그 입의 기운으로 그를 죽이시고 강림하여 나타나심으로 폐하시리라"라는 말씀이다. 하나님의 아들이 오실 때에 적그리스도의 모든 것은 멸절되고 만다. 다니엘서와 바울은 함께 적그리스도의 멸망이 완전한 것임을 강조한다. 바울은 여기서 더욱 놀랄 만한 표현을 사용하는데, 바로 그리스도께서 "그 입의 기운으로 그[적그리스도]를 죽이신"다는 말씀이다. 곧 그리스도의 재림이 시작되자마자 적그리스도는 완전히 멸절된다는 것이다. 그것은 순식간에 이루어진다.

이 주제와 관련하여 윌리엄 헨드릭슨(William Hendriksen)의 〈내세의 생명에 대한 성경 교훈〉[220]이라는 책과 게할더스 보스(G. Vos)의 〈바울의 종말론〉[221]이라는 책이 도움이 된다.

27 나라와 권세와 온 천하 나라들의 위세가 지극히 높으신 이의 거룩한 백성에게 붙인 바 되리니 그의 나라는 영원한 나라이라 모든 권세 있는 자들이 다 그를 섬기며 복종하리라. 이 구절에서는 특별히 성도들이 장차 받을 영원한 나라의 성격을 보여준다. 넷째 짐승의 나라가 보편적이었으나(23절) 그것은 성공하지 못하고, 마침내 성도의 나라가 진정한 의미에서 보편성을 지니게 될 것이다. 그것을 "온 천하 나라들의 위세"라는 표현이 보여준다. 성도들은 자기 자신에게 어떠한 권세나 의가 없지만, 그리스도의 은총으로 "영원한" 왕들이 된다. "모든 권세"가 그들의 발밑에 속하게 될 것이다. 그들은 많은 환난을 겪었으나 마침내 그리스도와 함께 다스린다.

28 그 말이 이에 그친지라. 히튼(Heaton)은 이 구절이 7장의 결론일 뿐 아니

---

220) William Hendriksen, The Bible on the Life Hereafter.
221) G. Vos, Pauline Eschatology, 1952.

라 다니엘서 전체의 결론이라고 하였다. 그러나 그의 이와 같은 이론은 본서의 단일성을 인정하지 않는 잘못된 견해다. 이 구절 말씀을 7장 계시의 결말로 받아들이는 것이 자연스럽다.

중심에 번민하였으며 내 얼굴빛이 변하였으나. 15절에도 그가 "번민"하였다고 하는데, 여기서도 그렇다. 여기서는 그의 "얼굴빛이 변하였다"고까지 말한다. 참으로 하나님의 계시를 받는 것은 육체적으로도 쉬운 일이 아니다.

내가 이 일을 마음에 간직하였느니라. 이것은 다니엘이 그가 받은 계시를 깊이 연구하고 있었다는 뜻이다. 우리도 다니엘처럼 하나님의 말씀을 마음에 간직하도록 하나님의 은혜를 받아야 한다. 매튜 헨리(Matthew Henry)는 말하기를 "이 구절이 가르치는 바는 선지자들이나 교역자들이 하나님의 말씀을 그들의 마음에 저장하고 새김질해야 한다는 것이다. 하나님의 말씀을 우리의 입에 두는 일은 필요에 따라 하는 것이지만, 마음에 간직하는 일은 항상 해야 한다"라고 하였다.

| 설교자료

1. 하나님께서는 신령한 일만 주장하시지 않고 이 세상 국가들도 주장하신다(1-8절). 그러므로 신자들은 비록 성도를 박해하는 정권이 출현하더라도 두려워하지 말고 오직 하나님을 믿어야 한다.

2. 이 세상 국가들은 변하기 일쑤지만 하나님의 보좌는 영원 전부터 언제나 변함없이 동일하다. 9절에서 "왕좌가 놓이고"라고 말한 것이 그런 뜻이다(9-12절). 그러므로 우리에게 평안을 주는 나라는 하늘에 있다는 점을 기억하고 땅 위에서 요동할 필요가 없다. 하나님께서는 반드시 불같은 심판으로 악인들을 벌하실 것이니 우리는 땅 위에서 악한 무리로 말미암아 근심할 이

유가 없고 오히려 그들을 불쌍히 여겨야만 한다.

3. 이 세상 나라들은 결국 다 망하고 만다. 최후의 승리는 하나님의 아들에게 돌아간다(13-14절). 그런데 하나님의 아들은 "인자"이시므로 그를 믿는 자를 동정하시고 구원하신다. 우리는 언제나 죄인이기 때문에 우리를 동정하여 주시는 구주 없이는 영원히 멸망할 수밖에 없다.

4. 하나님께서는 진리를 알고자 하는 자에게는 반드시 깨달음을 주신다. 그러므로 신자는 하나님의 말씀을 주야로 묵상해야 한다(15-28절).

제 8 장

↓ 내용분해

1. 다니엘이 하나님으로부터 숫양과 수염소의 계시를 받음(1-14절)
2. 다니엘이 천사로부터 계시에 대한 해석을 받음(15-27절)

↓ 해석

1 나 다니엘에게 처음에 나타난 환상 후 벨사살 왕 제삼년에 다시 한 환상이 나타나니라. 여기서 "나 다니엘"이라는 말은 본서가 다니엘의 저술임을 보여준다. 저자는 자신이 "다니엘"이라는 사실을 의도적으로 밝힌다.

2:4 하반절에서 7:28까지는 아람어로 기록되었는데, 이제 8장부터 끝까지는 다시 히브리어로 기록되어 있다. 왜 이렇게 두 가지 언어가 본서에 사용되었을까? 일설에 의하면, 2:4 하반절에서 7:28까지는 이방 나라들과 관계된 내용을 담고 있으므로 그 당시 이방 바벨론의 공식 언어였던 아람어로 기록되었고, 8장 이하는 히브리 민족의 장래를 보여주는 말씀이라서 히브리어로

기록되었다고 한다. 그러나 이런 해석이 옳은지 확실히 알기는 어렵다.

2 "**엘람**"은 바벨론 동쪽에 자리한 산악 지대로서 그때는 바사의 영지였다. "**수산 성**"은 바사의 수도였고, "**을래 강**"은 수산 성 가까이 있는 강이며 페르시아만으로 흘러 들어갔다. 다니엘은 이때 을래 강변에서 환상을 보았다.

3-4 두 뿔 가진 숫양. 히브리어 원문(אַיִל אֶחָד וְלוֹ קְרָנָיִם)을 문자적으로 번역하면 "두 뿔 가진 한 숫양"인데, 여기서 "한"(אֶחָד "에하드")이라는 수식어가 중요하다. 이것은 메대와 바사가 합하여 하나의 나라가 된 것을 가리킨다. 둘 중에 좀 더 "긴" 뿔이 고레스로 대표된 바사다. 고레스의 권세는 확장되고 강해졌다. "다른 뿔"은 메대를 상징한다.

서쪽과 북쪽과 남쪽을 향하여 받으나. 이것은 바사를 중심으로 바라본 방향들이다. "서쪽"은 바벨론, 수리아, 소아시아이고, "북쪽"은 아르메니아, 카스피해 연안이고, "남쪽"은 애굽, 에티오피아다.

5 한 숫염소가 서쪽에서부터 와서. 이것은 헬라가 바사를 침략하리라는 예언이다.

땅에 닿지 아니하며. 이 말은 헬라의 알렉산드로스 대왕(Alexander the Great)의 정복 행위가 신속하리라는 것을 가리킨다.

6-7 이 부분 말씀도 헬라의 알렉산드로스 대왕의 바사 정복을 묘사한다. 그는 주전 331년에 다리우스 코도마누스(Darius Codomanus)를 패배시켰고, 주전 330년에는 바사의 수도 페르세폴리스(Persepolis)를 불살랐다.

8 현저한 뿔 넷이 하늘 사방을 향하여 났더라. 이것은 알렉산드로스 대왕이 죽은 후에 그의 부하들이 네 나라를 각각 세울 것을 예언한다. 그 네 나라는 ① 톨레마이오스(Ptolemy)가 세운 나라(애굽, 구레네, 코엘레 수리아, 소아시아 남쪽을 차지함), ② 리시마쿠스(Lysimachus)가 세운 나라(트라키아, 비두니아 일부, 브루기아, 무시아를 차지함), ③ 카산드로스(Cassander)가 세운 나라(마케도니아, 헬라를 차지함), ④ 셀레우코스(Seleucus)가 세운 나라(유프라테스강에서

인디아 접경까지)이다.

"하늘 사방"(אַרְבַּע רוּחוֹת "아르바 루호트")이라는 말은 문자적으로 하늘의 네 바람이라고 직역할 수 있다. 칼빈(Calvin)은 이것이 하늘의 네 분위기를 의미한다고 하였다. 어쨌거나 이것은 하늘에서 정해진 네 가지 섭리를 가리키는데, 이 네 가지 섭리가 위에서 이미 언급한 네 나라를 이룰 것이라는 말이다.

"향하여." 이 말의 히브리어 "레"(לְ)는 베르만(Behrmann)에 의하면 헬라어로 "의하여"(κατα)라고 번역할 수 있다(Das Buch Daniel).

9 그 중 한 뿔에서 또 작은 뿔 하나가 나서 남쪽과 동쪽과 또 영화로운 땅을 향하여 심히 커지더니. 이것은 셀레우코스(Seleucus) 왕조의 여덟 번째 왕을 가리키는 예언이다. 후대의 역사를 살펴볼 때 그는 안티오코스 4세 "에피파네스"(Antiochus IV Epiphanes)다.

"작은 뿔"이라고 표현한 이유는 그가 매우 미천하고 왕자적인 성품을 타고 나지 못했기 때문이다. "남쪽"은 애굽 땅이고, "동쪽"은 바사와 아르메니아다. "영화로운 땅"은 유다 땅을 가리킨다. 안티오코스 4세는 과연 이 예언대로 그 땅들을 침략하였다(1 Macc. 1:16, 3:31, 37, 6:1-4).

"영화로운 땅"이라는 말은 히브리어로 "츠비"(צְבִי)인데, 많은 학자들이 이것을 11:16, 41의 "영화로운 땅"(אֶרֶץ הַצְּבִי "에레츠 하츠비")과 동일시한다. 70인역(LXX)은 이것을 "북쪽"이라는 의미로 번역하였으나 근거 없는 해석이고, 몽고메리(Montgomery)는 이 문구가 원본에는 없었을 것이라고 주장하지만 역시 근거 없는 추측이다.

10 별들 중의 몇을 땅에 떨어뜨리고 그것들을 짓밟고. 이것은 후대의 마카비 시대에 안티오코스 에피파네스가 성도들(예컨대 엘레아자르와 그 일곱 아들)을 죽일 것을 예언한다(2 Macc. 6:7). 성도들을 하늘의 별들에 비유한 이유는 그들의 시민권이 하늘에 있기 때문이다. 그들이 이 세상에서는 나그네에 불과하다.

11-12절. 이 구절들에서는 다음과 같은 사실들을 예언한다. 요컨대 안티오코스 4세가 예루살렘에 침입하여 성전 제사를 철폐하리라는 것과 성전을 불사르지는 않았으나 제우스 신상을 세움으로써 성전을 더럽히리라는 것이다.

11 "군대의 주재"(שַׂר־הַצָּבָא "사르 하차바")라는 말은 "별들의 무리의 주재자"라는 뜻인데 하나님을 가리킨다. 인류가 별들의 세계가 얼마나 위대하고 오묘한가에 대해서는 오늘날에 이르러서야 조금씩 깨닫기 시작하여 천체 과학을 발전시키고 있다. 그러나 성경은 이미 오래전에 별들의 세계가 위대함을 암시하는 의미에서 하나님을 가리켜 "별들의 무리의 주재자"라고 하였다.

그에게 매일 드리는 제사를 없애 버렸고. 이 예언은 마침내 주전 2세기 중반에 안티오코스 4세 에피파네스로 말미암아 성취되었다. 마카베오상 1:44-47에 의하면 안티오코스 4세는 사신들을 예루살렘에 보내어 유대의 절기와 성전을 더럽히라고 명하였다고 한다.

그의 성소를 헐었으며. 여기 "헐었다"(הֻשְׁלַךְ "후슐라크")라는 말은 실상 더럽혔다는 뜻을 내포한다(Leupold).

12 그의 악으로 말미암아 백성이 매일 드리는 제사가 넘긴 바 되었고 그것이 또 진리를 땅에 던지며 자의로 행하여 형통하였더라. 여기서 이른바 "악으로 말미암아"(בְּפֶשַׁע "베페샤")라는 말은 "죄를 범하게 하려고"라고 번역해야 한다. 이 구절은 백성이 타락하여 하나님으로부터 떠나 죄를 범하게 하려고 그것("작은 뿔", 곧 안티오코스 4세)에게 내버림을 당하리라고 예언한다. "매일 드리는 제사" 역시 그렇게 내버림을 당하리라고 예언한다.

13-14 "거룩한 이"(קָדוֹשׁ "카도쉬")는 천사를 의미한다. 천사가 천사에게 말하도록 하여 진리를 계시한 예는 스가랴 1:12 이하에도 나온다.

환상에 나타난 바 매일 드리는 제사와 망하게 하는 죄악에 대한 일과 성소와 백성이 내준 바 되며 짓밟힐 일. 이 문구의 의미에 대해서는 위의 12절 해석을 참조하라.

이천삼백 주야. ① 제7일안식일교회에서는 이것을 2,300년으로 이해하고 그 기간이 주전 457년부터 시작하여 주후 1844년에 끝났다고 하였다. 안식일교회의 교조인 윌리엄 밀러(William Miller)의 말에 따르면 주전 457년은 "예루살렘을 중건하라는 영"이 내린 그 해이며(단 9:25), 주후 1844년은 그리스도께서 재림하실 해라고 하였다. 그러나 이런 계산은 맞지 않았다. ② 시리아의 에프라임(Ephraim of Syria)은 말하기를 "이천삼백 주야"는 사실상 저녁에 드리는 제사와 아침에 드리는 제사의 숫자를 합산한 것이라고 하며 그것이 제사의 숫자이니 날들의 수는 2,300의 절반인 1,150일이라고 하였다. 그리고 그것이 안티오코스 에피파네스가 유대인을 박해한 날 수라고 한다. 그러나 이것도 완전한 해석은 아니다. ③ 헬라어 번역본들과 히에로니무스(Jerome), 그리고 개신교 학자들에 의하면 "이천삼백 주야"는 2,300일을 의미하며, 날들의 수는 안티오코스 에피파네스의 가증한 행동의 기간이라고 한다. 안티오코스 4세의 가증한 행위의 기간은 주전 171년부터 주전 165년까지다.

15-16 사람 모양 같은 것. 그는 "사람 모양 같"을 뿐이고 실제로 사람은 아니었다. 스튜어트(Stuart)는 이분이 고귀한 직분을 지닌 천사였다고 말하지만, 칼빈(Calvin)은 이분이 그리스도라고 하였다.

가브리엘. 구약성경 가운데 본서에서만 천사의 이름을 말하고 있다. 신약에서는 누가복음 1:19, 26, 유다서 9, 요한계시록 12:7에 천사의 이름이 나온다. "가브리엘"(גַּבְרִיאֵל)은 "하나님의 사람"이라는 뜻일 수도 있고 그렇지 않으면 "하나님의 힘"이라는 뜻일 수도 있다. "사람 모양 같은" 이가 "가브리엘"에게 명령한 것으로 볼 때 그는 천사들을 마음대로 부릴 수 있는 권위자, 곧 그리스도시다.

17 이 환상은 정한 때 끝에 관한 것이니라. 말하자면 유대인이 하나님의 진노를 당하는 때의 마지막에 이루어질 일이라는 뜻이다. 다시 말해 바벨론에 사로잡혀가는 환난과 같은 진노를 경험한 후에 또 계속하여 환난 받을 시대를

가리킨다. 안티오코스 4세의 핍박은 유대인의 역사에서는 적그리스도의 최후 환난이다. 이 환난이 지나간 후에 메시아가 오실 것이다.²²²⁾

18 그가 내게 말할 때에 내가 얼굴을 땅에 대고 엎드리어 깊이 잠들매 그가 나를 어루만져서 일으켜 세우며. "내가 · · · 깊이 잠들매"라고 번역된 히브리어(נִרְדַּמְתִּי "니르담티")는 "내가 기절하매"라고 수정해야 한다.²²³⁾ 그가 기절한 이유는 가브리엘에 대한 공포심 때문이었다(17절).

19 이르되 진노하시는 때가 마친 후에 될 일을 내가 네게 알게 하리니 이 환상은 정한 때 끝에 관한 것임이라. "진노하시는 때가 마친 후에 될 일." 말하자면 유대 민족이 그들의 죗값으로 하나님의 진노를 당하여 바벨론에서 포로 생활하는 기간이 끝난 뒤에 이루어질 일이라는 뜻이다. 따라서 그것은 헬라 시대에 유대인들을 박해할 적그리스도, 다시 말해 안티오코스 4세가 할 일을 예언하는 말씀이다. 그것이 이 구절 후반부의 "정한 때 끝에 관한 것"이라는 문구로 진술된다(참조. 17하).

설교▶ 하나님과 시간(14-19절)

우리는 이 본문에서 "정한 때 끝"이라는 말을 중요하게 생각한다. 이 말은 하나님께서 시대를 정하신다는 사실과 그 시대가 끝날 것이라는 점을 보여준다. 그러면 하나님께서 이렇게 시간을 주장하시는데 우리가 주의할 것은 무엇인가?

---

222) E. J. Young, Commentary, 177.
223) E. J. Young, Leupold.

1. 시간을 통해 삶의 길을 알자.

우리는 지난해를 경험했기 때문에, 그때의 실패와 성공의 원인을 잘 안다. 그러나 아직 경험해보지 않은 새해는 우리가 어떻게 살아가야 할지 잘 모른다. 그런데 우리에게는 언제나 큰길이 열려 있는데 그것이 바로 믿음의 길이다. 그리스도는 우리의 길이시므로(요 14:6), 그 길로만 가면 하나님께서 정하신 새해에도 우리는 복을 누리며 걸어갈 수 있다.

2. 노력하자.

하나님께서는 계획하신 일을 하시려고 한 시대를 정하셨다. 하나님은 하시고자 하는 일을 반드시 그대로 관철하신다. 그렇다면 우리 인생들의 할 일은 없는가? 우리의 노력은 필요하지 않은가? 우리의 노력은 더욱 필요하다. 그 이유는 하나님께서 그 하시고자 하는 일을 친히 하시되 힘써 일하는 자들의 노력을 방편으로 사용하시기 때문이다. 그러므로 힘써 노력하는 자들만 하나님의 손에 붙잡힌다. 하나님은 게으른 자와 함께하시지 않는다. 하나님께서는 우리에게 옳은 일에 대해서는 죽도록 힘쓰라고 명령하셨다. 히브리서 12:4에는 "너희가 죄와 싸우되 · · · 피흘리기까지" 싸우라는 의미로 말하였고, 요한계시록 2:10에는 "죽도록 충성하라"라고 하였다. 성경 말씀대로 우리가 죽도록 노력할 분야는 경제적 분야보다 신앙 인격의 분야다. 우리의 신앙 인격을 바로 세우는 일은 하나님 앞에 바로 삶으로써 성취된다. 우리가 기술적인 측면에서는 다른 민족에게 뒤처져도 의리와 신용만 있으면 이 세상에서도 살아갈 길이 있다. 우리는 독립 민족이라고 하지만 현재는 경제적으로도 독립하지 못하였고, 인격적인 측면에서는 더더욱 독립을 못 하고 있다. 그러므로 우리가 살길은 먼저 우리의 인격이 독립하는 것이다. 참된 인격의 독립은 하나님을 믿고 정직하게 사명을 다함으로써 이루어진다. 이렇게 우리가 하나님 앞에 진실한 사람이 되어 인격의 독립을 이루면 하나님의 축복을 받아 이 세상에서도 살길을 얻을 것이다. 하늘나라도 이런 사람들의 것이다.

20-22 이 구절들에 대하여는 3-8절 해석을 참조하라. "헬라"라는 말은 히브리어 "야반"(יָוָן)을 번역한 것이다. 헬라인들은 고대에 "야반"(혹은 이오니안[Ionian])으로 알려졌었다(창 10:2, 4; 사 66:19; 겔 27:13).

첫째 왕. 후에 다니엘의 이러한 예언이 성취되어 출현한 인물이 알렉산드로스 대왕이다(1 Macc. 1:1). 위의 8절 해석을 참조하라.

23 이 네 나라 마지막 때에 반역자들이 가득할 즈음에 한 왕이 일어나리니 그 얼굴은 뻔뻔하며 속임수에 능하며. "반역자들"이라는 표현은 유대인들 가운데서 종교적으로 타락한 자들을 가리킨다. 하나님께서 어떤 경우에는 그 백성의 죄를 벌하시기 위하여 박해자를 일으키시는 일이 있다. 그때의 유대인들이 하나님 앞에서 패역해지자 이방의 악한 왕이 일어나서 큰 세력을 얻어 마침내 유다 민족을 박해하리라고 이 구절은 말한다. ① 그 왕의 "얼굴은 뻔뻔"(עַז־פָּנִים "아즈파님")하다고 했는데 이것은 부끄러운 줄 모르는(잠 7:3) 철면피를 말한다. ② "속임수에 능"(מֵבִין חִידוֹת "메빈 히도트")하다고 했는데, 이 말은 그가 이중적으로 사람을 다룰 줄 안다(skilled in double dealing)는 것이다. 후에 이 예언의 성취로 일어난 안티오코스 4세(Antiochus IV Epiphanes)는 속임수에 능하였다. 마카베오상 1:30에는 안티오코스 4세를 가리켜 말하기를 "거짓으로 평화를 선전하는 자"라고 하였다.

24 그 권세가 강할 것이나 자기의 힘으로 말미암은 것이 아니며 그가 장차 놀랍게 파괴 행위를 하고 자의로 행하여 형통하며 강한 자들과 거룩한 백성을 멸하리라. 그가 권세를 얻은 것이 "자기의 힘으로 말미암은 것이 아니"라는 말씀에 대하여는 두 가지 해석이 있다. ① 안티오코스 4세가 하나님의 섭리에 의하여 권세를 얻게 된다는 해석과, ② 안티오코스 4세가 그의 방조자 에메네스(Emenes)나 아탈루스(Attalus), 또는 배교한 유대인들의 도움으로 권세를 얻게 되리라는 뜻

이라고 하는 해석이다(Polanus).

"장차 놀랍게 파괴 행위를 하고 자의로 행하여 형통하며." 이 예언대로 후에 역사에 나타난 안티오코스 4세는 구약 시대의 적그리스도였다. 파괴주의는 적그리스도의 특징이다. 또한 적그리스도의 특징 가운데 하나는 일시적으로 형통하게 되는 것이다. 신약시대 끝에 나타날 큰 적그리스도도 그리할 것이라고 말해진다(계 13:5-8).

25 그가 꾀를 베풀어 제 손으로 속임수를 행하고 마음에 스스로 큰 체하며 또 평화로운 때에 많은 무리를 멸하며 또 스스로 서서 만왕의 왕을 대적할 것이나 그가 사람의 손으로 말미암지 아니하고 깨지리라. 안티오코스 4세는 이 예언과 같이 사람을 많이 속였다. 그가 아폴로니우스(Apollonius)를 예루살렘으로 보내어 거짓으로 평화를 말하고, 그 후에 갑자기 그 도시를 쳐서 많은 사람을 죽였다(1 Macc. 1:29 이하).

"그가 사람의 손으로 말미암지 아니하고 깨지리라." 안티오코스 4세는 이 예언과 같이 천벌을 받아 벌레가 그의 내장을 먹어 죽었다(Jamieson, Faussett, Brown).

26 주야에 대한 환상. 위의 14절 해석을 참조하라.

너는 그 환상을 간직하라. 예언은 ① 특별히 그것이 성취될 당시에 그것을 목격하는 사람들(후대인들)의 신앙을 확고히 하기 위한 것이다(요 13:19; 16:4). 그러므로 하나님께서 그것을 후대에까지 "간직하라"고 하신다. ② "간직하라"(סתם "스톰")는 말은 감추어 두라는 뜻이 아니고 잘 보관하면서 그 예언의 성취를 상고하라는 뜻을 가진다. 12:4의 같은 말 해석을 참조하라.

27 나 다니엘이 지쳐서 여러 날 앓다가. 그가 앓게 된 이유는 가브리엘을 만나서 말씀을 듣는 중에 너무 놀랐기 때문이다.

| 설교자료

1. 이 세상 나라들은 언제나 서로 싸운다. 그 싸움은 하나님의 진리를 위한 것이 아니고 육체의 욕심을 채우기 위한 것이다(1-8절). 그러므로 하나님의 진리를 믿는 자들은 이 세상에서는 외롭다. 오직 하나님의 성령께서 그들이 믿는 진리가 승리하도록 하여 주신다. 그러므로 신자들은 이 세상 권세를 믿지 말고 오직 성령을 의지해야 한다.

2. 신자들은 이 세상에서 악독한 박해를 만나는 때가 있다. 그러나 그 박해가 하나님의 예언대로 오는 것인 만큼, 신자들은 그 박해자보다 하나님의 말씀을 더 두려워할 줄 알아야 한다(9-14절).

3. 하나님께서 인간인 우리 신자들을 도와주시기 위해서 사람의 형태로 우리를 접촉하여 주신다(15-18절). 그는 다니엘을 찾아오실 때 "사람 모양 같은" 이로 오셨고(15절), 사람의 목소리로 말씀하셨고(16절), 또한 그를 어루만져 주셨다(18절). 신약 시대에 사람 모양으로 오신 하나님은 예수 그리스도시다(참조. 빌 2:6-11).

4. 하나님께서는 구약 시대에 적그리스도가 할 일에 대하여 미리 말씀해 주셨다(23-25절). 이렇게 미리 말씀하시는 목적은, 후대의 신자들이 적그리스도의 환난 때에 굳게 서도록 미리 신앙을 준비시키려는 것이다.

제 9 장

↓ 내용분해

1. 다니엘이 성경을 근거로 기도(1-3절)
2. 다니엘의 기도(4-19절)
   1) 유다 민족의 죄를 다니엘이 친히 자복함(4-14절)
   2) 그의 간구(15-19절)
3. 천사의 계시(20-27절)
   1) 천사 가브리엘이 옴(20-23절)
   2) 일흔 이레의 계시(24-27절).

↓ 해석

1 다리오가 갈대아 나라 왕으로 세움을 받던 첫 해. "다리오가···왕으로 세움을 받았다"는 말은 그가 메대-바사 전국의 왕이 되었다는 뜻이 아니고, 다만 바벨론 지역의 왕이 되었다는 뜻이다. 제국 전체를 다스리는 왕은 고레스였

고, 다리오는 고레스의 통제하에 있었다(E. J. Young).

2 책을 통해 여호와께서 말씀으로. "책"은 예레미야서를 가리킨다. 이 문구는 예레미야서가 바로 하나님의 말씀이라는 사실을 보여준다.

알려 주신 그 연수를 깨달았나니 곧 예루살렘의 황폐함이 칠십 년 만에 그치리라 하신 것이니라(참조. 렘 25:13). 다니엘도 성경을 하나님의 말씀으로 믿고 거기 기록된 하나님의 약속을 근거로 기도하였다.

3-4 내가 금식하며 베옷을 입고 재를 덮어쓰고 주 하나님께 기도하며 간구하기를 결심하고 내 하나님 여호와께 기도하며 자복하여 이르기를 크시고 두려워할 주 하나님, 주를 사랑하고 주의 계명을 지키는 자를 위하여 언약을 지키시고 그에게 인자를 베푸시는 이시여. 다니엘의 이 기도는, 다음과 같은 중요한 요소들을 지니고 있다.

1) "금식." 사람이 "금식"하는 것은 기도를 상달케 하기 위한 것이다. 이사야 58:4에 말하기를 "오늘 금식하는 것은 너희의 목소리를 상달하게 하려는 것"이라고 하였다. 그리고 다시 이사야는 금식을 가리켜 "마음을 괴롭게" 하기 위한 것이라 말하고, 압제 당하는 자를 "자유하게 하"기 위한 것이라고 말하였다(사 58:6). 요컨대 "금식"은 죄를 원통히 여겨 슬퍼하며, 그것을 고치려고 기도하기 위한 것이다. 이 일에 있어서는 슬픔이 그 요점이다. 슬픔에는 감정적인 슬픔도 있지만, 의지적인 슬픔도 있다. 이것이 금식으로 표현된다. 눈물이 마른 사람들은 금식으로라도 죄악을 슬퍼하는 자세를 보이는 것이 필요하다.

2) "언약을 지키시고" "인자를 베푸시는" 하나님을 신뢰하는 기도. 하나님은 많은 언약을 우리에게 주셨다. 그는 이 모든 언약을 통하여 우리에게 복을 주시겠다고 약속하셨다. 이 언약의 성취를 누가 경험할 수 있는가? 자는 주님의 계명을 지키는 자가 언약 성취를 체험한다. 또 주님의 계명을 지킨다는 것이 법규만 지키는 것이 아님을 깨달아야 한다. 그것은 살아 계신 주님을 사랑하며 기뻐하는 동기에서 행하는 일이 되어야 한다. 그러므로 계명

을 지키는 일은 어떤 의미에서는 쉬운 일이다.

6-16 이 부분에는 죄에 관한 다니엘의 태도가 몇 가지로 드러난다.

1) 다른 사람들의 죄에 대하여 공동책임을 지는 태도. 이 부분에 "우리"란 말이 28차례 나온다. 이 용어는 귀한 뜻으로 사용되었다. 다니엘은 유대 민족의 죄악에 대하여 연대 책임을 느낀다. 그 민족의 죄악이 바로 자기의 것이라도 되는 듯이 그는 거듭 "우리"라는 말을 사용하면서 죄를 자복한다. 이렇게 다른 사람들의 죄를 짊어지는 것은 귀하다. 이는 하나님 앞에서는 자기를 남보다 낮게 여기는 겸손한 자세이며 다른 사람들의 죄책도 부담하고자 하는 형제애다. 우리는 남의 짐을 나눠서 질 줄 알아야 한다(갈 6:2).

2) 죄의 성격에 대한 바른 인식. 그는 죄악을 가리켜 ① 하나님의 권위를 무시하는 일이라고 말한다. 앞의 5절에서 "패역", "반역" 같은 표현들은 권위를 무시하는 행위를 가리킨다. ② 옳은 말을 듣지 않는 것이라고 말하기도 한다. 그들이 **"선지자들이 말씀한 것을 듣지 아니하였다"**는(6, 10-11, 14절) 말이 이런 뜻이다. 옳은 말을 귀로만 듣고 순종하지 않는 것은 진심으로 들은 것이 아니다. ③ 재앙을 당하면서도 하나님의 **"얼굴을 기쁘게 하지 아니하였던"** 것도 역시 그들의 죄악이었다(13절). 이것은 책망을 받으면서도 목을 곧게 하는 죄악이다.

3) 패망이 죄에 대한 보응임을 확인함(7-8, 11-13절). 사람들이 생각 없이 죄를 범하면서도 그 죄로 말미암아 망할 것은 깨닫지 못한다.

17-19 다니엘은 구원의 길이 인간의 의로움이나 공교한 수단에 있지 않음을 알고 전적으로 하나님께 기도로 부르짖었다. 그는 ① **"주를 위하여"** 들어주시기를 구하였고(17절), ② **"주의 이름"**을 위하여 들어주시기를 구하였고(18-19절), ③ **"주의 큰 긍휼을 의지하여 함"**을 들어주시기를 구하였고(18절), ④ **"주 자신을 위하여"** 들어주시기를 구하였다(19절).

이렇게 기도하는 자는 누구든지 자기에게는 구원받을 공로나 의가 전혀 없는 줄 알기 때문에 오로지 기도로만 주님께 매달린다. 그는 어떤 희생을 치르면서라도 기도할 것이다. 미얀마의 선교사 아도니람 저드슨(Adoniram Judson)은 말하기를 "어떤 희생을 치르더라도 기도를 유지하라"라고 하였다.[224]

21-23 **내가 기도할 때에…가브리엘이 빨리 날아서…내게 이르더니…다니엘아 내가 이제 네게 지혜와 총명을 주려고 왔느니라.** 하나님께서는 참되이 기도하는 자를 이렇게 신속하게 도와주신다. 이런 의미에서 23절에, "네가 기도를 시작할 즈음에 명령이 내렸으므로 이제 네게 알리러 왔느니라"라고 하였다.

"지혜와 총명을 주려고." 말하자면 24-27절에 기록된 계시를 주려고 그가 왔다는 뜻이다.

24-27절. 이 부분에 대한 해석은 하비 칸(Harvie Conn)의 저서 〈다니엘의 메시아 예언〉에 해석된 것을 번역하여 인용한 것이다.

이 부분은 구약에서 가장 어렵고도 가장 중요한 구절 중 하나다. 몽고메리(Montgomery)는 말하기를 **"일흔 이레"**에 대한 해석의 역사는 구약 해석 역사에서 음침한 수렁과 같다고 하였다. 이 부분에 대한 해석은 대략 네 가지 학파로 나누어진다.

1) 전통적 해석. 이것은 아우구스티누스(Augustine)가 처음 말하였고, 헹스텐베르크(Hengstenberg)가 그의 〈구약의 그리스도론〉이라는 책에 충분히 설명하였다. 그리고 이것은 퓨지(Pusey)와 윌슨(R. D. Wilson)이 주장한 이론이다. 에드워드 J. 영(Edward J. Young)이 이 학파의 가장 유력한 대표자다.

이 학파에서는 이 부분의 예언이 그리스도의 초림을 가리키는 것으로 이해하며, 내용의 중심은 그의 죽음이라고 하였다. 그리고 로마로 말미암아 예

---

224) Make a sacrifice to maintain prayer.

루살렘이 멸망한 사건이 이 단락의 예언에 포함되어 있다고 해석한다.

2) 자유주의 학파의 해석. 이 학파에서는 이 부분이 주로 안티오코스 4세(Antiochus IV Epiphanes)와 관련된 것이라고 주장한다. 몽고메리(Montgomery), 로울리(Rowely), 히튼(Heaton) 등이 이 학파에 속한다. 그들은 세부적인 내용의 해석에서는 서로 차이점을 보이지만, 이 말씀이 메시아를 가리키지 않는다고 해석한다는 점에서는 서로 일치한다. 그들 중의 한 사람인 히튼은 이 부분을 다음과 같이 분해한다. ① "일곱 이레"는 예루살렘 멸망(BC 586)부터 고레스 칙령(BC 538; 고레스가 바벨론을 점령하고 유대인이 귀환하도록 명령한 해)까지이고, ② "예순두 이레"는, 주전 538년부터 주전 171년(대제사장 오니아스 3세의 죽음)까지이고, ③ "한 이레"는, 안티오코스 4세가 활동한 시대라고 한다. 몽고메리도 "일흔 이레"의 시작이 주전 586년이라고 하였다. 그는 다른 자유주의 학자들과 함께 말하기를 "기름 부음을 받은 자"는 유대인들이 바벨론에서 본국으로 돌아간 뒤에 처음으로 대제사장이 된 여호수아를 가리키고(스 3:2; 학 1:1; 슥 3:1), "한 이레"는 안티오코스 4세의 활동 시기라고 하였다.

여기서 우리는 안티오코스 4세 "에피파네스"(Antiochus IV Epiphanes)에 대하여 언급할 필요가 있다. 8:5에서 "숫염소"의 "뿔"로 비유된 알렉산드로스 대왕이 큰 나라를 세웠는데 그것이 헬라 제국이었다. 그가 죽은 후에(주전 323년) 그의 나라는 넷으로 나누어졌다. 그 네 나라 중 하나가 수리아인데, 수리아는 팔레스타인을 정복하고 유대인들을 강요하여 헬라주의로 귀화하게 하였다. 물론 유대인들은 그것을 원치 않았다. 특별히 수리아 왕 안티오코스 4세는 이런 일로 유대인들을 압제하였다. 그는 주전 175년에 왕이 된 후 그런 압박 행위를 계속하였다. 대제사장 오니아스 3세의 동생 여호수아의 지도하에 많은 유대인이 안티오코스 에피파네스의 정책에 타협하기도 하였다. 여호수아는 안티오코스 4세에게 많은 뇌물을 바치기로 약속하고 대제사장으로 임명받았다. 3년 후에 그는 헬라주의로 전향한 또 다른 유대인 메넬라오스(Menelaus)에게 제사장 지위를 계승하였다. 메넬라오스가 성전 기구를 도둑질한 일에 대하여 오니아스 3세가 그를 꾸짖자 헬라화한 무리가 오니아스 3세를 죽였다. 자유주의 학자들은 26절의 "기름 부음을 받은 자"가 오니아스 3세라고 말하며, 그가 바로 "예순두 이레" 후에 끊어져 없어질 자라고 하였다. 그리고 그들은 25절에 나오는 "기름 부음을 받은 자"가 대제사장 여호수아라고 하였다(BC 538). 여호수아와 메넬라오스 사이에 투쟁이 일어나자 이스라엘에는 가장 어두운 시대가 시작되었다. 안티오코스 4세는 유대주의를 완전히 멸하기로 작정하고 조직적으로 폭력을 사용하여 유대 민족을 헬라화하려고 하였다. 그는 유대인들을 강요하여 헬라의 신들을 숭배하게 했고, 헬라의 철학자들을 보내어 감시하게 하였다. 그는 이스라엘의 하나님을 제우스신이라 하고, 수염이 있는 우상을 성전 제단에 세웠는데 유대인들은 이것을 "멸망의 가증한 것"이라고 불렀다(마 24:15). 헬라의 군인들은 그 당시 성전에서 방종한 이방 의식을 거행하였고, 돼지고기를 제단에 올려놓았으며, 술의 신 디오니소스를 위한 광란의 춤 의식을 유대인들에게 강요하였다. 그 당시에 유대인들을 헬라화 하기 위하여 제정된 법들은 매우 잔혹하였다. 늙은 서기관 엘레아자르(Eleazer)는 돼지고기를 먹지 않으려다가 매맞아 죽었고, 한 어머니와 일곱 아이는 우상에게 절하지 않았다는 이유로 한 명씩 칼에 찔려 죽었고, 두 어머니는 갓난아기에게 할례를 행하였다는 이유로 추방되어 벼랑에서 거꾸로 내던져졌다. 이렇게 안티오코스 4세의 통치 시대는 유대인들의 신앙을 계획적으로 파괴하기 위하여 많은 사람을 학대한 시대였다.

자유주의 학자들은 안티오코스 4세의 시대가 바로 다니엘 9:24-27의 내용과 부합한다고 주장하였다. 그들 중 대다수는 24-27절 말씀을 안티오코스 4세의 압제하에 있었던 무명의 유대인이 기록하면서, 그것을 6세기의 경건한 유대인 다니엘의 기록으로 자처하였다고 하며, 따라서 이 책은 6세기의 역사로 덧입혀진 2세기의 저작이라고 말한다. 그리고 다니엘서 저자의 목적은 6세기가 아니라 2세기 유대인들의 신앙을 강화하는 것이었다고 말한다. 한마디로 다니엘서 저자는 자기가 이미 경험했던 역사적 사실들에 대한 보도를, 마치 미래에 이루어질 사건들에 대한 예언인 것처럼 예언자의 옷을 입고 저술했다는 것이다. 그러나 우리는 이와 같은 학설에 대하여 이미 명백하게 반대하였다. 한 가지 다시 강조하고 싶은 점은 다니엘서가 진실한 역사를 기록하고자 하는 목적을 가졌다는 사실이다. 본서는 그 자체가 사람들과 국가들의 장래에 대한 하나님의 계시라고 주장한다. 만일 마카비 시대의 무명인이 유대인들의 신앙을 강화하기 위하여 자신이 6세기의 다니엘인 것처럼 자처하여 이 책을 기록하였다면 이 책은 위작이라는 것이다. 그렇다면 그 저자는 남을 속이는 자라는 말이 된다. 만일 다니엘서가 위작이라면 그것이 그릇됨이 없는 하나님의 말씀이라고 할 수 있겠는가? 그러므로 위의 자유주의 학파의 학설은 성립될 수 없다.

3) 기독교회의 해석. 보수주의 학파의 해석을 가리켜 기독교회의 해석이라고 한다. 독일의 루터파 신학자 클리포트(Kliefoth)는 보수적인 기독교회의 해석을 효과적으로 대변하고 있다. 그는 1868년에 그의 주석을 출간했는데, 카일(Keil)이나 류폴드(Leupold) 등이 그의 해석을 따른다. 그는 24절에 나오는 "일흔 이레"라는 표현을 문자적인 햇수로 여기지 않고 상징적으로 이해한다. 그의 견해는 다음과 같다. 유대인들이 바벨론에서 70년 동안의 포로 생활을 끝낸 뒤에 하나님께서 그 백성의 구원을 성취하실 기간이 도래한다는 것이다. 이 기간은 현 세계가 지속되는 기간이라고 하며, 이것은 다음과 같이 세 부분으로 나뉘진다고 한다. ① "일곱 이레." 이것은, 고레스(BC 558)에서 시작하여 그리스도에게 이르기까지의 기간이다. ② "예순두 이레." 이것은 교회 시대로서 적그리스도가 출현할 때까지의 기간이다. ③ 마지막 "한

이레." 이것은 그 악한 자가 하나님의 성전과 하나님의 성을 파괴하는 시대이니, 말하자면 적그리스도의 시대다. 그 마지막에 세계의 종말이 임한다는 것이다.

4) 세대주의 학파의 해석. 이 학파의 해석은 오늘날 많이 퍼져 있다. 이것은 공백기설 혹은 괄호 시대설(Parenthesis interpretation)이라고 한다. 미국에서는 댈러스(Dallas) 신학교와 무디(Moody) 성경 학교가 이 학파를 대표하며, 우리나라에도 토레이(R. A. Torrey)나 기타 세대주의 학자들의 저서가 번역됨으로써 이들의 해석이 많이 퍼져 있다. 이 학파에서는 "이레"를 7년 기간으로 보고 "일흔 이레"를 해석한다. 그렇다면, "일흔 이레"는 490년이다. 24절의 기록은 "일흔 이레"가 끝난 뒤에 천년왕국에 들어갈 유대인들에게 일어날 일을 미리 당기어 예언한 것이라고 해석한다. 그들은, "일흔 이레"가 주전 445년, 다시 말해 아닥사스다 왕 20년(느 2장)에 시작된다고 하며, 그것을 다음과 같은 세 시대로 나눈다.

① "일곱이레." 이것은 예루살렘이 재건된 기간인 49년을 가리키는데 물론 유대인 포로가 귀환하는 때부터 시작할 것이라고 한다. ② "예순두 이레." 이것은 434년 동안을 가리키는데, 에스라 때부터 예수님의 예루살렘 입성 때까지라고 한다. 그가 입성하신 주간은 그가 죽임당하신 주간이다. ③ "한 이레." 이것은 7년 동안을 가리키는데, "예순두 이레" 기간에 곧바로 이어지는 것이 아니라 신약 시대(괄호 시대라고 함)를 뛰어 넘어가서 시작되는 시대라고 한다. 아이언사이드(Ironside)는 말하기를, "한 이레는 유대인들의 죄악 때문에 때와 절기를 변경하는 기간이다. 내가 다른 데서도 말한 바와 같이, 메시아께서 십자가에서 죽으신 후부터 유대 민족에 대한 하나님의 보살핌은 멈추었다. 그것은 현세가 종지부를 고할 때까지 재현되지 않는다. 그때에야 하나님께서 다시 이스라엘 백성의 역사에 다시 간섭하신다"라고 하였다. 이 학설은 유대 민족의 구원사를 성경의 주축으로 이해하고, 교회 시대를 이

처럼 부록으로 다루기 때문에 괄호 시대설(Parenthesis View)이라고 불린다. 세대주의 학자들은 계속하여 말하기를 "그리스도께서 공중 재림하실 때에 '한 이레'가 시작되고, 땅에서는 재생 로마 제국의 임금이 일어나서 유대인들과 더불어 처음에는 우호 관계를 유지하려는 듯이 계약을 맺고 종교 자유를 허락한다. 그러나 '한 이레' 중간(초기 삼 년 반의 끝)에 그가 언약을 깨뜨리고 유대인들을 후기 삼 년 반 동안 핍박한다. 그 끝에 그리스도께서 성도들을 데리고 재림하셔서 천년왕국을 세우신다"라고 하였다.

위의 세대주의 학파의 견해를 도표로 만들면 아래와 같다.

25절			26절
일곱 이레 (유대인 회복 기간)	예순두 이 이레	그리스도의 초림과 그의 죽으심	괄호 시대 (신약 시대)
27절			24절
한 이레			
① 그리스도의 공중재림 후 성도들은 올라가고, ② 땅에서는 재생 로마 제국의 임금과 유대인 간의 계약	재생 로마 제국의 유대인 박해	그리스도께서 그의 성도들과 함께 재림하심	천년왕국

하비 칸(Harvie Conn)은 약간 비판적인 관점에서 앞의 네 가지 해석을 소개하였다. 나는 전통적 해석이나 기독교회의 해석을 채택한다. 하비 칸은 다음과 같이 해석한다.

24-27절의 계시(啓示)가 다니엘에게 임하게 된 경위

바벨론은 망하고 메대 사람 다리오가 갈대아 왕이 되었을 때, 다니엘은 그의 선배 예레미야의 예언을 연구하고 있었다(9:1 이하). 예레미야 25:11-12에는 유다 민족이 바벨론의 압제하에 70년 동안 지낼 것이 예언되었다. 다니엘이 바벨론으로 사로잡혀간 해를 주전 605년이라고 하면, 그가 이 글을 읽었을 때는 70년이 거의 끝나가는 시기였을 것이니, 아마 포로 생활 70년 기간 가운데 69년이 지나간 때인 듯하다. 이때 다니엘은 바벨론이 멸망하리라는 예레미야의 예언 가운데 일부가 성취되는 것을 보았다. 그런 상황에서 그는 유대인들이 바벨론에서 놓여나리라는 예언도 성취되리라는 것을 내다볼 수 있었다.

그래서 다니엘은 유대 나라와 성전과 예루살렘을 위하여 기도하지 않을 수 없었다. 그의 기도는 죄를 자복하는 기도였다. 다시 말해 유대인들이 포로가 된 이유는 그들의 죄 때문이었다는 것이다. 다니엘은 이렇게 회개하고 낮아짐으로써 장차 하나님께서 행하실 일을 전달받을 준비가 되었다.

예레미야의 예언을 묵상하는 가운데 그는 다음과 같은 생각도 품게 되었을 것이다. 말하자면 "포로 생활 70년이 지난 뒤에는 영광스러운 메시아의 구원이 오지 않을까" 하는 것이다. 그때 하나님의 응답이 임하였다. 그것은 천사 가브리엘로 말미암아 전하여진 "일흔 이레"에 대한 예언이다. 계시의 전달자로서 가브리엘은 하늘에서 결정된 사실을 다니엘에게 알려 주도록 파견되었다. 그 계시는 다른 것이 아니고 유대 민족이 70년 동안 고난받은 대신에 이제 새로운 삶을 누리게 될 놀라운 시대가 온다는 것이다. 그 시대는 전보다 더욱 영광스럽다는 뜻이다. 그 시대는 70년 정도가 아니고 70년의 7배인데 그 끝에는 하나님의 충만한 은혜가 임할 것이다. 그때에는 하나님께서 선지자들을 통하여 약속하신 사죄의 은혜가 임하며 영원한 의와 구원의 축복이 임한다는 것이다.

예레미야는 유대 민족이 회복될 것을 예언하는 정도에 그쳤으나 다니엘은 거기서 더 나아가 "기름 부음 받은 자"로 말미암아 임할 언약의 축복도 예언한다. 다시 말해, "기름 부음 받은 자"의 죽음으로 말미암아 은혜 언약이 시행된다는 것이다. 그와 동시에 이방 임금이 유대 땅에 와서 예루살렘과 성전을 아주 훼파할 것이라는 사실에 대해서 예언하였다.

24 네 백성과 네 거룩한 성을 위하여. 여기 "위하여"라는 말은 히브리어로 "알"(עַל)이다. 이 전치사를 "거슬러"라고 번역하는 학자들도 있다. 이렇게 번역하게 되면 유대 민족을 거슬러 재앙과 같은 무거운 짐이 온다는 의미가 여기 포함된다. 그러나 아래 나오는 "일흔 이레"의 계시는 유대 민족이 당할 고난을 예언한 말씀이 아니다. 그러므로 이 말은 "관하여"라는 뜻으로 번역되어야 한다.

여기서 "네 백성"이라는 말과 "네 거룩한 성"이라는 표현을 근거로 게이블라인(Gabelein)과 기타 세대주의 학자들은 아래 예언이 육체적 이스라엘에 전적으로 관련되어 있다고 주장한다. 그러나 우리가 생각하기에 이 예언은 우선 육체적 이스라엘에 관련된 것이지만 궁극적으로는 모든 하나님의 백성(영적 이스라엘)에게도 관련된다. 그 이유는 이 예언의 내용이 메시아의 사역을 진술하기 때문이다(갈 6:16).

일흔 이레를 기한으로 정하였나니. 이 문구는 "일흔 이레"의 계시에 대한 개괄적 진술이다. 말하자면 하나님의 백성의 참된 회복을 위하여 일정한 기간이 작정되었다는 것이다. 유대인들의 포로 생활 70년 시대는 끝날 것이나, 이제 또 하나의 70이라는 숫자로 표현되는 놀라운 시대가 온다는 것이다. 그것은 다니엘이 상상하였던 것 이상으로 놀라운 시대다. 바로 이 시대에 메시아로 말미암는 구원이 임하고, 하나님의 구속 사역의 프로그램이 전개된다는 것이다. 그런데 여기서 "일흔 이레"(שָׁבֻעִים שִׁבְעִים)란 말에 대하여 우리가 주의할 것은, ① "이레"라고 번역된 히브리어 "샤부임"(שָׁבֻעִים)은 "일곱들"(sevens)이라는 뜻이며 "칠십"이라는 말보다 앞에 있어서 강조의 역할을 한다는 점이다. 그러므로 "일흔 이레"라는 어구를 직역하면 "일곱들, 그것들의 칠십"이라는 뜻이다. 여기서 "일곱들"이라는 말이 강조되었다는 사실을 우리가 기억해야 한다. ② "일흔 이레"라는 말이 "70주간"으로 번역되기도 했다. 그러나 주간을 의미하는 낱말은 보통으로 여성명사 "샤부오트"(שָׁבֻעוֹת)인데, 여기서는 남성 명사 "샤부임"(שָׁבֻעִים)이 사용되어 단순히 "일곱들"(7의 복수)이라는 의미를 전달한다. 요컨대 이 용어는 주간이라는 시간의 길이를 가리키는 것이 아니고, "일곱들"이라는 숫자가 상징하는 성격(신령한 의미를 전달하는 성격)을 가리킨다. 그 신령한 의미에 대해서는 아래 해석을 참조하여라.

그렇다면 "일흔 이레"라는 말이 무엇을 의미하는가? 이에 대하여는 중요한 두 가지 해석이 있다.

1) "일흔 이레"의 "이레"가 7년을 의미한다는 해석(Calvin, Hengstenberg). 세대주의 학자들도 이 해석을 따르며 영국개정표준역(RSV)도 그렇게 번역했다. 이 해석을 지지하는 사람들의 논거는 ① 다니엘이 본 장 첫머리에 유대 민족의 포로 기간 70년에 대해 언급했는데, 따라서 여기서도 연수를 생각하였을 것이라고 한다(Hengstenberg). 그리고 ② "이레"라는 것이 희년과 관련되어 있으니(레 25:1-12) 그것 역시 연수를 생각했다는 근거라고 말한다. 희년이라는 것은 7년이 일곱 번 지나서 임하는 것인데 그때는 모든 부채를 탕감해주고 종도 해방하는 등 모든 것을 속량하는 해다.

2) "칠십 일곱들"("일흔 이레"의 히브리어 직역)이라는 것이 문자적으로 연수를 의미하지 않고 그 기간이 얼마나 오래인지 알 수 없다는 해석. 그 기간은 하나님께서만 아신다는 것이다(Keil, Leupold, Young). 이 학설을 지지하는 학자들이 제시하는 근거는 ① 다니엘이 본 장 첫머리(2절 끝)에서 예레미야의 예언을 회상하는 중에 70년(렘 25:12)을 언급하고 여기서는 "일흔 이레"를 말하였으나, 그것은 연수를 염두에 두고 서로를 대조하는 말이 아니고, 70년 포로 생활이 의미하는 심판과 앞으로 임할 구속의 축복을 대조한 것이다. 다시 말해 여기에는 숫자적인 대조의 의미가 전혀 없다는 것이다. ② "칠십 일곱들"이라는 어구에서 강조점은 위에서 이미 말했던 것처럼 "일곱들"("이레"라는 히브리어의 자역)이라는 말에 있다. 왜냐하면 "일곱들"이라는

말이 어순상 첫머리에 나오기 때문이다(일곱이라는 숫자는 하나님의 구원 행위를 상징한다). ③ 다니엘이 이 예언에서 희년을 염두에 두었을지 모르나 그가 여기 있는 말씀을 숫자적으로 희년과 연결시킨 것은 아니었다. 희년 제도(레 25-26장)에서의 문자적 7년은 히브리어로 "샤바트"(שַׁבָּת)이고, 여기서 말하는 "일곱들"("이레"라는 히브리어의 자역)은 "샤부임"(שָׁבֻעִים)이다. 여기서 가르치는 요지는 신령한 의미다. ④ 여기 "일곱들"("이레"라는 히브리어의 자역)을 뜻하는 샤부임(שָׁבֻעִים)은 문자적인 시일을 가리키지 않는다. 10:2-3을 보면 "일곱"이라는 말이 시간적 의미를 가질 때는 거기에 "날들"이라는 히브리어(יָמִים "야밈")가 덧붙여져 있으며, 8:14에서도 문자적으로 일정한 기간을 의미하기 위한 "이천 삼백"이라는 숫자에는 "주야"라는 말이 덧붙여져 있다. 그러나 여기 9:24에는 그렇게 시일을 가리키는 말이 덧붙여지지 않았다. 그러므로 여기서 "칠십 일곱들"이라는 표현은 신령한 의미를 지닌다. ⑤ 9장 본문에는 일곱이라는 숫자가 7년을 의미한다는 아무런 내증도 없다.

류폴드(Leupold)는 이 말씀에 관한 해석에서 올바른 견해를 발표하였다. 그는 말하기를, "하나님의 창조 주간 이후로 일곱이라는 수는 언제나 하나님의 활동을 의미하는 상징적인 숫자였다. 70은 '일곱'에 '열'을 곱한 것이니 완전을 상징한다. 그러므로 '일흔 이레'라는 말은 가장 중요한 하나님의 사역이 완성된 기간을 비유한다"라고 하였다.

그렇다면 "칠십 일곱들"은 하나님께서 그의 백성과 거룩한 성을 위하여 결정하신 것이다. 말하자면 그의 구속 사역의 완성을 위하여 작정하신 것이다. 그 작정은 전적으로 지혜로우신 그의 섭리에 의한 것이다. 그 기간이 얼마나 오랠지는 하나님만 아신다.

허물이 그치며 죄가 끝나며 죄악이 용서되며 영원한 의가 드러나며 환상과 예언이 응하며 또 지극히 거룩한 이가 기름 부음을 받으리라. 이 구절은 "일흔 이레" 기간에 이루어질 하나님의 사역이 미치는 여섯 가지 결과를 표시한다. 이 여섯 가지가 모두 "일흔 이레" 기간 안에 이루어진다. 이 사실은 세대주의 학자들의 주장과 반대된다. 그들은 이 여섯 가지가 일흔 이레 이후(천년왕국 시대)에 이루어진다고 하는데 이는 잘못된 해석이다.

위의 여섯 가지를 분류하면 처음 세 가지는 소극적 측면이고, 그다음 세 가지는 적극적 측면이다.

1) 소극적 측면

"허물이 그치며." 여기 "그치며"라는 말은 히브리어로 "칼라"(כָּלָא)인데 번역하기 어려운 말이다. 어떤 사람들은 이것이 우리말 성경의 번역처럼 그친다는 뜻이라 하고, 어떤 사람들은 이것이 제재받는다는 뜻이라고 이해한다. 칼빈(Calvin)과 복음주의 해석가들은 제재받는다는 의미를 택한다. 억제라는 말은 가둔다는 뜻을 포함한다. 다시 말해 사람들의 죄악이 하나님의 눈앞에 있었는데 이제는 하나님의 자비로 용서되어 눈에 보이지 않게 된 것을 가리킨다. 그리고 여기서 "허물"이라는 단어는 매우 강한 표현으로서 반역을 의미한다. 이것이 관사를 동반하기 때문에 아래 나오는 두 가지 죄나 혹은 모든 사람의 죄를 포괄하는 총괄적 명칭일 것이다. 이와 같은 죄가 제재받는 일은 그리스도의 죽음으로 말미암아 성립될 것이었다. 이 일은 세대주의 학자들이 말하는 바와 같이 천년왕국 시대에 국한해서만 이루어질 것이 아니고, 모든 믿는 자들에게도 마찬가지로 실현된다. 왜냐하면 위에서 말한 것처럼 여기서 "허물"이라는 단어가 관사를 동반하여 어떤 특수한 계층의 죄악만이 아니고, 모든 사람의 죄악을 일반적으로 총칭하기 때문이다.

"죄가 끝나며." 이것은 죄악을 치워버린다는 뜻이다. 다시 말해 하나님이 그것을 보시지 아니하시고 처분하여 버리셨다는 것이다.

"죄악이 용서되며." 여기서 "용서"된다는 말은 히브리어로 "키페르"(כָּפַר)인데, "덮는다"라는 뜻이다. 덮는다는 말은 ① 덮어주는 자가 제사장인 경우에는 그가 어떤 범죄자를 위하여 희생제물을 바쳐서 하나님과 화목하게 만들어줌을 의미하고, ② 덮어주는 자가 하나님이시라면 그가 죄인을 용서하심을 의미한다(참조. 시 65:3)(Driver). 본문에서는 어떤 경우를 가리키는지 결정하기 어렵다. 그러나 신약에서는 이것을 속죄라고 부른다. 사람의 죄가 덮어질 때 그는 정죄당하지 않고 하나님과 화목할 수 있게 된다. 여기서 "죄악"이라는 말은 히브리어로 "아본"(עָוֹן)인데, 불의로 말미암은 거리낌을 가리킨다. 이런 것은 그리스도의 속죄로 인하여 제거된다.

위의 세 가지 용어, 곧 "허물", "죄", "죄악"은 인간의 부패성을 자세히 묘사하는 데 필요한 술어들이다. 이 세 가지는 함께 인간이 하나님을 떠남으로써 당하게 된 저주의 성격을 보여준다. 그렇다면 "일흔 이레"의 기간에 하나님이 하실 첫 번째 일은 그 백성이 받은 저주를 제거하시는 것이다. 그것은 물론 그리스도의 대속적 죽음으로 이루어진다(히 9:26).

2) 적극적 측면

"영원한 의가 드러나며." 여기서 "드러난다"라는 말은 "가져온다"라는 뜻이다. 이 말은 그 의가 인간의 주관적 의가 아니고, 밖에서부터 선물로 수여지는 "의"라는 것을 보여준다. 여기서 "의"라는 말은 히브리어로 "체데크"(צֶדֶק)인데, 이 구절 전반부에 이미 나왔던 사죄와 관련되어 있다. 다시 말해 그가 사죄받은 자리에 적극적으로 "의"를 주신다는 뜻이다. 그 "의"는 하나님으로부터 오는 것인데(시 85:1-13; 사 51:5-8), 하나님을 두려워하는 자들에게 태양과 같이 올라온다(말 4:2). 그의 "의"가 "영원"하다고 하였는데, 두 가지 이유로 그러하다(Hengstenberg). 첫째 그 "의"가 하나님의 영원하신 계획에서 왔으니 영원하고, 둘째 그 "의"는 피조물과 달라서 썩지 않는 것이니 영원하다(사 45:17; 51:5-8). "의"를 선물로 받는 일은 메시아 시대의 특징이다. "의"는 하나님께서 메시아를 통하여 거저 주시는 것이다. 예레미야 33:16에서는 예루살렘의 이름을 "여호와 우리의 의라" 하였고, 예레미야 23:6에는 주님의 이름을 "여호와는 우리의 의"라 하였고, 이사야 61:3에서는 믿는 자들을 "의의 나무"라 하였고, 이사야 53:11에서는 고난받는 메시아께서 "많은 사람을 의롭게" 하리라고 하였다. 위의 모든 말씀들을 신약의 개념으로 표현하자면, "의"는 예수 그리스도로 말미암아 우리가 하나님 앞에서 의롭다 함을 얻으리라는 예언인 것이다.

"환상과 예언이 응하며." 여기서 "응한다"라는 말은 히브리어로 "하템"(חתם)인데, 사실상 "마친다"라고 번역해야 한다. 어떤 사람들은 이 말이 "참된 것으로 확인함"을 의미한다고 한다. 그러나 구약성경이 이런 뜻을 지지하지 않는다. 이것은 구약 시대의 환상과 예언이 그치게 될 것을 예언하는데, 그것은 그리스도께서 오심으로 구약 시대가 종결될 때 성취된 것이다. 어떤 학자들은 이 일이 재림 때 이루어진다고 해석한다(Keil, Kliefoth, Leupold). 그들이 이렇게 말하는 이유는 넓은 의미에서는 그리스도의 초림 이후에도 "환상과 예언"이 지속되기 때문이다. 그러나 여기서 "환상과 예언"은 분명히 구약 시대의 것들을 가리킨다. 엄격한 의미에서 "환상과 예언"은 구약 시대 선지자들에게 임한 것이다(사 1:1; 암 1:1). 구약 시대의 계시는 예비적이었고 모형론적이었다. 그것은 그리스도께서 오시리라는 점을 가리켰고 그가 오신 다음에는 필요하지 않게 되었다(히 1:1-2).

"지극히 거룩한 이가 기름 부음을 받으리라." 자유주의 학자들은 이 문구가 안티오코스 4세(Antiochus IV Epiphanes)의 핍박으로 더러워졌던 성전이 후에 재건될 것을 가리킨다고 하였다. 그러나 이 해석에는 난관이 있다. 이 구절의 모든 다른 부분들이 다 메시아의 사역을 가리켰는데, 어찌하여 여기서는 그것과 아무 관련 없는 말을 했을까? 마카베오상 4:14 이하를 보면 제단을 다시 하나님께 바치는 일이 기록되었는데, 거기에 제단에 기름을 부었다는 말이 없다(Leupold). 그리고 성전 청결에 관한 요세푸스(Josephus)의 기록에도 그런 말이 없다. 카일(Keil)과 클리포트(Kliefoth)는 이 말씀이 그리스도의 재림 때에 이루어질 것이라고 하였다. 그러나 우리는 이 학설을 받아들일 수 없다. 그 이유는 이 구절의 다른 모든 부분들이 그리스도의 속죄 사역을 가리키기 때문이다.[225] 여기서 "기름 부음을 받으리라"라는 말은 그리스도께서 성령을 무한히 받으실 것을 가리킨다. "기름 부음을 받음"은 성령 받은 것을 상징한다(슥 4:6, 14; 사 61:1; 삼상 10:1 이하). 성령으로 "기름 부음을 받"는 것은, 메시아의 자격을 의미하는 구약의 표현이다(사 11:2; 42:1; 61:1). 그리스도께서 받으신 성령은 독특하신 분이다(행 10:38; 요 3:34).

"지극히 거룩한 이"(קֹדֶשׁ קָדָשִׁים "코데쉬 코다쉼")라는 말을 직역하면 "거룩한 것의 거룩한 것"인데, 이 표현이 어떻게 그리스도를 가리켰을까 하는 의문이 든다. 그렇지만 ① 역대상 23:13을 보면 아론과 그의 아들들을 성별하고 "심히 거룩한 자"(거룩한 것의 거룩한 것)라고 하였다. 이 구절로 볼 때 이 명칭이 인격체에게도 사용된 것이 분명하다. 누가복음 1:35에 그리스도를 "거룩한 이"(거룩한 것)라고 하였고, 신약 다른 부분에서도 그리스도를 가리켜 "거룩한 이"라고 부른다.[226] ② 24-27절 말씀은 메시아이신 예수 그리스도께 중점을 둔 말씀이다. 훼파된 성전 대신 예수 그리스도로 말미암은 영적 성전이 세워질 것이라는 점이 여기서 예언되었다(26-27절). 유대인들의 죄로 말미암아 예루살렘 성전은 훼파되고 하나님도 그곳을 떠나셨다. 그러나 그리스도께서 (그의 표상이 되는) 성전의 완전한 성취로 오실 것이다. 그가 오셔서 낡아버린 성전 대신 참되고 의미 있는 성전이 되어 주실 것이다. 그리스도 안에 하나님께서 살아 계셔서 사람들과 교제하신다. ③ 또한 이 구절에 있는 모든 말씀이 메시아의 내용을 가리킨다.

---

225) Leupold, Calvin, Hengstenberg, Young.
226) 행 3:14; 4:30; 요일 2:20; 계 3:7.

그렇다면 "일흔 이레" 동안 일어날 일들은 안티오코스 4세의 시대와도 관계없고, 그리스도의 재림이나 천년왕국과도 무관하다. 그것은 다만 그리스도의 초림과 관계된 일일 뿐이다. 다니엘은 기도에 대한 응답으로 이렇게 계시를 받아 하나님께서 자기 백성을 잊어버리지 않으셨다는 사실을 깨달았다. "일흔 이레"는 우리가 구체적으로 지목할 수 있는 기간은 아니지만 하나님께서 정하신 것이며, 메시아의 구속 사역을 목표로 한다. 하나님께서는 그의 백성을 잊어버리지 아니하시고, 이제까지 맛보지 못한 보다 위대한 구속의 프로그램을 보여주신 것이다.

25 그러므로 너는 깨달아 알지니라 예루살렘을 중건하라는 영이 날 때부터 기름 부음을 받은 자 곧 왕이 일어나기까지 일곱 이레와 예순두 이레가 지날 것이요 그 곤란한 동안에 성이 중건되어 광장과 거리가 세워질 것이며. "깨달아 알지니라"라는 문구는 깨닫는다는 말과 안다는 말을 중복시킨 것으로서 강조체. 이것은 아래 이어지는 예언이 알기 어렵다는 것을 암시한다. 예수님께서도 다니엘서(11:31; 12:11)에 대하여 이와 유사한 말씀을 하셨다. 곧 "읽는 자는 깨달을진저"(마 24:15)라고 말씀하셨으며, 또한 "귀 있는 자는 들으라"라고도 하셨다(마 13:9).

"영"이라는 말이 히브리어로는 "다바르"(דָּבָר)인데, 우리말 성경에서는 "명령"이라는 뜻으로 번역되었으나 실상은 "말씀"이라는 뜻이다. "예루살렘을 중건하라"는 명령이 바사 왕에게서 나왔지만, 실제로는 하나님께서 시키셨다는 뜻이다. 이런 의미에서 "말씀"이라는 용어가 여기서 사용되었다(참조. 23절).

이 명령은 언제 내렸을까? 이것이 해석상의 난제다.

1) 이것이 아닥사스다 왕 20년(BC 445)에 내린 명령이라는 학설(헹스텐베르크와 세대주 학자들). 느헤미야 2:7-8을 보면 아닥사스다 왕이 느헤미야에게 성을 건축하기 위하여 재목을 사용하도록 허락하였다. 그러나 이 학설은 성립될 수 없다. 왜냐하면 이보다 70년 전에 이미 예루살렘 성을 재건하

는 일이 시작되었기 때문이다(학 2:1-4). 그뿐 아니라 이사야의 예언에 의하면 "고레스"(바사 왕)가 예루살렘을 중건하리라고 하였으며(사 45:1, 13; 44:26-28), 또한 에스라서를 읽어 보면, 느헤미야가 돌아오기 전에 이미 예루살렘이 중건되어 있었다(스 4:12; 9:9). 이 모든 사실을 보면 예루살렘 성의 중건은 아닥사스다 왕 20년(BC 445)보다 훨씬 이전에 이루어진 것이 확실하다.

2) 이 명령이 바사 왕 고레스 원년(BC 538)에 내린 것이라는 학설.[227] 다니엘서에 의하면 이스라엘 민족의 역사에서 중대한 해는 고레스 왕 원년이다. 그런데 1:21에 "다니엘은 고레스 왕 원년까지 있으니라"라는 말씀이 있고, 그가 고레스 왕 3년에 계시를 받았다고 하였으니(9:1의 갈대아 왕 다리오 원년은 고레스 원년임) 이상하다. 그렇다면 어찌하여 1:21에서는 그가 고레스 왕 원년까지 있었다고 말하는가? 이것은 고레스 왕 원년이 바로 유대인의 포로 생활이 끝나는 해이기 때문에, 다니엘이 그 해를 보게 된 것이 놀랍다는 의미일 뿐이다. 1:21의 "원년까지"라는 말은 다니엘이 "고레스 왕 원년" 이후에는 바벨론에 있지 않을 것이라는 뜻이 아니다. 그러므로 이렇게 중요한 해, 곧 "고레스 왕 원년"(BC 538)은 유대인에게 있어서 새로운 질서가 시작된 해이니만큼 9:25은 이것을 염두에 두었을 것이다. 이 해에 유대인늘이 고레스의 허락을 받아 고국으로 돌아가게 되었다(스 1:1-4). 그해의 일이 이렇게 중대한 것인 만큼 성경에 두 번이나 반복해서 기록되어 있기도 하다(대하 36:22-23; 스 1:1-4). 고레스 왕 원년에 내릴 명령을 예레미야도 예언한 적이 있고(렘 29:10), 이사야도 그리하였다. 이사야 44:28에는 고레스가 예루살렘을 중건하리라고 하였고 45:13에도 그리하였다.

이 구절(25절)은 "기름 부음을 받은 자 곧 왕"이 "일곱 이레와 예순두 이레" 끝에 온다고 말한다. 그렇다면 문제는 여기서 "기름 부음을 받은 자 곧

---

[227] Calvin. Kliefoth, Keil, Leupold, Young.

왕"(מָשִׁיחַ נָגִיד "마쉬아흐 나기드")은 누구를 의미하는가 하는 점이다. 드라이버(Driver)는 그 문구가 고레스 왕을 의미한다고 하였다. 물론 이사야 45:1에 "그의 기름 부음을 받은 고레스"라는 표현이 나오기는 하지만, 드라이버(Driver)의 해석은 마땅치 않다. 왜냐하면 다니엘 9:25에서 "기름 부음을 받은 자 곧 왕"이 그리스도를 가리킨다는 학설이 가장 믿을 만하기 때문이다. 아래 해석을 참조하라.

"기름 부음을 받은 자 곧 왕"이라는 문구는 특수한 표현이다. 이것은 "기름 부음을 받은 자"인 동시에 "왕"이라는 의미이니, 그가 왕이면서 동시에 제사장이라는 뜻이다(구약 시대에 제사장과 왕은 기름 부음을 받았다). 세대주의 학자들은 이것이 예루살렘에 입성하실 때의 그리스도를 가리킨다고 하였고. 헹스텐베르크(Hengstenberg)는 세례받으시고 공생애를 시작하실 때의 그리스도를 가리킨다고 하였다. 그러나 영(Young)은 이것이 그런 특수한 시점을 생각할 필요 없이 그리스도의 초림 기간을 일반적으로 가리킨다고 하였다(물론 그의 십자가 처형은 별개다). 이 해석이 옳다. 어쨌거나 "기름 부음을 받은 자 곧 왕"이라는 표현이 그리스도를 가리키는 것만은 확실한데, 그 이유는 다음과 같다. ① 이 구절은 앞 절(24절)의 뜻을 이어받은 것인데, 24절은 명백하게 메시아를 내용으로 한 것이다. 거기에 내포된 구원 축복은 그리스도로 말미암아 성취될 것으로 여겨진다. 고레스는 사죄와 영원한 의를 사람들에게 줄 수 없다. ② 24절 끝에 있는 "지극히 거룩한 이가 기름 부음을 받으리라"라는 말씀이 그리스도를 가리킨 것이므로, 거기에 이어지는 구절의 "기름 부음을 받은 자"라는 표현도 그리스도를 의미한다는 것이 문맥상 자연스럽다. ③ "기름 부음을 받은 자 곧 왕"은 문맥상 신정국가의 왕이고, 고레스와 같은 이방 왕이 아니다. 이 왕은 26절에 나오는 "한 왕의 백성"이라는 문구에 포함된 왕과 대조된다. 하나(25절의 "기름 부음 받은 자 곧 왕")는 영원한 축복을 가져오지만, 다른 하나(26절의 "한 왕")는 멸망을 가져온다. ④

우리는 25절에서 묘사하는 "기름 부음을 받은 자"의 역할을 감당할 자는 역사상에 한 분밖에 없다고 믿는다. 그분은 예수 그리스도시다. 오직 그분만이 죄를 용서하시며 영원한 의를 가져오신다. 그분만이 선지자요, 왕이요, 제사장이시다. 그분으로 말미암아서만 하나님의 택함을 입은 백성에게 하나님의 자비가 실현된다(사 55:3-4; 61:1-3).

"일곱 이레와 예순두 이레." 이렇게 시대를 둘로 나눈 이유는 무엇인가? 이 두 시대는 각기 특색을 가지고 있다. "일곱 이레"는 에스라와 느헤미야의 지도하에 유대 민족이 회복된 사건과 관련된다.[228] 그러므로 이 시대는 고레스 원년부터 에스라, 느헤미야의 지도로 말미암아 성전과 예루살렘 중건이 완성될 때까지다. 이에 뒤따라 "예순두 이레"가 오는데 그것은 성전과 예루살렘의 중건을 완성한 때부터 예수 그리스도의 초림까지다.

"그 곤란한 동안에 성이 중건되어 광장과 거리가 세워질 것이며"라는 말씀이 우리말 성경에서는 "예순두 이레"가 지난 뒤에 벌어질 일을 가리키는 것처럼 번역되었다. 그러나 이 말씀이 보여주는 일은 사실상 "일곱 이레"의 시대에 이미 이루어질 일이다. 말하자면 에스라와 느헤미야의 지도하에서 이루어질 일이었다.

"일곱 이레"의 시대를 예루살렘과 성전이 중건되는 시대로 보는 해석이 당연하다는 근거로 헹스텐베르크(Hengstenberg)는 모세 율법의 희년 제도를 상기시킨다. 희년은 실상 매 49년 지나서 임하는 것인데(레 25:8, 10), 그때 유대 땅에서는 모든 비참해진 형편이 원상으로 회복될 것이었다(레 25:13-16). "일곱 이레"는 실상 49년인데, 그 시대를 유대인이 회복되는 시기로 이해할 수도 있다. 이렇게 희년 제도와 "일곱 이레"는 서로 병행한다.

"곤란한 동안"이라는 말은 유대인들이 고국으로 돌아와서 예루살렘을

---

228) Young, Hengstenberg, Gabelein.

중건할 때 당할 모든 방해 공작을 예언한 것이다(느 4:1 이하; 6:1 이하; 9:36-37). "광장"은 넓은 장소를 의미하며 성안의 지역을 가리키는데, 그것은 도시 자체이고 "거리"라는 말은 문자적으로 참호를 의미하는데, 그것은 도시의 외곽 방위선을 가리킨다.

이 구절은 그 내용으로 보아 다니엘의 기도에 대한 응답이라고 할 수 있다. 다니엘은 하나님께서 그 민족과 예루살렘을 돌보아 주시기를 기도하였다(9:4-19). 그 결과 이제 하나님의 계시가 그에게 위로의 말씀으로 임한 것이다. 요컨대 유다 민족의 포로 생활은 끝나고 예루살렘은 회복된다는 것이다. 이 계시를 받던 당시에 유대 민족과 예루살렘은 말할 수 없이 비참한 현실에 처하여 있었으므로 회복되거나 중건된다는 것은 생각할 수도 없는 형편이었다. 그러나 하나님께서 이 계시 가운데 약속하신 것은, 희년에 이르러 모든 것이 회복되는 것처럼 예루살렘과 성전이 장차 중건되리라는 것이다. 25절의 내용을 도표로 만들면 아래와 같다.

영이 내림	예루살렘 중건		기름 부음을 받은 자 곧 왕이 일어남 (예수의 초림)
	일곱 이레	예순두 이레	

26 예순두 이레 후에 기름 부음을 받은 자가 끊어져 없어질 것이며 장차 한 왕의 백성

이 와서 그 성읍과 성소를 무너뜨리려니와 그의 마지막은 홍수에 휩쓸림 같을 것이며 또 끝까지 전쟁이 있으리니 황폐할 것이 작정되었느니라. 이 구절에서는 둘째 시대(곧 예순두 이레) 이후에 벌어질 일들을 보여준다. 물론 이 시대는 예루살렘 성이 중건된 때와 "기름 부음을 받은 자"가 끊어진 때의 어간이다. 그런데 여기 이 시대 안에서 일어날 일은 여기 말한 바 없고, 이 시대 후에 있을 두 가지 사건을 말한다. 그중 첫째는 "기름 부음 받은 자"가 끊어진다는 것이고, 둘째는 예루살렘이 멸망한다는 것이다. 그런데 이 두 가지 사건이 "예순두 이레" 이후 얼마나 지나서 발생할지 본문에서는 말하지 않는다. 27절을 보면 그 두 사건은 실질적으로 "일흔 이레"(예순아홉 이레 다음인 마지막 한 이레) 중에 벌어질 일로 알려진다. "기름 부음을 받은 자"(מָשִׁיחַ "마쉬아흐")라는 말은 25절의 "기름 부음을 받은 자 곧 왕"과 같은 인물을 의미한다. 다시 말해 여기서 "기름 부음을 받은 자"로서 "끊어져 없어질" 자는 예수 그리스도시다. 왜냐하면 "끊어진다"(כָּרַת "이카레트")라는 용어가 이사야 53:8에서도 메시아에게 사용되었는데, 이 말은 자연사하는 것을 가리키지 않고 살해되어 죽는 것을 가리키기 때문이다. 레위기 7:20에는 이 용어가 사형 선고를 받아 죽음을 가리킨다. 이 단어는 종종 악인들의 최후를 묘사할 때도 사용된다(시 37:9; 잠 2:22). 그리스도는 죄 없이 죄인 취급을 받으셨고 사형까지 당하셨으니 이 말씀이 그에게 합당하다.

여기서는 "기름 부음을 받은 자"가 끊어질 뿐 아니라 또한 "없어질 것"(וְאֵין לוֹ "에인 로")이라고 말한다. 히브리어 원문을 직역하면, 이 말은 그에게는 아무것도 없다는 뜻이다. 칼빈(Calvin)은 말하기를 "여기서 천사가 의미한 바는 그리스도께서 죽으셔서 아무것도 아닌 것처럼 되신 사실을 가리킨다. 말하자면 그리스도의 죽으심이 미천하게 여겨질 것을 가리킨다"라고 하였다. 이 어구의 의미는 그리스도께서 죽으실 때 메시아로서 당연히 받으실 대우를 받지 못하시고 전적으로 배척당하시리라는 것이다. 그의 동족들도 그를 버리면서 말하기를, "가이사 외에는 우리에게 왕이 없나이다"라고 하였고(요 19:15), 하나님 아버지께서도 그를 버리셨기 때문에 그는 부르짖으시기를 "나의 하나님, 나의 하나님, 어찌하여 나를 버리셨나이까"라고 하셨다(마 27:46). 다시 말해 그가 죽으실 때는 그가 대신하신 자들의 죄 짐 외에는 그에게 아무것도 없었다는 것이다. 그는 전적으로 버림받으시고 끊어지셨다.

"예순두 이레" 이후에 벌어질 또 한 가지 사건은 예루살렘과 성전의 멸망인데, 이 사건은 메시아가 끊어지고 없어진 뒤에 따라 일어날 것이었다. 우리는 이 말씀을 다음과 같이 정리할 수 있다. 말하자면 메시아께서 끊어지신 후에 성읍과 성소가 무너지리라는 것이다. 그 사건이 "예순두 이레" 이후 얼마 뒤에 일어날지 우리 본문은 말하지 않았다. "성읍과 성소"라는 말은 문장 첫머리에 나옴으로써 강조되었다. 그렇다면 "성읍과 성소"의 장래가 어떻게 될지 물었던 다니엘의 기도가 여기서 응답받은 것이다. 천사는 여기서 그것들의 장래에 대하여 말해 주었는데, 한마디로 멸망한다는 것이다. 그것을 멸망시킬 자는 "장차 한 왕의 백성"이라고 한다. "장차 한 왕의 백성"은 누구를 가리켰을까?

1) 자유주의 학자들은 "장차 한 왕"이라는 말이 안티오코스 4세를 가리킨다고 해석하였다.[229] 하지만 이 해석은 성립될 수 없으니 그 이유는 역사상으로 안티오코스 4세의 군대가 예루살렘과 성전을 완전히 훼파하지는 않았기 때문이다. 마카베오상 1:31 이하를 보면 이것이 분명하다.

2) 카일(Keil)과 류폴드(Leupold)는 "장차 한 왕"이라는 말이 적그리스도를 가리킨다고 하였다. 그들은 "성읍과 성소"가 기독교회를 비유하는 표현이라고 이해하며, 장차 적그리스도가 하는 일이 교회를 멸망시키는 것이라고 하였다. 그러나 여기서 "성읍과 성소"를 교회의 상징으로만 여길 이유는 없으

---

229) Montgomery, Prince, Rowley.

며 문자 그대로 성읍과 성소를 가리키는 것으로 받아들여야 할 것이다.

3) 세대주의 학파는 "장차 한 왕의 백성"이라는 문구에서 "백성"은 지나간 역사에 나타난 로마 민족을 가리키며 그 민족이 주후 70년에 이 예언과 같이 예루살렘을 훼파하였다고 이해한다. 그러나 그들은 여기서 "장차 한 왕"이라는 표현은 역사상 로마의 군대를 통솔했던 티투스 장군을 가리키는 것이 아니라 재림 직전에 일어날 재생 로마 제국의 왕을 가리킨다고 해석한다. 하지만 이 해석은 여러 가지 난관을 만난다. ① 어떻게 "장차 한 왕의 백성"이라는 말을 두 시대로 나누어서 "백성"은 주후 70년에 예루살렘을 공격한 로마 사람들을 의미한다고 하면서 "장차 한 왕"은 재림 직전에 올 적그리스도를 의미한다고 말할 수 있는가? 왕과 백성이 동시대에 속한다는 것이 이 문구에 대한 올바른 해석일 것이다. 20세기의 아이젠하워(Eisenhower)가 18세기의 조지 워싱턴(George Washington) 휘하 부대의 장교라고 말한다면 그것을 누가 받아들이겠는가? ② 라킨(Larkin)과 기타 세대주의 학자들은 여기서 "장차"라는 용어를 동원하여 그런 해석을 정당화하고자 하지만 그것은 무리한 일이다. 요컨대 "백성"이라는 말은 주후 70년에 예루살렘을 공격한 로마 사람들을 가리키지만, "장차 한 왕"이라는 말은 그때의 왕이 아니고 그 백성의 시대를 훨씬 지나 그리스도의 재림 직전에 속한 왕을 가리킨다는 것이다. 그러나 여기서 "장차"라는 말은 다니엘의 관점(주전 6세기)에서의 미래를 의미하는 것이지, 주후 70년 로마 군대의 관점에서의 "장차"는 아니다.

4) 칼빈(Calvin)과 영(Young)은 "장차 한 왕의 백성"이라는 말이 역사상의 로마 군대와 그 지도자 티투스(Titus) 장군을 가리킨다고 하였다. 이 해석이 옳다고 말할 수 있는 이유는 26절 후반부에 기록된 "성읍과 성소"의 멸망에 관한 내용이 주후 70년의 예루살렘 멸망과 잘 부합하기 때문이다. "그의 마지막은 홍수에 휩쓸림 같을 것이며"라는 문구는 그 멸망이 아주 철저할 것을 보여주는데, 주후 70년의 예루살렘 멸망이 그와 같았다. 그리고 "끝까

지 전쟁이 있으리니 황폐할 것이 작정되었느니라"라는 말씀을 보아도 그 환난은 안티오코스 4세의 박해와 같이 한순간에 지나갈 침략이 아니고, 하나님의 예정으로 그 "성읍과 성소"가 완전히 멸망할 것을 뜻한다. "작정되었다"라는 말은 변할 수 없는 하나님의 결정을 의미한다. 여기서 우리가 생각할 점이 있는데, 그것은 바로 변할 수 없는 하나님의 결정에 따라 그것들이 재건되기도 하였으나(25절), 그와 동일한 결정에 따라 이제 그것들이 멸망할 것이라는 사실이다. 일이 이렇게 진행되는 것은 하나님이 내리시는 벌이다(단 9:27; 11:36; 사 10:23; 28:22).

이 예언은 주후 70년 로마의 침략으로 말미암아 정확히 성취되었다. 로마 군대가 유대를 침략하였을 때 그들이 항전하다가 항복한 사실을 유대인 역사가 요세푸스(Josephus)가 정확히 기록하였다. 그의 말에 따르면 "그때에 로마 사람들은 유대인들의 지속적이고도 격렬한 항전에 분노하여 그들을 아끼지 않았고, 유대인들 가운데 낙심하여 자살한 자도 많았다. 갈릴리에서는 예루살렘이 포위되기 전에 수천 명이 살해당하고, 3만 명이 종으로 팔렸다. 로마 군대는 1년이 넘는 전쟁을 통해 예루살렘 이외에 유다 산지와 갈릴리의 모든 지방을 점령하였다. 예루살렘이 포위되자 질서는 문란해졌으며 유대인들 사이에서 내란이 일어나 항전론자와 평화론자로 나뉘었다. 대제사장직은 아주 수치스럽게 무너졌고, 항전론자들은 암살대를 조직하여 평화론자들을 많이 죽였는데, 성전 바깥 뜰에는 피가 흘러넘쳤으며, 한때는 8,500구의 시체가 그곳에 있었다. 이렇게 내란으로 말미암아 죽임을 당한 12,000구의 시체는 매장되지도 않은 채 버려졌다. 예루살렘이 포위되어있는 동안 110만 명이 죽었고, 97,000명이 종으로 팔렸으며, 성전은 여지없이 무너졌고 성읍은 파괴되었다. 식량이 바닥난 유대인들은 밤중에 식량을 구하러 나갔다가 잡혀서 십자가에 못 박혔는데, 하루에 500명가량이 그렇게 죽었다. 십자가 하나에 많은 시체가 달려 있을 정도로 너무 많은 사람이 죽었기 때문에,

그들을 시내에 매장할 수 없어서 시체들을 골짜기에 굴려 버렸다. 도망가던 자들 가운데는 모아두었던 금을 입에 물고 피난 가는 자도 있었다. 그러나 그들은 잡히는 대로 학살을 당했다"라고 하였다.

이것을 보면 유대인 역사에서 이렇게 심한 환난을 겪은 일이 다시 없을 것이다. 그러므로 26절에 기록된 예언은 주후 70년에 로마 군대로 말미암아 예루살렘이 멸망한 사건을 가리킨다고 생각된다.

27 그가 장차 많은 사람들과 더불어 한 이레 동안의 언약을 굳게 맺고 그가 그 이레의 절반에 제사와 예물을 금지할 것이며 또 포악하여 가증한 것이 날개를 의지하여 설 것이며 또 이미 정한 종말까지 진노가 황폐하게 하는 자에게 쏟아지리라 하였느니라 하니라. 이 구절은 남아 있는 "한 이레"라는 시대의 성격을 보여준다. "그가 장차 많은 사람들과 더불어 한 이레 동안의 언약을 굳게 맺고"라는 문구에 그 시대의 성격이 드러난다.

여기서 "그가"라는 대명사가 가리키는 인물은 누구인가?

1) 안티오코스 4세(Antiochus IV Epiphanes)라는 학설(Montgomery, Driver). 안티오코스 4세가 다수의 예루살렘 사람과 더불어 언약하였을 것이라고 주장하는 학자도 있다(Montgomery). 그러나 역사상으로 안티오코스 4세가 유대인들과 언약한 일은 없었다. 다만 어떤 유대인들이 안티오코스 4세에게 다른 나라들과 계약을 맺도록 허용해 달라고 요청한 일은 있었다. 그 목적은 그들이 이방 풍속을 수입하기 위함이었는데, 안티오코스 4세는 그들의 청원을 허락하였다. 그러나 이 사건은 안티오코스 4세 자신이 언약한 것이 아니고 유대인들이 이방들과 맺은 것이었다.

2) 세대주의 학자들의 해석. 그들은 여기서 "그가"라는 말이 재생 로마 제국의 왕, 다시 말해 적그리스도(7장의 "작은 뿔")라고 하였다. 요컨대 그가 유대인들과 더불어 마지막 "한 이레"가 시작될 때 언약을 맺고 첫 "삼 년 반"이 끝난 뒤에 그 언약을 파기하고 유대인을 박해하기 시작할 것이라고 한다.

이 학설의 내용을 자세히 말하면 다음과 같다.

세대주의자들은 그리스도의 재림 직전에 적그리스도가 저지를 일은 아직 미래에 속하는 것이며, 따라서 26절에서 일어날 일과 27절에서 일어날 일 사이에 다니엘이 말하지 않은 신약 시대가 끼어 있다고 주장한다. 그들은 그것을 공백 시대 혹은 괄호 시대라고 부른다. 말하자면 신약 교회 시대는 다니엘서의 예언에 포함되지 않은 예외적인 시대라는 것이다. 요컨대 그리스도께서 오신 목적은 땅 위에 다윗의 왕국을 세우기 위함이었는데, 유대인들이 그를 배척함으로써 그 일은 중단되었다고 한다. 이에 따라 구약에 예언되어 있지 않은 교회 시대가 전개되었는데, 그것은 유대 민족과는 관계없는 별도의 역사이므로 그것을 괄호 시대, 혹은 공백 시대라고 부른다는 것이다. 그들은 주장하기를, 다니엘은 그 시대에 대하여 침묵하고 건너뛰어서 재생 로마 제국의 임금과 관련하여 유대인의 역사를 다시 말하기 시작하였다고 한다(27절). 그렇다면 세대주의 학파의 주장대로라면 교회 시대는 유대인들이 그리스도를 배척함으로써 야기된 하나님의 예외적인 구원 행위의 시대인 것이며, 그 시대는 그리스도의 공중 재림 때까지 계속된다. 그런데 오늘날 유대인들이 세계 각국에서 팔레스타인으로 돌아가고 있으니 마지막 "한 이레"가 시작되었다는 것이다. 따라서 조만간 재생 로마 제국이 일어나 그 나라의 임금이 유대인들과 언약을 맺고, 그들로 하여금 성전과 예루살렘을 건축하도록 하였다가 첫 "삼 년 반"이 끝나면 언약을 파기하고 유대인들을 박해할 것이며, 그리스도의 지상 재림으로 말미암아 천년왕국이 팔레스타인을 중심으로 이루어진다고 하였다.

그러나 위와 같은 세대주의 학파의 해석은 합당치 않다. ① 그들은 "예순두 이레" 시대와 마지막 "한 이레" 시대 사이의 공백기가 "일흔 이레" 전체보다 네 배나 길다고 주장하는데 이는 성경에 없는 사상이다. ② "예순두 이레" 시대 이후에 26절의 두 사건이 일어나는 것만은 사실이지만, 그 후 장구한 세월(신약 시대)을 지내서야 27절의 사건들이 일어나리라는 증거가 우리 본문에 없다. 26절에 메시아께서 죽임을 당하신다고 하였으니, 그 결과가 바로 은혜 언약의 출발일 것이다. 그러므로 마지막 "한 이레"에 이루어질 일(27절)은 26절의 시대, 곧 예수님과 사도들의 복음 사역 시대에 발생할 일들일 것이다. ③ 그리스도께서도 "멸망의 가증한 것"과 관련된 사건을 예언하셨는데(마 24:15-16), 그때 예수님은 우리 본문 27절을 염두에 두셨을 것이다. 그 사건은 칼빈(Calvin)의 말과 같이 주후 70년 예루살렘 멸망을 가리키는 것이다. ④ 그들은 27절 첫머리의 "그가"라는 말이 앞 절(26절)의 "장차 한 왕"을 가리킨다고 하나 그것도 그릇된 해석이다. 26절에서도 그 용어("장차 한 왕")가 "백성"이라는 말을 수식하는 것이고 주어가 아닌데, 어떻게 그것이 27절 첫머리에서 주어가 될 것인가? ⑤ "언약을 굳게 맺고"(הִגְבִּיר בְּרִית "히그비르 베리트")라는 표현은 언약을 새로 맺는다는 말이 아니고 종래의 언약이 효력을 발휘하도록 하는 것을 의미한다. 언약을 맺는다는 뜻을 나타내는 히브리어 표현은 여기 우리 본문에 있는 것과 달리 "카라트 베리트"(כָּרַת בְּרִית)인데, 이는 "자름으로써 언약을 맺는다"(to cut a covenant)라는 뜻이다. 본문에 사용된 표현은 분명히 종래의 언약이 효력을 발휘하게 만드는 것을 의미한다(Young, Leupold). 그러므로 세대주의 학자들의 주장과 같이 재생 로마 제국의 왕, 곧 적그리스도가 유대인들과 더불어 언약을 맺을 것을 의미한다고 해석하는 것은 잘못이다.

3) 27절의 "그가"라는 말이 메시아를 가리킨다는 학설. 이 해석은 ① 본문의 "언약을 굳게 맺고"라는 히브리어 표현(הִגְבִּיר בְּרִית)와 잘 통한다. 과연 그리스도께서는 종래의 은혜 언약이 효력을 발휘하도록 만드셨다. ② 이와 같은 해석은 우리가 다루는 24-27절의 문맥과도 들어맞는다. 이 단락은 메시아(예수 그리스도)의 사역을 중점적으로 말하고 있다. 곧 메시아께서 모든 구원의 은혜를 주신다는 것(24절), 메시아께서 일어나신다는 것(25절), 메시아

께서 죽임당하시고 그에 따라 예루살렘과 성전이 무너진다는 것(26절) 등 이 단락 전체가 메시아를 중심 사상으로 다루고 있다. ③ 그뿐 아니라 "많은 사람들과 더불어"라는 표현도 메시아와 관련된 성경적 술어다. 이것은 메시아 한 분과 그의 많은 백성 간의 관계를 묘사하는 용어다. 이사야 53:11에 말하기를, 메시아께서 "많은 사람을 의롭게 하며"라고 하였다.

이 셋째 해석에 따르면 그리스도께서 은혜 언약을 발효(發效)시키셨다. "언약"(혹은 계약)이라는 것은 무엇인가? 그것은 하나님께서 아담에게 처음으로 주셨고 이후에 아브라함과 그의 자손에게 주신 것인데, 그리스도께서는 그의 순종(능동적 순종과 수동적 순종)을 통하여 은혜의 언약이 효력을 완전히 발휘하게 만드셨다. 이 사실은 웨스트민스터 신앙고백서 7장 3절이 잘 보여주고 있다. 이렇게 그리스도께서 은혜 언약을 발효시키셨는데, 그 일은 예수 그리스도의 복음 사역 시대에 성취되었다.

"그가 그 이레의 절반에 제사와 예물을 금지할 것이며." 여기서 "그가"라는 말은 메시아를 가리킨다. "이레의 절반"(חֲצִי הַשָּׁבוּעַ "하치 하샤부아")이라는 말은 "이레 중에"(in the midst of seven)라고 번역해야 한다.[230] "제사와 예물을 금지"한다는 말은 그가 자기의 죽으심("끊어져 없어질 것", 26상)으로 구약의 제사 제도(제사와 예물)를 폐지하신다는 뜻이다. 이 일은 그가 자기 몸을 속죄제물로 바치심으로써 이루어졌는데 이런 사실을 히브리서 10:8-9이 밝혀준다(참조. 히 7:1; 9:25-26). 그리스도로 말미암아 참된 사죄와 영원한 의가 우리에게 부여되었으므로 그때부터는 구약의 제사 의식이 필요없게 되었고(히 7:18), 그리스도께서 죽으심으로 말미암아 이제는 예루살렘 성전이 더 이상 거룩한 집이 될 수 없다. 이제 누구든지 그리스도를 믿지 않고 성전에서의 제사를 계속한다면 그것은 가증한 일이다. 이 같은 사실은 그리스도가 숨을

---

230) E. J. Young, The Prophecy of Daniel, 216-217.

거두실 때 성전 휘장이 위에서부터 아래까지 찢어지는 것으로 상징되었다 (마 27:51; 눅 23:45; 히 10:19-20). 칼빈(Calvin)이 말한 것과 같이, 성전 휘장이 찢어진 것은 구약의 의식을 폐지한다는 의미일 뿐 아니라 하늘이 열려서 하나님의 모든 백성을 초청하여 하나님께 담대히 나가도록 한다는 의미를 지니고 있다.

"포악하여 가증한 것이 날개를 의지하여 설 것이며"라는 문구를 직역하면 "황폐하게 하는 자가 가증한 것의 날개 위에 있으리라"이다. "가증한 것의 날개"는 성전 꼭대기를 의미한다. 성전을 "가증한 것"이라고 하는 이유는 그리스도께서 속죄의 죽음을 죽으신 뒤에도 그리스도를 믿지 않는 자들이 성전에서 제사를 거행하는 것은 우상숭배와 같이 가증한 일이기 때문이다. 그렇다면 "황폐하게 하는 자"가 성전 꼭대기에 있다는 말은 예루살렘을 멸망시킨 로마의 장군 티투스(Titus)가 성전을 완전히 훼파할 것을 가리킨다(Young). 그러나 또 다른 해석도 있다. 여기서 "날개"라는 말은 새의 날개와 같은 것을 의미하는데(출 19:4; 신 32:11; 시 18:10), 그것은 권세의 상징이다. 그러면 "가증한 것"의 권세는 무엇인가? 그것은 우상의 권세를 의미한다. 하나님께서는 스랍 위에 거하시는 것과 대조적으로 황폐하게 하는 자, 곧 이방 원수는 우상의 세력을 가지고 온다. 둘 중 어느 해석을 취하든지 이 말씀은 주후 70년에 티투스 장군이 인솔한 로마 군대가 성전을 훼파할 것을 가리킨다.

"또 이미 정한 종말까지 진노가 황폐하게 하는 자에게 쏟아지리라." 이 말씀은 앞에 나온 문구(황폐하게 함)의 결과를 보여준다. 26절 끝에 "작정되었다"는 말이 나오는 것처럼 여기에도 "이미 정한"이라는 말이 나온다. 이것은 하나님께서 결정하신 목적을 가리킨다. 여기서 "종말까지"(עַד־כָּלָה)라는 표현도 26절의 "끝까지"(עַד־קֵץ)라는 표현에 해당한다. 이렇게 두 구절은 서로 같은 내용을 전달한다. 한마디로 두 구절은 로마로 말미암아 주후 70년에 예루살렘과 성전이 훼파될 것을 가리킨다.

여기 "진노"로 번역된 히브리어 "네헤라차"(נֶחֱרָצָה)는 이사야 10:23; 28:22에도 나오는데, 변경할 수 없이 정해진 완전한 멸망을 가리킨다. 특별히 "쏟아지리라"라는 용어도 완전한 멸망을 암시한다.

"황폐하게 하는 자"(שֹׁמֵם "쇼멤")라는 표현은 "황폐하게 된 것"이라고 번역해야 옳다고 생각한다. 그것은 훼파된 성전을 의미한다. 여기 "쏟아지리라"라는 말은 이방에 대한 하나님의 심판이 아니고 성전에 대한 심판, 또는 자기 백성(유대 민족)에 대한 심판을 가리킨다.

세대주의 학자들은 이 마지막 문구(27절 끝)를 적그리스도에 대한 하나님의 심판으로 이해한다. 물론 그 심판은 그리스도의 재림으로 말미암아 나타난다는 것이다. 카일(Keil)과 류폴드(Leupold)도 이렇게 해석한다. 그러나 이 말씀은 유대인을 멸망시킨 자를 심판하는 것을 가리키는 것이 아니라 로마 군대로 말미암아 훼파된 성읍과 성전에 대하여 임하는 심판이 그토록 철저하리라는 것을 가리킨다. 이 구절은 마지막 "한 이레"의 끝을 가리키기보다는 "예순두 이레" 이후에 일어날 일을 가리키는 것이니, 곧 예수 그리스도와 그의 죽으심에 뒤따른 사건(성읍과 성소의 멸망)을 가리킨다.

우리는 24-27절을 해석할 때 연대기적으로 사건들을 끼워 맞추려고 힘쓰기보다는 그리스도를 중심으로 해석해야 한다. 그리스도께서 죽었다가 다시 살아나셔서 승천하심으로써 우리를 위한 위대한 구원이 성취되었다. 예수 그리스도는 다니엘서의 중심이다. 본서에 일찍이 기록된 예언들(2:34-35; 7:13-14)도 하늘나라(그리스도의 나라)를 중심으로 삼았다. 요컨대 바벨론이 멸망하고 그 뒤에 여러 나라가 일어날 것이지만, 결국 영원한 나라가 승리한다는 것이다. 그러나 일찍이 기록된 예언들에는 하나님이 약속하신 구원이 개략적으로만 진술되었다. 그런데 여기 9장에 와서는 일찍이 제시되었던 왕국론(2장; 7장)을 메시아 개인의 구원 사역으로 바꾸어 진술한다. 2장과 7장에서 왕국론으로 예언된 구원이 결국 메시아 개인의 죽으심으로 성취된다는 것이다.

"인자"의 나라가 영원하고 무한히 광범위하지만, 그것이 성취되기 위해서는 그의 죽으심이 필요하다. 우리는 본 장에서 갈보리의 십자가를 대면한다. 이것이 바로 하나님의 백성에게 주는 위로다. 메시아의 속죄적 죽음(그의 끊어짐)이 우리를 하나님과 화목하게 만든다. 이렇게 그는 하나님이 기뻐하시는 영원한 의를 성취하셨다. (위의 24-27절에 대한 길고 자세한 해석은 하비 칸(Harvie Conn)목사가 이 주석에 기고하여주신 것이다.)

설교 ▶ 하나님과 시간(20-27절)

1. 하나님께서 시간을 사용하시는 목적

하나님께서는 우리의 죄악 문제 해결을 위하여 시간을 사용하신다. 본문 24절에, "허물", "죄", "죄악"이라는 표현이 등장하는데 모두 같은 의미다. 하나님께서 보시기에 인생의 문제는 오직 죄뿐이다. 성경 첫머리에서는 인간이 죄 때문에 죽었다고 말하며(창 2:17; 3:19), 마지막 부분에서는 속죄받은 인생에게 "다시 저주가 없다"라고 말한다(계 22:3). 하나님이 시간을 사용하시는 목적은 우리의 죄악을 없애기 위한 것일 뿐이다. 그는 이 목적을 이루시기 위하여 전심전력하신다. 그는 우리의 죄악을 없애기 위하여 영원 전에 우리 죄를 대속하실 어린 양(그리스도)을 보내시기로 예정하셨고 구약 시대에는 장차 오실 그리스도에 대하여 여러 가지 모양으로 예언하셨다. 때가 이르매 그는 그리스도(독생자)를 우리에게 보내 주셨다. 그는 우리를 대속하시기 위하여 독생자도 아끼지 않으셨다. 그는 이 일을 위하여 "일흔 이레"를 사용하신다. 이 기간이 몇 해인지 우리는 알 수 없고, 다만 예루살렘을 중건하라는 명령이 발해졌을 때부터 "일흔 이레"라는 상징적 연수로 생각할 뿐이다.

우리가 아는 것은 우리의 시대가 "일흔 이레" 가운데 들어 있다는 것이다. "일흔 이레" 가운데 포함된 우리는 죄와 더불어 싸워 이기기 위하여 그리스도를 믿어야 한다. 이것이 우리를 향하신 하나님의 유일한 소원이니, 우리의 유일한 소원도 그것이어야 한다.

2. 하나님께서 시간을 사용하시는 방법

하나님은 시간을 시대별로 나누어 쓰신다. 우리 본문에도 "일곱 이레"라는 표현이 있고, "예순두 이레"도 있으며(25절), "한 이레"도 있다(27절). 하나님은 이렇게 계획성 있게 시간을 사용하시므로 우리도 그렇게 해야 한다. 우리는 새해를 맞아 그해에 할 일을 이루도록 뜻을 세워야 한다. 청년은 청년 시대에 할 일을 이루기로 뜻을 세워야 하고, 노인은 그 시대에 할 일을 이루기로 뜻을 세워야 한다. 시간 사용에 계획성이 없는 자는 성공하기 어렵다.

| 설교자료

1. 선지자들이 기록한 책은 바로 하나님의 말씀이다(1-2절). 그러므로 우리는 그 책을 읽을 때 지금 바로 하늘에서 내려온 하나님의 말씀으로 받아야 한다.

2. 우리는 기도할 때 정성을 극도로 바쳐야 한다(3절). 정성이 없는 기도는 죽은 기도다. 기도할 때 정성을 바친다는 것은 육신의 편리를 희생하면서까지 노력하고 자기를 극도로 낮추어 하나님께 간청함을 가리킨다.

3. 신자들은 그가 당한 환난 가운데서 무심하게 지내면 안 된다. 그들에게 주어진 일은 다른 사람을 원망하지 않고 각자가 자기 죄를 회개하며, 남들의 죄에 대해서도 책임을 느끼면서 원통히 회개하는 것이다. 다니엘은 기

도할 때 자기 동포에 대해서까지 책임을 느끼는 의미에서 "우리"라는 말을 많이 사용하였다(5-16절).

4. 우리는 언제든지 구원을 바라볼 때 인간의 의나 공로를 근거로 여기면 안 된다. 인간에게는 구원받을 아무런 의도 없고 공로도 없다. 우리는 하나님께 구원을 청하되 하나님의 이름을 근거 삼아서 하나님의 긍휼을 의지하고 부르짖어야 한다(17-19절).

5. 예수 그리스도로 말미암아 임하는 속죄의 구원은 하나님께서 영원 전에 예정하시고 마련하여 두셨던 대로 이루어진 것이다. 이 놀라운 구원은 이미 구약 시대에 선지자들이 예언한 것이다(24-27절). 예언대로 성취된 구원을 우리가 생각할 때마다 우리의 믿음이 강화된다.

제 10 장

✧ 내용분해

1. 다니엘이 그가 받은 하나님의 계시를 깨닫게 되었다는 머리말(1-3절)
2. 천사가 다니엘에게 나타난 광경(4-9절)
3. 천사가 다니엘을 일으킨 후 말함(10-14절)
4. 다니엘이 다시 기운을 잃었으므로 천사가 또다시 그에게 힘을 주고 말함(15-21절)

✧ 해석

1 **큰 전쟁에 관한 것이라.** 이 문구는 히브리어로 "차바 가돌"(צָבָא גָדוֹל)이라고 되어 있다. ① 루터(Luther)는 이것을 "큰 고통 거리에 관한 것이라"라고 번역했고, ② 어떤 랍비들은 우리말 성경처럼 이것을 "큰 전쟁에 관한 것이

라"라는 뜻으로 이해했고, ③ 칼빈(Calvin)은 "정한 시간이 길 것이라"[231]라고 하였고, 알더스(G. Ch. Aalders)는 이것이 "장구한 고통의 시기"(een lange lijdenstijd)를 뜻하는 것으로 해석하였다. 말하자면 유다 민족의 장차 만날 환난의 때를 가리킨다는 것이다(11:14, 16, 30-45). 다니엘이 **"고레스 제삼년에"** 본 계시는 장차 헬라 시대에 안티오코스 4세(Antiochus IV Epiphanes)가 유대 종교를 핍박할 일에 관한 것이었다. 그것은 다니엘이 이 계시를 본 때 부터 300년 후에 성취되었다.

    다니엘이 그 일을 분명히 알았고 그 환상을 깨달으니라. 이것은 그가 "세 이레 동안을 슬퍼"한(2절) 후에 계시의 의미를 깨닫게 되었다는 뜻이다(12-14절). 그가 "세 이레 동안을 슬퍼하며" 영적인 체험을 얻은 사실에 대해서는 아래 2-21절에 자세히 기록되었다.

  2 **그 때에 나 다니엘이 세 이레 동안을 슬퍼하며.** 그가 "슬퍼한" 이유는 무엇인가? 어떤 이는 유대인들이 해방되었는데도 불구하고 본국으로 돌아가지 않는 자들이 많았기 때문에 그가 슬퍼하였다고 말하는가 하면, 다른 이들은 이미 본국으로 돌아간 유대인들의 성전 재건 사업이 많은 방해를 받고 있다는 보고(스 4:4-5)로 말미암아 그가 슬퍼하였다고 한다(Calvin). 그러나 알더스는 다니엘이 그가 1절에서 받은 계시를 깨닫지 못해서 슬퍼했다고 말한다 (12절).

  3 **세 이레가 차기까지 좋은 떡을 먹지 아니하며 고기와 포도주를 입에 대지 아니하며 또 기름을 바르지 아니하니라.** 이것이 엄밀한 의미에서의 금식은 아니지만, 그는 신령한 근심으로 말미암아 육신의 편안함을 추구하는 삶을 감히 생각할 수 없었다. 이렇게 되는 것이 하나님을 두려워하는 경건한 성도들의 마음가짐이다.

  4 **첫째 달 이십사일에 내가 힛데겔이라 하는 큰 강 가에 있었는데.** 여기서도 연대를

---

231) The time appointed is long..

표시하여 기독교 계시의 특색을 드러낸다. 그 계시는 비역사적인 환상이나 지어낸 이야기가 아니고 실제 역사다. 하나님의 말씀이 이 땅에 임할 때는 일정한 연대 또는 장소와 명백한 관련을 갖는다. 하나님의 말씀이 이렇게 역사화하여 시공간성을 지니기 때문에 우리는 그것을 확실히 파악할 수 있다. 이것은 참으로 감개무량한 일이다. "첫째 달 이십사일"은 유월절 절기가 있는 시기이며, "힛데겔"은 티그리스강을 가리킨다.

5-6 그 때에 내가 눈을 들어 바라본즉 한 사람이 세마포 옷을 입었고 허리에는 우바스 순금 띠를 띠었더라 또 그의 몸은 황옥 같고 그의 얼굴은 번갯빛 같고 그의 눈은 횃불 같고 그의 팔과 발은 빛난 놋과 같고 그의 말소리는 무리의 소리와 같더라. "한 사람." 유대인들은 이분이 단순한 천사라 하고, 헹스텐베르크(Hengstenberg)는 천사장 미가엘이라고 하나, 이 구절의 내용과 요한계시록 1:13-15 말씀이 서로 유사하다는 점으로 볼 때 이분은 그리스도시다(E. J. Young).

7 이 환상을 나 다니엘이 홀로 보았고 나와 함께 한 사람들은 이 환상은 보지 못하였어도 그들이 크게 떨며 도망하여 숨었느니라. 위의 계시를 "다니엘이 홀로 보았고" 다른 사람들은 "도망하여 숨었다"고 한다. 하나님께서는 계시가 목표하는 인물에게만 그것을 주시기 때문에, 다른 사람들은 무슨 일인지 알지 못하고 두려워하기만 하였다. 예수님이 계시를 받으실 때도 다른 사람들은 그것을 깨닫지 못하였고(요 12:28-29), 바울이 계시를 받을 때도 그렇게 되었다(행 9:7). 그리고 이 점에 있어서 또 한 가지 기억할 것이 있다. 곧 다니엘이 계시를 받을 때 그와 함께 있던 자들도 나타나신 분을 보고 도망하여 숨기까지 하였으니, 그것을 보아도 그가 받은 계시는 그의 주관적인 심리 작용이 아니고 어디까지나 객관적이고 외부적인 사건이었음이 알려진다.

8 나만 홀로 있어서. "홀로" 있는 것이 진리를 깨닫는 데 유익하다. 시편 46:10에 말하기를 "너희는 가만히 있어 내가 하나님 됨을 알지어다"라고 하였다. 혼잡은 하나님을 만나는 일에 방해가 된다. 불신자들은 고독을 피한

다. 그러나 신자들은 그것을 큰 축복 받는 환경으로 생각할 만하다.

아브라함은 롯과 헤어진 후(창 13:14-18) 고독한 자리에서 하나님을 만나 의롭다고 여김을 받았고(창 15:6), 야곱도 얍복강 이편에 홀로 남아서 하나님을 만났고(창 32:24), 모세도 호렙산에 홀로 있을 때 불타는 떨기나무에서 하나님의 음성을 들었고(출 3:2, 4), 여호수아도 홀로 있을 때 여리고 앞에서 여호와의 사자를 만났고(수 5:13-15), 엘리야도 호렙산 굴에 홀로 있을 때 하나님의 음성을 들었다(왕상 19:9). 파스칼(Pascal)은 말하기를 "인생이 곤란에 빠지는 원인은, 고요히 있지 못한 데 있다"라고 하였다.

이 큰 환상을 볼 때에 내 몸에 힘이 빠졌고 나의 아름다운 빛이 변하여 썩은듯 하였고 나의 힘이 다 없어졌으나. 이것은 그가 시체와 같이 되었다는 말이다. 계시를 직접 받는 자는 이렇게 곤혹스러운 일을 당하기도 한다. 우리는 계시를 직접 보는 것만이 행복한 일인 것처럼 생각할 필요가 없다. 직접 보는 일만 귀한 것이 아니라, 그의 섭리나 자연계 그리고 특별히 그의 말씀인 성경을 통하여 그를 알게 되는 것도 감사한 일이다.

9 **내가 그의 음성을 들었는데 그의 음성을 들을 때에 내가 얼굴을 땅에 대고 깊이 잠들었느니라.** 다니엘이 그리스도를 직접 대면했을 때 그는 죽을 만큼의 공포에 사로잡혔다. 그러나 이제 그의 말씀을 듣는 것만으로도 위안을 얻고 단잠을 이루었다. 하나님의 말씀은 이렇게 우리를 품어주는 듯이 위로하며 안정시켜 주는 고마운 것이다.

10-11 다니엘은 이제 천사처럼 나타나신 하나님(위에 언급된 그리스도)이 그를 일으켜 주시는 은총으로 말미암아 일어서게 되었다. 우리는 하나님이 일으켜 주셔야만 죽은 것 같은 처지에서도 일어나게 되는 법이다(Calvin).

12-13 **그가 내게 이르되 다니엘아 두려워하지 말라 네가 깨달으려 하여 네 하나님 앞에 스스로 겸비하게 하기로 결심하던 첫날부터 네 말이 응답 받았으므로 내가 네 말로 말미암아 왔느니라 그런데 바사 왕국의 군주가 이십일 일 동안 나를 막았으므로 내가 거기 바사 왕**

국의 왕들과 함께 머물러 있더니 가장 높은 군주 중 하나인 미가엘이 와서 나를 도와주므로.
이것은 천사(위에서 말한 그리스도)가 다니엘을 위로하며 그가 찾아온 이유를 밝히는 장면이다. 그는 다니엘이 세 이레 동안 슬퍼하며 기도하기 시작한 (2절) 첫날에 오지 못하고 늦게 된 이유가 "바사 왕국의 군주"(바사 제국의 정치를 간섭하는 악한 천사)의 방해 때문이었다고 말한다. "바사 왕국의 군주"의 방해라는 것은 사마리아 사람들이 바사 왕 아닥사스다에게 상소하여 귀환한 유대인들이 예루살렘을 재건하는 일을 방해한 사건을 가리킨다(스 4장). 물론 바사 왕 아닥사스다의 이 같은 행동은 악한 천사의 충동에 의한 것이었다. 이제 다니엘을 찾아온 천사(위에서 말한 그리스도, 5-6절)는 그가 마침내 "미가엘"(그리스도의 종)의 도움을 받아 그를 찾아오게 되었다고 설명한다.

우리는 위에서 언급한 영적 전투의 내용을 보고 깨달아야 할 점이 있다. 말하자면 오늘날도 성도가 참되게 기도하는데도 하나님의 응답이 지연되는 일이 있다는 것이다. 그것은 하나님이 연약하셔서가 아니다. 하나님은 연약하시지 않다. 때로는 악령의 방해 때문에 기도 응답이 늦어지는 수도 있으나 하나님은 마침내 승리하시고 기도 응답을 실현하시는데, 성도들에게는 응답이 늦어지는 것도 유익이 된다. 왜냐하면 기도 응답이 늦어짐으로써 그는 기도를 더욱 많이 하게 되기 때문이다.

14 이 구절 말씀에 대하여는 1절 해석을 참조하라.

15-17 다니엘은 또다시 공포심에 사로잡혔으나 "인자와 같은 이", 곧 그리스도께서 그의 입술을 어루만져 위로하며 붙들어 주심으로 힘을 얻어 말하게 되었다. 이 부분에서 우리가 기억할 것은 구약 시대에도 그리스도께서 인간의 모양으로 사람에게 접촉하심으로써 위로와 힘을 주셨다는 것이다. 우리가 구원을 받기 위해서는 "인자"이신 그리스도의 중보 사역이 절대적으로 필요하다. 그리스도는 마침내 신약 시대에 인간으로 오시어 영원히 우리의 중보자가 되셨다.

내 주여 이 환상으로 말미암아 근심이 내게 더하므로 내가 힘이 없어졌나이다 내 몸에 힘이 없어졌고 호흡이 남지 아니하였사오니 내 주의 이 종이 어찌 능히 내 주와 더불어 말씀할 수 있으리이까. 위의 8절 해석을 참조하라.

18-19 여기 **"사람의 모양 같은 것"**이라는 말에 대하여는 위의 16절에 나오는 **"인자와 같은 이"**라는 표현에 대한 해석을 참조하라. "인자", 다시 말해 그리스도는 언제나 죄인들을 위로하시며 붙들어 주시는 중보자시다. 이 부분에서 그리스도가 권면하시는 말씀 중에 **"두려워하지 말라 평안하라 강건하라 강건하라"**라는 말씀은 그가 위로하시고 붙들어 주시는 언사가 지극히 간곡한 것임을 보여준다. 그의 위로는 말에 그치는 것이 아니며, 그리스도는 실제로 성도에게 능력을 덧입혀주신다. 다니엘은 그의 위로의 말씀을 듣는 즉시 힘을 얻었다. 그러므로 그는 말하기를 **"내가 곧 힘이 나서"**라고 하였다. 그리스도는 이렇게 죽은 자 같은 사람에게도 힘을 주시어 일으키신다.

20 그가 이르되…내가 돌아가서 바사 군주와 싸우려니와 내가 나간 후에는 헬라의 군주가 이를 것이라. 이것은 그 천사가 유대인의 성전 건축을 방해하는 "바사 왕국의 군주"(바사 임금 아닥사스다 혹은 캄비세스를 통하여 역사하는 마귀)와 싸우다가 마침내는 떠나리라는 뜻이다. "바사"가 망하고 지나간 뒤에는 "헬라"가 들어선다.

21 오직 내가 먼저 진리의 글에 기록된 것으로. 이것은 세계 역사와 성도들이 받을 고난에 대한 하나님의 계획서를 가리킨다. 성도들을 박해하는 자도 이 "진리의 글"에 정해진 것을 넘어서 더 하지는 못한다. 하나님의 백성이 받을 구원은 확실하다.

그들을 대항할 자. 이 말은 바사와 헬라를 대적하는 자를 의미한다. "미가엘"이라는 말은 "누가 하나님과 같으리요"라는 뜻인데, 그는 하나님을 위하여 싸우는 천사다(계 12:7).

설교자료

1. 하나님께서 우리를 위하여 선지자들에게 주신 계시는 인간의 주관적 상상력의 산물이 아니고, 하늘에서 임한 객관적 사건이다. 그러므로 계시를 받던 선지자와 함께 있던 자들도 그 계시 사건의 영향을 받았다(4-9절). 특별히 7절을 참조하라.

2. 하나님께서는 연약한 인간에게 하늘의 계시를 주실 때도 그를 불쌍히 여기시며 도와주셨다(10-16절). 인간은 죄로 말미암아 하나님의 거룩한 말씀을 감당할 수 없다. 죄악과 성결이 어떻게 함께할 수 있겠는가. 그러나 하나님께서는 이 난제도 해결해 주신다. 그는 거룩한 하나님의 말씀 앞에서 두려워하는 연약한 인간을 붙들어 주셨다. ① 그들을 어루만져 주시며(10절), ② 위로하여 주시며(11-12절), ③ 입술을 만져 주셨다(16절). 그러므로 우리는 이렇게 자비로우신 하나님 앞에 나아가기를 언제나 힘써야 한다.

3. 우리에게 필요한 참된 힘은 하나님에게서 온다(18-19절). 이사야 40:28-31에 말하기를 "너는 알지 못하였느냐 듣지 못하였느냐 영원하신 하나님 여호와, 땅 끝까지 창조하신 이는 피곤하지 않으시며 곤비하지 않으시며 명철이 한이 없으시며 피곤한 자에게는 능력을 주시며 무능한 자에게는 힘을 더하시나니 소년이라도 피곤하며 곤비하며 장정이라도 넘어지며 쓰러지되 오직 여호와를 앙망하는 자는 새 힘을 얻으리니 독수리가 날개치며 올라감 같을 것이요 달음박질하여도 곤비하지 아니하겠고 걸어가도 피곤하지 아니하리로다"라고 하였다.

제 11 장

✣ 역사성

본 장과 12장에서는 10장 끝에서 언급했던 "진리의 글에 기록된 것"(21절)이 무엇인지 다니엘에게 알려준다. 그것은 옛날 유대 민족과 관련된 세계 역사의 일부와 그 진행 과정을 포함한다. 특별히 11장에 대하여 비평가들은 다음과 같이 말하였다.

1) 다니엘서에서 안티오코스 4세(Antiochus IV Epiphanes)에 대하여 길게 말하는 것(21-45절)은 자연스럽지 않다고 하였다. 말하자면 주전 6세기의 인물인 다니엘이 본서를 저술하였다고 하기는 어렵다는 뜻인데 이 학설은 옳지 않다. 성경은 중요한 사건에 대하여 길게 말한다. 우리는 예레미야서에서 바벨론에 관한 말씀이 50장과 51장에 걸쳐 장황하게 기록된 것을 볼 수 있다. 성경은 어떤 문제에 대하여 강조할 때 많은 말씀을 사용한다. 안티오코스 4세가 유대 종교를 박해한 것은 역사상에 일찍이 없었던 비참한 사건이었다. 그 사건은 세계의 종말에 나타날 적그리스도를 예표하는 것이기도 하므로 다니엘은 그에 대해 자세히 예언할 수밖에 없었다.

2) 안티오코스 4세에 대한 예언이 너무 자세하다는 이유로 본서를 예언

서로 받아들이지 않고 역사 문학으로 취급하는 학설이 있는데 그것은 큰 잘못이다. 이 학설을 주장하는 학자들의 이론은 다음과 같다.

데 베테(De Wette)와 슈라더(Schrader)는 다니엘서가 주전 167년에서 164년 사이에 기록되었다 하고, 드라이버(Driver)는 주전 168년에 기록되었다 하고, 코닐(Cornill)은 주전 165년 12월에서 164년 6월 사이에 기록되었다고 한다. 이 모든 연대는 안티오코스 4세가 박해하던 시대다. 위의 학자들은 말하기를, 그 시대에 어떤 경건한 유대인이 본서를 기록한 후에 그것이 주전 600년경의 성도 다니엘의 저술이라고 주장함으로써 자기 시대의 수난자들을 격려하고 위로하려 한 것이라고 주장한다. 특히 베번(Anthony A. Bevan)은 그들 가운데 그 대표자다.

우리는 이 같은 앞의 학설을 받아들일 수 없다. 과연 주전 2세기의 유대인들이 그렇게 무비판적인 사람들이었을까? 그들이 동시대에 위조된 문서를 400년 전에 저술된 글로 인정하였을까? 이 부분의 예언이 지나치게 자세하다고 해서 그것이 예언임을 믿을 수 없다는 말은 성경의 위대성을 성립시키는 요소 자체를 무시하는 것이다. 성경은 이런 놀라운 예언을 할 수 있어서 성경이다.[232]

✢ 내용분해

1. 바사의 네 임금에 대하여 말함(1-2절)
2. 헬라의 알렉산드로스 대왕과 이후의 분열에 대하여 말함(3-4절)
3. 남방(프톨레마이오스) 왕조와 북방(셀레우코스) 왕조 사이의 전쟁(5-19절)

---

232) R. D. Wilson, Studies in the Book of Daniel, 2nd Series, 270.

4. 셀레우코스(Seleucus) 왕조의 필로파토르(Philopator)에 대한 예언(20절)
   5. 안티오코스 4세의 생애와 행동(21-45절)

✢ 해석

1 내가…그를 도와서. 말하자면 주님께서 미가엘을 도와주셔서 바벨론이 패망하게 하셨다는 뜻이다. 다리오는 바벨론을 침략한 왕 중 하나인데, 미가엘이란 천사가 그의 전쟁을 도와주었다. "다리오"왕에 대하여는 6:1의 해석을 참조하라.

2 바사에서 또 세 왕들이 일어날 것이요 그 후의 넷째는 그들보다 심히 부요할 것이며. 칼빈(Calvin)은 말하기를 "여기 네 왕의 첫째는 고레스요, 둘째는 캄비세스(Cambyses)요, 셋째는 다리오 히스타스피스(Darius Hystaspis)요, 넷째는 크세르크세스(Xerxes)이다"라고 하였다. 세속 역사를 참조하더라도 크세르크세스는 강성하였고 헬라를 침략하기까지 하였다. 그러나 그가 살라미스(Salamis)에서 헬라에게 패전한 뒤에 바사는 멸망하였다.

3-4 이 구절들은 헬라의 알렉산드로스 대왕과 그의 후계자들에 대하여 말한다.

장차 한 능력 있는 왕이 일어나서. 이 말씀은 알렉산드로스를 염두에 두고 한 것이다.

천하 사방에 나누일 것. 이것은 프톨레마이오스(Ptolemy), 카산드로스(Cassander), 리시마쿠스(Lysimachus), 셀레우코스(Seleucus) 등이 헬라 왕국을 분리 통치할 사실을 예언한다.

5 남방의 왕들은 강할 것이나 그 군주들 중 하나는 그보다 강하여 권세를 떨치리니. 말하자면 프톨레마이오스(Ptolemy, 애굽 왕)가 강한 왕이지만, 그의 군대 장교

중 하나인 셀레우코스가 더 강하기 때문에 프톨레마이오스 왕조를 이탈하여 안티오키아에 도읍지를 정하고(주전 300년) 북방(수리아) 왕이 되리라는 예언이다.

6 몇 해 후에 그들이 서로 단합하리니 곧 남방 왕의 딸이 북방 왕에게 가서 화친하리라 그러나 그 공주의 힘이 쇠하고 그 왕은 서지도 못하며 권세가 없어질 뿐 아니라 그 공주와 그를 데리고 온 자와 그를 낳은 자와 그 때에 도와주던 자가 다 버림을 당하리라. 이것은 애굽 왕 프톨레마이오스 필라델포스(Ptolemy Philadelphus, BC 285-247)와 수리아 왕 안티오코스 2세(Antiochus II) 간의 화친을 예언한 말씀일 것이다. 역사상의 전개 내용은 이렇다. 요컨대 프톨레마이오스의 딸 베레니케(Berenice)가 북방 왕 안티오코스 2세의 아내가 되었는데, 후에 베레니케는 안티오코스 2세의 본처인 라오디케(Laodice)에 의해 아이와 함께 피살되었고, 안티오코스 2세 자신도 피살되었다.

7 그러나 그 공주의 본 족속에게서 난 자 중의 한 사람이 왕위를 이어 권세를 받아 북방 왕의 군대를 치러 와서 그의 성에 들어가서 그들을 쳐서 이기고. 이것은 베레니케의 남동생 유에르게테스(Euergetes), 곧 프톨레마이오스 3세(Ptolemy III, BC 247-222)가 북방의 수리아를 침략해 들어갈 것을 예언한 말씀이다. 이것은 후에 역사적 사실로 이루어졌다.

8 그 신들과 부어 만든 우상들과 은과 금의 아름다운 그릇들은 다 노략하여 애굽으로 **가져갈 것이요.** 후일에 역사는 이 예언대로 성취되어, 유에르게테스는 북방 왕국에서 4,000달란트의 "금"과 2,500개의 "우상들"을 가져갔다고 한다.

9 북방 왕이 남방 왕의 왕국으로 쳐들어갈 것이나 자기 본국으로 물러가리라. 이 예언대로 주전 240년에 "북방 왕" 셀레우코스 2세 칼리니코스(Seleucus II Callinicus)가 해군과 육군으로 "남방 왕의 왕국"을 침략했으나 실패하였다.

10 그의 아들들이 전쟁을 준비하고 심히 많은 군대를 모아서 물이 넘침 같이 나아올 것이며 그가 또 와서 남방 왕의 견고한 성까지 칠 것이요. 이것은 셀레우코스 칼리니코스

의 "아들들"인 셀레우코스 3세와 안티오코스 3세가 남쪽 나라를 대항하여 전쟁할 것을 예언한 것이다.

11 남방 왕은 크게 노하여 나와서 북방 왕과 싸울 것이라. 이 예언과 같이 "남방 왕"(애굽 왕) 프톨레마이오스 필로파토르(Ptolemy Philopator)는 "북방 왕"의 침략군을 이겼다. 이것은 라피아(Raphia)라는 지역에서 벌어진 일이다(주전 217년). 폴리비오스(Polybius)의 역사서에 이 사실이 기록되었다.

12 그의 마음이 스스로 높아져서. 이것은 남방 왕(애굽 왕) 프톨레마이오스 필로파토르가 교만해져서 유대 예루살렘에 이르러 성전에서 율법을 멸시하는 행동을 할 것을 예언한 말씀인데, 과연 그대로 성취되었다. 그 죄 때문에 "그 세력은 더하지 못할 것"이라고 하였다.

13-19 이 부분에서는 "북방 왕"(수리아 왕)이 또다시 "남방 왕"(애굽 왕)을 침략하리라고 예언한다. 이 예언은 후에 안티오코스 3세(Antiochus Ⅲ)가 일으킨 전쟁(BC 205)으로 성취되었다. 그 전쟁이 12년 동안 계속되었다. 안티오코스 3세는 안티오코스 4세(Antiochus IV Epiphanes)의 부친이다.

네 백성 중에서도 포악한 자가 스스로 높아져서 환상을 이루려 할 것이나(14절). 이것은 안티오코스 3세가 프톨레마이오스를 침략하러 가는 길에 유대인들 가운데 일부가 그에게 합세할 것을 예언한다. 그들이 그렇게 함으로써 다니엘의 예언("환상")이 이루어질 것이다. 요세푸스(Josephus) 〈유대고대사〉에 따르면 이 예언은 그대로 이루어졌다.[233]

영화로운 땅(16절). 이것은 유다 땅을 가리킨다.

여자의 딸을 그에게 주어 그의 나라를 망하게 하려 할 것이나 이루지 못하리니(17절). 이것은 안티오코스 3세가 자기 딸 클레오파트라(Cleopatra)를 프톨레마이오스에게 주어 그 나라를 자기 수중에 넣으려고 한 역사적 사실을 예언한다.

---

233) Ant. b. XII. Ch, 3:3.

클레오파트라(Cleopatra)는 자기 남편과 결탁하고 그 아버지를 배척하였다.

그가 그의 얼굴을 바닷가로 돌려 많이 점령할 것이나(18절). 이것은 지중해 연안 국가들을 침략하려 했던 안티오코스 3세의 행동을 예언한다.

한 장군이 나타나(18절). 그 당시 로마의 장군 루키우스 스키피오(Lucius Scipio)가 마그네시아(Magnesia)에서 안티오코스 3세를 패퇴시켰다(BC 190).

20 그 왕위를 이을 자가 압제자를 그 나라의 아름다운 곳으로 두루 다니게 할 것이나 그는 분노함이나 싸움이 없이 몇 날이 못 되어 망할 것이요. 이것은 위에 언급했던 안티오코스 3세가 죽은 후에 계승할 아들 셀레우코스 필로파토르(Seleucus Philopator, BC 185-175)에 대한 예언이다. 과연 그 후의 역사는 이 예언과 같이 성취되었다. 셀레우코스 필로파토르는 세금을 징수하는 자인 헬리오도로스(Heliodorus)를 시켜 전국을 순회하게 하였고, 유대 땅 예루살렘에까지 가서 성전의 보물을 빼앗아 오게 하였다. 그러나 필로파토르는 결국 헬리오도로스에게 피살되었다고 한다. 이 사실에 대해서는 마카베오상(Macc 1:10-15)이 말해 준다.

21-23 이 부분의 예언은 안티오코스 4세 "에피파네스"(Antiochus IV Epiphanes)로 말미암아 이루어졌다(BC 175경).

"그의 왕위를 이을 자"는 필로파토르의 동생인 안티오코스 4세를 가리킨다. 필로파토르는 그의 부하 헬리오도로스에 의해 피살되었다. 그때 안티오코스 4세가 그의 왕위를 빼앗으려고 하자 헬리오도로스는 군대를 거느리고 대항하였으나 패배를 당하였다.

"동맹한 왕"은 일설에는 안티오코스 4세의 조카(필로파토르의 아들)를 가리킨다고 하며, 또 다른 학자는 대제사장 오니아스 3세를 가리킨다고 말한다.

24 그가 평안한 때에 그 지방의 가장 기름진 곳에 들어와서 그의 조상들과 조상들의 조상이 행하지 못하던 것을 행할 것이요 그는 노략하고 탈취한 재물을 무리에게 흩어 주며 계

략을 세워 얼마 동안 산성들을 칠 것인데 때가 이르기까지 그리하리라. 이것은 안티오코스 4세가 사람들을 자기 편으로 끌어들이기 위하여 많은 무리에게 재물을 분배하여 주리라는 예언이다. 이 예언은 역사적으로 성취되었다. 역사가들의 말에 의하면, 안티오코스 4세는 물질을 아끼지 않는 성품이 있었다고 한다.[234]

25-27 이 부분에 기록된 말씀은 안티오코스 4세가 애굽을 침략할 때(BC 169) 전략적으로 행할 것을 예언한 것이다. 과연 이 예언대로 안티오코스 4세는 애굽에서 계략을 많이 사용했다. 그 당시에 그는 애굽에 임금 둘을 세워(하나는 알렉산드리아에, 하나는 멤피스에) 애굽을 약하게 만들려고 하였다(25절).

그의 음식을 먹는 자들이 그를 멸하리니(26절). 이 예언대로 그 당시 애굽 왕 프톨레마이오스 6세는 측근들에게 배신을 당하였다.

이 두 왕이 마음에 서로 해하고자 하여 한 밥상에 앉았을 때에 거짓말을 할 것이라(27절). 이것은 애굽 왕과 안티오코스 4세가 화친 조약을 맺으나 거짓으로 할 것을 예언한다. 과연 그 후의 역사는 이렇게 이루어졌다(Livy 45:11, Polyb. 29:8).

일이 형통하지 못하리니 이는 아직 때가 이르지 아니하였으므로 그 일이 이루어지지 아니할 것임이니라. 이것은 위에 말한 화친 조약이 무용지물이 될 것을 의미한다. 본문은 하나님이 정하신 때가 이르기 전에 행하는 인간의 모든 일은 허무하게 끝날 것이라고 말한다.

28-45 이 부분에서는 안티오코스 4세의 행적을 더욱 자세히 예언한다.

1) **거룩한 언약을 거스르며**(28절). 이것은 그가 유대인을 미워하여 하나님의 율법을 모독할 것을 예언한다. 이 예언은 그대로 성취되었다(1 Macc. 1:20-28).

---

234) Livy 41:20, 1 Macc. 3: 30, Polyb. XXVIII 17. 11.

2) **이는 깃딤의 배들이 이르러 그를 칠 것임이라**(30상). 안티오코스 4세는 다시 "남방"(애굽)을 침략할 것이지만, "이번이 그 전번만 못하리라"는 우리 본문의 예언과 같이(29절) 그는 구브로(Cyprus)를 점령하고 알렉산드리아(Alexandria)까지 진군했으나, 로마의 간섭으로 후퇴하게 되었다. "깃딤"은 로마를 가리키는데, 특별히 로마를 "깃딤"(Kittim)이라고 부른 문헌상의 증거가 사해사본(Dead Sea Scrolls)에도 나타나 있다.

3) 그가 유대의 종교를 박해할 것에 대하여 자세히 말한다(30하-35절). 이 예언은 안티오코스 에피파네스가 주전 167-164년 사이에 행한 일로 성취되었다. 그의 박해 행위 가운데 이 단락(30하-35절)의 예언대로 이루어진 일들은 다음과 같다. ① **"거룩한 언약을 배반하는 자들을 살필 것"**이라고(30하) 했는데 과연 그리하였다. "거룩한 언약을 배반하는 자"는 실상 헬라주의를 신봉하는 유대인들로서 안티오코스 4세의 첩자가 되어 그의 앞에서 아첨한 자들이다(1 Macc. 1:11-15, 2 Macc. 4:7-17). ② **"군대는 그의 편에 서서 성소 곧 견고한 곳을 더럽히리라"**고 했는데(31상), 이것도 안티오코스 4세로 말미암아 성취되었다. 그는 군대를 성전 남쪽에 주둔시켰다(1 Macc. 1:29-36). ③ **"매일 드리는 제사를 폐하며 멸망하게 하는 가증한 것을 세울 것"**(31하)이라고 하였는데, 이 예언 성취에 대하여는 마카베오상(1:10-15)이 말해주는 대로 안티오코스 4세가 제우스 신상을 성전에 세움으로써 그곳을 더럽혔다. ④ **"언약을 배반하고 악행하는 자를 속임수로 타락시킬 것"**(32상, 34절)이라고 했는데 이것은 안티오코스 4세가 유대인 배교자들을 자기편으로 만든 "속임수"를 가리킨다(1 Macc. 2:18). 이렇게 박해 당시에 배교자들도 있었지만, **"강하여 용맹을 떨치리라"**라고 한 본문 말씀(32하, 35절)과 같이 담대하게 사람들을 바른길로 인도하며 잔혹한 박해를 받는 자들도 있었다.[235] 그 당시 수난

---

235) 1 Macc. 1:60, 2:31-38, 2 Macc. 6:18-31, 7장; 참조. 히 11:36-38.

자들이 본문의 예언(34절)과 같이 **"도움을 조금 얻"**었다는 말은 마타티아스(Mattathias)와 그의 아들 예후다 마카비로 말미암아 조직된 군대의 보호를 받은 일을 가리킨다(1 Macc. 2:42-48, 3:10-24).

4) 안티오코스 4세가 자신이 신의 현현이라고 주장함(36-37절). 이 예언과 같이 안티오코스 4세 "에피파네스"는 주조된 화폐에 기록하기를, 자기를 제우스(Zeus) 신이라고 하였다(36절; 참조. 2 Macc. 9:12). 그는 다른 모든 신들을 무시하였다(37절). **"여자들이 흠모하는 것"**은 일설에 나나이아(Nanaia) 신을 의미한다고 하나, 어떤 사람들은 이것이 사랑을 의미한다고 하였다. 안티오코스 4세가 숭배한 것은, 다만 **"강한 신"**(제우스)뿐이었다(38절).

5) 그에게 아첨하는 자에게 **"땅을 나눠 주리라"**고 하였는데(39절), 이 예언과 같이 안티오코스 4세 라시아스(Lasias)를 시켜서 모든 이방 민족들로 하여금 그들의 나라의 해안 지방에 살도록 하고, 또한 제비를 뽑아 땅을 나누도록 하였다(1 Macc. 3:36).

6) 그의 종말(40-45절). 여기서는 안티오코스 4세가 애굽을 쳐서 승리한 뒤에 **"동북"** 지방, 다시 말해 파르티아(Parthia)와 아르메니아(Armenia)의 반란 소식[236]을 불쾌하게 여기던 와중에(1 Macc. 3:27-37), 다시 유대를 치려 하다가 하나님의 벌을 받아 죽게 될 것을 예언한다. 그 후에 역사는 이 예언대로 이루어졌다.

설교 ▶ 박해 시대에 처한 성도(32-35절)

여기 기록된 말씀은 안티오코스 4세(Antiochus IV Epiphanes)가 하나님의 백성을 박해할 때 일어날 일들을 예언한다. 물론 이 예언은 헬라 시대(BC

---

236) Diodorus Siculus XXXI. 17.

160)에 이르러 다 성취되었다.

1. 박해 시대에 성도들이 용기를 얻음(32절)

본문에 말하기를 "하나님을 아는 백성은 강하여 용맹을 떨치리라"라고 하였다(32하). 하나님을 아는 자들은 의로워서 양심을 더럽히지 않았기 때문에 박해 중에도 담대하다. 잠언 28:1에 말하기를, "악인은 쫓아오는 자가 없어도 도망하나 의인은 사자 같이 담대하니라"라고 하였고, 요한1서 4:17-18에는 말하기를, "이로써 사랑이 우리에게 온전히 이루어진 것은 우리로 심판 날에 담대함을 가지게 하려 함이니 주께서 그러하심과 같이 우리도 이 세상에서 그러하니라 사랑 안에 두려움이 없고 온전한 사랑이 두려움을 내쫓나니 두려움에는 형벌이 있음이라 두려워하는 자는 사랑 안에서 온전히 이루지 못하였느니라"라고 하였다.

그뿐 아니라 우리가 하나님을 의지하고 원수를 두려워하지 아니할 때 하나님께서는 우리에게 담력을 주신다. 그러나 우리가 원수를 두려워하면 하나님께서 우리에게 벌을 주시어 공포심의 노예가 되게 하신다(렘 1:17; 참조. 딤후 1:7-8).

2. 박해 시대에 처한 성도는 많은 사람을 가르침(33상)

박해를 받는 성도가 참고 견디는 동안 하나님께서는 더욱 그와 함께하여 주신다. 그러니 그는 확신 가운데 진리를 가르치지 않을 수 없게 된다. 초기 교회의 사도들은 복음을 전하다가 박해를 당할수록 더욱 가르쳤다. 그들이 감옥에서 놓이기만 하면 나와서 백성을 가르치곤 하였다. 사도행전 5:25에 말하기를, "사람이 와서 알리되 보소서 옥에 가두었던 사람들이 성전에 서서 백성을 가르치더이다 하니"라고 하였다.

그뿐 아니라 성도들은 하나님의 복음을 전함으로 하나님을 기쁘시게 한다. 복음을 전한 결과로 그 복음을 들은 사람들이 회개하는 것도 좋은 일이지만, 하나님께서는 "그들이 듣든지 아니 듣든지 너는 내 말로 고할지어다"라고 하셨고(겔 2:7), "너는 말씀을 전파하라 때를 얻든지 못 얻든지 항상 힘쓰라"라고 하셨다(딤후 4:2).

여기 또 한 가지 말할 것이 있다. 그것은 신자가 하나님의 말씀을 전하여야 자기 영혼이 복을 받는다는 사실이다(겔 3:19). 교회가 힘써 복음을 전하면, 새로이 회개하고 주님께로 돌아오는 자들이 많아진다. 그뿐 아니라 그 교회 자체도 영적으로 부유해진다.

3. 성도들이 박해를 받음과 그 결과(33하, 35절)

성도들이 박해받은 결과로 그들의 생활이 성결하여진다. 본문 33절에서 "몰락"한다는 말은 박해 받는다는 뜻이다. "연단을 받아 정결하게 되며 희게"(35절) 된다는 말은 성결해짐을 뜻한다. 신자들에게 있어서 성결은 육체의 평안보다 귀하다. 왜냐하면 성결은 하나님을 우리 안에 모실 수 있게 만들어주기 때문이다. 사람이 성결함이 없이는 주님을 볼 수 없다. 히브리서 12:14에 말하기를, "거룩함을 따르라 이것이 없이는 아무도 주를 보지 못하리라"라고 하였고, 또 요한1서 3:3에는 말하기를, "주를 향하여 이 소망을 가진 자마다 그의 깨끗하심과 같이 자기를 깨끗하게 하느니라"라고 하였다.

| 설교자료

1. 하나님의 예언은 그대로 이루어지는 법이다. 그러므로 하나님께서 그 예언들을 모두 기록하도록 하시어 온 세상을 향하여 그 성취 여부를 자세히 시험해 보도록 하셨다. 이런 의미에서 하나님의 예언은 참된 것이라고 말한다(2절). 거짓 선지자들의 예언이 기록되지 못한 이유는 그것이 성취될 수 없

는 거짓말이기 때문이다.

2. 본 장에 기록된 바사와 헬라와 남방 나라와 북방 나라에 대한 예언은, 헬라 시대에 다 이루어졌다. 우리가 이 점에 있어서 놀라게 되는 것은 어떻게 그처럼 사소한 사건들에 대한 예언까지 그대로 이루어졌을까 하는 것이다. 그러나 하나님의 예언은 일종의 이적이니 그렇게 성취되는 것이 자연스러운 일이다. 이것 때문에 기독교는 특히 더 믿을 만한 종교다. 매카트니(Macartney)는 말하기를 "기독교의 기둥이 둘인데, 하나는 이적이요 다른 하나는 예언 성취다"라고 하였다.

3. 안티오코스 4세는 구약 시대 말기에 나타난 적그리스도였다. 본 장은 그에 대하여 길게 자세히 말하고 있다(21-45절). 그에 대한 이와 같은 상세한 말들이 그대로 이루어졌다는 사실은 우리의 신앙을 완전하게 만들 만하다. 이렇게 자세한 예언 성취를 보고 우리의 신앙도 상세해져야 하며, 하나님의 말씀을 믿는 일에서도 망설임과 거리낌이 없어야 한다. 신자들은 이같이 자세한 예언 성취를 유심히 생각할 때마다 그의 옛사람이 녹아 사라지고 신앙의 사람만 남아 있게 될 것이다.

4. 악한 자들이 득세하여 의인들을 박해할 때 의인들은 질식할 정도로 "몰락"하게 된다(33, 35절). 그러므로 그런 때에 다윗은 기도하기를, "여호와여 어느 때까지니이까 나를 영원히 잊으시나이까 주의 얼굴을 나에게서 어느 때까지 숨기시겠나이까"라고 하였다(시 13:1). 그러나 마침내 하나님의 심판이 임하여 악한 자에게는 종말이 이른다(단 11:45).

제 12 장

본 장은 "그 때", 곧 11장에 예언된 박해 시대에 일어날 일을 계속 예언한다.

✦ 내용분해

1. 수난당하는 의인들의 최후 승리를 예언함(1-3절)
2. 하나님께서 다니엘에게 그 예언을 봉해 두라고 하심(4절)
3. 종말에 관한 천사들의 담화(5-7절)
4. 다니엘이 종말에 대하여 문의함(8-3절)

✦ 해석

1-2 앞 장에 예언된 구약의 적그리스도(안티오코스 4세)는 겸하여 신약 시대의 마지막에 나타날 적그리스도의 모형이다. 그러므로 본 장 첫머리에서는 대종말에 있을 구원 운동이 계시된다. 다시 말해 적그리스도(신약 시대 끝

에 있을 적그리스도)는 지나가고 성도의 부활 사건이 계시된다는 것이다.

그 때에 네 민족을 호위하는 큰 군주 미가엘이 일어날 것이요. 여기서 "그 때에"(בָּעֵת הַהִיא "바에트 하히")라는 말은 "그 같은 때에"라는 말인데, 안티오코스 4세(Antiochus IV Epiphanes)의 유대인 박해 시대를 가리킨다. 이 시대에 대하여는 이미 앞장에서 길게 예언한 바 있다. "큰 군주"(הַשַּׂר הַגָּדוֹל "하사르 하가돌")라는 말은 10:13의 "가장 높은 군주"(הַשָּׂרִים הָרִאשֹׁנִים "하사림 하리쇼님")라는 말과 유사한 뜻을 가지는데, 천사장을 가리킨다. "미가엘"은 하나님의 백성을 호위하는 천사인데, 그가 안티오코스 4세의 박해를 막음으로써 수난 중에 있던 유대인들이 구원받게 된다는 것이다.

책에 기록된 모든 자가 구원을 받을 것이라. "책"은 생명책을 가리킨다(출 32:32). 그리고 생명책에 이름이 "기록"되었다는 말은 하나님의 작정에 포함되어 있음을 가리킨다. "구원을 받을 것"이라는 말씀은 육신의 생명이 구원받는다는 의미보다는 영생 얻는 것을 가리킨다. 이 구원에 대하여 다음 구절에서 자세히 설명한다.

땅의 티끌 가운데에서 자는 자 중에서 많은 사람이 깨어나 영생을 받는 자도 있겠고. 이것은 안티오코스 4세의 핍박 때에 주님을 위하여 죽은 자들이 장차 심판 때에 부활하게 되리라는 예언이다. "영생을 받는"다는 말은 구약성경에서 여기에만 있다. 물론 이것과 다른 표현들로 내세의 생명을 가르친 구절들은 구약에 많이 있다.[237]

수치를 당하여서 영원히 부끄러움을 당할 자도 있을 것이며. 이것은 구원을 받지 못할 자들에 대한 예언이다(참조. 사 66:24).

3 지혜 있는 자는 궁창의 빛과 같이 빛날 것이요 많은 사람을 옳은 데로 돌아오게 한 자는 별과 같이 영원토록 빛나리라. 이것은 안티오코스 4세의 박해 때에 승리할 자

---

237) 욥 19:25-27; 시 16:9-11 ; 17:15; 49:16; 73:24, 26.

들을 가리킨다(11:33). "빛과 같이 빛"난다는 것은 무엇을 의미하는가? 우리는 이 구절에서 "빛"이 하나님의 진리와 생명을 비유한다고 믿는다. 성도들은 남들에게 진리를 지식으로만 가르치는 것으로 사명을 다한 것이 아니다. 그들은 성령에 의하여 복음으로 역사하는 영생의 은혜를 전하는 자들이다. 날 때부터 시각장애인이었던 사람이 있는데, 어떤 사람이 그에게 빛이 무엇인지 알려주려고 하였다. 그런데 그 시각장애인은 신자였다. 그 사람이 시각장애인에게 묻기를, "복음을 들어 은혜를 받을 때 느낌이 어떠하더냐?" 하고 물었다. 그때 시각장애인이 대답하기를, "신령한 은혜를 받을 때는 속이 환해지고 기쁘고 뜨거워집니다"라고 대답하였다. 그 사람은 다시 시각장애인에게 가르쳐 주기를 빛이 그와 같다고 하였다. 우리 신자들은 이렇게 생명 있는 복음 진리를 사람들에게 전해야 한다. 우리는 이 빛을 나타냄으로써 "별과 같이 빛나"게 되어야 한다.

설교▶ 별과 같이 빛나자(1-3절)

별은 어떠한 것인가? 하나님이 지으신 세계에는 여러 가지 아름다움이 있는데, 그 중에서도 특히 별들의 아름다움은 그것을 보는 자에게 하나님을 알게 하는 종교적 감상을 불러일으킨다. 그러므로 칸트(Kant)는 두 가지 놀라운 것을 발견하였다고 하였는데, 하나는 양심의 세계요 다른 하나는 별의 세계라고 하였다. 프랑스대혁명 시기에 박해자들이 어떤 신자의 성경을 빼앗으려 하자 그가 말하기를 "네가 내 성경은 빼앗아도 별들이 빛나는 나의 하늘은 빼앗지 못하리라"라고 하였다. 신자가 나타내는 빛도 별처럼 하나님을 보여준다.

1. 별은 캄캄한 밤중에 빛을 발한다.

진실한 신자일수록 밤중과 같이 죄악이 많은 어두운 곳에서 신앙을 더욱 견고히 지키며 하나님이 살아 계신 증거를 나타낸다. 요셉이 혈혈단신으로 외로이 애굽으로 팔려 갔을 때 그곳에는 여호와 하나님을 공경하는 자가 한 사람도 없었다. 그러나 그는 거기서 도리어 신앙생활을 성실하게 함으로써 이방 사람들에게 하나님을 보여주었다(창 39:1-8). 그는 고달픈 감옥에서도 그리하였다(창 39:19-23). 노아도 120년 동안 암흑시대에 홀로 여호와의 빛을 드러냈다(창 6:8). 세상이 극도로 부패하고 타락할 때 진실한 신자는 외로울 수 있으나, 하나님의 사랑을 독차지한다.

2. 별들은 하나님이 정하신 궤도대로 운행하며 빛을 발한다.

예전에는 혜성들이 불규칙하게 운동하는 것으로 알았으나, 그것들도 일정하게 포물선 궤도대로 운동한다는 것이 드러났다. 핼리 혜성(Halley's Comet)은 75.32년마다 한 번씩 지구 옆을 지나가는데, 1986년 2월 9일에 지나갔고 2061년에 다시 온다고 한다. 우리가 하나님의 계명을 지키는 것도 일정하게 늘 지켜야 하나님이 기뻐하신다. 사람이 무슨 선이든지 불규칙하게 하다가 마는 것은 오히려 속이는 일이 될 수도 있다. 지킨다는 것은 늘 여호와의 법도대로 걸어가는 것을 의미한다. 시편 25:10에 말하기를 "여호와의 모든 길은 그의 언약과 증거를 지키는 자에게 인자와 진리로다"라고 하였다(참조. 시 119:2). 에베소서 6:24에는 말하기를 "우리 주 예수 그리스도를 변함없이 사랑하는 모든 자에게 은혜가 있을지어다"라고 하였다. 이렇게 신자가 일정불변하게 주님의 법도를 지키는 것이 주님을 순종하는 증표이며 또한 그의 진실성이다.

4 마지막 때까지 이 말을 간수하고 이 글을 봉함하라 많은 사람이 빨리 왕래하며 지식

이 더하리라. "마지막 때까지"(עַד־עֵת קֵץ "아드 에트 케츠")라는 문구는 위에 기록된 예언(11:2-12:3)이 이루어질 때까지를 가리킨다. "간수하고"(סְתֹם "스톰"), "봉함하라"(חֲתֹם "하톰")라는 말은 비밀히 감추어 두라는 뜻이 아니다. 이 말은 그 예언이 확실히 이루어질 것이므로 안전하게 보관하여 안치해두고서 그 말이 성취되는 것을 보라는 뜻이다. 이 말은 사람들이 그 예언을 관심 깊게 연구해야 할 것과 또 깨닫게 될 것을 보여준다. "마지막 때", 곧 이 예언이 성취될 때(수리아 왕 안티오코스 4세가 유대인을 박해하는 때)부터 사람들이 이 예언을 많이 깨닫게 될 것이다(마 24:15). "많은 사람이 빨리 왕래하며 지식이 더하리라"라는 말씀이 그런 뜻이다. 이 문구의 히브리어(יְשֹׁטְטוּ רַבִּים וְתִרְבֶּה הַדָּעַת)를 어떤 사람은 "많은 사람이 왔다 갔다 하며 (이 책에 대한) 지식을 찾으려고 할 것이다. 그러나 찾지 못하리라"라고 번역한다. 그러나 이와 같은 번역은 옳지 않다.

6 놀라운 일(הַפְּלָאוֹת "하플라오트"). 이것은 11:36, 12:1에 기록된 대로 장차 일어날 기이한 일들을 가리킨다. 그러므로 마르티(Marti)도 이것이 하나님께서 예언하신 일들(geweissagte Dinge)을 가리킨다고 주해하였다. 한 천사는 다른 천사에게 이 "놀라운 일", 곧 안티오코스 4세로 말미암은 박해의 "끝이 어느 때까지냐" 하고 묻는다.

7 한 때 두 때 반 때. 이것이 신약 시대의 말기의 나중 3년 반에 적그리스도가 하나님의 백성을 박해할 것을 의미한다고 해석하기도 하지만(Gabelein), 그보다는 이미 7:25에서 해석한 내용이 옳다. 그 구절에 대한 해석을 참조하라.

10 많은 사람이 연단을 받아 스스로 정결하게 하며 희게 할 것이나 악한 사람은 악을 행하리니 악한 자는 아무것도 깨닫지 못하되 오직 지혜 있는 자는 깨달으리라. 말하자면 박해 시대에 신자들이 영적으로 연단을 받아 말세에 대한 말씀을 깨닫지만, 택하심을 받지 못한 자들은 그것을 깨닫지 못한다는 뜻이다.

설교 ▸ 깨닫는 자가 되자(8-10절)

1. 성경을 깨닫자.

1) 성경을 깨달으려면 진실해야 한다. 왜냐하면 성경은 진실하신 하나님의 말씀이기 때문이다. 사람이 진실하기 위해서는 몇 가지 명심할 것이 있다. ① 조심스럽게 진실해야 한다. 사람은 거짓되므로 조심하지 않으면 늘 거짓말을 하게 된다. ② 결백하게 진실해야 한다. 사람이 겉으로는 진실하게 말하면서도 속으로는 음흉하게 사욕을 채우는 경우가 있다 ③ 희생적으로 진실해야 한다. 말하자면 손해를 보더라도 진실해야 한다는 것이다.

2) 성경을 깨달으려면 고난을 겪어야 한다. 인류의 역사는 고난의 역사이며, 그리스도의 구원 운동사도 고난의 역사다. 그러므로 고난을 경험하지 않은 자는 주님의 말씀을 깨닫지 못한다. 우리 본문 10절 전반부에 말하기를 "많은 사람이 연단을 받아 스스로 정결하게 하며 희게 할 것이나"라고 하였고, 10절 끝에는 말하기를 "오직 지혜 있는 자는 깨달으리라"라고 하였다. 이 두 가지 말씀을 종합해서 생각하면, 고난받는 자("연단"을 받는 자)가 성경을 깨닫는다는 것이다.

3) 죄를 회개함으로써 성경을 깨닫는다. 죄는 사람을 어둡게 만든다. 본문 10절 중반에 말하기를 "악한 자는 아무것도 깨닫지 못하되"라고 하였다. 디모데후서 3:6-7에 말하기를, 이단에 미혹된 "여자는 죄를 중히 지고 여러 가지 욕심에 끌린바 되어 항상 배우나 끝내 진리의 지식에 이를 수 없느니라"라고 하였다.

2. 하나님의 뜻을 깨닫자.

우리는 평생 살아가는 중에 종종 딜레마에 빠져서 어느 길로 가야 할지 모르기도 하며, 무슨 일을 해야 할지 결정하기 어려운 때를 만난다. 그런 때에 우리는 어느 길이 하나님의 뜻인지 스스로 깨달아서 결정해야 한다. 하나님의 뜻을 아는 방법은 다음과 같다.

1) 의로운 길이 하나님의 뜻이다. 하나님의 뜻은 언제나 의로운 편에 있다. 시편 5:4에 말하기를 "악이 주와 함께 머물지 못하며"라고 하였다. 그러므로 의로운 길은 언제나 하나님의 뜻이다. 그 길이 평탄할 수도 있지만 역경일 수도 있다. 바울이 로마로 가는 길은 하나님의 뜻이었으나 대단한 역경이었다(행 28장).

2) 하나님의 뜻은 차선책에 있을 수도 있다. 우리가 어떤 일을 하려고 할 때 그 일이 의로운 요소들을 포함하는 동시에 어떤 방면에 있어서는 의로운 것인지 의문시되는 점도 있다. 그러나 우리가 하나님을 사랑하여 그 일을 의롭게 해 나아가면, 하나님께서 그 일에도 축복하실 수 있다. 하나님을 사랑하는 자에게는 모든 일이 합력하여 유익이 된다.

시편 37:23-24에 말하기를 "여호와께서 사람의 걸음을 정하시고 그의 길을 기뻐하시나니 그는 넘어지나 아주 엎드러지지 아니함은 여호와께서 그의 손으로 붙드심이로다" 하였고, 잠언 3:5-6에는 말하기를 "너는 마음을 다하여 여호와를 신뢰하고 네 명철을 의지하지 말라 너는 범사에 그를 인정하라 그리하면 네 길을 지도하시리라"라고 하였다.

11 매일 드리는 제사를 폐하며 멸망하게 할 가증한 것을 세울 때부터 천이백구십 일을 지낼 것이요. "천이백구십 일." 이 문구에 대한 해석은 일정하지 않다. ① 3년 반과 동일한 것으로 보는 학자(Gabelein)가 있으나, "천이백구십 일"은 실상 3년 반보다 한 달 더한 기간(43개월)이다. ② 모로(Mauro)는 이것이 로마 장군 케스티우스(Cestius)가 예루살렘에 도달한 때부터(AD 66) 성전 제사를 폐할 때까지의(AD 70) "천이백구십 일"이라고 하였다. 그러나 이것은 우리 본문에 기록된 어순과 정반대로 해석하는 것이니 옳지 않다. ③ 카일(Keil)은

이것을 상징적으로 해석하였는데, 그는 이것이 헬라 시대의 수리아 왕 안티오코스 4세가 유대인을 핍박한 가장 심한 기간을 가리키며, 이는 또한 그리스도의 재림 직전에 올 적그리스도의 박해 기간을 상징하기도 한다고 하였다. 그러나 다른 학자들에 의하면 이것은 하나님의 백성이 박해받는 기간 전부를 가리킨다고 한다(Young).

12 기다려서 천삼백삼십오 일까지 이르는 그 사람은 복이 있으리라. "천삼백삼십오 일." 이것은 "천이백구십 일"에 45일을 가산한 기간이다. 그렇다면 이 구절의 의미는 재림 직전에 있을 적그리스도의 박해 기간인 1,290일을 지나서 45일을 더 참으면 하나님의 축복 시대가 임한다는 뜻이다. "끝까지 견디는 자는 구원을 얻으리라" 하신 주님의 말씀이(마 24:13) 이 말씀과 관련되어 있다.

설교 ▶ 미래를 바라보고 살자 (12절)

1. 과거에서만 살지 말자.

① 과거에서만 사는 자는 교만하다. 교만은 패망의 선봉이라고 잠언은 말한다(잠 16:18). 자기로 가득 찬 자에게는 주님의 축복을 받을 자리가 없다. ② 과거에서만 사는 자는 원망과 불평의 종이 된다. 사람들이 원망할 때는 사람을 대상으로 하지만, 그것은 하나님과 싸우는 죄가 된다(시 78:40; 고전 10:10). 어떤 사람들은 평생 남을 원망한다. 남이 잘못한 것 때문에 자기 자신은 공연히 원망하는 죄를 짓고 또 망한다. ③ 과거에서만 사는 자는 낙심의 종이 된다. 낙심은 하나님이 죽었다고 여기는 큰 죄악이다.

2. 미래의 소망을 바라보고 현재의 생활을 정비하자.

사람은 미래가 어떠할지 알아야 한다. 미래는 하나님이 정하신 대로 찾아온다. 그러므로 우리는 선하신 하나님께서 기뻐하시는 일들만이 이 땅에 올 줄 알고 기뻐하며 즐거워해야 한다. 우리가 하나님을 사랑하기만 하면 장차 당할 모든 일들은 합력하여 우리에게 유익을 끼친다(롬 8:28). 시어도어 루즈벨트(Theodore Roosevelt)는 근시 때문에 안경을 쓰고 있었다. 그가 저고리 주머니에 안경집을 넣어 다녔는데, 한번은 총에 맞아 죽을 뻔했으나, 그 안경집이 총알을 막아주어 죽음을 면했다. 어떤 중국 사람이 나병에 걸렸다. 그는 그 병 때문에 나병환자 수용소로 보내졌는데 그곳에서 복음을 듣고 예수 그리스도를 믿었다. 그러므로 그는 도리어 자기가 나병환자가 된 것을 감사하였다.

13 너는 가서 마지막을 기다리라 이는 네가 평안히 쉬다가 끝날에는 네 몫을 누릴 것임이라. 하나님께서 다니엘에게 세계의 종말에 대하여 계시하셨다. 그러나 다니엘은 그것을 잘 깨닫지 못했고, 따라서 만족을 느끼지 못했다. 그리하여 하나님께서 그에게 부탁하신 것이 이 구절 말씀이다.

설교▶ 끝이 어떻게 될 것을 생각하고 행하라 (13절)

이 말씀에서 우리가 찾을 수 있는 교훈은 다음과 같다.

1. 마지막을 향하여 기다리라.

"너는 가서 마지막을 기다리라"라는 구절의 히브리어 원문(אַתָּה לֵךְ לַקֵּץ "아타 레크 라케츠")을 직역하면 "너는 마지막을 향하여 가라"이다. 이것은 죽음을 향하여 가라는 뜻이다. 이것은 하나님께서 인생들에게 사는 방법을 가르쳐 주신 것이다. 말하자면 죽을 것을 목표로 삼아, 죽을 것을 각오하고 모든 일을 행하라는 것이다. 이 세상 사람들은 죽음 문제를 생각하지 않고 모든 일을 행한다. 만일 그들이 죽을 것을 기억하고 행동했다면 세상이 오늘날과 같이 악해지지는 않았을 것이다. 사람은 언제든지 근시안적이어서 멀리 볼 줄 모른다. 우리는 죽을 때에 만족스러울 방법이 무엇인지 바로 깨달아서 그 길을 택해야 한다. 그것은 죄를 범하지 않는 것이다.

죄를 문제시하지 않는 사람들도 부인할 수 없는 사실 한 가지가 있다. 그것은 죄를 지은 사실이 기쁨을 주지 못한다는 것이다. 지은 죄를 기억할 때도 기쁘지 않고, 또한 양심은 언제나 서리를 맞은 것과 같이 병들어 신음하게 된다. 그러므로 범죄한 자기 자신을 한평생 짊어지고 살아가는 일은 시체를 지키는 것과 같이 기쁘지 않은 일이다. 어느 누가 시체와 함께 있기를 원하며 시체 앞에서 먹기를 원할까? 평생 죄만 짓고 그 문제를 해결하지 못한 채로 죽는 것은 영원한 슬픔이다.

그러므로 죽음으로 향하여 가는 삶, 곧 죽음을 예비하며 걸어가는 삶이 절대적으로 필요하다. 우리는 마지막을 향하여, 다시 말해 죽음을 향하여 끌려가지 말고 그 길을 자진하여 갈 수 있어야 한다. 말하자면 우리는 죽음이라는 것을 기꺼이 한번 당해볼 만한 오묘한 것으로 여기고, 기쁘게 죽기 위하여 미리부터 신앙생활로 준비해야 한다.

사람이 하루 이틀에는 늙어 가는 표가 나지 않기 때문에 그들은 죽지 않을 것처럼 염려 없이 살고 있다. 그러나 그것은 무지몽매한 짓이다.

우리는 날마다 죽음을 눈앞에 두고 보는 것과 같이 생각하며, 범죄하지 않아야 한다. 우리도 알지 못하는 사이에 죽음이 갑자기 우리에게 달려들 것을 알지 못하는가? 사람이 뜻했던 일을 완수하고 나서 죽는 것도 아니다. 모세와 같이 위대한 하나님의 종도 가나안 땅에 들어가지 못하고 죽었다.

2. 평안히 쉴 것을 약속하신다.

본문에 말하기를 "이는 네가 평안히 쉬다가"(תָּנוּחַ "타누아흐")라고 하였는데, "이는"이라는 말이 히브리 원문에는 없다. 쉰다는 말은 움직이지 않는 것을 의미하지 않는다. 이것은 목표했던 일을 완전히 이룬 다음에 찾아오는 만족과 평안을 말함이다. 그러므로 여기서 "평안히 쉰"다는 것은 이렇게 수고로운 일을 전제로 한다. 안식은 완전한 수고 없이는 기대할 수 없는 것이다. 왜냐하면 안식은 완전한 수고의 열매이기 때문이다. 하나님께서도 엿새 동안 완전히 일하셔서 천지 만물을 창조하신 후에 안식하셨다. 그러므로 수고하지 않고 만족과 평안을 얻어 보려고 하는 것은 진리를 위반하는 자의 행동이니 그는 참된 안식을 누리지 못한다.

그렇다면 안식을 열매로 가져올 만한 완전한 수고는 어떤 것인가?

1) 그것은 최대의 욕심을 가지고 최선의 업적을 세우는 것을 뜻하지 않는다. 야고보는 말하기를 "욕심이 잉태한즉 죄를 낳고 죄가 장성한즉 사망을 낳느니라"라고 하였다(약 1:15). 알렉산드로스 대왕은 세계 정복의 욕망을 성취한 후에 한 번 통곡한 일이 있었다. 그 이유는 그가 정복할 세계가 이제 더는 없었기 때문이었다고 한다. 인간이 욕심을 추구함으로써 안식을 얻을 수는 없다.

2) 자기를 거부하고 예수님께 전적으로 붙들려야 참다운 일을 하며 또 그 결과로 안식할 수 있다. 한번은 유대인들이 예수님께 와서 "우리가 어떻게 하여야 하나님의 일을 하오리이까" 하고 물었다. 그때 예수님께서 대답하시기를, "하나님께서 보내신 이를 믿는 것이 하나님의 일이니라"라고 하셨다(요 6:28-29). 예수님께서 이렇게 대답하신 이유가 있다. 그것은 예수님께서만 참된 안식, 곧 영생을 주실 만한 완전하신 일을 하셨기 때문이다. 그가 구유에 나셔서 십자가에 못 박히시기까지 이루신 수고는 무수한 인생들에게 안식을 줄 만한 것이었다. 그러므로 누구든지 그리스도를 믿으면, 그 완성된 수고를 자기 것으로 받게 된다. 무한대의 것은 사람마다 그것을 자기의 것으로 삼아도 금할 자가 없고, 무한대의 효과를 자신에게 미치게 한다. 누구든지 하늘을 내 하늘이라고 해도 그것을 금할 자가 없고, 그것이 내 하늘이 된

효과가 그대로 발휘되는 법이다. 그러므로 우리는 믿음으로써 내 것 아닌 예수님의 것을 내 것으로 만든다. 나무를 접붙이는 일도 있지 않은가! 우리는 신앙으로 예수님에게 접붙임이 되어 그의 수고와 공로를 받아 그 열매인 안식을 누린다. 그러므로 우리는 사나 죽으나 예수님께 전적으로 속해야 한다. 모든 사업 활동도 예수를 중심으로 삼아야 한다.

3. 행한 대로 심판받는다.

"끝날에는 네 몫을 누릴 것임이라"(תַעֲמֹד לְגֹרָלְךָ לְקֵץ הַיָּמִין)라는 말씀은 사람이 행한 대로 심판을 받는다는 뜻이다(참조. 고후 5:10). 우리는 자신이 어떠한가에 따라 나중에 갚음을 받는다. 그러므로 우리가 현세에서 대접받으려는 생각은 할 여유도 없고, 또한 남을 비평할 여유는 더더욱 없다.

우리가 날마다 할 일은 자신을 달아보는 것이다. 우리는 무엇으로 자신을 달아볼 것인가? ① 친구들의 말로 자신을 판단하는 것이 늘 안전한 것은 아니다. 친구들은 대개 나의 장점만 즐기며 단점은 보지 못하는 일이 많다. 때로는 우리를 미워하는 자들의 말이, 우리를 채찍질해 주는 유익이 있다고 본다. 그런 의미에서는 그들도 우리의 친구다. 우리는 아첨하는 자들의 말에 따라 자신을 판단하지 않아야 한다. ② 우리를 달아볼 수 있는 공정한 저울이 여러 가지 있는데, 곧 재앙, 부귀영화, 실패, 시험, 하나님의 말씀 등이다. 우리가 재앙을 당할 때 믿음을 지킬 수 있는가? 또 우리가 승승장구할 때 믿음을 지킬 수 있는가? 우리가 실패했을 때 믿음을 지키겠는가? 시험을 당할 때 이길 수 있는가? 하나님의 말씀을 받고 순종하는가? 이 모든 표준에 의하여 우리는 자신을 단련하여 마지막 심판을 통과해야 할 것이다. 연단은 성결을 이루는 데 절대 필요하다(단 12:10).

| 설교자료

1. 구원을 받을 자는 하나님의 책에 기록된 자들로 제한된다. 다시 말해 하나님께 선택된 자들만 구원받는다(1절). 그렇다면 선택받았다는 사실을 아는 신자는 얼마나 기쁘겠는가! 사람이 하나님께 선택받은 증거는 예수 그리스도를 양심적으로 믿는 믿음이다(행 13:48).

2. 사람을 주님께로 인도하는 자는 구원의 진리(지혜)를 믿는 자다(3절). 구원의 진리를 믿는 자는 하나님의 성령께서 도와주시므로 사람들을 하나님께로 인도한다. 이렇게 남들을 하나님께로 인도하는 자는 자신의 신앙이 강화되면서 그의 삶이 별과 같이 빛난다(3절). 사람이 하나님의 말씀을 한꺼번에 다 깨달을 수는 없다. 오랜 세월 동안 삶의 체험을 통하여 깨달아지는 것도 있고, 어떤 것은 세상 끝날에야 깨닫게 될 수도 있다(5-9절). 특별히 9절을 참조하라.

3. 사람들 가운데 어떤 이들은 세월이 흘러감에 따라서 더욱 성화되지만, 어떤 자들은 악한 모습 그대로 그냥 지낸다. 그러므로 요한계시록 22:11에 말하기를, "불의를 행하는 자는 그대로 불의를 행하고 더러운 자는 그대로 더럽고 의로운 자는 그대로 의를 행하고 거룩한 자는 그대로 거룩하게 하라"라고 하였다. 이런 현상은 하나님께 선택받은 자들과 선택받지 않은 자들이 이 세상에 공존하는 사실을 반영한 것이다(10절). 성화되어 가는 비결은 하나님의 말씀을 깨닫는 것이다.

4. 성도의 생활은 특별히 험악한 세상 가운데서라도 주님의 약속이 성취되기를 기다리는 것으로 그 특징지어진다(12절). 주님의 약속은 반드시 이

루어지는 것이므로, 그것을 기다리는 생활은 괴로운 중에도 기쁨을 지니고 있다. 시편 62:1에 말하기를, "나의 영혼이 잠잠히 하나님만 바람이여 나의 구원이 그에게서 나오는도다"라고 하였다(참조. 시 33:20; 62:5; 잠 20:22; 사 30:18; 40:31; 49:23; 애 3:25).